中国西北政治史

李清凌　钱国权　著

人民出版社

目　录

前　言

一、《中国西北政治史》的研究对象和目的

包括今陕西、甘肃、宁夏、青海、新疆在内的中国西北地区，占有国土面积的三分之一，中华民族成分的大多数。它是中华先民和文化的发祥地之一。在中国考古学上，已经展现了从蓝田猿人到大地湾前仰韶文化、仰韶文化、陕西龙山文化、齐家文化，再到周秦文化的严整序列。进入文明时代后，周人开发，秦人继武，氐羌等西戎民族驰骋于边疆地区，观天相地，因地制宜，发展生产，创造文明，使这里形成了农牧文化、中外文化互相接触、交流、融会的重要场所，对中国经济、政治、文化的发展起过和起着非常重要的作用。周、秦、汉、唐以来，中国不少古代政权的创建者都是从这里兴起，然后挥戈东向，扫平群雄而统一天下的。宋人云："天下者，常山蛇势也，秦蜀为首，东南为尾，中原为脊……将图恢复，必在川陕。"①这句话虽然是就一时情况而言，但纵观中国古代政权兴替史、农民起义史和其他规模性武装活动，我们就会感到此言符合许多时期的实际情况，有一定道理。故此，历史上任何一个有作为的政治家、思想家，没有不重视西北问题的。

西北自唐中期以来，由于民族矛盾的延绵和激化，战事不休，生产停滞，社会混乱，在此影响之下，出现了与中原内地经济发展的差距，然而，这一差

① 《宋史》卷404《汪若海传》。

距并不是天设地造的。相反，前此很长历史阶段，西北在政治、经济、文化各方面都处于引领全国的重要地位。如商代晚期，崛起于西北的周人，凭借西北雄厚的农牧业经济资源，勇敢矫健的民风以及雄才大略的政治家和谋略家，一举推翻了殷纣政权，建立起国土广袤的西周，周朝统治时间之长，是中国古代历史上空前绝后的。秦自襄公之后，经过30余代人的历练和积蓄，西据羌中之利，北有戎狄之畜，建都于号称“陆海”的关中农业区，终于在秦始皇时用短短10余年的时间，次第削平了关东六个强大的割据政权，建立起中国历史上第一个统一的中央政权，为此后长久的国家大一统奠定了政治和思想文化基础；至于汉唐时期西北开发成就的辉煌，更是令所有中国人引为自豪的史实，其根，也深深地扎在广袤的西北大地上。

西北文化是中国传统文化的主根之一。中国传统物质文化中的官营农牧业文化、商业文化、都城建筑文化、车马驿道交通文化等，很多都是从西北兴起的，且在历史上保留着明显的区域性特色。作为中国传统观念文化主流的儒学，从根源上说，它是“郁郁乎文哉”，令孔子倾倒而高呼“吾从周”的宗周礼乐文化的发展；佛教是从印度经西域（今新疆）、河西、长安而传遍全国的；道家最重要的经典《道德经》据说也是老子西来，为关中人关尹而写的；汉代的五斗米道肇建于川北、陕南一带；金代北方三大教之一的全真道就是由咸阳人王喆创建的；唐宋至元代从中亚等地传入我国的伊斯兰教、景教、火袄教等，也都是先在西北扎下根基而后向各地传播。可见，西北既是中国传统文化的发祥地之一，又是域外文明传入我国的一个窗口，还是纷繁多样的民族文化百花园中耀眼的一角。这一切，又都与各时的区域政治文化密切相关。

对于在中国历史上发生过这样重大作用的西北区域史，学界已经有了较多的研究，并已取得了很大的成就，然而从专门史的角度系统地研究西北历史的成果仍然不多，因此，我们想在这方面略尽微薄之力。

《中国西北政治史》是作者西北史专题研究的系列著作之一。谈区域政治史就离不开全国整体的背景和中央政府的作用。因此，本书的研究对象，即以历代西北发生的主要政治事件为核心，以中央政府处置西北政治事件、尤其是民族问题的思想策略为重点展开论述。由于西北历史上可研究的政治问题太多,而本人的学力有限,故书中涉及到的仅是一些最基本、较重大的历史事实,而对更大层面、更深层次的问题尚未进一步研究,这是个人的遗憾和需要继续努力的;也寄厚望于同行特别是青年学人。

本书的写作目的,就是要探索历代中央和地方政府外御强敌,内防骚乱,在维护国家统一、区域稳定、民族团结等方面所作的努力,总结各时代管理西北,开发西北的历史经验和教训。古为今用,服务于社会主义的政治文化建设。政治文化是历史文化的一个重要方面,而历史文化乃是民族的文化之根,它可以在聚人心,扬正气,厚风俗,促进社会主义政治文明、精神文明建设,提高国家软实力,树立民族光辉形象等方面发挥巨大的作用,本书作者鄙陋,于此有高山心向之志焉。

二、西北政治史的基本内涵和线索

西北政治史的基本内涵是中国自先秦以来,经秦汉、魏晋十六国北朝、隋唐五代、宋元直至明清,历代中央政府与地方、中原地区与边疆、汉族统治者与各少数民族上层交流互动,共求边疆稳固、民族团结、社会安定进步、各族民众丰衣足食的政治基础和利益平衡点的过程。按其时代和政治特点,这一历史过程大致可以划分为6个阶段:

1. 先秦时期——中国西北政治的萌发和起步阶段。这一阶段从传说中的伏羲、神农、黄帝时代改进渔猎、农耕技术,改善物质生活条件,画八卦、制礼仪、立官制、建军队、划分行政区域等开始,到春秋、战国时期西北部(民)族林立,诸子云集,政治学说应有尽有,而使秦国在诸侯争霸中多方实践,逐渐胜出为止。其间西北前后有周人兴起,秦人并国拓地,问鼎中原,戎羌顽强拼搏,追求发展等重大历史事件。以周公旦为代表的政治家提出和建立的天命论、礼乐制、宗法制及适应社会发展的一整套国家设施,是西北政治家、思想家对中国上古政治实践的高度概括和巨大发展。秦的先公先王创建的畤文化,也是独具西北和时代特色、影响达六七百年之久的政治文化。周秦王朝羁縻、管理周边包括西北民族的思想和政策,则是西北最早的民族政治文化内容。

2. 秦汉时期——秦汉封建专制主义中央集权政权建立以后，不仅提出了一整套帝制、官制、地方行政制和文化改革制度，还将战国时期由邹衍提出的“五德终始说”首次应用于国家的制度建设。法家、道家和一些方士神仙思想也受到很大的关注，甚至被作为国家的指导思想。汉武帝为了抗击匈奴，维护中原地区的安定，提出了通西域以断匈奴之右臂，征西羌以安边靖远，以及招揽人才，重用董仲舒进行政治思想改革，抑百家，崇儒术，统一政治指导思想，既是发生于西北的，也是有全国意义的政治事项。这一切，都反映了当时西北区域政治与全国政治的一致性和重要性。

3. 魏晋十六国北朝时期——西北“五胡”10 数个政权林立。它对西北政治文化带来的影响是双重的：一方面，战乱纷争破坏了社会发展所需要的安定环境；另一方面，战争也扫荡了前此封建统一国家对学术思想的控制，为各种思想文化的发育提供了宽松的社会政治条件。在思想文化方面，许多政治家、思想家综合儒、释、道等多种文化成分，形成了以儒家思想为核心，以儒释道 3 家为主流，吸收各地区、各民族文化成分的文化体系，其中也包括政治思想文化。与此同时，西北各政权所采取的一系列人才战略，文教、政改、富国强兵措施和力求统一全国的政治取向，是这一时期西北区域政治文化的内容和特点。

4. 隋唐五代时期——西北继西周、秦汉之后，重处于全国政治、文化的中心地位。隋文帝时期，长孙晟针对突厥等西北民族提出“远交近攻，离强扶弱”的策略，唐太宗“叛则讨之，服则抚之”的对待少数民族上层的政策态度，都获得了很大的成功。以隋文帝、唐太宗为代表的最高统治者在妥善处理民族关系，加强地方、民族管理的基础上，又很重视开屯田以筹军需，置牧苑以养战马，建府兵而固边防，因此疆域稳固，民生安定，西北的经济、文化发展也较快。“安史之乱”后，由于政治腐败、土地兼并、藩镇尾大而导致的政治、民族矛盾，造成了西北区域政治优势的骤衰，也将国家、民族拖入了新一轮的战乱之中，其教训是极为深刻的。

5. 宋夏金时期——晚唐五代以来兴起的藩镇割据、宦官专权、党派纷争的恶风，吹垮了全国包括西北统一兴盛的政治局面，周边各少数民族乘机而起，纷纷建立起割据性政权，西北再一次变成了民族纷争的漩涡。与此同时，随着封建统治中心的移去，民族问题的凸显，西北的经济、政治、文化也开始边缘化。宋朝的政治家、思想家们面对来自党项、回鹘、吐蕃等民族政权的压力以及军需供应的亟须，在农牧业、茶马贸易、边境防务等方面提出了许多行之有效的对策；然而过于繁重的边界防务、无休无止的民族战争，终于造成了西北社会的衰落。延至今日的我国东西部发展的差距，殆是从晚唐、五代、宋朝逐渐形成的。

6. 元明清时期——国家统一，中央集权强化。西北作为国家的边远地区，原先游牧于这一带的许多古老民族已经融合到汉族或其他少数民族中去了，一些新的民族又以西北为适土次第形成和发展。在区域政治生活中，仍然以民族问题最多和最为突出。尽管这一时期的民族矛盾不同于辽、宋、夏、金时期，但中央政府在考虑和处理西北任何事情时，都首先考量其对民族问题的影响，都要以民族、社会稳定为前提，这一点与前代没有两样。这一时期的政治家们还在西北的经济开发、行政管理、宗教政策、教育教化等方面，提出了一系列有别于内地的政策措施，其间有很多的历史经验值得我们来总结。

三、西北政治史的主要特点和研究方法

西北政治史以唐朝中期，具体以“安史之乱”为界点，可以划分为前后不同的两个阶段。此前直至远古时代，此后截至清末，呈现着完全不同的政治特点。

西北地理环境复杂，崇山峻岭，大漠戈壁，激流险河将这里分割成一个个相对独立、封闭的区域。在战乱中极有利于军事防御，加上当时的交通工具主要是牲畜，对道路条件的要求不高，因而曾经孕育出许多强势的政治集团。从传说中伏羲、炎、黄及一大批古先英雄的发迹，到周、秦、汉、唐强盛皇朝的立国；从礼乐祀典、国家体制的创立，到农牧开发、农战强国、因俗而治

等策略的提出，都说明古代前期西北地区在国家政治生活中所具有的活力和作用。汉唐等中国历史上最为强盛的王朝在西北建都，提高了西北在全国的重要性，而广袤的西北大地，勇健的西北人民，也在历史上长久地起着屏护中原的作用。

封建社会后期，西北的政治、经济条件发生了很大的变化。由于社会生产力的发展和提高，商品经济迅速地发展，国人的商业活动越来越多，对道路交通的要求明显比前代更高了。山高路远在一定条件下是军事防御的优势，然而对于商品流通来说则有极大的不便。随着造船技术的提高、海上交通的发达，国家政治、经济、文化中心必然地要从地理环境相对闭塞，交通不便，人口稀少，民族关系复杂的西北转移出去，落脚到经济条件更好的地区，从而使西北在国家政治生活中急速地边缘化，转变成了相对落后的地区。

从民族区域分布的情况看，历史上，华夏—汉族统治阶级依凭人口众多、文化较高、国力军力相对优越等条件，占据了自然条件较好、开发较早的中原地区，而将少数民族挤压到边远荒凉的周边，使其长期地处于经济、文化的劣势地位。少数民族大多数从事应变能力脆弱的游牧业经济，一遇灾荒，除了转移游牧区，就是向内地进行掠夺，否则无以为生。我国古代的边疆民族问题，往往由此而生。到了封建社会后期，周边地区建立的少数民族政权越来越多，进攻性也越来越强，而中原王朝的统治者又往往衰朽腐败，处置无方，面对少数民族的入掠，怯于和疲于应付，边疆民族问题也就越来越严重。唐末、五代直到清朝后期，西北的经济、政治问题很多，其中最主要的还是民族矛盾的加剧，这一矛盾的存在和发展决定着西北所有问题的取向。

综上，西北古代政治史，从其在中国政治整体中的地位作用看，经历了一个由地险人强，屏护中原，引领全国政治生活，到民族冲突不断，社会生产滞后，政治作用不断弱化、边缘化的演变过程，其间起关键作用的是民族问题，这一特点及其演变，又影响着封建社会后期西北乃至全国的政治形势。

史学研究的对象是凝固了的历史，但学者对它的研究却应是多层面、多侧重点和充满活力的。本书研究中国西北古代政治史，希图从无数纷繁细碎的史料中，选取能反映西北古代政治发展线索、总体面貌和特点的材料，恢复历史的概貌，重构其发展轮廓，同时，发掘具有时代和学术价值的亮点。在研究方法上，以文献和考古资料分析法为主，辅之以统计法、比较法、逻辑推理法等，可称为综合的方法。作者想在理清西北政治史发展脉络的基础上，重点从制止叛乱分裂、维护统一、稳定大局、创新管理措施、促进经济开发、兴办教育、处理民族宗教问题等方面总结经验，形成系统而切合实际的认识，为西北地方行政管理和经济、文化开发提供必要的参考系。作者自知眼高手低，志大才疏，做得很不理想，敬祈读者多加批评！

第一章　先秦时期西北的政治

中国的西北是中华文化的发祥地之一。从距今七八十万年前的蓝田猿人，历经旧石器时代、新石器时代，直到文明的初曙亮起以后，西北先民在这一时间的隧道里留下了极为丰富的遗存。进入文明社会，活动于西北的氐、羌以及周人、秦人等古先部族，都与中原内地最早出现的文明民族比肩而立，共同谱写了中华文明的最初篇章。

第一节　西周以前的西北及周族的兴起

一、西周以前的西北

西北地域辽阔。先秦时期，陇山东西政治文明的发育程度差别很大。当西北东部关中平原已经沐浴在夏、商文明的阳光之下时，陇山西边西北中西部广大地区见于记载的人们共同体，如氐、羌、周人、秦人等还都与更多的戎族一起滞留在远古蛮荒时代。在这些人们共同体中，周人和秦人的社会发展水平高于氐羌，氐羌又高于其他戎族。由此可见，即使在陇山西部地区，各部族的发展程度也是不平衡的。

关中地区的情况与陇山以西大不相同。早在陕西龙山文化时期,[①]即夏朝建立前后,关中地区的先民们就已经和夏人一样进入或接近文明时代的门槛了。史载当夏启继禹而立,将部落首领的禅让制转变为传子制度以后,活动于今关中地区的"有扈氏不服,伐之,大战于甘……遂灭有扈氏"。[②] 有扈氏是当时关中地区的一个方国,在今陕西户县北,甘是有扈氏南郊的一个地名,位于今陕西户县西南。传说著名的《尚书·甘誓》,就是夏"启与有扈战于甘之野"[③]时作的。夏朝统一了有扈氏,关中一带就成了夏王朝的统治区。

商朝建立后,"周邦"仍然辖属于商,并继夏之后,周族的先公先王历世有人在商政权中供职。商后期,周族已经强大,它联络周边部族,实行以德治国,蓄锐待发,积极准备灭商。殷纣王的"三公"之一姬昌(文王)晚年,周族势力空前地膨胀,"三分天下有其二",然在政治上继续服事于殷。周族的"德治"思想和策略深得后来孔子的称赞。孔子说,"周之德,其可谓至德也已矣"。[④] 周族的政策得到了当时各诸侯国的拥护,史载当周武王伐殷至盟津时,"诸侯叛殷会周者八百",[⑤]可见其政治策略取得了极大的成功,周族与东方大国殷的政治比较优势已经非常明显了。

二、周族的来源与兴起

周族是在中国西北发展起来的与夏、商鼎足而立的一支政治势力。从夏朝到秦统一这段时间,当中原内地建立起夏商奴隶制国家的时候,西北东部有一小部分地区被圈进夏商王朝的版图,而大部分地区仍然是氐、羌和数以百计的西戎部族驰骋狩牧的场所。与此同时,周人也已经开始在西北地

---

① 距今约4 000—5 000年的龙山文化,因1928年首次发现于山东章丘县龙山镇的城子崖而得名,分山东龙山文化、河南龙山文化和陕西龙山文化三种类型。陕西龙山文化分布于陕北、关中和陕南广大区域。其与河南龙山文化一起又被称作"中原龙山时代文化"。

② 《史记》卷2《夏本纪》。

③ 《尚书·甘誓》。

④ 《论语·泰伯》。

⑤ 《史记》卷3《殷本纪》。

区活动了。

据《史记·周本纪》记载，周族的先祖“后稷，名弃，其母有邰氏（在今陕西武功县西——引者注）女，曰姜原。姜原为帝喾元妃”。这就是说，周人与殷人同出于帝喾部落，同祖同宗。① 《史记》作者司马迁持中华各族一元的民族起源观，其说法有待进一步考证研究。但周人是从今陕、甘一带崛起则没有疑问。

《诗经》中叙述周人的来源云：

> 厥初生民，时维姜嫄（原），生民如何？克禋（yīn）克祀。以弗无子，履帝武敏歆。攸介攸止，载震载夙。载生载育，时维后稷。②

诗中履为践义，武为迹义，敏为脚拇趾，歆为忻义。这句是说周族的始祖、第一代后稷弃是其母姜嫄踩了神人“帝”的脚趾印迹，心中感悦而生的。结合《史记》“姜原为帝喾元妃”的说法，诗中的神人“帝”当是指帝喾。上古的人间帝王在人们心目中都是亦人亦神，神人合一的，这既是当时人的世界观使然，又是统治者麻痹民众，强化统治的政治需要。

弃为后稷，大约在陶唐、虞、夏这一时段。由于尧、舜、禹诸帝德美政清，弃也有能有德，作为农官适逢其时，因而政绩突出，为本族政治势力的发展奠定了基础。

弃之后，周族的邦君依次是不窋—鞠—公刘—庆节—皇仆—差弗（费）—毁隃—公非—高圉—亚圉—公叔祖类—公亶父—季历—昌（文王）。③

不窋（zhú）是弃之子，他做夏朝的农官时，恰遇夏政中衰，太康失国，废稷之官，不复务农。不窋失去后稷的官职，乃“奔戎狄之间”，与活动在今陕、甘、宁一带的戎狄民族交错而居，并与羌族的姜姓部落结成联盟，互通婚姻。不窋死，其子鞠立。鞠死，其子公刘立。公刘虽居于戎狄之间，但他重修后

① 《史记·殷本纪》云：殷先祖“契，母曰简狄，有娀氏女”，她也是“帝喾次妃”，娀字古与“戎”通用，又说明契的母系出自戎族。

② 《诗经·大雅·生民》。

③ 《史记》卷4《周本纪》。

稷之业，尽力农耕，部族壮大，建立了军队。同时，率众迁都于豳（今陕西旬邑县西），周族在这一时期得到迅速的发展。① 公刘死后，周族又经过了庆节、皇仆、差弗（费）、毁隃、公非、高圉、亚圉、公叔祖类等世。公叔祖类卒，子公亶父立。公亶父复修后稷、公刘之业，积德行义，国人皆戴之。然而就在这个时候，周族受到了北方薰育（匈奴族的先民）及其他戎狄部族的武力威胁，乃从豳向南，度漆水、沮水，翻过梁山（在今陕西乾县北），来到岐山南麓（今陕西岐山县北）的周原。此后，“古公乃贬戎狄之俗，而营筑城郭室屋，而邑别居之”，“作五官有司”，②并以周原为都邑，开始了“翦商”的活动。周族的社会经济、政治在公亶父时得到了迅速的提升，因而他被后人尊为“太王”。

太王死后，幼子季历继位。季历继承太王的事业，并大力兼并周边的戎狄部落，扩张势力范围。据《竹书纪年》记载，周“伐西落鬼戎，俘二十翟王”，“伐余无之戎，克之”，“伐翳徒之戎，捷其三大夫”。这一系列军事扩张活动的成功，拓展了周邦的版图，壮大了其国力、军力，稳定了后方。周人乃开始向商王朝的核心区域进逼。

统观周族的发皇史，可以看到以农立国，以农兴邦，是周族崛起的核心基础和条件。关中平原适合于农业生产，有得天独厚的水利条件，从原始社会以来，这里就有农业。周族始祖弃早在儿时便喜欢玩种植农作物的游戏，长大后擅长于农耕生产，他曾被帝尧任命为农师，被帝舜封于邰（今陕西武功县西）——这是他母亲部族的所在地，是他出生和生活过的地方，官号曰后稷，别姓姬氏。周族的另一先祖公刘迁居于豳后，建造房屋，定居生活，同时“逝彼百泉，瞻彼溥原”，“相其阴阳，观其流泉”，“度其隰原，彻田为粮”，还养猪造酒，使大家“食之饮之”，从而得到部民的拥戴，“君之宗之”。③ 我们尚不敢根据这些诗句，就直言公刘时周族已经有了灌溉农业，但其农业的发展及其在社会生活中的作用则是显而易见的。难怪司马迁说：“周道之兴

① 《史记》卷4《周本纪》。
② 《史记》卷4《周本纪》。
③ 《诗经·大雅·公刘》。

自此后,故诗人歌乐,思其德。”①公刘之后,高圉、太王(公亶父)也“能帅稷者也”,②故得到周人隆重的报祭。《诗经》中还有许多时人歌颂周族农业文化的篇章,以下再引两段,以证周族以农兴邦的历史:

诞后稷之穑,有相之道。茀厥丰草,种之黄茂。实方实苞,实种实褎。实发实秀,实坚实好。实颖实栗,即有邰家室。

诞降嘉种,维秬维秠。维穈维芑,恒之秬秠。是获是亩,恒之穈芑。是任是负,以归肇祀。③

三、周灭商,建立更加强大的政权

周季历在位时,商朝由武乙、文丁当政。季历开头对商采取交好的政策。商王武乙三十四年,季历朝见商王,受到商王的赏赐。商王文丁四年,季历以伐戎狄有功,商王封其为“牧师”,又以女妻之。不久,商王文丁猜忌周族的不断强大,杀死了季历。

季历死后,其子姬昌继立,他就是历史上有名的周文王。文王一方面继承后稷、公亶父发展农业的政策,壮大国力和军力,另一方面又遵循古公、季历礼贤下士的优良作风,广收天下人才,“士以此多归之”,这些人才在周人灭商的过程中发挥了巨大的作用。如姜尚(姜子牙)被周文王拜为军师,尊称为太公。太公为文王、武王灭商出谋划策,“天下三分,其二归周者,太公之谋计居多”。文王在位时,周邦表面上仍臣服于商。然而实际上却在积极准备推翻商王朝。经过文王在位五十多年的努力,周的国力已经大大地增强。面对政治腐败、日益衰落的商王朝,周已改变了过去“服事殷”的政治态度,开始进行了一系列灭商的军事行动。

周文王首先向西北方向用兵,先后征服了犬戎(在今陕西北部洛河上游、甘肃环县一带)、密须(治今甘肃灵台县西)两个小国。接着,文王挥师东进,击败耆(又称黎,在今山西长治市南)、邗(又称盂,在今河南博爱县西)等

---

① 《史记》卷4《周本纪》。

② 《国语》卷4《鲁语》。

③ 《诗经·大雅·生民》。

商王朝的属国。紧接着，文王又进攻崇国（在今河南嵩县），并稳固地占有了关中平原大片丰饶的土地，使这里成为其灭商的又一物资供应基地。文王灭崇之后，把国都由岐迁到丰（在今陕西长安县沣水西岸），次年，文王去世。其子姬发继位，是为周武王。武王任命太公望为师，周公旦为辅，分别负责军、政事务，召公等人亦为重要的辅佐大臣。他继承父志，开始了讨伐商纣的战争。

其时，武王“东观兵于孟津”（今河南孟津县），有800多部落首领前来盟会。不久，他率领戎车300乘，虎贲3 000人，甲士45 000人，以及各诸侯国的盟军，渡过黄河，于武王十一年正月甲子抵达商郊牧野（今河南淇县以南，汲县以北地区）。武王姬发在牧野举行誓师大会，他“左杖黄钺，右秉白旄以麾”，面对着友邦冢君、御事、司徒、司马、司空、亚旅、师氏、千夫长、百夫长，及庸、蜀、羌、髳、微、卢、彭、濮人，历数商王纣的罪恶云：

> 古人有言曰：牝鸡无晨。牝鸡之晨，惟家之索。今商王受，惟妇言是用，昏弃厥肆祀，弗答。昏弃厥遗王父、母弟，不迪。乃惟四方之多罪逋逃，是崇是长，是信是使，是以为大夫、卿、士，俾暴虐于百姓，以奸宄于商邑。①

武王姬发表明他是“恭行天之罚”，即替天惩罚商纣，并鼓励将士们要威武勇猛得“如虎，如貔，如熊，如罴”，②着实用力在牧野大战一场；并注意不要杀降，以留给我们役使。这篇著名的誓词即《牧誓》，至今仍保存在《尚书》中。

纣王得知周师来伐，组织了70万军队，③“殷商之旅，其会如林”，④与周师在牧野展开激战。由于商军离心离德，无心为纣王卖命，甚至前徒反戈一击，配合周军反攻纣王。结果商军全线崩溃。商纣王逃回朝歌（今河南淇县）自焚而死，周军占领商都，商王朝至此灭亡。

---

① 《尚书·牧誓》。
② 《尚书·牧誓》。
③ 《史记》卷3《殷本纪》。有学者疑此处“七十万”为17万之误。
④ 《诗经·大雅·大明》。

四、周公旦的政治建树

周灭商、巩固政权的关键人物之一是历史上著名的周公旦或叫作周公。

武王于灭商后的第二年病死。其子诵继位，是为成王。当时成王尚幼，周王朝内有管叔、蔡叔等各怀野心，外有武庚及徐、奄等部商朝残余势力伺机复辟，周公旦摄理朝政，并在政治上做了3件大事：

一是平息了东方的大规模叛乱。武王于灭商后不久就去世了。成王年幼继立，周公旦辅政。这时候，周朝所任命管理商王故地的纣王之子武庚，联合周王派去监视他的“三监”（指管叔、蔡叔及霍叔），并联络淮夷、徐、奄、薄姑等方国发动了大规模的叛乱。周公毅然率兵东征，血战三年后才将其镇压下去，稳住了西周的统治基础。正如《孟子·滕文公下》所云：周公“伐奄三年，讨其君，驱飞廉于海隅而戮之，灭国者五十”。经过这一战役，周朝的政治局势才由动荡不安趋向稳定。

二是封建诸侯国。为了巩固平息叛乱的成果，周公在平定叛乱的基础上，“封建亲戚，以蕃屏周”，①即采取了分建诸侯国的政治措施。《史记·宋微子世家》云：“周公既承成王命，诛武庚、杀管叔、放蔡叔，乃命微子开（启）代殷后，奉其先祀，作《微子之命》以申之，国于宋。”同书《卫康叔世家》云：“周公旦以成王命兴师伐殷，杀武庚禄父、管叔，放蔡叔。以武庚殷遗民封康叔为卫君，居河淇间故商墟。”与此同时，周公还组织营建东都洛阳，并把参与叛乱的殷顽民强行迁往成周，在王城派驻八师军队，以监视殷遗民和整个东部地区。

三是建立健全了职官制度。《尚书·周官》说：“成王既黜殷命，灭淮夷，还归在丰，作《周官》。”实际上，当时成王年幼，周公摄政，因此，这篇以成王名义发布的《周官》是周公所采取的政治措施。《周官》回顾了唐、虞、夏、商以来设官定职的历史，总结出“明王立政，不惟其官，惟其人”。就是说，能否将国家治理好，不在官员人数的多少，而在于官员素质的高低。在这一认识

---

① 《左传·僖公二十四年》。

下，确定周朝的主要职官。其文云：

> 今予小子，祇勤于德，夙夜不逮。仰惟前代时若，训迪厥官。立太师、太傅、太保，兹惟三公。论道经邦，燮理阴阳。官不必备，惟其人。少师、少傅、少保，曰三孤，贰公弘化，寅亮天地，弼予一人。冢宰掌邦治，统百官，均四海。司徒掌邦教，敷五典，扰兆民。宗伯掌邦礼，治神人，和上下。司马掌邦政，统六师，平邦国。司寇掌邦禁，诘奸慝，刑暴乱。司空掌邦土，居四民，时地利。六卿分职，各率其属，以倡九牧，阜成兆民。六年五服一朝，又六年王乃时巡，考制度于四岳。诸侯各朝于方岳，大明黜陟。

与此同时，周公还以成王的名义，对百官从严肃政令、培养官风、廉洁勤政、养成忧患意识、举荐人才等方面，给予指示和提出许多具体的要求。《尚书大传》概括周公这一时期的功绩云：周公“一年救乱，二年克殷，三年践奄，四年建侯卫，五年营成周，六年制礼乐，七年致政成王”。这些，应包括了周公摄政时的主要政治活动和对周室的贡献。

第二节　秦人在西北的崛起

一、秦人的族源及其崛起

秦人和秦朝也是从中国西北崛起的。据《史记》卷5《秦本纪》根据传说记载，秦人的先祖是帝颛顼的后裔。颛顼裔孙女修吞玄鸟卵生大业，大业娶少典氏女生大费。大费“与禹平水土”，禹荐之于帝舜，得到舜的表彰，并妻之以姚姓之女。于是，大费又“佐舜调驯鸟兽，鸟兽多驯服，是为柏翳。舜赐姓嬴氏”。① 即是说，大费就是传说中的柏翳（又作伯翳、伯益），秦人得姓嬴氏是由舜帝赐予而从大费开始的。

① 《史记》卷5《秦本纪》。

大费生子二人，一叫大廉；二叫若木。其子孙有的居住在中原，有的生活在夷狄之中。大费玄孙出若木一系的有个叫费昌，生当夏桀之时，他“去夏归商”，做了商汤的御手即车夫。大费子大廉的玄孙叫孟戏中衍，其人行动像鸟一样敏捷，被商王太戊征为御手，并配给王室之女。从中衍之后，秦人的先祖对商王朝世世有功，“故嬴姓多显，遂为诸侯”。①

中衍的玄孙叫中潏，在西戎，保西垂（又叫西犬丘，在今甘肃天水秦城区西南），生蜚廉。蜚廉生恶来。恶来体力强大，而蜚廉跑得很快，父子二人都以材力供职于殷纣。周武王伐纣时，恶来被武王杀死。蜚廉另一子名叫季胜。季胜生孟增。孟增得到周成王的信任，其子衡父生造父。造父以善御得宠于周缪王，封于赵。造父一枝由此为赵氏。

恶来革也是蜚廉的儿子，早死，留有一子叫女防。女防生旁皋，旁皋生太几，太几生大骆，大骆生非子。非子居犬丘（今陕西兴平县），好马及畜，善养息之。犬丘人言之周孝王，孝王召使主马于汧、渭之间，马大蕃息。孝王分土邑之于秦（又叫西犬丘、西垂，在今甘肃天水秦城区西南），号曰秦嬴。

秦嬴生秦侯。秦侯生公伯，公伯生秦仲。秦仲当周厉王时，适逢西戎反王室，灭犬丘大骆之族，周宣王即位后，以秦仲为大夫讨伐西戎，秦仲被西戎杀死。其长子庄公为西垂大夫，居西犬丘。庄公子襄公徙都于汧（今陕西陇县）。

秦襄公七年，西戎、犬戎与申侯联合伐周，杀周幽王于郦（骊）山下。周避犬戎之难，东徙雒邑（今河南洛阳市），秦襄公攻戎救周有功，又以兵送周平王。平王感激，封襄公为诸侯，赐之岐以西之地。周平王元年（前770），秦国正式列为周朝的诸侯国。

---

① 《史记》卷5《秦本纪》。

二、秦穆公和秦孝公振兴秦国的措施

从秦襄公开始,又经过31代到秦王政,①秦乃统一六国,建立了统一的封建王朝。

其间,除秦襄公攻戎救周,提升秦到诸侯的政治地位,襄公以下对秦国政治、经济发展贡献最大的两个国君乃是秦穆公和秦孝公。

秦穆公的主要成就是东服强晋,西霸戎夷,扩大了秦的地盘。它即位的头一年(前659),就率军战胜了茅津之戎。秦穆公五年(前655),又罗致并重用年已七十余岁的政治家百里奚,委之以国政。百里奚是秦穆公用五张黑羊皮从"楚鄙人"那里赎回来的,故号曰五羖(gǔ)大夫。他又向秦穆公推荐了其好友、政治家蹇叔,于是秦穆公使人厚币迎蹇叔,以为上大夫。

秦穆公十五年(前645),秦国与其东临晋国战于韩原(今山西河津县),在百里奚和岐下野人②的谋划、帮助下,秦军转危为安,打败晋军,活捉了晋惠公夷吾。夷吾被放归后献其前此答应的西河八城,使秦的疆域东扩到了黄河边。

秦穆公二十年(前640),秦灭梁、芮两国。

秦穆公二十三年(前637),晋惠公卒,秦乃迎晋公子重耳于楚,帮其返国,次年(前636)二月,重耳立为晋君,是为晋文公。这年秋,周襄王之弟名叫带的从翟地进攻王室,周襄王逃到郑。他使人告难于晋、秦两国。秦穆公将兵,与晋文公一起护送周襄王返回王城,杀死了王弟带。由此可见秦的政

---

① 这31代秦先公先王依次是:秦襄公(前777年即位,以下均为即位年代)—秦文公(前765)—秦宁公(前715)—秦出公(前703)—秦武公(前697)—秦德公(前677)—秦宣公(前675)—秦成公(前663)—秦穆公(前659)—秦康公(前620)—秦共公(前608)—秦桓公(前603)—秦景公(前576)—秦哀公(前536)—秦惠公(前500)—秦悼公(前490)—秦厉共公(前476)—秦躁公(前442)—秦怀公(前428)—秦灵公(前424)—秦简公(前414)—秦惠公(前399)—秦出子(前386)—秦献公(前384)—秦孝公(前361)—秦惠文王(前337)—秦武王(前310)—秦昭襄王(前306)—秦孝文王(前250)—秦庄襄王(前249)—秦王政(前246)。

② 《史记》卷5《秦本纪》云:"初,穆公亡善马,岐下野人共得而食之者三百余人,吏逐得,欲法之。穆公曰:'君子不以畜产害人。吾闻食善马肉不饮酒,伤人。'乃皆赐酒而赦之。三百人者闻秦击晋,皆求从,从而见穆公窘,亦皆推锋争死,以报食马之德。"

治影响已经不小了。

秦穆公三十三年(前627)春,秦欲发兵袭郑,百里奚、蹇叔劝之,秦穆公不听,兵行至滑,中了郑商人弦高之计,①秦军不敢再往前进,遂就地攻下晋国的边邑滑。这时,晋文公丧而未葬。晋太子襄公发兵遮秦兵于殽,大破之,秦军几乎全军覆没。

秦穆公三十四年(前626),秦又伐晋,战于彭衙,再次大败而归。

正在这时,戎王使由余于秦。秦穆公了解到由余虽来自戎国,实为晋人,非常贤能,于是千方百计地要把此人从戎王那里挖来。他先是施美人计,以"女乐二八"遗戎王,以使他耽于玩乐,怠于政事。戎王果然受而悦之,终年不还。与此同时,秦穆公又离间戎王与由余的关系,迫使由余在戎国待不下去,终于逃离,归降于秦。穆公待以客礼,要求由余帮他伐戎。此人后来对秦国确实起了很大的政治作用。

秦穆公三十六年(前624),秦又派遣蹇叔之子孟明等将兵伐晋,秦兵渡河焚船,义无反顾,这一次获得大胜,占领了晋地王官及郊,晋人皆守城不敢出。

秦穆公三十七年(前623),"秦用由余谋伐戎王,益国十二,开地千里,遂霸西戎"。② 周天子使召公过贺穆公以金鼓。两年以后,即秦穆公三十九年(前621),秦穆公卒。

秦孝公的主要成就是励精图治,任用商鞅变法,决定性地提升了秦的国力、兵力,改变了秦国在诸侯国中的力量对比关系和落后局面。史载秦孝公元年(前361),(黄)河、(崤)山以东有六个强国,这就是齐、楚、魏和燕、韩、赵。淮泗之间,还有十余个小国。当时周室衰微,诸侯强盛,争相兼并。秦僻在雍州,不参加中原诸侯的会盟;中原诸侯也对秦以"夷翟遇之"。面对这一局势,秦孝公广布恩惠,振孤寡,招战士,明功赏。下令国中曰:

---

① 《史记》卷5《秦本纪》云:秦兵至滑,郑贩卖贾人弦高持十二牛将卖之周,见秦兵,恐死虏,因献其牛,曰:"闻大国将诛郑,郑君谨修守御备,使臣以牛十二劳军士。"秦三将军相谓曰:"将袭郑,郑今已觉之,往无及已。"遂灭滑。

② 《史记》卷5《秦本纪》。

昔我穆公自岐、雍之间，修德行武，东平晋乱，以河为界，西霸戎翟，广地千里，天子致伯，诸侯毕贺，为后世开业甚光美。会往者厉、躁、简公、出子之不宁，国家内忧，未遑外事，三晋攻夺我先君河西地，诸侯卑秦。丑莫大焉。献公即位，镇抚边境，徙治栎阳，且欲东伐复穆公之故地，修穆公之政令。寡人思念先君之意，常痛于心。宾客群臣有能出奇计强秦者，吾且尊官，与之分土。

于是乃出兵东围陕城，西斩戎之獂王。卫鞅（即商鞅）听到秦孝公正在招贤，便西入秦国，通过阉人景监求见孝公。秦孝公三年（前359），卫鞅说孝公变法修刑，内务耕稼，外劝战死之赏罚，孝公善之，乃拜卫鞅为左庶长，实行变法。关于商鞅变法的思想和实践，我们将于下节详述。

秦孝公十二年（前350），秦国经过变法，国力迅速提升，乃于此年建筑并迁都于咸阳（今陕西咸阳市东北）。在全国范围内将各个小乡、村落合并成31个大县，每县置一县令，为田开阡陌。秦国东界已达到洛水。

秦孝公十四年（前348），秦国开始征赋。

秦孝公十九年（前343），“天子致伯”。次年（前342），诸侯毕贺。秦使公子少官率师会诸侯于逢泽（今河南开封东北），朝见天子。

秦孝公二十二年（前340），卫（商）鞅率兵攻魏，虏魏公子卬。秦封鞅为列侯，号商君。

秦孝公二十四年（前338），秦孝公卒，子惠文君立。这年商鞅被诛。但秦国在诸侯国中的地位已是举足轻重了。

秦国在诸侯中政治地位的提高和后来统一六国，其原因是多方面的，留心待贤，远求异士是其中十分重要的一个方面。正如西晋大政治家段灼向皇帝上疏中所说的那样：

秦本伯翳之后，微微小邑，至秦仲始大，有车马礼乐侍御之好焉。自穆公至于始皇，皆能留心待贤，远求异士，招由余于西戎，致五羖于宛市，取丕豹于晋卿，迎蹇叔于宗里。由是四方雄俊继踵而至，故能世为强国，吞灭诸侯，奄有天下，兼称皇帝，由谋臣之助也。①

三、从畤祀看秦人的政治抱负

畤是先秦、秦汉时期诸侯、帝王祭祀天地的一种设施和形式。据《史记》记载，汉代就有人将它的出现追溯到黄帝时代，其文云："或曰：自古以雍州积高，神明之隩，故立畤郊上帝……盖黄帝时尝用事，虽晚周亦郊焉。"但司马迁又说"其语不经见，缙绅者不道"。② 就是说，西周以前有没有畤这种祭祀形式，汉代人已经说不清楚了。

有确切年代可考的畤建于周平王元年（前770）。这一年秦襄公"攻戎救周"有功，被封为诸侯，居西垂（汉陇西西县，今甘肃天水市西南），"自以为主少皞之神，作西畤，祠白帝"。③ 其后16年（前754），秦文公东猎汧渭之间，卜居之而吉。于是作鄜畤。作鄜畤之前，"雍旁有吴阳武畤，雍东有好畤，皆废无祠"。④ 鄜畤之作上距秦襄公列侯、作西畤才十数年，期间废某畤而不祠或有可能，但由秦侯建畤而复废之的可能性极小，我们由此推断，司马迁时代人们传言晚周雍州有畤并非空穴来风，立畤祀天的事最迟在周代即已经存在。

秦德公即位后的次年（前676）迁都于雍，他于当年就死了。继立的秦宣公于公元前672年在雍都渭河南又建了一座密畤，来祀青帝。入战国，秦灵公（前424—前415）作吴阳上畤祭黄帝；作下畤祭炎帝。吴阳其地在今陕西宝鸡市西北，因在吴山（又叫岳山、岍山）之阳而得名。据《史记·集解》引徐广曰：上、下畤之作距作密畤250年，与《史记·六国年表》所记相同，即秦灵公即位后的第3年（前422）。秦献公（前384—前362）十七或十八年，作畦

① 《晋书》卷48《段灼传》。
② 《史记》卷28《封禅书》。
③ 《史记》卷28《封禅书》。
④ 《史记》卷28《封禅书》。

畤于栎阳(今陕西临潼县东北),祭白帝,①这是秦国所建的最后一处畤。

秦国(朝)畤祭的对象前后有白帝、青帝、黄帝和炎帝。这里有个问题,一是在传统的五帝之祭中,秦先公先王何以对白帝情有独钟?《史记·封禅书》解释说:"秦襄公既侯,居西垂,自以为主少皞之神,作西畤,祠白帝。"这就是说,秦人祀白帝,是按周人五方上帝的天神观,自以为在周的西陲,因而选择祭祀主管西方的白帝。然而按《礼记·王制》的记载,"天子祭天地,诸侯祭社稷"。据此,诸侯无权祭祀包括白帝的"五帝",秦襄公之祭白帝意在自大,显然是一种僭越行为。

从秦宣公作密畤祀青帝,到秦灵公作上、下畤祭黄帝、炎帝,秦人祭祀的对象从主管西方的天帝扩大到了东、中和南方的天帝。祭祀权其实就是政治权力的一种象征,因此,秦人礼制上的僭越,明显地反映了他们政治欲望、兼并之心、东扩之志的逐步膨胀。然而秦先公先王在祭祀中始终不为北方黑帝设畤,这是什么原因呢?这里有一种可能,就是秦先公先王看到和承认当时北方少数民族势力的强大存在,把祭祀黑帝的权力留给了北方民族的首领。从积极的方面看,它说明秦先公先王尚有平等对待他族的观念;从消极方面看,则是秦国当时经济军事势力较弱,被东方诸国"戎翟遇之",而其本身则又不甘混名于戎翟,因而不情愿畤祭主管北方的天神。

秦王朝建立前后,其先公先王及秦始皇所建的祠庙很多,其中最尊贵的是雍四畤的四位天帝。各畤祭祀的形式,据载秦襄公畤祭白帝时,"其牲用骝驹黄牛羝羊各一"。② 骝,赤马黑鬣者也。羝,牡羊也。秦文公、秦德公祠鄜畤,所用也是"三牲"或"三百(为白字之误——引者注)牢"。③ 关于祭祀场所的设置,《史记》卷28《封禅书》记载秦献公所作畦畤较为典型。对于畦

① 《史记》卷28裴骃《集解》引晋灼曰:"《汉注》在陇西西县人先祠山下。"中华书局,1982年版,第1365页。又《史记》卷5《秦本纪》云:秦献公二年(前383)"城栎阳"。"十八年,雨金栎阳。"裴骃《集解》引徐广释"城栎阳"曰:"徙都之,今万年是也。"张守节《正义》引《括地志》云:"栎阳故城一名万年城,在雍州东北百二十里。"(第201页)可见,畦畤在雍州东北的栎阳(今陕西临潼县东北),因迁都而建,而不应在陇西西县。

② 《史记》卷28《封禅书》。

③ 《史记》卷28《封禅书》。又《史记》卷5《秦本纪》云:秦文公"十年,初为鄜畤,用三牢"。

畤的形状，裴骃《集解》引晋灼曰："《汉注》……形如种韭畦，畦各一土封。"司马贞《索隐》进一步引《汉旧仪》云：秦人"祭人先于陇西西县人先山，山上皆有土人，山下有畤，埒如菜畦，畤中各有一土封，故云畤"。又引《三苍》云："畤，埒也。"用今天的话来说，封是人工所起的土堆，埒是矮墙，畤是由矮墙围起来的土台，秦人祭天的典型场所畦畤，就是由多个矮墙围起来的土堆（台）组成。畦畤不在西垂前文已叙及，至于"人先祠山"则是另一回事。西垂"人先祠山"可能是秦人早期祭祀祖先的地方，将畤建在人先祠山下，说明秦人祭天的畤可能是由祭祖的形式发展而来；或秦先公先王有以祖宗陪祀天帝的礼仪制度。至于那形如韭畦，畦各一土封是各畤的共制还是畦畤所独有？那多个人造的土丘作什么用？是列置牲牢，供奉祖宗牌位，还是安顿陪祭神灵？这些问题还有待进一步的研究。

从秦襄公被封为诸侯，秦人就开始创建自己的畤文化，30 多代秦的最高统治者经历了 500 多年的时光，直到秦始皇统一六国，各代先公先王每有重大的政治设想和举动，都要畤祭上天，表明心迹，祈求天帝的保佑。正因为这样，考察畤文化对于研究该历史时期尤其是畤文化原创者秦先公先王的政治意向、礼法演变、民族关系及宗教追求等都有重要的意义。

第一，它反映秦先公从列为诸侯之日起就萌发了再接再厉，取周而代之的念头，而且这一念头随着"畤"的增设而表现出明显的发展演变轨迹。按周礼，除天子外任何人都无权祭天。但秦襄公于列为诸侯的第一年就建立了西畤，祭祀白帝，说明他"攻戎救周"成功后，雄心勃发，锐意方张，虽然只有周封的"岐以西之地"，经济军事势力尚小，但并不满足于"与诸侯通使聘享之礼"，因而公然违背周礼，"位在藩臣而胪于郊祀"，"僭端见矣"。① 十数年后秦文公建立鄜畤，同样暴露了他的不守本分。史载："秦文公东猎汧渭之间，卜居之而吉。文公梦黄蛇自天下属地，其口止于鄜衍。文公问史敦，敦曰：'此上帝之征，君其祠之。'于是作鄜畤，用三牲郊祭白帝焉。"②很明显，秦文公立畤祀白帝，目的完全在于应验"上帝之征"，觊觎人间最高统治

① 《史记》卷 15《六国年表》。
② 《史记》卷 28《封禅书》。

权。

透过畤坛考量秦先公先王的政治欲望，其间有一个从纯礼法到政治权力的发展过程。秦襄公立西畤、秦文公立鄜畤而祠白帝，都只表明他们自以为应“主少暤之神”，充其量不过是礼仪行为的越轨，尚无更多的政治要求。80多年后，秦宣公作密畤祠青帝、再过250年秦灵公作上、下畤祭黄帝和炎帝，反映秦先公们的政治野心已经从单纯礼仪行为的僭越发展到了对东、中、南方统治权力的要求。秦先公在僭祭西部天神的基础上，进而祭祀主管东、中、南方的天帝，就是以人间的四方之主自居了。由此可见，秦国萌生灭诸侯，代周王，作天下共主的意念，最迟当从秦灵公产生。

第二，它反映出秦先公先王们在祭天仪制上既续接了周礼的传统，又不为其所束缚，敢于和善于因时制宜，创新礼法的精神。如前所述，设畤祭天不自秦始。秦先公们沿袭前代的这一礼仪传统，又在祭祀对像、义含、场所、规制等方面作了许多的改造，如前所述。这一切，多与周礼古制不合，是一种原创性很强的新礼法。从思想倾向看，四畤也好，“三年一郊”也好，都服务于秦的政治目标和路线，寄托着秦先公先王及秦始皇的政治诉求，行动计划，精神动力和宗教信仰。秦人的这一睿思、改革和在宗教仪法上的重要建树，是春秋、战国时期其他诸侯国所没有的。畤文化从西垂兴起，逐渐东扩，随着秦始皇统一六国，终于变成全国性、历史性的一种礼仪制度和形式，上承殷周，下传西汉，引领了一个时代的礼仪风俗，在中国礼仪制度史上占有重要的地位，也是西北文化史的一件大事。它的出现和发展无疑反映了秦先公先王直到秦始皇一以贯之的政治胆略和礼制创新精神。

第三，反映了秦人与西部少数民族文化交流的迹象。秦人生活的关陇尤其陇右，自古就是多民族聚居区。春秋、战国以来，这里的少数民族氐、羌、月氏、匈奴等大都有信天、祭天的风俗。如《史记》卷110《匈奴传》记载，匈奴人每年五月，“大会茏城，祭其先、天地、鬼神”。同卷又记汉武帝时霍去病将万骑出陇西，过焉支山千余里，击匈奴，“破得休屠王祭天金人”。裴骃《集解》引《汉书音义》曰：“匈奴祭天处本在云阳甘泉山下，秦夺其地，后徙之休屠王右地，故休屠有祭天金人，象祭天人也。”秦与匈奴等少数民族壤地相接，部族混杂，风习相染，故其先公先王在制定祭天仪制时难免受夷狄风俗的影响。前引《史记·封禅书》秦献公作畦畤祀白帝那段话下，司马贞《索隐》引《汉旧仪》所说秦人"祭人先于陇西西县人先山，山上皆有土人，山下有畤，埒如菜畦，畤中各有一土封，故云畤"，这段话似乎反映出秦人祭天时有祖先配祀，或在祭"人先"（即先人或祖先）时也立畤，其具体形式是山上有土人，山下有畤。"土人"就是泥塑的人像，它的作用相同于匈奴的祭天金人。秦先公祭祀中的这一做法，从一个侧面反映了它与匈奴等少数民族风俗文化交流的事实。《史记·六国年表·序》有"秦杂戎翟之俗"的说法，祭祀时陈列偶像，若不是匈奴向秦人学的，就是秦人向戎翟（如匈奴）学来的一种风俗。此习到后世愈染愈深。汉武帝"作甘泉宫，中为台室，画天地泰一诸鬼神，而置祭具以致天神"，①不就是秦人设像祭拜的翻版？

第四，它反映了秦国（朝）最高统治者的宗教追求和取向。过去，人们对秦王朝建立前后及汉代最高统治者的宗教追求关注甚少，或很模糊。在谈到秦汉政治指导思想的时候，多强调秦的尚法，汉初的黄老信仰和汉武帝以后的崇儒。这是对的。然而在秦汉思想或宗教文化领域还有一个共同性的倾向，那就是秦汉两代最高统治者都深信阴阳五行，"五德终始"的学说，而且以之作为最高层面的信仰和政治实践的指导。譬如秦朝是一个"事统上法"的政权，这一方面是继承了商鞅变法以来的政治思想传统，另一方面又受到阴阳五行学说的影响。《史记·封禅书》说秦始皇统一后，确定秦在"五德"中为"水德之时"，"事统上法"。裴骃《集解》引服虔曰："政尚法令也"，又引瓒曰："水阴，阴主刑杀，故尚法。"看来秦国连传统尚法的政治思想都要以阴阳五行学说为依据进行论证，可见指导秦朝政治的深层思想不是法家学说，而是当时时新于各国之间的阴阳五行说及其在国家政权更替上的理论"五德终始说"。

① 《汉书》卷25上《郊祀志》。

第三节 先秦西北的民族及民族政治

一、西戎:先秦西北的主要民族

西北自先秦以来,就是一个多民族聚居的地区。先秦西北除了华夏族以外,还活动着诸多少数民族或部族,[①]通称为西戎、氐、羌等,它们与华夏族一样,源出于中国新石器时代的原始先民,只是由于自然地理条件、生产力和文化发展程度的不同,才有了华夏与四夷的区别。

《史记》卷1《五帝本纪》云:传说中的尧时,有个名叫讙兜的大臣荐举共工,尧说不行,放到“工师”那里考察了一下,共工果然胡作非为。有个称作四岳的方伯举荐鲧治洪水,尧以为不行,四岳坚持要求试验,结果不成功,还给百姓带来很多麻烦。又三苗部落经常在江淮、荆州一带制造乱子。于是舜建议帝(尧),“请流共工于幽陵,以变北狄;放驩兜于崇山,以变南蛮;迁三苗于三危,以变西戎;殛鲧于羽山,以变东夷”。[②]《正义》引《括地志》云:“三危,俗亦名卑羽山,在沙州敦煌县东南三十里。”这就是说,当尧迁三苗“以变西戎”的时候,西戎已经存在于三危山一带了,它是当地的土著居民。这段话还反映出,早在传说中的尧时,就已经有了“中国”和蛮、夷、戎、狄五方五族的观念,中国的四夷民族是与“中国”或华夏同时出现的。《史记·五帝本纪》又说虞舜“南抚交趾、北发(户),(西)西戎、析枝、渠廋、氐、羌,北山戎、(北)发、息(肃)慎,东长(夷)、鸟夷。四海之内,咸戴帝舜之功”。[③]说明帝舜时代四夷已经不是四方四个单纯的部族,而已经各自发展成为许多部族了。其中西部有“西戎、析枝、渠廋、氐、羌”等。成书比《史记》更早的《墨

① 部族在中国古文献中一般指聚居在一起的家族及其武装。这里则是指从原始部落到民族的过渡阶段和形态,其特点是以地缘关系为纽带组成新的人们共同体,同时保留了氏族部落的社会组织细胞。

② 《史记》卷1《五帝本纪》。

③ 《史记》卷1《五帝本纪》。

子》卷6《节葬下》中有“舜西教乎七戎”的话。[①] 宋王应麟《诗地理考》引《尔雅·释地》疏则云：“戎类有六：侥夷、戎夫、老白、耆羌、鼻息、天刚。”[②]虽然古书记载这些“戎类”的具体族数不完全一样，其更详细的情况已无可考，但我们根据这类记载，至少可以看到当时的“戎”已不是一个单纯的部族，而是一个部族群的称号。它们与其他三方夷人都服从舜的统一管理。

春秋战国时期，戎族的政治军事活动很频繁。据统计，戎在《尚书》中出现12次，在《左传》中出现188次，在《国语》中出现171次，在《竹书纪年》中出现172次，这充分说明了戎族生命力的旺盛。西戎活动的核心地区，大抵东自关中，西至敦煌，北抵河套，南逾湟水。各地区的戎族部落没有统一的名称，“居何地即以何地之名施之”。[③] 到战国秦穆公（前659—前621）时代，北方和西北各地的戎狄，仍然是“各分散居溪谷，自有君长，往往而聚者百有余戎，然莫能相一”。[④] 就是说，它们活动的大范围基本相同，生产生活状况差不多，也有一定的民族认同感，组织分散，政治上互不统属，社会形态还很落后。其时活动于今西北，见于记载的戎族，主要有绵诸、绲戎、姜氏之戎、允姓之戎、骊戎、邽戎、冀戎、豲戎、申戎、义渠戎、犬戎、西落鬼戎、大荔戎、彭戏氏、乌氏戎、朐衍之戎等。还有一些戎族部落乘周王室衰微，边防空虚，与东夷、南蛮、北狄一样不断地向中原内地或其他地区迁徙。于是西戎的活动范围乃逐渐扩大到了今河北、河南、辽宁、山东、湖北、安徽等地。

这里有两点需要注意：一是西戎与析枝、渠廋、氐、羌等的关系。“西戎”一词的含义有两种：在一些著作或提法中它专指西北某一特殊民族或部族。如上引“西戎、析枝、渠廋、氐、羌”一段史料中，西戎与其他几个部族并列，是指五帝时代与氐羌等族同时并存的一个特殊的民族或部族。它们都是从原始部落发展起来的以地域纽带相联系的人们共同体。在历史发展的长河中，析枝、渠廋等部族逐渐融合到其他人们共同体中去了；而西戎、氐、羌则

---

① 《史记·五帝本纪·正义》引《尔雅·释地》也有“九夷、八狄、七戎、六蛮，谓之四海”的说法。

② 王应麟撰：《诗地理考》卷3《四海》（文渊阁《四库全书》本）。

③ 鲍升：《春秋国名考释》卷下。

④ 《史记》卷110《匈奴列传》。

从传说中的尧、舜时代出现后，繁衍发展，一度成为西北强大的民族。西戎到战国末就融入他族了，氐族延续到魏晋南北朝才退出历史舞台，而生命力最强的羌族则一直延存到今天。

我们看到，在另一些著作或提法中，“西戎”一词通指西北的所有民族或部族。如《礼记·曲礼下》所说的“东夷，北狄，西戎，南蛮”，其中的“西戎”就是统称西部的民族或部族，其中包括氐、羌。《诗·小雅·采薇序》中说，文王时，“西有昆夷之患，北有玁狁之难”。《笺》云：“昆夷，西戎也。”也是以西戎为总名，而将“昆夷”看作西戎的一个部族。在阅读古籍时，对于“西戎”的含义应作具体的分析理解。

二是西戎与华夏族的关系。从先秦到汉代的《史记》等著作，多将西戎与华夏的关系说成是同源共祖，一根多枝的兄弟，其差别主要表现在文化发展程度上。如《国语·周语上》记载内史过(人名)的看法云：

> 古者先王既有天下，又崇立上帝、明神而敬事之，于是乎有朝日，夕月以教民事君。诸侯春秋受职于王以临其民，大夫、士日恪位著以儆其官，庶人、工、商各守其业以共(供)其上……犹有散、迁、懈慢而著在刑辟，流在裔土，于是乎有蛮、夷之国。

按照这一说法，蛮夷之国就是古时放散、迁转、懈怠懒惰，不守礼法，而应治罪的人，逃亡或被先王发落到边远地区后建立的部落制国家，这一看法中包含着四夷是华夏流裔的观点。《国语·晋语四》记载中华共祖炎、黄二帝的传说云：“昔少典娶于有蟜氏，生黄帝、炎帝。黄帝以姬水成，炎帝以姜水成。成而异德，故黄帝为姬，炎帝为姜。二帝用师以相济也，异德之故也。”史家一般认为姜即羌，姜戎就是羌戎，它是生活在西北地区的古老民族。上述为人们熟知的记载，实际是说羌戎与姬周同祖，他们都是黄帝的裔孙。《左传·襄公十四年》记戎子驹支回答范宣子的责难时说：“昔秦人负恃其众，贪于土地，逐我诸戎，(晋)惠公蠲(显示)其大德，谓我诸戎是四岳之裔胄也，毋是翦弃。”反映了晋国统治者(惠公)的看法，他认为诸戎是传说中尧舜之臣四岳的后代。《山海经》卷17《大荒北经》云：“大荒之中，有山名曰融父山，顺水入焉。有人名曰犬戎。黄帝生苗龙，苗龙生融吾，融吾生弄明，弄明生白犬,白犬有牝牡,是为犬戎,肉食。”同样以戎人的一枝——犬戎为黄帝的后裔。应当说,中华各民族都有自己形成、发展的特殊历史,并不像引文中说的那样整齐划一。但从华夏、四夷大都是由中国原始先民发展演变而来这一角度看,人们把炎、黄二帝看作是中华各族象征性的祖先,同时把华夏与四夷说成是同祖共根的关系,这一说法是有道理而且有利于今天的民族团结的。

魏晋南北朝以后,古籍中的“西戎”就不再有某一特殊民族的含义了,它只被用来泛指西部各少数民族。如《三国志·魏书》卷30注引鱼豢《魏略·西戎传》,其所说的西戎,是西域各族、月氏后裔(葱茈、白马、黄牛羌)、乌孙、康居、大秦等,所指民族、地域范围都相当广泛。《晋书》卷97《四夷列传》所述的西戎,也是泛指吐谷浑、焉耆、龟兹以及大宛、康居、大秦等民族地区和国家。

二、西戎与中原王朝的互动

如前所述,西戎是先秦西北的主要少数民族或部族群体。其与华夏族的互动很频繁。周穆王时,西戎来宾。周懿王时,西戎侵镐。周孝王时,周伐西戎,西戎来献。周厉王无道,西戎反王室,灭犬丘大骆之族。周宣王(前827—前782)即位,使秦仲伐西戎,为戎所杀。宣王又召秦仲子秦庄公继续讨伐西戎,破之。①

中原王朝的统治者瞧不起戎人的文化发展水平。如周定王(前606—前586)认为戎狄粗俗,不懂华夏礼节,因而表现出强烈的民族优越感。他说:“戎、狄冒没轻儳,贪而不让。其血气不治,若禽兽焉。其适来班贡,不俟馨香嘉味,故坐诸门外,而使舌人体委与之。”②意思是说,西北戎狄冒昧、轻狂,进止无节,不知礼让,食肉不除去血腥气,与禽兽食肉差不多。他们前来进贡,不需要用佳肴美味招待,让其坐在门外,通过翻译将食品用手递给就行。这类说法在当时很普遍,是有代表性的。

---

① 《史记》卷5《秦本纪》。

② 《国语》卷2《周语中·定王论不用全烝之故》。

然而在政治层面上，中原王朝从上到下谁也不敢轻视戎人。如对于戎族与中原王朝的关系，早在西周前期，周穆王时的祭公谋父就有比较清醒的认识。当周穆王准备讨伐犬戎的时候，祭公谋父劝止说不可，一则“先王耀德不观兵”，即主张以德服人，而不随便炫耀武力。再说周族本身就是从戎狄间发展起来的：

> 昔我先世后稷，以服事虞、夏，及夏之衰也，弃稷不务，我先王不窋用失其官，而自窜于戎狄之间。不敢怠业，时序其德，纂修其绪，修其训典，朝夕恪勤，守以敦笃，奉以忠信，奕世载德，不忝前人。

他认为按照先王之制，戎、狄属于荒服，只要戎人承认周天子的正统地位，每一王终，新王继立，戎王能带上本国的珍宝土产来朝见一次天子，就是按“先王之训”办事了，即使有的不来朝贡，也应先从天子自身检查，注意“修德”，倡导仁义，而不是扰民远征。只要这样，四夷就会“近无不听，远无不服”了。现在犬戎氏已经做到了“以其职来王”，再去征伐，那不是废止先王处理华戎关系的成规，而自蹈危亡吗！犬戎秉性淳朴，循规奉职，始终不渝，现在朝廷不按先王之训办事，那是授人以柄，戎人将深知应当怎样来对付我方！这是从政治道义上立论的，同时也包含着对戎人实力的充分估计。穆王不听劝告，而坚持讨伐犬戎，结果无功而返，“自是荒服者不至”①。可见用武力征服的方式来处理华、戎关系，势必将戎人推到对抗的立场，而对中原王朝极为不利，所以遭到有见识政治家的坚决反对。到了西周末年，明眼的政治家都已经看出“王室将卑，戎、狄必昌”②的苗头了，甚至对于申、缯等戎将会联合伐周，“周不守矣”，“凡周存亡，不三稔矣”③的国家前景，也由史伯事先明确地说出来了，这对最高统治者来说，不啻是敲响了警钟或丧钟。

事实上，西周后期由于最高统治者不能妥善处理与戎族的关系，因而造成了灭国之祸。史家熟知的周幽王宠褒姒，废太子，立褒姒子为嫡，导致诸

① 《国语》卷1《周语上·祭公谏穆王征犬戎》。
② 《国语》卷16《郑语·史伯为桓公论兴衰》。
③ 《国语》卷16《郑语·史伯为桓公论兴衰》。

侯叛变，犬戎与申侯联合灭亡西周的事件，很大程度上就是由于民族问题而引起的。西周灭亡以后，连戎人扶上天子宝座的周平王也不敢继续在戎人的肘腋下生活，为了“辟戎寇”，他乃“东迁于雒邑”。① 这在华戎互动史上是戎人赢得最精彩的一局。

春秋战国时期，秦人崛起于西北。从秦襄公开始，就与西戎展开了激烈的争夺战争。《诗 · 国风 · 小戎》“备其兵甲，以讨西戎”，就是赞美秦襄公伐戎之举的。秦文公十六年（周平王二十一年，前 750），秦军击败西戎，“文公遂收周余民有之，地至岐，岐以东献之周”。② 秦武公（前 697—前 678）伐邽（在今甘肃天水市）、冀（在今甘肃甘谷县一带）之戎，以为县。秦穆公（前 659—前 621）用由余之谋，“伐戎王，益国十二，开地千里，遂霸西戎”。③ 降至秦厉共公十六年（前 461）“以兵二万伐大荔，取其王城”。④ 秦孝公（前 361—前 338）“西斩戎之貆王”。⑤ 秦惠文王十一年（前 327），“县义渠……义渠君为臣”。秦惠文王后元十年（前 315），“伐取义渠二十五城”。⑥ 秦昭襄王（前 306—前 251）时，“宣太后诱义渠王，杀诸甘泉，遂发兵伐义渠，灭之”。⑦ 此后，西戎在历史上销声匿迹，其余部，都融入氐羌等族了。

三、中原王朝管理西戎的成功经验

中国先民进入阶级社会以后，从部族进而演变为民族的戎羌等族，在中原的周边地区活动，甚至向内地迁徙，对中原王朝构成了严重的威胁。于是，从夏朝到商、周时期，中原王朝一直都很重视与周边包括西北民族的关系问题。中原王朝在治理包括西戎的周边民族上有以下几点成功的经验。

一是形成切合实际的思想方略。边疆各民族的生活区域不同，生产领

---

① 《史记》卷4《周本纪》。
② 《史记》卷5《秦本纪》。
③ 《史记》卷5《秦本纪》。
④ 《史记》卷5《秦本纪》。
⑤ 《史记》卷5《秦本纪》。
⑥ 《史记》卷5《秦本纪》。
⑦ 《资治通鉴》卷6，秦始皇三年，古籍出版社，1956 年版（下同）。

域、生活方式、民众爱好、传统习惯等都与内地有很大的差异,因而中原王朝在管理边疆民族的方式上就不能将其等同于内地诸侯国,它们摸索实施了一套灵活的切合实际的思想措施,概括起来就是“因俗而治”。

据记载,早在夏朝时期,统治者就在政治实践中摸索出了“因其故俗而治之”①的政治方略。商、周政治家循此以行,逐渐构建起了愈益完善的管理周边民族的策略思想和措施。《左传·定公四年》记载周公的弟弟唐叔分得“怀姓九宗,职官五正,命以《唐诰》,而封于夏虚”后,按照周公的教导,他在治理方略上,采取了“启以夏政,疆以戎索”②的措施。

这里的“启以夏政”,是指对怀姓九宗等华夏族居民实行夏朝传统的行政管理措施;“疆以戎索”,则是指在边疆少数民族聚居区,实行戎人的法度,也就是因其故俗而治之。《易·观·象辞》云:“先王以省方观民设教”,也是讲“先王”治理一方百姓,总是先了解当地的风俗习惯,然后才制定切合实际的政策法令。

“因俗而治”在先秦不仅有实践,而且已经形成了完整的理论形态。唐孔颖达《礼记正义序》认为,《礼记》是孔子殁后,“七十二之徒共撰所闻”而成。又引卢植云:《礼记·王制》篇是“汉文时博士所录”。③ 就是说,此篇原为学者之间口传,到汉文帝时才由博士将其“录”为纸本流传。《礼记·王制》中的“因俗而治”,是该文提炼出的最为光辉的一个政治思想方略。其文云:

> 广谷大川,民生其间者异俗。刚柔轻重,迟速异齐。五味异和,器械异制,衣服异宜。修其教不易其俗,齐其政不易其宜。中国、戎夷,五方之民,皆有性也,不可推移。东方曰夷,被发文身,有不火食者矣。南方曰蛮,雕题交趾,有不火食者矣。西方曰戎,被发衣皮,有不粒食者矣。北方曰狄,衣羽毛穴居,有不粒食者矣。中国、夷、蛮、戎、狄,皆有

① 《史记》卷2《夏本纪》集解。

② 阮元校刻:《十三经注疏·春秋左传正义》下册,卷54,中华书局,1980年版(下同),第2135页。

③ 阮元校刻:《十三经注疏·礼记正义序》上册,第1226页。

安居、和味、宜服、利用、备器。五方之民，言语不通，嗜欲不同，达其志，通其欲。①

这段文字在谈国家政权对边疆民族治理时是从各民族习俗的差异出发，且处处是从地方民族的角度来考虑问题。它把“达其志，通其欲”作为实现国家治理的手段和途径，具有一定的合理性。在治理方式上，强调“修其教不易其俗，齐其政不易其宜”，就是既要贯彻国家的政教原则，又不改变地方各族的传统习俗；既要用政策法令来维护社会秩序，又不废止各族历来形成的生活方式和习惯。这是一种极为深刻的思想认识，是中央治理地方及少数民族的切合实际的方略，既有历史和区域的普适性，又有政策的灵活性、伸缩性和可操作性，体现了先秦时期中央治理民族地区的最高思想水平和最佳方略，它被后世历代所沿袭。

二是建立相关的管理制度。如《周礼·秋官司寇》记载当时有专门管理地方、民族事务的职官：

掌交，掌以节与币巡邦国之诸侯，及其万民之所聚者。道王之德意志虑，使咸知王之好恶，辟行之，使和诸侯之好，达万民之说。掌邦国之通事，而结其交好，以谕九税之利，九礼之亲，九牧之维，九禁之难，九戎之威。

这是说，掌交这个职务的责任，是负责带着“节”和“币”等仪仗、礼物，前往各诸侯国巡查。要在各国百姓聚居的地方，宣讲王的恩德和政令，使诸侯国的贵族、百姓都晓得王所喜欢和不喜欢的事情，知道哪些事该做，哪些事不该做；同时上达百姓万民的呼声，协调朝廷与诸侯的关系。掌交又掌管朝廷与邦国之间的联络，通过他的活动，使诸侯对朝廷示好亲近，按时完纳贡税，遵守礼仪规定，维护地方安定，杜绝犯禁现象，保持一定的武装威慑力量等。

象胥（原注：通夷狄之语曰象。胥，其有才知者也），掌蛮、夷、闽、貉、戎、狄之国使。掌传王之言而谕说焉，以和亲之。若以时入宾，则协

① 《礼记·王制篇》。

> 其礼与其辞言传之。

是说象胥这个职官的任务，是掌管接待蛮、夷、闽、貉、戎、狄等边疆民族、国家的使者，负责向这些使者传达、解释国王的言教，使他们正确理解朝廷的旨意，与朝廷保持密切和谐的关系。各族首领按规定的时间前来朝贡，象胥要教给他们朝见天子的礼仪和适当的言辞等。

又同书《夏官司马》云：

> 职方氏掌天下之图，以掌天下之地。辨其邦国都、鄙、四夷、八蛮、七闽、九貉、五戎、六狄之人民，与其财用、九谷、六畜之数要，周知其利害。乃辨九州之国，使同贯利。

指职方氏这个官职，掌管天下舆图地理方面的事宜。明确各邦国的都、鄙界限，四方各族的人口、财用、九谷、六畜之概数，掌握与其利害攸关的事项，做到周知邦国、四夷的下情，以维护统一政权的共同利益。

难能可贵的是，这段文字把“四夷、八蛮、七闽、九貉、五戎、六狄”等边疆少数民族与各诸侯“邦国”相提并论，置于同一政权版图内，然后再来讨论对于它们的管理。这一方面反映了“率土之滨，莫非王臣”的政治理念，另一方面也展示了政治家和作者宽广的胸怀，他们并没有把周边少数民族看作是“化外”异类，这是统一的中华民族能够形成的政治思想基础。

先秦时期保留下来的典籍中，把周边少数民族看作中原天子的子民，纳入国家统一行政管理的记载还可以找到一些。如《尚书·禹贡》将中原王朝统辖的疆域分为甸、侯、绥、要、荒五服，西北部族处于荒服之列，民众主要以畜牧为事，“流行，无城郭常居”。《礼记》把居于中原内地的人群称作华夏或中国，把居于周边地区的称作四夷或蛮、夷、戎、狄。但地方有远近，民族有大小，文化有高低，中原王朝把四方所有的少数民族都看作自己的臣民，纳入其统一管理范围则是没有例外的。类此理念，都是中国传统政治文化中最有价值的部分。

除了职官制度以外，先秦时代中央治理地方、民族地区还实行了分封制、联姻制、朝贡制等政策措施和制度，来加强中央与地方各诸侯国、各民族之间的联系。太早的不用说，即如商王文丁封周文王的父亲季历为“牧师”，又嫁给他以“商女”。① 秦人的先祖孟戏中衍被商王大戊看中，征为御手，并嫁给他以王室之女，②都是这方面的例子。商朝在西北封建了不少诸侯国，周人的先祖直到文王时代还是商朝的一个属国，并对其承担着进贡、带兵出征等政治义务。春秋以后礼崩乐坏，周天子不可能继续对地方、少数民族实行有效的制度化管理，但西周管理民族地区的一些思想、制度和措施，仍在诸侯国管理少数民族的政治实践中发挥着重要的影响作用。

三是激活地方政治势力的制衡作用。有一个绝好的例子。史载秦人的先祖非子居犬丘（今陕西兴平县东），好马及畜，善养息之。犬丘人言之周孝王，周孝王召使主马于汧、渭二水之间，马大蕃息。周孝王为了奖励非子的这一功绩，就想让他做大骆（秦先祖之一，非子之父）的“嫡嗣”（爵位继承人）。然而大骆的嫡嗣前已确定。原来，戎族人申侯将女儿嫁给秦大骆为妻，大骆已将戎女所生名叫成的儿子定为嫡嗣。于是，申侯乃向周孝王说：“昔我先郦山之女，为戎胥轩（秦先祖之一——引者注）妻，生中潏，以亲故归周，保西垂，西垂以其故和睦。今我复与大骆妻，生嫡子成。申、骆重婚，西戎皆服，所以为王。王其图之。”周孝王听了申侯的话，不再坚持以非子为嫡嗣，而调整了他的决定。他说：

> “昔柏翳为舜主畜，畜多息，故有土，赐姓嬴。今其后世亦为朕息马，朕其分土为附庸。”邑之秦（治今甘肃清水县），使复续嬴氏祀，号曰秦嬴。亦不废申侯之女子为骆嫡者，以和西戎。

这段话告诉我们，西周前、中期西部地区之所以民族和睦，社会安定，其间一个重要的原因，就是申戎等戎族与实力雄厚、影响巨大的秦人历世联姻，共同为周王朝“保西垂”，西垂诸戎“以其故和睦”。这不仅说明戎人在当时西北社会上的重要影响，而且从西周国家政治的角度看，正好反映出统治者非常重视西北地区戎人、秦人等有影响的政治势力在区域政治生活中的制衡

① 《史记》卷4《周本纪》。
② 《史记》卷5《秦本纪》。

作用。因此，当申侯要维护其在秦族中亲自己一方的外孙成(人名)的嫡嗣地位的时候，周孝王马上答应“不废申侯之女子为骆嫡者”，同时向非子另外“分土”，“邑之秦”，以使申、秦两族继续为朝廷发挥“和西戎”的政治作用。

第二章　秦汉时期西北的政治

秦汉时期，西北是封建国家的都城所在地，也是边疆民族与中原王朝互相争夺的要害地区。这一时期西北的政治活动，都与新兴封建制国家的政权建设、区域治理、边疆安全等问题相关联。

第一节　秦王朝建立以后的西北

一、秦统一六国及其在西北的行政建置

秦国在战国七雄中比较落后却能灭六国，除了因商鞅变法实行的耕战政策使秦国国富兵强，为统一战争提供了丰厚坚实的物质基础，还因为在吕不韦执政期间，实行了一系列得力的措施，攻城略地，彰显优势，为军事政治才能卓异的秦王政做了很好的铺垫。

吕不韦出身于阳翟（在今河南禹州市）富商，家累千金。他资助在赵国做人质的秦贵族子楚取得王位继承权，子楚即秦王（即秦庄襄王）位后，吕不韦便封侯拜相，在洛阳得食邑 10 万户。

吕不韦在政治上得势后，便一方面招揽门人，著书立说，为秦的统一大业规划了蓝图，另一方面又在军事上亲率大军，于秦庄襄王元年（前 249）灭东周（在洛阳，是周公后裔从成周分裂出的诸侯国，非东迁洛邑的周朝廷）。

又从韩国夺得成皋(治今河南荥阳县西北汜水镇)和荥阳(治今河南荥阳县东北),设为秦的三川郡(治今河南洛阳市东)。次年,得赵地37城。秦庄襄王三年,又攻韩、赵,置太原郡。秦王嬴政继位时不满14岁,吕不韦以"仲父"、"相国"的身份,从秦庄襄王元年到秦王政十年(前237)的13年间,进取三晋(韩、赵、魏),打败韩、魏、赵、卫、楚五国联军,迫使楚国迁都,控制了秦灭六国、统一天下的大势。秦王政十二年(前235),吕不韦受嫪毐兵变案的牵连,被迫自杀。此后,秦王政亲掌大权,策划和指挥了狂飙闪电般的歼灭六国的战争。

秦王政十三年(前234),秦破赵军,斩首10万。

秦王政十七年(前230),秦灭韩。

秦王政十九年(前228),秦军俘赵王。

秦王政二十二年(前225),秦灭魏。

秦王政二十三年(前224),秦军攻楚,俘获楚王。次年灭楚。

秦王政二十五年(前222),秦灭燕、赵。

秦王政二十六年(前221),秦灭齐。

秦始皇统一天下后,志得意骄,忘乎所以,"以为自古莫及己",①从思想上摆脱了传统的天、道、圣人、先王、臣民的监督,把自己置于至高、至能、唯一、独尊的地位。用阿谀奉承之辈的丞相王绾、御史大夫冯劫和廷尉李斯等的话说,秦王"平定天下,海内为郡县,法令由一统,自上古以来未尝有,五帝所不及"。

政治上的极功自应得到极权。秦始皇的极权思想包括三个层面:

一是六合之内,日月所照,人迹所至他都要君临其上。先秦君权主义者提出了"溥天之下,莫非王有,率土之滨,莫非王臣"的思想,现在秦始皇要将它完全付诸实践,他像其先公秦孝公那样,"有席卷天下,包举宇内,囊括四海之意,并吞八荒之心"。② 为此,他在消灭六国之后,又向周边"四夷"发动了一次又一次的进攻。

---

① 《史记》卷6《秦始皇本纪》。

② 《贾谊集·新书·过秦上》,第1页。

二是“天下之事无大小皆决于上”，即事无大小都由他亲自操办，乃至“以衡石量书，日夜有呈(程)，不中呈不得休息”，“丞相诸大臣皆受成事，倚办于上”。① 在权力面前，秦始皇贪婪到连必要的休息都不要的地步，这怎能像他所希望的那样“天长地久”呢?

三是不仅当今一切地方的一切事他都要管，而且将来永世，天下事都要由他的子孙们来管，永不能变。为此，他“普施明法，经纬天下，永为仪则”，在泰山刻石中指天对地地要求后世子孙臣民：“大义休明，垂于后世，顺承勿革”。② 这是他的一厢情愿。正是这种极端主义的思想倾向，导致了秦王朝政治的非理性化和野蛮化。

从秦始皇的极权思想上又生出了两个毒芽：一是对待自己的极欲，二是对待臣民百姓的极法。如果说秦始皇的极欲主要表现在无限地揽权上，那么，到了他的儿子秦二世执政的时候，其极欲就变成了“悉耳目之所好，穷心志之所乐”，③即把注意力主要放在物质享受上了。在这方面丞相李斯实起了极坏的作用。

李斯为了逃脱赵高对他的迫害，竟向秦二世献“督责之术”。督，察也。责，罪之也。其内容就是通过深察和处罚臣民的罪过，使天下臣民竭其能，尽其力，“以徇其君”，从而，“主独制于天下而无所制也。能穷乐之极”，“专以天下自适也”。④ 李斯认为，“明主圣王之所以能久处尊位，长执重势，而独擅天下之利者，非有异道也，能独断而审督责，必深罚，故天下不敢犯也”。督责、深罚，其实就是极法。李斯提出实行督责之术的办法是：“明君独断，故权不在臣也。然后能灭仁义之途，掩驰说之口，困烈士之行，塞聪掩明，内独视听……故能荦然独行恣睢之心而莫之敢逆”。⑤ 这是用独裁、重罚的手段，堵塞仁义之路、忠谏之言，而“独行恣睢之心”，实现“以人殉己”，“以天下自适”的欲望。李斯与秦二世君臣密切配合，使天下“刑者相半于道，而死人

① 《史记》卷6《秦始皇本纪》。
② 《史记》卷6《秦始皇本纪》。
③ 《史记》卷87《李斯列传》。
④ 《史记》卷87《李斯列传》。
⑤ 《史记》卷87《李斯列传》。

日成积于市”,从而将极欲、极法的贪鄙与暴政迅速地推向了极至。

秦始皇为所欲为、无所顾忌的作风,使他的一些做法歪打正着,客观上符合了历史发展的要求,这主要是由他建立的皇帝制度、官僚制度和地方管理制度。

秦始皇认为古先圣王,包括三皇、五帝都不如他的功盖于世,故现有的名词都不适合称呼他,于是便从“三皇”、“五帝”中各取一字,组合成“皇帝”一词,来代表他的至高无上的功业和地位。同时将皇帝的“命”称为“制”,令为“诏”,印称为“玺”,天子自称为“朕”,以显示他的与众不同。这就是皇帝制的来历。

和皇帝制相配套的是中央官制和地方管理体制,包括三公九卿制及郡县制。三公是丞相、太尉和御史大夫。分别负责全国政务、军务和监察事务。丞相一职至迟在秦惠文王时就已经有了,当时称作“相邦”。考古文物中有秦惠文王十三年(前325)“相邦义(张仪)戈”,《史记》卷70《张仪列传》有“张仪既相秦”的记载,都可以作为证明。秦武王二年(前309),秦国开始置左右丞相。统一六国后,秦朝又将丞相、太尉、御史大夫合称为三公,协助皇帝处理国家政务。九卿或列卿的卿,早在夏商周时期就有设置,如夏有“六卿之人”,商有“卿事”,周有六卿制度等。秦始皇设九卿①或列卿制度,用以分掌国家各类具体事务,也具有创新的意义。

地方管理体制的县作为一级行政机构,是春秋秦国统治者首创的。秦武公十年(前688),秦灭邽戎和冀戎,设冀(今甘肃甘谷县)、邽(今甘肃天水市秦城区)两县,为中国历史上最早设置的县。商鞅变法时将县制又推广到秦国全境。郡作为行政建制也出于战国时代秦国统治者的创意。《史记》卷8《高祖本纪》汉元年纪事云,项羽在关中分封,以“董翳为翟王,都高奴”。高奴治所在今陕西延安市。《史记·正义》引文颖云:翟地“本上郡,秦所置。项羽以董翳为王,更名曰翟也”。秦置上郡的具体时间史无明确记载,但《史记·匈奴列传》云:秦惠王(前337—前311在位)“击魏,魏尽入西河及上郡

---

① 九卿,指奉常、郎中令、卫尉、太仆、宗正、典客、少府、治粟内史和廷尉。此外还有中尉、将作少府等列卿。

于秦”。又秦昭王（前306—前251）时，宣太后杀义渠戎王于甘泉，遂起兵伐残义渠。“于是秦有陇西、北地、上郡。”①秦设上郡，应不出这个时间段。上郡是中国历史上最早设置的郡级行政单位之一。到秦王朝建立后，秦始皇将前代的郡和县这两类行政建制结合起来，确定为地方两级行政机构，并将其制度化为郡县制，开始在全国推广实行。这也有创新的意义。

秦朝的统治范围，“东至海暨朝鲜，西至临洮、羌中，南至北向户，北据河为塞，并阴山至辽东”。② 秦始皇在此地理范围内起初建立了36个郡，③后增置九原（治今内蒙古包头市西）、南海（治今广东广州市）、桂林（治今广西柳州西）、象郡（治今广西崇左县）、闽中（治今福建福州市）等5郡。见于记载的还有广阳、衡山、恒山3郡，合为44郡。郡置守、尉、监等官职，分管行政、军事和检察。

秦朝在今西北地区设置的行政机构主要有：

内史（与郡平级），管辖京畿地区。下辖内史（治今陕西咸阳市东北）、汧（治今陕西陇县南）、陈仓（治今陕西宝鸡市东）、雍（治今陕西凤翔县南）、漆（治今陕西彬县）、虢（治今陕西宝鸡县西）、郿（治今陕西眉县东）、美阳（治今陕西武功县西北武功镇西）、好畤（治今陕西乾县东）、武功、斄（tái 治今陕西武功县西南）、废丘（治今陕西兴平县）、杜、蓝田（治今陕西蓝田县西南）、芷阳（治今陕西西安市东北）、丽邑、高陵（治今陕西高陵县）、栎阳（治今陕西高陵县东北）、下邽（治今陕西渭南市北）、怀德（治今陕西华阴县北）、频阳（治今陕西富平县东北）、云阳（治今陕西淳化县西北）、重泉、栒邑（治今陕西旬邑县东北）、夏阳（治今陕西韩城县西南）、临晋（治今陕西大荔县东）、宁秦（治今陕西华阴县东）、郑（治今陕西华县）等县。

陇西郡（治今甘肃临洮县）。下辖狄道（治今甘肃临洮县）、枹罕（治今甘肃临夏州临夏县）、临洮（治今甘肃岷县）、冀（治今甘肃甘谷县东）、邽（治今

---

① 《史记》卷110《匈奴列纪》。

② 《史记》卷6《秦始皇本纪》。

③ 秦的36郡除西北4郡外，还有三川、河东、河内、南阳、南郡、九江、鄣郡、庐江、会稽、颍川、砀郡、泗水、薛郡、东郡、琅邪、齐郡、上谷、渔阳、右北平、辽西、辽东、代郡、巨鹿、邯郸、上党、太原、云中、雁门、巴郡、蜀郡、黔中、长沙等32郡。

甘肃天水市秦城区)、西县(治今甘肃礼县东北)、下辨(治今甘肃成县西北)等县。

北地郡(治今甘肃庆阳西南)。下辖义渠(治今甘肃庆阳市西南)、富平(治今宁夏吴忠县西南)、朝那(治今宁夏固原市东南)、乌氏(治今宁夏固原市东南)、泥阳(治今甘肃宁县东)、泾阳(治今甘肃平凉市西北)等县。

上郡(治今陕西榆林市东南)。下辖肤施(治今陕西榆林市东南)、阳周(治今陕西子长县西北)、高奴(治今陕西延安市)、雕阴(治今陕西甘泉县南)等县。

汉中郡(治今陕西汉中市)。下辖南郑(治今陕西汉中市)、故道(治今陕西宝鸡市南)、成固(治今陕西城固县东)、旬阳(治今陕西旬阳县)、房陵(治今湖北房县)等县。

羌中即今青海东部地区虽然未设郡县,但也在秦王朝的控制范围内。可知当时除今河西、新疆之外,秦王朝的管线范围已经包括了西北的大多数地区。

二、北防匈奴和修筑长城

匈奴是活动于我国北方和西北地区的古代少数民族。《史记·匈奴列传》说匈奴是夏后氏的苗裔,即华夏族的兄弟民族。匈奴在夏朝叫獯鬻,商朝称鬼方,周朝称猃狁,春秋时称作戎狄,到战国时始称作匈奴。春秋时期诸侯争霸的口实之一是“尊王攘夷”,这里的夷,主要就是指戎狄即后来的匈奴。战国时,燕、赵、秦“三国边于匈奴”,①它们为了防御匈奴的入掠,乃在北部边境各自修筑长城。在秦灭六国的过程中,匈奴贵族乘机率兵南下,夺取了河南地,即今内蒙古库布齐沙漠与毛乌素沙漠之间的地方,对秦王朝构成了直接的威胁。这是锐意进取,目中无敌的秦始皇所不能容忍的。

秦灭六国后,秦始皇三十二年(前215),“乃使将军蒙恬发兵三十万人北

① 《史记》卷110《匈奴列传》。

击胡，略取河南地”。[1] 将匈奴赶到了阴山以北。次年，又“因河为塞，筑四十四县城临河，徙適戍以充之。而通直道，自九原至云阳。因边山险堑谿谷可缮者治之，起临洮至辽东万余里。又度河据阳山北假中”。[2]

这段话有几处需要解释一下。

——“因河为塞，筑四十四县城临河，徙適戍以充之。”就是秦始皇在其先祖秦昭襄王所筑长城的北边，从狄道连接起自临洮（治今甘肃岷县）的旧长城，往北转东，沿洮河、黄河，经永靖、兰州、靖远、中卫，转北顺贺兰山麓，到银川市西，然后一路向东南，经盐池、定边，直到陕西靖边县，与昭襄王时所筑长城连接；另一路从乌兰布和沙漠西北至阳山（今狼山），沿北河，经内蒙古呼和浩特市东去。沿长城所经之处选地理条件较好的地方，临河共筑起 44 座县城，并从内地迁徙大量“逋亡及贾人、赘婿、略取、陆梁”及“治狱吏不直者”[3]（以上都是罪名），安置到县城周围，且耕且守，将这里建设成为抵御匈奴的前沿阵地。秦始皇规划修筑的长城，巧妙地沿山因河，利用了大量的自然地形，既减轻了人工，又大大地提高了长城的防御功能。

——“通直道，自九原至云阳。”秦始皇是一个勤于实地调查的皇帝。统一六国期间他曾 3 次出巡，实地勘察军事地理形势。翦灭六国以后，他又五次巡行各地。秦始皇二十七年（前 220），也就是秦灭六国后的第二年，“始皇巡陇西、北地，出鸡头山，过回中。”[4]鸡头山即今六盘山一带，回中，在今甘肃华亭县南，陕西陇县西北。秦始皇巡陇西，很可能已经到了陇西治所今甘肃临洮县。经过这一实地调查后，他乃下令继续修筑沿河长城。为了加强京师与边防前线的直接联系，秦始皇三十五年（前 212），又下令“堑山堙谷，直通之“，[5]开辟了从九原郡治所九原县（治今内蒙古包头市西）开始，南下经

① 《史记》卷 6《秦始皇本纪》。这里的“三十万人”，《史记》卷 110《匈奴列传》作“十万之众”。《史记》卷 88《蒙恬列传》作“三十万众”。《汉书》卷 94《匈奴列传上》作“数十万之众”。

② 《史记》卷 110《匈奴列传》。四十四县城，《史记》卷 6《秦始皇本纪》作“以为三十四县，城河上为塞”。

③ 《史记》卷 15《六国年表》。

④ 《史记》卷 6《秦始皇本纪》。

⑤ 《史记》卷 6《秦始皇本纪》。

上郡榆林,西拐沿长城至北地郡,再南下直至内史管下的云阳县(治今陕西淳化县西北)的直道,云阳离咸阳已经不远了。这条直道,用今天的话来说,乃是秦朝最为重要的一条边防专线。

——"又度河据阳山北假中。"这是说,蒙恬在收复了此前被匈奴所抢去的河南地后,又率军渡过黄河,占领了阳山、北假之间的地方。阳山,今名狼山,在内蒙古阴山西南,南临黄河、长城,从这里沿黄河北河往东,直到乌梁素海东岸,乌拉特前旗的地方,就是北假。假,借也。政府将公田借给贫民,发展农业,收取租税,叫假田,北假这个地名也就是这样来的。阳山、北假地区,土地肥沃,灌溉方便,水草肥美,发展农牧业的条件优越,这些都极有利于秦朝加强边防,难怪蒙恬要占据它。

直到秦始皇三十六年(前211),秦朝政府还有"徙民于北河、榆中",①"迁北河、榆中3万家,拜爵一级"②的举措。北河,即北假中。榆中,在上郡境内,今陕西神木县西北窟野河上中游地区。这里也是农牧业生产的好地方。秦王朝除迁徙大量罪犯守边外,还将内地许多普通民众也迁到北河、榆中等地,配备田官,组织农牧业生产,给戍边将士提供军粮物资。这一开发过程一直延续到汉代。汉元帝(前48—前33)时,为了减轻官民负担,与民休息,乃罢"北假田官"。③ 到王莽始建国三年(11),新朝遣尚书大夫赵并慰抚北边将士,赵并回去报告说"五原北假膏壤殖谷,异时常置田官"。于是王莽乃任命赵并为田禾将军,"发戍卒屯田北假,以助军粮",④延续了秦朝的开发政策和措施。

秦朝的防御措施是有力的,一时挡住了匈奴南巡的锋芒。匈奴头曼单于眼看抵不过秦军,只好北徙,远离秦边界而去。

三、人才战略与秦的兴亡

秦王朝统一六国以前的西北,以陇山为界,其西边自远古以来就是以畜

① 《史记》卷15《六国年表》。
② 《史记》卷6《秦始皇本纪》。
③ 《汉书》卷9《元帝纪》。
④ 《汉书》卷99中《王莽传中》。

牧射猎为主，兼营少量农业的氐、羌、匈奴及大量的西戎小国，它们的文化建树比中原地区落后。商鞅变法后在人才方面又强调“以法为教，以吏为师”，造成秦的人才模式单一。秦朝建立，本来可以通过广泛启用六国各类人才，弥补这一缺陷，然而秦始皇的文化专制主义政策，忽视了社会对人才的多样化需求，既从国家制度上摧毁了战国时期“百家争鸣”的社会环境和学术氛围，又很快就堵塞了秦先公先王人才引进的渠道，实行独重法家，焚书坑儒，毁灭文化的暴政，加速了秦的灭亡。

战国以来，秦国（朝）在人才培养上是落后的，但秦始皇和他的先王、先公对引进人才却是非常地热心。秦穆公时，通过广招人才，“西取由余于戎，东得百里奚于宛，迎蹇叔于宋，来丕豹、公孙支于晋”。秦穆公倚重这些人才，开拓疆域，取得了“并国二十，遂霸西戎”①的赫赫功绩。其后秦孝公接纳商鞅，“移风易俗，民以殷盛，国以富强”。② 秦惠王用客卿张仪，“拔三川之地，西并巴、蜀，北收上郡，南取汉中，包九夷，制鄢、郢，东拒成皋之险……遂散六国之从，使之西面事秦”。③ 秦昭王延纳魏人范雎，“强公室，杜私门，蚕食诸侯，使秦成帝业。”④这些，都是秦国引进人才获得极大成功的典型。

秦王朝建立前夕，当政的丞相吕不韦鉴于秦国的文化基础薄弱，乃仿效魏信陵君、楚春申君、赵平原君、齐孟尝君的做法，养客3 000，鼓励他们著书立说，编成《吕氏春秋》一书。他的做法，不啻为秦国建立了一个人才培养基地，但由于秦始皇不好儒术，加上他与吕不韦之间的政治矛盾，因而没有很好地利用这一人才条件，致使他灭六国后仍然存在着人才缺乏的问题。为此，秦始皇效法他的先公先王，制定和实行了从东方各国招揽引进人才的战略。

当时，东方各国的士人，面对宗室卑微，诸侯力政，兵革不休，百姓罢弊，“元元之民冀得安其性命”，⑤离战国而一天下的政治形势和社会呼声，所学

---

① 《史记》卷87《李斯列传》。
② 《史记》卷87《李斯列传》。
③ 《史记》卷87《李斯列传》。
④ 《史记》卷87《李斯列传》。
⑤ 《贾谊集·新书·过秦中》，第5页。

大都是统一天下，治国安邦之术，能适应秦国的政治需要。因此，东方各国前来秦国的“客卿”很多，他们到秦国后，一般也能得到重用。据统计，秦自武王二年（前309）始置丞相，到秦昭王五十二年（前255），秦国见于记载的丞相有13位，其中10位是从楚、齐、赵、魏、燕等国引进的。而从秦惠文王（前337—前311）至秦始皇（前221—前210），秦国见于记载的“客卿”就有9位，①他们都为秦国建立了卓著的功勋。

各路人才怀抱着个人的政治理想和才干，闻风前来，合则留，不合则去。同时，留下来的干不好，也会立即被处罚，甚至是被杀头。这就唤起了士人们的政治责任心。秦昭王时，荀况游秦，见秦“百吏肃然，莫不恭俭敦敬忠信而不楛”，“倜然莫不明通而公”，朝廷“所决百事不留，恬然如无治者”，②说明早在秦始皇以前，秦的人才招聘的效果就是相当不错的。

秦始皇即位后，秦国重视外来人才的胸怀更加宽广。有这样一件事：秦的东邻韩桓惠王派水工郑国到秦，名义上是助秦兴修水利，实际则是为了“疲秦”，借修水利以减轻秦对它的军事压力。此事被秦人发觉后，秦的宗室大臣借题发挥，上言秦王政说：“诸侯人来事秦者，大抵为其主游间于秦耳，请一切逐客。”秦王政听从他们的建议，乃下令逐客，作为“客卿”之一的李斯也在被逐之列，于是李斯上《谏逐客书》，从秦国的政治利益出发，列举分析自秦穆公以来，秦国历代国君引进人才，“使秦成帝业”的历史事实，指出“逐客”的荒谬和将会给秦朝带来的恶果，那将是：“弃黔首以资敌国，却宾客以业诸侯，使天下之士退而不敢西向，裹足不入秦，此所谓‘藉寇兵而赍盗粮’者也。”③这场“逐客”与“谏逐客”的斗争，反映了秦国宗室、大臣与客卿即引进人才之间争夺政治权力的矛盾。秦始皇得书，惊悟到逐客将会造成的恶果，也深知“士不产于秦，而愿忠者众”，④便立即撤消了逐客令，恢复了李斯的官职，同时让郑国继续完成了他所主持的水利工程。秦国此后“二十余

① 黄留珠、周天游著：《陕西通史》（秦汉卷），第二章第三节，陕西师范大学出版社，1997年版，第77页，第79页。

② 《荀子》16《强国》。

③ 《史记》卷87《李斯列传》。

④ 《史记》卷87《李斯列传》。

年，竟并天下”。①

消灭诸侯割据，建立统一国家后，怎样巩固胜利成果，使秦国的统治长久地维持下去？从人才的角度看，那与统一战争时期是大不相同的。正如贾谊在《过秦论》中说的那样：“并兼者高诈力，安危（定）者贵顺权”，“取与守不同术也”。② 夺天下主要用诈术和武力，安天下则需要顺应民心，因势利导、随机应变，以德为本。秦统一六国后，百姓最大的愿望是给他们一个生产、生活的安定环境，但秦始皇及秦二世都没有转过这个政治思想弯子，仍然坚持先诈力而后仁义的那一套，即所谓“秦离战国而王天下，其道不易，其政不改”，“秦王怀贪鄙之心，行自奋之智，不信功臣，不亲士民，废王道而立私爱，焚文书而酷刑法，先诈力而后仁义，以暴虐为天下始”。二世“重以无道”，“繁刑严诛，吏治刻深；赏罚不当，赋敛无度”。③ 直到子婴，“三主之惑，终身不悟”。④ 秦朝三代皇帝既不重视人才培养，又越来越不注意引进、利用原六国的人才，而于统一战争前后社会对人才需求的变化更是懵然无知，我行我素，以暴虐为天下先，辜负了引领而望太平的天下百姓，也使原六国士人大失所望，这完全是自取其咎。

秦始皇建国前后，尚以法家思想为核心，兼采儒、道、阴阳家等诸子学说，朝廷上还可以看到诸子学人的身影。然而秦朝统治者很快就改变了这一做法，只以暴虐待天下，甚至采取了焚书坑儒的极端政策。他们在采取这些自戕性政策的时候，不仅不再考虑像他们的先公先王及秦始皇本身在建国前后那样，兼蓄并用各类人才，遇事质之于忠臣智士；反而用苛法严刑堵塞了本来就为数不多的“深谋远虑知化之士”的口，使他们不敢尽忠拂过；同时斩断了前代和六国留下的儒家政治文化的根基，使多元复合的现实政局，失却了多样化的管理政策和措施，“是以三主失道，而忠臣不谏，智者不谋也”。⑤ 可见，秦的灭亡，一个很重要的原因是其人才政策的迷失。

---

① 《史记》卷87《李斯列传》。
② 《贾谊集·新书·过秦中》，第5页。
③ 《贾谊集·新书·过秦中》，第5—6页。
④ 《贾谊集·新书·过秦下》，第10页。
⑤ 《贾谊集·新书·过秦下》，第10页。

纵观秦朝的兴亡历史，从商鞅变法以来，历代国君抓住"农战"和人才引进这两条国策不放，应是抓住了兼并和统一大局的关键，这是它能够"灭周祀，并海内，兼诸侯，南面称帝"①的根本原因。而在人才战略上，秦国历代国君都强调"以法为教，以吏为师"的单一模式，引进人才也主要是法家人物。商鞅初到秦国，说孝公以帝道，孝公时时睡，不听。又说之以"王道"，也"未中旨"。最后，商鞅以"霸道"说孝公，孝公"语数日不厌"，"大说之耳"。② 这件事典型地反映了秦国统治者的思想倾向。片面的统治思想和人才观，造成了秦国政治文化的单一。更可悲的是秦始皇建国以后，几代君主不再关心和重视人才问题，甚至焚书坑儒，摧残人才，自戕文脉，使秦国在它的先公先王时代以重用人才而崛起，而在统一六国后反以冷落人才、戕害人才而倾覆，从这一点说，秦朝速亡首先是亡于它的人才战略。

第二节　两汉西北的行政管理和安保

两汉政府在西北直接统治区的行政建置和管理与其他地区相一致，其安保设施有一些区域性特点，现分述如下。

一、两汉西北的行政建置

（一）西汉

西汉在西北的行政建置继承了秦朝，但少数民族地区又有许多创新，将另节叙述，这里先谈汉族地区的管理机构。西汉西北的地方性机构包括15个郡级单位和216个县道侯国。从中减去今属河南省的湖县，今属湖北省的房陵、武陵、上庸、长利等县和今属内蒙古自治区的居延、桢林、高望等8县，再加上今属西北、当时划归弘农郡的上雒、商县和划归广汉郡的阴平道等3县道，则西汉政府除西域（今新疆）外，在今陕、甘、宁、青数省区共建有211

① 《贾谊集·新书·过秦下》，第10页。

② 《史记》卷68《商君列传》。

个县级机构。总户数 1 210 875，总人口 4 792 529。其行政建置如下：

京兆尹。有 12 县：长安（治今陕西西安市西北）、新丰（治今陕西临潼县东北）、船司空（治今陕西华阴县东北）、蓝田（治今陕西蓝田县西）、华阴（治今陕西华阴县东）、郑（治今陕西华县）、湖（治今河南灵宝县西北）、下邽（治今陕西渭南市北）、南陵（治今陕西西安市东）、奉明（治今陕西西安市西北）、霸陵（治今陕西西安市东北）、杜陵（治今陕西长安县东北）。

左冯翊。有 24 县：高陵（治今陕西高陵县）、栎阳（治今陕西临潼县东北）、翟道（治今陕西黄陵县西）、池阳（治今陕西泾阳县西北）、夏阳（治今陕西韩城县南）、衙（治今陕西白水县东北）、粟邑（治今陕西白水县西北）、谷口（治今陕西礼泉县东北）、鄜（治今陕西洛川县东南）、频阳（治今陕西富平县东北）、临晋（治今陕西大荔县东南）、莲勺（治今陕西渭南市北）、重泉（治今陕西蒲城县南）、郃阳（治今陕西合阳县东南）、祋祤（duìyǔ 治今陕西耀县）、武城（治今陕西华县东）、沈阳（治今陕西华县东北）、褱（同怀）德（治今陕西大荔县东南）、徵（治今陕西澄城县西南）、云陵（治今陕西淳化县东南）、万年（治今陕西咸阳市东北）、长陵（治今陕西咸阳市东北）、阳陵（治今陕西咸阳市东北）、云阳（治今陕西淳化县西北）。

右扶风。有 21 县：渭城（治今陕西咸阳市东北）、槐里（至今陕西兴平县东南）、鄠（治今陕西户县）、盩厔（治今陕西周至县）、斄（治今陕西武功县西南），郁夷（治今陕西宝鸡县西）、美阳（治今陕西武功县西北）、郿（治今陕西眉县东）、雍（治今陕西凤翔县南）、漆（治今陕西彬县）、栒邑（治今陕西旬邑县东北）、隃麋（治今陕西千阳县东）、陈仓（治今陕西宝鸡市东）、杜阳（治今陕西麟游县西北）、汧（治今陕西陇县南）、好畤（治今陕西乾县东）、虢（治今陕西宝鸡县西）、安陵（治今陕西咸阳市东北）、茂陵（治今陕西咸阳市西）、平陵（治今陕西咸阳市西北）、武功（治今陕西眉县东）。

汉中郡。有 12 县：西城（治今陕西安康县西）、旬阳（治今陕西旬阳县）、南郑（治今陕西汉中市）、褒中（治今陕西汉中市北）、房陵（治今湖北房县）、安阳（治今陕西洋县）、成固（治今陕西城固县）、沔阳（治今陕西勉县东）、钖（治今陕西白河县东）、武陵（治今湖北竹山县西北）、上庸（治今湖北竹山县西南）、长利（治今湖北郧西县西南）。①

武都郡。有9县：武都（治今甘肃西和县西南）、上禄（治今甘肃成县西）、故道（治今陕西宝鸡市南）、河池（治今甘肃徽县西北）、平乐道（治今甘肃康县西北）、沮（治今陕西勉县西北）、嘉陵道（治今甘肃徽县东南）、循成道（治今甘肃成县东南）、下辨道（治今甘肃成县西北）。

陇西郡。有11县：狄道（治今甘肃临洮县）、上邽（治今甘肃天水市秦城区）、安故（治今甘肃临洮县南）、氐道（治今甘肃礼县西北）、首阳（治今甘肃渭源县东北）、予道（今地待考）、大夏（治今甘肃广河县西北）、羌道（治今甘肃舟曲县）、襄武（治今甘肃陇西县东南）、临洮（治今甘肃岷县）、西（治今甘肃）。

金城郡。有13县：允吾（qiānyá 在今甘肃永靖县西北，为金城郡治）、浩亹（治今甘肃永登县西南）、令居（治今甘肃永登县西北）、枝阳（治今甘肃永登县东南）、金城（治今甘肃兰州市西北）、榆中（治今甘肃兰州市东）、枹罕（治今甘肃临夏县东北）、白石（治今甘肃临夏县南）、河关（治今青海同仁县）、破羌（治今青海乐都县东）、安夷（治今青海乐都县西）、允街（治今甘肃永登县南）、临羌（治今青海湟源县东南）。

天水郡。有16县：平襄（治今甘肃通渭县西）、街泉（治今甘肃庄浪县东南）、戎邑道（治今甘肃清水县北）、望垣（治今甘肃天水市秦州区西北）、罕开（qiān 治今甘肃天水市秦州区南）、绵诸道（治今甘肃清水县西南）、阿阳（治今甘肃静宁县西南）、略阳道（治今甘肃秦安县东北）、冀（治今甘肃甘谷县东）、勇士（治今甘肃榆中县东北）、成纪（治今甘肃静宁县西南）、清水（治今甘肃清水县北）、奉捷（今地待考）、陇（治今甘肃张川县）、豲道（治今甘肃陇西县东南）、兰干（今地待考）。

武威郡。有10县：姑臧（治今甘肃武威市）、张掖（治今甘肃武威市南）、武威（治今甘肃民勤县东北）、休屠（治今甘肃武威市北）、揟次（治今甘肃武威市东南）、鸾乌（治今甘肃武威市南），扑劏（huán 治今甘肃古浪县东北）、

① 以上见《汉书》卷28上《地理志上》。

媪围(治今甘肃皋兰县北)、苍松(治今甘肃武威市东南)、宣威(治今甘肃民勤县西南)。

张掖郡。有10县:觻得(治今甘肃张掖市西北)、昭武(治今甘肃临泽县北)、删丹(治今甘肃山丹县)、氐池(治今甘肃民乐县)、屋兰(治今甘肃山丹县西北)、日勒(治今甘肃永昌县西)、骊靬(治今甘肃永昌县西南)、番和(治今甘肃永昌县)、居延(治今内蒙古额济纳旗东南)、显美(治今甘肃永昌县东南)。

酒泉郡。有9县:禄福(治今甘肃酒泉市)、表是(治今甘肃高台县西)、乐涫(治今甘肃酒泉市东南)、天陈(yī 治今甘肃玉门市东南)、玉门(治今甘肃玉门市西北)、会水(治今甘肃金塔县东南)、池头(治今甘肃玉门市西北)、绥弥(治今甘肃酒泉市东)、乾齐(治今甘肃玉门市西北)。

敦煌郡。有6县:敦煌(治今甘肃敦煌市西)、冥安(治今甘肃瓜州县东南锁阳城)、效榖(治今甘肃瓜州县西南)、渊泉(治今甘肃瓜州县东四家滩地)、广至(治今甘肃瓜州县西南)、龙勒(治今甘肃敦煌市西南南湖镇破城子)。

安定郡。有21县:高平(治今宁夏固原市)、复累(今地待考)、安俾(治所在今甘肃平凉市境或宁夏南部)、抚夷(治今甘肃镇原县北)、朝那(治今宁夏固原市东南)、泾阳(治今甘肃平凉市西北)、临泾(治今甘肃泾川县北)、卤(今地待考)、乌氏(治今甘肃平凉市西北)、阴密(治今甘肃泾川县东南)、安定(治今甘肃泾川县北)、参繺(治今甘肃庆阳市西北)、三水(治今宁夏同心县东)、阴槃(治今甘肃泾川县东南)、安武(治今甘肃镇原县西南)、祖厉(治今甘肃宁县西北郭城)、爰得(治今甘肃泾川县东南)、眴卷(xúnjùn 治今宁夏中宁县东北)、彭阳(治今甘肃镇原县东南)、鹑阴(治今甘肃靖远县西北)、月氏道(治今宁夏隆德县境)。

北地郡。有19县:马领(治今甘肃庆城县西北)、直路(治今陕西富县西直罗镇)、灵武(治今宁夏银川市北)、富平(治今宁夏吴忠市西南)、灵州(治今宁夏灵武县北)、眴衍(治今陕西盐池县)、方渠(治今甘肃环县东南)、除道(今地待考)、五街(今地待考)、鹑孤(治今甘肃灵台县东北)、归德(治今陕西吴旗县西北)、回获(今地待考)、略畔道(治今甘肃合水县北)、泥阳(治今甘肃宁县东南)、郁郅(治今甘肃庆阳市)、义渠道(治今甘肃宁县西北)、弋居(治今甘肃宁县南)、大要(治今甘肃宁县)、廉(治今宁夏银川市西北)。

上郡。有23县:肤施(治今陕西榆林市东南)、独乐(治今陕西米脂县西北)、阳周(治今陕西子长县西北)、木禾(今地待考)、平都(治今陕西子长县西南)、浅水(治今陕西黄陵县西北)、京室(今地待考)、洛都(今地待考)、白土(治今陕西神木县西北)、襄洛(治今陕西甘泉县西)、原都(今地待考)、漆垣(治今陕西铜川市西北)、奢延(治今内蒙古乌审旗西南无定河南岸)、雕阴(治今陕西富县北)、推邪(今地待考)、桢林(治今内蒙古准格尔旗西南)、高望(治今内蒙古乌审旗西北)、雕阴道(治今陕西甘泉县西)、龟兹(治今陕西榆林市北)、定阳(治今陕西延安市东南固县镇)、高奴(治今陕西延安市北)、望松(今地待考)、宜都(今地待考)。①

西汉在今西北的县级建置还有弘农郡的上雒(治今陕西商县)、商县(治今陕西丹凤县)和广汉郡的阴平道(治今甘肃文县西)。②

此外,西汉政府还在今西北地区设置了一些属国,以处少数民族降人。主要有:

——西河属国。汉昭帝(前86—前74)末,“西河属国胡伊酋若王亦将众数千人畔”。③ 可证该属国的存在。

——金城属国。汉宣帝神爵二年(前60)置金城属国以处降羌。④

——上郡属国。汉元帝初元元年(前48)八月,“上郡属国降胡万余人亡入匈奴”。⑤

——张掖属国。汉昭帝始元三年(前84)二月,成安严侯郭忠“以张掖属国都尉匈奴入寇与战,斩黎汙王,侯,七百二十四户”。⑥ 可证其属国的存在。

---

① 以上见《汉书》卷28下《地理志下》。

② 《汉书》卷28上《地理志上》。

③ 《汉书》卷79《冯奉世传》。

④ 《汉书》卷8《宣帝纪》。

⑤ 《汉书》卷9《元帝纪》。

⑥ 《汉书》卷17《景武昭宣元成功臣表》。

（二）东汉

东汉西北行政区划的设置与西汉相比有3点不同：一是调整增减了一些县道。例如汉和帝永元十七年（105），改天水郡为汉阳郡。西汉天水郡有十六县，东汉汉阳郡则只有十三城（县）。西汉上邽、西县属陇西郡，东汉划归汉阳郡。西汉枹罕、白石、河关三县属金城郡，东汉划归陇西郡，等等。二是将西汉武帝时期设置的派出机构刺史州变成了一级固定的地方行政机构。三是设置了一些属国。如凉州刺史部的张掖属国。东汉政府在今西北地区除新疆单列外，共设有16个郡国、156个城（县）、道、侯国，具体如下：

1. 司隶校尉部

京兆尹。10城：长安、霸陵、杜陵、郑、新丰、蓝田、长陵、商、上雒、阳陵。

左冯翊。13城：高陵、池阳、云阳、祋祤、频阳、万年、莲勺、重泉、临晋、郃阳、夏阳、衙、粟邑。

右扶风。15城：槐里、安陵、平陵、茂陵、鄠、郿、武功、陈仓、汧、隃麋（侯国）、雍、栒邑、美阳、漆、杜阳。

弘农郡。2城：华阴，故属京兆。

2. 益州刺史部

汉中郡。9城：南郑、成固、西城、褒中、沔阳、安阳、锡、上庸、房陵。

广汉属国：阴平道。

3. 凉州刺史部

陇西郡。11城：狄道、安故、氐道、首阳、大夏、襄武、临洮、枹罕、白石、鄣、河关。

汉阳郡。13城：冀、望恒①、阿阳、略阳、勇士、成纪、陇、豲道、兰干、平襄、显亲、上邽、西。

武都郡。7城：下辨、武都道、上禄、故道、河池、沮、羌道。

金城郡。10城：允吾、浩亹、令居、枝阳、金城、榆中、临羌、破羌、安夷、允街。

① 《汉书》卷28下《地理志下》作“望垣”。

安定郡。8城:临泾、高平、朝那、乌枝、三水、阴盘、彭阳、鹑觚。

北地郡。6城:富平、泥阳、弋居、廉、参䜌、灵州。

武威郡。14城:姑臧、张掖、武威、休屠、揟次、鸾鸟、扑劚、媪围、宣威、仓松、鹯阴、租厉、显美、左骑。

张掖郡。8城:觻得、昭武、删丹、氐池、屋兰、日勒、骊靬、番和。

酒泉郡。9城:福禄、表氏、乐涫、玉门、会水、沙头、安弥、乾齐、延寿。

敦煌郡。6城:敦煌、冥安、效榖、拼泉、广至、龙勒。

张掖属国。汉武帝置属国都尉,以主蛮夷降者。安帝时,别领5城:候官、左骑、千人、司马官、千人官。

4.并州刺史部

上郡。10城:肤施、白土、漆垣、奢延、雕阴、桢林、定阳、高奴、龟兹属国、候官。

西河郡。圜阴、圜阳。①

东汉西北除上述张掖属国外,见于记载的属国还有以下几个:

——安定属国。汉光武帝建武二十一年(45)四月,“安定属国胡叛,屯聚青山,遣将兵长史陈䜣讨平之。”②说明当时有此属国。

——酒泉属国。汉安帝延光二年(123),敦煌太守张珰上书陈三策,其中有云:“北虏呼衍王常展转蒲类、秦海之间,专制西域,共为寇钞。今以酒泉属国吏士二千余人集昆仑塞,先击呼衍王,绝其根本……此上计也。”③可证有此属国。

——西河属国、上郡属国。汉和帝永元二年(90),“复置西河、上郡属国都尉官”。④ 说明东汉时此两属国继续存在。

《后汉书》卷23《窦融传》注云:“汉边郡皆置属国。”可知当时西北所设的属国不仅仅限于上述几个。

---

① 《后汉书》志第23《郡国五》。

② 《后汉书》卷1下《光武帝纪下》。

③ 《后汉书》卷88《西域传》。

④ 《后汉书》卷4《和帝纪》。

二、两汉西北的户口和行政管理

(一)户口。西汉时期,西北是国家的都城所在地,人口稠密,经济社会发达,地方行政管理机构健全,运转效率较高。到东汉时期,一则都城从长安迁去,二则民族矛盾尖锐,东汉政府对西北羌民实行了频繁而持久的战争,使西北各族遭到的损失极大。东汉西北见于记载的人口不到西汉的三分之一,凋残情况与中原地区差不多。两汉西北中央直接统治区见于记载的户口如下表:

(1)西汉时期西北中央直接统治区户口表

内史、郡名	县道数(个)	户数(户)	口数(人)
京兆尹	12	179 394	625 596①
左冯翊	24	235 101	917 822
右扶风	21	216 377	836 070
汉中郡	12	67 711	200 409②
武都郡	9	51 376	235 560
陇西郡	11	53 964	236 824
金城郡	13	38 470	149 648
天水郡	16	60 370	261 348
武威郡	10	17 581	76 419
张掖郡	10	21 917	79 858③
酒泉郡	9	18 137	76 726
敦煌郡	6	11 200	38 335
安定郡	21	42 725	143 294

① 京兆尹共有 12 县,195 702 户、682 468 口。其所辖湖县不在今西北范围,这里已按各县户口平均数减去了湖县的户口数(本表以下所减户口数,都是按各县户口平均数算出来的,不再注明)。

② 汉中郡有 12 县,共 101 570 户、300 614 口。其所辖房陵、武陵、上庸、长利等不在今西北范围,这里已减去了这 4 县的户口。

③ 张掖郡共有 10 县,24 352 户、88 731 口。其所辖居延县不属于今西北范围,这里已将其户口减去。

续表

内史、郡名	县道数(个)	户数(户)	口数(人)
北地郡	19	64 461	210 688
上郡	23	90 159	527 529①
弘农郡	2(上雒县、商县)	21 471	86 637②
广汉郡	1(阴平道)	12 884	50 942③
西河郡	2(圜阴县、圜阳县)	7 577	38 824④
总计	221	1 210 875	4 792 529

注:本表据《汉书》卷28上《地理志上》、卷28下《地理志下》制。

(2)东汉时期西北中央直接统治区户口表

司隶、州名	郡、属国名	县、道、侯国数	户数(户)	人口数(口)
司隶校尉部	京兆尹	10	53 299	285 574
	左冯翊	13	37 090	145 195
	右扶风	15	17 352	93 091
	弘农郡(华阴县)	1	5 202	22 124⑤
益州刺史部	汉中郡	7	44 601	207 980⑥
	广汉属国(阴平道)	1	12 370	66 551⑦
凉州刺史部	陇西郡	11	5 628	29 637
	汉阳郡	13	27 423	130 138
	武都郡	7	20 102	81 728
	金城郡	10	3 858	18 947
	安定郡	8	6 094	29 060
	北地郡	6	3 122	18 637

① 上郡共有23县,103 683户、606 658口,其所辖桢林、高望、奢延不在今西北范围,这里已减去。

② 弘农郡共有11县,118 091户、475 954口,这里的户口数是按各县平均户口数算出来的。

③ 广汉郡共有13县道,167 497户、662 249口,这里的户口是按各县平均数计入的。

④ 西河郡共有36县,136 390户、698 836口,这里的户口是按每县平均户口数算出来的。

⑤ 司隶部弘农郡共有9城(县),46 815户、199 113口,这里的户口数是按各城(县)的平均户口数算出来的约数。

⑥ 益州刺史部汉中郡有9城(县),共57 344户、267 402口,这个户口数是按各县平均户口数减去2县(房陵、上庸)算出来的(本表以下所减户口数算法同此)。

⑦ 益州广汉属国共有3道,37 110户、205 652口,这里的户口数是折算出来的约数。

续表

司隶、州名	郡、属国名	县、道、侯国数	户数(户)	人口数(口)
凉州刺史部	武威郡	14	10 042	34 226
	张掖郡	8	6 552	26 040
	酒泉郡	9	12 706	50 624①
	敦煌郡	6	748	28 170
	张掖属国	5	4 656	16 952
并州刺史部	上郡	10	5 169	28 599
	西河郡(圜阴县、圜阳县)	2	877	3 206②
合计	19	156	276 891	1 316 479

本表据《后汉书》志第19《郡国一》、志第23《郡国五》制。

(二)行政管理。西汉西北分京师和普通地区两部分,其地方性行政管理,京师地区由内史统辖,一般地区则设郡县官具体负责。其职官设置情况如下:

内史。掌治京师。汉景帝二年(前155),分置左、右内史。右内史汉武帝太初元年(前104)更名为京兆尹,属官有长安市、厨两令丞,都水、铁官两长丞。左内史更名为左冯翊,属官有廪牺令、丞、尉,左都水、铁官、云垒,长安四市四长、丞等。

主爵中尉。掌列侯。汉景帝中六年(前144)更名都尉,汉武帝太初元年(前104)更名右扶风,管理内史所辖的西部地区。属官有掌畜令丞、右都水、铁官、厩、雍厨四长、丞等。

右扶风与左冯翊、京兆尹合称三辅,均有两丞。汉武帝元鼎四年(前113)又置三辅都尉、都尉丞各一人。

司隶校尉。汉武帝征和四年(前89)初置。领兵1 200人,捕巫蛊,督大奸猾。后罢其兵。察三辅、三河、弘农地区。汉成帝元延四年(前9)裁撤。

---

① 酒泉郡口数缺载,敦煌郡的户数与口数也是比例不合理。这个数字是比照武威郡、张掖郡和张掖属国的户口数,取高按每户4口计算出来的。

② 并州西河郡共13城(县),5 698户、20 838口,这里的户口数是折算出来的约数。

汉成帝绥和二年(前7)哀帝即位后复置,其职责范围缩小,只限于司隶部。

刺史。汉武帝元封五年(前106)初置部刺史,掌奉诏条察州,秩600石,员13人。汉成帝绥和元年(前8)更名牧,秩2 000石。汉哀帝建平二年(前5)又名为刺史,汉哀帝元寿二年(前1)复为牧。西汉的刺史是中央派遣巡察地方的官员,级别不高,不是固定的一级地方官。

郡守。掌治其郡,秩2 000石。部下有丞,边郡又有长史掌兵马。秩皆600石。汉景帝中二年(前148)更名太守。

郡尉。秩比2 000石。有丞,秩600石。汉景帝中二年更名都尉。另有“关都尉,农都尉,属国都尉,皆武帝初置”。① 各类都尉的职责是不完全相同的。三辅都尉“讥出入”,即盘查过往行人;一般都尉“掌佐守典武职甲卒”,即分管一郡军政事务;关都尉负责关塞稽查;农都尉“主屯田殖谷”;属国都尉“主蛮夷降者”,“典兵禁,备盗贼”。② 据居延汉简214·30(甲1175)号简记载,敦煌“以东至西河11农都尉官,官调物钱谷漕籴为民”。证明当时西北各郡都设有一名农都尉,农都尉的职责是负责屯田积谷,因而这条简也佐证当时秦陇各郡大都设置了屯田。

县令、长。③ 掌治其县。万户以上为令,秩1 000石至600石。减万户为长,秩500石至300石。都设属官丞、尉,秩400石至200石。还有俸禄只有100石以下的斗食、佐史之秩。

乡间的行政管理,大体是伍主5家,什主10家,里的负责人叫里魁,掌管100家。10里设一亭,置亭长;10亭设一乡。乡设有秩、啬夫、三老、游徼等基层小官。有秩是较大乡由郡署置的,秩百石,掌一乡民政。较小的乡由县配备啬夫一人,掌管赋役;三老掌教化;游徼掌防备奸盗。④

东汉西北中央直辖区的户口是276 891户、1 316 479口,户数不到西汉的1/4,人口不到西汉的1/3。为此,汉光武帝刘秀曾大量地撤并郡县,以节

① 《汉书》卷19上《百官公卿表上》。

② 《后汉书》志第28《百官志五》。

③ 汉制,列侯所食县叫国,皇太后、皇后、公主所食叫邑,有蛮夷的县称作道。

④ 《汉书》卷19上《百官公卿表上》。

省行政开支,减轻民众负担,但其所省并者,不久又大都被其后人恢复了。据《后汉书》记载,今西北地区当时分属于4个州级行政区,19个郡国,156个县、道、侯国。其地方管理体制与西汉最大的不同,一是将西汉时期的刺史州固定成了一级地方行政机构。每州设刺史1人,职掌是审查案件,考核郡县官吏,年终向朝廷汇报。属官有从事史、假佐等。二是汉光武帝建武六年(30)八月,东汉政府裁撤了诸郡都尉一职,将其职责合并于太守。同时取消了西汉时期的"都试",即地方武装考核、检阅制度。根据国家军事情况,郡临时设置都尉,任务完成后即取消。但边郡地区照旧置都尉及属国都尉。汉安帝(107—125)时羌人暴动,军情紧急,"乃复置右扶风都尉、京兆虎牙都尉"①等职。这样整个西北地区的都尉就又都恢复原状了。

与西汉时期一样,东汉郡下设县、邑、道,大者置令一人,1 000石;其次置长,400至300石;侯国相秩次同县。皆掌治民,并向所属郡国报告户口、垦田、钱谷入出、盗贼多少等政绩。县设丞一人。尉大县两人,小县一人。丞署文书,典知仓狱。尉主盗贼,下置诸曹掾史。边县有障塞尉,专掌禁备羌夷犯塞。

乡设有秩、三老、游徼等,职掌同于西汉。又有乡佐、属乡,主管民间事务,收缴赋税。与乡并列的还有亭,②亭有亭长、亭候,亭长最早的职务可能是负责逆旅歇宿之事,后转为查禁盗贼。按《风俗通》云:"国家制度,大率十里一乡。"③又云:"汉家因秦,大率十里一亭",则亭与乡的管辖范围一样大小。其差别,是乡管各项民政事务,而亭则在上级都尉的统辖下专管治安。亭下5里置一邮,邮间相去2里半,其职责也是专司奸盗。

乡下有里,里有里魁,掌一里百家。最基层是什伍组织,什主10家,伍主5家,以相检察。④ 这些都与西汉一样。

---

① 《后汉书》志第28《百官志五》。

② 《后汉书》志第28《百官志五》注引《风俗通》云:"亭,留也,盖行旅宿会之所馆。亭吏旧名负弩,改为长,或谓亭父。"

③ 这里与上述西汉"十里设一亭"、"十亭设一乡"的说法不同。

④ 《后汉书》志第28《百官志五》。

三、两汉西北的安保

两汉在西北的边防设施，包括修筑关防长城、配备武官、布防军队等。先说汉筑长城。自秦朝以后，修长城在民间被传为暴政的同义语，因此秦以后的历代政府尽管筑长城不已，但在政治表述中再不用“长城”一词了。汉人用“塞”、“亭、鄣”等来称呼长城，明人称长城为“边墙”。“塞”原意是指边防关隘，“亭”原指边防望亭，“鄣”指边地小城，用它们代称长城当是出于政治的需要。

汉高祖二年（前205）刘邦收服了项羽分封的塞王欣、翟王翳、河南王申阳，又使韩信击破韩王昌，“于是置陇西、北地、上郡、渭南（《集解》徐广曰：后曰京兆）、河上（《集解》徐广曰：冯翊）、中地郡（《集解》徐广曰：扶风）……缮治河上塞”。① 这里的“缮治河上塞”，当指在左冯翊一带缮治关隘，还不是筑长城，因为汉朝在左冯翊或今关中任何地方没有筑过长城。

汉武帝元朔二年（前127），“汉使将军卫青将3万骑出雁门，李息出代郡击胡……其明年卫青复出云中以西，至陇西，击胡之楼烦、白羊王于河南，得胡首虏数千，牛羊百余万。于是汉遂取河南地，筑朔方，复缮故秦时蒙恬所为塞，因河为固”。② 这是汉朝在河套地区修筑长城的记载，也是史书上首次以塞称呼长城。

在今西北地区，金城经河西至盐泽（今新疆罗布泊）的长城等军事设施，是分三段修筑完成的。

据《史记·大宛列传》记载，汉武帝元狩二年（前121），汉武帝“得大宛汗血马……而汉始筑令居以西，初置酒泉郡，以通西北国”。《汉书·张骞传》在转录“汉始筑令居以西”这句话后，注引臣瓒曰：“令居，县名也，属金城。筑塞西至酒泉也。”这是汉朝从金城郡令居县开始，向西经武威、张掖直至酒泉段长城修筑的情况。为第一段。

汉武帝元封三年（前108），汉朝政府遣将军赵破奴击姑师，“虏楼兰王，

---

① 《史记》卷8《高祖本纪》。

② 《史记》卷110《匈奴列传》。

遂破姑师……于是酒泉列亭鄣至玉门矣”。① 就是说，从酒泉至玉门的长城，是汉武帝元封三年（前108）虏楼兰王，破姑师以后修筑的。这是金城至盐泽长城等军事设施的第二段。

汉武帝太初四年（前101），即贰师将军伐大宛之后，西域各国震惧，多遣使来贡献，汉使西域者在当地的威望骤升。“于是自敦煌西至盐泽，往往起亭，而轮台、渠犁皆有田卒数百人，置使者校尉领护，以给使外国者。”②这里需要解释一下，两汉内地的亭是基层行政单位名，而边地的亭又叫望亭，是瞭望敌情的军事设施。在敦煌以西没有大量驻军的地方，戍卒们即使望见敌军，当地也无法集合军队进行抵御，因此，这里的亭当主要起驿旅设施的作用。③ 敦煌至盐泽路途遥远，人烟稀少，不必十里一亭，几十、上百里甚至更长的路途才设一亭是完全有可能的。上引史料“往往起亭”的“往往”，即指这种亭不是连续的，而是断断续续地设置，汉朝政府在一些重要路段置亭的同时，又筑一些塞障、烽火台或修一段长城，这是被考古实物证明了的史实，是当时中原政府所能做到的防御工事，也就是金城至盐泽修建长城等军事设施的最后一段。

修筑长城“非皆以土垣也，或因山岩石，木柴僵落，溪谷水门”。④ 就是说，修长城除了用土砖筑墙，有的段落还用“僵落”，即枯落的树枝，以及山峰、岩石、溪谷、水流作为防御工事，这一方面节省了大量的劳动力，另一方面也使它在历史上易于消失，为当今考古学家寻找长城遗迹留下了困难。

除了以上长城等防御设施外，两汉政府在西北其他地区也建了许多障塞、堡壁、烽燧等。如汉光武帝建武十四年（38），汉将马成“代骠骑大将军杜茂缮治障塞，自西河至渭桥（原注：西河今胜州富昌县也，渭桥本名横桥，在今咸阳县东南），河上至安邑（原注：前书曰：河上，地名，故秦内史，高帝二年

① 《史记》卷123《大宛列传》。

② 《汉书》卷96上《西域传上》。

③ 《后汉书》志第28《百官志五》引《风俗通》曰：“汉家因秦，大率十里一亭。亭，留也，盖行旅宿会之所馆。亭吏旧名负弩，改为长，或谓亭父。”

④ 《汉书》卷94下《匈奴列传下》。

改为河上郡,武帝分为左冯翊)……皆筑保(堡)壁,起烽燧,十里一候”。①

两汉政府把边防安全作为地方官的首要职责。因而,除郡守(东汉其上又有刺史)、县令长全面负责安保外,还设郡(都)尉一职,协助郡(太)守专管“武职甲卒”。据记载,西汉西北不论是京师地区还是一般郡,几乎都设有郡(都)尉。诸如“三辅郡皆有都尉,如诸郡。左辅都尉治高陵,右辅都尉治郿,京辅都尉治华阴灌北”。② 汉中郡都尉治褒中。③ 武都郡都尉(史缺载)。陇西郡南部都尉治临洮。金城郡(史缺载)。天水郡,属国都尉治满福(即勇士,在今甘肃兰州市东),骑都尉治豲道密艾亭。武威郡都尉治休屠县之熊水障、北部都尉治休屠城。张掖郡,农都尉治番和县、都尉治居延县。酒泉郡,北部都尉治会水县偃泉障、东部都尉治会水县东部障、西部都尉治乾(gān)齐县西部障。敦煌郡中部都尉治敦煌县的步广、宜禾都尉治广至县昆仑障,阳关、玉门关均由关都尉掌管,治龙勒县。安定郡,主骑都尉治参䜌(luán)县,属国都尉治三水县。北地郡,北部都尉治富平县神泉障,浑怀都尉治塞外浑怀障。上郡,匈归都尉治塞外匈归障。北部都尉治高望县。属国都尉治龟兹县,北部都尉治望松县。④

上引史料说明,西汉西北包括京师地区郡级单位大都设有都尉一职,其治所一般不在太守所驻的郡治,而是治于军务较繁的县城或障塞。有些郡,例如酒泉甚至设有几个都尉。在有少数民族降附人口的地方,还设有属国都尉、匈归都尉等,专管当地的少数民族降人。张掖属国汉武帝时置属国都尉,以主蛮夷降者。汉安帝时别领五城,分别由侯官、左骑、千人、司马官、千人官统领。⑤ 东汉裁减了内地的郡都尉,并其职于郡太守,同时像河陇这样的边郡依旧设置都尉,与下属的县尉、游徼、亭长等共同负责各级安保。

两汉实行征兵制。“民年二十三为正,一岁以为卫士,一岁为材官骑士,习射御骑驰战阵……水家为楼船,亦习战射行船……材官、楼船年五十六老

① 《后汉书》卷22《马成传》。
② 《汉书》卷8《宣帝本纪》师古注。
③ 《汉书》卷28上《地理志上》。
④ 《汉书》卷28下《地理志下》。
⑤ 《后汉书》志第23《郡国志五》。

衰，乃得免为民就田”，①这是全民皆兵的制度，只要人口兴旺，就不愁没有兵源。西汉时期还实行“都试”制度。如史载：

> （每年）八月，太守、都尉、令、长、相、丞、尉会都试，课殿最。边郡太守各将万骑，行障塞烽火追虏。置长史一人，丞一人，治兵民。当兵行长领。置部尉、千人、司马、候、农都尉，皆不治民，不给卫士……尉、游徼、亭长皆习设备五兵。五兵：弓弩、戟、楯、刀剑、甲铠。②

结合西北的情况，我们从这段话可以看出，西汉时期西北各郡太守、都尉，各县令、长，属国相，郡县丞、县尉等各级官员都要在每年八月草长马肥，边族入侵频繁的季节参加“都试”，即考核检阅军队。各边郡太守还要亲率1万左右的骑兵，出入于边城烽火之间，追逐入掠的边族武装。行军期间，由长史领兵，下置部尉、千人、司马、候、农都尉等军官，具体负责各项军务。县尉、乡游徼、亭长等则要披坚执锐，练习使用各种兵器。

综上可知，两汉西北地区的防卫设施是由长城、关隘、烽燧等军事工程，州、郡、县、乡、亭、里、什、伍等行政组织和全民皆兵的兵役制度建构起来的。遇有战争，两汉政府还会派遣大量的中央军前来西北征战，像卫青、霍去病击匈奴，赵充国伐西羌那样。这一防卫设施在正常情况下基本能够保护西北的地方安全。

第三节　汉武帝反击匈奴及其在西北的战争

一、西汉前期对匈奴的政策

秦汉之际中原战乱，秦朝以罪迁徙戍边的人及各地移民纷纷离去，于是匈奴冒顿单于乘机起来，他东破东胡，西逐月氏，南灭楼烦、白羊（约在今内

① 《后汉书》志第28《百官志五》注引《汉官仪》。

② 《后汉书》志第28《百官志五》注引《汉官仪》。

蒙古南部），北征丁零、监昆等部，控制了中国东北、蒙古高原到西部天山南北的广大地区，拥有“控旋之士三十余万”。①

匈奴在今西北地区的活动范围，“右方居盐泽（今新疆罗布泊——引者注）以东，至陇西长城，南接羌，鬲（隔）汉道焉。”②即从罗布泊往东，经河西走廊直至秦长城陇西段。还深入到北地郡的朝那（在今宁夏固原市东南）和上郡的扶施（在今陕西榆林市东南）一带。不仅与活动于今青海一带的羌族南北联合，共同对中原王朝构成军事威胁，阻断了中原与西域之间相互联络的“汉道”，而且整个西北的经济和社会生活都受到了严重的干扰和影响。

冒顿单于看到汉朝初建，经济未振，人力财力俱困，便频繁地挥师南下，长驱直入，直达关中外围地区。汉高祖六年（前201），匈奴进兵至晋阳（今山西太原市），汉高祖刘邦亲率32万大军反击，被围困在平城白登山（在今山西大同市东南），数日不得解围，后通过重贿匈奴阏氏（单于正妻），才得脱险。

西汉最高统治者深感实力不足，乃采纳谋臣刘（娄）敬的建议，对匈奴实行“和亲”政策。汉朝政府将宗室女嫁给匈奴单于，并输送大量的絮、缯及米、酒等物资；同时在边界设立民间贸易市场，帮助匈奴人解决生活亟须。和亲期间，匈奴对汉朝边界的骚扰仍然连年不断。但汉朝受国力、军力所限，故直到惠、文、景、武帝初期，以及武帝以后的各代帝王，仍然常用这一方式来延缓匈奴的侵扰。著名的王昭君出塞，说的就是西汉元帝（前48—前33）的宫女王昭君自许以身报国的历史故事。

汉元帝竟宁元年（前33），匈奴呼韩邪单于再一次来到长安，请求与汉和亲。王昭君挺身而出，向主管后宫的“掖庭令”表示愿往，成为中国历史上数以百计的和亲公主中，唯一一位主动请求出嫁的人。昭君出嫁后，被呼韩邪称作“宁胡阏氏”，意谓匈奴从此将会安宁。他还向汉政府表示，愿为汉朝守卫上谷（今河北怀来县）至敦煌一线的边界。汉元帝听了，以边塞可望“长无兵革之事”，高兴地将年号改为“竟宁”，即边境永远安宁的意思。事实上，此

① 《史记》卷110《匈奴列传》。

② 《史记》卷123《大宛列传》。

后汉匈的确是“边城晏闭，牛马布野，三世无犬吠之警，黎庶亡干戈之役”。[①]双方有半个世纪没有发生过战争。王莽新朝期间采取了一系列侮辱匈奴的愚蠢政策和做法，然而由于昭君与匈奴单于所生的女儿及其女婿、昭君在汉的侄子——和亲侯王歙等人不断地给王莽政权施加影响，终于使王莽造成的汉、匈紧张关系得到缓和。昭君出塞的故事脍炙人口，影响极大。著名史学家翦伯赞诗云：

汉武雄图载诗篇，长城万里遍烽烟。
何如一曲《昭君怨》，鸣镝无声五十年。

王昭君出塞和蕃的壮举，是汉朝和亲政策取得成功的一个典型，是中华各族友好的一个象征，也是中国古代妇女为国分忧的一曲壮歌。

通过贸易渠道解决匈奴人的衣食日用之需，不失为一项可取的边疆民族政策。史载：“匈奴贪，尚乐关市，嗜汉财物，汉亦尚关市不绝以中之。”[②]这里所谓的“贪”，无非是说匈奴人喜欢汉地出产的物品，反映了匈奴人对汉文化认同的内在心理。正是在这一文化追求下，西北边界才常见匈奴“远驱牛马，与汉合市”[③]的壮观景象。东汉章帝元和元年(84)，武威太守孟云上奏说匈奴北单于想与汉地吏民“合市”，朝廷允准，下诏由孟云遣驿使通知匈奴人前来交易。北单于遣大且渠伊莫訾王等，“驱牛马万余头来与汉贾客交易。诸王大人或前至，所在郡县为设官邸，赏赐待遇之”，[④]满足了他们“嗜汉财物”的要求，汉朝也收到了较好的边防效果。

汉朝对匈奴的笼络政策是多种多样的。汉文帝(前179—前157)时，太中大夫贾谊在上疏中还提出了“建三表、设五饵，以此与单于争其民”的政策建议，并自负地说朝廷若按他的办法去做，“则下匈奴犹振槁也”，[⑤]即降伏匈奴就像从树上打下一段枯枝那样容易。

---

① 《汉书》卷94下《匈奴传》。
② 《史记》卷110《匈奴列传》。
③ 《后汉书》卷89《南匈奴列传》。
④ 《后汉书》卷89《南匈奴列传》。
⑤ 《贾谊集·新书·匈奴》，第70页。

何谓“三表”？就是三种表示。贾谊将三表概括为“信”、“爱”、“好”三个字。“信”，就是让匈奴百姓相信汉家皇帝答应了的事不会改变。“为通言耳，必行而弗易……故闻君一言，虽有微远，其志不疑”，①这样就建立了双方的信任，达到你想达到的目标。“爱”，就是要匈奴百姓感到汉朝皇帝对“胡面而戎状”的人是喜欢的，就像弱子见爱于慈母那样，使其对汉产生亲近感。“好”，就是让胡人感到对于他们的能力和特长，汉家天子非常欣赏。“爱人之状，好人之技”，这是汉、匈两族“人道”相通的需要和表现，只要你真的爱其人、好其能，做到“爱好有实，已诺可期”，②那么，匈奴百姓虽有十死一生之难，他们仍然会归顺汉朝的，这就叫做“三表”。

所谓五饵，就是用五种诱饵吸引匈奴官民来归。其一，匈奴有来降者，挑家长以上的人给穿绣衣，一般成员则赏给文锦衣裳。此外，再造“银车五乘，大雕画之，驾四马、载绿盖、从数骑、御骖乘，且虽单于之出入也、不轻都(覩)此矣”。③ 匈奴降者得到这样的优待，听到、见到的人肯定就会在其国中到处宣扬，匈奴国内的人就会羡慕。他们会说我去也能得到这样的待遇，这是吸引他们的眼睛。其二，匈奴使者来到汉朝，应像大人物莅临那样，组织仪仗欢迎。皇帝还应召见，赏给他所嗜好而未尝得到过的食物。使者一人享用，听任数十上百的匈奴人围观。匈奴使者得到这样的宴飨，其国内听到、见到的人定会垂涎相告，说我去也会得到这些。这是吸引他们的嘴巴。其三，降人、使者来汉，要让他们会见相识的人。会见时胡人有旁观者不禁。到时让二三十名傅白、抹黑地打扮起来的妇女，穿着绣衣，侍于堂上，演胡戏佑饭。还可以借给他们乐府的音乐班子，吹箫鼓鼗，倒立而行者轮番出台，胡人与乐人共舞，有姑娘前后服侍，降人、使者“得此而乐之”，其国人听之者、见之者啧啧相告，人人欲来，唯恐落后，以此吸引他们的耳朵。其四，皇帝召见降人，应像有约会一样亲热，并时有赏赐，使其富有高屋深宇，善厨大仓，厮马库车，奴婢、婴儿及各类生活用品，并允许其随时召见、宴飨胡客，官

① 《贾谊集·新书·匈奴》，第70页。
② 《贾谊集·新书·匈奴》，第70页。
③ 《贾谊集·新书·匈奴》，第71页。

府资助用具，借给乐队。使他们在汉生活舒适，衣食赢余，比在单于管辖的老家好多了。这样，让匈奴国人听了、见了，都能倾心羡慕，想要前来，这是吸引他们的口腹。其五，在胡中，大人物是不好接近的。皇帝可随时召见匈奴降人，慰问而加之官。儿童及贵族子弟有漂亮而可爱的，可选 10 人、8 人，赏给绣衣，赋予闲地。皇帝出则使其随从，居则使其侍奉。宴飨胡人，招待胡使，举行角抵游戏，力士、武士们侍卫，允许胡儿立于帝侧，胡贵人轮流佐酒。皇帝给宾客赐绣衣时，将剩余的赐给他们，并不时地逗戏胡孩儿。若给他们烤肉，皇帝先咬一口，示以亲昵。皇帝起座，让胡儿或前或后，胡贵人则服衣佩绶，立于驾前。几个胡儿、胡妇得到这样的待遇，匈奴一国听者、见者，莫不唏嘘而想居此位，人人急急惟恐其来后也，以此来吸引他们的心。用上述"五饵"牵住胡人的耳、目、口、腹、心，他们怎不来投顺呢？① 贾谊继续说：

> 三表已谕，五饵既明，则匈奴之中乖而相疑矣，使单于寝不聊寐，食不甘口，挥剑挟弓，而蹲穹庐之隅，左视右视，以为尽仇也。彼其群臣，虽欲毋走，若虎在后，众欲无来，恐或轩之，此谓势然……将使单于无臣之使，无民之守，夫恶得不系颈顿颡，请归陛下之义哉！此谓战德。②

贾谊又建议，匈奴人深望与汉进行关市之交。在匈奴被击退，将要引众远去的时候，应遣使与之约和，还可以答应与之和市。等使臣返回后，就凿开险要之所，放他们进来，同时，多遣吏卒，使能固守，每一关口都设立屠畜、沽酒、卖饭食、肉类的场所；每个场所有一二百人经营，这样就能将入关胡人吸引到长城下。胡王若强迫他们北归，他们就会攻击其王。贾谊认为给匈奴饥民提供酒肉饭羹，最能瓦解匈奴单于的统治。汉朝送得越多，匈奴人的胃口就越大。等送的东西消费完了，生活拮据，就会更加倾心向慕于汉朝。这样，匈奴贵人来千人，优待他二三人，来万人，优待他十余人。以荣显为机制，远则 5 岁，近则 3 年，匈奴就要灭亡了。这就叫做以德胜人。

---

① 《贾谊集·新书·匈奴》，第 71—72 页。

② 《贾谊集·新书·匈奴》，第 72—73 页。

贾谊提出的“三表”、“五饵”之术，与和亲及边界贸易的区别，即和亲、边贸是从人事、物质利益上笼络匈奴，而贾谊的建议，则主要是通过权术手段，要从内部瓦解匈奴贵族的统治。后两项政策实行的情况史书记载很多，而“三表”、“五饵”等建议实行与否史上未留踪迹，由于它操作起来像演戏一样，难度挺大，因而很可能就没有付诸实践。但不论和亲、边界贸易还是“三表”、“五饵”等法，都反映出汉朝对于匈奴问题的重视。

二、汉武帝反击匈奴的战争

如前所述，和亲、互市等并不能完全解除来自匈奴的军事威胁。汉文帝时，匈奴右贤王闯入河南地（河套以南），插帐久居，俨然将此侵汉的前沿当成了他的后方。汉文帝前元十四年（前 166），匈奴单于带 14 万骑入掠朝那、萧关（都在今宁夏固原市东南），杀北地都尉孙卬，虏人民畜产甚多。进至彭阳县（治今甘肃泾川县北），派兵烧毁秦始皇所建的回中宫（在今陕西凤翔县西），巡逻兵深入到了云阳县西的甘泉地方（在今陕西淳化县西北），距长安只有 300 里地。在紧急形势下，汉文帝决定亲征匈奴，群臣谏，皆不听，只是在皇太后的阻止下才没有成行。“乃遣三将军军陇西、北地、上郡”，发“车千乘，骑卒十万”，①才将匈奴赶走。

然而“匈奴日已骄，岁入边，杀略人民畜产甚多”。汉朝除了设法防御外，总想和平解决。汉文帝后元二年（前 162），汉朝政府遣使送信给匈奴单于，重申“先帝制：长城以北引弓之国，受命单于；长城以内冠带之室，朕亦制之。使万民耕织射猎衣食，父子无离，臣主相安，俱无暴逆”。② 但匈奴单于并不能按约定办事，此后侵汉更加频繁。

民族政策是随着经济、政治、军事力量的对比而变化的。西汉经过七十年休养生息，到汉武帝（前 140—前 87）时，社会生产力提高，经济状况有了很大的改善，统治阶级对匈奴的态度也逐渐发生了根本性转变。于是，汉武帝制定了东连朝鲜，断匈奴之左臂；西连月氏，断匈奴之右臂，然后集中优势

---

① 《史记》卷 10《孝文帝本纪》。

② 《史记》卷 110《匈奴列传》。

兵力，彻底击败匈奴的战略方针。为此，他派张骞出使西域，联络大月氏等西域国家。并在元光二年（前133）接受谋臣王恢诱敌深入、一举歼之的建议，派韩安国率领30万大军，埋伏在马邑城（在今山西朔县）附近，然后使马邑人聂壹诱导匈奴10万骑入塞。匈奴人行至中途，发现有诈，急引兵退去，从此，汉匈关系更加紧张。

从汉武帝元光六年到元狩四年（前129—前119）的10年间，汉、匈之间进行了10数次战争，其中汉武帝元朔二年（前127）的河套之战，元狩二年（前121）的祁连山之战和元狩四年（前119）的漠北之战，大伤了匈奴的元气。

元朔二年，匈奴扰边。汉朝政府令卫青从西河郡（治今内蒙古准格尔旗西南）渡过黄河，进至高阙（在今内蒙古潮格旗东南），斩断了河南匈奴与单于王庭的联系。接着顺河南下，经北地郡直至陇西郡（治今甘肃临洮县），完成了对黄河以南匈奴的大包围。在这次军事行动中，汉军斩首数千，获牲畜百余万，赶走了盘踞在河套以南的白羊王和楼烦王，建立朔方郡（治今内蒙古杭锦旗西北黄河南岸），恢复了秦朝时中原王朝在这里的统治区。

其后匈奴连年侵入代郡、雁门、定襄、上郡、朔方等边郡，进行掠夺。元朔五年（前124）春，汉武帝令卫青将3万骑出高阙，卫尉苏建、左内史李沮、太仆公孙贺、代相李蔡等俱出朔方，大行李息、岸头侯张次公出右北平。匈奴右贤王轻敌饮醉，汉兵夜至，围右贤王。右贤王与爱妾及数百骑溃围北逃。汉军虏获右贤王10余个小王，15 000多人口，数十上百万的牲畜。次年（前123）春，大将军卫青又两次出定襄，杀敌1万数千人。

元狩二年（前121）春，汉朝政府遣骠骑将军霍去病率万骑出陇西，一路获捷。用汉武帝的话说，即是：

> 逾乌戾（今甘肃永登县的庄浪河），讨速濮（匈奴须卜部，在今甘肃永登县北至景泰县境），涉狐奴（即谷水，今甘肃武威市石羊河），历五王国，[①]辎重人众摄詟（shèzhé 畏惧）者弗取，几获单于子。转战六日，过焉

① 王宗维认为，《汉书·地理志》所记武威郡谷水以西的鸾鸟、张掖、显美、番和、骊靬（轩）等县名，可能与此五王国有关。“五王国”大概是取原当地部落名称而来的（见王著《汉代丝绸之路的咽喉——河西路》，上编第三节，昆仑出版社，2001年版，第47页）。

> 支山(在今甘肃山丹县东南)千有余里,合短兵,鏖皋兰(在今甘肃临夏县大夏河南,一说在今兰州市)下,杀折兰王,斩卢侯王,锐悍者诛,全甲获丑,执浑邪王子及相国、都尉,捷首虏八千九百六十级,收休屠祭天金人。师率减什七。①

这里解释一下文中的“师率减什七”。颜师古注曰:“言其破敌,故匈奴之师十减其七也。一曰汉兵失亡之数。”在《汉书》同卷中,还有注家将它解释为汉军财物损失数。我们认为从文义看,这里指的就是“汉兵失亡之数”。若“师”指匈奴兵或汉军财物,作者何不表明?由于讲这话的是汉武帝而不是匈奴人,因而它指汉军确然无疑,读者不会误解,《汉书》同卷多次出现的类似说法义同。我们于此可以看到这次战争的惨烈,也正因为霍去病的军队英勇顽强,万死不回,终于战胜了匈奴,汉武帝才在汉兵损失严重的情况下,“益封去病二千二百户”。② 表现他不计代价,誓灭匈奴的决心。

同年夏天,霍去病等又出北地郡(治今甘肃庆阳市西北),远至祁连山,俘匈奴贵族59人,官员63人,相国、都尉及其所部2 500人,斩首30 000余级,致命地打击了匈奴右部。

右部的接连失利,震动了匈奴单于,他要以罪诛右部的浑邪王、休屠王。浑邪王乃与休屠王商量降汉。不久,“休屠王后悔,昆(浑)邪王杀之,并将其众降汉”。③ 汉武帝令霍去病率兵往迎。去病渡过黄河,浑邪王部下很多人望风逃走。霍去病追斩逃亡者8 000人,遂遣浑邪王乘传归汉,收降者共4万人,号称10万。汉朝政府将匈奴降人分别安置到五原(治今内蒙古包头市西)、云中(治今内蒙古托克托县东北)、定襄(治今内蒙古和林格尔县西北)、雁门(治今山西右玉县东南)、代郡(治今河北蔚县东北)等五边郡旧塞外,“置五属国以处之”④,实行因俗而治。

元狩四年(前119)春,汉武帝对匈奴发动了规模空前的大讨伐。他命大

① 《汉书》卷55《霍去病传》,文中注释是本文作者加的。

② 《汉书》卷55《霍去病传》。

③ 《汉书》卷68《金日磾传》。

④ 《汉书》卷6《武帝纪》。

将军卫青、骠骑将军霍去病各带五万骑，步兵及随军转输者共数十万人。霍去病出代郡，卫青出定襄郡。

卫青军出塞千余里，斩首万余级，进至阗颜山赵信城（在今蒙古杭爱山南端）。霍去病出代郡、右北平2 000余里，约轻赍，越大漠，获匈奴屯头王、韩王等3人，将军、相国以下83人，封狼居胥山（在今蒙古乌兰巴托东），禅于姑衍（在狼居胥山西边）。共俘获7万余人，摧毁了匈奴左贤王的主力。汉军损伤也很大，出塞时带官、私马14万匹，入塞时不满3万匹，人员十减其七。元狩六年（前117）霍去病死，时不到30岁。汉武帝非常伤心，安排将他葬到茂陵，起冢象祁连山。①

汉武帝对匈奴的反击，使汉匈军事力量的对比发生了根本性转变。此后，匈奴远遁，漠南无王庭，汉朝占有了从朔方郡至张掖、酒泉间的北方大片土地。不仅维护了当地的安全，使河西开发进入了一个新时代，而且它砍断了北匈与南羌的联系线，扫清了中原通西域的障碍，对于东西部地区的经济文化交流，中华文化与中亚、西亚等地的交流都产生了巨大而深远的影响。

匈奴主力退入漠北以后，活动于北方东部地区的匈奴左贤王实力犹存，仍然侵扰汉朝的右北平（治今内蒙古宁城县西南）、定襄（治今内蒙古和林格尔西北）等边郡。退入漠北的匈奴也充分发挥其出没无常、流走若飞的特点，继续南下扰边。汉武帝元封六年（前105）以后，匈奴单于将其活动地盘逐渐向西北转移，"左方兵直云中，右方兵直酒泉、敦煌"，②又加大了对河西一带的军事压力。

汉武帝天汉二年（前99），汉使贰师将军李广利将3万骑出酒泉，击右贤王于天山，杀万余级，汉兵死者十六七。汉又使因杅将军出西河，与强弩都尉会涿邪山（一作涿涂山，约当今蒙古阿尔泰山脉东南部一带），无所得而还。使骑都尉李陵将步兵五千人出居延北千余里，与单于战，"陵所杀伤万余人，兵食尽……陵降匈奴，其兵得脱归汉者四百人"。③

---

① 《汉书》卷55《卫青霍去病列传》。

② 《汉书》卷94上《匈奴列传上》。

③ 《汉书》卷94上《匈奴列传上》。

汉武帝征和三年（前90）正月，匈奴入五原、酒泉，杀两都尉。三月，汉遣贰师将军李广利将7万人出五原，御史大夫商丘成将2万人出西河（《史记·汉兴以来将相名臣年表》作“河西”），重合侯马（《汉兴以来将相名臣年表》、《匈奴传》均作“莽”）通将四万骑出酒泉。商丘成至浚稽山（即今蒙古南戈壁省北部阿尔泰山脉东南段），“与虏战，多斩首”。马通至天山，匈奴引去。李广利败降匈奴。①

汉昭帝始元七年（前80），单于想重新夺得酒泉、张掖之地，乃遣右贤王、犁汙王将4 000骑分3队，入日勒（治今甘肃山丹县东南）、屋兰（治今甘肃张掖市东）、番和（治今甘肃永昌县）。张掖太守、属国都尉发兵击，大破之，得脱者数百人。属国千长义渠王骑士射杀犁汙王。此后一段时期，“汉边郡烽火候望精明，匈奴为边寇者少利，希复犯塞”。②

汉宣帝本始二年（前72），汉遣御史大夫田广明为祁连将军，率4万余骑出西河；度辽将军范明友率3万余骑出张掖；前将军韩增率3万余骑，出云中；后将军赵充国为蒲类将军，率3万余骑出酒泉；云中太守田顺为虎牙将军，率3万余骑出五原，校尉常惠从西域督乌孙昆弥自将5万余骑，与5将军兵共20余万。匈奴闻讯，老弱奔走，驱畜产远遁逃，因而汉五将所获不多。只有校尉常惠与乌孙兵攻至右谷蠡庭，获单于父行及嫂、居次、名王、犁汙都尉、千长、将以下39 000余级，虏马牛羊驴骡橐驼70余万。匈奴民众死伤而去者，及畜产远移死亡不可胜数。这年冬，单于自将数万骑击乌孙，只俘获一些老弱者，撤军路上，又逢大雪，“人民畜产冻死，还者不能什一。于是丁令乘弱攻其北，乌桓入其东，乌孙击其西。凡三国所杀数万级，马数万匹，牛羊甚众。又重以饿死，人民死者什三，畜产什五，匈奴大虚弱，诸国羁属者皆瓦解，攻盗不能理”。③ 汉宣帝地节二年（前68），匈奴发生饥荒，“人民畜产死十六七”，西域城郭诸国乘机共击匈奴。汉宣帝元康、神爵（前65—前58）间，匈奴内乱，五单于争立。呼韩邪单于附汉，向汉求婚，汉元帝“以后宫良

① 《汉书》卷6《武帝纪》。

② 《汉书》卷94上《匈奴列传上》。

③ 《汉书》卷94上《匈奴列传上》。

家子王墙字昭君赐单于”。① 从此直到西汉末，汉匈之间基本保持了和平安定的民族关系。

三、河西纳入汉朝版图

汉武帝元狩二年（前121），霍去病破匈奴，杀数万人，浑邪王率众四万降汉以后，“金城、河西并南山至盐泽，空无匈奴”。② 汉朝政府为了对这一地区实行有效的管理，乃先后在河西建立了4个郡。“稍徙人以实之。”③

关于河西四郡建立的起因和时间，史书记载较多，说法不同。

（1）《汉书·西域传》云：“骠骑将军击破匈奴右地，降浑邪、休屠王，遂空其地，始筑令居以西，初置酒泉郡，后稍发徙民充实之，分置武威、张掖、敦煌，列四郡，据两关焉。”④这是说，霍去病于汉武帝元狩二年（前121）在河西击破匈奴后，汉朝政府为了填补匈奴在河西留下的空，实行新的管理，乃开始修筑令居以西的关隘亭障，并最早在河西建立了酒泉郡，其后，又陆续迁徙内地民众实边，在此基础上，分设了武威、张掖、敦煌三郡，使汉朝政府在河西地区的管理和防卫机构列四郡、据两关，初具规模。由此看来，河西四郡中酒泉郡建立最早。《汉书·武帝纪》的说法与此基本相同，但说汉政府当时是“以其地为武威、酒泉郡”。⑤ 即与酒泉郡同时建立的还有武威郡。其文云：

> （元狩二年）秋，匈奴昆邪王杀休屠王，并将其众合四万余人来降，置五属国以处之，以其地为武威、酒泉郡。
>
> 元鼎六年（前111）秋，又遣浮沮将军公孙贺出九原，匈河将军赵破奴出令居，皆二千余里，不见虏而还。乃分武威、酒泉地置张掖、敦煌郡，徙民以实之。⑥

---

① 《汉书》卷94下《匈奴列传下》。
② 《汉书》卷61《张骞传》。
③ 《后汉书》卷87《西羌传》。
④ 《汉书》卷96上《西域传上》。
⑤ 《汉书》卷6《武帝纪》。
⑥ 《汉书》卷6《武帝纪》。

(2)《史记·平准书》云:"西羌侵边为桀",汉"数万人发三河以西骑击西羌,又数万人度河筑令居。初置张掖、酒泉郡",徐广注曰:元鼎六年(前111)。① 这段话说,张掖、酒泉两郡是同时建立的,筑令居以西,建郡是防御西羌的一项措施。《史记·匈奴列传》云:是时(元鼎五年,前112),汉"西置酒泉郡,以隔绝胡与羌通之路"。②《汉书·匈奴列传上》说法同。

(3)《汉书·地理志》讲河西四郡的开置时间云:

武威郡,故匈奴休屠王地。武帝太初四年(前101)开。

张掖郡,故匈奴昆邪王地。武帝太初元年(前104)开。

酒泉郡,武帝太初元年(前104)开。

敦煌郡,武帝后元元年(前88)分酒泉置。③

事实上,河西四郡的建设是一个较长的历史过程,各郡的政治作用也经历了从纯军事功能向地方行政和军事双重功能的转化。在严酷的战争下,曾经长期占据河西的匈奴或死、或降、或逃,河西"遂空其地"以后,汉朝政府在令居以西开始修筑边塞亭障,解决河西最为紧迫的军事交通和防务问题,同时先设立一个郡,统管河西的军事行政事务,待逐渐"徙民充实之"后,再分置武威、张掖、敦煌郡,使河西形成"列四郡,据两关"的行政、军事管理格局,这是完全符合政治逻辑的。

这里可以举一个例子。《后汉书》志第28《百官志五》注引应劭《汉官》云:《前汉书·百官表》记载说县万户以上置令,万户以下置长。但事实上,"三边始孝武皇帝所开,县户数百而或为令。荆、扬江南七郡,唯有临湘、南昌、吴三令尔。及南阳穰中,土沃民稠,四五万户而为长"。同样是在汉武帝时期,"三边"及"荆、扬江南七郡"行政机构的设置一时是这样的不规范,可以比况窥知,河西地区行政机构记载的混乱缘由。

那么,同在一部历史名著中,为什么对武威、张掖、敦煌三郡设置的情况会有如此不同的记载呢?这一方面是当时政府在行政机构设置上反复不定

① 《史记》卷30《平准书》。

② 《史记》卷110《匈奴列传》。

③ 《汉书》卷28下《地理志下》。

的反映。另一方面也是由于史家叙事的重点不同而致。就后者而言,《汉书·西域传》说汉朝政府经营河西的事,是概述汉政府开拓西域的前提工作。其时间经历较长,而作者叙述这一过程时,在不同的叙事场合下列举了四郡中不尽相同的郡名,说到底,那不过是举例或举证。从这里我们仍然可以看到,作者在各种场合下列举的武威、张掖、敦煌建郡的时间基本是一致的,它们与酒泉郡都始置于浑邪王降汉以后。《汉书·地理志》所载与其他纪传不同,则是因为其他纪传所记的是四郡的初设年代,初设后至少有10年时间,四郡的重点功能是防御北匈、南羌,而不仅仅是当地的行政管理。《汉书·地理志》说"开"、"置",即正式开建郡城官署,配置必要的职官。河西四郡建郡后机构不健全、职官不齐备,甚至由于受战争的影响,连官署都是临时安顿的。直到汉武帝太初、后元时期,随着徙民实边的深入进行,河西人口增加,行政事务稍繁,汉朝政府乃在四郡配齐官职,规划郡城,修建官署,开始进行与内地基本相同的行政管理,所以说是"开"、"置";这与其他部分的叙述并不矛盾。若以《汉书·地理志》所记为河西四郡设郡的时间,则从浑邪王降汉、河西地空到太初、后元时期的10年间,汉朝政府便在河西了无军政建制,这是不合情理的事。同样,河西建郡立制,改变行政管理方式是一个相当复杂、长久的过程,在《资治通鉴》那样的全国性通史著作中,对其不可能给与更多的篇幅来记载,所以《通鉴》作者在记载河西四郡建郡的事情时,正文中只取了元鼎六年"分武威、酒泉地置张掖、敦煌郡"的说法,又在《考异》中介绍了《汉书·武帝纪》、《汉书·地理志》的不同论述,①这种处理也是很恰当的。

至于河西建郡的政治起因,除了上述实行行政管理,北防匈奴,南御群羌外,还有一种说法或目标就是通西域。《史记·大宛列传》云,经过张骞派出的副使联络,西域各国使臣陆续到汉,送来汉武帝特别喜爱的汗血马以后,汉乃"初置酒泉郡以通西北国"。将汉置酒泉郡的目的,说成是为了"通西北国",即加强与西域各国的联系。应当说,上述各点其实都是汉设河西

---

① 《资治通鉴》卷20,汉元鼎六年冬。

四郡的重要原因,因而,我们只有把散见于《史记》、《汉书》等重要史著中的各种相关记载综合起来考虑,才能更加全面、深刻地认识这一问题。

河西四郡的建立,改变了当地长期以来形成的民族结构和管理体制。河西原是少数民族聚居的地方,初置4郡,从金城、河西、祁连山至盐泽空无匈奴。于是,汉朝政府大量地向河西移民:“或以关东下贫,或以报怨过当,或以悖逆亡道,家属徙焉。”①与此同时,又有许多军人前来戍边。据载张掖、酒泉建郡以后,汉朝政府在包括上郡、朔方、西河、河西在内的区域共安置了“开田官,斥塞卒六十万人戍田之”。② 汉武帝使李陵“将丹阳楚人五千人,教射酒泉、张掖以屯卫胡”。③ 其任务主要是防边,但对维护河西的开发有着重要的作用。汉朝政府对河西军民实行的郡县制和边耕边守的屯戍制管理,无疑比匈奴驻牧时代要进步多了。

汉族兵民人口的增加,不仅使这里的居民由少数民族为主转变成了以汉族为主,而且经济形式也由以牧为主转变成了以农为主、农牧兼营的形式。人数锐减的少数民族,继续利用这里“水草宜畜牧”的自然资源发展畜牧业,“故凉州之畜为天下饶”④;由汉朝政府组织的屯田和民营农业开发,适逢“风雨时节”,因而粮食产量大增,“谷籴常贱”。社会风气也有改善。“保边塞,二千石治之,咸以兵马为务;酒礼之会,上下通焉,吏民相亲……少盗贼,有和气之应,贤于内郡。”⑤这无论对于当地的社会经济进步,边防建设,还是开拓经营西域,都是极好的物质基础和基地建设。《史记》、《汉书》中多处记载了西北包括河西四郡战国秦汉时期农牧业经济发达,社会和谐及与“内郡”的对比优势,以上就是一个例子。

四、东汉与匈奴在西北的互动

东汉初,匈奴内乱,分裂为南北两部。汉光武帝建武二十六年(50),南

① 《汉书》卷28下《地理志下》。
② 《汉书》卷24下《食货志下》。
③ 《史记》卷109《李广列传附李陵传》。
④ 《汉书》卷28下《地理志下》。
⑤ 《汉书》卷28下《地理志下》。

匈奴受北匈奴所逼，东汉政府允其散处于沿边8郡[①]荒芜之地，南单于驻西河美稷，“使韩氏骨都侯屯北地”，[②]这样，今西北的宁夏，陕北等地区，就成了南匈奴的分布地。

南匈奴在东汉政府的扶植下，社会比较安定，经济条件比北匈奴好，北匈奴注意到这点，也转而想与东汉政府联系，但从渔阳郡（治今北京市密云县西南）到北地郡（治今宁夏吴忠县西南）一线，南匈奴横梗其间，北匈奴使者穿越不过去，于是它只好向西发展，迁到河西走廊以北。建武二十七年(51)，北单于遣使到武威，通过东汉地方官请求和亲，东汉政府怕“南单于将有二心”，没有同意北匈奴的要求。以后北匈奴又连年“遣使诣阙，贡马及裘，更乞和亲，并请音乐，又求率西域诸国胡客与俱献见”。[③] 东汉政府只用羁縻的方式，玺书报答，赐以彩缯，不遣使者，北匈奴得不到想要的东西，就频繁地对河西地区进行武装掠夺。

汉明帝永平(58—75)中，北匈奴“胁（西域）诸国共寇河西郡县”。[④] 永平八年(65)，“复数寇钞边郡，焚烧城邑，杀略甚众，河西城门昼闭”。[⑤]

东汉政府经过十多年的准备，乃于汉明帝永平十五年(72)冬，以窦固为奉车都尉，骑都尉耿忠为副，谒者仆射耿秉为驸马都尉，秦彭为副，并出屯凉州。次年，组织4万多骑兵，从北方和西北分4路向北匈奴展开了讨伐，《后汉书·窦融传附窦固传》记载这次战争的情况云：

> （窦）固与（耿）忠率酒泉、敦煌、张掖甲卒及卢水（在今青海湟源县东南）羌胡万二千骑出酒泉塞，耿秉、秦彭率武威、陇西、天水募士及羌胡万骑出居延塞。又太仆祭肜、度辽将军吴棠将河东、北地、西河羌胡及南单于兵万一千骑出高阙塞，骑都尉来苗、护乌桓校尉文穆将太原、雁门、代郡、上谷、渔阳、右北平、定襄郡兵及乌桓、鲜卑万一千骑出平城

① 指北地、朔方、五原、云中、定襄、雁门、代郡、西河等8郡。
② 《后汉书》卷89《南匈奴列传》。
③ 《后汉书》卷89《南匈奴列传》。
④ 《后汉书》卷88《西域列传》。
⑤ 《后汉书》卷89《南匈奴列传》。

塞。固、忠至天山，击呼衍王，斩首千余级。呼衍王走，追至蒲类海留吏士屯伊吾卢城。耿秉、秦彭绝漠六百余里，至三木楼山（在今蒙古巴彦洪戈尔省境，为阿尔泰山支脉之一），来苗、文穆至匈奴河（一作匈河水，源出今蒙古巴彦洪戈尔城北，南流至西巴彦乌兰城南，聚为泽）水上，虏皆奔走，无所获。祭肜、吴棠坐不至涿邪山（约当今蒙古阿尔泰山脉东南部一带），免为庶人。时诸将唯固有功，加位特进。①

此战解除了北匈奴对河西走廊的军事威胁，不仅为河西的社会安定创造了相对安定的外部环境，也为东汉政府经营西域扫清了障碍。

汉章帝元和二年（85）正月，北匈奴大人车利、涿兵等入塞降汉。"时北虏衰耗，党众离叛，南部攻其前，丁零寇其后，鲜卑击其左，西域侵其右，不复自立，乃远引而去。"②汉和帝永元三年（91），北单于复为右校尉耿夔所破，逃亡不知所在。其弟右谷蠡王于除鞬自立为单于，将右温禺鞬王、骨都侯以下数千人，止蒲类海（一名婆悉海，即今新疆巴里坤哈萨克自治县西北巴里坤湖），遣使扣塞。东汉大将军窦宪上书，立于除鞬为北单于。永元八年（96）冬，东汉政府将 2 万余北匈奴降人安置在安定（治今甘肃泾川县北泾河北岸）、北地（治今宁夏吴忠县西南）一带。

永元十六年（104），北单于遣使诣阙贡献，愿和亲。汉和帝元兴元年（105），重遣使到敦煌，转向东汉朝廷贡献，请汉政府派遣大使，到时当遣子随大使入侍。东汉政府亦不答其使，但加赐而已。北匈奴想与东汉联系始终不得要领。

汉安帝永初三年（109）夏，汉人韩琮随南单于入朝，见汉地水涝灾害严重，人民饥饿死亡，回去后劝南单于反汉，结果战败，复降于汉，此后，南匈奴单于势弱，部下经常叛乱。

汉顺帝永和五年（140），南匈奴左部句龙王吾斯、车纽等叛。这年秋，句龙吾斯等东引乌桓，西收羌戎及诸胡等数万人，攻破东汉设于长安的京兆虎

① 《后汉书》卷23《窦融传附窦固传》，其中注释是本文作者加的。

② 《后汉书》卷89《南匈奴列传》。

牙营，杀上郡都尉及军司马，遂寇掠并、凉、幽、冀4州。① 严重威胁着摇摇欲坠的东汉政权；这也是东汉后期匈奴对今西北的一次较大的军事侵扰活动。

黄巾起义爆发后，南匈奴单于参与了东汉末年军阀势力的厮杀，最后于汉献帝建安十八年(213)降于曹操。

第四节　两汉政府与羌族的关系

一、西汉时期的羌族

(一)羌族的起源与分布

羌族是中国最古老的民族之一。《后汉书·西羌传》将它的起源追溯到传说的三苗以及商周时代的姜姓。其文云："西羌之本，出自三苗，姜姓之别也。其国近南岳(原注：衡山也)，及舜流四凶，徙之三危(原注：三危，山，在今沙州敦煌县东南，山有三峰，故曰三危也)，河关之西南羌地是也。"此书讲羌汉关系就是从这里讲起的。西晋司马彪《续汉书》也认为羌起源于洮岷之西的河曲地区，即黄河古赐(析)支之地。它说："西羌自赐支以西，至河首左右，居今河关西，可千余里，有河曲。羌谓之赐支，即析支也。"②河关，在今甘肃临夏市西北黄河以南。赐支或析支，就是指从黄河大积石山脉东南端，经小积石山东北麓，直到曲沟以东千余里的地方。《史记》将羌人的居住区首称为"羌中"。

夏商周以来，羌以各种原因，曾多次由此向外迁徙。直到西汉景帝(前156—前141)时、宣帝神爵二年(前60)、新莽(9—23)末及东汉建武十一年(35)、建初二年(77)、永元十三年(101)，西羌还先后6次较大规模地东迁③，使其分布范围扩大到了从青海到今甘肃、宁夏、陕西、山西等地，即当时

① 《后汉书》卷89《南匈奴列传》。
② 转见马长寿：《氐与羌》第一章，上海人民出版社，1984年版(下同)，第11页。
③ 马长寿：《氐与羌》第三章，第103—104页。

的陇西、金城、天水、武都、安定、北地、上郡、西河诸郡及关中三辅(扶风、京兆、冯翊)地区。

据《后汉书·西羌传》记载,羌族先祖无弋爰剑的曾孙忍时,秦献公初立(前384),欲复穆公之迹,乃兵临渭首灭狄豲戎。其时,忍的季父卬畏秦之威,率领部落向南迁徙,出赐支河曲西数千里,与众羌远离,不再往来联系。其后卬子孙繁衍,各自为"种"(部落),分散游牧。有牦牛种,即越巂羌;有白马种,即广汉羌;有参狼种,即武都羌。忍和弟弟舞留在湟中,多娶妻妇。"忍生九子为九种,舞生十七子为十七种,羌之兴盛,从此起矣。"①

无弋爰剑的子孙共有150"种"。其中有9个种分布在赐支河首以西及今四川、陕西汉中西北塞外,人口记载不详,只知道武都的参狼羌有胜兵数千人;有52个种人口衰少,不能自立,分散为附落,或绝灭无后,或引而远去;其余89个种中只有钟羌势力最大,它能当兵的人口就有10余万。其余大者万余人,小者数千人,相互钞盗,盛衰无常,到汉顺帝(126—144)时能够当兵的人合起来共有20万人。发羌、唐旄、牦牛、白马羌的种别、名号等详细情况,由于分散、"绝远",连《后汉书》的作者都不太清楚。但下面一些数字是可以参考的:

汉光武帝建武十三年(37),广汉塞外白马羌豪楼登等率种人5 000余户内附,光武帝封楼登为归义君长;汉和帝永元六年(94),蜀郡徼外大牂夷种羌豪造头等率种人50余万口内附,汉政府拜造头为邑君长;汉安帝永初元年(107),蜀郡徼外羌龙桥等6种17 280口内附,永初二年,蜀郡徼外羌薄申等8种36 900口又全境内附;同年冬,广汉塞外参狼种羌2 400口又内附;汉桓帝建和二年(148),白马羌1 000余人寇广汉属国,杀长吏,益州刺史率板盾蛮讨破之。②

除此之外,在天山以南还有婼羌、大种赤水羌。③ 史书将东汉安、顺两帝(107—144)时迁居于安定、北地、上郡、西河一带的羌人叫东羌,而将居住于

① 《后汉书》卷87《西羌传》。
② 《后汉书》卷87《西羌传》。
③ 《汉书》卷96下《西域传下》。

陇西、汉阳(治今甘肃甘谷县东),延及金城塞外者叫西羌。① 这里所说的东、西羌尚不包括居于三辅、武都、西域等地的羌人。

(二)汉羌之间的战争

西汉初,匈奴冒顿单于兵强马壮,他东破东胡,西边赶走月氏,威震百蛮,降服诸羌。汉景帝(前156—前141)时,研种羌受不了匈奴的威逼,首领留何率种人请求汉政府允许他们迁到靠近内地的陇西塞,于是汉政府徙留何等于狄道、安故,至临洮、氐道、羌道等县。

汉武帝击败匈奴后,实行"隔绝羌胡,使南北不得交关"②的边疆政策。汉武帝元鼎五年(前112),先零羌与封养牢姐等羌部落解仇结盟,连接匈奴,合兵10万向令居、安故等县发动抄掠,又包围了枹罕城。汉朝政府遣将军李息、郎中令徐自为将兵10万将其打败。这是汉羌间第一次大规模的战争。战争以后,羌人大部分离开湟中,来到西海即今青海湖及青海湖东边的盐池一带游牧。汉政府也从这时开始设置了护羌校尉一职,③专门管理羌族事务。

汉宣帝(前73—前49)时,汉政府遣光禄大夫义渠(姓)安国视察诸羌,先零部酋长向义渠安国请求:希望政府允许他的部落渡过湟水,找其他部族不愿耕种的闲地放牧牲畜。义渠安国将其意见奏报朝廷,后将军赵充国认为不能听从。但先零羌则以为他们已经向政府报告过了,便不等指示,径自渡过湟水;湟水北边的郡县官禁也禁止不了。到汉宣帝元康三年(前63),先零羌乃与其他羌族部落一起举行大规模的"盟誓",准备寇掠边塞。汉宣帝闻讯,又派义渠安国带兵前去观察。这一次,安国凶相毕露,他一到达羌地,就召集先零豪40余人,不问青红皂白地将他们统统斩首,又放兵击掠强族部落,杀死1 000人。诸羌愤怒,遂向金城发动进攻。汉朝政府遣赵充国与诸将带兵6万人,才将暴动羌人镇压下去。这是汉羌间的第二次较大战争。

汉元帝永光二年(前42),彡姐(xiǎnzǐ 复姓)等羌七个部落联合寇掠陇

---

① 《资治通鉴》卷52,汉永和六年正月条胡注。

② 《后汉书》卷87《西羌传》。

③ 按《后汉书·百官志五》记载,护羌校尉的级别是"比二千石",主西羌事务。又该卷引应劭《汉官仪》云:护羌校尉的属官有"长史、司马二人,皆六百石"。

西，汉政府遣右将军冯奉世率12 000骑前往镇压，不胜，汉朝乃“大为发兵六万余人”，①将其征服。从此西羌就一直处于西汉政府的严格控制下。

从乡姐羌降之后，数十年间西汉四夷宾服，边塞无事。直到王莽统治时期，由于实行粗暴强制的民族政策，羌人与其他四夷一样起而反抗，进行了有力的抵制。

二、东汉政府征服羌族的战争

东汉时期的“羌患”，是比匈奴人掠更加严重的西北边疆问题。考察羌人暴动的原因，实与东汉吏治的腐败和下层官吏的奴役掠夺分不开。光武帝建武九年（33），司徒掾班彪上书，揭露凉州即西北部分地区羌人的处境说：

> 今凉州部皆有降羌，羌胡被发左衽，而与汉人杂处，习俗既异，言语不通，数为小吏黠人所见侵夺，穷恚无聊，故致反叛。夫蛮夷寇乱，皆为此也。

班彪建议说：

> 旧制益州部置蛮夷骑都尉，幽州部置领乌桓校尉，凉州部置护羌校尉，皆持节领护，理其怨结，岁时循行，问所疾苦。又数遣使驿通动静，使塞外羌夷为吏耳目，州郡因此可得儆备。今宜复如旧，以明威防。②

这是一个切中时弊的正确见解，得到汉光武帝刘秀的采纳。汉政府以牛邯为护羌校尉，并在令居县设置了护羌校尉营。但到牛邯死后，护羌校尉就又撤销了。汉光武帝建武十年（34），先零羌与其他部落相联合，抄掠金城、陇西一带，东汉政府遣中郎将来歙等将其击败。建武十一年（35）夏，先零种复寇临洮，陇西太守马援将其打败收降后，将这部分羌人迁到天水、陇西、扶风三郡。次年，武都参狼羌反，马援将其打败，也采取了妥善安置的措施。到建武中元二年（57），烧当羌滇吾与弟滇岸率步骑5 000寇陇西，陇西太守刘

---

① 《汉书》卷79《冯奉世传》。

② 《后汉书》卷87《西羌传》。

盱遣兵迎战于枹罕(治今甘肃临夏县东北)、允街(治今甘肃永登县南庄浪河西岸),接连被羌所败,杀死500余人。其他守塞诸羌也相率内寇。东汉政府遣谒者张鸿领诸郡兵讨伐,汉兵在允吾(治今甘肃永靖县西北湟水南)等地连吃败仗,张鸿及陇西长史田飒被打死。驻守天水的官兵也被羌人牢姐部打死1 000余人。

汉明帝永平元年(58),汉派中郎将窦固、捕虏将军马武等,在西邯(今青海尖扎县东)大败羌滇吾军。滇吾远逃,余悉散降。东汉政府将其中7 000口安置到关中三辅地区。又任谒者窦林领护羌校尉,驻狄道(今甘肃临洮县)。窦林的举措得到羌人的信任,不久,滇岸和滇吾先后降汉。滇吾的儿子迷吾等则继续盗掠边郡。汉章帝建初二年(77)夏,迷吾聚兵,欲叛出塞,金城太守郝崇追击,被打得大败,死者2 000余人。于是羌人诸部及属国卢水胡与之相应,迷吾与封养羌豪布桥等5万余人掠陇西、汉阳等地,汉遣行车骑将军马防等讨破之,迷吾等降。但10年以后迷吾又反。

汉章帝章和元年(87),护羌校尉傅育上请发陇西、张掖、酒泉各5 000人,由诸郡太守率领,他自领汉阳、金城5 000人,合2万兵克期击迷吾。结果,傅育战死,军士死者880人。汉以陇西太守张纡代为护羌校尉,将万人屯临羌(今青海湟源县)。迷吾率诸种步骑7 000人入金城塞,被张纡打败投降。张纡设兵大会,施毒酒中,杀酋豪800余人,斩迷吾等5人头。放兵进击逃亡到山谷间的羌人,杀400余人,得生口2 000余人。迷吾子迷唐与烧何、当煎、当阗等相联合,退回大、小榆谷,北招属国诸胡,会集附落,部众炽盛,就这样,汉羌之间的战争仍然连年不断。

汉和帝永元十三年(101),迷唐率兵攻汉边塞,护羌校尉周鲔与金城太守侯霸及诸郡兵、属国湟中月氏诸胡、陇西牢姐羌等,合兵3万人,出塞与迷唐战。斩400余级,降者6 000余口,汉将降羌迁到汉阳、安定、陇西三郡。迷唐由此衰弱,人口不满千人,乃远徙赐支河首,附属于发羌游牧。永元十四年(102),隃麋相曹凤向朝廷建议:“建复西海郡县,规固二榆,广设屯田,隔塞羌胡交关之路,遏绝狂狡窥欲之源。又殖谷富边,省委输之役,国家可以无西方之忧”,[1]汉政府采纳这一建议,拜曹凤为金城西部都尉,将兵驻屯于龙耆(即龙支,治今青海海晏县)。后又按金城长史上官鸿以及侯霸的建议,沿黄河两岸建立了几十处屯田。羌人社会一时出现了比较安定的局面。

然而一场大规模的反奴役战争接踵而来了。当时各部降羌分布郡县,都被“吏人豪右所徭役,积以愁怨”。汉安帝永初元年(107)夏,东汉政府遣骑都尉王弘发金城、陇西、汉阳羌数百上千骑征西域。行至酒泉,很多人就沿途逃跑了,各郡发兵拦截,严加摧残。勒姐、当煎大豪东岸等惊惧之余,也都一起溃逃,陇道为之不通,郡县不能制止。这年冬,东汉政府遣车骑将军邓骘,征西校尉任尚,将五营及三河、三辅等郡兵合5万人,屯汉阳郡(治今甘肃甘谷县东),准备大规模地镇压叛羌。永初二年(108),诸郡兵尚未完全集聚,钟羌数千人乘机先在冀县(汉阳郡治,今甘肃甘谷县)西击败邓骘军,杀千余人。这年冬,邓骘使任尚及从事中郎司马钧率诸郡兵与滇零等数万人战于平襄(治今甘肃通渭县西),汉兵大败,死者8 000余人。于是滇零在北地自称“天子”,建立政权,招集武都的参狼羌及上郡、西河羌部落,与金城、陇西诸羌连成一片。又东渡黄河,南入益州,杀死汉中太守董炳,掠三辅,断陇道,“来如风雨,去如绝弦”,[2]气势很盛,朝廷不能制。

永初三年(109),东汉政府又遣骑都尉任仁督诸郡屯兵救三辅,战每不利。当煎、勒姐部攻陷破羌县(治今青海乐都县东),钟羌攻破临洮县(治今甘肃岷县),俘陇西南部都尉。永初四年春,滇零遣人寇褒中(治今陕西汉中市西北),汉中太守郑勤久出无功。东汉政府只好下令任尚撤兵,仅加强了对三辅地区的防务。永初五年(111),东汉边郡长吏害怕羌人,纷纷奏请放弃边地,乃移陇西郡治到襄武(在今甘肃陇西县东南),安定郡治到美阳(治今陕西武功县西北),北地郡治到池阳(治今陕西泾阳县西北),上郡郡治到衙县(治今陕西白水县东北)。“百姓恋土,不乐去旧,遂乃刈其禾稼,发彻室屋,夷营壁,破积聚。时连旱蝗饥荒,而驱蹙劫略,流离分散,随道死亡,或弃

① 《后汉书》卷87《西羌传》。
② 《后汉书》卷87《西羌传》。

捐老弱,或为人仆妾,丧其太半”,①秦陇大地陷入了极度的混乱。

汉安帝元初三年(116),度辽将军邓遵率南单于及左鹿蠡王须沈万骑,击零昌于灵州县(治今宁夏灵武县北),斩首800余级。中郎将任尚遣兵击破先零羌于丁奚城(又作丁溪城,在今宁夏灵武县东南)后,筑冯翊北界候坞500所。任尚又遣假司马募陷阵士,击零昌于北地,斩首700余级,得牛马羊2万头。元初四年春,任尚自将诸郡兵与护羌校尉马贤并进北地击狼莫,斩首5 000级,迎回被掠男女千余人,获牛马驴羊骆驼10余万头。于是西河虔人部羌11 000口诣邓遵降。元初五年(118),邓遵募上郡全无部羌雕何等刺杀狼莫,诸羌瓦解,三辅等地稍安。这一阶段,为了镇压羌人的反抗,东汉政府付出了惨重的代价:“自羌叛十余年间,兵连师老,不暂宁息。军旅之费,转运委输,用二百四十余亿,府帑空竭。延及内郡,边民死者不可胜数,并凉二州遂至虚耗。”②

然而东汉吏治的腐败没有丝毫的改观,因而河西、湟中、陇西等地的羌人暴动仍然此伏彼起。

——汉安帝永宁元年(120),上郡的沈氏种羌5 000余人攻击张掖。护羌校尉马贤将万人破之,斩首1 800级,获生口1 000余人,马牛羊以万数,余部悉降。当煎羌大豪饥(人名)等看到马贤兵在张掖,乃乘虚进攻金城,马贤从张掖赶回金城,将这支羌人赶出塞外,斩首数千级而还。烧当、烧何部见马贤东还,复掠张掖,杀长吏。

——汉安帝永宁二年(121),正当“别留”金城郡允街县(治今甘肃永登县南庄浪河西岸)的当煎部大豪卢忽、忍良等正在叛与降之间犹豫的时候,马贤未做任何疏导争取的工作,就率兵召卢忽斩之,又放兵击其部族,俘虏2 000余人,掠马牛羊10万头,忍良率余部逃出塞外。这年秋,忍良联络诸部3 000人返掠湟中,攻金城诸县。羌首麻奴等又打败武威、张掖郡兵于令居,河西、湟中寇扰不断。

——汉顺帝永建元年(126),陇西钟羌反,护羌校尉马贤将7 000余人前

① 《后汉书》卷87《西羌传》。
② 《后汉书》卷87《西羌传》。

往征讨，临洮（治今甘肃岷县）一战，斩首千余级，余部皆降。汉顺帝阳嘉三年（134），钟羌良封等又掠陇西、汉阳。东汉政府起用时已卸任的马贤为谒者，让他“镇抚诸部”。马贤只是弹压而不会安抚。阳嘉四年（135），马贤发陇西汉族及羌胡兵击杀良封，斩首 1 800 级，获马牛羊 5 万余头，良封亲属皆降。马贤又进击钟羌且昌部，迫使本无反意的且昌，只好率诸部 10 余万人到凉州投降。

——汉顺帝永和三年（138），烧当种那离等 3 000 余骑寇金城塞，马贤将兵赴击，斩首 400 余级，获马 1 400 匹。那离等复西招羌胡，杀伤吏民。永和四年，马贤将湟中义从兵及羌胡万余骑掩杀那离等 1 200 余人，得马骡羊 10 万余头。

——永和五年（140），且冻、傅难部等羌起兵，进攻金城，他们与西塞及湟中杂种羌胡相联合，东进三辅，攻杀长吏。东汉政府拜马贤为征西将军，骑都尉耿叔为副将，将左右羽林、五校士及诸州郡兵 10 万人屯汉阳（治今甘肃甘谷县东）。又在扶风、汉阳沿陇道建坞壁 300 所，将百姓安置在里面，由屯军进行保护。且冻见北路难攻，便分部改向武都方面发展。永和六年（141），马贤带五六千骑讨击，结果大败，马贤及两个儿子都战死。东西羌遂相互联合，分头进攻。巩唐部 3 000 余骑攻陇西，又烧园陵，掠关中，杀伤长吏。在武威太守赵冲的追击下，巩唐羌被杀 400 余人，损失马牛羊驴 18 000 余头，有 2 000 余人投降；罕种羌千余略北地，打败北地太守贾福与赵冲的联兵；又有各部羌人八九千骑略武威，使东汉地方官感到极为恐惧。为平息这一大规模的羌人反叛，东汉政府总共支出了“八十余亿”。①

——汉顺帝汉安元年（142），东汉政府任命赵冲为护羌校尉。赵冲软硬兼施，重在招怀。罕羌 5 000 余户来降，烧何种 3 000 余落则据安定参緣县（治今甘肃庆阳市西北），继续反抗。汉安三年，赵冲与汉阳太守张贡连兵堵击，斩首 1 500 级，获牛羊驴 18 万头。又杀其他部落 4 000 余人。各部前后有 3 万余户降于凉州刺史。

---

① 《后汉书》卷 65《段颎传》。

——汉顺帝建康元年(144),护羌从事马玄受诸羌所诱,偕亡出塞,领护羌校尉卫瑶追斩800余级,得牛马羊20余万头,大伤了羌人的元气。汉冲帝永嘉元年(145),左冯翊梁并继赵冲之后继续实行"以恩信招诱"的策略措施,招降了离湳、狐奴等部羌5万余户,陇右一时平静下来。

——汉桓帝建和二年(148),位于今甘肃南部、四川北部的白马羌攻广汉属国,杀长吏。西羌及湟中胡乘机起兵,益州刺史率板盾蛮讨杀、招降白马羌20万人。汉桓帝延熹二年(159),东汉以中郎将段颎为护羌校尉。当时正逢烧当八个部落的羌人攻掠陇右,段颎将其讨平。延熹四年(161),零吾羌又与先零、上郡沈氏、牢姐诸部联合,在今山西、陕西、甘肃一带同时起事。延熹五年(162),滇那等五六千人攻武威、张掖、酒泉等河西郡县。直到延熹六年(163),才被陇西太守孙羌镇压下去。

此后东、西羌的反叛活动仍然持续不断,而东汉政府的手段也愈来愈残酷。汉桓帝延熹八年(165),段颎进攻勒姐部羌人,斩首400余级,降者2 000余人。进击当煎部于湟中,俘虏数千人。他"自春及秋,无日不战","凡破西羌,斩首二万三千级,获生口数万人,马牛羊八百万头,降者万余落"。[①] 汉桓帝永康元年(167),当煎诸种复反,合4 000余人,段颎追杀其渠帅,斩首3 000余级,西羌的反抗活动一时被压下去了。

还是在汉桓帝永康元年(167),桓帝见西羌刚平,东羌又起,问计于段颎。段颎只说了一个字:"杀!"他的理由是:"狼子野心,难以恩纳,执穷虽服,兵去复动。唯当长矛挟胁,白刃加颈","绝其本根,不使能殖"。[②] 汉灵帝完全听从了他的意见。于是,汉灵帝建宁二年(169),段颎在汉阳郡西县设圈套大破东羌,"斩其渠帅以下万九千级,获牛马驴骡毡裘庐帐什物,不可胜数"。[③] 谒者冯禅等所招降4 000人,分别被安置到安定、汉阳、陇西三郡,东羌至此也平。从汉灵帝建宁元年至二年(168—169)两年间,段颎为平东羌,"凡百八十战,斩三万八千六百余级,获牛马羊骡驴骆驼四十二万七千五

① 《后汉书》卷65《段颎传》。
② 《后汉书》卷65《段颎传》。
③ 《后汉书》卷65《段颎传》。

百余头,费用四十四亿”,[①]段颎因此被封为新丰县侯,邑万户。他的那颗侯印是用近4万颗羌人的头换来的,段颎也成了两汉历史上对羌人最残忍,杀人最多的一位将军。然而屠杀只能奏效一时,却不能彻底地制止羌人的反抗。此后羌人的暴动延续不断,汉灵帝中平元年(184)冬,北地先零羌乘黄巾起义的机会兴起,联合湟中诸羌部及义从胡,立北宫伯玉、李文侯为将军,攻杀护羌校尉冷征,占领金城,活跃于陇右各地。直到汉献帝兴平元年(194),还有羌人在起兵。

东汉官吏的腐败暴虐激发了羌人的普遍反抗,然而在镇压羌人反抗的战争中,东汉官吏们不仅没有收敛,反而变本加厉地盗取官物,私入中饱:史载“诸将多断盗牢禀,私自润入,皆以珍宝货赂左右,上下放纵,不恤军事,士卒不得其死者,白骨相望于野”,[②]国库空虚了,士卒战死了,百姓户籍往往灭绝了,而东汉政权也在一个被挖空的框架上摇摇欲坠,乃至灭亡。

三、两汉治理羌族的措施

两汉中原王朝的政治家、思想家在对待羌族的问题上,除了武力征服以外,还提出了许多有价值的治理思想、政策和措施,其中带有共同性有效性的主要有以下几方面:

(一)屯戍设防。它包括3个方面:一是从内地调遣兵士、贫民和罪谪刑徒,戍守西北边地。这一构想和措施早在秦王朝北防匈奴时就已经实行了。汉武帝元狩三年(前120),“徙贫民于关以西,及充朔方以南新秦中七十余万口”。[③] 元狩五年(前118),又“徙天下奸猾吏民于边”。[④] 王莽时建西海郡(在青海湖附近),同时增设新法50条,“犯者徙之西海,徙者以千万数”。[⑤]《汉书·地理志》记载当时徙边者的情况说:“或以关东下贫,或以抱怨过当,或以背逆亡道,家属徙焉。”这些史料都反映出其时徙民实边的背景情况。

---

① 《后汉书》卷65《段颎传》。
② 《后汉书》卷87《西羌传》。亿,意为十万。
③ 《汉书》卷24下《食货志》。
④ 《汉书》卷6《武帝本纪》。
⑤ 《汉书》卷99《王莽传上》。

移民到边地后一般是从事以户为单位分散的农业开发。

二是建置屯田。屯田是汉武帝时期首创、影响了此后整个历史时期的一项以筹措军粮为目标的经济措施。汉武帝打败匈奴以后，开始在朔方郡(治今内蒙古杭锦旗西北黄河南岸)以西至令居(治今甘肃永登县西北)始设屯田。不久，西汉政府又在河湟、陇西、河西等地建立了屯田。东汉政府为防御羌人设立的屯田主要分布在金城、汉阳、安定、北地等郡。如建武十一年(35)，朝臣以金城郡破羌县(今青海乐都县东)以西途远多寇，议欲弃之，马援不同意这种意见，奏准实行屯田戍守，"置长吏，缮城郭，起坞候，开导水田，劝以耕牧"，①取得了很大的成绩。东汉和帝永元十三年(101)，护羌校尉周鲔、金城太守侯霸率兵打败迷唐羌，东汉政府派兵缮修故西海郡，以曹凤为金城西部都尉，在龙耆(今青海海晏县)广设屯田，以隔绝羌胡来往之路。不久，金城长史上官鸿上书，建议"开置归义、建威屯田二十七部，金城太守侯霸复上书请置东西邯屯田五部，增留、逢二部，列屯夹河，合三十四部"。直到安帝永初(107—113)中，由于诸羌叛乱，乃罢屯田。②

三是修筑塞垣或长城。两汉在西北修筑长城的情况，我们在第二节《两汉西北的行政管理和安保》中已经叙述。其修长城的河西段，与秦一样是为了切断羌、匈之间的联系，确保汉朝西北边界的安宁。汉武帝时汉朝政府于大败匈奴后，创置河西四郡，其目的也是"以通西域，鬲(隔)绝南羌、匈奴"。③ 这些措施都在一定程度上发挥了作用。

(二)设官领护。两汉政府设置护羌校尉的本意就是要"领护"羌人，领是管理，护是保护羌胡降人的合法权益。减少小吏黠人(实指各级官吏及豪强地主)对他们的侵夺，一旦遇到这类事情，就要制止侵夺，"理其怨结"，"问所疾苦"，帮助解决问题。同时，要遣使联络塞外羌夷，在塞外羌夷中安插耳目，掌握动态敌情，以使州郡早作防备。随着吏治的腐败，护羌校尉往往从"护羌"变成了镇压羌人的指挥者。然而从两汉政治的整体看，它的设置还

---

① 《后汉书》卷24《马援列传》。
② 《后汉书》卷87《西羌传》。
③ 《汉书》卷28下《地理志下》。

是起了一定的积极作用，是民族地区管理的一项创意性思维和措施，应当给予适当的肯定。

（三）施恩守信，“以德怀之”。两汉不少地方官常用挑起少数民族内部矛盾的办法来解决民族问题，安定边境，结果适得其反。东汉章帝章和二年(88)，护羌校尉张纡诱诛了河湟地区的烧当羌迷吾等豪酋，引起诸羌公愤，酿成大规模的武装报复行动。东汉政府令邓训代替张纡为护羌校尉。邓训接任时，诸羌“相与解仇结婚，交质盟诅”，集结了4万余人，只等黄河结冰后过河攻邓。邓训改用施恩守信的办法招怀羌胡。当时，羌人胁迫湟中的小月氏人，要它一起反汉。邓训采取措施，庇护小月氏（胡），使羌人不能加害。东汉一些短视的官吏议论说：“羌胡相攻，县官之利，以夷伐夷，不宜禁护。”邓训力排众议，坚持“以德怀之”，施以“恩信”，在羌人攻胡的时候，他下令打开城门和自己的居所，放胡人妇女儿童进来，严兵保护，使羌人掠无所得，只好退去。这件事感动了湟中诸胡。他们将邓训看作父母官，咸欢喜叩头，愿“唯使君所命”。又羌胡风俗，以病死为耻，因此，他们在病重时，往往以刀自刺，以期速死。邓训对此严加制止，并倡导用医药为其治疗，很多人被治愈，此事又让当地少数民族高兴和感激。邓训还经常赏赐诸羌，使其互相联络，与汉和好。结果，迷唐的伯父号吾（人名）扶其母，带种人800户首先来归。在拉好汉与羌胡关系的基础上，邓训组织汉、胡、羌兵4 000人出塞掩击，打败了反汉的迷唐部。

第五节　两汉政府经营西域

一、汉朝将西域纳入统一国家的版图

（一）西汉时期的西域

西汉时期，今新疆天山南部诸国大率过着定居的生活，有城郭田畜；天山北部则主要是月氏、乌孙、匈奴等游牧民族建立的“行国”。“匈奴西边日

逐王置僮仆都尉,使领西域,常居焉耆、危须、尉黎间,赋税诸国,取富给焉。"①《汉书》云:西域"本三十六国,其后稍分至五十余",②其中包括了今中国新疆和中亚、西亚等地区的一些民族国家。我们根据《汉书·西域传》的记载,将西域诸国列为下表,以概见这里的政治、社会和经济情况。

西域各国情况表

国名	治所	户口		兵员数(人)	经济状况
		户数	口数		
婼羌		450	1 750	500	随畜逐水草,不田作,仰鄯善、且末谷。山有铁,自作兵,兵有弓、矛、服刀、剑、甲。
鄯善(楼兰)	扜泥城	1 570	14 100	2 912	国出玉,多葭苇、柽柳、胡桐、白草。能作兵(器)。地沙卤,少田,寄田仰谷旁国,民随畜牧逐水草,有驴马,多橐它。国中有伊循城,其地肥美。
精绝	精绝城	480	3 260	500	
且末	且末城	230	610	320	种五谷,土地草木,畜产,作兵,有蒲陶诸果。
小宛	扜零城	150	1 050	200	
戎卢	卑品城	240	1 610	300	
扜弥(宁弥)	扜弥城	3 340	20 040	3 540	
渠勒	鞬都城	310	2 170	300	
于阗	西城	3 300	19 300	2 400	多玉石。
皮山	皮山城	500	3 500	500	
乌秅	乌秅城	490	2 733	740	山居,田石间,有白草,累石为室。民接手饮。出小步马,有驴无牛。
西夜	呼犍谷	350	4 000	1 000	随畜逐水草往来。出玉石。
蒲犁	蒲犁谷	650	5 000	2 000	寄田莎车。
依耐		125	670	350	少谷,寄田疏勒、莎车。
无雷	卢城	1 000	7 000	3 000	
莎车	莎车城	2 339	16 373	3 049	有铁山,出青玉。
疏勒	疏勒城	1 510	18 647	2 000	有市列。
尉头	尉头谷	300	2 300	800	田畜随水草。

① 《汉书》卷96上《西域传上》。

② 《汉书》卷96上《西域传上》。

续表

国名	治所	户口		兵员数（人）	经济状况
		户数	口数		
乌孙	赤谷城	120 000	630 000	188 800	不田作种树，随畜逐水草，国多马，富人至四五千匹。
姑墨	南城	3 500	24 500	4 500	出铜、铁、雌黄。
温宿	温宿城	2 200	8 400	1 500	土地物类所有与鄯善诸国同。
龟兹	延城	6 970	81 317	21 076	能铸冶，有铅。
乌垒	与都护同治	110	1 200	300	
渠犁		130	1 480	150	
尉犁	尉犁城	1 200	9 600	2 000	
危须	危须城	700	4 900	2 000	
焉耆	员渠城	4 000	32 100	6 000	近海水多鱼。
乌贪訾离	于娄谷	41	231	57	
卑陆	治天山东乾当国	227	1 387	422	
卑陆后王	番渠类谷	462	1 137	350	
郁立师	内咄谷	190	1 445	331	
单桓	单桓城	27	194	45	
蒲类	疏榆谷	325	2 032	799	
蒲类后		100	1 070	334	
西且弥	于大谷	332	1 926	738	
东且弥	兑虚谷	191	1 948	572	
劫国	丹渠谷	99	500	115	
狐胡	车师柳谷	55	264	45	
山国	不为城治	450	5 000	1 000	出铁，民山居，寄田籴谷于焉耆、危须。
车师前	交河城	700	6 050	1 865	
车师后	务涂谷	595	4 774	1 890	
车师都尉		40	333	84	
车师后城长		154	960	260	
捐毒	衍敦谷	380	1 100	500	随水草，依葱领，本塞种也。
合计		160 512	947 961	260 144	3.64 余人 1 兵，每户 1.62 余兵。

据《汉书》卷 96 上《西域传上》、卷 96 下《西域传下》制。

以上44国[①]除乌孙有120 000户，630 000口，户口稍多外，其余四分之三以上的地方政权，人口都不上万口。其经济情况，多数政权有城郭田畜，与匈奴、乌孙的无常居，随畜牧移徙不同。概言之，天山南部政权以农业为主，兼营畜牧业；天山北部政权则主要是畜牧业。汉通西域前，南疆各国皆役属于匈奴，匈奴西边日逐王置僮仆都尉，向各国征发赋税徭役。[②] 西域诸国则"各有君长，兵众分弱，无所统一，虽属匈奴，不相亲附。匈奴能得其马畜旃罽，而不能统率与之进退"。[③]

属于今中亚、西亚等地，见于《汉书》记载的西域诸国主要有11国。见下表。

《汉书·西域传》所见中亚、西亚等地的国家

国名	治所	户数	人口	兵员数	经济状况
难兜		5 000	31 000	8 000	种五谷、蒲陶诸果。有银铜铁，作兵。属罽宾。
罽宾	循鲜城				不属都护。
乌弋山离国					不属都护，大国也。田稻。有大鸟，卵如瓮。安息役属之。
安息	番兜城				不属都护，商贾车船行旁国。
大月氏	监氏城	100 000	400 000	100 000	不属都护。随畜移徙。
大夏					有五翎侯，均属大月氏。
康居		120 000	600 000	120 000	不属都护，东羁事匈奴。
奄蔡				100 000	
大宛	贵山城	60 000	300 000	60 000	多善马，马汗血，言其先天马子也。
桃槐		700	5000	1000	
休循	鸟飞谷	358	1030	480	因畜随水草，本故塞种也。

据《汉书》卷96上《西域传上》制。

以上国家与狭义西域即今新疆的民族政权数相加，正好符合司马彪《续

① 《汉书》卷96下《西域传下》还提到"车师旁小金附国"，"匈奴边国小蒲类"，因无户口等，未列入表。

② 《汉书》卷96上《西域传上》。

③ 《汉书》卷96下《西域传下》。

汉书》所云“至于哀、平,有五十五国”的数目。① 中亚、西亚有的国家规模较大,如大月氏、康居、大宛等。但其总体特点与新疆地区差不多,也是“兵众分弱,无所统一”。

(二)张骞出使西域和西域被纳入汉朝版图

汉朝经营西域主要起因于匈奴的威胁和汉武帝对匈奴的战略决策。汉朝经过几代君主70多年休养生息,到汉武帝时国力已经强盛,于是汉武帝改变了其先祖对匈奴妥协退让,和亲求安的政策,决定西连西域,断匈奴之右臂,以彻底击败北方的强敌匈奴。为此,他派张骞前往西域,联络大月氏等国。张骞两次出使西域,历尽艰辛,没有达到预期的政治目标,却由此打开了一条中外经济文化联系、影响极其深远的交通要道,即后人所谓的“丝绸之路”。从此以后,“使者相望于道。诸使外国一辈大者数百,少者百余人,人所赍操大放博望侯(张骞——引者注)时。其后益习而衰少焉。汉率一岁中使多者十余,少者五六辈,远者八九岁,近者数岁而反(返)”。②《汉书》对这条“丝绸之路”的走向有一个简略的介绍,其文云:

> 自玉门、阳关出西域有两道:从鄯善傍南山北,波(意为“沿”——引者注)河西行至莎车,为南道;南道西逾葱岭则出大月氏、安息。自车师前王廷随北山,波河西行至疏勒,为北道;北道西逾葱岭则出大宛、康居、奄蔡焉。③

西汉前期,匈奴不仅威胁着汉朝北部边界,而且役属西域各国。汉朝经营西域,联络各国,实际是与匈奴争夺对于西域的统治权。汉与西域各国关系的背后也总有匈奴的影子。

汉朝政府为了维护通往西域的交通要道,一方面修建了从金城直到盐

---

① 《资治通鉴》卷20,汉元鼎二年,胡三省注所列50余国为:婼羌、鄯善、且末、小宛、精绝、戎卢、扜弥、渠勒、皮山、乌秅、西夜、蒲犁、子合、依耐、无雷、难兜、罽宾、乌弋山离、犁鞬、条支、安息、大月氏、大夏、康居、奄蔡、大宛、桃槐、休循、捐笃、莎车、疏勒、尉头、乌孙、姑墨、温宿、龟兹、乌垒、渠犁、尉犁、危须、焉耆、乌贪訾离、卑陆、卑陆后国、郁立师、单桓、蒲类、蒲类后国、西且弥、东且弥、劫国、山国、狐胡、车师前、后王。与上表所列微有差异。

② 《史记》卷123《大宛列传》。

③ 《汉书》卷96上《西域传上》。

泽(今新疆罗布泊)的长城、关隘,移徙内地民众实边,军士戍守,另一方面又在轮台、渠犁设置了屯田卒数百人,置使者校尉统领保护营田之事,以给出使西域的汉臣提供食粮。使者校尉初置于汉武帝太初四年(前101)后,是中原王朝在西域最早设立的职官,它与匈奴的童仆都尉并存,相互争夺着对西域的统治权。

汉宣帝时,汉朝政府遣卫司马使护鄯善以西数国。护,是管护各国,既不受匈奴的掠夺,也防止汉人的骚扰。当时汉朝的政治触角只伸到天山南部诸国,未能达到天山以北。汉宣帝神爵三年(前59),匈奴日逐王率众降汉,汉派护鄯善以西使者郑吉接迎。同时使郑吉并护北道,官名为"都护",都,总也,即"总护南北之道"。郑吉是汉朝第一任西域都护。西域都护建立后,匈奴在西域的政治势力转弱,撤销了僮仆都尉。汉又在北胥鞬(今新疆莎车县附近)等地开设屯田。屯田校尉归都护统一管辖。都护治所设在距离渠犁田官较近的乌垒城(在今新疆轮台县东北)。西域都护的建立标志着中原王朝将西域纳入了其统治范围,从此,"汉之号令班西域矣"。①

关于西域都护设置的时间,《汉书》卷19上《百官公卿表上》还有另一种说法,其文云:"西域都护,加官,宣帝地节二年(前68)初置,以骑都尉、谏大夫使护西域三十六国,有副校尉,秩比二千石,丞一人,司马、候、千人各二人。"这可能是将汉朝政府任命郑吉"使护鄯善以西南道",②看作了西域都护的始置,因而出现两处记载矛盾的现象。

汉元帝初元元年(前48),汉朝政府在西域又置戊己校尉,秩比六百石。属官有丞、司马各一人,候五人。③ 为什么叫戊己校尉?颜师古解释说:"甲乙丙丁庚辛壬癸皆有正位,唯戊己寄治耳。今所置校尉亦无常居,故取戊己为名也。有戊校尉,有己校尉。一说,戊己居中,镇覆四方,今所置校尉亦处西域之中抚诸国也。"④其实,戊己校尉在西域是有"常居"即固定治所的,其

---

① 《汉书》卷70《郑吉传》。

② 《汉书》卷70《郑吉传》。

③ 《后汉书》卷2《明帝纪》。

④ 《汉书》卷19上《百官公卿表上》。

地就在高昌壁(在今新疆吐鲁番市东南)。古人在以十天干派称方位的时候,以戊己代表中央,与五行中代表中央的土相配,如云“戊己中央土”。因此这里戊己校尉的取义,当如颜师古所说:是“居中,镇覆四方”。

西域都护与戊己校尉的职责是,西域都护“总领其权”,戊己校尉“分任其事”,①就是说都护掌控西域各国的动态,“督录总领”,使其附汉,戊己校尉则分担车师前后部等地的屯田、镇抚任务。在行政级别上,西域都护比2000石,戊己校尉比600石,前者高于后者。举例说,新莽始建国二年(10),广新公甄丰路过西域。车师后王须置离闻讯,与其右将、左将商议说:“闻甄公为西域太伯,当出。故事,给使者牛羊谷刍茭,道译,前五威将过,所给使尚未能备。今太伯复出,国益贫,恐不能称。”欲亡入匈奴。戊己校尉刁护闻之,召置离验问,辞服,乃械致都护但钦在所埒娄城。② 在这件事上,戊己校尉不敢径行处分须置离计划叛逃的问题,需要械致都护处问罪。又王莽天凤三年(16),“遣大使五威将王骏、西域都护李崇将戊己校尉出西域”,③西域都护与戊己校尉是将与被将的关系,这些都说明戊己校尉接受西域都护的节制。

二、西汉政府管理西域的政策和措施

西汉政府在开发经营西域、并将其纳入统一王朝版图的过程中,采取了“恩威兼施”或“威德并用”的政策措施。包括遣使、和亲、质子、封贡、设官领护、委任土著官员、对反叛者进行征伐等。

遣使是为了联络大月氏、乌孙等西域国家,共同抗击匈奴。汉武帝建元三年(前138)和元狩四年(前119),西汉政府两次派张骞出使西域,打通了汉朝与西域各国政治、经济、文化联系的通道。从此,汉朝制度化地每年都要派大批使臣到西域去;西域来长安的使臣、商人也前后相望,络绎不绝。前已提到,汉朝政府为了接待和供应往来的使臣,还自敦煌西至盐泽(今罗

---

① 《后汉书》卷88《西域传》。

② 《汉书》卷96下《西域传下》。

③ 《汉书》卷99中《王莽传中》。

布泊)沿途起亭,又在轮台(今新疆轮台东南)、渠犁(今新疆库尔勒)留数百人屯垦,以解决出使者的物资供应,领护田卒的使者校尉,是中原政府在西域直接设官的滥觞。

和亲是汉朝政府与周边民族政权加强联系的重要方式。汉武帝元封六年(前105),汉朝以江都王刘建女细君为公主,嫁给乌孙昆莫(后改昆弥)王猎骄靡。昆莫年老,欲让公主嫁其孙岑陬(官号)军须靡(人名)。公主上书不情愿。汉武帝令"从其国俗,欲与乌孙共灭胡"。可见汉朝政府把和亲当作联合乌孙共抗匈奴的重大政治行为。细君公主为了国家的安全,遵从朝命,抑情以从胡俗。细君死后,汉武帝又以楚王刘戊之孙解忧为公主,嫁给乌孙王。解忧公主留乌孙达50年。与解忧公主一起来到乌孙的还有她的侍者冯嫽,冯嫽嫁给乌孙右大将为妻。下嫁公主们为汉朝的西域民族政策、边疆地区的安全和国家的统一作出了巨大的贡献。

质子是西汉在西域的政治、军事力量扩大后,西域诸国为了在政治上靠拢汉朝,主动或应中原王朝的要求,派子弟入侍,实际上是作人质的一种政治行为。汉武帝以后,危须(治今新疆焉耆县东北)、尉犁(治今新疆库尔勒县)、楼兰(今新疆罗布泊西北)、莎车(治今新疆莎车县)、扜弥(治今新疆若羌县),车师(治今新疆吐鲁番)等王国,都曾遣子为质于汉。

封贡是指西域各国国王或使臣到汉朝来贡献方物或朝贺。这样的事几乎所有西域国家都要办,甚至是连年办。它既是一种政治活动,又包含着经济、文化交流的内容。汉宣帝元康元年(前65),龟兹王绛宾与其夫人——汉公主之女来汉朝贺。汉朝政府"赐以车骑旗鼓,歌吹数十人,绮绣杂缯琦珍凡数千万。留且一年,厚赠送之。后数来朝贺,乐汉衣服制度,归其国,治宫室,作徼道周卫,出入传呼,撞钟鼓,如汉家仪……绛宾死,其子丞德自谓汉外孙,成、哀帝时往来尤数,汉遇之亦甚亲密"。① 在封贡中,汉朝政府看重的是西域国家的归附;西域各国则除了希冀摆脱匈奴的羁绊外,还想从汉朝获得更多的物质利益。

---

① 《汉书》卷96下《西域传下》。

设官领护是这一时期中原王朝的一大创举。如前所述，汉武帝时已经在西域设置使者校尉，领护屯田事务，为汉使供应食宿等。汉宣帝时西汉政府置西域都护，汉元帝时又置戊己校尉等。它们统由朝廷的中垒校尉管辖。史载“中垒校尉掌北军垒门内，外掌西域”。① 各国国王、使臣到京，则由典属国（大鸿胪）负责接待。

委任少数民族首领管理当地行政事务也是西汉时期开创的。据载西汉中后期，西域国家最多时“凡国五十。自译长、城长、君、监、吏、大禄、百长、千长、都尉、且渠、当户、将、相至侯、王，皆佩汉印绶，凡三百七十六人。而康居、大月氏、安息、罽宾、乌弋之属，皆以绝远不在数中，其来贡献则相与报，不督录总领也。”②上述“佩汉印绶”的数百名夷官，都是经汉朝政府任命的，是汉朝政府管理西域各族的亲民官，与旧时的国王、酋长有质的区别。

此外，还有互市、屯田等经济措施，不细述。

西域都护以及汉在羌、匈地区设置的护羌校尉、护匈奴中郎将等职官，是古代中原政权对四夷认识转变、升华的表现。西周以来，中原王朝盛行“服事制”，即对所谓“蛮夷要服，戎狄荒服”区的少数民族置之化外，来则不拒，去则不追，只要不威胁中原政权的边界安全就行了。秦汉以来，开始规划实行对少数民族地区的统治。秦始皇征伐少数民族就是为了实现这一目标。汉武帝置护羌等校尉，汉宣帝置西域都护等，领护周边少数民族，也都是对上述理念的实践。从“服事制”到实际派官领护管理模式的转变，是中原王朝国力强盛，最高统治者国家观念升华的结果。

汉朝在西域经营中“威”的一面，即武装防御、平叛活动，包括反击匈奴右部的入侵和镇压西域上层的反叛两方面。汉武帝元鼎六年（前111），汉朝政府派浮沮将军公孙贺领兵15 000骑出五原，匈河将军赵破奴领10 000骑出令居，西击匈奴“不使遮汉使”。汉武帝元封三年（前108），汉派从骠侯赵破奴领兵数万西击姑师、楼兰，俘楼兰王，灭姑师，“暴兵威以动乌孙、大宛之

① 《汉书》卷19上《百官公卿表上》。

② 《汉书》卷96下《西域传下》。

属”。[①] 汉武帝太初元年(前104),大宛杀汉使者,取其财物。汉武帝令贰师将军李广利“发属国六千骑及郡国恶少年数万人,以往伐宛”,路过西域,各国不肯给食,又攻不下。到大宛后打了败仗,死伤甚众。引兵而还。“至敦煌,士还不过什一二。”[②]太初三年(前102),汉朝再发兵6万人击大宛,宛贵人杀王出降,汉立“遇汉善者名昧蔡为宛王,与盟而罢兵”。[③]

汉昭帝、宣帝之际,匈奴发骑田车师,并挟持车师一起侵击乌孙,想阻断汉朝与乌孙的联系。汉宣帝本始三年(前71),汉朝发兵15万骑,遣御史大夫田广明等5将分道并出,与乌孙一起击败了匈奴,维护了汉朝在乌孙的地位。汉宣帝时,长罗侯常惠出使乌孙返回途中,以龟兹国杀死了汉校尉赖丹(原扜弥国太子),乃发诸国兵合5万人攻龟兹。龟兹王将杀死赖丹的人交常惠斩首,才避免了一场血战。

汉武帝天汉二年(前99),汉武帝征和四年(前89),汉宣帝本始二年(前72),汉与匈奴围绕在车师等国的统治权,曾经反复地进行过武力较量。

西汉政府对西域的开拓经营,将内地与西域地区连成一片,奠定了古代中国的基本疆域;校尉、都护等管理体制的建立,又开创了封建政权管理边疆少数民族地区的局面和模式。从秦汉到隋唐,这一模式一直推行不替,是中央王朝管理边疆少数民族地区的基本形式,也为宋元以后的“土流参治”及“土官制”、“土司制”积累了历史经验。

三、东汉时期的西域及班超父子的艰苦经略

(一)东汉西域的状况及其与东汉的“三绝三通”

1. 东汉西域的状况。东汉时期,西域诸国的最大特点,仍然是各有君长,兵众分弱,无所统一。它与匈奴一度有统属关系但不相亲附,匈奴能得其马畜旃罽,而不能有力地将各国统率起来。西域与汉朝政府的关系也是屡通屡绝,屡绝屡通,极不稳定。这主要是由于东汉的实力远逊于西汉而

① 《汉书》卷96上《西域传上》。
② 《资治通鉴》卷21,汉太初元年八月、太初二年秋。
③ 《汉书》卷61《张骞传》。

使然。

东汉时期的西域国家,按其与都护所驻地距离的远近,有"总领"国与羁縻国的区别,这一点与西汉时期相一致。由西域都护"总领"的国家基本都在今天中国境内;而康居、大月氏、安息、罽宾、乌弋山离等国则以路途"绝远",汉与之仅保持一种羁縻的关系:"其来贡献则相与报,不督录总领也"。① 据《后汉书·西域传》所载,东汉在西域总领与羁縻的国家如下表:

东汉在西域"总领"的国家

国名	治所	户数	人口	兵员数	经济状况
鄯善					
且末					
精绝					
小宛	扜零城				
戎卢②	卑品城				
拘(扜)弥		2 173	7 251	1 760	
于阗	西城	32 000	83 000	30 000 余	与鄯善同为南道大国。
皮山					
渠勒③					
西夜(漂沙)		2 500	10 000 余	3 000	地生白草,有毒,国人煎以为药,傅箭镞,所中即死。
子合④	呼鞬谷	350	4 000	1 000	
德若		100 余	670	350	
乌秅					
莎车					田地肥广,草牧饶衍。⑤
蒲犁					
无雷					
妫塞					

① 以上《汉书》卷96下《西域传下》。

② 小宛、精绝、戎卢、且末后被鄯善所并。

③ 渠勒、皮山后被于阗所统。

④ 《后汉书·西域传》注云:"《汉书》中误云西夜、子合是一国,今各自有王。"

⑤ 《后汉书》卷47《班超传》。

续表

国名	治所	户数	人口	兵员数	经济状况
姑墨	南城				
疏勒	疏勒城	21 000		30 000 余	田地肥广，草牧饶衍。①
尉头	尉头谷				
温宿	温宿城				
龟兹	居延城				
焉耆	南河城	15 000	52 000	20 000 余	
危须					
尉黎					
山国					
蒲类	疏榆谷	800	2 000 余	700 余	庐帐而居，逐水草，颇知田作。有牛、马、骆驼、羊畜。能作弓矢。国出好马。
移支	居蒲类地	1 000 余	3 000 余	1 000 余	随畜逐水草，不知田作。
东且弥		3 000 余	5 000 余	2 000 余	庐帐居，逐水草，颇田作。
车师前王	交河城	1 500 余	4 000 余	2 000	
车师后王	务涂谷	4 000 余	15 000 余	3 000 余	
卑陆					
乌孙	赤谷城				
郁立					
单桓					
狐胡					
乌贪訾离					
以上 37 国					

东汉在大西域概念下的羁縻国

国名	治所	户数	人口	兵员数	经济状况
罽宾					
条支					出师子、犀牛、封牛、孔雀、大雀其卵如瓮。

① 《后汉书》卷47《班超传》。

续表

国名	治所	户数	人口	兵员数	经济状况
安息	和椟城	户口殷盛		胜兵殷盛	小城数百。
乌弋山离（排持）					
阿蛮					
斯宾					
于罗					
大秦（犁鞬）					有松柏诸木百草。人俗力田作，多种树蚕桑。土多金银奇宝，有夜光璧、明月珠、骇鸡犀、珊瑚、虎魄、琉璃、琅玕、朱丹、青碧。刺金缕绣，织成金缕罽、杂色绫。作黄金涂、火浣布。又有细布，或言水羊毳，野蚕茧所作也。合会诸香，煎其汁以为苏合。
大月氏	蓝氏城	10万	40万	10余万	
高附					善贾贩，内富于财。
天竺（身毒）					土出象、犀、玳瑁、金、银、铜、铁、铅、锡，西与大秦通，有大秦珍物。又有细布、好毾㲪、诸香、石蜜、胡椒、姜、黑盐。
东离	沙奇城				乘象、骆驼。
栗弋					出名马牛羊、葡萄众果，葡萄酒特有名。
严国					出鼠皮以输之。
奄蔡（阿兰聊）	地城				土气温和，多桢松、白草。
康居					不属都护。
以上16国					

史载汉和帝时，西域都护班超大破焉耆、尉犁，斩其王。自是西域降服，"纳质者五十余国"。①《后汉书·西域传》是与《汉书·西域传》相衔接的，作者申明，"班固记诸国风土人俗，皆已详备《前书》。今撰建武以后其事异于先者，以为《西域传》"，所以前后《汉书》有互相补充的作用。以西域民族政权而言，除有少量兴灭增减外，大多数国家在前后汉是一以存之的。东汉

① 《后汉书》卷4《和帝纪》。

时期，随着汉羌战争的频繁和中央财力、兵力的不足，当中原政府连关陇、河西地区都管理不了的时候，它是无力管好西域地区的。故在东汉承接西汉管理西域地区的过程中，就出现了“自建武至于延光，西域三绝三通”的现象。

2. 东汉与西域的“三绝三通”。东汉建立后，汉光武帝建武（25—57）中，西域各国皆遣使求内属，愿请都护。光武以天下初定，未遑外事，竟不答应，西域各国遂相互攻伐，陷于战乱之中。汉明帝永平（58—75）中，北匈奴又胁诸国共寇河西郡县，致使河西城门昼闭，人心不安。永平十六年（73），汉明帝乃派军进击匈奴，取伊吾庐地（今新疆哈密市西），置宜禾都尉以屯田，遂通西域，于阗等国皆遣子入侍。从王莽新朝西域与中原断绝政治沟通，到永平十七年（74）复置西域都护、戊己校尉，其间整整隔离了 65 年。这是东汉与西域各国的一绝一通。

汉明帝死后，焉耆、龟兹等国乘机攻杀东汉政府派去管理西域的都护陈睦及其部众，匈奴、车师也兵围戊己校尉，西域形势再一次严峻起来。汉章帝建初元年（76），酒泉太守段彭大破西域强国车师于交河城。然由于章帝借口“不欲疲敝中国以事夷狄”，乃迎还戊己校尉，不再派遣都护，并停止了在伊吾（即伊吾庐）屯田。于是，东汉屯兵前撤，匈奴铁骑后到，抢占了伊吾。当时，只有军司马班超犹在于阗，勇敢地支撑着险局。汉和帝永元元年（89），东汉大将军窦宪领兵北破匈奴。次年，窦宪遣副校尉阎槃将 2 000 余骑攻克伊吾。永元三年（91），鉴于班超的不懈努力和卓越成就，东汉政府乃任其为西域都护，治所就设在龟兹城（今新疆库车县西南），置戊己校尉，领兵 500 人，居车师前部高昌壁（今新疆吐鲁番市东），又置戊部候，居车师后部候城（今新疆奇台县西）。永元六年（94），班超击破焉耆城（今新疆焉耆回族自治县），西域震动，于是 50 余国纷纷遣子入侍，表示愿意内属。这是汉与西域关系中的第二轮绝、通。

汉和帝死后，西域局势又不稳定。汉安帝永初元年（107），西域诸国频频围攻都护任尚、段禧等，东汉政府难以应援，乃诏罢都护，等于是放弃了西域地区。向来对于西域虎视眈眈的匈奴统治者，随即与诸国上层相勾结，共为边患10余年。汉安帝元初六年(119),在敦煌太守曹宗的建议下,汉朝政府遣行长史索班,将千余人屯伊吾,招抚西域各国。不久车师前王及鄯善王来降。数月后,匈奴率车师后部王攻没索班等,赶走车师前王。鄯善也受到攻击,乃向曹宗求救,曹宗请朝廷出兵抗击匈奴,当时主政的邓太后不许。她令派一名护西域副校尉,驻节于敦煌,统领营兵300人,羁縻西域诸国就可以了。其后,北匈奴与车师一起接连入掠河西,东汉政府无力抵抗,甚至有官僚提出“闭玉门、阳关,以绝其患”。① 直到汉安帝延光二年(123),东汉政府才采纳尚书陈忠的建议,任命班超的小儿子班勇为西域长史,将弛刑士500人屯柳中(今新疆鄯善县西南鲁克沁)。班勇颇有其父遗风,他率兵破平车师。汉顺帝永建二年(127),班勇又击降焉耆。于是龟兹、疏勒、于阗、莎车等十七国皆来服从,只剩乌孙、葱领以西继续与汉对立。永建六年(131),汉顺帝以伊吾旧膏腴之地,傍近西域,匈奴借以钞暴,乃令继续开设屯田,置伊吾司马一人。在东汉历史上再次打通被阻的通西域道,这是东汉政府与西域间的第三个绝、通周期,即三绝三通。

汉顺帝阳嘉(132—135)以后,“诸国骄放,转相陵伐”。② 汉桓帝元嘉二年(152),长史王敬被于阗所杀。汉桓帝永兴元年(153),车师后王复攻屯营。不久,黄巾起义爆发,东汉政府从此就再也无力顾及西域的事了。

(二)班超父子艰苦经略西域

在东汉经略西域的历史上,为数不少的政治家、军事家为之作出了贡献,其中班超、班勇父子功勋卓异,堪为这一政治家群体的代表。

班超(32—102)字仲升,扶风平陵县(治今陕西咸阳市西)人,他是大史学家班彪的儿子,班固的弟弟。为人有大志,不修小节,孝谨、勤奋、吃苦,有口才,粗涉书传。汉明帝永平十六年(73),汉朝政府命奉车都尉窦固等将兵讨伐北匈奴,班超为窦固部下假司马,他领一小支军队,勇冠诸军,在蒲类海(今新疆巴里坤县巴里坤湖)一战胜敌,为窦固在诸路将帅中和朝堂上增了光,因而得其赏识。永平十七年(74),窦固遣班超与从事郭恂一起出使西

① 《后汉书》卷88《西域传》。

② 《后汉书》卷88《西域传》。

域。

班超到达鄯善，鄯善王礼数淡薄。班超揣知这是匈奴使者从中作梗，乃领部下36人，乘夜纵火，前后鼓噪，斩匈奴使及从士30余级，另有百余人被烧死，鄯善为之震怖。班超晓告抚慰，令其王纳子为质。窦固大喜，向朝廷上报了班超的功绩。朝廷以班超为军司马，令他继续在西域立功。

这时候，于阗刚刚攻破莎车，势倾天山南路。匈奴使者驻于阗。班超到后，于阗王广德礼意甚疏，还听信巫言，派人向班超要"䯄马祠神"。班超回答说：让"巫自来取马"。巫至，即斩其首以送广德，并责备广德不该听信巫言背汉向匈。广德素闻班超在鄯善诛灭匈奴使臣，不敢引火烧身，乃攻杀匈使而降汉。

其时，龟兹王建是匈奴扶植起来的，他倚仗匈奴威势，把持"丝路"北道，攻破疏勒，杀死其王，而立一个名叫兜题的龟兹人为疏勒王。永平十七年(74)，班超抄小道来到疏勒，逮捕了兜题，并召集疏勒将吏，向他们揭露其恶行，立疏勒故王之侄榆勒为王，更名为忠，疏勒人很满意。永平十八年(75)，明帝死。焉耆乘机攻没都护陈睦，使班超陷入孤立无援的境地，龟兹、姑墨也多次发兵进攻归附汉朝的疏勒。班超与疏勒王头尾相应，以少量的兵力坚持了一年多。汉章帝即位后，朝廷以陈睦新没，怕班超人马孤单，不能支撑，便下诏要他撤回。疏勒人担心班超一撤，其国就会被龟兹再次攻灭，因而举国忧恐。班超行至于阗，于阗王侯以下也都痛哭失声地央告："依汉使如父母，诚不可去。"有人甚至抱住班超的马腿，马不能进。班超于是决定违命返回疏勒。

汉章帝建初三年(78)，班超领疏勒、康居、于阗、拘弥等国兵1万人攻破姑墨石城，斩首700级。他想乘势平定西域诸国。乃上书朝廷，建议拜龟兹侍子白霸为其国王，步骑数百送之。然后与诸国连兵，"以夷狄攻夷狄"。书奏，平陵人徐干上疏请行。建初五年(80)，汉政府以徐干为假司马，将弛刑及义从千人前往西域。此前，莎车降龟兹反汉，疏勒都尉番辰也叛。徐干到西域后，班超遂与徐干大破番辰军，斩首千余级，多获生口。上书朝廷，建议联络乌孙进攻龟兹。朝廷同意班超的意见。建初八年(83)，东汉政府拜班超为将兵长史，假鼓吹幢麾。别遣卫候李邑护送乌孙使者，赐大小昆弥以下锦帛。建初九年(84)，又派假司马和恭等四人将兵800支援班超。班超乃发疏勒、于阗兵击莎车。莎车以厚利引诱疏勒王忠反汉。班超见此，另立其府丞成大为疏勒王，发其不反者攻忠。康居遣精兵救忠。班超用半年的时间攻之不下，乃通过月氏说服康居撤兵，康居果然执忠以归其国。汉章帝元和四年(87)，班超擒杀了反复无常的前疏勒王忠，击破其众，杀700余人，西域南道遂通。

汉章帝章和二年(88)，班超在西域打了一场极为漂亮的以少胜多的战争。这年，他发于阗等国兵25 000人攻莎车。龟兹王遣左将军发温宿、姑墨、尉头诸国兵合50 000人来救。班超诈言兵少不敌，要各国兵"夜鼓"响起时散去。他的话故意让俘虏听见，然后将其放归。龟兹王闻讯大喜，自带万骑到西边拦遮班超，温宿王带8 000骑到东边拦截于阗兵。班超知道对方中计，乃密召诸部兵驰赴莎车营，胡兵大惊乱奔，追斩5 000余级，大获马畜财物。莎车降，龟兹等国援兵也各散去，班超从此威震西域。

此前，月氏尝助汉击车师有功，这年其王贡奉珍宝等物，求汉公主。班超拒还其使，月氏王因此怨恨。汉和帝永元二年(90)，月氏遣其副王谢将兵70 000攻班超。班超兵少，部下大恐。班超给大家打气说："月氏兵虽多，然数千里逾葱领来，非有运输，何足忧邪？但当收谷坚守，彼饥穷自降，不过数十日决矣。"①月氏副王谢攻班超，不下，钞掠又无所得。班超估计其军粮将尽，必向龟兹求救，乃遣兵数百于东界拦截。谢果遣骑赍金银珠玉贿赂龟兹，班超伏兵将其杀死。月氏副王谢大惊，即遣使请罪，求一活路。班超将他们放了，月氏由是大震，岁奉贡献。第二年，龟兹、姑墨、温宿皆降。汉朝政府乃任班超为西域都护，徐干为长史。拜白霸为龟兹王，遣司马姚光送之。班超与姚光共胁龟兹，废其王尤利多而立白霸。班超居龟兹它乾城(在今新疆库车县西南)，徐干屯疏勒。西域除焉耆、危须、尉犁三国外，其余诸国悉定。永元六年(94)秋，班超发龟兹、鄯善等八国兵合70 000人，与汉吏

① 《后汉书》卷47《班超传》。

士贾客1 400人讨焉耆，斩其王，传首京师。前后斩首5 000余级，获生口15 000人，马畜牛羊30余万头，更立元孟为焉耆王。西域五十余国至此全部纳质内属。

永元七年(95)，汉政府封班超为定远侯，邑千户。永元十四年(102)八月，班超返回洛阳，拜为射声校尉。其年九月卒，年71岁。① 班超前后在西域31年。他怀着对国家的忠诚，以无比的勇气和智慧，为西域的安定和国家的统一作出了卓越的贡献。

班超的小儿子班勇，字宜僚，少有父风。汉安帝永初元年(107)，西域不少政权反叛，汉朝政府派班勇为军司马，与其兄班雄一起出敦煌，迎接都护、兵士撤回内地，此后10多年西域没有汉官。

汉安帝元初六年(119)，敦煌太守曹宗遣长史索班将千余人屯伊吾，数月后被北单于与车师后部联军攻没。鄯善王向曹宗求救，曹宗请求朝廷出兵5 000人击匈奴，恢复汉对西域的管辖。汉朝执政的邓太后召班勇到朝堂商量对策。公卿们前此多持闭玉门关，弃西域的意见。班勇上议，回顾了从汉武帝、光武帝到明帝经略西域的曲折过程，分析了西域"复绝"的原因以及对西域各国带来的沉重负担，认为西域各国"思乐事汉"，只是苦于无法联系罢了。前此西域之所以时有叛者，那是朝廷"牧养失宜"造成的，今曹宗急于报复匈奴，然并不了解敌我情势，提出正确的策略措施，建议暂时以不出兵为好。朝堂上经过一场激烈的辩论，班勇说服了尚书等人的问难，于是东汉政府按照班勇的建议，复敦煌郡营兵300人，置西域副校尉居敦煌。采取了"羁縻西域"的措施。

汉安帝延光二年(123)夏，汉朝政府以班勇为西域长史，将兵500人出屯柳中(今新疆鄯善县西南鲁克沁)。次年正月，班勇到达楼兰，鄯善归附，他进而开导龟兹王白英，使其率姑墨、温宿等王降附于汉朝。班勇因发步骑万余人到车师前王庭，赶走匈奴伊蠡王，获前部5 000余人，恢复了汉对车师前部的管辖。又在柳中设置了屯田。延光四年秋，班勇发敦煌、张掖、酒泉3

① 《后汉书》卷47《班超传》。

郡6 000骑,及鄯善、疏勒、车师前部兵,击车师后部王军就(人名),大破之,俘虏8 000余人,马畜5万余头。汉顺帝永建元年(126),立后部故王子加特奴为王。班勇又派人斩东且弥王,另立其种人,车师六国又附于汉。这年冬,班勇发诸国兵击匈奴呼衍王,呼衍王逃走,其众2万余人皆降。北单于自将万余骑来救,也被班勇赶走,解除了北匈奴对西域的威胁。永建二年(127),班勇上书朝廷,请攻焉耆王元孟。东汉政府遣敦煌太守张朗将河西四郡兵3 000人配合班勇。班勇发诸国兵4万余人,分骑为两道进军。元孟惧诛,遣使乞降,张朗径入焉耆受降而还。班勇反以后期获罪,被征下狱,免官,后卒于家。这位在东汉经营西域史上功劳仅次于其父的政治家,其结局在某种意义上带有悲剧色彩。

四、两汉治理西域的历史经验

两汉治理西域的思想和政策有一定连续性,许多做法是有历史意义的。

(一)屯田自给,免收赋税。两汉开拓经营西域,实际上是与匈奴相比拼。匈奴自秦汉之际统领西域以后,就在西域设官,"赋税诸国",把西域看作是自己的利源。汉武帝初开西域时,虽然不向西域国家征收赋税,但要求"丝路"沿线各国要向使臣提供食宿,楼兰、姑师等交通要道的民族国家,"受其劳费,故厌苦之",①他们往往攻劫汉使,进行反抗。自将屯田制度推广到西域后,汉在轮台、渠犁、伊循、车师、北胥鞬、赤谷城等地屯田,供应使臣和戍卒,大大减轻了西域国家的负担。东汉政府继承了这一政策,继续在轮台、姑墨、莎车、疏勒、高昌壁、柳中、金满、伊吾、鄯善等地屯田,从而"兵可不费中国而粮食自足",②解决了内地供应太远,成本太高,向当地征收不可靠,又会激化民族矛盾这样一个根本性的问题。在匈奴役属诸国,"敛税重刻,诸国不堪命"③的情况下,汉官不向西域民众征收赋税,不再要求供应使者,这是一个能得西域人心的举动,是汉与匈奴争夺西域的一大政策法宝。

---

① 《汉书》卷96上《西域传上》。

② 《后汉书》卷47《班超传》。

③ 《后汉书》卷88《西域传》。

（二）咬定目标，不轻言弃。乌孙是天山北有10多万户，60多万人口的大国。比邻匈奴，虎视山南，是汉匈争夺西域的主要对像。汉朝自武帝以来，就制定了“联乌制匈”的战略决策，几十年间，坚持不懈，终见成效。汉宣帝本始二年（前72），汉遣5将军率16万余骑攻匈奴，所获不多。只有校尉常惠所督乌孙昆弥自将的5万余骑攻至右谷蠡庭，获单于父行、名王以下39 000余级，牲畜70余万。匈奴民众死伤而去者，及畜产远移死亡不可胜数。这年冬，单于自将数万骑击乌孙，所俘不多，撤军路上又逢大雪，“人民畜产冻死，还者不能什一。丁令，乌桓与乌孙一起乘机反攻，所杀数万级，虏马数万匹，牛羊甚众。又重以饿死，人民死者什三，畜产什五，匈奴大虚弱，西域诸国羁属者皆瓦解”。[①] 汉朝的“联乌制匈”战略于此见效。

车师北与匈奴接，前部西通焉耆北道，南通鄯善，东去伊吾；后部西通乌孙，北近匈奴。“此其西域之门户也”，[②]对匈奴、对汉都十分重要，故“汉常与匈奴争车师、伊吾，以制西域焉”。[③] 汉朝为了争夺车师地区，曾在汉武帝元封三年（前108）、汉武帝天汉二年（前99）、汉武帝征和四年（前89）、汉宣帝本始二年（前72）、汉宣帝地节二年（前68）等年份多次出兵，讨伐车师反汉势力及匈奴，汉匈在车师的争夺战几近于白热化。

东汉建武二十一年（45），车师与鄯善、焉耆等国一起遣子入侍，光武遣还，乃转而附属于匈奴，这是汉朝的一大失策。汉明帝至汉安帝时期，汉匈争夺又很激烈，车师则东摇西摆，依违于汉匈之间。汉顺帝永建元年（126），班勇率车师后王农奇子加特奴及八滑等，发精兵击北匈奴呼衍王，破之。班勇于是奏立加特奴为后王，八滑为后部亲汉侯。汉顺帝阳嘉三年（134）夏，车师后部司马率加特奴等1 500人，掩击北匈奴，斩数百级，获单于母、叔母及妇女数百人，牛羊10余万头，车1 000余辆，兵器什物甚众。阳嘉四年（135）春，北匈奴呼衍王率兵侵后部，汉顺帝以车师六国[④]为西域蔽捍，乃紧

---

① 《汉书》卷94上《匈奴列传上》。

② 《后汉书》卷88《西域传》。

③ 《后汉书》卷88《西域传》。

④ 指车师前、后部及东且弥、卑陆、蒲类、移支六国。

盯住不放,他令敦煌太守发诸国兵,及玉门关候、伊吾司马,合6 300骑,掩击匈奴失利,致使这年秋天,呼衍王攻破后部。汉桓帝元嘉元年(151),呼衍王将3 000余骑进寇伊吾,伊吾司马毛恺遣吏兵500人于蒲类海东与呼衍王战,全军覆没,呼衍王遂攻伊吾屯城。这年夏天,汉遣敦煌太守司马达将敦煌、酒泉、张掖属国吏士4 000余人救伊吾,呼衍王闻而引去,汉军无功而还。对于汉匈两方来说,谁控制了车师诸国,谁就控制了西域的门户和制动权。东汉国力有限,战事很多,但它咬住车师不放,直到汉桓帝永兴元年(153),车师后部王阿罗多与戊部候严皓不协,忿戾反叛,攻围汉屯田,杀伤吏士。东汉政府及戊校尉仍然采取安抚的措施,使阿罗多坚持向汉。这一切都是从车师的战略地位考虑,也都是出色的成功之举。

(三)夷汉合璧,双重官制。汉朝在西域创造性地设置了夷汉两套官制。汉官由西域都护、戊己校尉、西域长史等职官系统组成。中央有中垒校尉兼管西域的军政。"中垒校尉掌北军垒门内,外掌西域。"①夷官系统由各国译长、城长、君、监、吏、大禄、百长、千长、都尉、且渠、当户、将、相至侯、王组成,共"三百七十六人"。② 见于记载的夷官设置情况是:

鄯善。辅国侯、却胡侯、鄯善都尉、击车师都尉、左右且渠、击车师君各一人,译长二人。

且末。辅国侯、左右将、译长各一人。

小宛。辅国侯、左右都尉各一人。

精绝。精绝都尉、左右将、译长各一人。

戎卢。缺载。

渠勒。缺载。

乌秅。缺载。

西夜。缺载。

蒲犁。侯、都尉各一人。

依耐。缺载。

---

① 《汉书》卷19上《百官公卿表上》。

② 《汉书》卷96下《西域传下》。

无雷。缺载。

扜弥。辅国侯、左右将、左右都尉、左右骑君各一人，译长二人。

于阗。辅国侯、左右将、左右骑君、东西城长、译长各一人。

皮山。左右将、左右都尉、骑君、译长各一人。

莎车。辅国侯、左右将、左右骑君、备西夜君各一人，都尉二人，译长四人。

疏勒。疏勒侯、击胡侯、辅国侯、都尉、左右将、左右骑君、左右译长各一人。

尉头。左右都尉各一人，左右骑君各一人。①

乌孙。相，大禄，左右大将二人，侯三人，大夫将、都尉各一人，大监二人，大吏一人，舍中大吏二人，骑君一人。

姑墨。姑墨侯、辅国侯、都尉、左右将、左右骑君各一人，译长二人。

温宿。辅国侯、左右将、左右都尉、左右骑君、译长各二人。

龟兹。大都尉丞、辅国侯、安国侯、击胡侯、却胡都尉、击车师都尉、左右将、左右都尉、左右骑君、左右力辅君各一人。

乌垒。城都尉、译长各一人。与都护同治。

尉犁。尉犁侯、安世侯、左右将、左右都尉、击胡君各一人，译长二人。

危须。击胡侯、击胡都尉、左右将、左右都尉、左右骑君、击胡君、译长各一人。

焉耆。击胡侯、却胡侯、辅国侯、左右将、左右都尉、击胡左右君、击车师君、归义车师君各一人，击胡都尉、击胡君各二人，译长三人。

乌贪訾离。辅国侯、左右都尉各一人。

卑陆。辅国侯、左右将、左右都尉、左右译长各一人。

卑陆后王。辅国侯、都尉、译长各一人，将二人。

郁立师，辅国侯、左右都尉、译长各一人。

单桓。辅国侯、将、左右都尉、译长各一人。

---

① 以上《汉书》卷96上《西域传上》。

蒲类。辅国侯、左右将、左右都尉各一人。

蒲类后。辅国侯、将、左右都尉、译长各一人。

西且弥。西且弥侯、左右将、左右骑君各一人。

东且弥。东且弥侯、左右都尉各一人。

劫国。辅国侯、都尉、译长各一人。

狐胡。辅国侯、左右都尉各一人。

山国。辅国侯、左右将、左右都尉、译长各一人。

车师前王。辅国侯、安国侯、左右将、都尉、归汉都尉、车师君、通善君、乡(向)善君各一人,译长二人。

车师后王。击胡侯、左右将、左右都尉、道(导)民君、译长各一人。

车师都尉国。缺载。

车师后城长国。缺载。①

以上单从官名看,汉在西域的夷官制就是一个各族旧有官制的大组合。王、相、将、侯、都尉等是汉制常用的官名,匈奴中也有;城长、君、监、大禄、吏等主要是西域原有的官名;沮渠、当户、千长、百长原是匈奴官名;译长则是按需要新创设的官名。夷官制度中既有汉匈迭相影响西域政治的迹象,又反映出汉朝政府随流顺化,不忌异己的政治胸怀,还可以看到统治者按需设职的政治灵活性。归汉都尉、击胡君、乡(向)善君、道(导)民君、击车师都尉等官名,更能反映出汉朝政府强烈的政治意向。

汉夷官之间的关系,总体上是夷官管理具体行政事务,汉官则起监护作用。汉夷合璧的职官制度弥补了西域诸国对汉法不甚了解,而汉官又对西域各族民俗知之不细等缺陷,两制配合,有利于加强汉对西域的行政管理。在政治安全问题上,西域都护、戊己校尉、西域长史,甚至是较低级的军官司马等,必要时都可以连兵或借兵讨伐反叛者,维护汉在西域的统治权威和国家的统一。如汉明帝(58—75)时,焉耆与龟兹勾结攻杀西域都护陈睦、副校尉郭恂,杀吏士2 000余人。汉朝政府一时控制不住局势。汉和帝永元六年

① 《汉书》卷96下《西域传下》。

(94),都护班超发西域诸国兵讨伐焉耆、危须、尉黎、山国,遂斩焉耆、尉黎两王首,传送京师。立焉耆左侯元孟为王;撤换了尉黎、危须、山国王。至汉安帝(107—125)时,西域又发生叛乱。汉安帝延光(122—125)中,汉任班超子班勇为西域长史,遂再一次讨定叛国。①

(四)重视交通,多设邮置。立屯田于膏腴之野,列邮置于要害之路,是汉在西域的两大物质设施。前已述及,西汉在张骞出使西域以后,天山南部就出现了贯通东西的交通要道即"丝绸之路"。东汉时期,南疆仍保持南北两道:南道出玉门关,从鄯善顺昆仑山北麓,沿车儿臣河到且末,经于阗、莎车,西逾葱岭,入大月氏、安息等国。北道从凉州刺史部经伊吾到车师前王部,随天山南麓,循塔里木河,经焉耆、龟兹、温宿、疏勒,过葱岭,到大宛、康居、奄蔡诸国。② 两汉政府在"丝路"沿途设置了很多亭障、驿舍和邮置,以确保汉朝边疆地区的安全和行政命令的畅通,也使无数的"商胡贩客,日款于塞下",甚至连那些"梯山、栈谷、绳行、沙度之道,身热、首痛、风灾、鬼难之域"③,人们也在所不惧,以极大的勇气和无畏精神,保持着中原与西域包括帕米尔高原以西各国长久的经济、政治和文化联系。这是两汉开发经营西域的又一重要经验和成果。

---

① 《后汉书》卷88《西域传》。

② 《后汉书》卷88《西域传》。

③ 《后汉书》卷88《西域传》。这里是说中西交通中,有的路段要绳索相引才能翻过;有的要在深谷中搭栈、挽绳通过;夏天沙漠或有的山坂极热;经过名叫大头痛、小头痛的两座山时又会出现头痛;途中还会遇到狂风险怪的袭击。

第三章　魏晋十六国北朝西北的政治

魏晋十六国北朝，中国历史再一次陷入长达360多年的政治分裂的漩涡。继三国分立，西晋短暂统一之后，进入五胡十六国时期，匈奴、鲜卑、羯、氐、羌、吐谷浑等民族上层和汉族地主阶级，先后在西北等地建立了前赵（304—329），前秦（351—394）、后秦（384—417）、西秦（385—431），前凉（314—376）、后凉（386—403）、南凉（397—414）、北凉（397—439）、西凉（400—420）和夏（407—431）、仇池（296—580）、吐谷浑等政权。在今新疆地区，还有数十个小的民族国家。它们与中原内地各政治势力之间日寻干戈、杀伐相继，人民死丧流离，闾里生蒿，虽有沃土而无法正常生产和生活的惨象相比较，总体上处于“独安”的政治局面。在这一相对平稳的政治环境下，不论是西北的分割性政权还是作为个人的政治家、思想家，都从当时的客观实际出发，在经济开发、人才培养、社会治理、民族关系等方面，提出不少切合实际的思想和政策，力图首先稳住自己的那个小政权，进而吞并邻邦，扩大统治范围，实现统一南北、“混一戎夏”①的远大理想。

① 《隋书》卷67《裴矩传》。

第一节　魏晋十六国北朝西北的民族及民族政治（上）

一、氐族

（一）西北氐族的分布

魏晋南北朝氐族的分布地区与秦汉时期大体相一致，主要在西汉水、白龙江、涪水上游一带。即武都郡的武都道（治今甘肃西和西南）、下辨道（一名武街，在今甘肃成县西北）、故道（治今陕西宝鸡市南）、河池县（治今甘肃徽县北）、平乐道（治今甘肃武都市东北）、沮道（治今陕西略阳县东）、嘉陵道（治今陕西略阳东北）、修成道（治今陕西略阳县西北），广汉郡（治今四川梓潼县）的阴平道（今甘肃文县）、甸氐道（在今甘肃文县西）、刚氐道（今四川平武县），蜀郡（治今四川成都市）的湔氐道（今四川松潘县北）等地方。① 河西酒泉郡的禄福县（今甘肃酒泉市）汉武帝时就将一部分武都氐人迁于其地。《资治通鉴》晋孝武帝太元元年（376）记事云：

> 初，秦人既克凉州，议讨西障氐、羌（胡注：西障，西边也），秦王坚曰："彼种落杂居，不相统壹，不能为中国大患，宜先抚谕，征其租税，若不从命，然后讨之。"乃使殿中将军张旬前行宣慰，庭中将军魏曷飞帅骑二万七千随之。曷飞忿其恃险不服，纵兵击之，大掠而归。坚怒其违命，鞭之二百，斩前锋督护储安以谢氐、羌。氐、羌大悦，降附贡献者八万三千余落。②

这83 000余落数十万氐羌中的氐人，当有相当一部分是西汉以来就迁居酒泉，并散布到武威以西地区的。陇西、南安（今甘肃省陇西县东）、天水等郡也迁入了大量的氐人。可知西起酒泉、洮岷，东至汧陇以南、汉中以西，南至

---

① 马长寿：《氐与羌》，第32—33页。

② 《资治通鉴》卷104，晋太元元年十二月。

蜀郡以北的一大片地区，即今甘肃河西、陇南及与其相邻的陕西西部、四川西北部一带地区，是战国秦汉时期氐人比较集中的居住区。

汉末中原政权分裂，汉献帝建安中（196—220），活动于陇蜀之间兴国城（在甘肃秦安县东北）的兴国氐王阿贵和活动于仇池山（在甘肃成县西）的百项氐王杨千万，“各有部落万余”，①下辨等地有“氐雷定等七部万余落”，②河池有“氐王窦茂众万余人”。③ 此外，还有许多无名小帅分布于墟落间。建安十六年（211），氐王阿贵和杨千万随马超对抗曹操。建安十九年（214），曹操部将夏侯渊击破氐王阿贵，杨千万随马超降蜀。建安二十二年（217），蜀将张飞、马超攻下辨，氐王雷定等七部万余落起兵响应。建安二十四年（219）三月，曹操为了与蜀汉争夺人口，接受雍州刺史张既的建议，令他到武都，“徙氐五万余落出居扶风、天水界”。④ 不久，刘备取汉中以逼下辨，魏武都太守杨阜“前后徙民、氐，使居京兆、扶风、天水界者万余户”。⑤ 武都郡内氐人留居者仍很多。据《魏略·西戎传》所记，当时氐人“虽都统于郡国，然故自有王侯在其虚落间。又故武都地阴平街左右亦有万余落”。魏文帝黄初元年（220），“武都氐王杨仆率种人内附，居汉阳郡”。⑥ 魏明帝青龙四年（236），武都氐苻健之弟率氐400户降魏，魏齐王正始元年（240），蜀将姜维出陇西，魏将郭淮将其击退，“按抚柔氐三千余落，拔徙以实关中”。⑦

综上可知，魏晋时期氐人的分布地除武都、阴平两郡外，关中的京兆（治今陕西西安西北）、扶风、始平（治槐里，今陕西兴平县东南）和陇右的天水、南安（治豲道，今甘肃陇西东南）、广魏（指东汉广魏郡，晋改为略阳郡，治临渭，今甘肃天水市东）也成了氐人生活和参与政治活动的地方。关陇氐人总数从上引几个数字推测，至少也应有30余万。西晋时，“关中之人百万余

① 《三国志》卷30《魏书》引《魏略·西戎传》。

② 《三国志》卷25《魏书·杨阜传》。

③ 《三国志》卷1《魏书·武帝纪》。

④ 《三国志》卷15《魏书·张既传》。

⑤ 《三国志》卷25《魏书·杨阜传》。

⑥ 《三国志》卷2《魏书·文帝纪》。这是指东汉的汉阳郡，曹魏改为天水郡，治冀县，今甘肃甘谷县东。

⑦ 《三国志》卷26《魏书·郭淮传》。

口，率其少多，戎狄居半”。[①] 这百余万口之半数的狄人中，包括匈奴、氐、羌等多种民族成分。氐族所占人口比例又当以 10 万数。

十六国时期，前赵刘曜光初三年（320），长水校尉尹车谋反，潜结巴酋徐库彭，刘曜乃诛车，囚库彭等 50 余人于阿房，将杀之。前光禄大夫游子远苦苦劝告，刘曜不听，尽杀库彭等，于是“巴、氐尽叛，推巴归善王句渠知为主，四山羌、氐、巴、羯应之者三十余万，关中大乱，城门昼闭”。此前，“上郡氐羌十余万落保险不降，酋大虚除权渠自号秦王”。游子远活捉权渠子伊余，“悉俘其众。分徙伊余兄弟及其部落二十余万口于长安”。[②]

后刘曜复西讨氐人杨韬于南安，韬与陇西太守梁勋等降于曜，刘曜“迁韬等及陇右万余户于长安”。这万余户人中当有不少是氐族。后刘曜败杀秦州陈安，“徙秦州大姓杨、姜诸族二千余户于长安。氐羌悉下，并送质任”。[③] 前赵光初十一年（东晋成帝咸和三年，328），刘曜遣其武卫刘朗，率骑 3 万袭杨难敌于仇池，不克，“掠三千余户而归”。[④] 以上三次徙户共有 15 000余户，每户按 5 口计，当有 75 000 人。加上光初三年所徙 20 余万口，仅徙民就有 27 万口。刘曜管理这些徙民及关中附近少数民族的办法，是继刘汉之后设单于台（在渭城，今陕西咸阳东北），“拜大单于，置左右贤王已下，皆以胡、羯、鲜卑、氐、羌豪桀为之”。即在单于台的统一管理下，任命胡、羯、鲜卑、氐、羌等族的“豪杰”来管理本族部落。魏晋十六国北朝时期创立的单于台，是一个专门的民族管理机构，它不同于汉以来以汉族管理少数民族的西域都护、护羌校尉等，也不同于匈奴等民族政权中单一的少数民族职官机构，它是在汉官制体系中设置的专以少数民族上层管理本族民众的新机构，它不仅为后赵所沿袭，也是后世元朝宣政院、清朝理藩院一类民族管理机构的先河。

后赵太和元年（晋成帝咸和三年，328）石虎进兵上邽，讨伐刘曜子刘熙，

---

① 杜佑：《通典》卷 189《边防五 · 氐》。
② 《晋书》卷 103《刘曜载记》。
③ 《晋书》卷 103《刘曜载记》。
④ 《晋书》卷 103《刘曜载记》。

“徙上邽氐羌十五万落于司、冀二州”。① 后赵建平元年(晋成帝咸和五年,330),石勒部将石生打败氐羌反抗者,“徙秦州夷豪五千余户于雍州”。② 后赵延熙元年(晋成帝咸和八年,333),石季龙又“徙雍、秦州华、戎十余万户于关东”。不久,又“徙秦州三万余户于青、并二州诸郡”,③这其中有不少是氐人。后赵建武十三年(晋穆帝永和三年,347),石虎以中书监石宁为征西将军,率并、司州兵2万余人,为麻秋等后继,进攻前凉。当时,“河湟间氐羌氐十余万落与张璩相首尾”,使麻秋怕得不敢进兵。在这次角斗中,后赵王擢别攻白马氐于武街,克之,“徙七千余户于雍州”。④

石虎末年,与羌胡相攻,无月不战,加上统治集团内部分裂,政局大乱。“青、雍、幽、荆州徙户及诸氐、羌、胡、蛮数百余万,各还本土”,虽然返回本土的各族“道路交错,互相杀掠,且饥疫死亡,其能达者十有二三”。⑤ 但毕竟原先从雍秦等西北地区迁到关东的氐羌,大部分又返回关陇地区了。

前秦建元七年(晋简文帝咸安元年,371),苻坚攻仇池,打败氐王杨纂,“徙其民于关中,空百顷之地”。⑥ 马长寿先生认为,这次“苻坚移民,汉氐合计至少当及万家”。⑦ 建元十六年(晋孝武帝太元五年,380),苻秦将关中氐15 000余户迁到冀州邺城(今河北临漳县)、并州晋阳(今山西太原西南)、河州枹罕(治今甘肃临夏市东北)等地。《资治通鉴》记载说:

> (苻坚)以诸氐种类繁滋,秋,七月,分三原、九嵕、武都、汧、雍氐十五万户,使诸宗亲各领之,散居方镇,如古诸侯。长乐公丕领氐三千户,以仇池氐酋射声校尉杨膺为征东左司马,九嵕氐酋长水校尉齐午为右司马,各领一千五百户,为长乐世卿。长乐郎中令略阳垣敞(胡注:垣,氏姓也)为录事参军,侍讲扶风韦干为参军事,申绍为别驾……抚军将

① 《晋书》卷105《石勒载记下》。
② 《晋书》卷105《石勒载记下》。
③ 《晋书》卷105《石勒载记下》。
④ 《晋书》卷107《石季龙载记下》。
⑤ 《晋书》卷107《石季龙载记下》。
⑥ 《宋书》卷98《氐胡传》。
⑦ 马长寿:《氐与羌》,第41页。

> 军毛兴为都督河·秦二州诸军事、河州刺史,镇枹罕。长水校尉王腾为并州刺史,镇晋阳。河、并二州各配氐户三千。兴、腾并苻氏婚姻,氐之崇望也……钜鹿公睿为雍州刺史,【镇蒲坂】,各配氐户三千二百。①

上文中的武都,是曹操在刘备取汉中、进逼下辨(当时武都郡治所,在今甘肃成县西北)的政治军事形势下,徙武都北移,侨置的一个郡,初治小槐里(在今陕西武功东),魏文帝移治于美阳(在今陕西武功县西北)。雍州治所在蒲坂(山西永济西)。我们由上引史料可知,前秦时氐人在关中的居住范围又从西晋时的扶风、京兆、始平等郡扩大到了北地郡的三原护军,咸阳郡的九嵕县,在陇右的居地又增加了河州等地。在氐族人口分散以前,仅关中的三原、九嵕、武都、汧、雍就有"氐十五万户",当合75万人,加上陇右各郡的氐族部落,那真是一个不小的数字。后秦以降,氐族人口就基本稳定在各居住点了。

(二)西北氐族的政治活动

1.齐万年造反称帝。齐万年是扶风封国的氐族编民。晋武帝咸宁三年(277),晋朝统治者徙汝阴王司马骏为扶风王,"以氐户在国界者增封"。②原先,魏晋政府管理少数民族的形式是护军—部落制。按照这一制度,政府任命护军,其下有参军、功曹、主簿及部大、酋大等左官,多由少数民族首领充任,直接管理各部落民众。扶风国从咸宁三年后取消了部落制,将封国内为数众多的氐族部落统统改为编户齐民,即用管理汉民的编户制来管理氐民,这使氐民上下感觉到不适应。

促成齐万年反抗的还有一些直接原因,最重要的是赋役繁重。曹操"初平袁氏,以定邺都,令收田租亩粟四升,户绢二匹而绵二斤,余皆不得擅兴,藏强赋弱"。西晋平吴之后,"制户调之式:丁男之户,岁输绢三匹,绵三斤……男子一人占田七十亩,女子三十亩。其外丁男课田五十亩,丁女二十亩"。③ 唐徐坚著《初学记》卷27《绢》引《晋故事》云:"凡民丁课田,夫五十

---

① 《资治通鉴》卷104,晋太元五年六月。

② 《晋书》卷38《扶风王骏传》。

③ 《晋书》卷26《食货志》。

亩,收租四斛。"折合下来是每亩收租八升。这就意味着,在被史家誉为"吏奉其法,民乐其生,百代之一时"①的晋初太康(280—289)前后,民众的赋税负担已经普遍地比汉魏之际增加了一倍或二分之一。加上"服役为兵,不得耕稼,当农者之半,南面食禄者叁倍于前",②这样就使当时包括氐人在内的各族民众的生活状况和社会处境,绝对不会像干宝在《晋纪总论》中说的那样:

> 牛马被野,余粮棲亩,行旅草舍,外间不闭。民相遇者如亲,其匮乏者,取资于道路,故于时有'天下无穷人'之谚……民乐其生。③

相反,赋役繁重,不得耕稼,生活贫困倒是事实,也是引起民众暴动的直接原因。

其次是边吏的侵侮,包括对各部族的妄加讨戮。晋武帝泰始(265—274)中,策问"戎蛮猾夏",贤良阮种在对策中说:

> 戎蛮猾夏,侵败王略,虽古盛世,犹有此虞……自魏氏以来,夷虏内附,鲜有桀悍侵渔之患。由是边守遂怠,鄣塞不设。而令丑虏内居,与百姓杂处,边吏扰习,人又忘战。受方任者,又非其材,或以狙诈,侵侮边夷;或干赏啖利,妄加讨戮……是以群丑荡骇,缘间而动。虽三州覆败(指平息凉、秦、雍三州胡羌起事失利——引者注),牧守不反,此非胡虏之甚劲,盖用之者过也。④

阮种在对策中说内附少数民族"鲜有桀悍侵渔之患",说明他们并不喜欢社会动乱,制造祸患。倒是边郡官吏的"侵侮边夷","妄加讨戮",才是引起边民和进入内地的少数民族骚动的真正原因。

早在晋武帝泰始六年(270),凉州地区就爆发了鲜卑人秃发树机能领导的反晋活动,参加反抗的各族人发展到20余万人,一度占领了凉州城,直到

---

① 萧统编:《文选》卷49《晋纪总论》。
② 《晋书》卷47《傅玄传》。
③ 萧统编:《文选》卷49《晋纪总论》。
④ 《晋书》卷52《阮种传》。

晋武帝咸宁五年(279)十二月,晋朝政府选任的武威太守马隆击斩树机能,才将这次暴动镇压下去。晋惠帝元康六年(296),匈奴人郝度元率领冯翊、北地马兰山的羌人、安定界内的卢水胡等部起兵,杀死北地和冯翊太守,西晋政府派梁王肜为征西大将军、都督雍凉二州诸军事,前往镇压,又被郝度元击败。于是,“秦雍氐羌悉反,立氐帅齐万年为帝”,①围泾阳(今甘肃平凉市西北)。元康七年,齐万年率主力7万移驻梁山(今陕西乾县西北),并在六陌(今陕西乾县东北)大败晋将周处、解系、卢播军。周处被杀,解系逃跑,卢播诈论功绩,被晋政府调离战场,“偏师裨将之殒首覆军者,盖以十数;剖符专城,纡青拖墨之司,奔走失其守者,相望于境”。② 六陌战后,齐万年的军队分攻雍、汧、陈仓(今陕西宝鸡市东)各县城。搅得晋朝的“雍门不启,陈、汧危逼”。在围攻汧城(今陕西陇县)时,“群氐如猬毛而起,四面雨射城中。城中凿穴而处,负户而汲。木石将尽,樵苏乏竭,刍荛罄绝。于是乎发梁栋而用之”,③打得非常勇猛顽强。齐万年指挥进攻雍城,晋朝政府见势危机,乃遣孟观率军往援。孟观与暴动民族联军大战10余次,攻下美阳县西的中亭(在今陕西武功县西北)。又向西北直趋雍县(治今陕西凤翔南),别将何恽领兵2万继之。元康九年(299)正月,擒齐万年,槛送洛阳,遂解雍州之围,这次暴动被镇压下去了,但所造成的社会混乱,流民风潮却久久地不能止息。齐万年暴动后不久,整个北方就出现了“五胡乱华”的更大民族问题。

2. 苻氏前秦和吕氏后凉政权。氐族是十六国时期关陇少数民族中最为活跃的民族之一,其所建立的几个政权中以苻氏前秦的范围最广。

苻氏本为武都氐族。曹魏时徙居广魏(西晋改名为略阳郡)郡治临渭(今甘肃天水市东),建立前秦的苻健之父苻洪于晋永嘉四年(310)被宗人推为盟主,自称护氐校尉、秦州刺史、略阳公。前赵刘曜封其为氐王。后赵石虎以其为流民都督,率氐羌2万户居于汲郡枋头(今河南淇县东南)。后赵末,苻洪以镇压梁犊功被封为都督关中诸军事、雍州牧、领秦州刺史,仍驻枋

① 《资治通鉴》卷82,晋元康六年八月。

② 萧统编:《文选》卷57《马汧督诔并序》。

③ 萧统编:《文选》卷57《马汧督诔并序》。

头。苻洪早先曾劝石虎徙秦雍氐羌、豪杰10余万户于关东。冉闵之乱中,这些徙民乘机西归,并推苻洪为主。晋穆帝永和六年(350),苻洪自称大都督、大将军、大单于、三秦王。不久被人毒死,子健代领其众,进入关中。汧陇氐、马兰羌、卢水胡、贰城(在今陕西黄陵县境)的4万余落匈奴以及散居于其他各郡县的各族部落纷纷归降于苻健。苻健领兵打败官军,占领长安,于晋永和七年(351)即天王大单于位,建立了前秦。前秦统治范围,淝水之战前,"民户殷富,四方略定。东极沧海,西併龟兹,南苞襄阳,北尽沙漠",①是十六国时期疆域最广的一个政权,连南北朝时期的北魏也有所不及。史载:

(苻健)与百姓约法三章,薄赋卑官,垂心政事,优礼耆老,修尚儒学,而关右称来苏焉。②

(苻坚)省节谷帛之费……复魏、晋士籍,使役有常闻,诸非正道,典学一皆禁之……王猛整齐风俗,政理称举,学校渐兴。关陇清晏,百姓丰乐,自长安至于诸州,皆夹路树槐柳,二十里一亭,四十里一驿,旅行者取给于途,工商贸贩于道。百姓歌之曰:"长安大街,夹树杨槐。下走朱轮,上有鸾栖。英彦云集,诲我萌黎。"③

封建正统史学家对一个少数民族割据政权给予这样不无溢美的评价,还是少见的,说明前秦的政治治理状况一度确实不错。其与周边诸国、诸族的联系也很广泛:

鄯善王、车师前部王来朝,大宛献汗血马,肃慎贡楛矢,天竺献火浣布,康居、于阗及海东诸国,凡六十有二王,皆遣使贡其方物。④

苻坚灭前燕以后,于前秦建元六年(晋废帝太和五年,370),任命一批山东大族、前燕显宦为官:

封慕容暐为新兴侯;以燕故臣慕容评为给事中,皇甫真为奉车都

① 慧皎撰:《高僧传》卷5《释道安传》。
② 《晋书》卷112《苻健载记》。
③ 《晋书》卷113《苻坚载记上》。
④ 《晋书》卷113《苻坚载记上》。

尉，李洪为驸马都尉，皆奉朝请；（胡注：三人者，燕之三公也）李邽为尚书，封衡为尚书郎，慕容德为张掖太守，燕国平睿为宣威将军，悉罗腾为三署郎；其余封署各有差。①

建元八年（晋简文帝咸安二年，372）二月，秦以清河房旷为尚书左丞，徵旷兄默及清河崔逞、燕国韩胤为尚书郎，北平阳陟、田勰、阳瑶为著作佐郎，郝略为清河相：皆关东士望，王猛所荐也。②

前秦建元十二年（晋孝武帝太元元年，376）九月，"秦王坚以梁熙为凉州刺史，镇姑臧……封（前凉王张）天锡为归义侯，拜北部尚书……以天锡晋兴太守陇西彭和正为黄门侍郎，治中从事武兴苏膺、敦煌太守张烈为尚书郎，西平太守金城赵凝为金城太守，高昌杨干为高昌太守；余皆随才擢叙……以天锡武威太守敦煌索泮为别驾，宋皓为主簿"。③

自晋末永嘉之乱后，中原世家大族和传统文化多流入燕凉两国，苻坚任用燕、凉高门士族为官，不仅是保护、继承和传播了中国的传统文化，而且有益于北方各民族的融合和发展。而这，正是前秦在中国政治史上的巨大贡献。

后凉是氐人吕光创建的。"吕光，字世明，略阳氐人也。其先吕文和，汉文帝初，自沛避难徙焉"。④ 马长寿先生不同意吕氏氐人先祖"自沛避难徙焉"的说法。他认为"略阳的苻氏、吕氏，论其原始，都是从武都郡迁来的"，并作了许多考证。⑤

前秦建元十九年（东晋孝武帝太元八年，383），苻坚派将吕光率兵7万伐西域，吕光行越流沙300余里，焉耆等诸国皆降。惟龟兹王帛纯婴城固守，吕光进军围攻。《资治通鉴》卷105晋太元九年（384）七月记载：

龟兹王帛纯窘急，重赂狯胡以求救；狯胡王遣其弟呐龙、侯将馗帅

---

① 《资治通鉴》卷102，晋太和五年十二月。
② 《资治通鉴》卷103，晋咸安二年二月。
③ 《资治通鉴》卷104，晋太元元年九月。
④ 《晋书》卷122《吕光载记》。
⑤ 马长寿：《氐与羌》，第37页。

骑二十余万，并引温宿、尉头【严："头"改"须"。】等诸国兵合七十余万以救龟兹；秦吕光与战于城西，大破之。帛纯出走，王侯降者三十余国。

吕光引兵东还。苻坚在淝水之战中失败后，于东晋孝武帝太元十年(385)九月，入姑臧(今甘肃武威市)，自领凉州刺史。次年，即天王位，建立了后凉政权。其疆域，南逾河湟，东至陇西，西到葱岭(今帕米尔高原)，北至居延。二传至吕隆，于晋元兴二年(403)被后秦姚兴所灭。

吕氏氐人建立的后凉，其最大的历史贡献是继汉魏西晋政权之后，维护了西域诸国与内地的历史联系，史载"光抚宁西域，威恩甚著，远方诸国，前世所不能服者，皆来归附，上汉所赐节传；光皆表而易之"。① 其对河陇新疆等地经济文化的开发和发展也起了一定的积极作用。尤其鸠摩罗什的东来，更是极大地带动了中原佛经的翻译和佛教的发展。

3. 仇池杨氏等政权。两晋南北朝时期，在今甘肃东南部、陕南西部和四川北部一些地方，曾有氐族人建立的前后仇池国、武都国、武兴国和阴平国等地方民族政权，它们是氐族政治活动的重要组成部分。

前仇池国是氐人杨茂搜于晋惠帝元康六年(296)建立的。杨茂搜是略阳郡清水县(治今甘肃清水县西北)氐人。其先人自秦、汉以来，世居陇右，为豪族。晋惠帝元康六年(296)，避齐万年之乱，率部落4 000家，从略阳回到仇池，占据武都郡(治今甘肃成县西北)和阴平郡(治今甘肃文县西)。晋愍帝建兴元年(313)，其子难敌攻占梁州(治今陕西汉中市)。茂搜死，难敌统位，与弟坚头分部曲。难敌自号左贤王，屯下辨；坚头号右贤王，屯河池。②

东晋成帝咸和九年(334)，难敌卒，子毅立，自号使持节、龙骧将军、左贤王、下辨公。以坚头子槃为使持节、冠军将军、右贤王、河池公。东晋成帝咸康元年(335)，遣使称蕃于晋，晋以毅为征南、槃征东将军。咸康三年(337)，杨毅族兄杨初袭杀毅，并有其众，自立为仇池公。晋穆帝永和三年(347)，晋以杨初为使持节、征南将军、雍州刺史、平羌校尉、仇池公。永和五年(349)，

① 《资治通鉴》卷105，晋太元九年七月。

② 《魏书》卷101《氐传》。

杨初攻占西城(今陕西安康县西),扩大了仇池的版图。永和十一年(355),杨毅小弟杨宋奴使人杀杨初,杨初子杨国复自立,杀杨宋奴等。永和十二年(356),杨国从父杨俊复杀杨国自立。晋穆帝升平四年(360),杨俊卒,子杨世立。晋废帝太和五年(370),杨世卒,其弟杨统废世子杨纂自立。杨纂聚党杀杨统,晋复以杨纂为平羌校尉、秦州刺史、仇池公。晋简文帝咸安元年(371),苻坚遣杨安、苻雅等讨纂,灭前仇池国,徙其民于关中,空百顷之地,纂后为杨安所杀。

后仇池国是杨定于晋太元十一年(386)建立的。杨定是杨宋奴的孙子,杨宋奴被杀后,定与其父佛奴、叔佛狗逃到关中,投靠苻坚。苻坚以佛奴为右将军,佛狗为抚夷护军。后以女妻佛奴子杨定,并以定为尚书、领军将军。苻坚死后,杨定携眷逃回陇右,徙治历城(在今甘肃成县北),置仓储于百顷,招集氐、汉千余家,自号龙骧将军、平羌校尉、仇池公,称蕃于晋孝武帝;孝武帝即以其自号授之。同时,在杨定的要求下,晋割天水之西县(今甘肃西和县)、武都之上禄(今甘肃成县西南)为仇池郡(治今甘肃成县西),归杨定管辖。太元十五年(390),杨定又北取前秦的天水郡和略阳郡,自号西王。至太元十九年(394),杨定攻陇西乞伏乾归,军败被杀。无子,从弟杨盛继立。杨盛"分诸四山氐、羌为二十部护军,各为镇戍,不置郡县"。① 晋安帝隆安三年(399),杨盛向晋遣使称蕃,奉献方物。安帝以盛为辅国将军、平羌校尉、仇池公。安帝义熙元年(405),后秦姚兴伐杨盛,盛遣子难当为质。并乘东晋内乱之机,占领了汉中郡。宋文帝元嘉二年(425)六月,杨盛卒。子杨玄继立。元嘉四年(427)杨玄略取西秦的赤水(今甘肃岷县东北)、宕昌(治今甘肃宕昌西南)、溫川(今甘肃甘南藏族自治州)等地。杨玄死后,弟杨难当以元嘉六年(429)废玄子杨保宗(一名羌奴)而自立,号使持节、都督雍凉诸军事、秦州刺史、平羌校尉、武都王。元嘉九年(432),杨难当拜侄杨保宗为镇南将军,镇宕昌,以次子顺为镇东将军、秦州刺史,守上邽。元嘉十年(433)十一月,杨难当占领汉中之地。以氐苻粟持为梁州刺史,又以其凶悍

① 《宋书》卷98《氐传》。

杀之,以司马赵温代为梁州刺史。元嘉十九年(442)正月,宋文帝遣龙骧将军裴方明、太子左积弩将军刘康祖、后军参军梁坦甲士3 000人,又发荆、雍两州兵讨难当,受刘道真节度。五月,方明等至汉中,长驱而进。道真到武兴,攻伪建忠将军苻隆,克之。安西参军韦俊、建武将军姜道盛别向下辨,道真又遣司马夏侯穆季西取白水,难当子雍州刺史顺、建忠将军杨亮拒之,并望风奔走。闰月,方明至兰皋,难当镇北将军苻义德、建节将军苻弘祖万余人列阵拒战,方明击破之,斩弘祖,杀2 000余人,义德遁去。难当世子抚军大将军杨和据修城,方明又遣军率愈之攻杨和,大破之。于是难当将妻子奔索虏,死于虏中。安西参军鲁尚期追难当出寒峡,生擒建节将军杨保炽、安昌侯杨虎头。难当第二子杨虎为镇南将军、益州刺史,守阴平。闻父走,逃还,至下辨。被裴方明生擒,传送京师,斩于建康市。仇池平。宋以辅国司马胡崇之为北秦州刺史镇其地,立杨保炽为杨玄后,使守仇池。这时,北魏拓跋焘遣安西大将军吐奚弼、平北将军拓跋齐等2万人击崇之。元嘉二十年(443)二月,崇之败死,余众奔还汉中,"魏遂取仇池,杨保炽走"。[①] 后仇池国灭。

武都国的创立者是杨文德。元嘉二十年(443)三月,前镇东司马苻达、征西从事中郎任朏等立保宗弟文德为主。拓跋齐闻兵起,遁走,达追击斩齐,因据白崖,分平诸戍。文德自号征西将军、秦河梁三州牧、仇池公,进戍葭芦城(甘肃武都市东南)。二十五年(448),为魏所攻,奔于汉中。二十七年(450),宋师北讨,起文德为辅国将军,率军自汉中西入,攻魏汧、陇。占领了阴平(治今甘肃文县西南)、平武(治今四川平武县东北)。宋又遣文德伐啖提氐,不克,梁州刺史刘秀之执送荆州,使文德从祖兄头戍葭芦。荆州刺史南郡王义宣反,文德不同,见杀。

宋孝武帝孝建二年(455),以保宗子元和为征虏将军,以头为辅国将军。其后,宋立元和为武都王,治白水(今四川广元西北),不能自立,降于北魏。

元和从弟、文德弟僧嗣复自立,称武都王,治葭芦(甘肃武都市东南),刘

① 《资治通鉴》卷124,宋元嘉二十年二月。

宋以为宁朔将军、仇池太守。宋明帝泰始二年(466),任其为冠军将军、北秦州刺史、武都王。宋明帝泰豫元年(472),宋以其为龙骧将军、略阳太守,封武都王。又改龙骧为宁朔将军。宋后废帝元徽元年(473),僧嗣卒,从弟文度自立为武兴王,以弟文弘为白水太守,屯武兴。仍治葭芦。宋顺帝升明元年(477),魏军破茄芦,杨文度被杀。武都国亡。①

武都国亡后,宋顺帝升明二年(478),杨文度弟杨文弘,退到武兴(今陕西略阳县),自为武兴王,史称武兴国,文度遣使奉表到魏,贡其方物,北魏以其为都督、南秦州刺史、征西将军、西戎校尉、武都王。占有武兴、葭芦、白水等地。杨文弘死,从子杨后起统任。杨后起死,文弘子杨集始继立。集始既附南朝,又受北魏封号。

南齐武帝永明十年(492),武兴国王杨集始叛齐,率氐、蜀杂众寇汉川,失败后退入武兴,以城降魏。齐明帝建武二年(495),杨集始与北魏合兵攻齐汉中。齐梁州刺史萧懿遣前氐王杨后起弟子元秀收合义兵,氐众响应,阻断了魏军的运输道路。北魏也遣其南梁州刺史仇池公杨灵珍据泥功山以相对抗。正在这时,元秀病死,苻幼孙领其众。氐杨馥之聚义众屯沮水关,城白马北。集始遣弟集朗率兵迎拒州军于黄亘,战大败。集始走下辨,馥之据武兴。魏军退。齐以杨馥之为持节、督北秦雍二州诸军事、辅国将军、平羌校尉、北秦州刺史、仇池公。

齐明帝建武四年(497),魏南梁州刺史杨灵珍与二弟婆罗、阿卜珍率部曲3万余人,举城归齐。梁州刺史广宗遣中兵参军王思考率众救援,为虏所得,婆罗、阿卜珍战死。杨灵珍攻杨集始于武兴,杀其两弟杨集同、杨集众。杨集始穷急,请降。齐东昏侯永元二年(500),齐复以杨集始为使持节、督秦雍二州军事、辅国将军、平羌校尉、北秦州刺史。② 不久,杨集始又于齐梁之际、北魏宣武帝景明(500—503)初投降北魏,北魏还授其原先的爵位,使其归守武兴。杨集始死,子绍先立,北魏拜其为都督、南秦州刺史、征虏将军、汉中郡公、武兴王。绍先年幼,委事两叔集起、集义。集义见梁益既定,恐武

① 《宋书》卷98《氐传》。
② 《南齐书》卷59《氐传》。

兴不得久为外藩，遂煽动诸氐，推绍先僭称大号，外引萧衍为援。①

梁武帝天监四年(505)，北魏攻下汉中，次年，魏又攻下武兴，杨绍先被擒送到洛阳。梁武帝中大通元年(529)，杨绍先乘机逃回武兴，又自立为王。梁武帝大同元年(535)，绍先死，其一子杨智慧率4 000户投梁而去；一子杨辟邪归顺北魏，仍留武兴。梁元帝承圣二年(553)，杨辟邪叛魏，被擒杀，武兴国遂亡。

阴平国是杨难当族弟杨广香于宋顺帝升明元年(477)建立的。当时，杨广香与魏合兵，攻杀杨文度，魏以广香为阴平公、葭芦戍主，建立了阴平国。齐高帝建元元年(479)七月，南齐以杨广香为沙州(治今四川广元西北)刺史，建元三年(481)，杨广香卒，子杨炅(jiǒng)立。阴平国统治范围只有阴平(治今甘肃文县西南)和平广(治今四川平武县)两县，梁初有数万户。梁简文帝大宝元年(550)，其版图扩大到黎州(治今四川广元县)。梁元帝承圣二年(553)，阴平王杨法琛通于西魏，曾随魏大将尉迟迥伐蜀。陈宣帝太建十二年(580)八月，杨法琛子杨永安响应北周益州总管王谦的反隋活动，这年十一月，隋将达奚长儒率兵伐之，灭阴平。

自东汉建安末杨驹居仇池开国，至南朝陈末阴平国灭，氐族在甘、陕、川边前后建立了五个民族割据政权，历33主约380余年，几与整个魏晋南北朝时代一样长，氐族对这一偏僻地区的依恋，固然是为了躲避关陕内地的战乱，反映了弱势民族自我保护的智慧；其不畏艰难，顽强拼搏，积极进取，开发、发展的精神，也是西北古代民族对中华传统人文精神的贡献。

二、羌族

(一)西北羌族的分布

魏晋南北朝时期，羌族在西北的活动区主要在关中、陇右、河西以及青海的海南、黄(河)南等地。

关中在魏晋时代的行政区划中属于雍州。下辖京兆郡(治今陕西西安

---

① 《魏书》卷101《氐传》。

市西北)、冯翊郡(治今陕西大荔县)、扶风(国)郡(治今陕西眉县东北)、安定郡(治临泾,在今甘肃镇原县东南)、北地郡(治今陕西耀县)、新平郡(治今陕西彬县)、始平(国)郡(治今陕西兴平南)共7个郡(国)。其中冯翊、北地、新平、安定等地的羌人最多。

陇右在魏晋时属于秦州,下辖陇西(国)郡(治今甘肃陇西县南)、南安郡(治今甘肃陇西东南)、天水郡(治今甘肃甘谷县东)、略阳郡(治临渭,在今甘肃天水市东)、武都郡(治今甘肃成县西北)、阴平郡(治今甘肃文县西北)共六郡(国)。魏晋南北朝时各郡(国)都有羌人居住。

河西在魏晋时属于凉州,下辖金城郡(治今兰州市东)、西平郡(治西都,今青海西宁市)、武威郡(治今甘肃武威市)、西郡(治今甘肃永昌县西北)、张掖郡(治今甘肃张掖市西北)、酒泉郡(治今甘肃酒泉市)、敦煌郡(治今甘肃敦煌市西)、西海郡(治居延,今内蒙额济纳旗东南)共8郡。其中金城、西平自古就是羌人的根据地。

西北在魏晋及十六国北朝时期的行政区划时有调整,但大的格局基本确定。经过汉魏之际的丧乱之后,秦陇各州郡也是"吏民流散饥穷,户口损耗"。裴松之注引《魏名臣奏》云:"金城郡,昔为韩遂所见屠剥,死丧流亡,或窜戎狄,或蹈寇乱,户不满五百。(苏)则到官,内抚凋残,外鸠离散,今见户千余。又梁烧杂种羌,昔与遂同恶,遂毙之后,越出障塞。则前后招怀,归就郡者三千余落。"①领有榆中(金城郡治所,在今甘肃兰州市东)、允街(治今甘肃永登县东南)、金城(治今甘肃兰州市西北)、白土(治今青海循化县北)、浩亹(治今甘肃永登县西南)等五县的金城郡,经能臣苏则招集之后,汉羌共计才达4 000余户,平均每县只有800户,多是羌人。此后,金城汉羌民众反魏、蜀魏两个政权在这一带展开争夺,金城地区又陷入了衰败凋残的境地。当时西北各郡县的情况大抵若此。

西晋十六国之际,中原内地的大批世家大族携带眷属、童仆和各种书籍,避乱西迁,来到河西陇右的秦凉各郡县,从劳动力、生产技术和文化诸方

---

① 《三国志》卷16《魏书·苏则传》。

面补强了这一地区。同时五凉、三秦等政权为了政治上的生存和发展，也积极地开发经济，兴办教育，发展各项文化事业。所以，十六国时期河陇地区的政治大环境还算是相对安定的。北魏统一后，西北的政治形势和羌汉各族的生存环境进一步有所改善。

（二）羌人的政治活动

魏晋十六国北朝时期，羌族作为西北的一个主要民族，积极地参与了当时的各种政治活动，这我们在前述氐族一节中已经牵连说到一些。这里再举一些主要的例子。

1. 魏蜀对峙中的西北羌族及邓至等羌。三国时期，魏国和蜀汉都极力抢夺羌族民众为其修城、运粮和参加争夺战争。

魏明帝太和二年（228），蜀相诸葛亮出祁山，遣将军马谡至街亭，高详屯列柳城。魏将张郃击谡，郭淮攻详营，都获得了成功。接着，魏军又破政治上倾向于蜀汉的陇西名羌唐蹄于桴罕（治今甘肃临县市）。太和五年（231），蜀军出卤城①。魏国驻军的陇右缺乏军粮，郭淮“以威恩抚循羌、胡，家使出谷，平其输调，军食用足”。②

魏齐王正始元年（240），蜀将姜维出陇西，魏遣郭淮进击，追至强中，姜维退去。郭淮遂讨迷当等羌族部落，并将当地氐族 3 000 余落迁到关中。

正始八年（247），陇西、南安、金城、西平诸羌饿何、烧戈、伐同、蛾遮塞等相结叛乱，攻图城邑，南招蜀兵。讨蜀护军夏侯霸与将军郭淮一起击退前来进攻的蜀将姜维，“进讨叛羌，斩饿何、烧戈，降服者万余落”。③ 正始九年，遮塞等羌族部落屯驻河关（在今甘肃临夏西北）、白土故城（治今青海化隆回族自治县东南，循化撒拉族自治县北黄河对岸），据河抗拒魏军，也被郭淮打败。

曹魏嘉平元年（249）四月，蜀汉卫将军姜维进攻雍州，依麴山筑两城，④

① 《汉书》卷 28 下《地理志下》云：安定郡有卤县。

② 《三国志》卷 26《魏书・郭淮传》。

③ 《三国志》卷 26《魏书・郭淮传》。

④ 胡三省注：麴山，在羌中，魏雍州西南界。

使牙门将句安、李歆等守之,聚羌胡质任,进逼诸郡;魏征西将军郭淮与雍州刺史陈泰与之相抗。陈泰以为麴城虽固,但距蜀地险远,运粮不便,羌人担忧劳役太苦,必不愿意依附姜维,“围而取之,可不血刃而拔其城”。郭淮听从了他的建议,乃使陈泰率讨蜀护军徐质、南安太守邓艾进兵围麴城,断其运道及城外流水。安等挑战,魏兵不予理睬。蜀军将士困窘,分粮啮雪以度日。姜维引兵来救,又被截断归路,逼退姜维。郭淮又引兵西击诸羌。留邓艾屯白水北。由于邓艾曾至这里屯军,后人就将这座城叫邓至城。① 而称这个地方叫邓至。邓至是当时羌人聚居的地方。我们从这段记载中可以看到羌人在蜀汉争夺战中的重要作用。

邓至羌,治所在邓至(在今四川南坪县东北),其地南傍白水,故史称白水羌。邓至国的范围,在岷山以东,平武(治今四川平武县东北)以西,汶岭(又叫岷山,在今四川茂汶羌族自治县南,不同于上述川北甘南交界处的岷山)以北,宕昌(治今甘肃宕昌西南)以南,包括今川北、陇南的白水江和岷江上游地区。邓至羌聚居于邓至这个地方的历史应很久远。北魏时,其王像舒治遣使附魏,魏孝文帝(471—499)拜其为龙骧将军、邓至王,遣贡不绝。②同时,各代国王也保持与南朝的朝贡关系,在政治上依违于南北朝之间。宋文帝(424—453)时,邓至王象屈耽遣使向宋献马。天监元年(502),梁武帝诏以邓至王象舒彭(当即像舒治)为督西凉州诸军事,号安北将军。③ 到6世纪中期,西魏废帝(552—553)遣宇文昶平定邓至的民族政权,在那里设置了邓州。邓至国自舒治至檐桁共11世。④

史载邓至之西,还有东亭卫、大赤水、寒宕、石河、薄陵、下习山、仓骧、覃水等诸羌国,风俗粗犷,与邓至国互不统属。亦时遣贡使,附于北朝。⑤

2. 河州彭奚念等羌族势力的活动。十六国时期,枹罕(今甘肃临县市)羌彭奚念,溜川(在今甘肃文县北)羌彭利和,赤水(在今青海共和县南)羌弥

---

① 《资治通鉴》卷75,曹魏嘉平元年四月。《三国志》卷22《魏书·陈泰传》同。
② 《北史》卷96《邓至羌传》。
③ 《梁书》卷54《西北诸戎·邓至国》。
④ 《周书》卷49《邓至羌传》。
⑤ 《北史》卷96《邓至羌传》。

姐康薄等皆势力强盛，据地自雄，在当时的政治生活中影响巨大。西秦乞伏乾归太初二年（晋孝武帝太元十四年，389）十一月，枹罕羌彭奚念附于西秦乞伏乾归，乞伏乾归以奚念为北河州刺史。① 同年，乞伏乾归被后凉吕光弟吕宝攻败。吕宝进追乾归，乾归使彭奚念断其归路，并躬贯甲胄，连战败敌，吕宝及将士投河死者万余人。② 羌人在民族割据政权争斗中仍然不可或缺。

后凉麟嘉四年（晋孝武帝太元十七年，392），西秦羌将彭奚念入攻后凉的三河郡治白土城（在今青海循化县北），后凉都尉孙峙被打败，退奔兴城（当指晋兴郡城，在今青海乐都县东南）。后梁主吕光又遣武贲吕纂、强弩窦苟率步骑5 000，与彭奚念战于盘夷，又大败。（吕）光无耐，只好亲自出马征讨奚念。彭奚念于白土津累石为堤，以（河）水为防御工事，遣精兵1万距守河津。（吕）光遣将军王宝由湟水上游进军，他自己则从石堤渡过黄河，两军配合，攻克枹罕，才将彭奚念赶到甘松（西秦甘松郡，治今甘肃宕昌西北腊子口）。③

西秦太初十年（晋安帝隆安元年，397）六月，时为北河州刺史的彭奚念被西秦王乞伏乾归任命为镇卫将军。④

南凉弘昌五年（东晋安帝义熙二年，406）南凉秃发傉檀与北凉沮渠蒙逊迭相攻击，傉檀遂东招西秦河州刺史、羌人彭奚念。次年十月，彭奚念叛秦降于秃发傉檀。⑤

南凉嘉平元年（晋义熙四年，408）十二月，西秦乞伏炽磐攻彭奚念于枹罕，被奚念所败而还。⑥

西秦更始元年（晋义熙五年，409）二月，乞伏炽磐入见秦太原公懿于上邽，彭奚念乘虚进攻。炽磐赶回还击，遂克枹罕。⑦

---

① 《资治通鉴》卷107，晋太元十四年十一月。
② 《晋书》卷125《乞伏乾归载记》。
③ 《晋书》卷122《吕光载记》。
④ 《资治通鉴》卷109，晋隆安元年六月。
⑤ 《资治通鉴》卷114，晋义熙三年十月。
⑥ 《资治通鉴》卷114，晋义熙四年十二月。
⑦ 《资治通鉴》卷115，晋义熙五年二月。

彭奚念是当时陇右羌人势力的一个代表人物。从他的经历中可以看到各族政权对羌人的多方争取和利用；羌人也在各民族政权间翻手为云，覆手为雨，左右着各族政治势力的天平。

3. 宕昌羌的政治活动。宕昌羌是羌族的一支。魏晋南北朝时，其社会还相当落后，“国无法令，又无徭赋。唯战伐之时，乃相屯聚；不然，则各事生业，不相往来。皆衣裘褐，牧养牦牛、羊、豕以供其食……俗无文字，但候草木荣落，记其岁时。三年一相聚，杀牛、羊以祭天”。①

十六国时期，宕昌羌有个叫梁勤的，他家世代都是羌人首领，在羌族中很有威望，梁勤自称为王。其孙弥匆，于北魏太武帝（424—452）初，遣子弥黄奉表求附于北魏。魏太武帝接纳了他，并遣使臣拜弥匆为宕昌王，赐弥黄爵甘松侯。弥匆死。孙梁彪子继立。

宕昌羌的活动范围，“自仇池（今甘肃西和县南）以西，东西千里；席水②以南，南北八百里。地多山阜，人二万余落”。彪子死，弥治立。彪子弟羊子投靠吐谷浑，阴谋借助于吐谷浑的力量夺取弥治的王位。弥治遣使向魏求救，魏献文帝（466—471）派武都镇将宇文生救护，击退了羊子和吐谷浑的军队。弥治死，子弥机立。不久，氐人杨文度叛乱，包围了武都城，弥机遣其两兄，率众赶走文度。魏孝文（471—499）时，朝贡如常。孝文帝遣使拜弥机征南大将军、西戎校尉、梁益二州牧、河南公、宕昌王。③

据令狐德棻等撰《周书》记载，自弥忽（疑即《北史·宕昌传》中的“弥匆”）至仚（同“仙”字）定九世，对魏职贡不绝。及至看到北魏分裂的迹象，遂产生了背离的念头。魏孝武帝永熙（532—534）末年，梁仚定引吐谷浑寇金城。西魏文帝大统（535—551）初，又率其种人入寇。魏遣行台赵贵督仪同侯莫陈顺等将其击败。仚定忧惧之下，才又称藩请罪。大统四年（538），西魏以仚定为南洮州刺史、要安蕃王。大统七年（541），仚定再次举兵攻魏。

---

① 《北史》卷96《宕昌羌传》。

② 《魏书》卷106下《地形下》，天水郡上封（本为上邽，犯魏太祖拓跋珪讳改）县，注云：“有席水”。当为今耤（jí）河。

③ 《北史》卷96《宕昌羌传》。

西魏政府令陇右镇将独孤信讨伐，军未至而佡定被其部下所杀。西魏政府乃以佡定弟弥定为宕昌王。大统十六年(550)，弥定宗人獠甘袭夺王位，弥定逃奔西魏。西魏文帝诏大将军宇文贵、豆卢宁、凉州刺史史宁等率兵讨獠甘及其他反魏势力，杀死獠甘等反叛的羌人头目，扶持弥定复位。西魏由北周代替以后，弥定对北周政权时顺时叛，反复无常。北周武帝保定四年(564)，弥定寇洮州，被总管李贤击败。这年，弥定又引吐谷浑寇掠石门戍(治今甘肃武都市东南)，向周不断地发起进攻，于是，北周派大将田弘讨灭宕昌国，以其地为宕州。①

4. 姚氏后秦的政治活动。后秦政权的奠基者是姚弋仲，他是南安赤亭(南安郡治所，在今甘肃陇西县东南)羌人。西晋永嘉(307—313)之乱中，姚弋仲东徙榆眉(今陕西千阳县)，由于他在羌汉民众中有广泛的影响，因此，戎夏各族随他迁徙的有数万人。他自称护西羌校尉、雍州刺史、扶风公。前赵刘曜征讨陈安，以姚弋仲为平西将军，封平襄公。后赵又以他为安西将军、六夷左都督。后赵灭亡，姚弋仲乃遣使降于东晋。晋穆帝永和七年(351)，东晋政权拜弋仲使持节、六夷大都督、都督江淮诸军事、车骑大将军、仪同三司、大单于，封高陵郡公。次年，弋仲卒。

姚弋仲的第五子姚襄，字景国，也是一位出色的政治军事家。后赵石祗任其为使持节、骠骑将军、护乌丸校尉、豫州刺史、新昌公。东晋政府拜他为持节、平北将军、并州刺史、即丘县公。姚襄后脱离东晋，回到北方，自称大将军、大单于，乃据许昌，攻洛阳，逾月不克。此时，晋征西大将军桓温自江陵伐姚襄，姚襄在伊水北被桓温打败，转至北屈(在今山西吉县北)，进屯杏城(在今陕西洛川县西南)，遣其从兄姚兰略地鄜城(在今陕西洛川县东南)，使其兄姚益及将军王钦卢招集北地各族民众，归附者5万余户。晋升平元年(357)，苻生遣部将苻飞拒战姚兰，姚兰败，被苻飞所执。姚襄率众西撤，在三原被苻坚擒杀。

姚弋仲和姚襄的政治军事活动为姚苌作了很好的铺垫。姚苌，字景茂，

---

① 《周书》卷49《宕昌羌传》。

他是姚弋仲的第24子。少聪哲，多权略，曾随兄姚襄征伐，参与谋划。姚襄死后，姚苌率诸弟降于苻生。苻坚以姚苌为扬武将军，历左卫将军，陇东、汲郡、河东、武都、武威、巴西、扶风太守，宁、幽、兖三州刺史，复为扬武将军，步兵校尉，封益都侯。在苻坚部下累有大功。

淝水之战后，慕容泓起兵叛苻坚。苻坚遣子苻睿讨伐，以姚苌为司马。苻睿战死，姚苌遣龙骧长史赵都向苻坚谢罪，苻坚将其怒杀。姚苌心存疑惧，乃逃奔于渭北，转入马牧。西州豪族尹详、赵曜、王钦卢、牛双、狄广、张乾等率5万余家，共推姚苌为盟主。姚苌乃于晋孝武帝太元九年（384）自称大将军、大单于、万年秦王，年号白雀，建立了羌族后秦政权。

时慕容冲与苻坚相攻，姚苌进屯北地郡（治今陕西耀县），厉兵积粟，以观时变。苻坚早先迁到敷陆的数千户晋人降于姚苌。北地、新平、安定羌胡归降姚苌者10余万户。姚苌遣将攻下新平（治今陕西彬县），略地至安定（治临泾，在今甘肃镇原县东南），岭北诸城尽降姚苌。这时，苻坚被慕容冲所逼，逃入五将山。慕容冲入长安。苻坚司隶校尉权翼、尚书赵迁、大鸿胪皇甫覆、光禄大夫薛赞、扶风太守段铿等文武数百人奔于姚苌。姚苌遣将军吴忠率骑围擒了苻坚。不久，慕容冲又遣其车骑大将军高盖率众5万伐姚苌，姚苌在新平南大破高盖军，高盖率麾下数千人投降了姚苌。晋孝武帝太元十一年（386），姚苌即皇帝位于长安，改元为建初，国号大秦，即后秦。姚苌在位八年，于太元十八年（393）死，[①]子姚兴继立。姚兴执政时最大的成就是攻灭了南凉、后凉，并迫使南凉王秃发利鹿孤，北凉王沮渠蒙逊和遥在敦煌的西凉主李玄盛"皆遣使降"。后秦弘始十八年（晋安帝义熙十二年，416），姚兴死。[②]子姚泓继立，次年，即后秦永和二年（晋安帝义熙十三年，417），姚泓败降于晋将刘裕，被斩于建康，后秦灭。从晋孝武帝太元九年（384）姚苌立国，至姚泓，后秦政权历三世而亡，前后延续了34个年头。它是羌族在历代中原王朝的核心地区建立的唯一一个政权，在国家的局部统一，佛教文化的发展等方面都作出了巨大的历史贡献。

---

① 《晋书》卷116《姚苌载记》。

② 《晋书》卷117《姚兴载记上》。

三、匈奴族

东汉建安(196—220)中,曹操分匈奴为5部,各部任命其酋长为统帅,选汉人为司马进行监督。三国魏末,改帅为都尉。匈奴左部都尉所统有1万余落,居于上党郡泫氏县(治今山西高平县);右部都尉有6 000余落,居于太原郡祁县(治今山西祁县东南);南部都尉有3 000余落,居于平阳郡蒲子县(治今山西隰县);北部都尉有4 000余落,居于新兴郡新兴县(九原县,治今山西忻县);中部都尉的户口接近6 000余落,居于太原郡大陵县(治今山西交城县西南)。置匈奴中郎将,驻太原郡治所(今山西太原市),统领5部。在今西北地区也有匈奴居住。如魏齐王曹芳正始元年(240),凉州休屠胡梁元碧等率种落2 000余家附雍州,魏将郭淮奏请使居于安定郡的高平(今宁夏固原市)地区,借以维护边障,保护内地居民。其后因置西川都尉,管理这支匈奴人。① 休屠胡,当是汉代匈奴休屠王的部民后裔。

晋武帝即位后,塞外匈奴遭遇暴雨水灾,塞泥、黑难等部2万余落归顺晋朝政府,被安置在河西故宜阳城下。逐渐与晋人杂居,因而平阳、西河、太原、新兴、上党、乐平诸郡都有匈奴人居住,②它们部落分明,不相杂错。组织严密,等级明显,③渐为边患。

十六国北朝初,匈奴人乘中原大乱,在今西北地区建立了前赵、夏、北凉等割据政权。下面分别介绍其主要的政治活动。

1. 刘氏前赵政权。前赵政权是匈奴人刘曜创建的。刘曜,字永明,他是十六国汉政权创建者刘渊(字元海)的族子,在刘渊时历任显职,后拜相国,都督中外诸军事,镇长安。晋元帝大兴元年(318),自称皇帝,改元光初,都

---

① 《三国志》卷26《魏书·郭淮传》。

② 入居塞内的匈奴有屠各种、鲜支种、寇头种、乌谭种、赤勤种、捍蛭种、黑狼种、赤沙种、郁鞞种、萎莎种、秃童种、勃蔑种、羌渠种、贺赖种、钟跂种、大楼种、雍屈种、真对种、力羯种,共19种。(《晋书》卷97《北狄·匈奴传》)

③ 匈奴的国号有左贤王、右贤王、左奕蠡王、右奕蠡王、左于陆王、右于陆王、左渐尚王、右渐尚王、左朔方王、右朔方王、左独鹿王、右独鹿王、左显禄王、右显禄王、左安乐王、右安乐王,共16个等级,都用单于亲子弟充任。(《晋书》卷97《北狄·匈奴传》)

长安。当时，黄石屠各胡路松多起兵于新平（治今陕西彬县）、扶风，聚众数千，附于南阳王司马保。司马保任其将杨曼为雍州刺史，王连为扶风太守，据陈仓（今陕西宝鸡市东）；张颉为新平太守，周庸为安定太守，据阴密（治今甘肃灵台县西南）。路松多攻下草壁（在今甘肃灵台县附近），控制了秦陇地区的许多氐羌。大兴三年（320），刘曜发兵攻陈仓，杨曼、王连背城而阵，被刘曜打得大败，王连战死，杨曼奔于南氐。接着，刘曜又攻下草壁、安定（治临泾，在今甘肃镇原县东南）。司马保迁于桑城（在今甘肃临洮县西南洮河西岸），由他控制的氐羌也跟随而去。

刘曜动辄杀人，不计后果。在处理其长水校尉尹车谋叛事件时，牵连杀死了与尹车连结的巴酋徐库彭等50余人，刺激之下巴氐尽叛，推巴归善王句渠知为主，四山羌、氐、巴、羯响应者30余万，关中大乱。在光禄大夫游子远的苦心劝告下，刘曜才改用怀柔政策，大赦境内，召降了10余万人，并进军安定，平息了以句渠知为首的叛军，陇右局势稍安。

然而上郡（治今陕西铜川市东北）仍有10余万落氐羌保险不降，其酋权渠自号秦王。在游子远的进攻下，经过五次较量，才打败权渠，又避其锋锐，寻找战机，生擒权渠子伊余，俘其众5万余人，迫使权渠投降。刘曜以权渠为征西将军、西戎公，分徙伊余兄弟及其部落20余万口于长安。权渠是西戎强部，各部莫不听命于他，权渠既降，西部各族也都归顺于刘曜。

晋明帝太宁元年（323），晋将陈安攻刘曜部将刘贡于南安（治今甘肃陇西县东），在休屠王石武的配合下，刘贡大败陈安。接着，刘曜亲征陈安，夺得陇上诸县。刘曜乃徙秦州大姓杨、姜诸族2 000余户于长安。此时，刘曜部将刘岳与前凉张茂相持于河上，刘曜自陇长驱而至，戎卒285 000，临河列营，百余里中，钟鼓之声沸河动地，张茂临河诸戍皆望风奔退，这是刘曜兵力最盛的时期。

刘曜为了扩大地盘，又遣刘岳攻石生于洛阳。刘岳攻下石勒盟津（即孟津，在今河南孟县南黄河上）、石渠（在今河南洛阳市东北）两戍，斩获5 000余级，进围石生于金墉城（在今河南洛阳市东北）。石虎率步骑4万人前来应战，刘岳战败，退保石渠。石虎遂堑栅列围，遏绝内外。刘岳困极，终被石虎连其将王腾等80余人、并氐羌3 000余人所俘。

晋成帝咸和二年(327)五月,刘曜遣其武卫刘朗率骑3万袭氐帅杨难敌于仇池,掠3 000余户而归。前凉张骏遣金城太守张阆及枹罕护军辛晏、将军韩璞等率众数万人,自大夏(今甘肃广河县西)攻掠秦州诸郡。刘曜遣刘胤率步骑4万迎击,双方夹洮河相持70余日。冠军呼延那鸡率亲兵2 000骑,断绝前凉运输通道。刘胤进逼,韩璞军大溃,奔还凉州。刘胤追至令居(在今甘肃永登县西北),斩首2万级。张阆、辛晏率众数万降于刘曜。咸和三年(328)七月,石勒遣石虎率众4万,自轵关(在今河南济源县西)西入伐曜,河东应之者50余县,进攻蒲坂(今山西永济县西)。刘曜一方面遣其河间王刘述发氐羌之众屯于秦州,以防前凉、仇池氐乘虚偷袭长安;一方面又尽中外精锐水陆军队东救蒲坂,大败石虎军,斩其将军石瞻,枕尸200余里,收资仗以10万计。石虎奔于朝歌(今河南淇县)。刘曜遂从大阳(在今河南三门峡市北)渡河,攻石生于金墉城(在今河南洛阳市东北),决千金堨以灌石军。

刘曜作战勇敢,但他不抚士众,专与嬖臣饮博,左右或劝,辄以妖言斩之,就在这次战役中,他以饮博误事,转胜为败。在石勒自率大军进攻下,醉中就擒,终被石勒杀死。

刘曜死后,其子刘熙及刘胤、刘咸等遂率百官奔于上邽(今甘肃天水市),刘厚、刘策皆捐镇奔逃。关中扰乱,将军蒋英、辛恕拥众数十万,占据长安,派使者招石勒,石勒遣石生率洛阳之众前往。刘胤及刘遵率众数万,自上邽将攻石生于长安,陇东、武都、安定、新平、北地、扶风、始平诸郡戎夏皆起兵响应刘胤,一时颇有起色,但很快就在义渠(今甘肃庆阳市西南)被石虎打败,死者5 000余人。刘胤奔上邽,石虎乘胜追战,枕尸千里,上邽溃。石虎执刘曜太子刘熙、南阳王刘胤并将相诸王等及其诸卿校公侯以下3 000余人,皆杀之。徙其台省文武、关东流人、秦雍大族9 000余人于襄国,又坑其王公等及五郡屠各5 000余人于洛阳。刘曜在位十年,至此彻底灭亡。①

① 《晋书》卷103《刘曜载记》。

刘曜政治上的失败，原因是多方面的，除了上述秉性残忍，嗜杀无度；不抚士众外，还在战乱正殷，军费浩大，百姓不堪重负的情况下，毫无节制地大兴土木，欲比拟阿房修建西宫，模仿琼台建筑陵霄，这两项工程虽以臣下劝谏而未付诸实行，但其他建筑同样工程浩大，造成严重的社会后果。例如他为父、妻营造坟墓，亲往规度，乃至“负土为坟，其下周回二里，作者继以脂烛，怨呼之声盈于道路”。“二陵之费至以亿计，计六万夫百日作，所用六百万功。二陵皆下锢三泉，上崇百尺，积石为山，增土为阜，发掘古冢以千百数，役夫呼嗟，气塞天地，暴骸原野，哭声盈衢”，“疫气大行，死者十三四”①，严重损伤了国力、财力和战力，他如此不计利害得失、轻重缓急的政治败笔，只能招致灭亡的下场，并留给后人以深沉的反思。

2. 赫连夏政权。夏政权是匈奴人赫连勃勃建立的。赫连勃勃，字屈孓，是匈奴右贤王去卑之后，与西晋十六国初期汉政权的建立者刘渊同族。曾祖赫连武，汉刘聪时以宗室封楼烦公，拜安北将军、监鲜卑诸军事、丁零中郎将，后被代王猗卢打败，遂出塞外。祖赫连豹子招集种落，复为诸部之雄，石虎遣使拜其为平北将军、左贤王、丁零单于。父赫连卫辰入居塞内，苻坚以为西单于，督摄河西诸虏，屯于代来城（又称悦跋城，在今内蒙古伊金霍洛旗西北）。后乘前秦离乱，遂有朔方之地，控弦之士38 000。不久，卫辰被北魏擒杀，赫连勃勃逃到叱干部。叱干他斗伏准备将其送给北魏处置，他斗伏侄阿利不同意叔父这一做法，派人在半路上邀夺勃勃，护送到后秦高平公没奕于那里，奕于以女妻之。

赫连勃勃在后秦深得姚兴的器重。姚兴拜他为骁骑将军，加奉车都尉，常参军国大议，宠遇逾于勋旧。不久，又以勃勃为持节、安北将军、五原公，配给5部鲜卑及杂虏2万余落，委镇朔方。就在其时，河西鲜卑杜崙向后秦献马8 000匹，途经大城（在今内蒙古伊金霍洛旗西），被勃勃截留。勃勃又率众3万余人，袭杀了他的恩人、岳父没奕于，兼并了其部众。

晋安帝义熙三年（407），赫连勃勃称天王、大单于，建元曰龙升，署置百

---

① 《晋书》卷103《刘曜载记》。

官。自认为匈奴是夏后氏的苗裔,故称国号为大夏。其年,讨鲜卑薛干等3部,俘其众以万数。进讨后秦三城(在今陕西延安市东南)以北诸戍,斩其将杨丕、姚石生等。勃勃求婚于南凉秃发傉檀,傉檀不许。勃勃恼怒之下,率骑2万进击南凉,杀伤万余人,驱掠27 000口、牛马羊数十万。傉檀率众追杀,勃勃反攻,大败南凉军,追奔80余里,杀伤以万计,斩其大将10余人,筑为"京观",号"髑髅台"。

此后,赫连勃勃又与后秦姚兴将张佛生战于青石原(又叫青石岸、青石岭,在今甘肃泾川县西北),俘斩5 700人。姚兴继遣齐难率众2万来战,勃勃潜军掩袭,擒齐难,前后俘其将士2万余人,戎马万匹,岭北夷夏降附者又数万人。勃勃又掠平凉杂胡7 000余户以配后军,进屯依力川(疑在今甘肃泾川县一带)。姚兴亲率大军来伐,勃勃连败诸将,徙黄石固(在今宁夏固原市东南)、我罗城(在今甘肃平凉市西北)等地7 000余家于大城,以其丞相右地代领幽州牧以镇之。

接下来的战争,包括:

——赫连勃勃遣尚书金纂率骑1万攻平凉,被姚兴所败并杀。

——勃勃兄子左将军罗提率步骑1万破后秦定阳城(今陕西延安市东南固县镇),坑将士4 000余人,以女弱为军赏。

——勃勃攻后秦将姚寿都于清水城(在今宁夏灵武县东北),寿都奔上邽(治今甘肃天水市),徙其人16 000家于大城。

——勃勃率骑3万攻安定(治今甘肃泾川县北),与姚兴将杨佛嵩战于青石北原,降其众45 000,获戎马2万匹。进攻姚兴将党智隆于东乡,徙其3 000余户于贰城。

——勃勃又攻破后秦杏城(在今陕西黄陵县西南),执守将姚逵及其部将姚大用、姚安和、姚利仆、尹敌等,坑战士2万人。

——后秦姚泓即位后,勃勃乘姚泓将姚嵩与氐王杨盛相持,率骑4万袭破上邽,杀姚泓秦州刺史姚平都及将士5 000人,毁城而去。进攻阴密(在今甘肃灵台县西南),又杀后秦将姚良子及将士万余人。以其子昌为使持节、前将军、雍州刺史,镇阴密。姚泓岭北镇戍郡县随即全部降夏。

不久，刘裕灭姚泓，入长安，遣使与勃勃约为兄弟。既而勃勃还统万，[①]刘裕留子义真镇长安，自还江南。勃勃见刘裕已去，乃以子赫连璝率骑2万南趋长安，自率大军继发。由于义真部下内讧，无力迎战，勃勃乃轻易地赶走晋军，入驻长安，并在长安即皇帝位，改元为昌武(418)。次年，又改元曰真兴(419—425)。

赫连勃勃以大禹之后自许，然而不存仁心。他作战勇猛，力胜群雄，自期于"统一天下，君临万邦"，但由于秉性凶暴，在历史上建树甚少，却留下很多嗜杀的污点。他尝居城上，置剑于侧，对左右有所不满，便随手杀之，"群臣忤视者毁其目，笑者决其唇，谏者谓之诽谤，先截其舌而后斩之"，乃至"夷夏嚣然，人无生赖"。为他所信赖的将作大匠叱干阿利之残忍刻暴，比赫连勃勃有过之而无不及。阿利曾令人蒸土筑城，"锥入一寸，即杀作者而并筑之"，勃勃还以为忠诚，故委以营缮之任。阿利督造五兵之器，精锐尤甚。"既成呈之，工匠必有死者：射甲不入即斩弓人；如其入也，便斩铠匠……凡杀工匠数千"。[②] 其余将领，如前所述常以杀人、坑人、筑人为京观而为快，如此残忍，其国何能长久？又何望于"统一天下，君临万邦"？

赫连勃勃于宋文帝元嘉二年(425)死。子赫连昌、赫连定先后继立，均被北魏擒灭。

3. 沮渠北凉政权。沮渠蒙逊是临松(治今甘肃肃南县马蹄镇)卢水胡人，北凉政权的建立者。其先世曾任匈奴左沮渠，遂以官为氏，世居卢水为酋豪。蒙逊博涉群史，颇晓天文，雄杰有英略。其伯父沮渠罗仇、沮渠曲粥随吕光征河南，吕光前军大败，曲粥、罗仇乘机谋叛，都被吕光所杀。蒙逊以复仇为名起事，一旬间众至万余。屯据金山(在今甘肃民乐县南)，与从兄男成一起推吕光建康太守段业为使持节、大都督、龙骧大将军、凉州牧、建康公，改吕光龙飞二年(397)为神玺元年。段业以蒙逊为张掖太守。段业称凉

---

① 赫连夏都城。赫连夏凤翔(413—417)中。勃勃以叱干阿利领将作大匠，发岭北夷夏10万人，于朔方水北、黑水之南营建都城。他以自己"方统一天下，君临万邦"，乃以"统万"为城名。

② 《晋书》卷130《赫连勃勃载记》。

王,以蒙逊为尚书左丞。

段业畏蒙逊雄武,置于身边对己不利,乃以蒙逊从叔益生为酒泉太守,蒙逊为临池太守,以马权代蒙逊为张掖太守。马权武略过人,每轻侮蒙逊,蒙逊乃向段业诋毁马权,使其将马权杀死,除去一个对手。又诬陷与他一起推戴段业的另一强人、从兄男成,段业乃逼其自杀。接着,蒙逊反咬一口,以段业杀其从兄而举兵叛乱,杀死段业。晋安帝隆安五年(401),蒙逊在其亲信的推戴下自号大都督、凉州牧,改元永安,篡夺了北凉政权。

当时,适逢后秦姚兴遣姚硕德攻后凉吕隆于姑臧(今甘肃武威市),蒙逊派从事中郎李典聘于姚兴,以结外援。晋安帝义熙六年(410)三月,蒙逊率步骑3万伐南凉秃发傉檀,至显美(在今甘肃永昌县东南),徙数千户而还。义熙七年(411)十月,蒙逊伐西凉,被凉武昭王李玄盛击败。义熙八年(412)十月,蒙逊攻下姑臧,并迁都于此,自称河西王,改元玄始。次年四月,立其子政德为世子。

此后,蒙逊西至苕藋(tiáodiào 在今甘肃张掖市东,一说在今甘肃永昌县境),遣冠军伏恩率骑1万袭卑和羌、乌啼虏两个部落,大破之,俘2 000余落。又率军攻克西秦广武郡(治今甘肃永登县东南),以运粮不继,自广武入湟河(治今青海化隆县黄河北岸),度浩亹(即大通河)。西秦主乞伏炽磐遣乞伏魋尼寅拒蒙逊,被蒙逊杀死。炽磐又遣王衡、折斐、曲景等率1万骑据勒姐岭(又叫勒且岭,在今青海乐都县西南),蒙逊又将其打败,擒折斐等700余人,曲景奔还。蒙逊以弟沮渠汉平为折冲将军、湟河太守,乃引还。不久,汉平在其长史焦昶、将军段景的劝导下,投降了乞伏炽磐。①

其后,蒙逊遣沮渠广宗率骑1万打败了盘踞在金山郡(治今甘肃山丹县西南)的乌啼虏部,收服了游牧于青海湖一带的卑和羌部。沮渠蒙逊玄始九年(宋武帝永初元年,420),蒙逊打败西凉主李歆,攻破酒泉城,以子沮渠茂虔为酒泉太守。这时候,李歆弟敦煌太守李恂自称冠军大将军,继续割据一方。玄始十年(宋武帝永初二年,421)正月,沮渠蒙逊自率大军攻敦煌,乃筑

① 《晋书》卷129《沮渠蒙逊载记》。

长堤，以水灌城。李恂部将宋承、张弘等以城来降，沮渠蒙逊杀李恂，屠其城，灭亡了西凉。威慑之下，鄯善王比龙来朝，西域36国也都向蒙逊称臣纳贡。宋及北魏还先后遣使向蒙逊授爵封官。①

宋文帝元嘉十年(433)蒙逊死，子沮渠牧犍继立。沮渠牧犍永和七年(439)九月，北魏常山王赤坚兵临姑臧，茂虔(即沮渠牧犍)出城降，北凉灭亡。此后牧犍弟沮渠无讳、沮渠安周相继建号称王，图谋再起，然而死灰不能复燃，“遂为蠕蠕所并”。②

第二节　魏晋十六国北朝西北的民族及民族政治（下）

四、鲜卑族

鲜卑之先出于东胡。秦汉之际，东胡被匈奴击败，退到东北大兴安岭，南与乌桓为邻。以后在频繁的迁徙活动中，分裂为东部鲜卑和北部鲜卑。③东部鲜卑活动于今内蒙古东部的鲜卑山即科尔沁右翼中旗西哈勒古河附近的大罕山，也即辽西塞外的鲜卑山。这一带属大兴安岭东侧的浅山区和广

---

① 宋武帝永初二年(421)，宋遣使拜蒙逊为镇军大将军、开府仪同三司、凉州刺史。北魏太武帝神䴥四年(431)十一月，魏遣太常李慎拜蒙逊为假节加侍中、都督凉州西域羌戎诸军事、太傅、行征西大将军、凉州牧、凉王，加九锡之礼，使崔浩为册书以褒赏之(《十六国春秋辑补》卷96《北凉录二·沮渠蒙逊》)。

② 《十六国春秋辑补》卷97《北凉录三·沮渠茂虔》。

③ 有学者认为“鲜卑一称在先秦就出现了”，并举《国语·晋语》和《楚辞·大招》中的两段话为证(见王钟翰主编:《中国民族史概要》第一编第三章第二节，山西教育出版社，2004年版，第40页)。然而据我们核对，韦昭注《国语》“昔成王盟诸侯于岐阳，楚为荆蛮，置茅蕝，设望表，与鲜卑守燎，故不与盟”云:“案:‘鲜卑’，公序本作‘鲜牟’。注同。”又云:“鲜卑，东夷国。”这里根据“公序本”，鲜卑当为鲜牟之误。又据王逸《楚辞章句》注“小腰秀颈，若鲜卑只”云:“鲜卑，衮带头也。言好女之状，腰支细少，颈锐秀长，靖然而特异，若以鲜卑之带，约而束之也。”洪兴祖《楚辞补注》文同。可见，这两段话并不能证明先秦时代就已经有作为民族名称的“鲜卑”一词。“鲜卑”一词，据专家考证义为“祥瑞”，则其义之来源似与鲜卑先祖迁徙中常见瑞兽领路的传说有关。

漠草原地带。北部鲜卑最初活动于大兴安岭北段的大鲜卑山。①

西汉时,鲜卑臣属于匈奴,东汉和帝永元五年(93)中,大将军窦宪遣右校尉耿夔击破匈奴,北单于逃走,"鲜卑因此转徙据其地。匈奴余种留者尚有10余万落,皆自号鲜卑,鲜卑由此渐盛"。② 汉桓帝、灵帝(147—189)时,鲜卑人逐渐形成了几个较强的政治中心和相对统一的军事联盟,其中鲜卑大人檀石槐称兵10万,立庭于弹汗山歠仇水上(今内蒙古呼和浩特地区)。兵马甚盛,"因南抄缘边,北拒丁零,东却夫余,西击乌孙,尽据匈奴故地,东西万四千余里,南北七千余里"。③

魏晋南北朝时期,西北是鲜卑人活动的重要历史舞台。这里重点介绍一下由其所建立的南凉、西秦及吐谷浑等重要民族政权的政治情况。

1. 秃发南凉政权。南凉政权是秃发乌孤建立的。秃发乌孤是河西鲜卑人,其先祖与后魏皇室属于同一个族系。乌孤八世祖匹孤时,率部自塞北迁于河西,其活动地盘东至麦田(今甘肃靖远县东)、牵屯山(即鸡头山,又名笄头山、崆峒山、薄洛山,在今宁夏隆德县东),西至湿罗(今地待考),南至浇河城(今青海贵德县),北接大漠。匹孤曾孙树机能雄伟果断,而多谋略。晋武帝泰始(265—274)中,他率部落军队杀秦州刺史胡烈,败凉州刺史苏愉,尽占凉州,使晋武帝为之不安。后树机能被部下所杀,从弟务丸继领其部。务丸曾孙思复鞬时,部众又逐渐强盛起来。

秃发乌孤乃思复鞬的儿子。他嗣位后,务农桑,修邻好,所部势力强大,后凉统治者吕光为了笼络他,乃遣使署乌孤为假节、冠军大将军、河西鲜卑大都统、广武县侯。于是,乌孤讨破乙弗、折掘两部,遣其将石亦干筑廉川堡(在今青海民和县西北)作为首府。又大破卢陵等部及意云鲜卑部。吕光遣使署乌孤征南大将军、益州牧、左贤王。乌孤不受,乃于晋安帝隆安元年(397)自称大都督、大将军、大单于、西平王,年号太初,建立了南凉政权。

---

① 王钟翰主编:《中国民族史概要》第一编第三章第二节,山西教育出版社,2004年版(下同),第40页。

② 《后汉书》卷90《鲜卑传》。

③ 《后汉书》卷90《鲜卑传》。

接着,他曜兵于广武郡(治今甘肃永登县东南),攻克金城(治今甘肃兰州市),大败后凉将军窦苟于街亭(在今甘肃古浪县南庄浪河北岸),招降后凉乐都、湟河、浇河三郡,吕光部将杨轨、王乞基率数千户来奔,岭南(当指祁连山以南)羌胡数万落也都降附。乌孤改称武威王。三年后,徙于乐都(治今青海乐都县),署弟利鹿孤为骠骑大将军、西平公,镇安夷(在今青海乐都县西湟水南岸);傉檀为直骑大将军、广武公,镇西平(今青海西宁市)。其他各族出身的文武人才,包括从中原秦雍而来的高门大族,都随才录用,得到较好的安置,从而使统治集团内部和谐,各类人才得到发挥才能的机会。隆安三年(399),乌孤酒后坠马,伤肋而死。① 弟利鹿孤立,徙都于西平。次年,改元曰建和。

吕光死后,利鹿孤遣其将金树、苏翘率骑5 000屯于昌松郡漠口县(即莫口县,治今甘肃古浪县南)。后凉主吕纂来伐,利鹿孤遣弟傉檀将其击退。吕纂西击北凉段业,傉檀率骑1万,乘虚袭击姑臧,俘虏8 000余户。

利鹿孤以隆安五年(401)称河西王。他听从将军鍮勿崙"置晋人于诸城,劝课农桑,以借军国之用,我则习战法以诛未宾"②的建议,以汉人从事农业生产,积储粮食;而让鲜卑青壮年致力于战斗。他率师大败后凉吕隆,遣傉檀攻下后凉显美(治今甘肃永昌市东南),徙显美、丽靬(丽又作骊,在今甘肃永昌市西南)2 000余户,在扩大南凉影响和地盘上建树颇多。利鹿孤在位三年而死,弟傉檀嗣。③

秃发傉檀少时机警,有才略。利鹿孤在位时,军国大事大都交由他来处理。傉檀以晋安帝元兴元年(402)称凉王,迁于乐都(今青海乐都县),改元曰弘昌。他遣部将文支讨败南部的羌人和西部的匈奴人沮渠蒙逊,向姚兴献马3 000匹,羊3万头。姚兴署傉檀为使持节、都督河右诸军事、车骑大将军、领护匈奴中郎将、凉州刺史,镇姑臧(今甘肃武威市)。就在这时,傉檀向群下咨询"怀远安迩之略",即进一步发展的策略。其臣宗敞提出:"凉土虽

① 《晋书》卷126《秃发乌孤载记》。
② 《晋书》卷126《秃发利鹿孤载记》。
③ 《晋书》卷126《秃发利鹿孤载记》。

弊,形胜之地,道由人弘,实在殿下”,即要把割据政权治理得强大,关键是要最高统治者遵循治国之道。道由人弘,人能弘道,因此,他向傉檀推荐了一批善于治国理政的人才:“段懿、孟祎,武威之宿望;辛晁、彭敏,秦陇之冠冕;裴敏、马辅,中州之令族;张昶,凉国之旧胤;张穆、边宪、文齐、杨班、梁崧、赵昌,武同(张)飞、(关)羽。”宗敞最后说:“以大王之神略,抚之以威信,农战并修,文教兼设,可以从横于天下,河右岂足定乎!”①傉檀听了宗敞一番话,大为高兴。重视人才,是秃发傉檀一时成功的重要原因。

然而穷兵黩武却将傉檀直接推上了衰亡的道路。称凉王以后,傉檀袭徙西平、湟河诸羌3万余户于武兴、番禾、武威、昌松四郡。同时征集各族之兵5万余人,大阅于方亭,遂伐沮渠蒙逊,被蒙逊打败。傉檀率骑2万,运谷4万石到西郡,准备与蒙逊对垒,也被蒙逊很快攻陷。其后傉檀又被赫连勃勃所败,将佐死者10余人,傉檀带着数骑逃奔南山,险些被追骑抓获。他怕敌人再从东西两面夹击,乃徙300里内百姓入于姑臧,引起国内民众的惊骇和怨愤。屠各胡的成七儿借百姓扰乱之机,率部下300人发动叛乱,一夜之间,叛者增加到数千人。同时发动叛乱的还有军咨祭酒梁裒、辅国司马边宪等,他们虽都被劝散或诛灭,却反映出南凉国内政局的极不稳定。

姚兴见傉檀内外交困,乃遣其将姚弼及敛成等率步骑3万来伐,又使姚显为后继。姚弼兵至漠口,攻陷城池,斩昌松太守苏霸。进至姑臧,州人王钟、宋钟、王娥等密为内应,傉檀发现后,牵连杀死部内5 000余人,以其妇女为军赏。乃命诸郡县将牛羊悉数赶到野外,诱敌来掠。后秦将军敛成上当,果然纵兵来取。傉檀遣俱延、敬归等10将率骑分击,大败后秦军,斩首7 000余级,扭转了败局。

但傉檀毕竟是实力大损,却又不改黩兵的嗜好。他乘胜遣左将军枯木、驸马都尉胡康伐沮渠蒙逊,只获小胜,掠临松千余户而还。又派俱延伐蒙逊,被蒙逊打得大败而归。傉檀接着亲率5万人再伐蒙逊,结果还是大败,单马奔还。这时候,蒙逊来围姑臧,百姓惊散。叠掘、麦田、车盖诸部族尽降于

① 《晋书》卷126《秃发傉檀载记》。

蒙逊。傉檀不得已遣使向蒙逊请和，蒙逊徙其众 8 000 余户而归。此时，傉檀部将折掘奇镇等继续发动叛乱。傉檀怕被蒙逊所灭，又担心奇镇攻克岭南，乃迁都于乐都（今青海乐都县），留大司农成公绪守姑臧。傉檀刚一出城，其部下焦谌、王侯等就闭城门作难，降于蒙逊。镇军敬归讨奇镇，战败被杀。

傉檀面对北凉、吐谷浑的威胁，坚持进攻的姿态。他兵分五路伐沮渠蒙逊，至番禾（郡治今甘肃永昌市）、苕藋（tiáodiào 在今甘肃张掖市东，一说在今甘肃永昌县境），掠得 5 000 余户。这时候，蒙逊乘昏雾风雨天气，长驱大至，打得傉檀狼狈而还。此后，蒙逊连续三次进围乐都，都以傉檀失利，送爱子重臣为质使其退兵。

南凉的社会经济结构是农牧兼营型的。由于连年战争，农业失时，导致上下饥弊，百姓骚动。傉檀为了克服这一严重的社会问题，决计“西征乙弗”，他对其太子武台说：“今不种多年，内外俱窘，事宜西行，以拯此弊。”就是要用掠夺他邦的手段来解决自身的经济困难。并嘱咐太子“谨守乐都，无使失坠”。

傉檀率骑 7 000 袭击乙弗，大破之，获牛马羊 40 余万。但此时的南凉已经是顾此失彼——傉檀害怕丢失的乐都终于被乞伏炽磐袭占了，其他诸城也已归降于炽磐。傉檀“虽欲归还，无所赴也”，遂想引师而西，继续进攻乙弗，无奈将士皆散，在众叛亲离的情况下，傉檀打发最后还在身边的长兄之子樊尼等西投蒙逊，自己则回到西平，投降了乞伏炽磐。晋安帝义熙十年（414），秃发傉檀被乞伏炽磐所鸩杀，后傉檀太子武台也被炽磐杀死，南凉灭。①

2. 乞伏西秦政权。西秦政权是由鲜卑人乞伏国仁创建的。② 乞伏国仁，陇西鲜卑人。其祖先自漠北南出大阴山而来，有名字可考者曰纥干。纥干骁勇，善骑射，弯弓 500 斤。四部服其雄武，推为统主，号之曰乞伏可汗托铎莫何。

---

① 《晋书》卷 126《秃发傉檀载记》。

② 乞伏鲜卑，是鲜卑与敕勒在阴山以北融合而成的一个部族。

纥干后人有个叫佑邻的，是乞伏国仁的五世祖。晋武帝泰始(265—274)初，佑邻率5 000户迁于靠近内地的缘边地区，部众逐渐繁盛起来。鲜卑鹿结7万余落，屯于高平川(又名苦水、葫芦川，即今宁夏黄河支流清水河)，经常与佑邻部相攻击。后鹿结失败，南奔略阳(治临渭，在今甘肃天水市东)，佑邻尽并其遗众，因居高平川。佑邻曾孙述延时，讨鲜卑莫侯于苑川(在今甘肃兰州市东)，大破之，降其众2万余落，因迁居苑川。述延死，子傉大寒立。会石勒灭刘曜，惧而迁于麦田(在今甘肃靖远县东)无孤山。大寒死，子司繁立，始迁于度坚山(在今甘肃榆中县东北)。不久被苻坚将王统所袭，司繁乃降于苻坚，被任为南单于，留住长安，而以司繁叔父吐雷为勇士护军，抚其部众。稍后鲜卑勃寒侵掠陇右，苻坚以司繁为使持节、都督讨西胡诸军事、镇西将军以讨之，勃寒请降，司繁遂镇勇士川(一名苑川，在今甘肃兰州市东)，甚有威惠。司繁死后，由乞伏国仁代镇，他应是司繁的兄弟辈。

淝水之战中，乞伏国仁被任为前将军，领先锋骑兵。后以国仁叔父步颓在陇西叛乱，苻坚派国仁回去讨伐。国仁在半路上与叛乱的叔父酒宴相会，扬言要乘此机会“成一方之业”，明显暴露了其背秦之心。苻坚伐晋失败后，国仁乃招集诸部，另立山头，有不附者，讨而并之，部众发展到10余万人。及苻坚为姚苌所杀，国仁乃于晋孝武帝太元十年(385)自称大都督、大将军、大单于、领秦河二州牧，建元曰建义，①筑勇士城(在今甘肃兰州市东)为都城，建立了西秦政权。

鲜卑人匹兰见国仁势盛，赶忙率众5 000降于国仁。太元十一年(386)，南安的秘宜及诸羌虏与国仁战，国仁袭其不意，大败其众，秘宜与其弟莫侯悌率3万余户投降了国仁。

苻登也遣使者署国仁使持节、大都督、都督杂夷诸军事、大将军、大单于、苑川王。国仁乘其兵威，率骑3万袭击鲜卑大人密贵、裕苟、提伦等3部于六泉(在今甘肃陇西县东南)。高平鲜卑没奕于、东胡人金熙乘机连兵来袭，渴浑川(在今甘肃榆中县东北)一战，被国仁打得大败，斩级3 000，获马

① 当时南凉置有武城、武阳、安固、武始、汉阳、天水、略阳、漒川、甘松、匡朋、白马、苑川12郡。

5 000匹。密贵等三部听到消息,立即降于国仁。接着,国仁又出兵讨伐鲜卑越质叱黎于平襄(治今甘肃通渭县西北),大破之,获其子诘归、侄复半及部落5 000余人。太元十三年(388),国仁死。[①] 其弟乞伏乾归继立,改元太初。迁都于金城郡(治今甘肃兰州市西)。

太元十四年(389),苻登遣使署乾归大将军、大单于、金城王。南羌的独如率众7 000降乾归。休官族的阿敦、侯年两部各有5 000余落,盘据牵屯山(即鸡头山,又名笄头山、崆峒山、簿洛山,在今宁夏隆德县东),也被乾归讨降,于是乾归声震边服,连吐谷浑大人视连也遣使贡方物。鲜卑豆留羁、叱豆浑及南丘鹿结并休官曷呼奴、卢水尉地跋都率众降于乾归。苻登将没奕于遣使结好于国仁,并请讨伐鲜卑大兜国。乾归乃与没奕于攻大兜于安阳县城(在今甘肃秦安县东北),大兜退守鸣蝉堡(疑在今甘肃庄浪县至张川县一带),被乾归攻破。这时候,吕光弟吕宝来攻,乾归先败后胜,吕宝及将士投河死者万余人。

氐王杨定也率步骑4万来伐乾归。乾归遣其凉州牧乞伏轲殚、秦州牧乞伏益州、立义将军诘归抵御。定败益州于平川,轲殚、诘归引众而退。后反击,大败杨定军,斩杨定及首虏17 000级。于是乾归尽有陇西、巴西之地。

后凉吕光见乾归势大,乃率众10万来伐,乾归抵御不过,便向吕光称藩。晋安帝隆安元年(397),吕光遣其子吕纂伐乾归,使吕延为前锋。吕延引师轻进,被乾归战败杀死。乾归乘势遣乞伏益州攻克支阳(在今甘肃永登县东南)、鹯武(今地待考)、允吾(在今甘肃永靖县西北)三城,俘获万余人。又遣益州与武卫慕容允、冠军翟瑥率骑2万伐吐谷浑视罴,大破之。鲜卑叠掘河内也率5 000户来降乾归。

乾归因所居南景门崩塌,以为不吉,乃迁于苑川(今甘肃兰州市东)。后秦姚兴将姚硕德率众5万来伐,入自南安峡。乾归次于陇西,以拒硕德。姚兴潜师继发。乾归闻讯,遣其卫军慕容允率军2万迁于柏阳(在今甘肃天水市东),镇军罗敦带兵4万迁于侯辰谷(今地待查),乾归自率轻骑数千迎击

---

① 《晋书》卷125《乞伏国仁载记》。

姚兴，被兴所败，遁还苑川，乃率骑数百，经金城驰至允吾县（治今甘肃永靖县西北湟水南岸）。南凉秃发利鹿孤遣弟傉檀接迎乾归，处之于晋兴郡（治今青海民和县西北湟水南岸）。

不久，在南羌梁弋等招诱下，乾归将叛南凉而去，又怕被利鹿孤所害，于是送子炽磐兄弟俩于南凉的西平郡（治今青海西宁市），自己投奔后秦。姚兴署乾归持节、都督河南诸军事、镇远将军、河州刺史、归义侯，仍遣其还镇苑川，尽以部众配之，乾归于是东山再起。

晋安帝元兴元年（402），乾归子乞伏炽磐自西平逃奔长安，姚兴任其为振忠将军、兴晋太守。不久又加乾归散骑常侍、左贤王，遣随后秦将军齐难迎吕隆于河西，讨叛羌党龙头，攻杨盛将苻帛，并获胜。又破吐谷浑将大孩，俘获万余人。复率众攻杨盛将杨玉于，获胜。姚兴顾虑乾归终为西州隐患，乃因其朝见，留为主客尚书，以炽磐为建武将军、行西夷校尉，监抚其众。

炽磐以长安方有兵乱，乃招结诸部27 000，筑城于嵻崀（kānglǎng）山，① 又攻克枹罕（今甘肃临夏县）；乾归也逃回苑川。鲜卑悦大坚率众5 000归降乾归。乾归遂留炽磐镇枹罕，自率3万人迁于度坚山（在今甘肃榆中县东北）。于晋安帝义熙三年（407）称秦王，改元更始，置百官，公卿以下官复原职。

乾归遣炽磐招谕薄地延，地延率众降，署为尚书，徙其部落于苑川。又遣陇西羌昌何攻克姚兴金城郡，以其骁骑乞伏务和为东金城太守。乾归重以苑川为都城，又攻克后秦的略阳、南安、陇西诸郡，徙25 000户于苑川、枹罕。姚兴无力西讨，又怕乾归继续为患西边，乃遣使署乾归使持节、散骑常侍、都督陇西岭北匈奴杂胡诸军事、征西大将军、河州牧、大单于、河南王。这时候，乞伏乾归正准备进攻河西地区，故权且接受了后秦的封号，称藩于姚兴。

暂无东顾之忧的乞伏乾归，遣炽磐与其次子审虔率步骑1万伐南凉，获牛马10余万。又攻克姚兴别将姚龙于伯阳堡（一作柏阳堡，即今甘肃天水

---

① 又名热薄汗山、可狼山，在今甘肃夏河县西南（一说在甘肃榆中县南）。

市东伯阳镇），王憬于水洛城（今甘肃庄浪县），徙4 000余户于苑川，3 000余户于谭郊（在今甘肃临夏县西北）。接着，乾归率步骑3万征西羌彭利发于枹罕，利发弃部众南奔，被乾归部将追斩于清水（今甘肃榆中县东北清水镇）。乾归进入枹罕，收羌户13 000。又率骑2万讨吐谷浑支统阿若干于赤水（在今青海共和县东南），大破降之。

义熙六年（410），乾归及其10余个儿子被其侄公府杀死。公府也被乞伏炽磐等讨杀。①

西秦第三个国主乞伏炽磐，是乞伏乾归的长子。史载他勇敢果断，英杰坚毅，临机能断，权略过人。乾归被害后，炽磐于义熙六年（410）袭位，改元曰永康，他整顿政治秩序，大大简化了官僚机构。义熙九年（413），遣其将乞伏智达、王松寿讨吐谷浑树洛干于浇河郡（治今青海贵德县南），大破之，获其将呼那乌提，虏3 000余户。又遣昙达与松寿率骑1万，东破休官权小郎、吕破胡等，虏其男女万余口，进据白石城，降者万余人。后显亲休官权小成、吕奴迦等叛，昙达进攻，斩小成、奴迦等首级4 700，陇右休官悉降。遣安北乌地延、冠军翟绍讨吐谷浑句旁，大破之，俘获甚众。炽磐率诸将讨吐谷浑支旁于长柳川（疑在今青海东南黄河曲流处一带），掘达于渴浑川（在今甘肃榆中县东北一带），皆破之，前后俘获男女28 000人。

义熙十年（414），炽磐听到南凉主秃发傉檀西征乙弗鲜卑的消息，率步骑2万袭击乐都郡（治今青海乐都县），一旬而克。遣平远犍虔率骑5 000追击傉檀，徙秃发武台官民万余户于枹罕。南凉主秃发傉檀降，南凉亡，乞伏炽磐更加兵强地广。

义熙十一年（415），乞伏炽磐战胜北凉河湟太守沮渠汉平，以其左卫匹逵为河湟太守。讨降乙弗窟乾、南羌弥姐康薄等。炽磐进攻漒川（即流经四川、甘肃的白龙江）一带的部族，师次沓中，沮渠蒙逊率众攻石泉以救之，炽磐闻而引还。又遣昙达、王松寿等率骑1万伐姚艾于上邽（今甘肃天水市），大败之，姚艾投降，徙5 000余户于枹罕。乞伏炽磐又令木奕于率骑7 000讨

① 《晋书》卷125《乞伏乾归载记》。

吐谷浑树洛干于塞上，破其弟阿柴于尧擀川（在今青海布尔汗布达山以东黄河上游一带），俘获5 000余口，洛干奔保白兰山而死。威望所及，乙弗鲜卑乌地延率户2万降于炽磐。

乞伏炽磐遣归降的乙弗鲜卑首领他子（人名）讨吐谷浑觅地于弱水南，大破之，觅地率众6 000降于炽磐。又遣其左卫匹逵、建威梯君等讨羌人彭利和于漒川，亦破之，利和单骑奔仇池，西秦军获其妻子，徙羌豪3 000户于枹罕。晋恭帝元熙元年（419），乞伏炽磐立其第二子乞伏慕末为太子，领抚军大将军、都督中外诸军事，改元，以次年为建弘元年。这一年（420），中国历史进入了南北朝时期。

乞伏炽磐于宋文帝元嘉四年（427）死。子慕末嗣，在位三年，被赫连定所杀。从乞伏国仁至乞伏慕末，西秦前后3代4帝，共存在了46年。①

3.吐谷浑政权。吐谷浑是鲜卑慕容廆的庶长兄。其先自鲜卑山迁居于饶乐水（今西拉木伦河），曹魏时首领莫护跋又率部迁至辽西郡（治阳乐，今河北卢龙县东），从司马懿讨辽东公孙渊有功，被封为率义王。西晋慕容廆在位时，乃自称鲜卑大单于。吐谷浑以庶出，父涉归只分给其部落1 700户。涉归卒，慕容廆嗣位，吐谷浑与其不协，乃西附阴山。永嘉之乱中，“遂西度陇，止于甘松之南，洮水之西，南极白兰山，数千里之地”。② 白兰，在今青海都兰县西南。吐谷浑子吐延征服了当地羌人，后吐延被羌人首领姜聪刺死。由吐延五传到树洛干、阿豺时期，继续向西发展，占领了青海湖以西地区，于是迁都于莫何川（又作慕贺川，今青海茶卡盐池西北莫和镇），其疆域扩展到龙涸（今四川松潘县）、平康（在今四川松潘西南）一带。5世纪前叶慕瞆时，又占领了西秦所退出的金城、枹罕、陇西等地，进入吐谷浑疆域最大的时期。

北魏太平真君五年（444），北魏拓跋焘来伐，慕利延（436年立）先奔白兰，再至西域，灭于阗国。北魏太武帝正平二年（452），拾寅立，改都伏罗川（在湟水上源，今名博罗克克河）。自吐谷浑13传至伏连筹。伏连筹死，子夸吕立，始称可汗，都伏俟城（在青海湖西15里，一说在青海共和县西北黑

① 《晋书》卷125《乞伏炽磐载记》。

② 《隋书》卷83《吐谷浑传》。

马镇东北),时在东魏孝静帝兴和二年(540)。

西魏文帝大统(535—551)中,夸吕出于经济需要,一面遣使向西魏献马牛羊等,换取赏赐的生活消费品,一面继续寇抄缘边诸郡,增加物资来源。西魏废帝二年(553),宇文泰率大兵至姑臧(今甘肃武威市),夸吕震惧,遣使进贡方物。然其又通使于北齐,从中牵制西魏。西魏恭帝二年(555),西魏凉州刺史史宁约突厥木杆可汗攻下吐谷浑贺真城(疑在今青海湖西南沿岸一带)和树敦城(在今青海共和县东南)。西魏恭帝三年(556),魏将史宁与突厥木汗可汗袭败夸吕,虏其妻子,大获珍物及杂畜,给吐谷浑以严重的创伤。北周明帝武成(559—560)初,夸吕反攻凉州,刺史是云宝战没。北周政府遣贺兰祥、宇文贵率兵再讨,打败吐谷浑军,攻破洮阳(今甘肃临洮县)、洪和(今甘肃临潭县东新城)两城,在那里设置了洮州(治美相县,今甘肃临潭县)。周武帝天和元年(566),吐谷浑龙涸王莫昌率众降,北周以其地置扶州(治甘松县,今四川松潘县)。周武帝建德五年(576),吐谷浑国内大乱。杨坚派军进至伏俟城。夸吕遁走,虏其余众而还。① 从此,吐谷浑与中原王朝的联系一度中断。

五、西域诸族

魏晋十六国北朝时期,西域分为40余国,其中较大的仍然是鄯善(治今新疆若羌县)、于阗(治今新疆和田县西南)、焉耆(治今新疆焉耆回族自治县)、龟兹(治今新疆库车县)、疏勒(治今新疆喀什市)等国。魏晋及十六国时期一些建立于西北地区的政权大致沿袭了汉朝管理西域的政治模式,设戊己校尉(治高昌,在今新疆吐鲁番东)和西域长史(治海头,在今新疆罗布泊西)等,行使对西域的管理权。因而,见于记载的这一历史时期西域各族的政治活动,仍主要是其与中原及西北各政权的政治联系上。史载:

> 魏兴,西域虽不能尽至,其大国龟兹、于阗、康居、乌孙、疏勒、月氏、

① 《周书》卷50《吐谷浑传》。

鄯善、车师之属，无岁不奉朝贡，略如汉氏故事。①

西晋十六国时期，西域有些地区直接属于中原王朝的管辖范围。如高昌，晋以其地为高昌郡。张轨、吕光、沮渠蒙逊据河西，皆置太守以统之。②

另一些西域国家则与中原或西北政权保持着进贡或隶属关系，若有反叛，必是武力相向。如晋武帝太康(280—289)中，龟兹等国遣子入侍于晋朝。晋惠帝及怀帝末年，中原动乱，西域各国乃遣使贡方物于前凉张重华(346—353在位)。前秦苻坚在位时，车师前部王弥寘、鄯善王休密驮朝见苻坚，“因请年年贡献。坚以西域路遥，不许，令三年一贡，九年一朝，以为永制。”③前秦建元十九年(东晋孝武帝太元八年，383)，苻坚急于扩大直接统治的地盘，乃一面准备进攻东晋，一面派吕光率兵7万伐西域。吕光兵马所到，焉耆等国皆降，惟龟兹王帛纯婴城固守。吕光进军围攻，龟兹王窘急之下，“重赂狯胡以求救；狯胡王遣其弟呐龙、侯将馗帅骑20余万，并引温宿、尉头(头，一作‘须’)等诸国兵合70余万以救龟兹；秦吕光与战于城西，大破之。帛纯出走，王侯降者三十余国”。④ 这是一次典型的征服战争。

在十六国政权纷争的政治环境下，西域各国随时都会受到中原或西北政治势力的影响。连西域大国之一的焉耆也不能不见风使舵地求生存。当前凉张骏遣沙州刺史杨宣率众疆理西域时，焉耆国王熙战败降于杨宣。前秦时吕光来伐，熙又降于吕光。待到吕光建立后凉政权，焉耆王熙复遣子入侍于吕光。⑤ 上述事例说明魏晋十六国时期，西域各国与中原或西北政权始终保持着密不可分的政治联系，是当时政治板块的一角。

西域与北魏等中原政权仍然保持着朝贡、质子或从属统领的关系。如鄯善人一度剽劫行人，使中原政府的政令不得畅通于西域，为此，魏太武帝诏令散骑常侍、成周公万度归乘传发凉州兵讨之。度归以轻骑5 000渡流

① 《三国志·魏书》卷30《鲜卑传》。

② 《北史》卷97《高昌国传》。

③ 《晋书》卷114《苻坚载记下》。

④ 《资治通鉴》卷105，晋太元九年七月。

⑤ 《晋书》卷97《西戎·焉耆国传》。

沙，至其境。"时鄯善人众布野，度归敕吏卒不得有所侵掠"，这个举动感动了守边将领，他们皆望旗稽服，其王真达也很快出降。北魏任命韩杖为假节、征西将军、领护西戎校尉、鄯善王以镇之，"赋役其人，比之郡县"。①

魏太武帝太延（435—440）中，西域龟兹、疏勒、乌孙、悦般、渴槃陀、鄯善、焉耆、车师、粟特诸国王始遣使来献。魏遣行人王恩生、许纲等西使。恩生出流沙，被蠕蠕扣留。于是魏又遣散骑侍郎董琬、高明等多赍锦帛，出鄯善，招抚上述九国。并在乌孙国王的劝导下，到达破洛那（在今中亚费尔干纳盆地，为大宛后裔）等国，"宣诏慰赐之"。董琬、高明东还，乌孙、破洛那等国遣使与琬同来贡献，此后西域十六国连年相继而来，北魏派出的使臣"亦数十辈"。董琬回到京师，依据他的所见所闻，描述西域的政治情况说："西域自汉武时五十余国，后稍相并。至太延中，为十六国……内诸小渠长，盖以百数"，并对玉门关外通往西域的道路，即后世所谓"丝绸之路"在当时的新走向，有一个清晰的概述。② 是我们今天研究古"丝绸之路"可贵的资料。

魏太武帝太平真君九年（448），北魏派韩拔为领护西戎校尉，镇守鄯善，又在焉耆设镇，遣官管理。当时的高昌王麴嘉及其继承者曾多次得到北魏朝廷的册封。

再以车师国为例。北魏灭北凉后，沮渠无讳兄弟渡流沙，破车师国。魏太武帝太平真君十一年（450），车师王车夷落遣使上书，请求北魏"赈救"，于是魏太武帝下诏抚慰，并开焉耆仓给之，"自后每使朝贡不绝"。③

高昌继魏晋十六国之后，与北魏政府一直保持着联系。北魏太武帝太平真君（440—451）中，北凉的沮渠无讳夺占了高昌。无讳死，弟安周继续统治其地。北魏文成帝和平元年（460），高昌又被蠕蠕兼并，并以阚伯周为高昌王。北魏孝文帝太和（477—499）初，阚伯周死，高昌的王位争夺、替换又

① 《魏书》卷102《西域传》。

② 《魏书》卷102《西域传》。董琬描述当时通西域的道路说，"其出西域本有二道，后更为四：出自玉门，渡流沙，西行二千里至鄯善，为一道；自玉门渡流沙，北行二千二百里至车师，为一道；从莎车西行一百里至葱岭，葱岭西一千三百里至伽倍，为一道；自莎车西南五百里，葱岭西南一千三百里至波路，为一道焉"。

③ 《魏书》卷102《西域传》。

很激烈频繁。太和二十一年(497),高昌人推麹嘉为王。北魏宣武帝延昌(512—515)中,魏以麹嘉为持节、平西将军、瓜州刺史、泰临县开国伯,私署王如故。北魏孝明帝正光元年(520),魏遣假员外将军赵义等使于麹嘉。麹嘉在谨守传统进贡制度的同时,又遣使奉表,求借《五经》、诸史,并请国子助教刘燮以为博士,教授当地贵族子弟,魏孝明帝满足了他的要求。麹嘉死,子麹坚立。后以关中动乱,一度失去了与中原政权的联系,直到北魏节闵帝普泰(531—532)初,麹坚才重新遣使朝贡。北魏孝武帝永熙(532—534)中,特授麹坚仪同三司,进为郡公。西魏文帝大统十四年(548),诏以麹坚世子玄嘉为王。西魏恭帝二年(555),又以其田地公麹茂嗣位。北周明帝武成元年(559),北周武帝保定(561—565)初,高昌又两次遣使来贡。① 然而,北魏分裂为东西魏以至北齐、北周时期,中原战乱,内地政府与西域各国的联系毕竟是减少了。

第三节　魏晋十六国北朝西北各政权的人才兴国

在魏晋十六国北朝中原战乱,"井堙木刊","骨岳血海"的历史条件下,西北地区的崇山峻岭,大漠长河,将这一辽阔的地域与中原战乱区隔离开来,形成偏安的相对优越的小环境。同时,西北各政权之间、西北政权与中原政权之间的矛盾斗争尖锐复杂,西北各个政权如何发展经济、稳定社会、富国强兵,扩大统治地盘,创建统一大业,乃是统治者日夜思索的问题,重视培养、罗致甚至是抢夺他国人才也成了他们共同的选择。

一、统治者重视培养、罗致和重用人才

魏、西晋以及"五凉"、"三秦"、前赵、大夏等政权的统治者,大都把统治人才的培养搜罗看作是一个政权能否存在和发展的关键,"国有人焉",也往

---

① 《北史》卷97《高昌国传》。

往是对一个政权不敢轻侮的原因。这里“国有人焉”的“人”，就是指安邦治国的人才。前秦苻生派征东将军苻柳、参军阎负、梁殊使凉州，劝说前凉王张玄靓归降。凉州牧张瓘在与其谈判时，就诘问前秦“文武辅臣，领袖一时者谁也”，阎负、梁殊一口气列举了一长串经世贤才的名字，以证明前秦的“济济多士”，一席话说服了张瓘，“乃言于玄靓，遣使称藩”。① 苻坚准备进攻东晋，其太子苻宏、少子苻诜（shēn）都以晋有谢安、桓冲等人才，认为“未可图也”，②苻坚不听，最后遭到了失败。正是由于人才这样重要，所以，每个政权建立，总将人才当作政治建设的头等大事，多渠道、多视角地培养罗致人才。

一是建学培养。优礼耆老，修尚儒学，是各政权统治者培养人才，巩固统治的基本做法。晋惠帝永宁时（301—302），张轨为护羌校尉、凉州刺史，这是他建立前凉政权的开始。张轨在凉州“征九郡胄子500人，立学校，始置崇文祭酒，位视别驾，春秋行乡射之礼”。③

前赵刘曜光初三年（320），“曜立太学于长乐宫东，小学于未央宫西，简百姓年二十五已下十三已上，神志可教者千五百人，选朝贤宿儒明经笃学以教之。以中书监刘均领国子祭酒。置崇文祭酒，秩次国子。散骑侍郎董景道，以明经擢为崇文祭酒。”④刘曜在战马倥偬之际，经常亲临太学，引试学生之上第者，拜郎中。⑤

前秦苻坚刚即位时（357），也以“课农桑，立学校”为先。史载：

坚广修学官，召郡国学生通一经以上充之，公卿已下子孙并遣受业。其有学为通儒、才堪干事、清修廉直、孝悌力田者，皆旌表之。于是人思劝励，号称多士。盗贼止息，请托路绝，田畴修辟，帑藏充盈，典章法物，靡不悉备。坚亲临太学，考学生经义优劣，品而第之。问难五经，

---

① 《十六国春秋辑补》卷32《前秦录二》。
② 《十六国春秋辑补》卷36《前秦录六》。
③ 《晋书》卷86《张轨传》。
④ 《晋书》卷103《刘曜载记》。
⑤ 《晋书》卷103《刘曜载记》。

博士多不能对……坚自是每月一临太学，诸生竞劝焉。①

前秦建元十六年(380)，苻坚起教武堂于渭城，命太学生明阴阳兵法，教为将士。②

中外四禁、二卫军长上将士，皆令修学。课后宫，置典学，立内司，以授于掖庭，选阉人及女隶有聪识者署博士以授经。③

姚苌建立的后秦政权，也于建初三年(388)"立太学，礼先贤之后"。并于建初七年(392)"下书令留台诸镇各置学官，勿有所废，考试优劣，随才擢叙"。④ 他如李暠建立西凉政权后，同样"立泮宫，增高门学生五百人"。⑤ 南凉统治者秃发利鹿孤曾问其群下云：

吾无经济之才，忝承业统，自负乘在位，三载于兹。虽夙夜惟寅，思惟道化，而刑政未能允中，风俗尚多凋弊；戎车屡驾，无辟境之功；务进贤彦，而下犹蓄滞。岂所任非才，将吾不明所致也？二三君子其极言无讳，吾将览焉。

祠部郎中史皓对曰：

古之王者，行师以全军为上，破国次之，拯溺救焚，东征西怨。今不以绥宁为先，惟以徙户为务，安土重迁，故有离叛，所以斩将克城，土不加广。今取士拔才，必先弓马，文章学艺为无用之条，非所以来远人，垂不朽也。孔子曰："不学礼，无以立。"宜建学校，开庠序，选耆德硕儒以训胄子。

利鹿孤善之，于是，以田玄冲、赵诞为博士祭酒，以教胄子。⑥

综上可见，十六国时期西北各政权统治者，凡有作为者，大都很重视办学和

① 《晋书》卷113《苻坚载记上》。

② 《十六国春秋辑补》卷35《前秦录五》。

③ 《晋书》卷113《苻坚载记上》。

④ 《十六国春秋辑补》卷50《后秦录二》。

⑤ 《晋书》卷87《凉武昭王李玄盛传》。

⑥ 《晋书》卷126《秃发利鹿孤载记》。

培养人才。

二是广泛招揽社会贤才。前秦苻坚除办学外,还注意延纳民间人才。建元十一年(375)正月,他"以安车蒲轮征隐士乐陵王劝为国子祭酒。坚雅好文学,英儒毕集,纯博之精,莫如劝也"。①

后秦姚兴也是"留心政事,包容广纳,一言之善,咸见礼异"。② 曾多次命百僚举荐"殊才异行"之士。后秦姚兴弘始十六年(414),姚兴对群臣说:"古人有言,关东出相,关西出将,三秦饶俊异,汝颍多奇士。吾应天明命,跨据中原,自流沙已东,淮汉以北,未尝不倾己招求,冀匡不逮。"然还是怕"明不照下",遗漏人才,因此他要求属下继续推荐才贤之士。有个名叫梁喜的人回应说:"奉旨求贤,弗曾休倦,未见儒亮大才王佐之器,可谓世之乏贤。"姚兴不以为然地说:"自古霸王之起也,莫不将则韩、吴,相兼箫、邓,终不采将于往贤,求相于后哲。卿自识拔不明,求之不至,奈何厚诬四海乎!"③他认为"关西"是人才荟萃的地方,而且一个时代有一个时代适用的人才,任何时代都不可能向前代或后世借用人才。因此,只能说你自己"识拔不明,求之不至",而不能诬称四海之内没有适用的人才。可以看出他对人才的渴求和高明的人才观念。

三是吸引统治区以外的人才。西北各割据政权通过发展生产,稳定社会秩序,做到"刑清国富"、"士马强盛",故能吸引中原内地的士人到此避难安家。永嘉之乱中,"中州之人士避地河西,张氏礼而用之,子孙相承,衣冠不坠,故凉州号为多士"。④ 西晋末,"天下方乱,避乱之国唯凉土耳"。"秦川中,血没腕,惟有凉州倚柱观。"⑤西晋愍帝司马邺死后,南阳王司马保自称晋王,置百官,后败死,"其众散奔凉州者万余人",⑥其中就有历世业儒的士人。

---

① 《十六国春秋辑补》卷33《前秦录三》。

② 《十六国春秋辑补》卷51《后秦录三》。

③ 《十六国春秋辑补》卷53《后秦录五》。

④ 《资治通鉴》卷133,宋元嘉十六年十二月壬午胡注。

⑤ 《晋书》卷86《张轨传》。

⑥ 《晋书》卷86《张轨传》。

西北割据政权的统治者不少人“敬贤爱士”，尊重人才。张掖有个学者郭荷，“明究群籍，特善史书，不应州郡之命”。前凉主张祚遣使“以安车束帛征为博士祭酒，使者迫而致之。及至，署太子友”。但郭荷还是不愿留下，张祚答应了他，“遣以安车蒲轮送还张掖东山”。① 后来，郭荷的弟子郭瑀精通经义，雅辩谈论，多才艺，善作文章。张祚的弟弟、前凉主张天锡，前秦主苻坚都曾“备礼征之”，郭瑀先是逃避，后被迫出而就征，但不久仍“还于南山”。前凉和前秦的统治者对他并没有加害，而是在尊重其个人意愿的同时，由前秦的太守辛章“遣书生三百人就受业焉”，②从而在人才培养上发挥了他的特长。《十六国春秋辑补》卷49《后秦录》记载，后秦主姚弋仲有个部曲名叫马何罗，“博学有文才”，一度背弋仲而去，另投他人，失败后再来归附，部下都劝弋仲将他杀死。弋仲说：“今正是招才纳奇之日，当收其力用，不足害也”。不仅没有杀他，还任“以为参军”，表现出少有的宽容气度。

再举一个统治者爱惜人才的例子。南凉主秃发利鹿孤虽然已经建立了政权，但他在政治上仍然依附于姚兴。他部下有个名叫杨桓的人，被姚兴看上了，下令征之。

> 利鹿孤饯桓于城东，谓之曰：“本期与卿共成大业，事乖本图，分歧之感，实情深古人。但鲲非溟海，无以运其躯；凤非修梧，无以晞其翼。卿有佐时之器，夜光之宝，当振缨云阁，耀价连城，区区河右，未足以逞卿才力。善勖日新，以成大美。”桓泣曰：“臣往事吕氏，情节不建。陛下宥臣于俘虏之中，显同贤旧，每希攀龙附凤，立尺寸之功。龙门既开，而臣违离，公衡之恋，岂曰忘之！”利鹿孤为之流涕。③

重用人才，信任不疑，是这一时期一些统治者获得人才回报的主要原因。前秦苻坚看准王猛“有卧龙之才”，“亲宠愈密，朝政莫不由之”。氐豪、特进樊世等不服，苻坚“命斩之于西厩”。又谩骂诸氐，“或有鞭挞于殿庭

① 《十六国春秋辑补》卷74《前凉录九》。
② 《十六国春秋辑补》卷73《前凉录七》。
③ 《晋书》卷126《秃发利鹿孤载记》。

者”。他不顾本族氏官的反对，拜猛为侍中、中书令、领京兆尹。王猛任职“数旬之间，贵戚强豪诛死者二十有余人”，苻坚心不生疑。于是“百僚肃整，豪右屏气，路不拾遗，风化大行”。① 一时“兵强国富，垂及升平，猛之力也。”②王猛临死前，苻坚亲去省病，问以后事，王猛说：“晋虽僻陋吴越，乃正朔相乘。亲仁善邻，国之宝也。臣没之后，愿不以晋为图”。③ 可惜在关键问题上，苻坚没有听从王猛的忠告，终于遭到了灭国之祸。相反，西魏权相宇文泰看准苏绰是一个“奇士”，便加以重用，让他参典机密，宠遇日隆，终于奠定了统一北方，统一南北的经济、政治、军事基础，是这一时期西北统治者重用人才获得厚报的一个典型。

二、统治者对佛教人才的争夺

魏晋南北朝时期，佛教和道教迅速地发展，西北作为佛教重镇，从统治阶层到一般民众，信仰佛教的人口以百万计，在社会总人数中占有很大的比例。各政权统治者出于自身的信仰，也为了管理广大佛教信众，需要大量地罗致高僧大德和专门人才，因而展开了对佛教人才的争夺。

十六国北朝的佛教僧侣人数虽多，而能列入《高僧传》、《续高僧传》的只有数百人，其中西北有数十人，④占入传高僧总数的 1/10 强。他们都是领袖一方的高级宗教人才，在当时政治和社会生活中发挥着极为重要的作用。例如竺法护，其先为大月氏人，姓支氏，世居敦煌。8 岁出家，晋武帝时随师竺高座游西域诸国，遍学 36 国语言，带着大量佛经来到长安，在统治者支持下，前后译经 47 年（266—313），几与西晋相终始。由他译出的佛经有 175 部，354 卷，史载他“声盖四远，僧徒数千”，“时人咸谓敦煌菩萨”，⑤在统治阶级和普通百姓中都有极大的影响力。鸠摩罗什（343—413）是出生于龟兹的

① 《十六国春秋辑补》卷 33《前秦录三》。

② 《十六国春秋辑补》卷 38《前秦录八》。

③ 《十六国春秋辑补》卷 38《前秦录八》。

④ 据统计，《高僧传》共收入汉魏晋时高僧 496 人，其中有西北僧人 54 人。《续高僧传》收入南北朝时高僧 215 人，其中有西北僧人 23 人。见《高僧传合集》，上海古籍出版社，1991 年版。

⑤ 慧皎撰、汤用彤校注：《高僧传》卷 1，中华书局，1992 年版（下同），第 24 页。

一位高僧,“道流西域,名被东川(国)”。① 前秦主苻坚为了扩大自己的影响力,不惜命将出师,万里提兵,征服龟兹,抢夺鸠摩罗什。当大将吕光将鸠摩罗什迎到凉州(治今甘肃武威市)时,苻坚已经败亡,于是,吕光将罗什留在身边,建立了后凉政权。十数年后,后秦国王姚兴同样使用武力,将罗什从凉州迎到长安。几个皇帝武装争夺一个高僧,这是特殊历史时代独有的现象。事实上,他们所争夺的不单是一个僧人,而是鸠摩罗什广泛的社会舆论和宗教影响力,是巩固和扩大政权的希望。

鸠摩罗什被迎到长安后,由他所领导的译经、传法事业,乃是佛教中国化、佛学思想成为中国传统文化主流成分的标志性成果。他所培养的佛教人才,如僧叡、僧肇、道生、道融、昙影、慧严、慧观、僧朗、道恒、道标等所谓“十哲”,将罗什的佛学思想传布到全国,又在许多方面加以发挥,使其更加严密和系统化。僧叡将般若性空观与涅槃妙有观结合起来,创开了中国佛教空、有两宗相互融摄的先河。僧肇(384—414)在批判总结当时佛教六家七宗②思想的基础上,更加准确地把握了“非有非无”的般若空义,创立了独立、完整、系统的中国佛教哲学,在当时及整个中国佛教史上都有重大的影响。后秦姚兴统治时期,境内“事佛者十室而九矣”,③在这种局势下,鸠摩罗什的作用就不仅是为印度佛教的中国化,为中国传统文化的形成作出了巨大贡献,他在当时社会舆论、政治生活中也是举足轻重的人物。看来,苻坚、姚兴等统治者前后一致地争夺鸠摩罗什并不是无谓之举。

继前秦向龟兹、后秦向后凉武装争夺鸠摩罗什之后,北魏又向北凉索要昙无谶。昙无谶(385—433)是生于中天竺的一位高僧,他 6 岁丧父,靠母亲庸积毾㲪(tàdēng 彩条毛毯)为生。母亲见沙门受人尊敬,供养优厚,乃使无谶出家为僧。昙无谶聪敏出众,每日能诵经万余言,20 岁时已经能诵大、小乘经 200 余万言,又明解咒术,“所向皆验”,国人称他为大咒师,连国王也对

---

① 慧皎撰、汤用彤校注:《高僧传》卷 2,第 49 页。

② 六家,指本无、心武、即色、识含、幻化和缘会六家。其中本无家后来又分出“本无异”一家,合称六家七宗。

③ 《晋书》卷 117《载记·姚兴上》。

他特别喜欢。昙无谶为了到中国传布佛法，乃辞别国王，携带《涅槃经》“前分”等佛经，经罽宾、龟兹、鄯善、敦煌而至姑臧（今甘肃武威市），得到北凉王沮渠蒙逊的厚待，并在河西高僧慧嵩、道朗等协助下，译出《涅槃经》、《大集经》、《大云经》、《金光明经》等20部、60余万字。北魏拓跋焘远慕其名，遣使到北凉索请，并威胁沮渠蒙逊说：“若不遣谶，便即加兵”，蒙逊不为所动。北魏又改变手法，遣使拜蒙逊为使持节，侍中，都督凉州、西域诸军事，太傅，骠骑大将军，凉州牧，凉王，加九锡之礼，这显然是巨大的利诱。蒙逊宴来使于新乐门上，表示昙无谶是他的“门师”，“当与之俱死，实不惜残年”。[①] 这里，一方是威胁、利诱，甘愿付出高价；另一方则是宁死不愿割爱。一位佛教人才为什么会引起两个政权如此激烈的争夺？除了高僧所具有的社会、政治影响外，其他理由都是解释不通的。

在当时，各政权重用佛教人才的方式，一是任为僧官，提高政权的管理能力。自从曹魏允许百姓出家为僧后，寺院僧尼与年俱增。据载西晋二京合寺180所，僧尼370人。魏自孝明帝正光（520—525）以后，“四方多事，民避赋役，多为僧尼，至二百万人，寺有三万余区”。[②] 东魏孝静帝（534—549）时有寺院3万所，僧尼200万人。北齐文宣帝时（550—559），有寺院4万所，僧尼竟至400万人。[③] 北齐幼主高恒承光元年（577），北齐人口总共才有2 000万余，僧尼占了全国总人口的1/5。北周经过宇文邕毁佛，僧尼人数有所减少，但不下百万人。各政权统治者将高僧安置到各级佛教管理机构和寺院、丛林，通过他们加强了对广大僧尼、信众的管理。

在各政权政治生活的关键时刻，高僧往往能起到特殊的作用。再以昙无谶为例，他作为北凉政权下的一位精神领袖，北凉王沮渠蒙逊对他“每以国事谘之”。[④] 使他有机会对最高统治者的决策，从佛教的角度提出自己的建议。沮渠蒙逊坚信佛法能庇护他的政权，然而在与西秦的一次战争中，他

① 慧皎撰、汤用彤校注：《高僧传》卷2《晋河西昙无谶传》，第78页。

② 《资治通鉴》卷158，梁大同四年十二月。

③ 志磐撰：《佛祖统纪》卷53，台湾湛然寺1995年据“中华藏”影印，第2296页。

④ 《魏书》卷114《释老志》。

的世子沮渠兴国先是战败被俘，接着又与西秦王乞伏暮末一道受擒于大夏主赫连定，最后在吐谷浑进攻枹罕城时被乱兵杀死。这一连串的事件刺激了沮渠蒙逊，他对佛法产生了怀疑和反感。乃斥责沙门，令僧尼50岁以下者皆还俗。在这紧急关头，昙无谶出面，劝谏沮渠蒙逊“改心而悔”，收回成命，避免了一场法难，同时也维护了佛教在北凉政权下的权威。魏晋南北朝时期类似昙无谶的高僧还有许多，他们的态度往往是行政决策、管理的重要因素。

二是完善佛法，引导社会舆论。魏晋十六国时期，中国佛教流行“六家七宗”以及由鸠摩罗什译介的般若中观思想。中观派认为人们只要通过修炼，具备了“般若”（智慧），信持“众生无我、我所，无着心”，便会解脱，“不复往来生死中。不往来生死中，则无垢恼”。[①] 这给天天都面临着死亡威胁的人们，从宗教的角度指出了一条摆脱“垢恼”的途径，而使他们得到精神的慰藉。

在昙无谶译出《涅槃经》以前，佛教理论家解释般若“空”论时，往往从破除心执，否定外法的角度立论，又将“空”释作道家和玄学的“无”，于是在“万法性空”的观念下，人们连“法身”这个佛教核心概念的实在性也不敢相信和坚持了，无数信徒为之困惑迷茫。《涅槃经》译出后，排除了人们的这一疑虑。它将涅槃与佛性统一起来，而将佛性、佛国、涅槃解释为实在、纯洁、永恒、安乐的彼岸世界，人人都可以企及。不仅开了中国大乘有宗的先河，而且促成了十六国北朝佛教的繁荣，在强大佛教舆论的引导下，人们以虚幻世界的安乐宽容了物质世界现实生活的苦难，这对统治阶级是非常有利的。

三是借用高僧的法术、品格和声望，扩大政权的影响面。如果说能够从哲学理论上学习和掌握般若思想的人毕竟是极少数，那么，着迷于东来高僧魔幻式法术的就是一个非常庞大的社会层。佛经上本来就有许多升天入地、呼风唤雨、役使鬼神、消除灾异的内容，一些高僧的法术似乎在验证这些说法，并有力地扩大了佛教的影响面。例如僧涉于前秦苻坚时入长安，据说

① 鸠摩罗什、僧叡译：《摩诃般若波罗蜜经》卷20，台湾福智之声出版社，2001年版，第498页。

他“虚静服气，不食五谷，日能行五百里，言未然之事，验若指掌。能以秘祝下神龙。每旱，坚常使之咒龙请雨”。[①] 西域经敦煌来中原的高僧佛图澄(232—348)，也是用咒术(或许是一种魔术)使水中“须臾生青莲花，光色曜目”，使后赵石勒将其看作“国之神人”，“有事必谘而后行”。其子石虎也非常信任佛图澄。许多高僧以法术征服了统治者的心，统治者也通过渲染高僧的法术，巧妙地扩大了该政权在百姓中的影响力。

同时，不论东来传法还是西去取经的高僧，许多人都有操行坚苦，笃志好学，献身佛法，万难不屈的执着精神和高尚品格，在群众中具有很高的感召力。对于割据政权的统治者来说，这是一种可以利用的精神文化资源。

法显(？—约422)俗姓龚，平阳武阳(今山西襄平县)人。东晋安帝隆安三年(399)他与同学慧景、道整、慧应、慧嵬等从长安出发，到天竺学法，涉流沙，历30余国，数年后，乃持经像，随商人经狮子国(今斯里兰卡)，辗转风波，历尽艰险，才又回到中国。同去10余人，归国的仅有他一人。他与禅师佛陀跋陀罗一起在道场寺译出《摩诃僧祇律》、《方等泥洹经》、《杂阿毗昙心》等佛经“垂百余万言”。[②] 又著《佛国记》一书，记载了中亚、印度及南海诸国的地理、历史和风土人情等。不仅对中国佛教的发展，也为中国与中亚、南亚等国的政治、思想、文化交流作出了巨大贡献，是一个品格高尚，坚忍不拔，影响巨大的高僧。又如前述的昙摩罗刹(法护)，学问道德都很高。他以《方等》经还没有传到中国，乃慨然发愤，志宏大道。随师来到西域，游历诸国，当地“异言三十六种，书亦如之，护皆便学，贯综诂训，音义字体，无不备识”，乃携佛经165部回国，自敦煌至长安，沿途传译，“孜孜所务，唯以弘通为业。终身写译，劳不告倦。经法所以广流中华者，护之力也”。[③] 西北佛教人才类似法显、法护者还有许多，他们既从一个方面代表着那个时代的人才内涵、思想倾向及发挥作用的形式，又以巨大的人格魅力和学问引起统治者和民众的普遍敬仰。各政权多蓄几位这样的佛教人才，无疑能在一定

① 《晋书》卷95《僧涉传》。

② 慧皎撰、汤用彤校注：《高僧传》卷3《法显传》，第90页。

③ 慧皎撰、汤用彤校注：《高僧传》卷1《竺昙摩罗刹(法护)传》，第23页。

程度上提高政权的影响力。

三、道教人才适应社会需求的自我调适

魏晋十六国北朝时期，西北流行的主要宗教，除佛教外还有道教。道教的信众不如佛教那样多，但统治者同样重视拉拢道教人才；道教人士也通过自我调适，以适应社会和统治者的精神文化需求。

这一时期，西北以至整个北方最著名的道教人物是寇谦之。

寇谦之(365—448)，字辅真。祖籍上谷昌平(在今北京市)，后徙冯翊万年县(今陕西临潼县北)，遂为万年人。其父寇修之，前秦苻坚时任东莱太守，兄寇赞任北魏南雍州刺史。谦之早年好道，修张鲁之术，服食饵药，历年无效，后在他姨母家遇到一个名叫成公兴的"仙人"，劝他"隐遁"，遂共入华山修炼，转至嵩山。寇谦之自言太上老君降临嵩岳，授予他"天师职位"，并赐《云中音诵新科之诫》20卷，令其"宣吾《新科》，清整道教，除去三张伪法、租米钱税及男女合气之术"，"专以礼度为首，而加之以服食闭练"。① 北魏明元帝泰常八年(423)，他宣言老君玄孙李谱文降临嵩山，授予他《录图真经》60余卷，使他辅佐北方泰平真君即北魏皇帝。他的宣传果然得到了最高统治者的重视。寇谦之在北魏太武帝拓跋焘和宰相崔浩的支持下，成功地对旧的民间道教进行了改革，其改革要点是：

(一)除去三张伪法，整顿道教组织。从张陵、张衡、张鲁以来，五斗米道就有向入道者征收钱物的成规。降至末造，一些道官祭酒，"惑乱百姓，授人职契録，取人金银财帛，而治民户，恐动威逼，教人赑(guì资，出资——引者注)愿匹帛、牛犊、奴婢、衣裳，或有岁输全绢一匹，功薄输丝一两，众杂病说，不可称数"。② 即旧道教通过宗教活动，恫吓手段，教人许愿等形式，收敛财物、奴婢，其宗教学说很有问题。寇谦之认为这不符合道法，故在改革中一概禁绝。在道教组织系统上，寇谦之改革前实行世袭制："有祭酒之官，称父

---

① 《魏书》卷114《释老志》。

② 《老君音诵诫经》，见《道藏》，文物出版社、上海书店、天津古籍出版社联合出版，1988年版(下同)，第18册，第211页。

死子系，使道益荒浊”。寇谦之以“道尊德贵，惟贤是授”①的原则，果断地革除了这一“错乱道法”的道职世袭制。

（二）改革修炼法术，建立斋醮仪范。道教传统修炼术中有一种“房中术”或曰“赤黄之道”、“男女合气之术”。它本是一种讲究房中节欲、“还精补脑”的养生方法，后被一些道士变成了淫秽之术。致使“淫风大行，损辱道教”。② 对此，寇谦之提出“断改黄赤”，废止了这一淫秽的修炼方法，倡导以服食、闭练、斋醮等为基本的修炼方式。服食就是服气食药，闭练就是吐纳、导引练气之功，寇谦之建立的斋醮仪范，包括道官受箓斋仪；道官、道民求愿斋仪；道民犯律解度斋仪；为人治病斋仪；为亡人超度斋仪等。③

（三）规整戒律，专以礼度为首。寇谦之倡导的戒律、礼度，就是要求信道者“兼修儒教”，做到臣忠子孝、夫信妇贞、兄敬弟顺、安贫乐道，严格地按照封建道德伦常作人办事，“佐国扶命”，坚决反对“犯上作乱”。经过他改革的道教迎合了封建统治阶级安抚民心，稳定社会，维护统治秩序的要求，因而得到北魏统治阶级的欢迎。

魏晋十六国北朝时期，民间包括西北的道教数以百计，葛洪④曾将它们统统斥之为“妖道”，认为“皆宜在禁绝之列”，他将道教的神仙方术与儒家的纲常名教相结合，提出以神仙术养生，以儒术治世的政治化、世族化道教理论。寇谦之沿着葛洪援儒入道的改革路线，进一步从以上几个方面，将道教从汉末人民的造反工具改造成为当时统治阶级上层建筑的一部分。改革后的道教叫新天师道或北天师道，首先得到北魏统治者的支持，魏太武帝将寇谦之道教改革的内容公布于天下，又为其在首都平城（今山西大同市）建立了道场，他还定道教为国教，奉寇谦之为国师，并亲至道场受箓，许多军国大

---

① 《老君音诵诫经》，见《道藏》，第 18 册第 211 页。

② 《老君音诵诫经》，见《道藏》，第 18 册第 211 页。

③ 参阅卿希泰、唐大潮著：《道教史》，第二章第三节，中国社会科学出版社，1994 年版，第 69 页。

④ 葛洪（284—364），丹阳句容人，字稚川，自号抱朴子。师事郑隐、鲍玄，有文武才。晋惠帝太安中，以破石冰功拜伏波将军，后入罗浮山炼丹。著有《抱朴子》、《金匮药方》、《神仙传》、《集异传》等，是东晋时期南方道教著名的改革家。

事都要征求他的意见。从此以后,北朝历代帝王大都尊崇道教,即位前照例要请道士受箓。道教人士在北朝包括西北政治思想领域的地位由此可以想见。

寇谦之是魏晋南北朝西北也是北方道教最大的改革家和理论家。除他之外,当时西北还有一些道教人士从另一角度继承了汉魏以来的谶纬学,以预测未来为能事,服务于统治阶级和民众。但是割据政权的统治者往往要求他们的预言符合自己的政治需要,否则就会遭到杀身之祸。十六国时期的高道王嘉,子字念,陇西安阳人,所作《牵三歌谶》是一部谶纬学著作。据载他"辞如谶记,当时鲜能晓之,事果皆验",①他先事苻坚,后被姚苌"逼以自随,每事谘之",是前秦苻坚和后秦姚苌的政治顾问。他用特殊的方式表达他对政治事件的看法,例如,苻坚发动淝水战争前夕,曾遣人向王嘉预卜吉凶,王嘉说:"金坚火强。"仍乘使者马,衣冠徐徐东行数百步,因堕其衣裳,奔马而还,踞床而不言。苻坚一时搞不清他这是什么意思。又问:"吾世祚云何?"王嘉回答说:"未央。"苻坚欣然以为吉征。次年岁在癸未,苻坚大败于寿春,遂亡秦国。人们事后才明白,他这里说的"未央",是"殃"在"未"年的意思。"金坚火强",是前秦在西方,五行属金,东晋在南方而属火,火能铄金,故他暗示前秦必败。王嘉以善言谶语而被人佩服,他也因此而遭到杀身之祸。姚苌进入长安,开头也像苻坚一样优礼王嘉。姚苌在与苻登对垒鏖战的时候,询问王嘉:"吾得杀苻登定天下不?"王嘉回答说:"略得之。"姚苌发怒说:"得当云得,何略之有! 遂斩之。"②当然,这类人也有下场比较好的。如僧涉,西域人,不知何姓,少为沙门。苻坚时入长安,虚静服气,不食五谷,改修道法。据说他能日行500里,"言未然之事,验若指掌"。还能"咒龙请雨",③关中天旱时,苻坚常令他显示神通,作法降雨。但这类人才的作用范围毕竟比较小,其神通也是有限的,参与政治活动充满着风险。

① 《晋书》卷95《王嘉传》。

② 《晋书》卷95《王嘉传》。

③ 《晋书》卷95《僧涉传》。

第四节　分裂战乱中西北各政权的统一追求

分裂战乱中西北各政权的统一追求有两层含义:一是指在西北汉族聚居区,不论谁建立哪个民族、什么名称的政权,都实行中原传统的政治思想、模式和职官制度。若有变通,不过是在少数民族建立的政权中又增设"大单于"等职位,以适应管理内迁民族的需要;二是指各政权的最高统治者都力求由自己占据更大的地盘乃至统一整个北方或全国。以上说明,即使在魏晋十六国北朝分裂战乱的形势下,国家统一的观念仍然深入人心,印在政治家的标帜上,以之作为最高的政治追求。

一、结构趋同的行政建制

魏晋十六国北朝时期,有包括汉族在内的 6 个民族建立的 10 数个政权先后建都于西北。它们是前赵、前凉、前秦、后秦、西秦、大夏、后凉、西凉、南凉、北凉、西魏、北周等。

这些政权在行政建制上有的夷夏兼设,如刘曜在长安建立的前赵,与其族叔刘渊在平阳(今山西临汾市西北)建立的汉政权一样,既称皇帝,设左右司隶等机构统治汉人,又号"大单于",下设单于左右辅等,管理匈奴、鲜卑、羯、氐、羌、乌桓等"六夷"。前秦苻洪、后秦姚苌、大夏赫连勃勃、南凉秃发乌孤、西秦乞伏国仁等的位号中,也都有"大单于"这一职称。有些政权不设专管少数民族的机构和职官,如前凉、西凉、后凉、北凉以及后来的西魏、北周等。都城设在长安的西魏、北周,是从北方统一政权北魏分裂出来的,辖区居民以汉族为主,少数民族如氐、卢水胡、鲜卑等汉化程度较高,因而在割据政权首领看来无须设置民族管理机构和职官。那些在王、刺史等官职后加"大单于"称号和设置单于台等机构的少数民族政权,其民族人口迁来不久,数量又大,对于汉法、汉制有一个适应过程,"大单于"等职位及其相应机构的设置,一方面是民族管理的需要,另一方面是要表明,该政权最高统治者是汉夷兼管的各族共主,从实质看,所有政权均无例外地认同和实行中原传统的政治文化模式。

例如大夏这个国名,就是因为历史上传说匈奴始祖是夏侯氏的苗裔淳维,①赫连勃勃出身于匈奴,因而附会此说,定国名为大夏。它所反映的正是赫连勃勃及其谋臣们对于中原传统政治文化的向往。赫连勃勃在十六国历史上以"凶暴好杀"见称。他一得势,就发岭北夷夏10万人,于朔方水北、黑水之南营建工程浩大的都城,并以"统万"为名,即"统一天下,君临万邦"。又"名其南门曰朝宋门,东门曰招魏门,西门曰服凉门,北门曰平朔门",②以此张扬他的统一雄心。在赫连勃勃的统治下,"夷夏嚣然,人无生赖",他在位仅13年(413—425)、夏政权前后共26年(413—438)就灭亡了,谈不上有什么争取统一的实际行动。不过连他这样残暴而无远略的人,都念念不忘统一天下,这一事实倒反映出分裂时期的人心所向和历史发展的趋势。十六国时期西北各政权的统治者们,一登上分割性政权的最高地位,建官设制,称孤道寡,均以汉族的传统制度为样板,是他们对中原政治文化认同的表现。

十六国西北各政权除了设官定制模仿中原王朝外,还无例外地在思想上认同中原政治文化中的正统、图谶、天命论等。例如,苻坚自认为他做皇帝有天命、图谶。因此,当后秦白雀二年(385),姚苌俘获了苻坚,向苻坚讨要传国玺的时候,苻坚瞋目叱责说:"小羌乃敢干逼天子,岂以传国玺授汝羌也,图纬符命,何所依据③……违天不祥,其能久乎! 玺已送晋,不可得也!"姚苌又派人请苻坚举行传说中尧舜禅代那样的仪式,苻坚说:"禅代者,圣贤之事,姚苌叛贼,奈何拟之古人!"姚苌拿他没有办法,就将他缢死于新平(今陕西彬县)佛寺中。这件事传达出的历史信息是:(1)苻坚、姚苌等少数民族首领都认同谁得到传国玺,谁就有当皇帝的资格或信物。(2)当皇帝是要有

---

① 《史记》卷110《匈奴列传》,《汉书》卷94上《匈奴传上》。

② 《晋书》卷130《赫连勃勃载记》。

③ 史载苻坚出生前的一个灵异现象云:坚母"祈子于西门豹祠,其夜梦与神交,因而有孕,十二月而生坚焉。有神光自天烛其庭。背有赤文,隐起成字,曰'草付臣又土王咸阳'"(《晋书》卷113《苻坚载记上》)。苻坚自负地认为他有符命,可能指此。

“图谶符命”即天命的；天命不可违，这与中原内地流行的政治观念别无二致。(3)“玺已送晋”说明在苻坚的心目中，当时政权林立，但正统只有一个，那就是汉人在南方建立的东晋。五胡十六国战乱中，各民族上层人物仍然如此执着地坚持中国传统政治文化观念，它预示着，只要出现一个力压群雄的政治势力，打破各政权势均力敌的局面，国家的重新统一就是必然的了。

二、试图统一南北的战争

三国西晋时期就有过统一南北的战争，如魏、蜀、吴的赤壁之战，诸葛亮、姜维、桓温等多次北伐中原等，因其统治中心不在西北，只以今西北的部分地区作为进攻目标，此不详论。这里主要介绍一下十六国时期西北、也是全国规模最大的一次统一战争——前秦主苻坚发动的淝水之战。

苻坚，字永固，一名文玉，他是苻健弟苻雄的儿子，也是被史家神化了的一位历史人物。[①] 苻坚在统一了北方后，想进一步“混一六合”，追踪“二武”（西汉武帝和东汉光武帝）的英雄事迹，“建不世之功”、“大同之业”。他曾对群臣说：“吾统承大业垂二十载，芟夷逋秽，四方略定，惟东南一隅未宾王化。吾每思天下不一，未尝不临食辍铺。”[②]然而，虽然苻坚统一南北心切，可他在当时的社会政治和历史条件下，发动统一南北的战争不合时宜。

一是军队涣散，未经训练。苻坚自诩“兵杖精卒，可有九十七万”，“以吾之众旅，投鞭于江，足断其流”。[③] 可兵在精不在多，苻坚的军队多而不精，他所说的“精卒”，纯粹是一个泡沫。前秦的军队多数是在统一北方过程中收编的各政权、各民族的杂牌兵，来源复杂，思想混乱。伐晋前夕，苻坚下令征发各州全部公私马匹，百姓每10丁拔1兵。良家子年20以下，武艺骁勇，富室材雄者，皆拜羽林郎，共选拔到3万余骑。这些“良家少年皆富饶子弟，不闲军旅”，[④]就是说，他们虽然年富力强，但未经过训练，素质很差，军队的组

---

① 指史载苻坚生时，“有神光自天烛其庭。背有赤文，隐起成字，曰‘草付臣又土王咸阳’”（《晋书》卷113《苻坚载记上》），意为苻坚当在咸阳坐上王位。

② 《晋书》卷114《苻坚载记下》。

③ 《晋书》卷114《苻坚载记下》。

④ 《资治通鉴》卷105，晋太元八年七月。

织情况也不好。[1] 看起来阵容庞大，实际却是一盘散沙！像这样强征入伍的汉族和各少数民族成员，本来就对苻秦存有抵触情绪，不愿作战送死。他们以乌合之众，仓促上阵，又分布在东西万里之遥的地方，各自行动，军情变化极快，一旦缓急，哪里能用得上？

二是民族关系复杂，后防不稳。苻秦政权的民族基础主要是氐人。平燕以后，苻坚"徙关东豪杰及诸杂夷十万户于关中，处乌丸杂类于冯翊、北地，丁零翟斌于新安"，[2]安置"鲜卑四万余户于长安"。[3] 这些西迁民族如鲜卑、乌丸（乌桓）等都是苻秦的宿敌。苻坚将这样多敌对势力安置到京师附近，又为了加强民族统治，"分三原、九峻嵕、武都、汧、雍十五万户于诸方要镇"，[4]即将15万户支持他的氐人迁出关中及其附近，安置到各地去镇守。苻坚统一后的北方本来就存在着复杂尖锐的民族矛盾，这十数万氐人的迁出，不仅没有震慑住五胡诸豪，反倒使关中和京师的政治环境更加不利于前秦。苻坚率军离去，关中守备空虚，各族反秦势力就会在前秦的老巢点火。

三是东晋上下安和，没有取乱侮亡的条件。这一点，包括慕容垂、姚苌等政治野心家和忠于苻坚的臣僚都看得清楚。因此，王猛临死前遗言，叮咛苻坚不要攻晋，而要当心鲜卑、羌人。他说："晋虽僻陋吴越，乃正朔相承。亲仁善邻，国之宝也。臣没之后，愿不以晋为图。"[5]苻坚伐晋前征求诸臣意见，左仆射权翼分析说："今晋道虽微，未闻丧德，君臣和睦，上下同心。谢安、桓冲，江表伟才，可谓晋有人焉。臣闻师克在和，今晋和矣，未可图也。"[6]苻坚最信赖的弟弟苻融连讲了3条晋不可伐的理由，其中第二条就是讲"晋

① 史载伐晋军队的表现云："征南苻融、骠骑张蚝、抚军苻方、卫军梁成、平南慕容暐、冠军慕容垂率步骑二十五万为前锋。坚发长安，戎卒六十余万，骑二十七万，前后千里，旗鼓相望。坚至项城，凉州之兵始达咸阳，蜀汉之军顺流而下，幽冀之众至于彭城，东西万里，水陆齐进。运漕万艘，自河入石门，达于汝颍"（《晋书》卷114《苻坚载记下》）。

② 《晋书》卷113《苻坚载记上》。

③ 《晋书》卷111《慕容暐载记》。

④ 《晋书》卷113《苻坚载记上》。

⑤ 《晋书》卷114《苻坚载记下·王猛》。

⑥ 《晋书》卷114《苻坚载记下》。

主休明，朝臣用命，不可以伐”。①

在这样不利的形势下发动战争，注定是要失败的。

前秦建元十九年（晋武帝太元八年，383）八月，前秦军近90万人陆续朝东晋进发。九月，苻融等率领的军队30万人先至颍口（今安徽颍上县东南颍河入淮河处），安营扎寨。

东晋以尚书仆射谢石（宰相谢安弟）为征讨大都督，以徐、兖二州刺史谢玄（谢安侄）为前锋都督，与辅国将军谢琰（谢安子）、西中郎将桓伊等率众8万抗击秦军。又使龙骧将军胡彬以水军5 000人援寿阳（今安徽寿县）。东晋军队人数虽少，但他们的主力是北府兵。北府兵是谢安征集南来北方侨民训练而成的一支军队，由谢玄率领，已经训练了7年。他们认同东晋汉族政权，希望收复北方失地，返回家乡去。有抵抗秦军的决心和很强的战斗力，不同于东晋其他军队。

就在太元八年（383）十月，苻融等渡过淮水，攻下寿阳，俘虏了晋将徐元喜等。慕容垂攻拔郧城（今湖北安陆县）。胡彬退保硖石（今徽寿县西北）。苻融派梁成等率众5万屯于洛涧（在今安徽淮南市东），阻断淮水，使胡彬的军队无法东撤。谢石、谢玄等忌惮梁成军，不敢继续前进，距洛涧25里就停下来。胡彬粮尽，派人向谢石求救说：“今贼盛粮尽，恐不复见大军！”送信人被秦军捉住，交给苻融。苻融驰使报告苻坚说：“贼少易擒，但恐逃去，宜速赴之！”苻坚乃留大军于项城（今河南沈丘县），引轻骑8 000人赶到寿阳。

苻坚遣东晋降将朱序来劝谢石等投降。朱序私下对谢石等说：“若秦百万之众尽至，诚难与为敌。今乘诸军未集，宜速击之；若败其前锋，则彼已夺气，可遂破也。”②

谢石本欲“不战以老秦师”，听了朱序的建议，乃决定攻其前锋军队。太元八年（383）十一月，谢玄遣广陵相刘牢之率精兵5 000到洛涧，直前渡河，大破秦军，斩秦将梁成、王咏；又分兵断其归津，前秦步骑崩溃，死者15 000人，前秦扬州刺史王显等被俘，器械军实尽为晋有。于是谢石等军水陆继

① 《晋书》卷114《苻坚载记下》。

② 《资治通鉴》卷105，晋太元八年十月。

进。苻坚与苻融在寿阳城上望见晋兵部阵严整,又望八公山上草木皆以为兵,才感到形势严峻,苻坚回头对苻融说:"此亦劲敌,何谓弱也!"①

秦兵在淝水西岸布阵,晋兵进至淝水东岸,有不能过河之势。谢玄遣使对苻融说:"若移阵少却,使晋兵得渡,以决胜负,不亦善乎!"秦诸将都不同意。苻坚说:"但引兵少却,使之半渡,我以铁骑蹙而杀之,蔑不胜矣!"苻融也同意这个意见,遂麾兵使退。秦兵本来厌战,一退乃不可止,朱序又在阵后大喊"秦兵败矣",众遂大奔。谢玄、谢琰、桓伊等引兵渡水,追击秦军。苻融想制止退却的军队,马倒被杀。秦兵群龙无首,乃大溃逃,谢玄等乘胜追至寿阳城西30里的青冈才收军。史书记载秦兵溃逃的情形云:

> 秦兵大败,自相蹈藉而死者,蔽野塞川。其走者闻风声鹤唳,皆以为晋兵且至,昼夜不敢息,草行露宿,重以饥冻,死者什七、八。②

淝水之战是前秦统一北方后发动的一场企图统一南北的战争,在这次战争中,前秦失败,北方再次分裂后,西北虽然又建立了几个地方性割据政权,但谁也不能胜出。它们在统一问题上均处于有心而无力的尴尬境地。

三、维护正统政权、保护先进文化

在十六国北朝分裂战乱的形势下,西北各政权追求统一的意向,还反映在一些统治者深知自己力弱,不能完成统一的历史任务,就积极地支持汉族正统政权,维护中原先进文化,把统一国家的希望寄托于中原的中央政权。在这方面前凉统治者的态度最为明显。

前凉创建者张轨,安定乌氏(治今甘肃平凉市西北)人。晋惠帝时(290—306),他在京城洛阳任散骑常侍,看到赵王伦当权,朝政混乱,便效法两汉之际窦融保据河西,维护家族安全的榜样,请求到河西去任职。晋朝政府同意,任他为凉州(治姑臧,今甘肃武威市)刺史。张轨到任,首先妥善地安置了河西鲜卑等少数民族,对于一些不服管教的部落首领则采取武力镇

---

① 《资治通鉴》卷105,晋太元八年十一月。

② 《资治通鉴》卷105,晋太元八年十一月。

压。其次，他重用当地有才干的世家大族宋配、阴充、阴澹、氾瑗等，内修政治，发展经济；外御强敌，打败和杀死了从漠北来侵的鲜卑部落首领若罗拔能，将其部下10余万口安置在河西走廊，补充了前凉的人口和兵员。

张轨及其几代继承者始终维护中原王朝的统绪，据而不割。晋怀帝永嘉(307—313)中，刘聪、石勒等包围了晋都洛阳，"于时天下既乱，所在使命莫有至者，轨遣使贡献，岁时不替。"①晋愍帝(313—316)在长安即位，张轨又派3 000人前去护驾。张轨死后，其长子张寔被晋愍帝任命为都督凉州诸军事、凉州刺史、西平公。张寔则继续派兵和提供物资，救援长安。西晋首都洛阳、长安先后沦陷，中州避难来河西者日月相继，其中包括晋宗室、南阳王司马保在上邽(今甘肃天水市)的残部1万余人，以及大量内地的世家大族和普通百姓，张轨父子都给予了妥善的安置。西奔人士带来的中原传统文化、生产技术和劳动力，不仅充实了前凉的经济、文化和军力，也在特殊的历史环境下保护了中国传统的文脉。

西晋灭亡后，前凉还坚持使用西晋末帝司马邺的"建兴"年号，并想办法与东晋取得了联系。到张骏统治时(324—345)，前凉"尽有陇西之地，士马强盛，虽称臣于晋，而不行中兴正朔。"②就是说，张骏地广人众，国力强盛，继续维护晋朝的正统地位，而以藩属自处，"每岁使命不绝"；③但他对内则自行其是，不受东晋的约束。直到前秦苻坚建元十二年(晋孝武帝太元元年，376)被苻坚灭亡前夕，前凉各代统治者不论从思想政策上还是实际行动上，都始终对晋保持忠诚，这应是其维护正统政权，保护先进文化，寄统一希望于两晋政权的真诚表现。

四、改革内政，力图打破均衡局面

魏晋南北朝时期国家的分裂，是现有各种政治势力势均力敌，谁也不能战胜谁的必然结果。西北各分割性政权要想完成统一中国的历史任务，就

① 《晋书》卷86《张轨传》。
② 《晋书》卷86《张轨传附张骏传》。
③ 《晋书》卷86《张轨传附张骏传》。

必须提高国力和军力,打破各政权之间对峙的僵局。西魏权臣宇文泰看准了这一点,就重用足谋多智的汉族政治家苏绰等,大力改革内政,在富国、强兵、统一上下功夫。

宇文泰字黑獭,代北武川镇(治今内蒙古武川县西)鲜卑人。北魏末曾随父宇文肱参加过六镇军民及河北民众的起义,父亲战死后,宇文泰转入葛荣部。契胡尔朱荣擒葛荣,宇文泰被带到晋阳(今山西太原市),参加了北魏政府军。北魏孝庄帝永安三年(530),宇文泰随尔朱天光部贺拔岳、侯莫陈悦等进入关中,镇压万俟丑奴起义。后在北魏统治上层的角逐中,贺拔岳被权相高欢唆使侯莫陈悦杀死,贺拔岳余部乃推宇文泰为新帅。宇文泰乘机抢占了关陇地区。这时候,北魏孝武帝想借用他的力量,乃以宇文泰为关西大都督,令其统军东征高欢。西魏文帝大统三年(537),宇文泰在沙苑(今陕西大荔县南)大败高欢军,斩首6 000,俘虏7万人,获兵器铠甲18万件。大统九年邙山(在今河南洛阳北)战役中,西魏失利,损兵6万。大统十二年(546),东魏围攻弘农玉壁城(在今山西稷山县西南),士卒战死、病死者多达7万,高欢力竭而去,次年病死,宇文泰称雄关陇,总揽西魏朝政,为他的改革扫清了障碍。

早在大统十年(544),宇文泰就提出了改革时政,"强国富民"的计划,汉族政治家苏绰极力帮助他。宇文泰将苏绰提出的改革主张上奏给西魏文帝,统以"六条诏书"①的形式颁布施行。结合推行"六条诏书",宇文泰在改革中重点做了3件事:

一是重新颁布均田令和租调制。规定授田标准:"有室者,田百四十亩,丁者田百亩",又按人口多少,给宅田3—5亩。百姓应承担的赋税:"有室者,岁不过绢一疋,绵八两,粟五斛;丁者半之。其非桑土,有室者,布一疋,麻十斤;丁者又半之。丰年则全赋,中年半之,下年三之……若艰凶札,则不征其赋。"百姓的徭役负担:"丰年不过三旬,中年则二旬,下年则一旬,凡起徒役,无过家一人。其人有年八十者,一子不从役,百年者,家不从役。废疾

① 六条诏书的内容是"先治心","敦教化","尽地利","擢贤良","恤狱讼","均赋役"(《周书》卷23《苏绰传》)。

非人不养者,一人不从役。若凶札,又无力征。”①这一赋役额度与前代及同时代其他政权相比较,尚不太重。加上改革中对百姓生产抓得很紧,“戒敕部民,无问少长,但能操持农器者,皆令就田,垦发以时”,②由此西魏的社会经济和财政状况在迅速地改善。

二是选官不限门第,唯在得人,形成了强大的关陇统治集团。魏晋以来实行九品官人法,选官特重门第,所选多非才能。宇文泰改革中“惩魏齐之失,罢门资之制”,③选举“不限资荫,唯在得人”。④ 即不论民族、地望,不论是北周士人还是北齐遗民、南方降人,只要有才德,经过“精慎”察举,都能一例录用。它突破了九品官人法下士族把持政治的藩篱,为各民族、各地区、各阶层人才的脱颖而出打开了方便之门。在这样的思想政策下,宇文泰成功地组织起一个以鲜卑贵族、关陇羌胡和汉族士族为核心的关陇统治集团,一时出现了人才济济,生气勃勃的政治景象。

三是建立了府兵制。宇文泰在鲜卑部落兵制的基础上,将部落兵制的八大人制、军府制与汉族兵制的等级制结合起来,按周官六军的模式,创建了八柱国、六军、十二开府、二十四将军、四十八仪同,⑤共约 5 万军队的一支府兵。府兵初建时都是从鲜卑、汉等族上层选拔的。他们不入一般民籍,单列管理;也不参加生产劳动,是一种职业兵。在建立府兵制的同时,宇文泰又将关陇士族的部曲(私兵)、五胡豪强的武装也统管起来,任命士族土豪为“乡帅”,统一调遣指挥。一则壮大了国家兵力,二则瓦解了士族土豪的私家武装,同时也削弱了佃农与私家地主的人身依附关系,强化了中央集权的力量。

宇文泰改革的结果是增加了自耕农即国家佃农的数量,扩大了政权的

---

① 《隋书》卷 24《食货志》。

② 《周书》卷 23《苏绰传》。

③ 杜佑撰:《通典》,卷 14《选举二》,中华书局,1984 年版,第 80 页。

④ 《周书》卷 23《苏绰传》。

⑤ 八柱国中宇文泰总领六军,宗室广陵王元欣只挂虚名,以在形式上保留鲜卑八大人制,其余六名柱国大将军各领一支军队。下分 2 军,各置一名大将军。每个大将军又领 2 军,各置一名开府将军。每个开府再领 2 军,各置一名仪同将军。

阶级基础,建立了强大的政府军和充满活力、非常干练的统治集团。西魏废帝元钦二年(553),宇文泰南取巴蜀,西魏恭帝拓跋廓元年(554),宇文泰攻破江陵,杀梁元帝萧绎,控制了后梁,西魏的疆域也延伸到了四川、湖北一带。

宇文泰死后,其子北周武帝宇文邕继承父志,继续改革。(1)宇文邕将府兵从社会上层扩大到一般均田民,从而把府兵制与均田制结合起来,实现了兵农合一,寓兵于农。权相宇文护被诛后,宇文邕"收兵符及诸簿书等",①又于北周武帝建德三年(574)十一月,"改诸军军士并为侍官",②这样,兵权便从宇文泰、宇文护时的在相府,收由皇帝直接掌握。(2)释放奴婢。北魏以来,统治者常将战俘和被掠人口抑为奴婢(奴隶),激化了阶级矛盾,不利于发展社会生产和中央集权。周武帝前后5次下诏,释放官私奴婢,以增加国家的赋役负担者。如建德六年(577)十一月,"诏自永熙三年七月已来,去年十月以前,东土(指北齐——引者注)之民,被抄略在化内为奴婢者;及平江陵之后,良人没为奴婢者:并宜放免。所在附籍,一同民伍。若旧主人犹须共居,听留为部曲及客女。"③这类诏令能激发被释人口的生产积极性,因而尽管实行并不彻底,但它在本质上是进步的。(3)毁佛灭道。佛教和道教自传入、建立以来,到魏晋南北朝时期,僧道人数有了空前的发展。周武帝亲政后,于建德三年(574)五月宣布"断佛、道二教,经像悉毁,罢沙门、道士,并令还民。并禁诸淫祀,礼典所不载者,尽除之。"④于是僧、道还俗200余万人,⑤暂时解决了宗教与国家政权争夺劳动力和社会财富的问题。

宇文邕的继续改革,迅速地提高了北周的国力和军力。他北连突厥,南和陈朝,远交近攻,于建德六年(577)灭北齐,统一北方。接着,宇文邕调转

① 《周书》卷12《齐炀王宪传》。

② 《周书》卷5《武帝纪上》。

③ 《周书》卷6《武帝纪下》。

④ 《周书》卷5《武帝纪上》。灭北齐后,周武帝在北齐境内继续毁佛,共废寺庙4万余所,令将近300万僧尼还俗。转见中国佛教协会编:《中国佛教》第一辑《中国佛教史略》,上海东方出版中心,1980年版(下同),第44页。

⑤ 转见中国佛教协会编:《中国佛教》第一辑《中国佛教史略》,第44页。

矛头,南向伐陈,夺回了北周伐齐时被陈朝占领的淮南之地,使北周与陈朝只剩下长江一水之隔。然而正当他为“平突厥,定江南”大展宏图的时候,宇文邕竟于周武帝宣政元年(578)赍志以殁,时年36岁。他的未竟事业只好历史地留待隋文帝杨坚来完成了。

第四章　隋唐五代时期西北的政治

隋唐五代是中国封建社会经过魏晋南北朝分裂割据时期以后，走向国家统一、疆域辽阔、社会繁荣的时代。西北是隋唐等政权的首都所在，在这里，历史再一次将大批精英人才汇聚到一起，谋划和引领了中国政治、经济、文化的创新发展，带动了西北政治文化的提升。中唐以后，由于区域地理政治优势的衰落，国家指挥中心东移，西北地区在国家政治大局中被迅速地边缘化；与此同时产生了中国东西部发展的差距。本章立足于中国政治史骤变的这一背景，介绍其时西北区域政治的主要内容和代表性政治思想家。

第一节　隋唐五代时期西北的民族政治（上）

隋唐五代时期，活动于西北的少数民族很多，有突厥、沙陀、吐蕃、吐谷浑、回鹘、党项、突骑施、葛逻禄、薛延陀等等，它们与中原王朝都有着密切的政治联系。从区域民族政治的角度看，这些民族中西突厥、沙陀、吐蕃、吐谷浑、回鹘在西北活动的时间较长、影响较大，下面就以这几个西北古代民族与隋唐五代中原王朝的关系为线索，略述当时西北的民族政治。

一、突厥

突厥是铁勒族的一支，铁勒“盖匈奴之别种”。① 其先民春秋时期叫赤狄，战国时期叫丁零，魏晋南北朝时叫高车或敕勒，“讹为铁勒”。② 史家认为，丁零、狄历、敕勒、铁勒均为一个字的同音异译③。

突厥兴起于今新疆准噶尔盆地之北的叶尼塞河上游。后迁到高昌（今新疆吐鲁番）北山（博格多山）。5世纪中叶，中国北方另一强大的民族柔然攻占高昌，突厥被迫迁居于金山（今阿尔泰山）南麓，为柔然打铁，柔然称其为“锻奴”。5世纪后半叶，柔然政权衰落，突厥乘机摆脱其奴役。东魏孝静帝武定四年（546），突厥首领阿史那土门率众打败和吞并了铁勒5万余落，势力大增。西魏废帝元年（552），土门大败柔然，柔然首领阿那瓌自杀。土门遂以漠北为中心建立起突厥汗国，自称伊利可汗。传至其弟木杆可汗（553—572）时，突厥击灭了柔然，又西破嚈哒，东逐契丹及奚，北并契骨，威服塞北各族，其境土东自辽水，西至里海，南达阿姆河，北抵贝加尔湖。可汗牙帐（汗庭）设在于都斤山（今蒙古国杭爱山之北山）。

突厥政权建立不久，土门弟室点密带领10大部落首领、10万人马西征，攻占了西域各地，自立为可汗（562—576），建牙帐于鹰娑川（今新疆库车县西北），是为冬都（南牙）；后来又在碎叶河流域的千泉（今中亚楚河西岸）建立牙帐，为夏都（北牙）。境内除突厥人外，还有都陆、弩失毕、歌逻禄、处月、处蜜、伊吾等部族。它们的社会风俗大抵与突厥一致。

隋文帝开皇三年（583），在隋朝政府的分化瓦解下，突厥汗国正式分裂为东西两部。东部突厥（史称北突厥）沙钵略可汗于开皇五年（585）率部渡沙漠而南，寄居于白道川（今内蒙古呼和浩特市西北），接受隋朝的统辖。西突厥则以达头为大可汗，阿波可汗和贪汗可汗亦自臣所部，实为三可汗分而治之。西突厥的统治范围大致相当于汉代的乌孙故地：东临北突厥，西至雷

---

① 《周书》卷50《突厥传》，《通典》卷179《突厥》同。

② 《新唐书》卷217《回鹘传》。

③ 林幹：《突厥史》第二章，内蒙古人民出版社，1988年版，第9页。

翕海(今威海),南接疏勒(今新疆喀什市),北抵瀚海(巴尔喀什湖)。

隋唐之际,东突厥势力又有发展,不时地向西北、中原地区发起进攻。贞观二年(628),突厥属部薛延陀在漠北建立政权,脱离了突厥的统治。唐朝趁突厥"颉利政乱,灾异屡起"的时机,联合薛延陀,于贞观四年(630)俘虏颉利可汗,灭亡了东突厥。东突厥余众或走西域,或投薛延陀;还有近10万人归附了唐朝,唐政府自幽州至灵州,"建顺、祐、化、长四州为都督府,剖颉利故地,左置定襄都督、右置云中都督二府统之。擢酋豪为将军、郎将者五百人,奉朝请者且百员,入长安自籍者数千户。乃以突利可汗为顺州都督,令率其下就部"。①

唐高宗永淳元年(682),东部突厥骨咄禄叛唐,重建了一个突厥政权,史称"后突厥",牙帐设在乌德鞬山(于都斤山,即今蒙古国鄂尔浑河上游杭爱山之北山)。武则天天授二年(691),骨咄禄死,其弟默啜继为可汗。武则天万岁通天元年(696),默啜与吐蕃结盟,攻唐河西地区,之后又向西域发展。唐中宗景龙二年(708)三月,唐朔方道大总管张仁愿在黄河以北,阴山以南筑东、中、西三座受降城(东受降城在今内蒙古托克托县南,中受降城在今包头市西北,西受降城在今杭锦后旗乌加河北岸),各距400里,置烽堠1 800所,派军巡逻,加强防卫。突厥统治者无隙可乘,转而进攻西域和西突厥,对唐朝在西域的北庭都护府及西突厥造成很大威胁。天宝四年(745年),回纥首领骨力裴罗率部众攻杀了后突厥的最后一个可汗——白眉可汗,后突厥亡。各部大都归附于回纥政权,还有一部分西迁至中亚,一部分南迁至灵武(今宁夏灵武县)、丰州(今内蒙古河套西北)等地,归属于唐朝政府。

西突厥达头可汗助阿波可汗进攻东突厥,阿波被东突厥所擒。达头又连年攻隋边境;隋扶植启民可汗与之对抗。达头战败,投奔了吐谷浑。

阿波被擒以后,国人立鞅素特勒子,是为泥利可汗。泥利死,其子达漫立,是为泥橛处罗可汗。处罗可汗后降隋朝,大业中从炀帝征高丽,赐号曷萨那可汗,妻以宗女。江都之乱,曷萨那遁归长安,唐高祖封其为归义王。

---

① 《新唐书》卷215上《突厥传上》。

后被西突厥侍者杀死。

曷萨那降隋后，国人乃共立达头孙，号射匮可汗，建廷龟兹北之三弥山，玉门以西诸国多被役属；与东突厥相抗衡。射匮死，其弟统叶护嗣，是为统叶护可汗。"统叶护可汗勇而有谋，战辄胜，因并铁勒，下波斯、罽宾，控弦数十万，徙廷石国北之千泉，遂霸西域诸国，悉授以颉利发，而命一吐屯监统，以督赋入。"①

统叶护被其"诸父"所杀，莫贺咄立，是为屈利俟毗可汗，国人不附。弩失毕部自推泥孰莫贺设为可汗，泥孰辞不敢当。会统叶护可汗子咥（xì，又音díe）力特勒避莫贺咄乱，亡在康居，泥孰迎立之，为乙毗钵罗肆叶护可汗，与俟毗可汗分王其国。贞观四年（630），俟毗可汗向唐朝请婚不许，由是西域诸国悉叛之，国大虚耗，众悉附肆叶护可汗，并向俟毗发动进攻。俟毗走保金山，被泥孰所杀，肆叶护乃为大可汗。

肆叶护北讨铁勒、薛延陀，为薛延陀所败。后没卑达干与弩失毕部诸豪欲废肆叶护，叶护逃死于康居。国人迎立泥孰为可汗，唐朝册封为吞阿娄拔利邲咄陆可汗。咄陆可汗死，弟同俄设立，是为沙钵罗咥利失可汗，贞观十二年（638），沙钵罗咥利失可汗分其国为10部，部以一人统之，人授一箭，号十设，亦曰十箭，为左、右。左：五咄陆部，置五大啜，居碎叶东；右：五弩失毕部，置五大俟斤，居碎叶西。其下称一箭为一部落，号十姓部落。

贞观十四年至二十二年（640—648），唐政府击败西突厥敌对势力，占领天山北麓各地后，设置龟兹（今新疆库车县）、焉耆（今新疆焉耆县）、于阗（今新疆和田县）、疏勒（今新疆喀什市）"四镇"，隶属于安西都护府，史称"安西四镇"。

其后，西突厥西部又立欲谷设为乙毗咄陆可汗。东西两部相互攻伐，杀伤不可计，遂中分西突厥之地：伊列水（今伊犁河）以西受令于咄陆，其东咥利失主之。自是西突厥又分为两国。咄陆可汗阴与咥利失部吐屯俟列发以兵攻咥利失，咥利失援穷，奔拔汗那而死。国人立其子，是为乙屈利失乙毗

① 《新唐书》卷215下《突厥传下》。

可汗,逾年死。弩失毕大酋迎伽那设之子毕贺咄叶护立之,是为乙毗沙钵罗叶护可汗。东薄伊列河,龟兹、鄯善、且末、吐火罗、焉耆、石、史、何、穆、康等国皆隶属。

是时咄陆兵寖盛,与沙钵罗叶护数交战。咄陆遣石国吐屯攻杀叶护可汗,兼并其国。弩失毕不服,叛去。咄陆又击取吐火罗,乃入寇伊州。安西都护郭孝恪以轻骑2 000将其击败,拔处月俟斤之城,抵遏索山,斩千余级,降处蜜部而归。后咄陆被其大臣击走。贞观二十三年(649),唐置瑶池都护府,以阿史那贺鲁为都督。

唐高宗永徽二年(651),唐瑶池都督、西突厥贵族阿史那贺鲁叛唐,自称沙钵罗可汗,统领五咄陆及五弩失毕10姓,①有胜兵10万,成为雄霸西突厥全境的大可汗,并向西域各地发起进攻。唐朝于当年发兵平叛。显庆二年(657)十二月,唐将苏定方领大军出击沙钵罗可汗,沙钵罗率十姓10万兵拒战,定方仅以万人,大败沙钵罗军,追奔数十里,俘斩3万人,俘虏了沙钵罗可汗。唐朝借此机会,在西突厥故地(中亚巴尔喀什湖东南至新疆等地)设置了许多府州,安置各部族。② 又置昆陵、濛池两都护府统领各府州,总隶于安西都护府。在具体管理上,采取了各族首领直管的方式。以阿史那弥射为兴昔亡可汗,兼骠骑大将军、昆陵都护,领五咄陆部;阿史那步真为继往绝可汗,兼骠骑大将军、濛池都护,领五弩失毕部。

唐高宗咸亨二年(671),唐朝以西突厥酋长阿史那都支为左骁卫大将军兼匐延都督,以安辑其众。唐高宗仪凤(676—679)中,都支自号十姓可汗,并与吐蕃相勾结,入略安西,被唐吏部侍郎裴行俭擒获。唐朝又任阿史那弥射子元庆为左玉钤卫将军,阿史那步真子斛瑟罗为右玉钤卫将军,尽袭父所领及可汗号。同时,唐朝筑碎叶城(在今巴尔喀什湖南托克马克城附近),代

① 咄陆有五啜,曰处木昆律啜、胡禄屋阙啜、摄舍提暾啜、突骑施贺逻施啜、鼠尼施处半啜。弩失毕有五俟斤,曰阿悉结阙俟斤、哥舒阙俟斤、拔塞干暾沙钵俟斤、阿悉结泥孰俟斤、哥舒处半俟斤(《新唐书》卷215下《突厥传下》)。

② 木昆部为匐延都督府,突骑施索葛莫贺部为嗢鹿都督府,突骑施阿利施部为絜山都督府,胡禄屋阙部为盐泊都督府,摄舍提暾部为双河都督府,鼠尼施处半部为鹰娑都督府(《新唐书》卷215下《突厥传下》)。

替焉耆镇而为安西四镇之一。唐高宗永隆元年(680),西突厥部自立阿史那偻子为可汗,与吐蕃共同入掠,武威道大总管王孝杰将其击败;碎叶镇守使韩思忠又破泥熟俟斤及突厥施质汗、胡禄等。

武则天圣历二年(699),以斛瑟罗为左卫大将军兼平西军大总管,令抚镇国人。当时突骑施乌质勒势力很大,斛瑟罗不敢归国,与其部人六七万内迁,死于长安,唐朝政府又擢其子阿史那怀道为右武卫将军。武则天长安(701—704)中,以阿史那献为右骁卫大将军,袭兴昔亡可汗、安抚招慰十姓大使、北廷大都护。长安四年(704),以怀道为十姓可汗兼濛池都护。接着又擢阿史那献碛西节度使。十姓部落都担发动反叛,阿史那献击斩之,传首阙下,收碎叶以西帐落3万内属。唐玄宗(712—756)时,突骑施阴谋寇边,阿史那献请求增兵边卫。突骑施入侵安西四镇失败后,唐朝又以怀道子阿史那昕为十姓可汗、开府仪同三司、濛池都护,册其妻凉国夫人李为交河公主,遣兵护送。昕至碎叶西俱兰城,为突骑施莫贺达干所杀,交河公主与其子阿史那忠孝逃归,唐政府授忠孝左领军卫员外将军。西突厥遂亡。①

对于突厥之兴起、能与中原王朝相抗衡的内在原因,突厥老臣暾欲谷有一个总结,他说:“突厥众不敌唐百分一,所能与抗者,随水草射猎,居处无常,习于武事,强则进取,弱则遁伏,唐兵虽多,无所用也。”②而对于突厥民族政权的兴衰,《旧唐书》作者的总结则更有启发性,作者认为不论汉族还是蕃族政权,其内部的治乱,乃是决定政权和民族兴衰的关键,不指出这一点,笼统地说盛衰互相依伏,还不能算是确论。其文云:

突厥自隋文修王道,肃军容,示恩妻以羁縻之;炀帝失政教,生戎心,肇乱离以启发之。高祖借其力而入平京师,群贼附其强而迭据河朔。高祖同御榻以延其使,太宗幸便桥以约其和。当其时焉,不其盛矣!竟灭其族而身死于国者,何也?咸谓太宗有驭夷狄之道,李勣著戡定之功。殊不知突厥之始也,赏罚明而将士戮力,遇炀帝之乱,亡命蓄

① 《新唐书》卷215下《突厥传下》。
② 《新唐书》卷215下《突厥传下》。

> 怒者既附之，其兴也宜哉！颉利之衰也，兄弟构隙而部族离心，当太宗之理，谋臣猛将讨逐之，其亡也宜哉！洎武后乱朝，默啜犯塞，玄宗纂嗣，传首京师，东封太山，西戎扈跸，开元之代，继踵来降。西突厥诸族，遇其理，则众心悦附而甲兵兴焉；遇其乱，则族类怨怒而本根破矣！理（治）乱二道，华夷一途，或质言于盛衰倚伏，未为确论。①

不满足于抽象的概念式解说，而是结合实际，把一个政权——不论汉蕃的兴衰归结到政权内部的治乱上去，以强调政权内部建设的重要性，这一见解是相当深刻和有价值的。

二、沙陀

沙陀，是西突厥别部处月的后裔。突厥分裂为东西两部，分治乌孙故地后，西突厥与处月、处蜜杂居，处月隶属于西突厥大酋乙毗咄陆可汗，居金娑山（今阿尔泰山）以南，蒲类海（今新疆巴里坤湖）之东，当地有大漠名沙陀，故号称沙陀突厥。沙陀在形成民族的过程中，融入了突厥处密、射脾，铁勒同罗、仆固等民族成分。

唐太宗贞观十五年（641），西突厥咄陆寇伊州（治今新疆哈密市），引贺鲁、沙陀两部围攻天山军（在今新疆托克逊县东北），安西都护郭孝恪将其赶走，并攻下处月俟斤城。后乙毗咄陆汗失败，投奔吐火罗。阿史那贺鲁则于贞观二十三年（649）降唐，唐朝政府任其为瑶池都督，移治于庭州莫贺城。处月朱邪阙俟斤阿厥也内属于唐朝。

唐高宗永徽（650—655）初，贺鲁叛唐，处月俟斤朱邪孤注也杀招慰使响应，射脾部俟斤沙陀那速则不从，唐高宗将贺鲁所领官衔转授给那速。次年，弓月道总管梁建方、契苾何力带兵斩孤注，俘9 000人。永徽三年（652），唐朝废瑶池都督府，在处月部所在地建置了金满（今新疆吉木萨尔县北破城子）、沙陀（今新疆北部古尔班通古特沙漠）两州，皆置都督统领。阿史那贺鲁灭亡后，安抚大使阿史那弥射巡行到伊丽水（今伊犁河），处月部就其地归

① 《旧唐书》卷194下《突厥传下》。

附了唐朝。于是唐置昆陵都护府，统领咄陆部，以弥射为都护。金满、沙陀两州都在其统辖下。

唐高宗龙朔(661—663)初，唐任处月首领沙陀金山为墨离军讨击使，随武卫将军薛仁贵伐铁勒。武则天长安二年(702)，沙陀金山升任金满州都督，累封张掖郡公。金山死，子辅国嗣爵。唐玄宗先天(712—713)初，辅国为避吐蕃的进攻，率部迁到北庭，并入朝。唐玄宗开元二年(714)，复领金满州都督，累爵永寿郡王。死，子骨咄支嗣爵。唐玄宗天宝(742—756)初，回纥内附，唐朝以骨咄支兼回纥副都护。骨咄支随唐肃宗平定安禄山叛乱有功，拜特进、骁卫上将军。死，子尽忠嗣，累迁金吾卫大将军、酒泉县公。唐肃宗至德至唐代宗宝应(756—763)间，中原战乱，北庭、西州道路不通，西域朝奏使取道回纥来唐，回纥从中勒索，贡者不胜其苦，沙陀人也困于暴敛。

唐德宗贞元(785—805)中，沙陀部7 000帐附吐蕃，与吐蕃一起攻破北庭。吐蕃徙沙陀部于甘州，以朱邪尽忠为军大论。吐蕃寇边，常以沙陀为前锋。后来，回鹘攻取凉州，吐蕃人怀疑尽忠首鼠两端，议徙沙陀于河外(今青海境内的黄河西边)，沙陀举部愁恐。朱邪尽忠与其子朱邪执宜乃确定投唐。唐宪宗元和三年(808)，沙陀悉众3万落循乌德鞬山(今蒙古国杭爱山脉)而东。吐蕃追击，沙陀人且行且战，辗转来到洮水旁，又东趋石门关(在今宁夏固原市西北)，转斗不解，部众略尽，朱邪尽忠战死，执宜带伤前行，最后只剩下徒兵2 000，骑士700，杂畜骆驼千计，终于到达灵州(今宁夏灵武县西南)塞下。节度使范希朝奏报于朝廷，唐朝政府将其安置在盐州(治今陕西定边县)，并置阴山府，以朱邪执宜为府兵马使统领。范希朝为了借助这支民族力量防御边界，乃为他们置买了许多牛羊，扩大牧地范围，使其休养生息。沙陀老幼有从凤翔、兴元、太原等地来投者，送其回到本部落。不久，范希朝镇太原，沙陀举军随从，立功北边。

朱邪执宜死，子赤心嗣爵。唐宣宗大中(847—859)初，吐蕃合党项及回鹘残众寇河西，太原王宰统代北诸军进讨，沙陀兵常深入敌阵，所向披靡。

唐宣宗复三州、七关①后，朱邪赤心也被调到北部边界。后平庞勋之乱有功，进大同军节度使，赐李氏，名国昌，预郑王属籍，赏甲第。回鹘寇榆林，扰灵、盐，唐任国昌为鄜延节度使，负责防御。迁蔚州刺史、云州守捉使。后以灾荒，官吏贪苛，部下怨恨，边校程怀信等怂恿国昌子李克用杀死朝廷命官，又请做大同防御留后，借故与朝廷作对，唐朝政府乃遣军讨伐，国昌父子与唐政府对峙起来。

黄巢之乱中，在叛军攻潼关、入京师的形势下，河东监军陈景思与沙陀都督李友金请求唐朝政府“赦国昌，使讨贼赎罪”。② 这一建议得到朝廷同意，诏拜克用代州刺史、忻代兵马留后，领本军讨贼。李克用带领忻、代、蔚、朔等州及鞑靼军3万、骑5 000南渡黄河，次同州（治今陕西大荔县），壁乾阬（在今陕西大荔县西），在梁田坡打败黄巢军，进驻渭桥，唐僖宗中和三年（883）四月，遂收京师。在这一军事行动中，克用功第一，升同中书门下平章事、陇西郡公，国昌为代北军节度使。

唐僖宗光启元年（885），观军容使田令孜见克用势大，建议朝廷采取措施，削弱李克用的军事力量，引起李克用的不满。此前，军阀朱全忠曾设圈套攻击李克用，两人仇隙很深。李克用乃上表说：凤翔李昌符、邠宁朱玫与朱全忠连和为乱，“请以兵十五万度河枭二竖，然后平汴，雪大耻。”③唐僖宗遣使，反复劝止，李克用不听，他领兵击败朱玫所领邠州、凤翔府兵于沙苑（又名沙阜、沙海、沙窝，在今陕西大荔县南洛、渭两河之间），朱玫连夜逃走。唐僖宗见势危机，出奔凤翔府，半路上听说乱兵打过来了，又转奔宝鸡。李克用与王重荣联章请僖宗还宫，愿留兵守卫京师。僖宗心存疑惧，乃出大散关，驻跸于兴元府（治今陕西汉中市东）。

唐昭宗景福（892—893）以后，李克用带领沙陀部参与关中军阀的军事政治角逐，一时京师震动。唐昭宗吓得逃到石门镇（今陕西蓝田县西南）和

---

① 三州，指秦、原、安乐3州。七关，指原州的石门、驿藏、制胜、石峡、木靖、木峡、六盘7关（见《资治通鉴》卷248，唐大中三年二月及胡注）。

② 《新唐书》卷218《沙陀传》。

③ 《新唐书》卷218《沙陀传》。

莎城镇（今陕西长安县东南）一带，任克用诸道兵马都招讨使，克用请昭宗还京，以2 000骑卫乘舆。唐昭宗进李克用太师、兼中书令、邠宁四面行营都统。赐号“忠贞平难功臣”，进封晋王。

后军阀李茂贞与韩建设谋以兵入朝，唐昭宗急令李克用进卫京师。又想渡河去太原避乱，行至渭北，被韩建挟持到华州（治今陕西华县）。唐昭宗派人前去，约李克用前来救护，但克用担心幽州刘仁恭的进攻，不敢离开太原。

唐昭宗光化（898—901）初，昭宗还京师，要克用与朱全忠解仇，然双方仍穷斗不止。后朱全忠攻取同州（治今陕西大荔县）、华州，屯军渭上。唐昭宗逃到凤翔，李茂贞、韩全诲请召克用入卫，克用间道遣使者奔问，并致书朱全忠劝还汴州（治今河南开封市），全忠不答。不久，朱全忠部将朱友宁以10万军队长驱略取汾、慈、隰州，遂围太原，李克用岌岌可危。后李茂贞、王建与邠州杨崇本遣使者来约义举，李克用认为藩镇都依附于朱全忠，不能与其共事，只有契丹阿保机尚可一用，乃卑辞召阿保机。阿保机到云中与克用晤面，两人约为兄弟，阿保机又送给李克用马千匹、牛羊万计，商定入冬后大举渡河，南下举事，适逢唐昭宗被朱全忠杀死，没有成行。

唐亡后第二年（908）正月，李克用卒。[①] 五代时期中原的后唐、后晋、后汉3个政权，都是以沙陀人为主建立的。

第二节　隋唐五代时期西北的民族政治（下）

三、吐蕃

吐蕃是藏族先民，它是由青藏高原远古土著居民与迁入的羌、鲜卑等民族融合而成的一个古代民族。吐蕃活动的核心地区在今西藏，然而在唐五

① 《新唐书》卷218《沙陀传》。

代时期，西北的秦陇、河湟和西域地区也是吐蕃人重要的政治舞台。

吐蕃统一国家的形成在松赞干布时期。松赞干布（？—650），原名赤松赞，汉译又为弃宗弄赞、弃苏农赞、弃苏农、弄赞、弗夜氏等。他是吐蕃历史上一位杰出的政治家和军事家。松赞干布13岁时，他的父亲囊日松赞被毒致死，雅隆部族叛臣频起，危机四伏，局势非常严峻。松赞干布面对危局，首先“斩灭”了毒害其父、制造内乱者，然后派遣苏毗旧臣，说服苏毗残部归服了雅隆部，做到“不损失户数”，并按期交纳贡赋。松赞干布在平定了羊同（象雄）等叛部后，东向攻破党项、白兰羌，党项拓拔氏“畏逼，请内徙”，唐朝政府令庆州置静边等州安置了这部分党项人。党项故地乃入于吐蕃，留居原地的党项人皆为吐蕃役属，并改其名为“弭药”。① 又征服了青藏高原东部的附国、嘉良夷和薄缘夷等地。势力所及，包括今西藏全部，青海大部，四川和甘肃一部分，向外直到泥婆罗（今尼泊尔）。

松赞干布娶唐文成公主为妻，在他的时代，吐蕃与唐朝政府基本保持着和睦友好的关系。唐高宗永徽初松赞干布死，无子，由其孙继位，大臣禄东赞相其国。史载东赞“不知书而性明毅，用兵有节制，吐蕃倚之，遂为强国”。② 从这时起，吐蕃在西北的政治活动，围绕其与唐朝政府的和战关系，又大致可以分为三个历史阶段。

1. 时战时和，唐占上风的阶段。唐高宗显庆五年（660），吐谷浑内附唐朝，禄东赞心怀不满，率锐兵进击，破其国，占领了今青海大部分地区。吐谷浑首领慕容诺曷钵与弘化公主引残部逃到凉州，唐朝政府令凉州都督郑仁泰为青海道行军大总管，率将军独孤卿云等屯凉（治今甘肃武威市）、鄯（治今青海乐都县）等州，左武候大将军苏定方为安集大使，为诸将节度，以定其乱。不久，禄东赞死。其子钦陵、赞婆、悉多于、勃论，兄弟并当国，且连年入掠唐朝西境。乾封二年（667），夺占了唐朝设立的12个羁縻州。咸亨元年（670），吐蕃东破唐朝的白州等18个羁縻州，又在西域地区率于阗取龟兹拨换城，迫使唐朝废安西四镇。这一年，唐政府令右威卫大将军薛仁贵为逻娑

① 《新唐书》卷221上《党项》。
② 《新唐书》卷216上《吐蕃传上》。

道行军大总管，左卫员外大将军阿史那道真、左卫将军郭待封自副，率10余万大军出讨吐蕃，并护吐谷浑还国。至大非川（在今青海湖南），被钦陵所领吐蕃军队打败，吐蕃遂稳固地占有了位于今青海的吐谷浑故地。

唐高宗仪凤元年（676），吐蕃攻鄯（治今青海乐都县）、廓（治今青海尖扎县北）、河（治今甘肃临夏县西南）、芳（治今甘肃迭部县东南）四州，杀掠吏及马牛万计。又进攻叠州（治今甘肃迭部县），破密恭（治今甘肃卓尼县南）、丹岭（治今甘肃迭部县东南）两县。同时，吐蕃在西域与西突厥连兵攻安西。

唐高宗调露二年（680），赞婆、素和贵率兵3万攻河源，屯良非川，唐将李敬玄与战湟川，败绩。左武卫将军黑齿常之以精骑3 000夜捣其营，赞婆惧，引去。唐朝以常之为河源军经略大使。常之以河源军正当贼冲，欲加兵镇守，恐有运转之费，遂远置烽戍70余所，度开营田5 000余顷，岁收百余万石。开耀（681—682）中，赞婆等屯于青海，常之率精兵1万骑袭破之，烧其粮贮而还。常之在军七年，吐蕃非常怕他，不敢轻易寇边。①

武则天天授二年（691），大首领曷苏率贵川部与党项种30万来降，武则天以右玉钤卫将军张玄遇为安抚使，率兵2万迎之，次大度水，吐蕃擒曷苏去。而它酋昝插又率羌、蛮8 000自来，玄遇即其部置叶州，用昝插为刺史。同年，唐朝任命王孝杰为武威道行军总管，率西州都督唐休璟、左武卫大将军阿史那忠节进击吐蕃，大破其众，重新夺回安西四镇，置安西都护府于龟兹，以兵镇守。吐蕃勃论赞联合突厥阿史那俀子南侵，被孝杰赶走。武则天证圣元年（695），钦陵、赞婆一面进攻临洮、凉州，杀唐都督；一面又遣使请和，武则天遣郭元振往使。钦陵坚持要求唐割黄河源地区的"乌海、黄河"之地，②唐朝出于羁縻吐蕃的考虑，同意了这一要求。

钦陵专国久，诸弟皆领方面兵。随着吐蕃赞普器弩悉弄年龄渐长，要求亲自掌权，乃于武则天圣历二年（699）讨伐钦陵，钦陵兵溃自杀，钦陵弟赞婆以所部及兄子莽布支等降唐。不久，赞普讨叛，死于军中。只有7岁的弃隶蹜赞继立为赞普，吐蕃又多次向唐求盟、求婚。唐中宗景龙三年（709），唐朝

① 《旧唐书》卷109《黑齿常之传》。
② 《新唐书》卷216上《吐蕃传上》。

以雍王守礼女为金城公主嫁给吐蕃赞普，并以“河西九曲”（今青海海南、黄南地区）为公主汤沐。

唐玄宗开元二年(714)，吐蕃相坌达延上书唐宰相，“请载盟文，定境于河源”，①唐朝同意吐蕃的请求，派左散骑常侍解琬莅盟，吐蕃亦遣尚钦藏、御史名悉腊献载辞。定界的事还没有确定，吐蕃坌达延就将兵10万入寇临洮军（今甘肃临洮县），深入兰、渭（治今甘肃陇西县东南），掠监马。于是，唐玄宗诏薛讷为陇右防御使，与王晙等并力讨击。晙等战武阶，斩首17 000，获马羊20万。又战长子，吐蕃军大败，“众奔突不能去，相枕藉死，洮水为不流”。② 此后，郭知运、王君㚟（chùo）相继节度陇右、河西，防范严密，吐蕃乃连年朝贡，不敢犯边。

开元十四年(726)，吐蕃悉诺逻兵入大斗拔谷（今名扁都口，在甘肃民乐县南），遂攻甘州，烧毁乡聚。时遇大雪，吐蕃皲冻如积，乃逾积石军以归。唐将王君㚟派人出塞，尽烧野草，悉诺逻顿大非川，无牧草，马死过半。君㚟军出青海西，时吐蕃军队已过大非山，留辎重疲弱者于滨海，君㚟纵兵俘虏以还。不久，吐蕃悉诺逻恭禄、烛龙莽布支入陷瓜州，毁其城，执刺史田元献及君㚟父，遂攻玉门军，围常乐，攻不能下，回寇安西，被副都护赵颐贞击退。这时，君㚟被回纥所杀，唐政府乃用萧嵩为河西节度使，左金吾将军张守珪瓜州刺史。嵩纵反间，杀悉诺逻恭禄。次年，鄯州都督张志亮又战青海西，破大莫门城，焚橐它桥；陇右节度使杜宾客破吐蕃于祁连城下，斩5 000级，吐蕃大败而逃。开元十六年(728)，守珪率伊、沙等州兵破虏大同军；又信安王李祎出陇西，拔石堡城（在今甘肃卓尼县西，一说在今青海湟源县日月山东），就其地置振武军。吐蕃连败之下，委书请和。于是唐朝政府遣忠王友皇甫惟明等往聘并慰问金城公主。开元二十一年(733)，应金城公主的请求，唐蕃双方“树碑于赤岭，定蕃、汉界”。随后，双方派人分往剑南及河西、西域，历告边州曰：“两国和好，无相侵掠”，③赤岭定界以后，双方一时恢复了

① 《新唐书》卷216上《吐蕃传上》。

② 《新唐书》卷216上《吐蕃传上》。

③ 《旧唐书》卷112《李暠传》。

和平局面。乃悉彻障壁，吐蕃畜牧被野。

其后，吐蕃西击勃律，勃律告急，唐玄宗谕令罢兵，吐蕃不听。当时，崔希逸为河西节度使，镇凉州。傔史孙诲奏事，妄言“虏无备，可取也”。① 唐玄宗诏内竖赵惠琮共往按状。两人至凉州，因共矫诏，令希逸发兵袭破吐蕃青海上，斩获不赀。唐蕃关系又趋恶化。开元二十六年(738)，吐蕃大入河西，崔希逸拒破之。鄯州都督杜希望又拔吐蕃新城，改名威戎军(在今青海门源县境)。不久，希逸死，萧炅代为河西节度留后，杜希望陇右节度留后，王昱剑南节度使，分道经略，碎赤岭碑。希望发鄯州兵夺虏河桥，并河筑盐泉城(今青海循化县城)，号镇西军，破吐蕃兵3万。这年，金城公主去世。吐蕃请和不许，乃悉众40万攻承风堡(今青海共和县一带)，抵河源军，西入长宁桥、安仁军，又袭廓州(治今青海尖扎县北)，攻振武军石堡城。

唐将背信弃义，毁盟、毁碑，乘人不备发动进攻，直接导致了唐蕃关系的再一次恶化。但由于开元、天宝之际是唐朝经济社会发展的鼎盛阶段，因此在对蕃战争中取得了许多胜利。天宝元年(742)，陇右节度使皇甫惟明破虏大岭军；战青海，破莽布支，斩首3万级。明年，破洪济城。又明年，惟明破虏，献俘京师。唐玄宗以哥舒翰节度陇右，翰攻拔石堡，更号神武军。又擒其相兀论样郭。天宝十载(751)，安西节度使高仙芝俘大酋以献。天宝十二载(753)，哥舒翰破洪济城(在今青海贵德县西)、大莫门城(在今青海共和县东南)，收九曲故地，列为郡县。唐置神策军于临洮西，浇河郡于积石西，又置宛秀军(在今青海贵德县西黄河畔)，以实河曲。吐蕃方面，则赞普乞黎苏笼腊赞(赤德祖赞)于唐天宝十四载(755)被贵族杀死，子挲悉笼腊赞(赤松德赞)嗣。

2. 唐朝内乱，吐蕃大肆攻掠阶段。唐玄宗天宝十四载(755)，唐朝爆发了“安史之乱”，哥舒翰所领河、陇兵东调守御潼关，其他诸将也率兵参加平叛，西北边防空虚，吐蕃乘机而入，侵扰秦陇河西等地，改变了唐蕃在西北军事力量对比中吐蕃处于劣势地位的状况。

---

① 《新唐书》卷216上《吐蕃传上》。

唐肃宗至德(756—758)初,吐蕃攻占廓(至今青海尖扎县北)、岷(治今甘肃岷县)等州及河源军(在今青海西宁市)、莫门军(在今青海共和县东南)。唐代宗宝应元年(762),吐蕃攻陷临洮军(今甘肃临洮县),占领秦、成、渭等州。唐代宗广德二年(764),吐蕃入大震关,取兰、河、鄯、洮等州,于是占领了整个陇右地区。接着,吐蕃军队闯进泾州,又破邠州,入奉天,与副元帅郭子仪军交战。裹挟吐谷浑、党项兵20万东掠武功,迫使唐代宗逃离长安。吐蕃军队长驱进入长安,立金城公主侄广武王李承宏为帝,改元,擅作赦令,署官吏。唐朝文武官员或南奔荆、襄,或躲进山谷。吐蕃在京城逗留15日后才退出,这是一个十分重大的政治事件。

吐蕃从京师退出后,驻屯于原(治今宁夏固原市)、会(治今甘肃靖远县)、成(治今甘肃礼县西南,贞元五年[789]徙治今甘肃成县西南)、渭(治今甘肃陇西县东南)诸州间。次年,又占领凉州,控制了整个河陇地区。

唐代宗永泰元年(765),吐蕃在战胜之余,又向唐朝请和,唐代宗令宰相元载、杜鸿渐与吐蕃使者同盟。适逢仆固怀恩反唐,引导吐蕃与回纥、党项羌、浑、奴剌一起进攻唐朝边境;唐蕃盟纸未干,吐蕃大酋尚结息、赞摩、尚悉东赞等就率众20万至醴泉(治今陕西礼泉县北)、奉天(今陕西乾县),于是京师戒严。唐政府令朔方兵马使浑日进、孙守亮屯奉天,郭子仪屯泾阳,李忠臣屯东渭桥,李光进屯云阳,马璘、郝廷玉屯便桥,骆奉先、李日越屯盩厔,李抱玉屯凤翔,周智光屯同州,杜冕屯坊州,唐代宗自率6军屯于苑。吐蕃逼奉天,掠醴泉,焚室庐,田皆赤地。幸亏在这节骨眼上仆固怀恩突然死去,反军群龙无主,吐蕃与回纥争长,回纥首领一怒之下,向郭子仪请求击吐蕃以自效,郭子仪乐得答应,并遣部将白元光与其配合,攻吐蕃于灵台西,大破之。① 斩首5万级,生禽万人,获马、驼、牛、羊,收所俘唐户5 000。仆固名臣(仆固怀恩侄)降。② 吐蕃无奈,只好再遣使者来聘,代宗也为缓兵,遣宰相与吐蕃使者立盟。然而吐蕃并不守盟,大历三年(768),吐蕃10万复攻灵州、邠州。大历八年(773),吐蕃6万骑侵灵州,败民稼,进寇泾、邠,略数千户。

---

① 《新唐书》卷216上《吐蕃传上》。

② 《新唐书》卷217上《回鹘传上》。

大历十年(775),吐蕃进攻泾州临泾县(今甘肃镇原县)、陇州(治今陕西陇县东南)地区,深入岐州普润县(治今陕西麟游县西北)一带,到处大肆焚掠人畜。大历十三年(778),吐蕃大酋马重英以4万骑寇灵州,塞汉、御史、尚书3渠以扰屯田,就这样,唐蕃战争连年不断。

大历十四年(779),唐德宗即位,遣太常少卿韦伦持节归其俘500人,严令边吏谨护亭障,不得随意进入吐蕃占领区,着意于以德绥怀。吐蕃次相尚结赞也极力主张休息边人,赞普乃任命结赞为大相,唐蕃一时恢复了和好局面。

唐德宗建中四年(783),唐朝政府以都官员外郎樊泽为计会使,与吐蕃大相尚结赞约盟于清水(今甘肃清水县),且告陇右节度使张镒同盟。双方约定:"唐地泾州右尽弹筝峡,陇州右极清水,凤州西尽同谷,剑南尽西山、大度水。吐蕃守镇兰、渭、原、会,西临洮,东成州,抵剑南西磨些诸蛮、大度水之西南。尽大河北自新泉军抵大碛,南极贺兰橐它岭,其间为闲田。二国所弃戍地毋增兵,毋创城堡,毋耕边田。"①之后,双方在京城右郊又举行了一次同样的会盟仪式。通过誓约的形式承认吐蕃对河陇地区的占领,反映了唐朝政府在唐蕃军事力量对比中继续处于弱势地位。

唐朝在国力日削的形势下,又不断地发生内乱。建中四年(783)冬,泾原节度使姚令言率领5 000兵赴襄城,途经长安时突然兵变,军士冲进京城,唐德宗被迫逃至奉天(今陕西乾县),朱泚在混乱中自立为帝,其他军阀也是蠢蠢欲动,吐蕃则未乘机作乱。唐德宗兴元元年(784),吐蕃大相尚结赞提出愿意帮助唐政府平乱,并出兵2万,在唐将曹子达的统一指挥下,配合浑瑊(jiān)在武亭川(在今陕西乾县西)大败朱泚叛军。先前,唐德宗曾答应攻下长安后,将泾、灵等四州赏给吐蕃。但由于当时战区发生"大疫",即急性传染病,吐蕃很快就撤出去了。因此朱泚之乱平定后,唐朝政府并没有兑现赏地的诺言。唐德宗贞元二年(786),吐蕃以"破朱泚,未获赏"②为由,大举进攻泾、陇、邠、宁等州,掠人畜,败田稼,内州皆闭壁。游骑闯至好畤县(今陕

① 《新唐书》卷216下《吐蕃传下》。

② 《资治通鉴》卷232,唐贞元三年三月。

西永寿县西南)。不久,吐蕃又攻占了盐、夏等州。

尚结赞想劫持灵盐节度使杜希全、泾原节度使李观,然后以锐兵直趋京师,若不成,便擒浑瑊等,深入寇掠。乃于贞元三年(787)与唐朝政府约定在平凉会盟。唐朝以浑瑊为盟会使,兵部尚书崔汉衡为副使。将盟,结赞伏精骑3万于西,纵逻骑出入瑊军,就在浑瑊等入幄更衣之际,伏兵突发,瑊仅以身免。裨将辛荣兵数百据北阜与虏战,矢尽乃降。判官韩弇、监军宋凤朝死之。汉衡与判官郑叔矩路泌、掌书记袁同直、列将扶余准马宁孟日华李至言乐演明范澄马弇、中人刘延邕俱文珍李朝清等60人皆被执,士死者500,生获者1 000余人。平凉会盟本来就是一个骗局,唐朝方面对此审视不密,输得很惨。

平凉劫盟以后,尚结赞安置羌、浑众屯潘口,傍青石岭(在今甘肃泾川县西北),将他所领吐蕃兵分作三部分开进陇州(治今陕西陇县东南)、汧阳(治今陕西千阳县西北)之间,连营数十里,中军距凤翔只有一舍地,蕃军在吴山、宝鸡、汧阳、华亭一带大肆焚掠,陇兵不敢出。铁骑之下,泾、陇、邠3州之民荡然无存。贞元四年(788)五月,虏3万骑略泾、邠、宁、庆、鄜5州之郊,焚吏舍民阎,系执数万。尚悉董星、论莽罗等又寇宁州,转剽鄜、坊乃去。此后终德宗之世,吐蕃在关中陇右地区的掳掠不断,给唐朝政府和民众的生产生活造成了极大的威胁。

在西域,贞元五年(789),北廷沙陀别部叛,吐蕃乘机攻陷北廷都护府,于是安西交通断绝,只有西州尚为唐守。

3. 吐蕃趋衰,退出河陇的阶段。唐宪宗即位后,遣使者与吐蕃修好,又送还其俘虏。吐蕃亦以论勃藏来,唐蕃之间一时又有朝贡和边界互市。唐宪宗元和十二年(817),可黎可足(赤祖德赞)立为赞普。吐蕃继续玩弄两面手法,一面遣使向唐朝政府朝贡,一面继续在关陇地区发动进攻。元和十四年(819),吐蕃节度论二摩、宰相尚塔藏、中书令尚绮心儿总兵15万围盐州,为飞梯、鹅车攻城,被唐将打败。

唐穆宗长庆元年(821),吐蕃攻清塞堡(在今宁夏灵武县西南),为李文悦所逐,乃遣使者尚绮力陀思来乞盟。穆宗同意,遣大理卿刘元鼎为盟会使，右司郎中刘师老副之，诏宰相与尚书右仆射韩皋、御史中丞牛僧孺、吏部尚书李绛、兵部尚书萧俛、户部尚书杨于陵、礼部尚书韦绶、太常卿赵宗儒、司农卿裴武、京兆尹柳公绰、右金吾将军郭纵与吐蕃使者论讷罗盟于京师西郊。长庆二年(822)，刘元鼎与论讷罗前往逻些(今名拉萨)再次举行盟会，并将誓约刻石立碑，当时逻些所立的石碑一直保留至今，被称作"唐蕃会盟碑"。

长庆会盟后，吐蕃政治上倾向于唐朝政府，逻些(拉萨)会盟这一年，尚绮心儿就带兵攻击了与唐政府对立的回鹘、党项。唐敬宗宝历至唐文宗大和(825—835)间，唐蕃信使往还，边候晏然。唐文宗开成三年(838)，热巴巾赞普被反对佛教的大臣杀死，弟达磨(又称郎达玛)继为赞普，吐蕃国内政治斗争激烈，自然灾害严重："国中地震裂，水泉涌，岷山崩；洮水逆流三日，鼠食稼，人饥疫，死者相枕藉。"①唐武宗会昌二年(842)，达磨赞普被杀，无子，以妃綝氏兄尚延力3岁的儿子乞离胡为赞普，各政治集团的武斗立即升级。

吐蕃内斗最激烈的是其在秦州和鄯州的两个军将。秦州落门川(在今甘肃武山县东)讨击使尚恐热以反对綝氏家族人当赞普为名，约其他3部落得万骑，攻击鄯州节度使尚婢婢，略地至渭州(治今甘肃陇西县东南)，与宰相尚与思罗战，思罗败走松州(治今四川松潘县)，合苏毗、吐浑、羊同兵8万保洮河自守。恐热麾轻骑涉河，诸部先降，并其众至10余万，擒思罗缢杀之。

婢婢，姓没卢，名赞心牙，羊同国人，世为吐蕃贵相。恐热自号宰相，以兵20万击婢婢，鼓鞷、牛马、橐它联千余里，至镇西军(今甘肃临夏市)，婢婢厚币诒书约欢，恐热大喜，于是退营大夏川(今甘肃夏河县)。婢婢遣将庞结心、莽罗薛吕击恐热于河州之南，伏兵4万，大败恐热军。恐热单骑逃走，重组军队，战争连年不解。

唐宣宗大中三年(849)，婢婢屯兵河源，闻恐热谋渡河，急击之，为恐热所败。恐热走间道"出鸡顶岭关，冯硖为梁攻婢婢"，②败其将尚铎罗榻藏，杀婢婢大将磨离罴子。婢婢粮尽，引众趋甘州西境。恐热大略鄯、廓、瓜、肃、

① 《新唐书》卷216下《吐蕃传下》。

② 《新唐书》卷216下《吐蕃传下》。

伊、西等州，所过捕戮，积尸狼藉，麾下内怨，皆欲图之。恐热乃奉表归唐。既至，宣宗诏问所欲，恐热倨夸自大，且求作河渭节度使，帝不许。于是复趋落门川，还奔廓州。

唐朝政府乃出兵河陇，凤翔节度使李玭复清水，泾原节度使康季荣复原州（今宁夏固原市），取石门等六关；①灵武节度使李钦取安乐州，诏为威州；邠宁节度使张钦绪复萧关，凤翔节度使收秦州，山南西道节度使郑涯得扶州。陇右各地复归于唐，唐蕃军事斗争的优势急剧地向唐朝方面倾斜。

在唐朝政府收复陇右的同时，沙州汉人在张义潮带领下于大中二年（848）举行起义，赶走吐蕃镇将，又攻取了瓜、伊、西、甘、肃、兰、鄯、河、岷、廓等10州，大中五年，遣使将瓜、沙等11州地图献给唐朝政府。唐朝在沙州重置河西节度使，任张义潮为沙州防御使，归义军节度使。

唐懿宗咸通七年（866），北庭回鹘仆固俊击取西州，收诸部。鄯州城使张季颙打败尚恐热，收器铠以献。吐蕃余众攻邠、宁，节度使薛弘宗将其击退。仆固俊与吐蕃大战，斩恐热首，传送京师。咸通八年（867），义潮入朝，为右神武统军，赐第及田，命族子淮深守归义。咸通十三年（872）卒。沙州以长史曹义金领州务，遂授归义节度使。唐亡，归义军先后向五代和宋入贡，宋仁宗景祐二年（1035），被李元昊所灭。

唐高宗咸亨（670—674）间，吐蕃大臣仲琮入朝，在回答高宗提问时，曾言："吐蕃居寒露之野，物产寡薄，乌海之阴，盛夏积雪，暑毼冬裘。随水草以牧，寒则城处，施庐帐。器用不当中国（指汉地——引者注）万分一。但上下一力，议事自下，因人所利而行，是能久而强也。"②这段话，准确地反映了吐蕃民族的特点、政治优势及得以兴盛的原因。

五代时期，吐蕃已经衰微，回鹘、党项、诸羌夷分侵其地。然甘、凉、瓜、沙、鄯（治今青海乐都县）等州的吐蕃仍与中原政权保持着联系。

① 《资治通鉴》卷248，唐大中三年二月，胡注：原州界有石门、驿藏、制胜、石峡、木靖、木峡、六盘七关。"石门等六关"当属上述7关之列。《通鉴》及胡注认为"七关"降唐是当地官员自己来的。

② 《新唐书》卷216上《吐蕃传上》。

四、吐谷浑

吐谷浑是一个人名、一个国名，也是一个民族的名字。吐谷浑本是辽西鲜卑徒河涉归的庶长子，因与其弟慕容若洛廆关系不协，遂西度陇，止于甘松（今甘肃迭部县一带）之南，洮水之西，南极白兰山，占有数千里之地。西晋怀帝永嘉（307—313）间建立政权，都伏俟城（在青海西十五里），东晋成帝咸和四年（329），吐谷浑孙叶延在位时，称其国为吐谷浑。梁武帝（502—548）末，其首领夸吕在位，始称可汗。

隋朝建立后，吐谷浑于开皇元年（581）八月入掠凉州，隋遣行军元帅元谐率数万人将其击败，留行军总管贺娄子干镇守凉州。由于隋朝当时的主要军事计划是北防突厥，南灭陈朝，无暇西顾，因而对吐谷浑采取防抚结合的策略，尽量将其稳住。

隋文帝开皇十一年（591），吕夸卒，子伏立，他向隋奉表称藩，并献方物。开皇十二年（592），隋遣刑部尚书宇文弼抚慰吐谷浑。开皇十六年（596），隋以光化公主妻伏。次年，国人杀伏，立其弟伏允，伏允继续尚主，并每年向隋朝进贡。隋炀帝时，吐谷浑占据了祁连山以南，昆仑山至阿尼玛卿山以北，廓州（治今青海贵德县）以西至新疆且末一带，控制着“丝绸之路”南道的要冲。

隋炀帝联络铁勒、西突厥与隋夹击吐谷浑。铁勒可汗契苾歌楞（即易勿真莫何可汗）应约出兵，配合隋军打败了吐谷浑。隋将宇文述乘势追击，拔曼头（今青海共和县西南）、赤水（今青海兴海县东）两城，前后俘斩7 000余人，俘王公、尚书、将军200人，收降者10余万人，六畜30万余只，可汗伏允逃入南山（祁连山），吐谷浑“故地悉空”。自西平临羌城以西，且末以东，祁连以南，雪山以北，东西4 000里，南北2 000里，皆为隋有。隋炀帝大业五年（609），隋朝政府在吐谷浑故地设置了鄯善（今新疆若羌）、且末（今新疆且末）、西海（今青海湖以西）、河源（今青海兴海县东）四郡。[①] 大业六年

① 《隋书》卷29《地理志上》。

(610),又设伊吾郡。①“谪天下罪人为戍卒。”②

唐高祖即位后,为质于隋的伏允子慕容顺从江都来到长安,当时李轨据凉州,唐高祖为了集中力量对付李轨,乃与伏允约和,令击李轨自效,事成送还慕容顺。伏允领兵进击李轨。战争结束后,唐高祖按约送还慕容顺,后顺号为大宁王。

唐太宗时,伏允遣使入朝,使者还未回去,又寇鄯州,掠岷州,攻凉州等地,唐朝命左骁卫大将军段志玄、左骁卫将军梁洛仁率契苾、党项兵讨伐。志玄等逗留不进,吐谷浑闻讯逃走,副将李君羡率精骑另路追击,得牛羊2万而还。

这时,伏允已经老不任事,其相天柱王拘唐行人赵德楷,唐政府前后派人交涉10趟,终无效果。唐太宗贞观九年(635),唐朝政府令李靖为西海道行军大总管,侯君集积石道,任城王李道宗鄯善道,李道彦赤水道,李大亮且末道,高既生盐泽道,并为行军总管,率突厥、契苾兵进攻吐谷浑。当时,党项内属羌及洮州羌均杀刺史降附伏允。四月,道宗破伏允于库山(又名嶂山,即今青海天峻县南库库诺尔岭),俘斩400人。伏允谋入碛疲唐兵,烧野草,故靖马多饥。李靖分军为二,勇猛进击,大破吐谷浑军。李靖破天柱部落于赤海(又作赤水,赤水川,疑即今青海兴海县南黄河支流曲什安河一带平原),收杂畜20万。大亮俘名王20,杂畜5万,次且末(今新疆且末县)之西。伏允逃到图伦碛(又作突伦川,即今新疆塔克拉玛干沙漠),准备投靠于阗,万均督锐骑追亡数百里,又破之。君集、道宗行空荒2 000里,到达星宿川(黄河上源星宿海)、柏海(黄河上源鄂陵湖、扎陵湖),即黄河源地区。俘获吐谷浑首领失思力及大批车重。

其后,慕容顺乃斩天柱王,举国降唐。伏允领千余骑向沙漠深处逃去,沿途部众逃散,从者才百骑,在无路可走的情况下,伏允乃自杀而死。唐封慕容顺为西平郡王,号趉胡吕乌甘豆可汗;遣李大亮率精兵镇援。不久,部下杀慕容顺,立其子燕王诺曷钵。唐朝政府承认了既成事实,并顺水推舟地

① 《元和郡县图志》卷40《陇右道·伊州》。
② 《隋书》卷24《食货志》。

封诺曷钵河源郡王，号乌地也拔勒豆可汗，诺曷钵亲来入谢，又请婚，献马、牛、羊万数，并连年来朝，唐乃以宗室女为弘化公主妻之。

唐高宗时，以宗室女金城县主嫁给诺曷钵长子苏度摸末，拜其为左领军卫大将军。摸末死，弘化公主与次子右武卫大将军梁汉王闼卢摸末来请婚，唐高宗以宗室女金明县主妻之。既而吐谷浑与吐蕃相攻，大臣素和贵投奔吐蕃，告以虚实，吐蕃出兵捣虚，大败吐谷浑，诺曷钵不支，与公主引数千帐逃到凉州，吐谷浑故地被吐蕃所占领。

唐高宗乾封（666—668）初，唐封诺曷钵青海国王。并于高宗咸亨元年（670）以右威卫大将军薛仁贵为逻娑道行军大总管，左卫员外大将军阿史那道真、左卫将军郭待封为副总管，总兵5万讨吐蕃，助诺曷钵恢复旧国，结果被吐蕃大败于大非川（在青海湖南）。咸亨三年（672），唐徙吐谷浑于浩亹水（今大通河）南。诺曷钵以吐蕃势盛，无法抵御，乃从鄯州徙至灵州，唐以灵州故鸣沙县地分置安乐州（治今宁夏同心县东北韦州），拜诺曷钵安乐州刺史，希望他在那里能安而且乐。

诺曷钵死，子忠立。忠死，子宣超立，武则天圣历三年（700），拜宣超左豹韬员外大将军，袭故可汗号，吐谷浑余部前往凉、甘、肃、瓜、沙等州归降。凉州都督郭元振认为："因所投而居，情易安，磔数州则势自分。顺其情，分其势，不扰于人，可谓善夺戎心者也。岁遣镇遏使者与宣超兄弟抚护之，无令相侵夺，生业固矣。有如叛去，无损中国。"①唐朝政府采纳了这一思想和建议，就地安置了这些降唐的吐谷浑人。

宣超死，子曦皓立。曦皓死，子兆立。"安史之乱"后，吐蕃恃强凌弱，又夺取了安乐州，吐谷浑残部无家可归，乃迁到朔方、河东之境。唐德宗贞元十四年（798），唐朝立朔方节度副使、左金吾卫大将军慕容复为长乐都督、青海国王，袭可汗号。慕容复死后停袭。

吐谷浑国自晋怀帝永嘉（307—313）时建立，至唐高宗龙朔三年（663）为吐蕃所灭，存在了350多年，加上部族首领接受中原封爵的时段，前后近500

① 《新唐书》卷221上《吐谷浑传》。

年，直到慕容复死，作为政治势力的吐谷浑才在历史上不复存在了。

五、回鹘

回鹘即回纥，①是我国北方的一个古老民族。其先是与匈奴关系密切的丁零人。俗多乘高轮车，故汉称丁零，元魏时称作高车、铁勒或敕勒，讹为铁勒。铁勒部落很多，回纥是其中袁纥部落在隋大业以后的称号。②

回纥早先游牧于娑陵水（今蒙古色楞格河）和嗢昆河（鄂尔浑河）一带，由药罗葛等九部组成，部落酋长为药罗葛族人。回纥人善骑射，在很长历史阶段“无君长，居无恒所，随水草流移……以寇抄为生”，③处于原始氏族制发展阶段。自西汉至南北朝时，回纥同铁勒其他部落一起，先后受匈奴、鲜卑、柔然人的奴役。突厥兴起后，又被突厥征服和奴役。隋炀帝大业元年（605），西突厥处罗汗在搜刮了回纥人大量财物后，又将其各部酋长数百人一起坑杀。回纥遂与仆固、同罗、拔野古等部落联盟，共同抗击突厥，时健俟斤被推为君长。时健死，其子菩萨继立，君长世袭制开始出现。菩萨勇而有谋，所向克捷，得到部下拥护。加上他的母亲乌罗浑性情严明，能断政事，回纥从此逐渐强盛起来。

唐贞观初，回纥、薛延陀与唐朝联合攻灭东突厥，接着，回纥在独乐水（土拉河）一带建立起根据地。贞观二十年（646），回纥酋长吐迷度配合唐朝消灭薛延陀，吞并了其土地及部众，其境遂南逾贺兰山，达到黄河。成了漠北唯一的强部、铁勒部落联盟的首领。次年，唐在漠北推行羁縻府州制度，以回纥酋长吐迷度为怀化大将军兼瀚海都督。吐迷度一边接受唐的称号，一边又模仿突厥设立官属，使回纥的社会前进了一大步。

西突厥阿史那贺鲁在北庭发动叛乱，回纥首领婆闰率5万骑助契苾何力等破贺鲁，收北庭；又从伊丽道行军总管任雅相等再破贺鲁于金牙山，迁右

---

① 唐德宗贞元四年（788），回纥征得唐朝皇帝的允许，改称回鹘。

② 铁勒的主要部落有袁纥（后称回纥）、薛延陀、契苾羽、都播、骨利干、多览葛、仆骨、拔野古、同罗、浑、思结、斛薛、奚结、阿跌、白霫（xí）等，共15种。皆散处碛北。

③ 《旧唐书》卷195《回纥传》。

卫大将军。婆闰死，子比栗嗣。唐高宗龙朔(661—663)中，唐以燕然都督府领回纥，更号瀚海都护府，兼管漠北各部族。比栗死，子独解支嗣。武则天时，突厥默啜方强，取铁勒故地，回纥与契苾、思结、浑三部越过蒙古大沙漠，迁徙到甘、凉两州之间。独解支死，子伏帝匐立。他助唐攻杀默啜，于是别部移健颉利发与同罗、霫等都降唐。伏帝匐死，子承宗立。凉州都督王君㚟诬指承宗有罪，流死瀼(ràng)州(治今广西上思县南)。这件事在回纥中引起强烈不满和骚乱，承宗族子瀚海府司马护输乘机煽动部族，杀死王君㚟，堵塞了安西诸国的贡道，后引众去投奔突厥。

唐玄宗天宝三载(744)，回纥首领骨力裴罗自称骨咄禄毗伽阙可汗，建牙帐于乌德鞬山(今杭爱山)，创立了漠北回纥汗国，并遣使入唐，唐玄宗册封他为怀仁可汗。悉有九姓地。[①] 后破有拔悉蜜、葛逻禄，总十一姓，并置都督，号十一部落。天宝四年(745)，裴罗攻杀突厥白眉可汗，唐朝拜其为左骁卫员外大将军。在他的统治下，回纥"斥地愈广，东际室韦，西抵金山，南跨大漠，尽有突厥故地"，[②]成为当时北方最强大的少数民族政权。

"安史之乱"中，回鹘助唐朝平叛，自以功高，骄肆攘剽，致使"乡不完庐"，比安史叛军还要残虐。回鹘首领除攻略唐朝沿边州县，还强行绢马贸易，勒索当时处于弱势地位的唐政府。"自乾元后，益负功，每纳一马，取直四十缣，岁以数万求售。使者相蹑，留舍鸿胪，骀弱不可用，帝(唐代宗——引者注)厚赐欲以愧之，不知也。复以万马来"。[③] 势倾东亚及中亚地区的回鹘，对唐朝的军事掠夺、经济讹诈一直延续到9世纪初。9世纪30年代以后，由于内部汗族相争，政局动荡，可汗频繁更替，又连年饥疫，羊马死者遍地；加上"大雪为灾"，[④]回鹘国势骤衰。唐文宗开成五年(840)，回鹘将军句录莫贺招引黠戛斯，合10万骑袭击回鹘城，杀死可汗，部众被击散后，纷纷逃离漠北。其中一支南依唐朝；一支东投奚人，后又转投室韦；而大部分回鹘

---

① 九姓，指药罗葛、胡咄葛、啒罗勿、貊歌息讫、阿勿嘀、葛萨、斛嗢素、药勿葛及奚邪勿。药罗葛，回纥姓也，与仆骨、浑、拔野古、同罗、思结、契苾六种相等夷，不列于数。

② 《资治通鉴》卷215，唐天宝三载正月。

③ 《新唐书》卷217上《回鹘传上》。

④ 《唐会要》卷98。

人向西迁徙，又分为三支进入西域和甘肃境内，进入西域的一支投奔葛逻禄，在葱岭（帕米尔高原）西建立了喀喇汗王朝。投奔“安西”的一支，在天山东部建立了高昌回鹘王国，投奔吐蕃的一支，因这时“吐蕃已陷河西、陇右，乃以回鹘散处之”。① 于是，西起肃、瓜、沙州，东至凉（今甘肃武威市）、兰（今甘肃兰州市）、秦（今甘肃天水市），东北至贺兰山，西北至合罗州（今内蒙古额济纳旗）都有回鹘，并先后建立了“甘州回鹘”和“沙州回鹘”两个地方性民族政权。

唐宣宗时期，居住于甘州的回鹘首领特勒自称可汗，势力所及，还占有“碛西诸城”，即今新疆东部的一些地方。宣宗“务绥柔荒远”，遣使者抵灵州看望那里的回鹘酋长，回鹘遣人随使者来京，唐宣宗即册拜嗢禄登里逻汨没蜜施合俱录毗伽怀建可汗。后10余年，一再献方物。唐懿宗时，回鹘大酋仆固俊自北廷击吐蕃，斩论尚热，尽取西州、轮台等城。遣使朝见唐懿宗，且献俘。② 其后唐朝动乱，回鹘与唐的联系才减少了。

五代时期，甘州、西州回鹘与中原王朝仍保持着联系。甘州回鹘继承唐时的习惯，称中原政权为“舅”，中原政权在回应的诏书中，也称回鹘为“甥”。后梁太祖乾化元年（911），甘州回鹘遣都督周易言等来朝，梁拜易言等官爵，并遣左监门卫上将军杨沼护送回蕃。后唐庄宗（923—926）时，王仁美遣使来贡玉、马，自称“权知可汗”，庄宗遣司农卿郑续持节册仁美为英义可汗。仁美卒，其弟狄银立，遗都督安千想等来朝。后唐明宗天成二年（927），权知国事王仁裕遣李阿山等来朝。明宗遣使者册仁裕为顺化可汗。后晋高祖（936—942）时，又册为奉化可汗。仁裕讫五代常来朝贡。③

---

① 《新五代史》卷74《回鹘传》。

② 《新唐书》卷217下《回鹘传下》。

③ 《新五代史》卷74《回鹘传》。

第三节　隋唐治理西北民族的主要策略

隋唐时期，在相当复杂的西北民族关系中，中原政府如何处理与这些民族的关系，以保证西部边界的安全、丝路交通的畅通和整个国家的稳定，是最高统治者最为关心的问题。

一、隋朝治理西北民族的主要策略

隋朝最大的边患，是横亘于北部包括西北边界的突厥。北朝以来，尤其是北魏分裂成东魏和西魏后，突厥严重地骚扰中原王朝的边境。东魏、北齐等政权通过不平等贸易，将大量丝绸等物送给突厥，换取边境的安宁。隋朝建立后，隋文帝决心要改变前代中原皇朝"竭生民之力，供其来往；倾府库之财，弃于沙漠"[①]的做法，他认为剥民以奉敌，未尝感恩，适足以助长其气焰，不如省徭薄赋，减轻民众的负担，将贿赂突厥的财物，用以奖励将士，鼓励杀敌，以攻为守，摆脱突厥的威胁。从这一战略思考出发，隋朝遂采取减赋轻徭，鼓励耕织，奖励将士军训等政策，并停止了对突厥的物资供应，这就引起了突厥大规模的武装入侵活动。

开皇元年(581)，东突厥沙钵略可汗会合北齐残余势力故营州刺史高宝宁所部军，攻陷了临渝镇(河北省秦皇岛市西)。[②] 次年，沙钵略又率控弦之士40万，从兰州方向入侵。面对突厥强大的军事压力，隋文帝一面像前代那样大筑长城；一面又派数万兵力加强防守。开皇二年(582)，又派皇太子杨勇屯兵于咸阳，防备突厥进攻长安。当时，东突厥的入掠已经使隋朝政府疲于防守，而西突厥、吐谷浑等也虎视眈眈，伺机侵扰。在这种情势下，熟悉突厥地理环境和部族强弱的长孙晟，乃汲取传统的经验，并结合当时实际，提出了"远交近攻，离强合弱"的政治军事谋略。《隋书》卷51《长孙览传附长

---

① 《隋书》卷84《突厥传》。

② 《隋书》卷84《北狄传·突厥》。

孙晟传》云:“晟先知摄图、玷厥、阿波、突利等叔侄兄弟各统强兵,俱号可汗,分居四面,内怀猜忌,外示和同,难以力征,易可离间”,长孙晟分析东、西突厥内部的矛盾说:

> 玷厥(西突厥达头可汗——引者注)之于摄图(东突厥沙钵略大可汗——引者注),兵强而位下,外名相属,内隙已彰,鼓动其情,必将自战。又处罗侯,摄图之弟,奸多而势弱,曲取于众心,国人爱之,因为摄图所忌,其心殊不自安,迹于弥缝,实怀疑惧。又阿波(东突厥小可汗——引者注)首鼠,介在其间,颇畏摄图,受其牵率,唯强是与,未有定心。今宜远交而近攻,离强而合弱,通使玷厥,说合阿波,则摄图回兵,自防右地。又引处罗,遣连奚、霫,则摄图分众,还备左方。首尾猜嫌,腹心离阻,十数年后,承衅讨之,必可一举而空其国矣。

隋文帝采纳了这一策略。于是遣太仆元晖出伊吾道,结好玷厥,使摄图与玷厥之间相互猜疑。又使长孙晟出黄龙道,重币请奚、霫、契丹等东部各族人为向导,来到处罗侯驻地,安置心腹,诱使处罗内附。开皇二年(582),当摄图40万大军攻隋时,玷厥不愿随其南下,引兵而去,削弱了摄图的攻势。长孙晟又通过处罗侯之子染干,诈对摄图说铁勒等部造反,准备袭击摄图牙帐。摄图心惧,回兵出塞,乃至攻隋无功而返。长孙晟进而策反阿波。摄图乃掩袭阿波的驻地北牙,“尽获其众而杀其母”,①阿波向玷厥乞师10余万,东击摄图。摄图抵挡不住,被迫向隋进贡求和。在隋朝“远交互攻,离强合弱”策略的离间、分化下,突厥首领之间相互猜疑,内战频发,形势急剧地向着有利于隋朝的方向转化。开皇三年(583),突厥正式分裂为东、西两部。此后,内乱愈演愈烈,各部对隋朝的依赖也愈来愈强,而其对隋朝西北的威胁也就更小了。

“远交近攻,离强合弱”是中原王朝对付边境少数民族上层的传统惯用策略。早在战国晚期,范雎就向秦昭王提出“远交而近攻”②的军事谋略,征

---

① 《隋书》卷51《长孙览传》附《长孙晟传》。

② 《史记》卷79《范雎蔡泽列传》。

服务诸侯国。西汉武帝为解除北方匈奴的威胁,也采用过类似"远交近攻"的策略。他谋划东联朝鲜以断匈奴之左臂,西联大月氏、乌孙以断匈奴之右臂,然后集中兵力彻底打败匈奴,解除其对汉朝的军事威胁;张骞出使西域就是执行这一战略决策的具体行动。类似的策略甚至在各少数民族中也常被采用。如东、西魏为了相互争雄,乃各自结好于柔然,以"为姻好"。突厥初起时,为击灭柔然而与西魏结成联盟。吐谷浑为了进攻西魏,亦与东魏、北齐结为姻亲,互相交好,等等。长孙晟总结历史经验,结合当时民族矛盾的实际,创造性地将这一军事政治策略应用到突厥各军事势力和统治集团之间,巧妙地解除了他们对隋朝边界的威胁,这一谋略思想的影响相当巨大而深远。

仁寿四年(604),隋文帝次子杨广弑父杀兄,自立为帝,他是一位受到历代封建史学家强烈谴责的暴君,然而在对待西北民族的思想策略上,他沿袭了其父"远交而近攻,离强而合弱"的战略指导思想。当时,隋朝的西北边境除突厥外,还有一个强大的少数民族势力吐谷浑。吐谷浑于开皇元年(581)八月入掠凉州,隋文帝遣行军元帅元谐等率数万人,将其击败,留行军总管贺娄子干镇守凉州。由于隋朝当时的主要军事计划是北防突厥,南灭陈朝,无暇西顾,因而才对吐谷浑采取了防抚结合的策略,尽量将其稳住。从隋朝整体的军事政治形势看,这也大致符合"远交近攻"的原则。到隋炀帝时,吐谷浑占据了祁连山以南,昆仑山至阿尼玛卿山以北,廓州(治今青海贵德县)以西至新疆且末一带,控制着"丝绸之路"南道的要冲。当时西域诸国之所以与隋朝联系较少,主要就是由于突厥与吐谷浑的阻隔。若使它们两族联合起来,那就会对隋朝构成更大的威胁。

隋炀帝本是一个野心勃勃的政治家。他一即位,便想效法秦皇、汉武,建立不朽的功业,"兼三才而建极,一六合而为家","日月所照,风雨所沾,孰非我臣"。① 事实上,当时的政治局势是他的父亲杨坚已经统一了长江南北,结束了汉末以来南北分裂的局面。于是杨广想在其父功业的基础上,进一

① 《隋书》卷4《炀帝纪下》。

步“混壹戎夏”,将周边少数民族都置于他的统治下。为此,他在西北地区继续实行“远交而近攻”的策略,联络吐谷浑西边的铁勒和突厥,在战略上形成对吐谷浑的东、西夹击之势。隋炀帝大业三年(607),隋政府派裴矩前往铁勒,次年派崔君肃出使西突厥,约请两族派军合围吐谷浑。铁勒可汗契苾歌楞(即易勿真莫何可汗)应约出兵,打败了吐谷浑。隋将宇文述乘势追击,拔曼头(今青海共和县西南)、赤水(今青海兴海县东)两城,前后俘斩7 000余人,俘王公、尚书、将军200人,收降者10余万人,六畜30万余只,可汗伏允逃入南山(祁连山),吐谷浑“故地悉空”。这是隋朝“远交近攻”策略取得的又一重大成功。平定吐谷浑以后,隋炀帝于大业五年(609)在吐谷浑旧地设置了鄯善(今新疆若羌县)、且末(今新疆且末县)、西海(今青海湖以西)、河源(今青海兴海县东)4郡。[①] 大业六年(610),又设伊吾郡。[②] “谪天下罪人为戍卒,大开屯田,发西方诸郡运粮以给之”,[③]隋朝的版图扩大到青海及西域东南部,“丝绸之路”被重新打通,西域“相率而来朝者四十余国”[④],隋炀帝“混壹戎夏”的理想部分地实现了。

隋朝继承汉魏以来历代中原政府治理西北少数民族的传统思路和措施,在今甘、青、新一带除设郡县外,又置西域校尉、安西都护等特殊官职。隋炀帝大业中,西域有数十国先后来朝,“帝因置西域校尉以应接之,寻属中国大乱,朝贡遂绝”。[⑤] “安西都护”的官职也屡见于隋代碑铭。[⑥] 隋炀帝对西北地区除实行与内地相同的郡县制,特设的都护制等行政管理措施外,其对归服民族“因俗而治”的另一个方面,就是在社会生活习惯上尽量地做到“咸安其性”,“各尚所宜”。既重视用中原先进的汉文化感染少数民族,又不强制其改变他们的民族风习和传统,还经常拉拢少数民族上层参加一些大

① 《隋书》卷29《地理志上》。
② 《元和郡县图志》卷40《陇右道·伊州》。
③ 《隋书》卷24《食货志》。
④ 《北史》卷97《西域传》。
⑤ 《隋书》卷83《西域传》。
⑥ 参见《宋知感及夫人张氏合葬墓志》,载《唐代墓志汇编》下册,第4163页。《侯方墓志》,同上书下册,第1594页。《康磨伽墓志》,同上书上册,第694页。

型的祭祀或娱乐活动。如大业四年(608)八月,隋炀帝亲祀恒岳,令西域各国使节与河北一带的郡守一起助祭。大业五年(609),他西巡至张掖,召集高昌王麴伯雅及西域27国使臣与武威、张掖一带的士女佩金玉,披锦罽,车马填湮,来观天子仪卫及鱼龙漫衍之戏、宫廷音乐等。大业六年(610)正月,又召集西域各国酋长、使节齐集于东都洛阳,交易、娱乐。当时在皇城端门外大街上摆开的戏场方圆5 000步,乐队有18 000人,列坐棚阁而观者10余万人,灯火辉煌,映照天地,欢乐之声响彻云霄,传于数十里外,夜复一夜,闹了半个来月。又让西域商人到洛阳最繁华的丰都市(即洛阳东市)进行贸易,要求市内店铺事先整修,檐宇整洁,帷帐鲜丽,珍货充积,人人都穿上新衣服。客人在酒食店吃饭,醉饱而去,不取分文。还在街道树缠上缯帛,胡人称赞隋朝是"仙晨帝所"。①

实行政治宽容政策也是隋朝安边的一项政治措施。由金城郡榆中县人麴嘉建立的高昌国汉化程度很高,但仍保留了许多"胡法"。大业七、八年(611—612),麹嘉子麴伯雅娶隋华容公主为妻,宣布国中要"解辫削衽",变胡服为汉装,隋炀帝听了大为赞赏。后高昌王怕得罪铁勒而未实行,隋炀帝也听之任之,并不责怪。他在一封诏书中说:"先王建国,夷夏殊风,君子教民,不求变俗。断发文身,咸安其性,旃裘卉服,各尚所宜,因而利之,其道弘矣。何必化诸削衽,縻以长缨,岂遂性之至理,非包含之远度。衣服不同,既辨要荒之叙,庶类区别,弥见天地之情。"②这是他针对东突厥启民可汗改变服饰的要求而说的,充分反映了隋炀帝宽容大度的胸怀和"因俗而治"的策略。实际上,只要承认和服从隋朝统一政权的最高权威,那么不论郡县制、都护校尉制或各族原有的自治形式、社会风习,都可以在"夷夏殊风","各尚所宜","咸安其性"的思想原则下保留,并非都要按内地的形式统一起来。在隋炀帝看来,这样做既能反映天地"遂性之至理",又能表现出王者"包含之远度",同时还能"辨要荒之叙,庶类区别"。正是由于这一深谋远虑的思考,才使凶顽成性的隋炀帝,在经营西北少数民族地区取得许多军事成果

① 《新唐书》卷100《裴矩传》。
② 《隋书》卷84《突厥传》。

后,又在行政管理上幡然改进,采取了照顾多于强制,因俗多于改作的比较切合实际的后续做法。这些做法,有利于巩固隋朝在西北边疆民族地区"远交而近攻,离强而合弱"取得的政治成果。

二、唐朝治理西北民族的主要策略

和前代最高统治者一样,唐朝皇帝也认为普天之下,日月所照,都是帝王的子民,都应得到保护和治理,因而对待西北民族,尽量采取宽容、慎重、稳健的态度和政策,灵活处理各种民族矛盾,从思想策略看,突出的有以下几点:

(一)"欲怀远者,必先安近。"唐初,地方割据性军事势力正强,扫灭群雄的重任使其无力再伸出一只拳头,来对付边远少数民族的威胁。因而不得不对西北边的少数民族实行传统的和亲政策,甚至不耻于向突厥称臣。

唐高祖武德八年(625)四月,西突厥统叶护可汗遣使请婚,唐高祖李渊采纳裴矩"远交近攻"的建议,"许其婚",拉好与西突厥的关系,孤立东突厥,以减轻来自西北边界民族的压力。

唐太宗即位后,国内政治局势渐趋稳定。贞观初,有上书者要求他"当独运威权,不可委之臣下","宜震耀威武,征讨四夷"。魏征不同意这类主张,他认为应当"偃武修文,中国既安,四夷自服"。① 唐太宗采纳了他的意见。乃从健全三省六部制、科举选官、府兵制、均田制等政治制度入手,加强政权建设。去奢省费,轻徭薄赋,选用廉吏,使民衣食有余,不用重法。尤其是在用人上,着意摆脱门第、地域、亲属观念,选拔各地、各阶层的统治人才充实政权机构。贞观元年(627),关中饥,米斗值绢一匹。二年(628)天下蝗。三年(629)水灾。为了减轻百姓负担,他令房玄龄主持省并中央官僚机构,留文武总643员,其余一概裁减。在君臣上下一致努力下,终于度过了难关。贞观四年(630),天下大稔,流散者返回乡里,米斗不过三四钱,终岁判死罪才29人。出现了后世羡称的"贞观之治"。突厥等边疆少数民族也渐

---

① 《资治通鉴》卷193,唐贞观四年十二月。

表归附,有的"酋长并带刀宿卫,部落皆袭衣冠",①唐太宗将这一切归功于魏征提出的"中国既安,四夷自服"的民族思想和策略。直到贞观十年(636),西域朱俱波、甘棠遣使入贡的时侯,唐太宗还想起魏征的这一名言,并感慨地说:"中国既安,四夷自服,然朕不能无惧,昔秦始皇威振胡、越,二世而亡,唯诸公匡其不逮耳。"②这是他将朝廷、中原内地的政治秩序整顿好以后,进而致力于把中央朝廷与周边民族的关系也处理好,以从根本上实现四夷心向,长治久安。

纵观唐朝的西北民族关系史,各时期的统治者针对不同的政治形势,对"中国既安,四夷自服"的思想有不同的表述和处理方式,但在执行这一思想原则上却是前后一贯的。贞观四年(630)七月,西突厥种落散在伊吾等地,唐太宗诏以凉州都督李大亮为西北道安抚大使,让他在碛口镇(今山西临县西南黄河东岸碛口镇)贮粮,突厥人"来者赈给",并派出许多使者前去招慰。对此,李大亮质疑说:

> 欲怀远者必先安近,中国(指中原内地,下同——引者注)如本根,四夷如枝叶,疲中国以奉四夷,犹拔本根以益枝叶也。臣远考秦、汉,近观隋室,外事戎狄,皆致疲弊。今招致西突厥,但见劳费,未见其益。况河西州县萧条,突厥微弱以来,始得耕获;今又供亿此役,民将不堪,不若且罢招慰为便。伊吾之地,率皆沙碛,其人或自立君长,求称臣内属者,羁縻受之,使居塞外,为中国藩蔽,此乃施虚惠而收实利也。③

李大亮从"先安近"再"怀远"的观点出发,劝阻唐太宗"疲中国以奉四夷"的做法。唐太宗鉴于秦皇、汉武、隋炀帝"外事戎狄,皆致疲弊"的历史教训,采纳了李大亮的建议;也就是遵从了"中国既安,四夷自服"的政治思想。

在唐初经济力量十分虚弱的情况下,招待外蕃使臣是一项极大的经费开支。还在贞观四年(630),高昌王麴文泰来朝,不久,西域各国都想遣使入

① 《资治通鉴》卷193,唐贞观四年十二月。
② 《资治通鉴》卷194,唐贞观十年十二月。
③ 《资治通鉴》卷193,唐贞观四年七月。

贡。唐太宗遣文泰的部下厌怛纥干前往迎接,魏征劝阻说:

> (汉光武帝)不以蛮夷劳中国,今天下初定,前者文泰之来,劳费已甚,今借使十国入贡,其徒旅不减千人。边民荒耗,将不胜其弊。若听其商贾往来,与边民交市,则可矣,倘以宾客遇之,非中国之利也。①

即认为唐朝当时“边民荒耗”,亟待安抚扶植,不应再承担西域数以千计的外蕃使臣的巨大消费,从“不以蛮夷劳中国”和安辑边民的角度,应当通过鼓励外蕃“与边民交市”的办法,来解决双方民间生产、生活品余缺的问题。唐太宗认为魏征的意见是对的,立即采纳。当时厌怛纥干已经出发了,太宗急令召回。

唐玄宗开元三年(715)十一月,左羽林大将军兼安西大都护、四镇经略大使郭虔瓘,请自募关中兵万人到安西进行讨击,沿途“皆给递驮及熟食”,玄宗答应了。将作大匠韦湊上疏说:

> 今西域服从,虽或时有小盗窃,旧镇兵足以制之。关中常宜充实,以强干弱枝。
>
> 一万征人行六千余里,咸给递驮熟食,道次州县,将何以供!秦、陇之西,户口渐少,凉州已往,沙碛悠然,遣彼居人,如何取济?纵令必克,其获几何?倘稽天诛,无乃甚损。②

宰相姚崇也不同意虔瓘的意见。他们考虑问题的出发点,都是首先加强中原内地的社会稳定,即先“中国”,后夷狄。

为此,唐朝对待边疆民族的基本态度和策略,便是“降则抚之,叛则击之”。③ 又尽量选任各族首领,实行民族自治。武则天神功元年(697)闰十月,狄仁杰上疏,反对武则天“频岁出师,所费滋广,西戍四镇,东戍安东”,“调发日加,百姓虚弊”的做法。以为“夷狄叛则伐之,降则抚之,得推亡固存之义,无远戍劳人之役”,这是国家近日之令典,经边之惯例。因此,他建议:

---

① 《资治通鉴》卷193,唐贞观四年十二月。

② 《资治通鉴》卷211,唐开元三年十一月。

③ 《新唐书》卷217下《回鹘传下》。

“省军费于远方，并甲兵于塞上，使夷狄无侵侮之患则可矣，何必穷其窟穴，与蝼蚁校长短哉！但当敕边兵，谨守备，远斥候，聚资粮，待其自致，然后击之”，①以逸待劳，以主御客，坚壁清野，使其寇无所得，此乃制服突厥、吐蕃的根本长策。这一安内御边的传统思想策略，在唐初取得不少成功，其基本精神在唐朝以后各时期也得到不同程度的实行。

（二）怀柔与和亲。唐初皇帝及其先世有几代人都娶少数民族之女为妻，因而对少数民族较少歧视。唐太宗说过：“夷狄亦人耳，其情与中夏不殊，人主患德泽不加，不必猜忌异类。”②“自古皆贵中华，贱夷狄，朕独爱之如一，故其种落皆依朕如父母。”③这些话，作为唐朝皇帝正确对待少数民族的典型思想而常被史家所提及，它代表了唐朝统治者在民族问题上的进步观点。

从唐朝对西北少数民族的基本态度看，可以概括为“恩威并施”四个字，威即武力相胁；恩，就是和亲、册封、互市等怀柔思想和策略。唐高祖李渊说：“安人静俗，文教为先；禁暴惩凶，武略斯重。”④唐太宗说：“夫兵甲者，国家凶器也，土地虽广，好战则民凋；中国虽安，忘战则民殆。凋非保全之术，殆非拟寇之方，不可以全除，不可以常用。”⑤在这一思想指导下，唐朝对边疆民族的策略常常是“胜而后和，恩威兼著”。⑥

和亲是唐朝继汉、隋之后经常实行的一项民族政策。早在隋朝时期，就以光化公主嫁吐谷浑，以安义、义成公主嫁突厥，以华容公主嫁高昌王麴伯雅。唐朝对西北少数民族的和亲，既是安边的措施，也是贯彻“远交近攻”战略的工具。唐高祖武德五年（622），西突厥统叶护可汗遣使向唐求婚，高祖鉴于西突厥离唐“悬远，急疾不相得力”，问计于侍臣，封德彝说：“当今之务，

---

① 《资治通鉴》卷206，唐神功元年闰十月。
② 《资治通鉴》卷197，唐贞观十八年十二月。
③ 《资治通鉴》卷198，唐贞观二十一年五月。
④ 《册府元龟》卷124《帝王部·讲武》。
⑤ 《贞观政要》卷9《征伐》。
⑥ 《旧唐书》卷63《封伦传》。

莫曰远交而近攻,正可权许其婚,以威北狄。待之数年后,中国盛全,徐思其宜。"①于是,高祖答应了这桩婚事。后因东突厥从中作梗,未能实现,但我们可以清楚地看到其中的政治意图。贞观十年(636),西突厥处罗汗次子阿史那社尔来降,"授左骁卫将军,处其部于灵州,诏尚衡阳长公主"。② 贞观十四年(640),唐朝又以弘化公主嫁给吐谷浑可汗,"资送甚厚"③。其后,高宗又以金城、金明两县主妻其两子。贞观十五年(641)文成公主入蕃,也有唐朝牵制西突厥的政治用意。降至唐玄宗开元十年(722)十二月,唐以突厥十姓可汗阿史那怀道女为交河公主,嫁给来降的突骑施可汗苏禄,④也是为牵制吐蕃势力。唐肃宗至德三年(758),唐肃宗以生女宁国公主下嫁回纥毗伽可汗。唐德宗贞元四年(788),唐德宗以第八女咸安公主下嫁回纥武义成功可汗。唐穆宗长庆元年(821),唐穆宗以第十妹太和公主嫁给回纥崇德可汗。唐朝皇室下嫁公主给边疆各族首领的事例还有很多。其与回纥的联姻甚至是连续性的,史载"唐朝继以公主下嫁,故回鹘世称中朝为舅,中朝每赐答诏亦曰外甥。五代之后皆因之"。⑤

册封是唐政府将内地封官授爵的政治形式应用到边疆少数民族上层的一种做法。它以中央政府的名义,决定少数民族国王(可汗)和部分官员的授予,从而加强对民族地区的政治控制和影响力。贞观四年(630),西北诸蕃向唐太宗上尊号为天可汗后,唐对西域、北荒之君长凡有玺书,皆称"皇帝天可汗,诸蕃渠帅有死亡者,必下诏册立其后嗣焉"。⑥ 事实上,册封不仅限于诸藩渠帅死亡者;兴亡国、继绝世、废旧立新等都要通过册封的形式。贞观九年(635),唐将李靖等平定吐谷浑,五月诏复其国,封慕容顺为西平郡王,号趉胡吕乌甘豆可汗。⑦ 贞观十五年(641),西突厥沙钵罗叶护可汗数遣

① 《旧唐书》卷194下《突厥传下》。
② 《新唐书》卷110《阿史那社尔传》。
③ 《旧唐书》卷198《西戎传》。
④ 《通鉴》卷212,开元十年十二月。
⑤ 《宋史》卷490《回鹘传》。
⑥ 《唐会要》卷100。
⑦ 《新唐书》卷221上《吐谷浑传》。

使入贡，唐朝政府于此年七月“命左领军将军张大师持节即其所号立为可汗。赐以鼓纛”。[①] 贞观十六年(642)，西突厥乙毗咄陆可汗不得人心，被部将击走，于是弩失毕诸部及乙毗咄陆所部屋利啜等遣使来唐，“请废乙毗咄陆，更立可汗”。唐太宗遣使赍玺书，立前可汗之子为乙毗射匮可汗，乙毗咄陆只好远逃。新册立的国王或可汗与唐政府是君主与藩属的关系，有朝贡、出征等义务。乙毗射匮既立，将乙毗咄陆所拘留的唐使者全部以礼遣还，表示对唐朝友好、归顺。唐朝打败高昌后，于其地置羁縻府、州，择各族首领为都督、刺史，皆得世袭。武则天天授元年(690)十月，西突厥10姓遭到东突厥的侵掠，散亡略尽，濛池都护继往绝可汗斛瑟罗收其余众六七万人入居内地，唐朝政府拜其为右卫大将军，改号竭忠事主可汗。[②] 这些，都反映了不同形式的册封。

货物交易是通过朝贡贸易和设立互市场，满足边境少数民族的物资需求，以减轻其对中原内地军事压力的一种政策措施。唐代凡与内地有联系的西北少数民族，几乎无一不与唐政府发生贸易关系。“无数铃声遥过碛，应驮白练到安西”[③]反映的就是当时西北各族与内地贸易的盛况。

西北各民族政权遣使向唐政府奉献马、驼等土特产及珍宝，唐朝则向他们回赐丝绸、瓷器及其他生活用品，叫做朝贡贸易，这是一种政治活动，又包含着广泛的经济贸易内容。经过隋末丧乱，入唐后中原民乏耕牛，突厥、吐谷浑请互市，唐朝政府全部答应，七八年后，唐朝“杂畜被野”，耕牛不乏，就是“资于戎狄”[④]的结果。

(三)羁縻制管理。这是唐代有关西北民族政治思想中最有创意的部分。对于西北少数民族的行政管理，是历代中原中央政权极其关注和着力摸索的一个难题。汉晋以来，中央政府先后在这里设置过使者校尉、护羌校尉、西域都护、戊己校尉等，代表中央政府行使职权，但那些职官全由中央派

---

① 《资治通鉴》卷196，唐贞观十五年七月。

② 《资治通鉴》卷204，唐天授元年十月。

③ 张籍：《张司业集》卷7《凉州词》。

④ 《资治通鉴》卷191，武德八年正月。

出，且选用汉人，不设下属机构。与其相比，唐朝的少数民族管理思路充分考虑到了各民族的实际情况，在关内道、陇右道（后又分出河西道）的汉族农业区，实行与中原内地一样的州县制；在安西、北庭等地建立了都护制，辖于陇右道节度；对于降附内迁的各少数民族，设置了侨府州县，隶属于边州都督府，与此同时，又在归顺于唐朝的边疆少数民族地区，重点设了羁縻府州，任命各族首领为所在地的都督、刺史，世袭其职，领于大都护府。赋役则"诸国蕃胡内附者"分9等输纳，[①]诸边远州应输课役者，"随事斟量，不必同之华夏"。[②] 也有记载说"贡赋版籍，多不上户部"。[③]

唐朝在西北各民族地区建立的羁縻府州均有驻军。其大的组织叫军，小的叫守捉、城、镇、戍、堡等，总领于各道。按《新唐书·地理志》记载：关内道有12军、1守捉、2镇、6城、1戍，共22处；陇右道有32军、30守捉、12城、13镇、6戍，共93处。每军配额按情况可从几百到几万人，悬殊很大；守捉从数百到数千人。唐睿宗景云二年（711）后又设节度使管理戍兵。

羁縻制与汉晋以来的校尉、都护及边郡县制最大的区别，是它"即其部落列置州县"，"以其首领为都督、刺史，皆得世袭"。[④] 据《三国志》卷35《诸葛亮传》注引《汉晋春秋》云：亮平南中，"皆即其渠率而用之"，欲使"纲纪粗定，夷、汉粗安"。这是汉族政权下，利用少数民族首领治理其地的嚆矢，但从史书文字看，其"羁縻州"的性质、特点并不明显。就西北地区而言，大规模、有"令式"、统属分明的羁縻府州制是从唐代开始的。唐朝在西北设置的羁縻府州县，按管理形式可分为两类，其侨置于关陇、河西一带的领于"边州都督"；而设于西域等地的则由"都护所领"。这些羁縻府州的分布情况，按《新唐书·地理志》记载："突厥、回纥、党项、吐谷浑隶关内道者，为府二十九，州九十……突厥、回纥、党项、吐谷浑之别部及龟兹、于阗、焉耆、疏勒、河西内属诸胡、西域十六国隶陇右者，为府五十一，州百九十八……又有党项

---

① 《唐六典》卷3。
② 《唐六典》卷6。
③ 《新唐书》卷43下《羁縻州》。
④ 《新唐书》卷43下《地理志七下》。

州二十四,不知其隶属。"①现列表如下:

唐朝在西北设置的羁縻府州县表

<table>
<tr><th>道名</th><th>民族</th><th>统领边州都护(督)府</th><th>羁縻都督府</th><th>羁縻州</th><th>羁縻县</th></tr>
<tr><td rowspan="9">关内道</td><td>突厥</td><td>夏州都督府</td><td>定襄</td><td>阿德、执失、苏农、拔延。</td><td></td></tr>
<tr><td rowspan="2">回纥</td><td>灵州都督府</td><td></td><td>燕然、鸡鹿、鸡田、东皋兰州、烛龙州、燕山。</td><td></td></tr>
<tr><td>夏州都督府</td><td>达浑、安化州、宁朔州、仆固州。</td><td>达浑领:姑衍、步讫若、嵠弹、鹘、低粟。</td><td></td></tr>
<tr><td rowspan="4">党项②</td><td>灵州都督府</td><td>兰池、芳池、相兴、永平、旭定、清宁、忠顺、宁保、静塞、万吉、乐容州、静边州。</td><td>清塞、归德、东夏、布、北夏、思义、思乐、昌塞、吴、朝(彭)、归(阳)、浮、祐、皋、西归、嶂、鲂、开元、归顺、淳、乌笼、恤、嵯、盖、悦、回乐、乌掌、诺州。</td><td>廓川、归定(以上属祐州);洛平、显川、桂川、显平(以上属嶂州);索恭、乌城(以上属淳州);相鸡(属嵯州);湘水、河唐、曲岭、祐川(以上属盖州);诺川、德归、篙渭(以上属诺州)。</td></tr>
<tr><td rowspan="3">庆州都督府</td><td>芳池州(侨治怀安,皆野利氏种落)。</td><td>宁静、种、玉、濮、林、尹、位、长、宝州。</td><td rowspan="3">玉山、带河(以上属玉州);位丰、西使(以上属位州)。</td></tr>
<tr><td>宜定州</td><td>党、桥、乌、西戎、野利、米、还州。</td></tr>
<tr><td>安化州</td><td>永和、威、旭、莫、西沧、琮、儒州。</td></tr>
<tr><td rowspan="2">吐谷浑</td><td>夏州都督府</td><td></td><td>宁朔州</td><td></td></tr>
<tr><td>延州都督府</td><td></td><td>浑州</td><td></td></tr>
</table>

① 《新唐书》卷 43 下《地理志七下》。

② 关内道党项州五十一、府十五。贞观三年(629),酋长细封步赖内附,其后诸姓酋长相率亦内附,皆列其地置州县,隶松州都督府。五年又开其地置州十六,县四十七;又以拓拔赤词部置州三十二。乾封二年以吐蕃入寇,废都、流、厥、调、凑、般、匐、器、迩、锽、率、嵯等十二州,咸亨二年又废蚕、黎二州。禄山之乱,河、陇陷吐蕃,乃徙党项州所存者于灵、庆、银、夏之境(《新唐书》卷 43 下《地理七下》)。

续表

道名	民族	统领边州都护(督)府	羁縻都督府	羁縻州	羁縻县
陇右道	突厥①	凉州都督俯	兴昔	皋兰	
		北庭都护府(下辖濛池、昆陵二都护府)	匐延、嗢鹿、洁山、双河、鹰娑、盐泊州、阴山州、大漠州、玄池州、金附州、轮台州、金满州、咽面州、盐禄州、哥系州、孤舒州、西盐州、东盐州、叱勒州、迦瑟州、凭洛州、沙陀州、答烂州。	特伽、鸡洛。	
	回纥	凉州都督府	卢山	蹛林、金水、贺兰。	
	党项	秦州都督府		马邑	
		临州都督府		保塞	
		洮州			密恭
	吐谷浑	凉州都督府		阁门	
		安西四镇	龟兹(领 9 州,缺名)、毗沙(即于阗,领 10 州,缺名)、焉耆、疏勒(领州 15,缺名)。		
	河西内属诸胡		妫塞都督府、渠黎都督府。	乌垒、和墨、温府、蔚头、遍城、耀建、寅度、豬拔、达满、蒲顺、郢及满、乞乍。	

① 《新唐书》卷 43 下《地理七下》:“陇右道突厥州三、府二十七。”实际见于记载的是 3 州,23 都督府。

续表

道名	民族	统领边州都护(督)府	羁縻都督府	羁縻州	羁縻县
		安西都护府①	月支都督府	蓝氏州、大夏州、汉楼州、弗敌州、沙律州、妫水州、盘越州、忸密州、伽倍州、粟特州、钵罗州、双泉州、祀惟州、迟散州、富楼州、丁零州、薄知州、桃槐州、大檀州、伏卢州、身毒州、西戎州、篾颉州、叠仗州、苑汤州。	
			大汗都督府	附墨州、奄蔡州、依耐州、犁州、榆令州、安屋州、罽陵州、碣石州、波知州、乌丹州、诺色州、迷蜜州、畔顿州、宿利州、贺那州。	
			条支都督府	细柳州、虞泉州、犁靳州、崦嵫州、巨雀州、遗州、西海州、镇西州、乾陀州。	
			天马都督府	洛那州、束离州。	
			高附都督府	五翕州、休蜜州。	
			修鲜都督府	毗舍州、阴米州、波路州、龙池州、乌弋州、罗罗州、檀特州、乌利州、漠州、悬度州。	
			写凤都督府	嶓谷州、冷沦州、悉万州、钳敦州。	
			悦般州都督府	双靡州	
			奇沙州都督府	沛隶州、大秦州。	
			姑墨州都督府	栗弋州	
			旅獒州都督府		
			昆墟州都督府		
			至拔州都督府		
			鸟飞州都督府	钵和州	
			王庭州都督府		
			波斯都督府		

注:据《新唐书》卷四三下《地理七下》制。

① 《新唐书》卷43下《地理志》云:“龙朔元年,以陇州南由令王名遠为吐火罗道,置州县,使自于阗以西,波斯以东凡十六国,以其王都为都督府,以其属部为州县,凡州八十八,县百一十,军府百二十六。”实际所列有16都督府,72羁縻州。

第四节 隋唐五代西北的军需供应与经济开发

经济开发本来是人们社会生活的需要，与政治有别。然而在西北历史上，最迟从汉武帝以来，经济开发，主要是国家政权直接组织的农牧业开发，就一直与边疆防务、区域安全、军需供应等国家战略政策紧密地联系在一起，相辅相成，一以贯之，百千年不变。隋唐五代时期，封建国家更加重视西北区域经济为国家军事政治服务的问题，把国家投资的经济开发当成了军事政治活动的组成部分。

一、军需供应是西北经济开发的动力

隋唐两代，西北是全国的政治中心。两代最大的军事威胁也都来自北方和西北的突厥、吐蕃、回鹘、吐谷浑等少数民族军事集团。隋唐政府要防御边疆民族的军事掠夺、征服边疆民族政权，就要经常派遣数以万计、十万计的军队。隋文帝开皇二年(582)，隋遣行军总管贺娄子干发河西五州①之兵讨击吐谷浑，“入掠其国，杀男女万余口，二旬而还。”②隋炀帝大业五年(609)，隋炀帝亲征吐谷浑，耀武于河西一带，带领着数以十万计的军队。唐朝在西北的军事活动极为频繁，大的征伐不说，仅在陇右、河西、西域等地驻军就有近20万人，③在交通不便，挽运困难的情况下，如此庞大军队的口粮、衣赐不可能全由内地来供应，战马也不可能由内地或其他地方来牧养。西北有解决这些军需物资的自然地理条件，前代统治者为就地解决军需留下了丰富的历史经验，因此，在考虑西北军事边防的时候，政治家们自然地将

---

① 五州，指凉、甘、瓜、鄯、廓州。

② 《隋书》卷53《贺娄子干传》。

③ 天宝元年(742)，河西节度(治凉州)所屯凉、肃、瓜、沙、会五州之境，下属赤水等8军，张掖等3守捉，共有兵73 000人。陇右节度(治今西宁市)所屯鄯、廓、洮、河之境，下属临洮等10军，绥和等3守捉，共有兵75 000人。安西都护府驻兵24 000人。北庭都护府驻兵20 000人(《资治通鉴》卷215，唐天宝元年正月)。

它与西北的农牧业开发——主要是屯田和国营畜牧业联系起来。于是经济开发常被当作军事、政治的组成部分，而加以通盘考虑。武则天统治时期(684—704)，陈子昂《上西蕃边州安危事》中的一条，就充分地反映了当时政治家的这一思路。该文说：河西诸州，地居边远，“左右寇贼，并当军兴。顷年以来，师旅未静，百姓辛苦，殆不堪役，公私储蓄，足可忧嗟。顷至凉州，问其仓贮，唯有六万余石，以支兵防，才周今岁。虽云屯田收者犹在此外，略问其数，得亦不多。今国家欲制河西，定戎虏，此州不足，未可速图。又到甘州，责其粮数，称见在所贮积者 40 余万石，今年屯收，犹不入计。臣观其冲要，视其山川，信是河西扼喉之地。今北当九姓(指回纥——引者注)，南逼吐蕃，二虏奸回，凶猾未测，朝夕警固，颇有窥觎”。陈子昂认为甘州粮多近敌，管户又少，能打仗者不足百数，“屯田广远，仓蓄狼藉，一虏为盗，恐成大忧。”而凉州虽是雄藩，其实已很空虚，不能抵御夷狄之变，瓜、肃两镇的兵士，仰赖甘州粮储，“一旬不给，便至饥馁。然则河西之命，今并悬于甘州矣。”吐蕃寇边，唐朝之所以能将它挡住，不使入侵，全靠了甘、凉两州的蓄积。现在甘州仓粮虽多，兵员太少，不足威边，若使回纥探知此情，纵兵大入，烧毁甘州蓄积，蹂践诸屯，则河西诸州，“国家难可复守也”。他建议：“甘州宜便加兵，内得营农，外得防盗，甘凉委积，必当更倍，岁三十万，不为难得”，“不出数年之间，百万之兵食，无不足而致，仓廪既实，边境又强，则天兵所临，何求不得”。①

历史上内地的经济开发，往往有赖于社会的稳定。西北开发史上一个特殊的现象是愈有战乱，国家政权就愈是关心西北的经济开发。西汉以来，中原政权在西北的驻军，更是常将营农和防边结合起来。敌来则战，敌去则农，于是，边界不宁倒成了西北经济开发特殊的机遇。陈子昂的营农防边建议，正是唐代军事政治需要经济开发的一种反映。

二、设屯田以益军储和养战马以壮国威

与前代一样，隋唐五代的西北经济开发始终以军事政治考虑为前提，并

---

① 见《全唐文》卷212。

随军事政治因素的缓急，而确定其开发的规模和节奏。这一特点，在国营农牧业中表现得尤为突出。

（一）设屯田以益军储。这是西汉以来历代皇朝乃至各民族统治者相沿不替的思路和战略措施。隋唐五代与前不同的是它对屯田制度设计得更加严密，规模更大和效益更好。屯田以增加军储，减轻内地转输和拓境安边为目标。设置屯田又必须考虑到当地民众的生产、生活习惯和社会稳定。隋朝建国伊始，就在西北广大区域，包括陇右、北地、湟中、河西、西域等地区建立了屯田，其出发点就充分考虑了当地民众的传统习俗。隋文帝开皇二年（582），隋文帝以“陇西频被寇掠”而当地风俗又“不设村坞”，容易遭受突厥袭击，乃命贺娄子干勒民为堡，营田积谷，以备不虞。执行这一指令关系到改变当地民众生产、生活习惯的问题，弄不好就会造成社会不稳定。贺娄子干上书隋文帝，要求“观机而作”，不必“准诏行事”。他说：

> 陇西、河右，土旷民稀，边事未宁，不可广为田种。比见屯田之所，获少费多，虚役人工，卒逢践暴……屯田疏远者，请皆废省……但使镇戍连接，烽候相望，民虽散居，必谓无虑。①

这里反映了两种防边思想的冲突：隋文帝要百姓修建堡坞，营田积谷，防范敌兵的侵袭；贺娄子干则认为那样会将事情办糟，因为其一，当时边地战争尚多，地广民稀，兴屯种谷，不到收获季节，就被敌骑践踏啃食，破坏无遗，造成“屯田之所，获少费多”的结局。其二是陇右民众游牧散居，突然将他们聚集起来，弃牧从农，建堡而居，必然会引起抵触和社会不安，甚至骚乱。贺娄子干的意思是屯田可以继续兴办，但组织必须紧凑，保留离屯戍地较近的；而将无法武装护耕的远方屯田统统废省，减少政府费用和民众的劳役。同时，不必将民众聚集起来，只要加强防守，使军镇戍堡互相连接，烽火相望，民虽散居，同样不会被驱掠。这一建议切合实际，得到隋文帝采纳。与陇西同时兴办屯田的塞北（指今陕北、宁夏长城外地方）屯田，玉门柳城外屯田以及破吐谷浑后在河源、西海、鄯善、且末即今青海、新疆东部开设的屯田，都

---

① 《隋书》卷53《贺娄子干传》。

有相对集中，军事、行政管理结合，劳动人手复杂等特点。然而在既满足边防需要，又考虑当地习俗，尽量做到切合实际这一点上，则前后有一致性。

唐朝在屯田的组织管理上比隋更加健全严密。如中央司农寺负责京畿屯田，工部屯田司管理州军屯政，各地须将屯田的顷亩、州府军镇之远近、收成好坏等上报兵部，作为"屯官叙功"①的依据。支度使要将军资粮仗的使用情况和岁费上报户部，以作军需统筹的参考。每个州、军、屯、监除配备监、丞、屯主等专职官员外，还设"营田使"、"知营田事"、"检校营田大使"等，或专设，或由节度使、军使、都督等兼任，这就提高了屯田的管理级别。武装护耕等屯田防务也比前代有所加强。穆宗长庆（821—824）初，杨元卿为泾州刺史、泾原渭节度等使，当时这一带是唐与吐蕃争夺的前沿，元卿奏建屯田5 000顷，"每屯筑墙高数仞，键闭牢密，卒然寇至，尽可保守"，②就是一种防护措施。唐朝全国诸军州屯田992 屯，其中关内、陇右、河西三道共有584 屯，③占总数的一半以上。按每屯50 顷计算，西北三道屯田当有29 200 顷，而开元、天宝之际河陇、西域的镇戍军是19 600 人，平均每人占地约15 亩。已经超过了《新唐书·食货志》所载"镇戍地可耕者，人给十亩以供粮"的规定标准。

屯田的效益也较好。《旧唐书·黑齿常之传》记载：当时河源军"开营田五千余顷，岁收百余万石"，是河湟地区屯田的亩产量为2 石。又据前引陈子昂《上西蕃边州安危事》载，甘州40 余屯，所收常不减20 万石，是河西地区屯田的亩产量约为1 石。以亩产1 石的低标准计算，人均15 亩，可年收15 石，而每个戍兵一年的口粮只需12 石，④可知在正常年景下，屯田所获，即能解决戍卒的口粮。《资治通鉴》天宝元年（742）正月条胡注记载了唐朝政府每年支给边兵的衣粮数字，其中河东、范阳、剑南等节度辖区都有衣、粮两部分，而西北的安西、北庭、河西、朔方、陇右等节度区则只有"衣赐"而没有

① 《新唐书》卷53《食货志三》。

② 《旧唐书》卷161《杨元卿传》。

③ 据《唐六典》卷7《尚书工部》统计。

④ 《新唐书》卷53《食货志三》云：镇远初，召诸道兵17 万戍边，月给粟17 万斛，是平均每人月食1 石。

粮食供应的记载，这就清楚地表明，当时西北边兵的口粮是屯田自给或本地调剂解决，不需要政府另支。开元(713—741)前唐政府每年供应边兵的衣粮费不过200万石匹，天宝(742—756)以后突至1200多万，增加了5倍，致使“民始困苦矣”。① 西北屯田的成功，无疑减轻了政府的财政压力和百姓的挽输之劳，对于确保边防稳定，促进西北经济开发起了一定的积极作用。由此看来，隋唐政治家、思想家以经济开发作为军事行动的前提，将军事活动与边疆地区的经济开发紧紧联结起来的思路，是切合实际的，因而取得了巨大的成功。它是隋唐西北疆域扩大，边防稳固的物质基础之一。

(二)养战马以壮国威。马是古代交通运输的主要工具。国之大事在祀与兵，兵在马，这几乎是古代政治家、思想家的通识。因此无论哪个皇朝无不将马的准备作为军事政治的头等大事。中国古代战马的来源，可以从民间征调、收购，可以从边疆少数民族那里用钱物换取，但从西周以来，特别是秦汉以降，国家设监牧养又成了战马的主要补给线。隋唐五代中央政府解决军马的途径，仍主要是官牧，因为民间养马尽管不少，但作为战马，征集数量和质量都不能及时、合用，而从边疆民族买马又往往“病弱不可用”。

隋唐前期，从京兆府往西直到陇右、河西等地，畜牧业仍是社会经济的主要形式，这从前引贺娄子干说的“陇右之民以畜牧为事”及隋唐两代都在京西、陇右一带大设监牧苑，繁殖国马的事实可以得到证明。在“地旷民稀”的社会生产条件下，畜牧业是用较少的人力，利用大面积水草资源，牧养牲畜，获得丰厚经济收入的比较优势明显的生产形式，故无论官民，都极力在西北发展畜牧业。史载：“诸军战马动以万计。王侯、将相、外戚牛驼羊马之牧布诸道，百倍于县官……将校亦备私马。”②这段话虽然讲的是唐玄宗天宝以后的事，但隋唐前期人们在京西、陇右兴牧的劲头和实绩不减于此。

隋朝西北的畜牧业由太仆寺主管。太仆寺典牧署下设陇右牧总监、盐州牧监(治今陕西定边县)、苑川12马牧(治今甘肃榆中县北)及沙苑羊牧(治今陕西大荔县南)。监和牧是两个层级的管理机构。监设(总)监、副监、

---

① 《资治通鉴》卷215，唐天宝元年正月。

② 《新唐书》卷50《兵志》。

丞等官，统领诸牧，如陇右牧总监下有骅骝牧及24军马牧，每牧置仪同及尉、大都督、帅都督等员；有驴骡牧，置帅都督及尉；有原州羊牧（治宁夏固原县），置大都督并尉；有原州驼牛牧，置尉。盐州牧监主要统领诸羊牧，每牧置尉统管。苑川12马牧每牧置大都督及尉各一人，帅都督二两人。沙苑羊牧则仅置尉两人。① 此外，隋朝还在缘边各州设有交市监，每监置监、副监各一人，隶属于诸州，负责收购少数民族的牲畜。隋政府通过养、购两条途径解决皇宫交通用畜、宫廷肉食用畜及军马，其中占指导地位的是军马的养、购。开皇七年（587），隋文帝令辛公义“勾检诸马牧，所获十余万匹”。② 这一数字从隋唐时期马牧业的整体状况来看并不算多，但已基本能够满足国防军备的需要，可见它的畜牧经济思想和措施是成功的。

唐朝的国营畜牧业仍以战马培育为中心。其规模和管理体系则远比隋朝大而且严密。唐初得突厥贡马2 000匹，又在赤岸泽（今陕西大荔县南）得隋马3 000匹，转到陇右，创立了马牧监及新的管理体制。唐朝总领畜牧业的最高政府机构仍是太仆寺，太仆寺设卿、少卿、丞、主簿等，下辖乘黄、典厩、典牧、车府四署及诸牧监。监分上、中、下三等。每监设监、副监、丞、主簿等官员。监下有牧，设牧长。牧下有群，设群长。15个群长置一牧尉。又有排马官负责课功，有掌闲、调马等，负责具体事宜。从贞观到麟德（627—665）近40年间，国营牧马增长到70.6万匹，分8坊48监牧养，由于马多地狭，又在河曲分置8监，这样，从京兆以西的岐（治今陕西凤翔县）、邠（治今陕西彬县）、泾（治今甘肃泾川县）、宁（治今甘肃宁县）四州到陇右的金城、陇西、天水、平凉，幅员千里，皆有牧监。唐高宗仪凤时（676—679）置陇右诸牧监使。后又设群牧都使、南、西、北、东四使等官，分领各坊监，唐朝的马监最多发展到65个。③ 隋朝的沙苑羊牧唐时也改名为沙苑监，掌管陇右诸牧的牛羊。武则天垂拱（685—688）之后20余年，唐朝监马损失较大。到开元元年（713）只剩24万匹。此后在王毛仲主持下又有较大发展，开元十三年

① 《隋书》卷28《百官志下》。
② 《隋书》卷73《辛公义传》。
③ 《旧唐书》卷43《职官志二》。

(725),乃达到43万匹。牛羊牧也分别增长到5万和28.6万只。[①] 可见贞观至麟德(627—665)和开元、天宝(713—756)时期,是唐朝国营畜牧业发展的两个高峰。"安史之乱"爆发后,吐蕃乘机攻陷陇右、河西等地,监马尽失。至唐后期,国营畜牧业包括马牧业虽间有恢复,但已不能和唐前期相比了。

三、贸易安边的思想和实践

横穿西北的"丝绸之路"是古代中西经济文化交流的窗口。由于西北及葱岭(帕米尔高原)以西各民族需要与中原经济繁华区互换产品,也由于唐朝盛时,统辖着葱岭东西数百个羁縻州,各羁縻政权和河陇、西域散居的少数民族都要向唐朝进贡,中央政府也要以赏赐的形式给他们以绢帛钱物等,各族民间的物品交易更是从未间断,这就要求统治者必须把边地贸易当作政治问题来对待,从而形成了隋唐五代一以贯之的贸易安边的思想。它显示,贸易虽是经济问题,但必须把它与边境安全相联系,在"安边"的前提和思想指导下进行。隋朝统治30多年间,西北各族与中央政府的供赐贸易及民间互市都很频繁。隋文帝统治时期(581—604),突厥、铁勒、高昌、焉耆、龟兹、疏勒、于阗及葱岭以西民族国家都曾遣使朝贡。隋炀帝时(605—618),西域"相率而来朝者三十余国,帝因置西域校尉以应接之"。[②] 大业三年(607),隋炀帝又派裴矩到张掖,主持贸易,联络西域各族。这些经贸活动具有多方面的政治意义:

1. 物资调剂。突厥、吐谷浑等西北民族,由于自然条件的限制,一遇天灾,便生活无着,只好以"抄掠为生",隋唐政府主动开通与各族的贸易渠道,用农业区的粮米、丝绸、钱货等与西北少数民族的畜牧产品相交换,帮助它们解决生活困难,减少了这些民族对唐朝边境的武装掠夺和破毁,在一定程度上维护了边境的安全。

2. 精神震慑。由于自然和社会发展的差异,西北民族地区经济社会发展的水平远远比不上汉族地区。隋炀帝大业六年(610),西域各族商人到洛

---

① 见《全唐文》卷226。

② 《隋书》卷83《西域传》。

阳参观贸易，隋炀帝令事先整饰街道、店铺，要求檐宇整齐，盛设帷帐，珍货充积，人人都着盛装，胡客或过酒店，悉令邀入就座，醉饱而散，不取其值。“蛮夷嗟叹，谓中国为神仙。”①隋炀帝采取多种形式炫耀隋朝的富强，从而通过精神震慑作用，实现对西北各族的有效管理。

3. 心理认同。隋朝对西北各族的文化交流活动也较多。隋文帝开皇十七年(597)，突厥突利可汗来迎亲，隋文帝令太常寺教他学习六礼。② 隋朝还多次赐予西北少数民族酋长以车服、鼓吹等。隋朝宫廷的九部乐中，《龟兹》、《西凉》、《天竺》、《康国》、《疏勒》、《安国》等六部是西北或通过西北从中亚、南亚各国传入的。礼乐文化的交融，是形成和巩固中华民族共同心理，维护其对西北民族地区统治的一个重要因素，也是隋朝经济政治思想中具有进步意义的方面。

4.“怀柔远人”。如前所述，隋唐京兆以西至河陇、西域各地的经济有农有牧，以牧为主，而当地的少数部族、安抚降人和羁縻府州，则几乎全是畜牧业，对汉地农业有很强的依附性。中原王朝不论对民族政权、羁縻府州还是散居少数民族的物资交换，大都出于“怀柔”、安边和制约强大部族等政治思考，而不是急需他们带来的贡品或马匹。例如，唐朝“安史之乱”后，回纥自恃助唐平叛有功，每年以数千上万的马与唐朝为市，马的平均价格都是每匹40匹绢或50匹缣，而且来马质量甚差，根本不能使用，正如白居易诗歌中说的那样：“五十匹缣易一匹，缣去马来无了日。养无所用去非宜，每岁死伤十六七。”③在这种情况下，绢马贸易不仅没有帮上唐朝的忙，反倒使其背上了沉重的经济包袱。唐朝皇帝将内府所藏的绢帛数十万数十万地取出来充填马值，仍然不能抵平回纥的马价款。直到五代时期，这一压力仍然存在。后唐明宗长兴四年(933)十月，范延光、冯赟上奏说：“西北诸胡卖马者往来如织，日用绢无虑五千匹，计耗国用十之七。请委缘边镇戍，择诸胡所卖马良

① 《隋书》卷67《裴矩传》。

② 指纳采、问名、纳吉、纳征、请期、亲迎(《资治通鉴》卷178，隋开皇十七年七月条注)。

③ 白居易:《阴山道》，见《全唐诗》卷427。

者给券具数以闻。”①明宗采纳了他的建议。

中原政府对边疆各族的贡物、贡马虽非急需，仍然是“倍偿其值”，其出发点，乃主要是“怀柔远人”。唐朝西北的互市场，见于记载较大的有榆林、张掖焉支山、青海赤岭（日月山）、安西都护驻地等，规模较小的则更多。如散居于西北各地的少数民族在附近州县市场上以其畜产交换粮食、帛、练、蕃彩等生活必需品的贸易，便带有经常性和“怀柔”性。

5. 钳制吐蕃。吐蕃是唐朝西北的最大威胁。唐德宗贞元三年（787）九月，吐蕃攻陷河陇，直逼京师，李泌向唐德宗建议：“愿陛下北和回纥，南通云南，西结大食、天竺，如此，则吐蕃自困，马亦易致矣。”②这是隋唐前期“远交近攻”策略的翻版。也是唐朝对回纥、南诏、大食、天竺等较远民族政策的指导思想。唐朝接受回纥的不平等绢马贸易，对南诏的招抚、安辑和对大食、天竺的经济文化交流，都是在钳制吐蕃、安定西北边境的政治考虑下进行的。

总之，隋唐五代这一历史时期中原王朝在西北实行的经济开发为军需政治服务的策略，是中国经济政治史上有创见、有活力及有现实意义的部分。它是隋唐盛世形成的基因，也为宋元明清王朝提供了重要的参考。

第五节　西北区域政治史上比较优势的骤衰

唐玄宗天宝十四载（755）爆发的“安史之乱”不仅是中国古代历史的转折点，封建社会从此进入其后期；它也是西北政治史上的一个拐点。从此，西北区域政治的对比优势开始衰落，区域政治边缘化，出现了中国东西部开发和发展的差距。

---

① 《资治通鉴》卷278，五代长兴四年十月。

② 《资治通鉴》卷233，唐贞元三年九月。

一、“安史之乱”：西北政治史上的一大拐点

“安史之乱”以前，西北地区在中国区域政治史上占有明显的优势地位，具体分析如下。

(一)作为政治基础的经济优势。西北先民早在距今1万至4 000年前的新石器时代，就在采集狩猎的基础上，结合本地区自然经济条件，形成了一业为主、兼营它业，亦农亦牧，农牧互补的社会经济模式。如战国时期秦人以兴修水利为切入点，在其辖区内由蜀郡太守李冰“凿离碓”、穿郫江、汶江二水于成都平原，“溉田畴之渠以万亿计”。① 始皇帝元年(前246)，秦又在关中“作郑国渠”，②“凿泾水自中山西邸瓠口为渠，并北山东注洛，三百余里……渠就，用注填阏之水，溉泽卤之地四万余顷，收皆亩一钟。于是关中为沃野，无凶年，秦以富强，卒并诸侯”。③

两汉西北的水利，除关中的郑国渠仍在沿用外，汉初汉中地区还修建了山河堰，“其下鳞次诸堰，皆源于此”。④ 褒城县修了流珠堰，⑤洋县修了张良渠。⑥ 汉武帝元光时(前134—前129)，郑当时为大农令，建议政府引渭穿渠，起长安，并南山下，至黄河300余里，可灌“渠下民田万余顷”，朝廷悉发卒数万人穿渠，3岁而通，“而渠下之民颇得以溉田矣”。其后庄熊罴又建议：临晋(在今陕西大荔县东)民愿穿洛(即漆沮水)以溉重泉(在今陕西蒲城县东南)以东万余顷故卤地。“诚得水，可令亩十石”，“于是为发卒万余人穿渠”。此后“用事者争言水利。朔方、西河、河西、酒泉皆引河及川谷以溉田”。关中地区有漳渠。⑦ 左内史倪宽于元鼎六年(前111)奏请穿六辅渠，其后十六年，赵中大夫白公，又“奏穿泾水，注渭中，溉田四千余顷。人得其

① 《史记》卷29《河渠书》。亿，10万。以万亿计，就是以万顷，10万顷计，这是个概数。
② 《史记》卷15《六国年表》。
③ 《史记》卷29《河渠书》。
④ 雍正《陕西通志》卷40《水利》引《汉中府志》。
⑤ 雍正《陕西通志》卷40《水利》。
⑥ 雍正《陕西通志》卷40《水利》引《汉中府志》、《水经注》。
⑦ 《汉书》卷29《沟洫志》。

饶而歌之。”[①]后人称之为白渠。盩厔有灵轵渠，又引堵水（一作诸川）。“皆穿渠为溉田，各万余顷。佗小渠披山通道者，不可胜言。”[②]

除关中外，宁夏、河西、西域等地在两汉时期也有大的水利开发工程。

都江堰、郑国渠、六辅渠、白渠等一大批水利工程，将成都平原变成了“天府之土”，使关中平原“雍州之地，厥田上上，号称陆海”、“粮仓”，那是当时“天下”最大、最富庶的两块灌溉农业区。加上“天水、陇西、北地、上郡与关中同俗，然西有羌中之利，北有戎翟之畜，畜牧为天下饶”，[③]这一农牧兼营兴国的战略措施为秦的富强和统一奠定了坚实的物质基础；也为西汉巩固大一统局面创造了条件。史载：“秦地……其民有先王遗民，好稼墙，务本业……凉州之畜为天下饶……故秦地天下三分之一，而人众不过什三，然量其富居什六”。[④] 秦汉时期，与河北、关东平列的“天下”3 大经济区之一关陇蜀经济区，以“天下”1/3 的面积，3/10 的人口，创造和拥有“天下”6/10 的社会财富，这一经济成果及其区域比较优势，是西部各民族关系融洽，致力于农牧业经济创造性发展的结果。

即使在魏晋十六国中原社会大动乱的年代，西北开发仍然出现过喜人的局面。例如，前秦苻坚“灭燕赵后，关陇清晏，百姓丰乐。自长安至于诸州，二十里一亭，四十里一驿，旅行者取给于途，工商贸贩于道”。[⑤] 这或许只是一时的现象，但它在当时历史条件下仍然十分难能可贵！

隋文帝建都于关中后，为了确保京师长安的粮食、物资供应，引渭水经京城，东至潼关，长 300 余里，名广通渠。此渠后与隋炀帝时开挖的大运河联通，解决了南粮北运，东粮西调的问题，还在京城、华州（治今陕西华阴县）、陕州（今河南陕县）、洛州（今河南洛阳市）、卫州（今河南淇县）等地设置了规模巨大的粮仓。关东、河北、江南地区的物资也通过广通渠和大运河源源不断地运送到关中，补强了西北的经济优势。

---

① 李吉甫：《元和郡县志》卷 1。

② 《史记》卷 29《河渠书》。

③ 《史记》卷 129《货值列传》。

④ 《汉书》卷 28 下《地理志下》。

⑤ 汤球：《十六国春秋辑补》卷 34《前秦录四》。

入唐,西北的经济优势更加明显。除了全国各地的物资补充外,西北的农牧商业发展更加迅速。“自安远门(长安城西面北来第一门——胡三省注)西尽唐境万二千里,闾阎相望,桑麻翳野,天下称富庶者无如陇右。”胡三省注云:“陇右”含“西域内属诸国”,[①]即包括今新疆在内的西北广大地区,是当时全国最为繁荣富庶的地区之一。这条源自《明皇实录》的史料,绝不是《通鉴》作者随意引用的。它再一次证明了中唐以前西北经济的优势地位确是不可否认的。

唐以前西北先民在社会经济领域之所以取得如此辉煌的成果,从经济发展的内在动力看,是先民在生存和发展需求的驱动下,审时度势,洞察地宜,不断摸索,改革和创新的结果。从经济发展的客观条件来看,则民族冲突相对缓和、社会比较稳定是一个非常重要的原因。我国东部广大地区自然条件好,交通方便,社会经济发展的速度很快,然而,进入阶级社会以后,东部的战乱兵荒亦较多,尤其是汉末魏晋南北朝时期,民族冲突更加剧烈,加上人民起义和统治阶级各派势力的相互厮杀,中原内地数百年社会动荡不安,战乱、灾荒、饥疫接踵而至,恶性循环,往往给社会经济造成毁灭性大破坏。相比之下,西部地广人稀,政权分散,交通闭塞,远离中原动乱区,本地内的兵荒疫馑,波及的范围比较小,对社会经济的影响也不是全地区毁灭性的。这就是说,自然条件差、交通不便等不利因素,在一定历史条件下反而避免了人为破坏的干扰,因而使西北广大地区变成了全国人民向往的乐土:东汉光武帝建武(25—56)初,“时天下扰乱,唯河西独安”。[②] 西晋惠帝永宁(301—302)中,官僚队伍中就有“天下方乱,避难之国唯凉土耳”的见解。[③] 西晋怀帝永嘉(307—313)中,长安民间流传着“秦川中,血没腕,惟有凉州倚柱观”的民谣。晋愍帝建兴(313—316)末,原前凉军将焦崧、陈安寇陇右,东与刘曜相持,“雍秦之人死者十八九”,[④]应验了此前的民谣,然而河

---

① 《资治通鉴》卷216,唐天宝十二载八月。
② 《后汉书》卷31《孔奋传》。
③ 《晋书》卷86《张轨传》。
④ 《晋书》卷86《张轨传附张寔传》。

西则相对安定。十六国战乱时期是这样，而在强大的统一政权下，西北的经济形势则更好。

（二）表现政治力量的军事优势。唐朝及其以前，关中曾经是两周、秦、汉、十六国前赵、大夏、前后秦、西魏、北周、隋、唐等王朝的都城，在国家统一时期，这里交通发达，人才荟萃，引领全国，是国家的政治中心。即使在分裂战乱局势下，关中、陇右等西北地区，亦足以供有志于平定天下者借其辽阔的土地、险要的地形、丰富的农牧业资源和充满刚气的民众精神，高屋建瓴，创建大业，显示出西北的区域政治优势。

西魏北周隋唐前期，著名的关陇集团就是在西北大地上产生、发展，由乱致治，将国家推向繁荣的一个军事政治集团。关陇集团是北周太祖宇文泰以鲜卑入关贵族、胡汉军官与关陇大族等凝聚而成的。宇文泰，字黑獭，代北武川人。他是北魏六镇之一武川镇军将宇文肱之子，参加过六镇军人起义，失败后随父被迁到河北。又在博陵郡（治今河北安平县）参加了六镇之一怀朔镇（今内蒙古固阳县西北）兵鲜于修礼发动的起义。其父战死，宇文泰隶属于鲜于修礼部将葛荣部下。葛荣败后，他投降了北魏军将尔朱荣。北魏孝明帝正光五年（524），关陇地区爆发了人民起义，他随原武川镇军将贺拔岳、侯莫陈悦一起入关镇压起义军。之后，北魏丞相高欢怕贺拔岳武装势力膨胀，尾大不掉，乃唆使侯莫陈悦杀死他。宇文泰继统贺拔岳军，他打败和兼并了侯莫陈悦余部，成为关中最大的军事势力。北魏孝武帝永熙三年（534）七月，魏孝武帝摆脱高欢的控制，西趋长安，又落入宇文泰手中。不久，宇文泰毒杀魏孝武帝，立元宝炬为文帝（535—551），建立西魏，掌握了西魏大权。西魏恭帝三年（556），宇文泰死。次年其子宇文觉取代西魏，建北周。20年后，以关陇集团为核心的北周灭北齐，统一了北方。

关陇集团奉行以关中为根本，进而宰制全国的基本国策，即“关中本位政策”。① 宇文泰创建关陇集团后，隋唐两朝继承这一政治遗产，保持不变。在治国策略上，该集团的统治者重视改革，发展生产，加强军事力量，在政治

---

① 陈寅恪：《唐代政治史述论稿》，三联书店，1956年版，第16页。

上积极进取;这与一般门阀世族无所作为,缺乏政治活力与生气的状态完全不同。

关陇集团的政治命脉在府兵制。宇文泰人关时只有六镇鲜卑部落兵万人左右。建立府兵制后六柱国、十二大将军、二十四开府、四十八仪同所领兵发展到近5万人。宇文泰在军队建设上排除世族观念的影响,采取了许多改革措施:一是对关陇汉将赐以鲜卑姓氏,军官所领士兵也以军官的姓氏为姓氏;二是将魏孝文帝时入籍洛阳的鲜卑军将的郡望,在其后人入关后统统改成京兆郡望;三是对西迁将领的山东郡望与京兆郡望一视同仁;四是汉人、少数民族上层军功卓著者也被委以重任,引为同党。这些措施扩大了府兵制的社会政治基础,到北周灭北齐时,其府兵已发展到20万人。

隋文帝进一步将府兵制与均田制结合起来,他下令:"凡是军人,可悉属州县,垦田籍帐,一与民同。军府统领,宜依旧式。"①府兵制以均田制为物质基础,均田制确保了府兵制的顺利实行。隋文帝灭陈时,隋朝的府兵进而扩大到50余万人。

唐朝军府最多时达到800个左右,②在"关中本位政策"的指导下,唐朝的兵府分布以关内道最为密集。唐德宗时的名相陆贽说:"王畿者,四方之本也。太宗列置府兵,分隶禁卫,大凡诸府八百余所,而在关中者殆五百焉。举天下不敌关中,则居重驭轻之意明矣。"③唐自太宗以来,又将全国军府分隶于中央12卫和东宫6率,兵权集中于天子。实现了以关中为根本,控驭四方的政治目的,也典型、充分地反映了以关中为中心的西北的区域政治优势。

二、西北政治中心地位丧失的社会历史原因

周秦汉唐以来,西北地区一直处于国家政治中心的优势地位,"安史之

① 《隋书》卷2《高祖本纪下》。

② 唐朝不同时期的兵府数字不同。据《新唐书》卷50《兵志》云:唐太宗贞观十年,天下10道,置府634,都有名号,其中关内有261府。《资治通鉴》卷194,唐贞观十年十二月记载同。

③ 《资治通鉴》卷228,唐建中四年(783)八月。

乱”后这一局面突然改变,其中有社会政治原因,经济原因,也有科学技术发展给国家政治生活带来的深刻影响。

1. 民族矛盾复杂,社会政治环境不稳定。《资治通鉴》有一段话总结得很好,其文云:

> 唐自武德以来,开拓边境,地连西域,皆置都督、府、州、县。开元中,置朔方、陇右、河西、安西、北庭诸节度使以统之,岁发山东丁壮为戍卒,缯帛为军资,开屯田,供糗粮,设监牧,畜马牛,军城戍逻,万里相望。及安禄山反,边兵精锐者皆征发入援,谓之行营,所留兵单弱,胡虏稍蚕食之;数年间,西北数十州相继沦没,自凤翔以西,邠州以北,皆为左衽矣。①

这里补充两点,一是唐以前各统一时代西北的社会环境都比较安定,即使在魏晋南北朝那样的动乱时期,由于西北地域辽阔,而中原各政权国力、兵力均有限,一旦发生战争,影响不到河西、陇右,因而就会有前文提到的“天下方乱,避难之国唯凉土耳”②的独安现象。二是唐中期以后,随着中央集权实力的提升及西北像吐蕃那样强盛民族的崛起,中原朝廷的政令、军力能够迅速有效地达到西北各地区,各少数民族上层也能够将它的触角伸到西北各地区。因此就有吐蕃奴隶主贵族乘“安史之乱”占领河陇广大地区,回鹘从北方西迁,党项由西南北上,蒙古从大漠勃兴,南下踏平西北各民族政权,建立蒙古大帝国等现象。它们焚荡庐舍,蹂践禾稼,屠掠民众,不仅给西北各族民众的生命财产带来严重的威胁,也使这里的民族关系变得更加复杂,社会动荡不安。宋元明清各朝代,专制主义中央集权的力量恢复和强化,中原内地主要是汉族居住区,即使在各王朝末期民族和阶级矛盾尖锐化的时期,中央王朝对内地的控制力仍然较强,战乱过后,恢复和发展也比较容易。相反,“安史之乱”后西北各民族内部、各民族之间、各民族上层与中央王朝的矛盾和冲突旷年累代,不见终止,一直延续到近代晚期。这是西北在历史上

---

① 《资治通鉴》卷223,唐广德元年七月。

② 《晋书》卷86《张轨传》。

丧失国家政治中心地位最为基本的原因。

2. 海上交通技术提高。中国的造船和航海技术，早在唐代就以船体大、载重多、牢固、抗风力强而闻名。唐代中期，李皋发明了车船，又叫桨轮船。[①]车船把桨楫的间歇式推进改成了旋转连续推进，这是船舶推进技术的一大进步。南宋杨幺（？—1135）起义中曾造了许多这样的战船，驰骋于洞庭湖一带。[②] 宋代车船最大的长36丈，宽4丈1尺。有二三层楼。车数由4或8车增加到20、24或32车，大大提高了航行速度。另有"万石船"是地道的运输船。[③] "木兰舟"也是南方所造的一种巨型运船。[④] 这种船不怕浪大，只愁搁浅，适合于做远洋航行。

宋代官方制造出使他国所用的"客舟"和御用的"神舟"，是当时最著名的海船。徐兢《宣和奉使高丽图经》描述北宋后期这两种船的情形云：

（客舟）略如神舟具体而微，其长十余丈，深三丈，阔二丈五尺，可载二千斛粟。其制皆以全木巨枋搀叠而成。上平如衡，下侧如刃，贵其可以破浪而行也。其中分为三处，前一仓不安艎板，惟于底安灶与水柜，正当两樯之间也。其下即兵甲宿棚。其次一仓装作四室。又其后一仓谓之廥（qiáo）屋，高及丈余，四壁施窗户如房屋之制，上施栏楯，朱绘华焕，而用帘幕增饰，使者官属各以阶序分居之。上有竹篷，平时积叠，遇雨则铺盖周密，然舟人极畏廥高，以其拒风，不若仍旧为便也。船首两颊柱中有车轮，上绾藤索，其大如椽，长五百尺，下垂碇石。石两旁夹以二木钩船，未入洋近山抛泊，则放碇着水底，如维缆之属，舟乃不行，若

---

① 《旧唐书》卷131《李皋传》云：李皋（733—792）"常运心巧思，为战舰，挟二轮蹈之，翔風鼓疾，若挂帆席，所造省易而久固"。这是车船的雏形。

② 宋人李心传撰《建炎以来纪年要录》卷59，绍兴二年十月己酉云："大造车船及海鳅船，多至数百。车船者，置人于前后踏车进退。每舟载兵千余人，又设拍竿，长十余丈，上置巨石，下作辘轳，遇官军船近，即倒拍竿击碎之，官军以此輒败。"

③ 宋人张舜民撰《画墁集》卷八记载他在鄂州（今湖北武昌）看到的万石船云："船形制圆短，如三间大屋，户出其背，中甚华饰，登降以梯级。非甚大风不行，钱载二千万贯；米载一万二千石。"

④ 宋人周去非撰《岭外代答》卷6云："浮南海而南，舟如巨室，帆若垂天之云，舵长数尺，一舟数百人，中积一年粮，豢豖酿酒其中。"

风涛紧急,则加游碇,其用如大碇,而在其两旁。遇行则卷其轮而收之,后有正柂大小二等,随水浅深更易,当廨之后,从上插下二棹,谓之三副柂,惟入洋则用之。又于舟腹两旁,缚大竹为橐以拒浪。装载之法,水不得过橐以(此处有缺文)轻重之,度水棚在竹橐之上,每舟十舻,开山入港,随潮过门,皆鸣舻而行。篙师跳踯号叫,用力甚至,而舟行终不若驾风之快也。大樯高十丈,头樯高八丈,风正则张布帆五十幅,稍偏则用利篷,左右翼张,以便风势。大樯之巅,更加小帆十幅,谓之野狐帆,风息则用之。然风有八面,唯当头不可行,其立竿以鸟羽候风所向,谓之五两,大抵难得正风,故布帆之用不若利篷翕张之能顺人意也……若夫神舟之长阔高大,什物、器用、人数,皆三倍于客舟也。①

神舟,巍如山岳,浮动波上,锦帆鹢首,屈服蛟螭,所以晖赫皇华,震慑海外,超冠今古,是宜(高)丽人迎诏之日,倾国耸观而欢呼嘉叹也。②

为了适应不同地理环境和用途,宋人还采用湖船底、战船盖、海船头尾,创造了新型的江海两用船。船材选用优质木料、多重木板;不同部位的板材采用搭接、平接等不同的连接方式;在结构上普遍采用水密隔舱(隔水舱)法以防漏水。外观有平底、尖底两种。沙船是唐代即已出现的平底船,其前身可上溯到春秋时代。宋称"防沙平底船",可载4 000石—6 000石(一说2 000石—3 000石),其船多桅多帆,吃水浅,阻力小,平稳耐浪,顺风、逆风皆可行驶,在七级大风中航行也无危险,快航性也很好,故能远达非洲海岸。福船是性能最好的尖底船,常行于南洋和远海。它采用了龙骨、大腊、升降舵、平衡舵、一船多舵、多桅杆等技术,稳定性、抗沉性、快航性都很好,是宋代海上"丝绸之路"的主要运输工具。

二是将指南针应用于航海技术。中国在战国时期就已经发明了"司南"(指南针的前身)。最迟在魏晋时期人们就已经将其应用到交通定向上了。宋人朱彧《萍洲可谈》提到当时海上航行用指南针的情况,其文云:"舟师识

① 徐兢:《宣和奉使高丽图经》卷34《客舟》。
② 徐兢:《宣和奉使高丽图经》卷34《神舟》。

地理。夜则观星,昼则观日,阴晦观指南针。或以十丈绳钩取海底泥嗅之,便知所至。”①宋徽宗宣和五年(1123),徐兢出使高丽回国后所著《宣和奉使高丽图经》云:“维视星斗前迈,若晦冥,則用指南浮針,以揆南北。”②南宋时期,海船上已经有了针盘。吴自牧《梦粱录》云:舶商之船,自入海门,便是海洋,“风雨晦冥时,唯凭针盘而行,乃火长掌之,毫厘不敢差误,盖一舟人命所系也”。③ 这是最早见于记载的“针盘”。它将磁针与方位盘组合在一起,形成一个完整的指南工具,又称“地罗”或“子午盘”。④

唐宋之际,南亚、东南亚、阿拉伯等滨海国家和地区的造船和航海技术也有很大的发展。宋人周去非的《岭外代答》记载大食(今阿拉伯)巨舰云:“大食国西有巨海,海之西有国不可胜数。大食巨舰……一舟容数千人,舟中有酒食肆、机杼之属。”⑤中外造船和航海技术的提高,为海上交通的发展提供了必要的物质条件。

3. 国家都城转移。古代国家选择建都地点,除了要考虑目标地的地理位置、环境、经济、文化、交通等条件外,还与最高统治者的发祥地密切相关。西北关中地区在中国历史上曾有10多个王朝建都,各朝的最高统治者大都起自西北,夺得天下。以历史上影响最大的周、秦、汉、唐为例。周、秦王室起自西北,经过几十代人的惨淡经营,终于利用关陇蜀地区优异的农牧业经济资源和尚武勇健的民风,统一了东方,并选择在关中建都,领袖全国,从而创造了辉煌的政治业绩和文化。西汉最高统治者的发轫地不在西北,却是刘邦被项羽封为汉王后,利用当时全国三大经济区之一关陇蜀地区的“险塞”和“沃野”“以成帝业”。因此,西汉建立后,就以同样的理由毅然决然地选择在关中建都。唐朝皇室的世系曾在学界引起过不小的争论。然从唐王室自认为出于陇西李氏,将“弘农府君”李重耳祔入太庙,奉为始祖,唐太宗

---

① 朱彧:《萍洲可谈》卷2。

② 徐兢:《宣和奉使高丽图经》卷34《半洋焦》。

③ 吴自牧:《梦粱录》卷12《江海船舰》。

④ 方位盘用汉代地盘的形制,以8干、12支和4卦表示24个方位。观察时用“正针”(磁针正指24个方位)和“缝针”(磁针指示两正针之间),共可以指示48个方位,精度更高。

⑤ 周去非:《岭外代答》卷3。

又对赵郡李氏颇有微词,而在当时和其后不同政治环境下,学界对唐皇世系不多怀疑看,李唐出于陇西地望那是可以肯定的。① 李渊父子依恃关陇政治集团和关中形胜之地发皇,将关陇地区看作其龙脉和政治命脉所在,也难怪其在关中建都了。

有意思的是,同样的地理位置和经济、交通条件,继唐而起的五代两宋各以开封、洛阳、杭州等东部、南部城市为都城,元明清则最终定鼎于北京。隋唐之后,历史上再也没有哪个中央王朝在西北地区建都了,原因之一,殆与五代以降中原王朝的开国之君不自西北发皇有关。

五代后梁太祖朱温,宋州砀山(今安徽砀山县)人。初从黄巢为同州防御使。降唐后赐名"全忠",为河中行营招讨副使,以打败和抵御黄巢、秦宗权及李克用功,封梁王,累官宣武、宣义、护国、忠武四镇节度使,唐昭宗天祐元年(904)弑昭宗,天祐四年(907)称帝建梁,都于汴(治今河南开封市),他的政治基础和活动中心在河南。

后唐太祖李克用"本姓朱邪氏,其先陇右金城人也"。② 后迁于瓜州。唐太宗平薛延陀诸部,分同罗、仆骨人置沙陀都督府,上隶于北庭都护,从唐高宗永徽(650—655)间,李克用的四世祖朱邪拔野开始,沙陀朱邪氏就五世相承,继为沙陀府都督。李克用祖父朱邪执宜为躲避吐蕃的威胁,迁入灵州。其父朱邪赤心为唐朔州刺史。克用任河东节度使,封晋王。其子李存勖,出生和称帝于晋阳(今山西太原市),定都于洛阳。可见,后唐皇室虽曾家于西北,但自朱邪赤心后其主要政治活动都在山西、河南一带。

后晋高祖石敬瑭是太原人,沙陀族。石敬瑭的四世祖璟,唐宪宗元和(806—820)时,随沙陀都督朱耶赤心自灵武入附于唐,以边功累官至朔州刺史。祖父翌任振武防御使,父绍雍,蕃字臬捩鸡,在李克用及后唐庄宗李存勖属下累立战功,历平、洺两州刺史。石敬瑭深得后唐庄宗、明宗、闵帝器重,并助闵帝李从厚夺得帝位,累迁中书令、河东节度使,镇太原。后唐末帝清泰三年(936),徙镇天平,不受命,在契丹主耶律德光的帮助下灭后唐建

① 详见李清凌:《关注姓氏文化资源的保护和研究》,《兰州大学学报》,2004 年第 5 期。
② 《旧五代史》卷 25《唐书 · 武皇本纪上》。

晋，都于汴（今河南开封市）。

后汉高祖刘知远也是沙陀部人，世居太原。① 父刘琠，在李克用部下为列校，继事后唐明宗，又助石敬瑭起兵建后晋，累官至河东节度使、北京留守、中书令，封太原王。契丹灭晋后，称帝于晋阳（今山西太原市），迁都于汴。

后周太祖郭威，邢州尧山（今河北隆尧县西）人。父名郭简，郭威3岁时家徙太原。② 历事后唐、后晋、后汉。位至枢密使加平章事。后汉隐帝乾祐三年（950），郭威知隐帝欲加害于己，乃率兵入汴。及隐帝被杀，郭威立刘赟为帝。他率兵北御契丹，到澶州后自立为帝，返京，代汉号周，史称后周。

继后周而起的宋朝，是赵匡胤通过宫廷政变，从柴宗训母子手中抢过传国玺的。他自称天水地望，而其政治根基却在开封。元朝皇室来自大漠以北，统一后建都于北京。明朝初都南京，“靖难之役”后朱棣迁都北京，那是他的始封和发祥地。继之而起的清王朝也是从东北入关，统一全国，建都于北京的。最高统治者的发祥地是历史的一个偶然因素，它反映了古代家天下的时代，最高统治者把天下与家拉得更近一些，把自己的指挥部建立在更加安全可靠的地方的愿望。

从客观上讲，唐末五代宋元以降，由于中央集权愈来愈强化，最高统治者可以整合大漠南北各族的军事武装优势，取代西北强悍勇健的民风；又有能力集中南北方的物资富源，满足维持政治中心必需的经济支撑。加上这里人文荟萃，交通发达，指挥方便，适合于在新形势下建都等原因，遂使中国古代的都城和政治中心区从关中转移到了三河（河南、河北、河东）地区，而西北的区域政治对比优势也由此骤衰。

三、西北政治优势衰落与东西部发展的差距

西北区域政治对比优势骤衰，国家政治中心转移，西北地区在中国政治史上逐渐边缘化，其最为明显的后果是从这时起，中国开发和发展史上出现

① 《旧五代史》卷99《汉书·高祖纪上》。

② 《旧五代史》卷110《周书·太祖纪一》。

了东西部地区的差距。

首先,西北自远古以来就是一个多民族聚居的地区,民族矛盾连绵不断。然而周秦汉唐前期,中原王朝的都城设在接近西北少数民族的关中地区,朝廷对少数民族的情况明了,措施得宜,或"因俗而治",或"恩威兼施",在民族矛盾冲突中多能化敌为友,化险为夷,妥善处置,确保国家及西北的稳定。晚唐五代宋金时期中原王朝的国力不振,防务虚弱,给西北各族上层发动的入掠留下空隙。以宋朝为例,统治者在治国思想上重文轻武,重内轻外,边将帅才难以脱颖而出,更不能全面有效地发掘利用西北的军事资源。面对北方和西北强悍的契丹、党项、女真、蒙古等族的威胁,宋朝政府攻守两难,只好采取卑辞行贿,委曲求全的办法。致使党项西夏等强势压境,入掠不断。在宋朝的边疆防卫中,偶有象范仲淹、狄青那样有谋有勇的人才,也很快就被反对派排挤出局了。元明清时期,中央政府实行民族歧视、民族压迫和民族隔离政策,由于远离京都,朝廷有时对西北的真实情况了解甚少,往往被昏庸地方官所欺骗,做出错误的决策。即使是一些维护国家统一、地方安宁的正当军事行动,也由于军队、军需调集困难,长距离作战等原因,一场战事往往要拖数十年的时间。例如,清朝政府为了平定准噶尔叛乱,从清圣祖康熙二十九年(1690)康熙帝亲征算起,至清高宗乾隆二十二年(1757)八月阿睦尔撒拉败死俄国,清朝取得平息叛乱的全胜止,仅此一役,清朝前后用兵就达67年。其他各类战事还有很多。有清260余年,西北各族民众一直在民族征战的煎熬中生活,这与中原内地相对安定的局面是多大的反差!

其次,在经济开发领域里,周秦汉唐前期,劳役制地租和实物制地租的分成租制在土地经营中占主要地位,在这两种地租形式下,不论国家地主还是私家地主,都对劳动者的生产过程监督很严格,反过来说,劳动者对地主的人身依附关系很牢固,无人身自由可言。在这种情况下,创立于汉武帝时期而贯穿于尔后整个封建时代的屯田、营田等军事化的劳动制度,尚不至于影响劳动者的生产积极性。然至晚唐五代特别是宋朝以后,中原内地的官私土地大部分采用文书契约租佃制经营,地主对佃农的超经济强制减轻;历史已经让中国古代的佃农获得了较多的自由,这是社会进步的一个标志。然而在西北地区,国家政权为了筹措军需粮草和战马,仍然相当普遍地实行屯营田制、官苑牧制等落后的农牧业经营,这不能不遭到广大佃农、牧民的抵制和反抗。"安史之乱"后吐蕃占领陇右、河西地区,还一度将农奴制生产方式带到这里。至于西北广大少数民族聚居区,其生产形式也没有大的进步。综上可知,晚唐五代宋元以来,西北的生产关系普遍比中原内地和南方地区更落后,它直接阻碍着西北的经济开发和社会进步。

再次,由于都城的东迁北移,开发重点的南偏,远洋航行发达,加上东部地区和南方新开发区的自然条件、水利、社会环境、文化教育等条件日新月异,优于西北,这一切,都无可阻挡地促成了中国东西部开发和发展的差距。

第五章　宋夏金时期西北的政治

960年初，后周禁军统领殿前都点检赵匡胤，导演了“陈桥兵变”，轻易地夺得了后周的政权，废后周恭帝，建立了宋朝，仍都汴京(开封)，史称北宋。赵匡胤就是宋太祖。

第一节　宋朝西北的行政区划及蕃官守边制

宋朝的西北仍然是一个多民族聚居区。盛极一时的吐蕃虽已开始衰落，但它的人口还很多。据我们估算，北宋晚期，从陕西5路到河湟地区，吐蕃或吐蕃化的各族居民至少还有170多万人，比它的本部还要多(吐蕃本土今西藏当时只有80万人上下)。回鹘汗国自9世纪中期瓦解后，南下西迁到陇右、河西、西域的人口与这一带原住的回鹘、后到的西辽契丹等族人口合起来，北宋末总数不下50万人。此外，雄踞陕甘宁一带的西夏党项人至少也有150万口。总起来，宋朝西北的少数民族人口少说也在370万口上下，而当时西北的汉族居民和驻军合起来，总共不过540万口。① 如何防备各族上层的入掠，有效管理占居民40%以上的各少数民族，是摆在宋朝政府面前的一件大事。宋朝在西北的行政区划、机构和职官设置，都是从加强边防和多

① 李清凌：《北宋西北人口蠡测》，载《漆侠先生纪念文集》，河北大学出版社，2002年版，第449—456页。

民族地区的治理出发的。

一、宋朝在西北的行政区划及管理机构

（一）行政区划

宋朝在西北仅占有今陕西和甘肃大部分地区。其他如今宁夏回族自治州大部和甘肃河西地区为西夏统治区；今青海地区主要由吐蕃占领；而新疆则分属于高昌回鹘、于阗和喀喇汗（黑汗）王国等政权。

宋朝在其西北统治区设置行政机构的时候，首先是从有利于边防和军事活动考虑的。因此，这里的府州县建置虽然略同于中原内地，却在宋夏等沿边地区设置了许多与“州”级别一致的“军”，在靠近边防的州军则少设或不设县，而是设立了许多城、寨、镇、堡、关等军事性机构；这是当时西北行政建制上不同于内地的一大特点。此外，从宋朝行政区划的大体来看，正如《宋史·地理志》所言，“宋有天下三百余年，由建隆初迄治平末，一百四年，州郡沿革无大增损”，然而单从西北看，这里行政区划的分合、建置级别的升降则相当频繁；得而复失、失而复得，也是常见的现象。《宋史·地理志》就宋仁宗庆历（1041—1048）以后西北东部宋统区的政区沿革说明云：

> （庆历元年）分陕西沿边为秦凤、泾原、环庆、鄜延四路。熙宁五年，以熙河洮岷州、通远军为一路，置马步军都总管、经略安抚使。又以熙、河五州军为一路，通旧鄜延等五路，共三十四州军，后分永兴保安军、河中、陕府、商解同华耀虢鄜延丹坊环庆邠宁州为永兴军等路，转运使于永兴军、提点刑狱于河中府置司；凤翔府、秦阶陇凤成泾原渭熙河洮岷州、镇戎德顺通远军为秦凤等路，转运使于秦州、提点刑狱于凤翔府置司；仍以永兴、鄜延、环庆、秦凤、泾原、熙河分六路，各置经略、安抚司。①
>
> 永兴军路。府二：京兆，河中。州十五：陕，延，同，华，耀，邠，鄜，解，庆，虢，商，宁，坊，丹，环。军一：保安。县八十三。其后延州、庆州改为府，又增银州、醴州及定边、绥德、清平、庆成四军。凡府四，州十

---

① 《宋史》卷87《地理志三》。

五,军五,县九十。

秦凤路。府一:凤翔。州十二:秦,泾,熙,陇,成,凤,岷,渭,原,阶,河,兰。军三:镇戎,德顺,通远。县三十八。其后增积石、震武、怀德三军,西宁、乐、廓、西安、洮、会六州,又改通远军为巩州。凡府一,州十九,军五,县四十八。①

现据《宋史》卷87《地理志三》和《武经总要·前集》卷17、卷18所载,将宋朝在今西北统治区的行政区划及其建置列为下表:

路	府(州军)	县(监)	城寨镇堡关	
			《宋史·地理志三》	《武经总要》
永兴军路	京兆府	长安、樊川(万年)、鄠、蓝田、咸阳、泾阳、栎阳、高阳、兴平、临潼(昭应)、醴泉、武功、乾祐,监二。		
	商州	上洛、商洛、洛南、丰阳、上津		
	同州	冯翊、澄城、朝邑、郃阳、白水、韩城;沙苑监。		
	华州	郑、下邽、蒲城、华阴、渭南;铜钱监、铁钱监。		
	耀州	华原、富平、三原、云阳、同官、美原。		
	清平军	终南		

① 《宋史》卷87《地理志三》。

续表

路	府(州军)	县(监)	城寨镇堡关	
			《宋史·地理志三》	《武经总要》
	延安府	肤施	丰林镇、金明寨、龙安(德安)寨、塞门寨;安塞堡。	清涧城(即故绥德县地);顺安寨(故南安寨)、怀宁寨(故长宁寨)、绥平寨、白草寨、石胡寨、丹头寨(旧号丹头堡)、青化寨(青化堡)、永平寨、招安寨、新寨、金明寨、龙安寨、万安寨、围林寨;安定堡,黑水堡。
		延川	丹头寨、绥平寨、怀宁寨、顺安寨、白草寨、永平寨、细浮图寨、义合寨、米脂寨;延水镇;安定堡、黑水堡;永宁关。	
		延长、门山、临真、甘泉。		
		敷政	招安寨(驿)、万安寨。	
			绥德城、罗兀城、永乐城(银川寨)、青涧城、制戎城、御谋城、威戎城;塞门寨、平羌寨、平戎寨、殄羌寨、威羌寨、石堡寨、新寨;开光堡、抚宁堡、宾草堡。芦移堡、屈丁堡、万安堡、丹头堡、青石崖堡、窟罗堡。	
	鄜州	宜川		直罗县寨
	坊州	中部、宜君。		
	保安军		威德军;德靖寨、顺宁寨,金汤城(寨);园林堡。	德靖寨、顺宁寨、保胜寨。
	绥德军		青涧城、临夏城、克戎城;暖泉寨、米脂寨、义合寨、怀宁寨、绥平寨、白草寨、顺安寨、嗣武寨、龙泉寨、清边寨、镇边寨、龙安寨;开光堡、海末堡、窟儿堡、大厥堡、花佛岭堡、临川堡、定远堡、马栏堡、中山堡、黑水堡、安定堡、佛堂堡、唐推堡、双林堡、安塞堡、浮图堡、柏林堡;永宁关。	
	银州	儒林、抚宁、真乡、开光。		
	庆阳府(原庆州)	安化	大顺城;府城寨、东谷寨、柔远寨、人顺寨、平戎镇。	大顺城;淮安东谷寨、淮安西谷寨、柔远寨;淮安镇、华池镇、业乐镇、五交镇、凤川镇、合水镇、平戎镇;美利堡,雪泥堡。
		合水	东华池寨、西华池寨;荔原堡。	
		彭原		
			定边城、镇安城、白豹城;安疆寨、横山寨、绥远寨、宁羌寨、府城寨、威边寨;通塞堡、麦川堡、威宁堡(衡家堡)、矜戎堡、金村堡、胜羌堡、定戎堡、怀威堡。	
	环州(通远军)	通远	兴平城;安塞八寨、安边寨、大拔寨、方渠寨;乌仑堡、肃远堡、洪德堡、永和堡、平远堡、定边团堡、安边城、罗沟堡、阿原堡、朱台堡、流井堡、归德堡、木瓜堡、麝香堡、通归堡、惠丁堡;清平关。	洪德寨、乌仑寨、肃远寨、定边寨、平远寨、大枚(拔)寨、永和寨、安塞寨、团堡寨;马岭镇、木波镇、石昌镇、合道镇。

续表

路	府(州军)	县(监)	城寨镇堡关	
			《宋史·地理志三》	《武经总要》
	邠州	新平、宜禄、三水、定平、淳化。	熙宁八年置铸钱监,元丰三年废。	
	宁州	定安、襄乐、真宁。		
	醴州	奉天、永寿、武功、醴泉、好畤。		
	定边军	定边	白豹城;东谷寨、绥远寨(地名骆驼巷);神堂堡、观化堡、通化堡、九阳堡、鸡觜堡。	
秦凤路	秦州	成纪	渭水寨、三阳寨、上蜗牛寨、下蜗牛寨、堡子寨、伏归寨、小三阳寨、照川寨、土门寨、四顾寨、平戎寨、赤崖湫寨、西青寨、远近湫寨、定西寨、小定西寨、下硖寨、注鹿原寨、上硖寨、圆川寨、伏羌寨、得胜寨、榆林寨、大像寨、菜园寨、探长寨、新水谷寨、旧水谷寨、柽林寨、丙龙寨、石人铺寨、驼项寨、永宁寨、盐泉寨、小永宁寨、冷水泉寨、双泉寨、新土寨、旧土寨,共39寨。	永宁寨、伏羌寨、大落门寨、弓门寨、定边寨、治坊寨、床穰寨、静戎寨、三阳寨、定西寨、威远寨、安远寨、临江寨、滔山寨、来远寨、小落门寨、宁远寨、榆柳寨、将鸡寨、马骏寨、陇城寨;静边镇;达龙谷堡。
		陇城	静戎寨、永固寨、定平寨、长山寨、白榆林寨、郭马寨、安塞寨。	
		清水	弓门寨、铁窟寨、斫鞍寨、堡子寨、小弓门寨、坐交寨、得铁寨、冶坊寨、桥子寨、李子寨、古道寨、永安寨、四顾寨、威塞寨、床穰寨、镇边寨、和戎寨、安远寨、挟河寨、定川寨、中城寨、东城寨、西城寨、静边寨、临川寨、德威寨、广武寨、宁远寨、长樵寨。	
		天水		
			太平监;堡川城、伏羌城(有得胜、榆林、大像、菜园、探长、新水、柽林、两龙、石人、驼项、旧水11堡)、甘谷城(有吹藏堡、大甘堡、陇诺堡,尖竿堡、陇阳堡五堡);定西寨(领宁西、牛鞍、上硖、下硖、注鹿原、圆川六堡)、三阳寨(领渭滨、武安、上下蜗牛、闻喜、伏归、硖口、照川、土门、四顾、平戎、赤崖湫、西青、远近湫十四堡)、弓门寨(领东鞍、安人、斫鞍、上下铁窟、坐交、得铁、冶坊七堡)、静戎寨(领白榆林、长山、郭马、静塞、定平、永固、邦瞇、宁塞、长焦九堡)、安远寨、	

续表

路	府(州军)	县(监)	城寨镇堡关	
			《宋史·地理志三》	《武经总要》
			陇城寨、鸡川寨、定边寨、绥远寨、小落门寨、保安寨、弓钟寨、安远寨;床穰堡(领白石、古道、中城、东城、西城、定戎、定安、雄边、临川、德威、广武、定川、挟河、镇边十四堡)、冶坊堡(领桥子、古道、永安、博望、威塞、李子六堡)、达隆堡、甘泉堡、董哥平堡。①	
	凤翔府	天兴、岐山、扶风、周至、郿、宝鸡、虢、麟游、普润县;司竹监		
	陇州	汧源、汧阳、吴山、陇安		
	成州	同谷	有骨鹿、马邑、赤土、平泉、滔山、胡桃六寨。	
		栗亭		
	凤州	梁泉、河池、两当县;开宝监。		
	阶州	福津	贴峰硖寨、武平寨、沙滩寨;团城堡;平定关。	峰贴峡寨,武平寨。
		将利	故城寨(镇)	
	渭州	平凉	瓦亭寨	六盘关寨、瓦亭寨、定川寨、新寨、潘原寨;安国镇、耀武镇。
		潘原、安化、崇信、华亭	靖夏城(未详所属州军)、甘泉堡(未详所属州军)	
	泾州	保定、灵台、良原、长武		长武寨
	原州	临泾、彭阳	开边寨、西壕寨、平安寨、绥宁寨(领羌城、南山、颠倒三堡)、靖安寨(领中普、吃啰岔、中岭、张岩、常理、新勒、鸡川、立马城、杀獐川九堡);新城镇、柳泉镇;安羌堡,新城堡。	柳泉镇、新城镇;铁原寨、开远寨、平安寨、新门寨、西壕寨、绥宁寨、靖边寨;佛空平堡;耳朵城。
	德顺军	陇干	水洛城;静边寨、得胜寨(领开边堡)、隆德寨、通远寨、治平寨(领牧龙堡)、怀远寨;中安堡、威戎堡。	水洛城、结公城;隆德寨、静边寨、德胜寨;中安堡,章川堡。

① 此栏所列寨与各县栏有重复,又定边、绥远二寨"属陇州"(《宋史》卷87《地理三》注)。

续表

路	府(州军)	县(监)	城寨镇堡关	
			《宋史·地理志三》	《武经总要》
	镇戎军		彭阳城、平夏城(旧石门城)、怀远城(别见"德顺军");东山寨、乾兴寨、天圣寨(有信岔、凉棚二堡)、三川寨、高平寨(有故寨堡)、定川寨、熙宁寨(有硝坑堡)、灵平寨(旧好水寨)、镇羌寨、威川寨、飞泉寨、德靖寨、静边寨;高平堡、开远堡、张义堡、飞井堡、狼井堡、安远堡、窦信岔堡、梅谷堡、开疆堡、李家堡、肃远堡、埈地平堡、镇西堡、水口堡。	彭阳城;三川寨、定川寨、高平寨、天圣寨、乾兴寨、东山寨;开远堡、刘璠堡。
	会州	敷文	安西城(汝遮)、德威城、会川城(旧名青南讷心);平西寨、新泉寨(旧名东北冷牟);怀戎堡、静胜堡、通泉堡、水泉堡、正川堡;会宁关(旧名颠耳关)。	
	怀德军		荡羌寨、通峡寨、灵平寨(故好水寨)、九羊寨、通远寨(下管龙泉堡)、胜羌寨;硖口堡、东河湾堡、古高平堡、惠民堡、结沟堡(系通峡寨管下五堡)、镇羌堡、石门堡;萧关(下管临川堡、通关堡、山西堡)。	
	西安州		荡羌寨、通安寨(下管同安堡)、临羌寨、天都寨(下管横岭堡)、宁安寨;通会堡、宁韦堡、定戎堡、劈通川堡、啰没宁堡、北岭上堡、山前堡、高峰堡、那罗牟堡、寺子岔堡、石棚泉堡、绥戎堡(下管秋苇川堡、锹镢川中路堡、征通谷中路东水泉堡)。	
	熙州	狄道	安羌城(不知属何州军,暂附于此);康乐寨;通谷堡、庆平堡、渭源堡、结河堡、南川堡、当川堡、南关堡、北关堡、临洮堡、广平堡。	
	河州	宁河(旧香子城)	循化城(旧一公城,别见"乐州")、大通城(旧达南城,别见"乐州")、怀羌城、来羌城、讲朱城、错凿城,彤撒城,东迎城;定羌寨(旧河诺城)、南川寨、安疆寨(旧当标城,别见"乐州")、宁河寨;东谷堡、阎精堡、西原堡、北河堡;来同堡(旧甘扑堡)、通津堡(旧名南达堡)、南山堡、临滩堡;安乡关(旧城桥关)、通会关。	
	巩州(本通远军)	陇西、永宁、宁远。	定西城(西使城);永宁寨、宁远寨、通渭寨、熟羊寨、盐川寨、通西寨;三岔堡、榆木岔堡、熨斗平堡、者达堡、七麻堡、本当堡、扑麻龙堡。	

续表

路	府(州军)	县(监)	城寨镇堡关	
			《宋史·地理志三》	《武经总要》
	岷州	祐川、大潭、长道	临江寨、荔川寨、床川寨、闾川寨、宕昌寨;遮羊堡、谷藏堡、铁城堡;滔山监(铸铁钱)。	
	兰州	兰泉	定西城、定远城(本龛谷寨);龛谷寨;东关堡、阿干堡、通川堡(别见“乐州”);金城关、京玉关(本号把拶桥)。	
	洮州		通岷寨	
	廓州		肤公城(旧名结罗城)、米川城(旧米川县);宁塞寨;绥平堡(旧名保敦谷)、同波堡。	
	乐州		来宾城(旧名乩当川)、大通城(旧名达南城)、循化城(旧名一公城,别见“河州”);通湟寨、宁洮寨(故瓦吹寨)、安陇寨(故陇朱黑城)、安疆寨(旧名当标寨,别见“河州”)、德固寨(旧名胜铎谷)、临宗寨;安川堡(故膘哥堡)、宁川堡、通川堡(别见“兰州”)、南宗堡、峡口堡;绥远关(旧名洒金平)。	
	西宁州(旧青唐城)		龙支城(旧宗哥城)、宁西城(旧名林金城)、宣威城(旧名氂牛城);清平寨(旧名溪兰宗堡)、保塞寨(旧名安儿城)、绥边寨(旧名宗谷)、怀和寨(旧名丁令谷,又隶积石军)、制羌寨。	
	震武军		善治堡、大同堡(本名古骨龙城应接堡)、德通城(本瞎令古城)、石门堡。	
	积石军		怀和寨(已见“西宁州”)、顺通堡、临松堡。	
河东路	麟州	新秦	神堂寨、静羌寨、银城寨、神木寨、建宁寨;惠宁堡、镇川堡、肃定堡、神木堡、通津堡、阑干堡、横阳堡。	建宁寨、神堂寨、横戎寨、银城寨;横阳堡、临塞堡、静羌堡、镇川堡、通津堡、神树堡、肃定堡、惠宁堡。
			大和寨、大和堡。	
	府州	府谷	有安丰寨、宁府寨、百胜寨;河滨堡、斥堠堡、靖安堡、西安堡。	百胜寨、宣威寨、怀来寨、安丰寨(旧号石台神寨);清寨堡、河滨堡、永宁堡、宁府堡、西安堡、靖化堡、金城堡。
			震威城;宁边寨;宁川堡、宁疆堡。	
	丰州		永安寨、保宁寨。	浊轮寨;唐龙镇。

续表

路	府(州军)	县(监)	城寨镇堡关	
			《宋史·地理志三》	《武经总要》
京西南路	金州	西城、洵阳、汉阴、石泉、平利。		
利州路	兴元府	南郑、城固、褒城、西县。		
	洋州	兴道、西乡、真符。		
	兴州	顺政、长举、济众。		
	文州	曲水县		

从上表可以看到,宋朝政府在西北靠近内地的永兴军路京兆府(治今陕西西安市),商(治今陕西商县)、同(治今陕西大荔县)、华(治今陕西华县)、耀(治今陕西耀县)等州;秦凤路的凤翔府(治今陕西凤翔县),凤(治今陕西凤县)、宁(治今甘肃宁县)、醴(治今陕西乾县)等州;利州路的兴元府(治今陕西汉中市),洋(治今陕西洋县)、兴(治今陕西略阳县)、文(治今甘肃文县)等州以及京西南路的金州(治今陕西安康县)都只设立府、州、县,而没有寨、堡等军事性设施,而在其他沿边府、州、县下,则较少或没有县治,而大量设立了军事行政合一的城、寨、镇、堡、关等机构。如永兴军路延安府(治今陕西延安市)只有7个县,却有40多个城、寨、堡等。永兴军路保安军(治今陕西志丹县)和绥德军(治今陕西绥德县)都没有设县,而仅绥德军就有城寨堡33处。宋朝政府在秦凤路的秦州只设了4个县,而城、镇和各级寨堡等军事性建置却多达160余座。这一行政区划建置适应了宋代西北地广人稀、边防线长、兵力不足、战事频繁等区域性特点,是宋朝政府在西北行政区划建置上的一大创举。

或许因为创制性的东西开头总有不够严整的地方,宋朝西北的军、寨、堡等也存在不同级别而使用同一名称的情况。

——军下辖军:如永兴军路保安军下辖德靖寨、顺宁寨,园林堡、金汤城(寨)和威德军。《宋史·地理志》作者在“威德军”下注云:“保安军之北,两界上有伏流名藏底河,夏人近是筑城,为要害必争之地。政和三年,贾炎乞进筑,不果。七年,知庆州姚古克之,即威德军。"①

——寨下管寨:如秦州"弓门寨,太平兴国中筑,在赤城川东波(坡)上,管小寨五"、"三阳寨,开宝中筑……管小寨十六","定西寨,太平兴国中筑,管小寨四"。②

——堡下领堡:如秦风路秦州床穰堡下领白石、古道、中城、东城、西城、定戎、定安、雄边、临川、德威、广武、定川、挟河、镇边等14堡。秦州冶坊堡下领桥子、古道、永安、博望、威塞、李子等6堡,③都属于这种情况。不同级别的建制在名称上不加以区别,这将会对人们的社会活动和政府的行政管理带来一定的不便。然而因地制宜、因利乘便地划分行政区和建立基层管理机构,反映了宋朝行政管理上的灵活性与活力,应当给以积极的评价。

(二)行政管理机构

宋朝在西北统治区的行政管理机构大致与其他地区一样,也主要分路、府(州军)、县三级。

路设都转运使、转运(副)使、判官等,掌握一路财赋收入以满足上供及郡县开支。同时负有监督地方官吏的职责,"凡吏蠹民瘼,悉条以上达"及"专举刺官吏之事"。④ 如永兴路都转运使,是宋朝政府于熙宁五年(1072),分永兴、保安、河中、陕府、商、解、同、华、耀、虢、鄜、延、丹、坊、环、庆、邠、宁等州为永兴军路转运使,于永兴军置司。秦凤路都转运使,是熙宁五年(1072)分凤翔府、秦、阶、陇、凤、成、泾、原、渭、熙、河、洮、岷州,镇戎、德顺、通远军为秦凤等路转运使,于秦州置司。⑤

陕西诸路经略安抚使,掌一路兵民之事。帅臣任陕西路,职在绥御戎夷,则兼都总管,以统制军旅。有永兴路马步军都总管,鄜延路马步军都总管,秦凤路马步军都总管,绥麟路马步军都总管,利州东路马步军都总管,各

① 《宋史》卷87《地理志三》。
② 曾公亮:《武经总要·前集》卷18。
③ 《宋史》卷87《地理志三》。
④ 《宋史》卷167《职官志七》。
⑤ 雍正《陕西通志》卷21《职官二》。

路还有副总管等。

总管钤辖司,掌总治军旅、屯戍、营房、守御之政令。凡将兵、隶属官、训练、教阅、赏罚之事皆掌之。

路分都监,掌本路禁旅屯戍、边防、训练之政令。① 此外,路设提举常平司,掌常平、义仓、免役、市易、坊场、河渡、水利之政法,并按年成丰歉,购销粮食,平抑物价,防止农民破产流散。设提举学事司,掌一路州县学政。还有诸路节度、观察、团练、防御使以及州刺史等,俱无职任,只作为"武臣迁转之次序"而已。

府、州、军、监一级,设知府(州、军、监)事一人,总掌郡政。包括宣布国家法令、负责社会教化、劝课农桑、旌表孝悌以及赋役、钱谷、狱讼之事,于"兵民之政皆总焉"。② 延安府、庆州、渭州、熙州、秦州的府州长官,兼任经略安抚使马步军都总管一职,京兆府则兼任安抚使马步军都总管一职,其余大藩府或沿边、重要州军,兼任兵马钤辖、巡检等。左官有通判、签书判官厅公事、两使防团军事推判官、节度掌书记、观察支使、诸曹官、教授等。

县一级设县令,掌总治民政,劝课农桑,平决狱讼,传布政令等。凡户口、赋役、钱谷、赈济、财赋收支,皆掌之。县境有戍兵则兼任兵马都监或监押。左官有县丞、主簿、尉等。

县以下还有镇寨官,"镇置于管下人烟繁盛处,设监官,管火禁或兼酒税之事。寨置于险扼控御去处,设寨官,招收土军,阅习武艺,以防盗贼"。③

巡检司,或蕃汉都巡检,或数州数县管界,或一州一县巡检,掌训治甲兵,巡逻州邑,擒捕盗贼之事。④

二、宋朝的蕃官世袭守边制

宋朝政府除了在西北行政区划建制上实行了一些有别于内地的措施

① 雍正《陕西通志》卷21《职官志二》。
② 《宋史》卷167《职官志七》。
③ 《宋史》卷167《职官志七》。
④ 雍正《陕西通志》卷21《职官志二》。

外,还在沿边州军推行了旨在加强边防的蕃官制。宋朝的蕃官制上承汉、唐羁縻制度之余绪,下开元、明、清土官、土司制度的先河,它在一定程度上反映了古代边疆民族地区行政管理的普遍性原则,是宋朝边疆、民族政治思想中最有创意的一个亮点。

蕃官制,即任命边疆少数民族首领世袭管理其家族部落所在的州县,蕃官的一项主要职责就是防御周边民族的入掠。宋朝开国初期就在陕北等地实行了蕃官制。如宋太祖开宝二年(969),丰州(治今陕西府谷西北)党项藏才族内附于宋,宋朝政府除承认其首领对当地的统治外,又先后任命该族酋长之子王承美为丰州衙内指挥使、天德军蕃汉都指挥使、知丰州事、丰州刺史等职,从此直到北宋末,丰州王氏就一直为宋守边、贡马,极为忠诚尽职。① 府州折氏是一个党项大族,自唐五代以来历世为中原王朝守边,"中朝赖之"。宋太祖建隆元年(960)正月,宋朝建国伊始,就加封折德扆为检校太师。乾德二年(964)九月德扆卒,诏赠侍中,以其子折御勋为权知府州事等官。折氏是党项化的鲜卑人,也是中原王朝借助蕃族守边的一个典型。史书记载云:

> 折氏累世承袭知府州,本族仅三百余口,其部缘边蕃族甚众,凡犒劳皆以俸钱,而所用不给,于蕃部借牛,耕莳闲田,以收获之利岁赡公费。②

延州的党项人李继周也是一个蕃官家族成员。李继周是延州金明县(治今陕西安塞县东南)人。祖计都,父孝顺,皆为金明镇使,继周嗣掌本族,对宋竭尽忠诚。宋太宗太平兴国三年(978),东山蕃落集众寇清化寨(在金明县东,今陕西安塞县东南),继周率众败之,杀3 000余人。宋太宗雍熙(984—987)中,又与侯延广败末藏、末腋等族于浑州西山。宋太宗淳化五年(994),宋朝讨伐李继迁,命李继周开治塞门、鸦儿两路,又招降族帐首领20余人,率所部入夏州,败蕃兵数千。宋真宗咸平三年(1 000),复为先锋,深入

① 《宋会要辑稿·方域》二一之九—一三。
② 《宋会要辑稿·方域》二一之七。

夏境，获器甲60余万。授供备库使，领金明县兵马都监、新寨（在金明县东，今陕西安塞县东南）解家河卢关路都巡检。继周死，其子士彬，从子士用接续为宋朝守边。①

河西军（治今甘肃武威市）左厢副使、归德将军、吐蕃人折逋游龙钵也曾“四世受朝命为酋”，②即初被宋朝政府任命，世袭管理该地。宋真宗咸平元年（998）十一月，折逋游龙钵进京朝贡，“诏以龙钵为安远大将军”。③

吐蕃西凉六谷部大首领潘罗支是宋朝政府任命的又一著名蕃官。宋真宗咸平四年（1001），宋以西凉府六谷族大首领潘罗支为盐州防御使兼灵州西面都巡检使，又领宥州刺史。宋真宗景德元年（1004），潘罗支死，诏授其弟厮铎督盐州防御使、灵州西面沿边都大巡检使、朔方军节度、押蕃落等使、西凉府六谷大首领等官。景德三年（1006），“加铎督检校太傅，其族帐李波逋等49人为检校太子宾客，充本族首领”。潘罗支的子孙从董毡以下几代人世为中央任命的蕃官，④他们对宋一直保持着联系和忠节。

宋仁宗宝元元年（1038）西夏建国，宋朝西北的边防任务更重了。当时，环庆路同安抚使刘平上《攻守之策》，向宋朝政府建议：

> 招集土豪，縻之以职，自防御使以下、刺史以上第封之，给以衣禄金帛；又以土人补将校，使勇者贪于禄，富者安于家，不期月而人心自定。⑤

这里的“土豪”包括各族土著豪强，然其核心部分还是边疆少数民族首领。宋仁宗庆历四年（1044）五月，欧阳修在《论麟州事宜札子》中说的第四件事也是“委土豪”，他说：

> 今议麟州者，存之则困河东，弃之则失河外。若欲两全而不失，莫若择一土豪，委之自守。麟州坚险，与兵二千，其守足矣。况所谓土豪者，乃其材勇独出一方，威名既著，敌所畏服，又能谙敌情伪，凡于战守，

① 《宋史》卷253《李继周传》。
② 《宋史》卷492《吐蕃传》。
③ 《宋史》卷492《吐蕃传》。
④ 《宋史》卷492《吐蕃传》。
⑤ 《宋史》卷325《刘平传》。

不至乖谋。若委以一州，则其当自视州如家，系己休戚，其战自勇，其守自坚。又其既是土人，与其风俗情接，人赖其勇，亦喜附之，则蕃、汉之民可使渐自招集。是外能捍贼而战守，内可辑民以实边，省费减兵，无所不便，比于命吏而往，凡事仰给于朝廷，利害百倍也。①

他的思想实质仍是强化包括蕃族酋长的"土豪"守边制度。

直到宋徽宗(1101—1125)时期，宋朝的蕃官制仍在实行。来自河东的"蕃官"高永年还先后被任命异地做官，知岷(治今甘肃岷县)、湟(治今青海乐都县)、贺(治今广西贺县东南贺街)等州事。②

宋朝政治家对于宋自开国以来实行的蕃官制给予了高度的评价。其中张方平对宋神宗说的一段话就有代表性。他说：

太祖不勤远略，如夏州李彝兴、灵武冯晖、河西折御卿，皆因其酋豪，许以世袭，故边圉无事。董遵诲捍环州，郭进守西山，李汉超保关南，皆十余年，优其禄赐，宽其文法，而少遣兵。诸将财力丰而威令行，间谍精审，吏士用命，贼所入辄先知，并兵御之，战无不克，故以十五万人而获百万之用。终太祖之世，边鄙不耸，天下安乐。③

宋朝与蕃官制配套而行的还有蕃兵法。蕃兵是宋朝兵员的一类，早在宋初就已经出现。随着实践经验的积累，宋朝蕃兵法的实施条例愈来愈严密。如宋神宗熙宁八年(1075)十一月，宋朝政府诏令诸路缘边选定蕃兵，其检选的原则是：

限年二十以上，本户九丁以上取五丁，六丁取四丁，四丁取三丁，三丁取二丁，二丁取一丁，并刺手背。每户取丁最多不超过五丁。每十人置十将一名；五十人置副兵马使一名；百人置军使一名，副兵马使一名；二百人置军使一名，副兵马使三名；三百人置副指挥使一名，军使二名，副兵马使三名，四百人加军使一名，副兵马使一名；五百人又加指挥使

① 《欧阳修集》卷115。
② 《宋史》卷453《高永年传》。
③ 李焘撰：《续资治通鉴长编》(以下简称《长编》)卷259，熙宁八年正月乙卯。

一名,副兵马使一名;毋过五百人,每百人加军使一名,副兵马使一名。一族不及五十人,三十人以上的也置副兵马使一名,不到二十人者只置十将。从指挥使到十将都有俸给:"每月除请受外,别给添支钱。指挥使一千五百,副指挥使一千,军使七百,副兵马使五百,十将三百。"①

这个"蕃兵法"是针对前此蕃兵取丁不均,且无严格编制而制定的。蕃兵法实行的结果是将蕃官制推广到了秦凤、泾原、环庆、鄜延等陕西沿边4路。因为根据蕃兵法,陕西4路所有蕃族首领都将通过编管而变成宋朝的蕃官。据宋人曾公亮所云:

今之夷人内附者,吐蕃党项之族,散居西北边,种落不相统一,款塞者谓之熟户,余谓之生户。陕西则秦陇原渭环庆鄜延四路,河东则隰石麟府二路,其酋长则命之戎秩,赐以官俸,量其材力功绩,听世相承袭。凡大首领得为都军主,自百帐以上得为军主,又其次者皆等级补指挥使以下职名;其立功者,别建为刺史、诸卫将军、诸司使、副使,至借职殿侍,充本族巡检,绥怀族帐,谨固疆界,器械糇粮无烦于公上。凡四路,总六百七族,十五万五千六百人,三万四千三百疋马。②

曾公亮说的"六百七族"应是指大族,而不包括小族。③ 我们依据这段话推测:其一,宋朝任命的大小蕃官是一个相当大的数目;④其二,依"蕃兵法","蕃族首领"可以被任命为都军主、军主、副军主、都虞候、指挥使、副指挥使、军使、副兵马使、十将等外,其他蕃族成员也可以通过立功,被任命做刺史、诸卫将军、诸司使、承制、崇班、供奉官、殿侍等职官;⑤其三,蕃族一般成员立

① 《长编》卷270,熙宁八年十一月壬午。

② 曾公亮:《武经总要·前集》卷18。

③ 《宋史》卷191《兵志五》所列陕西4路的大族总数接近于此数,而小族数要比这大得多,故知这里记载的是4路大族数目。

④ 又如熙宁五年(1072),王韶招纳沿边蕃部,自洮、河、武胜军以西,至兰州马衔山,洮、岷、宕、垒等州,凡补蕃官、首领932人,首领给飧钱、蕃官给奉者472人,月计费钱480余缗,得正兵3万,族长数千(《宋史》卷191《兵志五》)。

⑤ 按元丰六年(1083)十二月乙亥,枢密院言:"准诏,董毡所遣引伴回鹘、鞑靼首领李察尔节可迁一资。李察尔节见为都军主,蕃官职次以上无可转。"诏:"都军主上增置副都指挥使、都指挥使两阶。"(《长编》卷341,元丰六年十二月乙亥)于是蕃官又添了两种职位。

功当官，可以和被任蕃族首领同样得到朝廷供给的钱、米、面、锦袍、紫绫等官俸。这将大大刺激边疆各族上下对宋朝政府的倾向性；其四，宋朝政府通过"蕃官制"和"蕃兵法"，将西北以党项、吐蕃为主的各少数民族有力地纳入了其统治之下。

在实行"蕃官制"的同时，宋神宗元丰六年(1083)，宋朝政府按照熙河兰会路经略制置使李宪的建议，又在西北地区建立了"蕃兵法"，配合"蕃官制"，将吐蕃等族民众编入了宋朝的边疆防卫系统。其组织方式是：

> 熙河兰会五郡，各置都同总领蕃兵将二人；本州诸部族出战，蕃兵及供赡人马各置管押蕃兵使臣十人。五郡蕃兵自为一将，出战则以正兵继之，旗帜同色。蕃兵以技艺功劳第为四等，蕃官首领推迁如之。①

这里的"都同总领蕃兵将"是常设官，而"管押蕃兵使臣"则是战时临时设立的小军官。熙河兰会路蕃兵法和蕃官制的确立，使宋朝西北的蕃官制从陕西四路延伸到了河湟等地区，也使蕃官制的内容更加充实丰富了。

宋朝西北的蕃官制有三个明显的特点：一是职责双重。在蕃官制下，各族首领一方面被授予特定的官职，接受朝廷和地方主管汉官交给的守边、出征、纳贡、买马等政治任务，组织部民效力；另一方面，他们又以巡检、管干本族公事等名义继续管领本族成员。蕃官在政府官僚系统中受制于汉官，而在本部族内部又集军、政、族权于一身，俨然一个王国的首领。

二是职位世袭。蕃官父死子继，兄亡弟充。家无正亲则推其旁属之强者为族首。族首年幼，可由其母代发号令，部民也都听从。按照宋朝政府熙宁时(1068—1077)的规定："蕃官身殁，秩高者子孙如例降等以为本族巡检"，"无等可降者子孙不降"，这样，蕃族首领自己立功可以得官；不能立功，只要父祖有官，就可以承袭，保持本家族"蕃官名品常在"，②而得到朝廷廪给。同时还规定，蕃族部曲即一般成员立功而当任官者，若非酋长的正亲，便不能做该族的巡检，而以"增其奉"的办法来酬功。这就确保了蕃族首领

① 《宋史》卷191《兵志五》。
② 《宋史》卷191《兵志五》。

的既得地位和利益，有利于维持蕃族的稳定，又能最大限度地激发各少数民族对宋朝政府的向心力和立功欲。

三是蕃官低于汉官。即“诸路蕃官，不问官职高卑，例在汉官之下”。①宋神宗元丰六年（1083）诏定蕃官序位，兵部提议蕃、汉官不相统辖者，蕃官位高可以列在汉官之前，朝廷同意。但时隔不久，到宋哲宗元祐元年（1086），兵部重申“蕃、汉官非相统辖者，并依官序相压”的规则，表明前此元丰令并未得到认真的贯彻。这次文书一下，又立即遭到反对，环庆路都总管范纯粹上书说：“诸路蕃官，不系官职高卑，久例并在汉官之下，此所以尊中国而制外蕃也……况蕃官职名虽高，只是管勾部族人马，凡部族应有公事，并须从汉官弹压理断，及战斗并亦用汉官使臣统制驱策。故于平日必使名分相殊，体势相异，则缓急之际，不失统御。”②最后朝廷还是接受了范纯粹的意见。

宋朝的“蕃官制”有别于前代的羁縻法。汉、唐王朝用“羁縻法”管理西北少数民族，要么是任命都护、校尉等汉官，其官职、做法略同于汉地；要么由各族酋长独立管理，中原政府只作一些象征性管理。像宋朝那样在统一的中央政权下任命蕃官治理蕃族的做法，是中央集权进一步强化后才会产生的新现象。同时，宋朝的“蕃官制”又来之有自，充分吸收了汉唐以来中央王朝治理边疆民族地区的历史经验。宋人曾公亮云：

> 戍兵防边之制，前世卒皆代更，俾之保障，为费甚大，故晁错建策，不如选常居者，为室屋具田器，及募民徙塞下，所以减赡边之用，得慑俗之便。中朝（指宋朝——引者注）用是法于西陲，募土人为弓箭手，给田二顷，出一甲士；至三顷，乃出战马一疋，税租徭役悉为蠲复，器械粮饷俾其自给。分筑堡垒使相聚居，设营校之名，循卒伍之制，亦置指挥使以下戎秩以统率之，有战功者亦补军都指挥使。③

① 《宋史》卷191《兵志五》。

② 《长编》卷375，宋哲宗元祐元年四月己亥。

③ 曾公亮：《武经总要·前集》卷18。

这段话揭示了包括弓箭手在内的蕃兵法与晁错的徙民实边之策的联系，同时也肯定了蕃兵法在边疆防卫和民族地区治理中的作用。从历史影响看，宋朝的“蕃官制”下开了元、明、清土官、土司制度的先河，元明清代的土官、土司制度，无疑是对汉唐以来的羁縻制、宋朝“蕃官制”的继承和发展。

三、宋朝安抚汉化蕃民的思想和措施

宋朝的政治家为了更好地笼络和利用边境少数民族，在建立蕃官制度，加强组织编管的同时，还很重视对沿边各族的抚御和汉化教育。抚御，是指妥善安置边境各部族民众，分给土地，赈济灾荒，阻止汉人兼并，开设市场，允许边境各族与汉人互相贸易等。

在著名的“熙河之役”中，宋神宗说过：“岷、河蕃部，族帐甚众，倘抚御咸得其用，可以坐制西夏，亦所谓以蛮夷攻蛮夷也”，①这反映了宋朝政府抚御蕃族的政治意图。熙宁七年(1074)，在宋军讨平河州叛蕃后，按照宋将王韶的建议，宋朝政府不仅在当地设置了汉弓箭手，还特意募置了蕃弓箭手。人给田100亩，以次蕃官200亩，大蕃官300亩，以汉弓箭手为队长、将校等，与蕃官共同主持“部族之事”。② 赈灾的事例也很多。如熙宁二年(1069)，知青涧城刘忿上奏说，所隶归附弓箭手8指挥共3 400余人，900匹马，“连岁不登，愿以丹州储粮赈恤”，诏下其章转运司行之。③ 熙宁三年(1070)十一月，“诏陕西缘边四路蕃部所负贷粮，并特蠲放”。④ 熙宁七年(1074)七月，赐度僧牒2 500道，“赈贷泾原、环庆路汉蕃饥民，及为永兴路常平籴本”。⑤ 宋朝政府禁止汉族边民乘人之危购买蕃部田地，维护蕃族的生计。宋神宗时，渭州蕃部遭遇饥馑，有以田地作抵押向汉弓箭手借贷者，过期往往不让赎回，知州蔡挺“为贷官钱”，⑥防止蕃人质押和丧失田地。宋朝政府还在熙、河、

① 《宋史》卷191《兵志五》。
② 《宋史》卷191《兵志五》。
③ 《宋史》卷191《兵志五》。
④ 《长编》卷217，熙宁三年十一月壬辰。
⑤ 《长编》卷254，熙宁七年七月戊申。
⑥ 《宋史》卷328《蔡挺传》。

洮、岷、兰州，通远军等地设市易司和榷场，方便蕃汉贸易，此类措施因时而设，因地制宜，推行得相当普遍、灵活和持久。

汉化，就是以汉法治理蕃部，以儒家思想教化边地蕃民。熙河开边中，王安石力主汉化降附的蕃人，宋神宗熙宁五年（1072）五月，王韶上书说已经招降了蕃部30余万口。就此，王安石对神宗说："今三十万众若能渐以文法调驭，非久遂成汉人，缘此本皆汉人故也。"他提出的"调驭"办法之一，是加强蕃汉经济交流。王安石认为蕃部贱土贵货，汉蕃交易，即汉得土，蕃部得货，两各得所欲而田畴垦、货殖通。蕃汉为一，自然易以调驭。"如诸路以钱助役收息，又捐百余万缗养马于蕃部，且什伍其人，奖劝以武艺，使其人民富足，士马精强，因奋而使之，则无所不可"。[①] 王安石提出的"调驭"办法之二，是在西北边境民族地区及新收复的州军开办蕃学。如熙宁六年（1073）十二月，熙河路经略司在熙州（治今甘肃临洮县）西罗城置蕃学，"晓谕蕃官子弟入学"。[②] 熙宁八年（1075）三月，知河州鲜于师中"乞置蕃学，教蕃酋子弟，赐田十顷，岁给钱千缗，增解进士二人"。[③] 宋朝政府答应了他的请求。同年十一月又以"熙河路兵食吏俸日告缺乏，而蕃学之设，冗费为甚，无补边计"而令停办。[④] 宋徽宗崇宁四年（1105）八月，宋政府以陕西新建之郡犹用蕃字，"令置蕃学，选通蕃语、识文字人为之教授，训以经典，译以文字；或因其所尚，令诵佛书，渐变其俗"。[⑤] 宋徽宗政和四年（1114）二月，中书省上奏说：熙河兰会等地新归附各族子弟"初被教养，故立法稍优，以为激劝。若归明已久，自当依州县学法"。宋朝政府指示说："新民归明后，经十五年，并依县学法施行。虽限未满，而能依州县学法呈试者依此。"[⑥]这些史料说明，从宋神宗到宋徽宗各代，都在陕西沿边蕃族聚居地及熙河兰会等新开拓地区及时地建立了专门学校，开展与内地一样的科举应试式教育或有民族特色

① 《长编》卷233，熙宁五年五月辛卯。

② 《长编》卷248，熙宁六年十二月壬午。

③ 《宋史》卷15《神宗纪二》。

④ 《长编》卷270，熙宁八年十一月己未。

⑤ 《宋会要辑稿·崇儒》二之一〇。

⑥ 《宋会要辑稿·兵》一七之八。

的蕃民教育，还对刚刚投宋蕃民的子弟采取了一些激励性措施。尽管蕃学的数量、教育范围和效果都很有限，但对于西北各族来说却是前所少有的事，因而其政治意义和影响相当巨大、深远。宋朝政府的“调驭”办法之三，是将分散在沿边各地，互不统属、来往的各族蕃民组织起来，统一配置和管理。宋神宗熙宁八年(1075)，宋朝颁行的《陕西路蕃兵部伍取丁法》，元丰六年(1083)，熙河路经略制置使李宪制定的《熙河蕃兵法》以及其他的蕃弓箭手法、蕃官升迁法等，都是宋朝组织编管蕃民的措施。它使一百几十万党项、吐蕃等族人通过强人、寨户、蕃兵、弓箭手等组织形式，转变成了宋朝统一政权下的居民和边防生力军。金、元、明以后，他们中的大部分都融入了西北汉族的行列。

第二节　党项西夏与宋朝在西北的对峙

一、西北党项的迁徙与分布

党项羌是中国西北的一个古老民族。隋朝前后，它活动的地盘，“东接临洮、西平，西拒叶护，南北数千里，处山谷间”。① 每姓分为一个部落，大的有5 000余骑，小的千余骑。魏晋南北朝时期，中原战乱，党项乘机大为寇掠。到隋文帝开皇四年(584)，党项有千余家投附隋朝。开皇五年，拓拔宁丛等又各率众诣旭州(在甘肃省临潭县)内附，隋朝政府授拓拔宁丛大将军职衔，其部下也按级别授官。开皇十六年(596)，党项人复寇会州，隋发陇西兵大破其众。于是党项又相率请降，遣子弟入朝谢罪。“自是朝贡不绝。”②

唐代党项的强族有细封氏、费听氏、往利氏、颇超氏、野辞氏、房当氏、米擒氏、拓拔氏。其中拓拔氏最强。其生产唯“畜犛牛、马、驴、羊，以供其食。不知稼穑，土无五谷”。唐太宗贞观三年(629)，南会州都督郑元璹(shú)遣

① 《隋书》卷83《党项传》。

② 《隋书》卷83《党项传》。

使招谕，酋长细封步赖举部内附，唐列其地为轨州（治今四川松潘县），拜步赖为刺史。其后诸姓酋长相次率部落内属，请同编户。唐太宗厚加抚慰，并在党项活动区建立了崌（治今四川松潘县北）、奉（治所在今四川若尔盖县）、岩（治今四川松潘县西）、远（治所在今四川若尔盖县）4 州，各拜其首领为刺史。到贞观五年（631），唐政府在党项住地河曲（今青海境内黄河上游）一带设置 60 个羁縻州，安顿了内附的 34 万口党项人。① 连曾经帮助吐谷浑反唐的党项拓跋赤辞部，一旦兵败请降，唐朝政府也不计前嫌地给予安置。② 吐蕃强盛起来以后，党项拓拔氏渐为所逼，遂请内徙，唐政府开怀接纳，将其安置到陇东、陕北、河套住牧。

唐武则天天授三年（691），党项人又有 20 万口附唐，唐分其地置朝（初在今四川阿坝州东北部一带，后侨治庆州，即今甘肃庆阳市）、吴（初在今四川阿坝州东北部一带，后侨治庆州）、浮（初在今四川阿坝州东北部一带，后侨治庆州）、归（应为归德州，初在今四川阿坝州东北部一带，后侨治银州，治今陕西横山县东党岔）等十个羁縻州安置了这部分党项人。直到"安史之乱"后的唐肃宗上元元年（760），泾（治今甘肃泾川县西北）、陇（治今陕西陇县）两州仍有 10 余万党项人归附于凤翔节度使崔光，③也得到妥善的安置。

当时西北内迁党项的分布情况是，由野利越诗、野利龙儿、野利厥律、儿黄、野海、野宰等部组成的部落联合体，史称"六府"或"六州"部落，它们"居庆州者号东山部，夏州者号平夏部"。④ 居住在鄜（治今陕西富县）、延（治今陕西延安市）两州以北的叫"南山部"。此外，邠（治今陕西彬县）、宁（治今甘肃宁县）、坊（治今陕西黄陵县东南）、同（治今陕西大荔县）、陇（治今陕西陇县）、岐（治今陕西凤翔县）等州也有党项聚居。

唐代宗永泰（765—766）以后，六州党项一度移居河东道的石州（治今山

① 王溥撰：《唐会要》卷 98《党项羌》。

② 贞观八年（634），党项首领拓跋赤辞助吐谷浑抵抗李靖率领的唐军，兵败后请降，唐在其原驻地设懿、嵯、麟、可等 32 个羁縻州（在今川青甘邻接地），任命归附的首领作刺史，以拓跋赤辞为西戎州都督，赐姓李。（《唐会要·党项羌》）

③ 《旧唐书》卷 198《党项羌传》。

④ 《新唐书》卷 221 上《党项传》。

西离石县)，依水草而放牧。到唐德宗贞元(785—805)时，永安城镇将阿史那思暕扰其部落，求取驼马无厌，6州党项不堪其弊，遂于贞元十五年(799)二月率部自石州逃奔过河，回到今陕西境内。唐宪宗元和(806—820)时，复置宥州(治今内蒙古乌审旗南)，以护党项。①

五代时期，西北党项仍主要分布在今陕北、陇东和宁夏灵武一带。史载"灵、夏、绥、麟、府、环、庆、丰州，镇戎、天德、振武军并其族帐"。② 这一时期的党项大姓有细封氏、费听氏、折氏、野利氏、拓拔氏等。与唐代相比较，细封氏、费听氏、拓拔氏继续保持最强势位，往利氏、颇超氏、野辞氏、房当氏、米擒氏等已经默默无闻，而折氏、野利氏则崭露头角。除上述大族外，"其他诸族，散处沿边界上者甚众，然其无国地、君长"，③仍过着原始部落制生活。

宋朝初期，西北党项的分布仍主要在陕北、陇东和宁夏一带。其政治活动的中心在夏州(治今陕西靖边县东北)。宋太宗太平兴国五年(980)，夏州党项首领李继筠卒，弟继捧继任定难军留后。次年，李继捧率领族人首领270余，民户5万余帐投附宋朝，"遂献其所管四州八县"。④ 但终宋一代，西北党项人的分布范围没有大的变化。

下面是宋太祖至宋真宗3帝时，即西夏政权建立以前见于记载的西北党项族的分布情况表：

时间	州军名	党项族名	记　事
宋太祖	府州	折氏	"世居河右"。
宋太宗	府州	外浪族	太平兴国六年贡马。
宋太宗	府州	女乜族、茗乜族	雍熙二年，首领内附。
宋太宗	府州	兀泥族	淳化二年降府州。
宋太宗	府州	勒浪族	至道二年六月归附、朝贡。
宋真宗	府州	泥族	景德元年正月内属。

① 《新唐书》卷221上《党项传》。

② 《宋史》卷491《党项传》。

③ 《新五代史》卷74《党项传》。

④ 《宋史》卷485《夏国上》。四州八县，指夏州政权所管的夏、绥、银、宥州及其所辖的8个县。五代以来，夏州政权所辖实际还应包括静州。

续表

时间	州军名	党项族名	记　事
宋太宗	灵州、通远军	嗓咩族、折四族、吐蕃村族、奈喎三家族、尾落族、奈家族、嗓泥族。	以上诸族“剽略官纲”被讨。
宋太宗	丰州	党项	太平兴国七年来贡马。
宋太宗	银州	保细族	太平兴国七年扇动诸部反宋。
宋太宗	银州	悉利諸族	雍熙二年王侁(shēn)等破诸族。
宋太宗	银州	保寺、保香族,没邵、浪悉讹等族及濁轮川東,兔头川西诸族。	雍熙二年五月,王侁破之。
宋太宗	麟、府、银、夏、丰州	有日利、月利族。	雍熙初赐敕书招谕之。
宋太宗	夏州	吴移、越移等四族,岌伽羅膩十四族,咩嵬族,南山族。	雍熙二年六月,尹宪等破或降诸族。
宋太宗	宥州	咩兀十族	雍熙二年七月,赐首领敇书。
	宥州	御泥族、布啰树族	端拱三年赵保忠杀降其族。
宋太宗	丰州	勒浪族、名波族、兀泥三族、女女四族	雍熙二年赐敇书抚各族首领。
宋太宗	河西	直荡族	端拱元年三月内附。
宋太宗	会州	熟仓族、来辞族	端拱三年继迁寇熟仓族,其首领率来辞诸族击走之。
宋太宗	银州、夏州	黄乜族	淳化二年降散于旧地。
宋太宗	(当为丰州)	藏才三族、藏才八族	淳化元年首领卒。咸平二年献名马。
宋太宗	宥州	御泥族、布罗树族	淳化二年赵保忠袭破之,寻降。
宋太宗	未知	杨家族、藏才西族	淳化四年大首領罗妹來貢。
宋太宗	未知	邈二族、藏才东族	淳化五年首领各遣子弟朝贡。
宋太宗	未知	槖驼路熟藏族	淳化五年六月归附。
宋太宗	灵州	睡泥族	至道元年七月首领乞赐救助。
宋太宗	环州	熟仓族	至道元年七月,夺继迁牛马。
宋太宗	麟州、府州	兀泥巿族、女女杀族、女女梦勒族、女女忙族、女女籰儿族、党移没儿族、莫末移路乜族、越移细乜族、路才族、细母族。	至道二年七月,赐十族敕书招怀之。
宋真宗	会州	苏家族、鼻家族、白马族、韦移族。	咸平四年授其族首领官职。
宋真宗	未知	卑寧族	咸平四年其首领贡名马。
宋真宗	未知	咩逋族	咸平五年授其首领官职。
宋真宗	河西	勒厥麻等三族	咸平五年十月投宋。

续表

时间	州军名	党项族名	记　事
宋真宗	河西	折勒厥麻等三族	咸平六年请备征讨。
宋真宗	贺兰山	小凉、大凉族	咸平五年诏赐。
宋真宗	未知	叶市族	咸平六年二月归宋。
宋真宗	邠州、宁州	牛羊苏家等族	咸平六年有功得厚赐。
宋真宗	泾原	者龙族	咸平六年首领言愿讨继迁。
宋真宗	环州、庆州	岑移等32族，麻谋等21族，巢迷等20族，伙树罗家等100族。	咸平六年环庆部署招降。
宋真宗	环州	乩伙庆族	咸平六年与洪德寨（今环县西北洪德城）酋长合败继迁。
宋真宗	环州	白马族	咸平六年四月与继迁战。
宋真宗	环州	七臼族	天禧四年五月投宋。
宋真宗	原、渭等州	戎人来附者八部25族	咸平六年八月附宋。
宋真宗	原州	野狸族	景德二年首领卒，其子代领。
宋真宗	镇戎军	熟魏族	景德元年九月，茄罗、兀赃、成王等三小族酋长投宋。
宋真宗	未知	旺家族	景德二年击夏兵。
宋真宗	秦州	野儿和尚族	景德三年诏补为三寨都首领。
宋真宗	鄜延	小湖卧浪族	大中祥符元年诏补军主为侍禁。
宋真宗	未知	旺家族	大中祥符六年首领投宋。
宋真宗	泾原	叶市族	大中祥符七年大首领投宋。
宋真宗	泾原路	樊家族	天禧二年九门都首领投宋。
宋真宗	鄜延路	骨咩、大门等族。	天禧三年投宋。

据《宋史》卷491《党项传》制。表中的“河西”均指今山西、陕西间的黄河西即今陕西一侧。“未知”的几个党项族住地也不出今陕北、陇东、宁夏或雁北、内蒙西南部一带。

宋人曾公亮《武经总要·前集》云，陕西4路，党项、吐蕃等族“总六百七族”，①那还是仅指大族而言。所以上述统计只是列举、示例性的，而不是当时西北党项的全部。

同时，由于陕西4路的党项族人多势众，当地其他许多部族的成员与党项人生产生活方式接近，社会风俗相同，又不断地互相联姻交往，久而久之，

① 曾公亮：《武经总要·前集》卷18。

都被党项族同化了。例如，宋朝府州兀泥巾族党项首领名“突厥罗”，府州界党项五族大首领名“折突厥移”，灵州通远军界的党项有“吐蕃村族”，①他们很可能就是被同化了的突厥人和吐蕃人的后裔。又宋时陕北有“土浑河”，“土浑川”等地名，然史书却很少记载吐谷浑人在这里的活动。府州折氏向来被看作是党项族，可据当地出土的《折克行神道碑》及《全唐文》卷993《折继祚碑》等资料记载，折氏源“出自河西折掘姓”，与鲜卑拓跋氏同出于代北鲜卑折掘部。② 在《宋史》中，上述部族和个人统统被纳入《党项传》，作为党项人叙述，就是因为这些部族已经党项化了。

二、宋朝对待党项西夏的战略思想和措施

两宋300多年，对待党项西夏的战略思想和措施，经历了从威德并用有效羁縻到守内虚外舍财求安、再到积极进取控蕃攻夏、继因政局变幻攻守不常，入南宋，宋方亟欲联夏抗金，然而由于夏国热情不高，终不得要领，最后完全失去了与夏的联系这样一个曲折而复杂的过程。

宋太祖建隆二年(961)，代州刺史折乜埋赴京朝见宋朝皇帝，史载“乜埋党项之大姓，世居河右，有捍边之功，故授以方州”。③ “河右”折氏的大本营在府州，可知宋初折氏仍然保持着陕北“党项之大姓”的政治地位，宋朝政府也能对其信任重用。对于夏州拓拔氏，宋太祖赵匡胤曾封李彝兴为太尉。乾德五年(967)，彝兴卒，宋“太祖废朝三日，赠太师，追封夏王”。④ 以其子李光睿继掌夏州政权。对于其他党项大部族，也沿袭隋唐以来对待少数民族首领的一般政策和措施，专任边将、结信酋豪、许设亲兵、又给予一定的经济特权，从而在政局尚不稳定、国力尚不充裕的情况下确保了西北边疆地区的安定，可谓有效羁縻的思想和做法。

宋太宗太平兴国六年(981)，夏州政权内部不和，李继捧投宋后，宋太宗

---

① 《宋史》卷491《党项传》。

② 参见郭琦、史念海、张岂之主编：《陕西通史》民族卷，第六章第一节，陕西师范大学出版社，1997年版，第200页。

③ 《宋史》卷491《党项传》。

④ 《宋史》卷485《夏国上》。

令召继捧缌麻亲赴阙,这是防备李氏在夏州坐大的一项有力措施,它遭到继捧族弟李继迁的反对。李继迁率部逃到夏州东北的地斤泽(今内蒙古伊克昭盟鄂托克旗),组织武装,抗宋自立。宋太宗雍熙元年(984),知夏州尹宪和都巡检使曹光实率精骑夜袭地斤泽,斩首500级,焚烧1 400余帐,俘获李继迁的母亲、妻子,得羊、马、器械数以万计。李继迁只身逃脱。他通过与野利等部族通婚,重新建立了反宋联盟。雍熙三年(986),李继迁遣使向辽称臣请婚,辽以义成公主嫁继迁,册封其为夏国王。

李继迁与宋周旋的策略是一边向宋朝进贡,一边攻掠其边界地区。宋太宗雍熙元年至淳化五年(984—994),宋朝政府与党项李继迁势力之间爆发了延绵10年之久的夏州(治今陕西靖边县东北白城子)之战。此战宋朝取得了胜利。战争结束以后,宋太宗以“夏州深在沙漠,本奸雄窃据之地……诏隳夏州故城,迁其民于绥、银等州”。① 宋太宗至道二年(996)三月,李继迁在浦洛河(灵州南240里)邀截宋军运往灵州(治今宁夏灵武县)的粮草40万,严重挫伤了宋朝军队的锐气。宋太宗盛怒之下,于当年九月亲遣诸将:李继隆出环州(治今甘肃环县),丁罕出庆州,范廷召出延州(治今陕西延安市),王超出夏州(治今陕西靖边县东北),张守恩出麟州(治今陕西神木县西北),五路进讨,大有一举荡平夏州的气概。然而结果却是继隆兵行10余日,“无所见”而还,张守恩遇敌不战而遁,王超、范廷召遇敌于乌白池,“大小数十战,不利”。② 整个战役,宋军无功而损失良多。至道三年(997)三月,宋太宗死。

纵观宋太宗一世,虽对辽、夏多次用兵,但在边防战略思想上明显地反映出“重内轻外”的倾向。淳化二年(991)八月,他听到并州有戎人“内附”,便对近臣发表了一通能深刻反映其战略观念的议论,他说:

> 国家若无外忧,必有内患。外忧不过边事,皆可预防。惟奸邪无状,若为内患,深可惧也。帝王用心,常须谨此。③

---

① 《长编》卷35,淳化五年四月甲申。

② 《宋史》卷485《夏国传上》。

③ 《长编》卷32,淳化二年八月丁亥。

宋朝最高统治者对边疆防卫的大意和松懈，助长了李继迁侵宋的野心。到了宋真宗咸平五年(1002)三月，李继迁攻下灵州(治今宁夏灵武县)，作为其与宋对抗的据点。

咸平六年(1003)六月，李继迁攻占河西重镇西凉府(治今甘肃武威市)。然不久就被西凉六谷部大首领潘罗支用计致死，子德明继位后，终于在宋真宗景德三年(1006)与宋朝签订了和约，史称"景德和约"。

宋朝重内轻外的治国理念从宋太宗时期一直延续到宋仁宗和宋英宗时期。宋仁宗天圣九年(1031)，李德明死，其子元昊嗣立。他一方面做割据称雄的政治准备，另一方面又在军事上首先发兵攻打宋朝的府州(治今陕西府谷县)，接着在环州(治今甘肃环县)、庆州(治今甘肃庆阳市)击败宋军。天圣十年(1032)，元昊率兵进攻吐蕃西凉六谷族大首领唃厮啰所辖青唐(今青海西宁市)、宗哥(在今青海西宁市东)等城，获得成功。又举兵进攻回鹘部落，占领了肃(今甘肃酒泉市)、瓜(今甘肃安西县)、沙(今甘肃敦煌市)三州，清除了建国称帝的后顾之忧。宋仁宗景祐五年(1038)，元昊正式称帝，年号"天授礼法延祚"，国号"大夏"，都城为兴庆府(今宁夏银川市)。接着，在宋仁宗康定元年(1040)的三川口(位于今陕西安塞县东延川、宜川、洛川三河汇合处)之战、宋仁宗庆历元年(1041)的好水川(今宁夏隆德、甘肃静宁间之渝河川)之战和庆历二年(1042)的定川寨(在今宁夏固原西北)之战等大的战役中，夏军连战皆捷，大败宋军。这一时期的宋夏战争，以西夏的主动进攻居多，而宋朝政府则多是被动防御。究其原因，用宋臣张方平的话说，就是宋方"自景德以来，既与契丹盟，天下亡备，将不知兵，士不习战，民不知劳，殆三十年矣"，①一旦打起仗来，必然丧师蹶将。

面对西夏强大的军事威胁，宋朝政府将30万中央禁军屯驻在宋夏边境，同时，"又有十四五万之乡兵，不耕而自食其民"。欧阳修曾上书批评说："今三十万之兵食于西者二岁矣，又有十四五万之乡兵，不耕而自食其民。自古未有四五十万之众连年仰食，而国力不困者也。"②事实上，西北的军费开支

① 《长编》卷131，庆历元年三月丁卯。

② 《长编》卷129，康定元年十二月乙巳。

高达宋朝政府每年收入的六分之五，加上官僚俸禄，朝廷冗费和地方贪吏10倍于官府的刻剥，搞得民力益困，百姓愁苦，武装反抗接连不断，自然灾害也接踵而来。出现了外藩叛、“盗贼”起、水旱作、民力困、财用乏的政治、经济和社会危机。于是，朝廷内外“言边事者盖以万计……其间大抵欲保疆守境，爱民节用者多矣”。① 这就是说，当时宋朝官员针对边疆民族问题发表的意见，多数人主张只要守住疆土即可，并以“爱民节用”为口实。庆历四年(1044)，在范仲淹等积极防御和谈判下，元昊“始上誓表”，保证只要宋朝政府满足他在誓表中提出的政治条件，照常供给“岁赐银、绮、绢、茶二十五万五千”，就“不复以他相干”。对此，宋仁宗相当满意，答诏表示“俯阅来誓，一皆如约”。② 宋朝没有加强边防，而是准备用数额庞大的“岁赐”来换取西北边境的安宁，即舍财求安。这与宋太宗以来的边防战略思想是一致的。

熙丰变法期间，以宋神宗和王安石为代表的变法派一改宋初以来的防御性边防战略思想，竭力推行主动进攻的战略思想和政策，并在控蕃御夏战略目标下进行的“熙河开边”中获得了巨大的成功。其间规模较大的战争有以下几次：

——横山之战。横山在毛乌素沙漠以南，是西夏侵宋的一个基地。宋臣范仲淹说：“横山一带蕃部，东至麟府，西至原、渭，二千余里，人马精劲，惯习战斗之事，与汉界相附，每大举入寇，必为前锋。故西戎以山界蕃部为强兵，汉家以山界熟户及弓箭手为善斗。以此观之，各以边人为强。”③沈括也说：“西戎能长为边患者，以漠南有山界之粟可食，有山界之民可使，有山界之水草险固可守……山界既归于我，则所出之粟可以养精兵数万，得虏之牧地可以蕃息战马，盐池可以来四方之商旅，铁冶可以益兵器，置钱监以省山南之漕运，彼之所以亡者如此，我之所以得者如此。”④由是，宋夏之间争夺横山地区的斗争就异常激烈。早在宋英宗治平四年(1067)，宋将种谔就出兵

① 《长编》卷133，庆历元年九月辛酉。

② 《长编》卷152，庆历四年十月庚寅。

③ 《长编》卷149，庆历四年五月壬戌。

④ 《宋会要辑稿·方域》一九之四七至四九；《长编》卷326，元丰五年五月丙午。

夺取了无定河下游的绥州（治今陕西绥德县）。神宗熙宁三年（1070）四月，西夏发兵2万来夺绥德，侵顺安（今绥德县南）、绥平（今绥德县西南）、黑水（今绥德县西）等寨，并筑了8个城堡，被宋将郭逵赶走。接着，夏人又以10万之众攻庆州，被知州李复圭击败。同年九月，宋参知政事韩绛为陕西宣抚使，组织军队从绥州一线谋取横山。韩绛将蕃、汉兵组成7军，于熙宁四年（1071）正月命种谔领2万人，进攻罗兀城（今陕西榆林市），诸将皆受节制；又命河东路从麟州和府州发兵与种谔在银州会师。西夏闻报，也布置12监军司准备迎敌，种谔夺得罗兀城。西夏秉政的梁太后组织反攻，韩绛命庆州出兵牵制，庆州兵则因内部矛盾发生变乱，关陕为之骚然，宋朝政府担心事态扩大，乃弃罗兀城，退守绥德，停止了与夏国的对抗。

——灵州之战。宋神宗元丰四年（1081），西夏内部帝后之争激烈，秉常失位被囚，梁太后当政。宋政府认为这是对西夏用兵的好机会，便于这年秋再次调动陕西、河东5路之师近40万人，李宪出熙河，种谔出鄜延，高遵裕出环庆，刘昌祚出泾原，王中正出河东，5路大军伐夏，主攻灵州（治今宁夏灵武县）。结果，北路刘昌祚率领约5万人在宋夏交界的葫芦河隘口大败夏军，先期到达灵州城下，与高遵裕步骑会合，夏人见宋军人马强盛，便采取诱敌深入、坚壁清野、不与正面交锋的策略，使宋军乏食，不战而困。又“决黄河灌营，复抄绝饷道”，[1]宋兵冻溺饿饥，不战而死者极多，余众败归。东北路王中正6万军队行“至肩州奈王井，粮尽，士卒死亡者已二万，乃引军还”。[2] 种谔一军本来计划到夏州与王中正会师，合攻兴州，也因途中无食，又遇大雪，士卒多死，剩3万人溃退入塞。只有西北路李宪所部10万蕃、汉兵偏师取胜。这支宋军在西使新城（在今甘肃榆中县），破夏人2万余骑，获马500匹，进而夺取了兰州，请得朝廷许可，以为帅府，留部将李浩驻守。李宪则率兵东进，至天都山（在今宁夏海原县），败夏人威名统军星多哩鼎，“焚夏之南牟内殿并其馆库，追袭其统军仁多吟丁”。[3] 因其他各路兵败，遂全师而还。

---

① 《宋史》卷486《夏国传下》。

② 《宋史》卷486《夏国传下》。

③ 《宋史》卷486《夏国传下》。

——永乐城之战。灵州之战后，宋夏之间于宋神宗元丰五年(1082)又发生了“永乐城(在今陕西米脂县西北)之战”。这年八月，宋神宗令徐禧、李舜举及沈括等率蕃、汉10余军8万多人，役夫16万进驻绥德城，在泾原、环庆、熙河兰会路的声援下，于横山地区修筑了永乐城。西夏闻讯，发军30万人来争，由于徐禧骄傲轻敌，宋兵初战不利，夏兵遂围永乐城，夺其水寨，城中乏水，士卒渴死者过半，有的拌马粪汁来解渴。夏兵四面急攻，宋军抵挡不住，永乐城遂被攻破。这一战，宋朝将校前后死者数百人，士卒、役夫20余万丧生。[①] 自熙宁用兵以来，宋前后仅攻下葭芦、吴堡、义合、米脂、浮图、塞门等六座城堡，而灵州、永乐城两次战役，就有60万官军、熟羌、义保(民兵)死丧，损失“钱、粟、银、绢以万数者不可胜计”。[②] 这是宋夏战争以来宋朝最为惨重的一次失败。宋神宗为之“恸哭，宰执不敢仰视”。[③]

——兰州之战。兰州是宋朝五路出师攻夏时，由李宪率领的西北路军于元丰四年(1081)九月攻下的。元丰六年(1083)二月，夏国集数十万人突袭兰州，已夺西关门，这时城中只有数百人。在危急关头，熙河兰会路钤辖王文郁“集死士七百，夜缒城而下，持短兵突营”，[④]终于将夏兵击溃，争渡黄河而去。这年三、五月，夏兵又接连进围兰州，都被宋军击退。元丰七年(1084)正月，西夏倾国而来，步骑号称80万众进围兰州，志在必得，攻城之矢如雨雹，云梯革洞，百道并进，连攻10昼夜不克，终至粮尽引去。十月，宋神宗看了李宪分析西夏情势的奏报后，便立即亲手为其写诏云：

> 夏国自祖宗以来，为西方巨患，历八十年。朝廷倾天下之力，竭四方财用，以供馈饷，尚日夜惴惴然，惟恐其盗边也。若不乘此机隙，朝廷内外并力一意，多方为谋经略，除此祸孽，则祖宗大耻，无日可雪；四方生灵赋役，无日可宽；一时主边将帅得罪天下后世，无时可除。[⑤]

---

① 《宋史》卷486《夏国传下》。
② 《宋史》卷486《夏国传下》。
③ 邵伯温:《邵氏闻见录》卷5。
④ 《宋史》卷486《夏国传下》。
⑤ 《长编》卷349，元丰七年十月癸巳。

在宋神宗的全力支持下，元丰八年三月，李宪选精兵万骑，渡过黄河，行500里与夏兵相遇，斩首4700余级，获牛、羊、驼、马、器甲凡8万余。[①] 宋神宗原本打算条件成熟时，从兰州出兵再次攻讨西夏，但因其于此年三月死去，这一计划便搁置起来了。由上可以看出，宋神宗直到他执政晚期，仍然坚持着武力灭夏的态度和主张。本文所谓积极开拓进取的战略，主要就是指"熙丰变法"阶段的主流政治倾向。

宋神宗死，宋哲宗刚即位的元祐(1086—1094)年间，司马光、文彦博、韩维、刘挚等大臣一度主张对夏和解，放弃熙丰时期所侵兰州及米脂等五寨。司马光写信给三省、枢密院说："不和西戎，中国终不得高枕。"[②]此议遭到吕公著、吕大防等人的反对，但主张"和戎"的政见一时占了上风。元祐四年(1089)，西夏放还永乐城之战的部分俘虏，宋朝也交还了米脂(今陕西米脂县)、葭芦(今陕西佳县)、浮图(在今陕西绥德县西)、安疆(在今甘肃华池县东北)等四寨。

宋哲宗绍圣、元符(1094—1100)间，哲宗亲政，在章惇等人的策动下，宋朝的主战派再次抬头，他们热衷于进筑堡寨，出兵讨伐。宋哲宗绍圣四年(1097)三月，泾原路主帅章楶(jié)筑平夏城(在今宁夏固原县北)和灵平寨(在今宁夏固原县北)，西夏"举国十余万众蓦来奔突"。[③] 宋将力战，将其击退。接着，宋环庆、鄜延、熙河、河东诸路也都在前防筑城。从这年五月起，宋朝在宋夏沿边地区又先后修筑了镇羌寨(今宁夏固原县西北)、高平堡(今宁夏固原县北)、九羊寨(今宁夏固原县西北)、石门堡(今宁夏固原县北)、通峡寨(今宁夏固原县北)、荡羌寨(在今宁夏海原县东南)共六座城寨。同时，宋军连破西夏的洪州(今陕西定边县南)、盐州(今宁夏盐池东)，并一度攻入宥州(今内蒙古乌审旗南)。

---

① 《长编》卷353，元丰八年三月壬寅。

② 《长编》卷365，宋哲宗元祐元年二月壬戌。

③ 《长编》卷487，绍圣四年五月己未。

元符元年十月，西夏梁太后偕年仅15岁的国主乾顺，率兵“约三十万”，[①]发起了“平夏城之战”。平夏城在今宁夏固原县三营北，据《宋史·章楶传》云：

> 夏主（乾顺）遂奉其母合将数十万兵围平夏，疾攻十余日，建高车临城，填堑而进，不能克，一夕遁去。夏统军嵬名阿埋、西寿监军妹勒都逋皆勇悍善战，楶谍其弛备，遣折可适、郭成轻骑夜袭，直入其帐执之，尽俘其家，虏馘三千余、牛羊十万，夏方震骇。[②]

这是元昊称帝以来，宋朝对夏打得最漂亮的一仗。史载“夏自平夏之败，不复能军，屡请命乞和。哲宗亦为之寝兵”。[③]

宋徽宗即位后，宋夏之间又爆发过一次较大规模的战争，即“统安城之战”。统安城在宋金玉关以北30里的乩六岭分界，今兰州市西北，本是西夏所筑的割牛城，陕西经略使童贯遣宋将何灌袭据后，上报宋廷，改名为统安城。

政和四年（1114），童贯任陕西、河东、河西经略使，率兵攻夏。次年春，童贯遣熙河经略使刘法率步骑15万出湟州（治今青海乐都县南），秦凤经略使刘仲武率兵5万出会州（治今甘肃靖远县）攻夏，刘仲武军至清水河（源于宁夏固原市南，西北流至中宁县西入黄河），被阻而还。刘法则大败西夏右厢军于古骨龙城（在今青海门源县东南大通河北岸）。

政和五年（1115）秋，童贯又令刘仲武、王厚合泾原、鄜延、环庆、秦凤四路军攻西夏藏底河城（在金玉关北30里乩六岭分界，今甘肃兰州市西北），结果大败，死者十四五，秦凤第三将所率3万人全部战殁。王厚贿赂童贯，隐瞒了这次战况。

政和六年（1116）春，刘法、刘仲武率熙河、秦凤两路10万人，攻克夏仁多泉城（今青海门源县），斩首5 000级。同年冬，夏兵攻克泾原路靖夏城

---

① 《长编》卷503，元符元年十月己亥。

② 《宋史》卷328《章楶传》。

③ 《宋史》卷328《章楶传》。

(苇平新城之改名,在今甘肃平凉市境内)。

政和八年(1118)六月,宋将种师道率陕西、河东七路之师10万人,攻破夏藏底河城(在今陕西志丹县北)。

童贯见宋军接连获胜,乃于宋徽宗宣和元年(夏元德元年,1119)初,强命熙河经略使刘法进取朔方(即西夏西平府,治今宁夏灵武县西南),以制夏人之死命。刘法不得已,引兵2万出征,行至统安城,夏国主乾顺令其弟晋王察哥率步骑万余人,分为3阵,抵挡刘法前军,另遣一支精锐骑兵登山绕到宋军后面,实行前后夹击。双方大战,超过了7个时辰,宋军人饥马渴,死者甚众,前军杨惟忠、后军焦安节、左军朱定国等均败。刘法乘夜逃亡,到天亮时已跑了70里地,又遇守兵追赶,坠崖折足,被一名西夏小卒斩首而去。夏军遂陷统安城,乘胜进围震武城(古骨龙城之改名,在今青海门源县东南大通河北岸)。震武城是一座易攻难守的孤城,熙、秦两路为守此城疲于奔命,蕃、汉军民皆苦之。此番眼看就要被夏军攻破,察哥说:"勿破此城,留作南朝(指宋朝——引者注)病块。"遂引还。"是役死者十万,贯隐其败而以捷闻。"①宣抚使以下受"解围"赏者数百人,不知那是夏人自己解围而去的。②

自熙、丰以至北宋末年的进筑攻讨,给关陇乃至整个宋统区各族民众造成的经济损失和灾难极大。元符三年(1100)十二月,左正言任伯雨向新即位的宋徽宗上疏说,关中累年用兵,加上荒旱,"物贵人饥,生齿流移,十减六七。今年虽丰,物价独五倍平日,依此观之,边事不可复生亦明矣"。③ 宋徽宗建中靖国元年(1101),吏部侍郎张舜民在上疏中也说:"自军兴已来,关中岁饥,流亡莩饿,十室九空……长安、陕、华米斗一千,鄜延麦麫一称二贯三百,皆足陌也。"④类似记载很多,可以看到北宋后期为其进攻性边疆战略付出的沉重代价。

南宋统治集团在抵御金人强势攻击时亟欲联合西夏,然而始终没有成

① 《宋史》卷486《夏国传下》;吴广成撰:《西夏书事》卷33。

② 本节参见李华瑞:《宋夏关系史》,第六章《宋夏战争论》(中),河北人民出版社,1998年版。

③ 赵汝愚:《诸臣奏议》卷141。

④ 赵汝愚:《诸臣奏议》卷140。

果。宋高宗建炎二年(1128)正月,南宋政府派主客员外郎谢亮、从事郎何洋与夏联系。谢亮等到夏国,夏主乾顺"乃倨然见之",留居近1月,才与约和罢兵,谢亮还没有回到杭州,夏兵就已经跟在后头,袭取了宋朝的定边军(治今陕西吴旗县西北),可见这时夏国并没有联宋抗金的意愿,反倒企图乘机打劫。① 即使在这种情况下,南宋朝廷上下仍然没有打消联夏抗金的念头。建炎二年(1128),开封尹宗泽将死,还在奏请北伐,且希望朝廷"遣辩士西说夏国,东说高丽,俾出助兵"。② 建炎三年(1129),知枢密院事张浚出使川、陕,谋划北伐,也想"通夏国为援,奏请国书,诏从之"。③ 这年七月,张浚派遣主客员外郎谢亮再次出使夏国,终不得要领而还。宋高宗绍兴元年(1131)十一月,川、陕宣抚副使吴玠遣人通夏国书。绍兴二年(1132)九月,吕颐浩上奏说:"闻金、夏交恶,夏国屡遣人来吴玠、关师古军中,宜令张浚通问,以撢其情。"④绍兴九年(1139)夏人攻占宋的府州。六月,乾顺殂,子仁孝嗣。宋高宗下令放还夏国文臣王枢及其他俘虏190人。绍兴二十九年(1159),归宋官李宗闰上书,要求"遣辩士往说之,夏国必不难出兵,庶足为吾声援,以图恢复"。⑤ 南宋孝宗淳熙十三年(1186)四月,复诏吴挺联结夏国。然而由于夏国没有联宋的热情,甚至想从金人攻宋中谋得好处,因此,夏国虽然有时也派人来与宋朝联络,但最终均以无功而罢。宋宁宗嘉定(1208—1224)以后,南宋与夏的联系就完全中断了。

三、西夏立国长久的原因

西夏是一个典型的民族割据政权。从宋仁宗宝元元年(1038)元昊建国称帝,至宋理宗宝庆三年(1227)西夏被蒙古国所灭,其间存在了190年。西夏何以能够在明显不如宋、辽、金等政权地盘、经济和军事力量的形势下,先

---

① 如建炎二年金帅娄宿连陷长安、凤翔等城,陇右大震。夏人谍知关陕无备,遂想侵占鄜延,在宋臣王庶的机智应对下,才没有出兵。

② 《宋史》卷486《夏国传下》。

③ 《宋史》卷486《夏国传下》。

④ 《宋史》卷486《夏国传下》。

⑤ 《宋史》卷486《夏国传下》。

后与这些国家相周旋，而长久地存在呢？下面从主客观两方面作一分析。

（一）俗尚武力，全民皆兵。中国西北各族从先秦以来就在广袤的地理环境、复杂的民族社会条件下形成了崇尚武力的区域民族精神。党项西夏人继承和发扬这种精神，因而整个民族"俗尚武力"，①"人人习骑射，乐战斗，耐饥渴，其视冒矢石，蹈锋刃，死行阵若谈笑然。故能惊边徼，摩封疆，出没飘暴，不可制驭"。② 典型的如陕西横山一带的党项蕃部，东至麟州（治今陕西神木县西北杨家成）、府州（治今陕西府谷县），西至原州（治今甘肃镇原县）、渭州（治今甘肃平凉市），200 余里，人马精强，惯习战斗，是西夏的一支劲旅。横山一带的地理、物资条件也较好。宋将张亢说，夏国的横山部、州、城、寨，距离宋朝边界近，经济、军事力量强，"夏兵器甲虽精，其战斗不及山界部族，而财粮尽出其地"。③ 事实上，西夏其他地区的自然条件或不如横山，但人的尚武精神则如出一辙。

党项西夏历世统治者倡导尚武的民族精神，又在政治体制上实行全民皆兵制，《宋史·夏国传》云：

> 其民一家号一帐，男年登十五为丁，率二丁取正军一人。每负赡一人为一抄。负赡者，随军杂役也。四丁为两抄，余号空丁。愿隶正军者，得射他丁为负赡，无则许射正军之疲弱者为之。故壮者皆习战斗，而得正军为多。④

在以力角胜的历史环境下，夏国统治者机智地实行这一全民皆兵的制度和政策，充分发挥地域民族的特长，提升了夏国的战斗力。因而能够有效地应付来自宋、辽、金等敌对政权的武装压力。连新崛起的蒙古国成吉思汗那样的劲旅，在围攻西夏都城时也一度不能得手，被迫退兵。若不是西夏末期的几位国主在战略决策上"昧偭向之道，不知联金以拒蒙，而反联蒙以蹙金"，⑤

---

① 《隋书》卷 83《党项传》。

② 戴锡章：《西夏纪》卷 28 后记引宋人语。

③ 《西夏书事》卷 20，嘉祐八年（夏拱化元年）四月。

④ 《宋史》卷 486《夏国传下》。

⑤ 戴锡章：《西夏纪》卷 28 后记。

终至精锐耗尽，唇亡齿寒，造成金夏两败俱亡的结果，蒙古国要灭夏真不是一件容易的事。

（二）统帅人才智勇英杰。党项西夏从李继迁、李德明、李元昊以来的国主，都是称雄一时的统帅人才，他们有勇有智，英谋善断，能够巧妙地利用周边政权的矛盾冲突，对于辽宋金等强大邻邦，尤其是对于它的东邻宋王朝，一贯采取强则入掠，弱则请和的两手，大量地获得割据政权所缺的金缯、茶叶、粮食等物资，不仅满足了统治阶层的物质需求，还多少减轻了国内民众的赋税负担，历练了将士官民的战斗精神，是党项西夏统治者机智多谋的一种表现。

元昊以后的西夏国主，也都有各自的政治长项。用《西夏纪》编撰者戴锡章的话来说：

> 谅祚继元昊而立，弱而能强。秉常受制于母后，失而旋复。乾顺享国最久，拓地亦广。仁孝文治有余，武功不足，然能诛任得敬于僭窃之后，乾断独伸，犹能转危为安，不失令主。①

党项统治者善于挖掘邻国的经济、政治、文化资源，为我所用。正如宋名臣富弼向宋仁宗上疏中所说：元昊“得中国土地，役中国人力，称中国位号，仿中国官属，任中国贤才，读中国书籍，用中国车服，行中国法令”，致使“中国所有，彼尽得之，彼之所长，中国不及”。② 元昊等西夏统治者在借用宋朝资源上最为得力的一条是挖掘吸引宋朝的人才。他们将宋朝大量落第士人和怀才不遇者招诱过去，授以高爵，委以重任，做到了司马光针对前代历史说过的“彼敌国之材臣，来为己用”，效果极佳。③

在内部行政管理上，党项历世统治者充分考虑和照顾到党项人喜欢山居野处，“各为生业”，“不相往来”④的民族习惯，对各部族实行柔性的管理

---

① 戴锡章：《西夏纪》卷28后记。
② 《长编》卷150，庆历四年六月戊午。
③ 《资治通鉴》卷102，晋太和五年正月。
④ 《宋史》卷485《夏国传上》。

政策，[1]从而得到了所属部落的拥戴。宋太宗太平兴国八年(983)，李继迁被宋朝知夏州尹宪等打败后，已是威势尽失、家室具丧的人了，然而党项各族首领并未将他抛弃，而是照样拥护支持。雍熙二年(985)二月，处在极度困难中的李继迁会集当地"豪右"，问他们说："李氏世有西土，今一旦绝之，尔等不忘李氏，能从我兴复乎？"众曰："诺。"[2]这一个"诺"字，应是党项历世统治者善待部众的反馈，正是由于党项拓拔氏对当地部落"世著恩德"，因而在李继迁遇到挫折的时候，各部族对其仍然表示不离和"拥戴"。[3]

(三)地理环境助一臂之力。《辽史》作者云："西夏弹丸之地，南败宋，东抗辽。虽西北士马雄劲，元昊，谅祚智勇过人，能使党项、阻卜掣肘大国，盖亦襟山带河，有以助其势耳。"[4]这是说西夏的地理环境助益了其军事活动。

西夏的周边环境相当复杂，在夏宋交兵最多的毛乌素沙漠以南，绵亘着千里横山，向西有天都山、马衔山，这一线不仅"多马宜稼，人物劲悍善战，且有盐铁之利，夏人恃以为生"，[5]而且稍北沙漠连绵，易守难攻。宋神宗元丰五年(1082)五月，宋朝鄜延路经略使沈括等在向朝廷奏报陕西军情时，分析毛乌素沙漠以南、横山一带的地理环境说：

> 历观前世戎狄，与中国限隔者，利害全在沙漠。若彼率众度漠入寇则彼先困；我度漠往攻则我先困。然而西戎常能为边患者，以漠南有山界之粟可食，有山界之民可使，有山界之水草，险固可守。我师度漠而北，则须赢粮载水，野次穷漠，力疲粮窘，利于速战，不幸坚城未拔，大河未渡，食尽而退，必为所乘，此势之必然也。所以兴、灵之民常宴然高枕，而我沿边城寨未尝解严者，地利使然也。[6]

① 如宋太宗宴会群臣于苑中，尝问归附宋朝的党项首领李继捧云："汝在夏州用何道以制诸部？"李继捧回答说："羌人鸷悍，但羁縻而已，非能制也。"这是对其柔性管理的一个很好说明。

② 《宋史》卷485《夏国传上》。

③ 《宋史》卷485《夏国传上》。

④ 《辽史》卷36《兵卫志下》。阻卜，指东抵克鲁伦河，西至镇州可敦城(在今蒙古布尔根省哈达桑东)以西，南接党项夏国的鞑靼人。

⑤ 《西夏书事》卷26，元丰五年(夏大安八年)九月。

⑥ 《宋会要辑稿·方域》一九之四七。

事实确实如此。西夏侵宋，常以横山一带为基地，补充粮马。宋军来攻，可战则战之，战不利则逃入沙漠，使宋军挽运困难，追赶不及。等宋军退去，夏兵又跳出来继续相机入掠，宋人疲于应付，无可如何，这是夏国与宋长期对垒的地理优势之一。夏境西部、北部的沙漠戈壁，西南的祁连山，南部和东北部的黄河天堑等，在当时的军事技术和战力条件下都极有利于攻守，因而在西夏对付西州回鹘，吐蕃诸部和宋、辽、金等政权的军事活动中，同样起了非常重要的作用；而河西走廊、银川平原等膏腴之地，向来就是西北著名的粮仓，它们又从物资基础上玉成了西夏政权。

(四)宋辽等国的政策及边将腐败使西夏有以乘之。西夏所占的地盘原是中原王朝的控地，因此宋朝政府一直不承认夏国的合法存在。然而，宋朝在立国策略上的重内轻外、重文轻武、掣肘边防将帅等做法，客观上却有利于西夏的长期存在和发展。

在国家用人机制上，两宋一直存在着重文轻武的倾向。武将、军士在官场和社会上都被人瞧不起。相反，考中进士，“供帐甚盛。第一、第二等进士并九经授将作监丞、大理评事、通判诸州，同出身进士及诸科并送吏部免选，优等注拟初资职事判司簿尉。宠章殊异，历代所未有也”。[①] 这一重文轻武的政治倾向，对于社会各阶层尤其青年人是一种极为强烈的择业导向。

在朝廷官僚队伍中，“素轻武臣，多受屈辱”[②]的现象很普遍。宋朝灭亡以后，元世祖曾“召宋降将问曰：‘汝等何降之易耶?’对曰：‘贾似道专国，每优礼文士而轻武臣，臣等久积不平，故望风送款’”。[③] 这一回答遭到了元世祖忽必烈的斥责，认为他们不是忠臣，但也反映了宋朝前后一贯的“优礼文士而轻武臣”的事实及后果。宋朝的政策失误无疑有利于党项西夏的存在和发展。

宋朝边将严重的腐败作风，也帮了夏国的大忙。这里举几个例子。宋神宗熙宁三年(1070)五月，夏人集聚号10万人筑堡，知庆州李复圭合蕃、汉

① 《长编》卷18，太平兴国二年正月丙寅。
② 《续资治通鉴》卷119，宋绍兴七年八月。
③ 《续资治通鉴》卷183，元世祖至元十三年五月。

兵才3 000人，逼遣偏将李信、刘甫、种咏等出战。信等诉以众寡不敌，复圭以“节制”相威逼，并亲画阵图方略交给他。兵进，遂大败。李复圭为了解脱责任，乃执信等而取其图略，命州官弹劾信等“故违节制”，致使种咏瘐死狱中，李信、刘甫被斩，郭贵配流。李复圭进袭金汤堡（在今陕西吴旗县东南），这时夏军已经撤走了，仅杀其老幼一二百人，李复圭仍然“以功告捷”。这些做法引起边境地区很大的混乱和怨愤。

熙宁四年（1071）正月，宋将种谔谋取横山，领兵先筑了许多城寨，并派军队驻守。这年二月，夏人来攻顺宁寨（即今陕西志丹县西北顺宁镇），复围抚宁城（在今陕西子洲县北），折继世、高永能等拥兵驻扎在细浮图寨（又名克戎寨，今陕西子洲县），距离抚宁很近，啰兀城（在今陕西米脂县西北）的驻军也不少。种谔在绥德军节制诸军，部下军队数量并不少。然而当他听到夏兵打过来后，竟茫然不知所措，想要写信召燕达带兵来援，又“战怖不能下笔，顾转运判官李南公涕泗不已”。① 种家将堕落昏庸到了这个程度，造成新筑诸堡悉陷，将士千余人战死乃是必然的。

宋徽宗宣和元年（1119），童贯逼刘法使取朔方郡遭到惨败，童贯隐其败而以捷闻的事，也是一桩典型的腐败案。宋朝如此腐败的边将和边政，为夏国的存在和发展提供了较大的政治空间。

辽国的一些政策也有利于西夏的角逐。宋太宗雍熙二年（985）二月，李继迁采用汉人谋士张浦之策，攻占银州（治今陕西横山县东党岔），宋派李继隆出兵讨继迁，继迁弃银州而去，并遣使向辽称臣请婚，辽圣宗以宗室女为义成公主嫁继迁，又授继迁为定难军节度使，都督夏州诸军事。宋太宗淳化元年（990），辽册封李继迁为夏国王，这是公然地支持李继迁与宋朝相对抗。又如宋徽宗崇宁三年（1104），西夏集结军队，宋朝的延、渭、庆州一带各有数千骑出没，“声言假兵于辽矣”，这年，辽国果然“以成安公主嫁乾顺”，②助长了西夏抗宋的胆量。

中国历代中原王朝都很担心并着力防范西北民族与北方民族相联合，

---

① 《宋史》卷486《夏国传下》。

② 《宋史》卷486《夏国传下》。

对中原政权构成强大的军事威胁。宋王朝也是这样。宋仁宗宝元二年(1039)九月,富弼在上疏中说:

> 西北相结,乱华为虞,自古闻之,于今见矣。顷者,元昊援契丹为亲,私自相通,共谋寇难,缓则指为声势,急则假其师徒,至有掎角为奇,首尾相应。彼若多作牵制,我则困于分张。盖先已结大敌之援,方敢立中原之敌。①

这即是说,元昊之所以敢于建国称帝,与中原政权相对抗,在很大程度上是因为他"先已结大敌之援",得到辽国的支持。反过来说,辽国的支持,是李继迁反宋、元昊建国割据的强大政治军事外援。

综上可知,一种政治势力的兴衰久暂,经济、政治、军事等基础条件固然相当重要,但比这更重要的还有一个政治家的智慧和胆略问题。积极进取的政治智慧和勇气,加上优化的资源整合和有利的外部环境,可以弥补诸多不利因素,而取得以小胜大,以弱御强的政治军事效果。西夏立国长久的史实,不正是这样,而给人以许多启示吗?

第三节　宋朝西北的吐蕃和吐蕃政权

吐蕃自唐后期分裂,"其国亦自衰弱,族种分散,大者数千家,小者百十家,无复统一矣"。② 在今西北地区,五代、北宋时期分散游牧的吐蕃人与汉、吐谷浑等族逐渐联结,形成团体,建立了凉州六谷族和青唐唃厮啰两个民族政权,一时活跃在政治舞台上。

一、北宋西北的吐蕃

北宋西北吐蕃的分布范围很广,《宋史·吐蕃传》云:"自仪、渭、泾、原、

---

① 《长编》卷124,宋仁宗宝元二年九月。

② 《宋史》卷492《吐蕃传》。

环、庆及镇戎、秦州及于灵、夏皆有之，各有首领，内属者谓之熟户，余谓之生户。”①“熙河之役”中，宋方指挥官王韶上奏说：“臣切见泾原、秦凤两路蕃兵及洮河宕迭州、武胜军诸族，皆吐蕃遗种也。”②以上两段史料所指的是宋朝陕西四路中秦凤、泾原、环庆三路及“熙河开边”后建立的熙河兰会路，此外，西夏统治区包括治今甘肃武威市的西凉府也是西北吐蕃的主要分布地。

北宋西北的吐蕃，除河湟、凉州地区外，其他游牧于陕西沿边民族杂居和汉族地区的部落，与唐末、五代时期一样，仍然是部族分散，各有首领，互不统属，没有重新形成大的政治集团，因而很容易被他族所裹挟，丧失其民族特性。所以，陕西四路中党项人居住比较集中的鄜延路和环庆路虽然也有吐蕃，但他们多数已经党项化或汉化了；正如秦凤路和泾原路虽然也有为数不多的内附党项部族，却随着时间的磨砺，越来越汉化一样。北宋陕西四路除汉族外，还有党项、吐蕃、回鹘、吐谷浑、突厥等多个部族，这些部族受政治形势的影响，都不同程度地相互融合和兼并，以致当地的强势部族只有党项和吐蕃。在这两族中，见于《宋史》等记载的秦凤、泾原两路的部族又以吐蕃为主；鄜延、环庆两路则以党项为主。若我们将环庆等路少量存在的吐蕃部族暂且忽略不计；而将秦凤、泾原两路的蕃族权且都看作是吐蕃或吐蕃化的其他部族，就可以约略地得到这两路的吐蕃部族数及其分布情况，见下表。

---

① 《宋史》卷492《吐蕃传》。

② 《宋名臣奏议》卷141，文彦博《上神宗论进筑河州》附王韶《和戎六事》。

秦凤、泾原二路的吐蕃部族及其分布统计表①

路	城寨镇	大族	小族	路	城寨镇	大族	小族
秦凤路	三阳砦	34	180	泾原路	新城镇	4	
	陇城砦	5	34		截原砦	6	
	弓门砦	17	17		平安砦	11	
	冶墩砦	2	9		开边砦	18	
	床穰砦	2	11		新门砦	12	
	静戎砦	10	16		西壕砦	3	
	定西砦	4	28		柳泉镇	12	
	伏羌砦	2	33		绥宁、海宁砦	4	
	安远砦	23	126		靖安砦	4	
	来远砦	8	19		瓦亭砦	4	
	宁远砦	4	36		安国镇	5	
	古渭砦②	12	171		耀武镇	1	
					新砦	2	
					东山砦	4	
					彭阳城	3	
					德顺军	21	
					隆德砦	7	
					静边砦	24	
					水洛城	19	
					通边砦	5	
合计	两路大族共292，秦凤路小族680。						

宋朝著名政治家韩琦在向宋神宗上言中说："泾原、秦凤两路，除熟户外，其生户有磋鹘者谷达谷必利城、腊家城、鸱枭城、古渭州、龛谷、洮河、兰州、迭宕州，连宗哥、青唐城一带种类，莫知其数。然族帐分散，不相君长，故

① 据《宋史》卷191《兵志五》统计。

② 原文记古渭寨有171姓，16 970小帐，而无小族数。然此前的三阳等11寨中，有8寨的小族数与"姓"数完全相同，其余三寨中伏羌寨有32姓，33小族，姓、族数也很接近。我们据此将古渭寨的小族数按姓数记为171小族。

不能为中国之患。”①这是对秦陇河湟地区吐蕃“生户”的简要概括，也可用以补充上列表格的内容。

西凉府即凉州（治今甘肃武威市）的吐蕃分左右厢，统 18 个部落。左厢是：督六族、日美族、的流族、厢邦族及心山王家族共 5 族。右厢为：者龙族、渴龙族、刑家族、懒家族、章家族、马家族、周家族、赵家族、乞当族、样丹族、马波族、宗家族和章迷族共 13 族。吐蕃的“族”有大小之分。上述这些“族”应都是大族；每族下还有许多小族。如者龙族就包含 13 个小族。

河西军（即西凉府，治今甘肃武威市）管辖或活动的范围，据左厢副使折逋游龙钵自述：

> 东至故原州千五百里，南至雪山、吐谷浑、兰州界三百五十里，西至甘州同（《宋会要辑稿·方域》二一之十五作“固“）城界六百里，北至部落三百里。周回平川二千里。旧领姑臧、神乌、蕃禾、昌松、嘉麟五县，户二万五千六百九十三，口十二万八千一百九十三。今有汉民三百户。城周回十五里。②

西夏建立后境内的吐蕃分布情况，目前尚无详细资料可供分析。

二、凉州六谷族政权

凉州六谷族，指游牧于凉州（治今甘肃武威市）南祁连山 6 个山谷③地带的吐蕃以及吐蕃化的汉民（嗢末）、吐谷浑等部族。

凉州在“安史之乱”后被吐蕃占领，唐懿宗咸通二年（861），张议潮举义收复，重归唐管，并派兵戍守。唐末五代中原动乱，凉州将士仍坚强地守护着这座城池。后唐明宗长兴四年（933），凉州留后孙超遣使拓跋承诲及僧、道、耆老杨通信等至京师，求旌节，后唐明宗拜孙超为凉州节度使，接续了中原王朝对凉州的管辖。后唐末帝清泰元年（934），留后李文谦来请命。后晋

---

① 《长编》卷 149，庆历四年五月壬戌。

② 《宋史》卷 492《吐蕃传》。

③ 这 6 个山谷从东向西依次是今古浪河谷、黄羊河谷、杂木河谷、金塔河谷、西营河谷和东大河谷。

高祖天福七年(942),灵武节度使冯晖遣牙将吴继勋代文谦为留后。天福八年(943),晋高祖遣泾州押牙陈延晖安抚凉州,凉州人劫留延晖,立为刺史。后汉隐帝(949—950)时,凉州留后折逋嘉施来请朝命,汉即以为节度使。周太祖广顺二年(952),嘉施遣人到京师卖马,并请命帅。枢密使王峻推荐故人申师厚为左卫将军,拜河西节度使。师厚至凉州,奏荐将吏,又立3州,选用吐蕃酋豪为刺史,实行蕃汉共管制。后周世宗(955—959)时,凉州政治形势复杂,民族矛盾尖锐,师厚逃归内地,凉州与中原的联系又断了。[①]

凉州的统治权力,从后汉至宋初,主要掌握在以折逋嘉施、折逋葛支、折逋阿喻丹和折逋游龙钵为首的吐蕃折逋氏手中,但在机构形式上则一直以中原政府派去的汉人为知州。宋太宗至道二年(996),凉州吐蕃按照五代以来的传统做法,"复来请帅,诏以丁惟清知州事,赐以牌印"。[②] 不久,宋真宗咸平元年(998)十一月,河西军左厢副使、归德将军折逋游龙钵亲来宋京朝贡,宋朝又封其为安远大将军,就是蕃汉联合执政的一种表现。

只是吐蕃折逋氏出自嗢末部族。嗢末是唐末五代凉州陷蕃汉人、戍卒子孙与一部分吐谷浑人、吐蕃人组合而成的"奴部"集团,虽曾与沙洲归义军、甘州回鹘鼎足而立,但出身于此的折逋氏毕竟身世低微。吐蕃人有重血统,尊故主的传统习惯。为了加强对吐蕃各部的笼络,宋真宗咸平四年(1001),宋朝乃以出身于吐蕃贵族的西凉六谷部右厢者龙族首领潘罗支为盐州防御使、兼灵州西面都巡检使。潘罗支为人精明强干,富有政治才能,一度统一了河西吐蕃,使六谷族势力扩大。他联宋抗夏,对宋忠诚;宋朝也极力拉拢西凉六谷族势力以牵制党项。咸平六年(1003),潘罗支又遣蕃官吴福圣腊来贡,表言"已集骑兵六万,乞会王师收复灵州"。宋朝乃以罗支为朔方军节度使、灵州西面都巡检使,赐以铠甲器币。又以吴福圣腊为安远将军,次首领元佐等7人为怀化将军。宋真宗说:"继迁常在地斤三山之东,每来寇边,及官军出,则已遁去。使六谷部族近塞捍御,与官军合势,亦国家之

① 《新五代史》卷74《吐蕃传》。
② 《宋史》卷492《吐蕃传》。

利。”①因而也主张联蕃御夏。

凉州吐蕃向宋靠拢，激怒了李继迁。咸平六年（1003）十一月，李继迁进攻西凉府，罗支假降，随即反攻，继迁中流矢死。然过不多久，潘罗支于宋真宗景德元年（1004）六月也被李继迁种落戕害。宋朝又封其弟厮铎督为朔方军节度、押蕃落等使，西凉六谷部大首领。“铎督刚决平恕，每会戎酋，设觞豆必先卑者，犯令虽至亲不贷，数更战讨，一境服其威名。”②可见，他也是一名优秀的部族首领，但凉州政权的经济军事力量毕竟敌不过党项人。宋真宗大中祥符元年（1008），党项首领赵德明攻劫六谷部，破西凉府，“所有节度使并副使，折逋游龙钵及在府户民，并录在部下”。③ 其后，厮铎督经受不住赵德明的凌厉攻击，乃于大中祥符八年（1015）前后投奔青唐唃厮啰，凉州政权亡。

三、青唐唃厮啰政权

唃厮啰（997—1065）是吐蕃王朝赞普的后裔，藏语意为佛子。史籍中又将以他为首的吐蕃青唐（治今青海西宁市）政权也称作唃厮啰。唃厮啰本名欺南陵温，生于高昌。12 岁时，河州人何郎业贤到高昌经商，见厮啰相貌奇伟，便将他带回河州，安顿到㓡（gǒng）心城（在今临夏境内），后大姓耸昌厮均又将他移到一公城（在今甘肃合作市西北）。河州人称佛为“唃”，称儿子为“厮啰”，欺南陵温被名为唃厮啰，反映了当地人对他的爱戴和尊敬。唃厮啰到移公城不久，宗哥僧人李立遵、邈川大酋温逋奇又掠他到廓州（治今青海尖扎县北），转至宗哥城（又名龙支城，在今青海西宁市东南），立为部族酋长，立遵自任为论逋（相）。

宋真宗大中祥符八年（1015），唃厮啰遣使向宋朝贡，得到宋朝的优待和厚赏。然而李立遵贪婪好杀，国人不附，又向宋朝求封他为赞普，宋未答应，于是他派人到渭州缘边煽动熟户叛宋，并于宋真宗大中祥符九年（1016）联

---

① 《宋史》卷 492《吐蕃传》。

② 《长编》卷 56，景德元年六月丁丑。

③ 《长编》卷 68，大中祥符元年四月己未。

合马波叱腊、鱼角蝉等部族大首领，向宋朝秦渭等地发动进攻。伏羌寨三都谷（今甘谷县散渡河安远川口）一战，宋将曹玮大败李立遵军。迫使河、洮、兰三州安江、妙敦、邈川、党逋等族纳质内属。李立遵与宋作战失利，在与党项的争斗中也遭败北。唃厮啰为摆脱李立遵的挟持，乃徙居邈川城（在今青海乐都县南），改以温逋奇为论逋。宋真宗天禧元年（1017）九月，唃厮啰向宋贡马，请求和解。宋朝答允，给其马值。宋仁宗天圣元年（1023），宋朝政府规定唃厮啰"岁一入贡"。①

宋仁宗明道元年（1032），宋朝政府授厮啰宁远大将军、爱州团练使，授温逋奇归化将军。不久逋奇作乱，囚厮啰置阱中，收系不依附他的官员。守阱人放出厮啰，厮啰集兵杀逋奇，迁居青唐城（今青海西宁市）。当时，青唐唃厮啰政权能够控制的地盘主要是河湟地区，包括今青海和甘肃中部、南部的湟、鄯、廓、洮、岷、叠、宕、阶、熙、河、兰、会 12 州及积石军（治溪哥城，今青海贵德县西）、通远军（治古渭寨，今甘肃陇西县）一带。

宋仁宗景祐（1034—1038）时，宋朝以唃厮啰为保顺军节度观察留后，令秦州就近发给岁奉钱。元昊不欲厮啰附宋，又早觊觎河湟那块肥美的土地，乃以盛兵相临。景祐二年（1035），遣其令公苏奴儿将兵 25 000 攻唃厮啰，结果败死略尽，苏奴儿被执。元昊不服输，亲自率众进攻猫牛城（即宣威城，在今青海互助县西南），一月不下，"既而诈约和，城开，乃大纵杀戮"。② 又攻青唐、安二（即保塞寨，在今青海西宁市东南）、宗哥等城。厮啰沉着应战，他自知众寡不敌，便不急于交锋，而是派人监视夏军，寻找机会。在一次战斗中将夏军标识河水深浅的旗帜从浅处移至深处，以误导元昊。及至夏军溃归，"士视帜渡，溺死十八九，所卤获甚众"。③ 就这样，厮啰数以奇计败敌，使夏人不敢窥境。吐蕃凉州政权灭亡后，潘罗支旧部多归厮啰，厮罗又得回纥种人数万，与高昌等国的贸易也很频繁，因而堪称富强。宋仁宗嘉祐三年（1058），唃厮啰又通过为儿子董毡娶契丹公主，加强了与辽朝的关系。

---

① 《宋史》卷 9《仁宗本纪一》。

② 《宋史》卷 485《夏国传上》。

③ 《宋史》卷 492《吐蕃传》。

宋仁宗宝元元年(1038),元昊宣布建国。宋朝为了牵制元昊,加封唃厮啰保顺军节度使,仍兼邈川大首领。还先后派左侍禁鲁经,屯田员外郎刘涣持诏抚谕,累加封兼保顺河西节度使、洮凉两州刺史,又加阶勋检校官、功臣、食邑、赐予很多,然终不能有大功。宋英宗治平二年(1065),厮啰死,第三子董毡嗣。

唃厮啰战力不强,一个重要的原因是内部力量分散。厮啰有3妻,乔氏最美,生董毡。居历精城(即林金城、宁西城,在今青海西宁市西),所部六七万人。董毡9岁时,厮啰就为他请于朝,命为会州刺史,乔氏封太原郡君。厮啰的另外两个妻子都是李立遵的女儿,生瞎毡及磨毡角。立遵死后,李氏宠衰,被斥为尼,瞎毡和磨毡角也被禁锢。李氏在其母党的接应下,率两子逃出廓州。瞎毡驻留龛谷寨(在今甘肃榆中县东南),磨毡角和母亲往住宗哥城(即龙支城,在今青海西宁市东南),各自拥有了当地部落,成为豪霸一方的大首领。瞎毡死,子木征承袭部落大首领,从龛谷迁居河州。磨毡角死后,所部立其子瞎撒欺丁。厮啰子弟分居,另立山头,使其政权一分为三,"分牵制事,力不得齐一",面对强敌,形不成统一强大的战斗力。好在厮啰、瞎毡、磨毡角等对宋朝一致奉贡向附,宋朝也对他们父子分别任官,双方保持了长期松散的联盟关系。

由于唃厮啰的偏爱,董毡"独有河北之地",即今青海境内黄河以北地区,不仅实力最强,还继承宋授予厮啰的保顺军节度使、检校司空的官职。宋神宗即位,又加封董毡太保,进太傅,封其母安康郡太君,以其子蔺逋叱为锦州刺史,其他许多部落首领也得到官职。唃厮啰后人中,董毡一枝独大,木征等"文法所及,各不过一二百里"。①

唃厮啰政权力量分散,有利于宋朝的军事进攻。宋神宗熙宁五年(1072),宋朝发动"熙河之役"。宋将王韶带兵攻克武胜城(建镇洮军,又改为熙州,今甘肃临洮县),及河、洮、岷、叠、宕等州,建立了熙河洮岷路。董毡则派大首领鬼章率数万人进入洮、岷、河州,与木征相策应,乘宋军立脚未

---

① 《宋史》卷328《王韶传》。

稳，对其发动强势攻击，知河州景思立被鬼章诱杀，宋方的西北形势一时非常紧急。主帅王韶闻讯，取消了入朝的行程，驰归秦州。他调集大军，苦战月余，才将鬼章再次打败，木征投降，董毡对宋也表示归顺。元丰四年（1081），宋师讨夏，董毡遣酋长抹征等率3万人配合官军，又集六部兵12万，约以八月分3路与官军会合。宋神宗以其“协济军威，事功可纪”，由常乐郡公进封武威郡王，鬼章、阿里骨等也被加官。宋神宗明知董毡的实力“不足与夏人抗”，他之所以这样重视和优待吐蕃人，目的只在使其不要和党项“结和”，①联合攻宋而已。

董毡于宋哲宗元祐元年（1086）卒，养子阿里骨嗣。宋朝任其为河西节度使、西蕃邈川首领、宁塞郡公。这一时期，宋朝起用司马光、文彦博等主和派大臣，在西北民族关系上“专务安静，罢制置府，减戍卒，削冗官，握兵将帅相继以罪罢去”，致使吐蕃大酋鬼章等萌生“窥觊故土之心”。他们与夏联络，约定打下熙河洮岷地区后，分而占之。于是，鬼章领兵攻南川寨（在今甘肃临夏市西南），使其子结呃龊去向阿里骨请求增兵。阿里骨支持鬼章的行动，并积极联络宋统区蕃部为内应，“自熙河五郡，秦、渭、文、龙、阶、成等州，及镇戎军、德顺军两军，亚蕃塔而应之者十已七八，而人不知也”。② 元祐二年（1087）四月，鬼章袭占洮州城，进逼河州；“夏国主乾顺尽召12监军兵屯会州天都山（在今宁夏海原县东南——引者注）西南，国母与梁乙逋等率之，对兰州、通远军而营，欲与鬼章连谋入寇”。接着，“阿里骨发河北兵10万，由讲珠城（在今甘肃和政县西南——引者注）桥渡河，围河州，又发廓州兵五万余人，与夏人会熙州城东王家平”。③ 宋将游师雄见势紧急，乃乘党项、吐蕃军力未合，先发制人：令总管姚兕直捣讲珠城，又遣人走间道焚河桥，以绝阿里骨等援兵通道；种谊以岷州蕃将包顺为前锋，进取洮州。宋军在攻讲珠城时，杀伤相当，“日晡，焚其飞桥。移时，羌十余万奄至，旌旂铠仗亘数十

① 《宋史》卷492《吐蕃传》。

② 《长编》卷402，元祐二年六月甲申。

③ 《长编》卷404，元祐二年八月戊戌。

里，至桥不得渡，望风而溃”。① 洮州之战，史书描述云：

> 会夜大雨，及旦，重雾晦冥，谊引兵围城。部分甫毕，雾忽开，羌望见官军，以为从天而下，亟乘城拒守，汉兵四面攻之，其板筑犹未毕也。士皆鏖斗，呼声动天地，一鼓破之，擒鬼章及其大首领九人，斩馘数千，获牛羊、器甲数万计。城中万余人为官军所蹙，入洮水而死者几半。②

阿里骨战败后，于元祐三年（1088）向宋贡物谢罪，并请释放鬼章。宋朝在“静边息兵”的思想指导下，下令熙河前方停止招纳吐蕃部众，并加封阿里骨官爵。然而，阿里骨在其统治范围内“以杀戮为事”，又“修寺造塔”，加重了民众的负担，结果部众离贰，势力渐衰。

宋哲宗绍圣三年（1096），阿里骨卒，子瞎征（又名邦彪篯）嗣。绍圣四年（1097）正月，宋封瞎征为河西军节度使、检校司空、宁塞郡公。此人与其父一样，秉性嗜杀，部曲离贰。统治层内勾心斗角，地方政治十分混乱。这时，宋方已由主战派当政。宋哲宗元符二年（1099）七月，宋派王赡进取邈川。八月，瞎征降宋。豪酋心牟钦毡迎董毡疏族溪巴温入青唐，立木征之子陇拶为主。王赡军至青唐，陇拶降。大首领绰尔结与嘉勒摩巴桑济等又立溪巴温第三子溪赊罗撒（史称“小隆赞”）为主。溪赊罗撒联络部族，共抗宋军。河南吐蕃大首领郎阿章也杀宋将魏钊、知河州种朴等。元符三年（1100）三月，宋朝释放赵怀德（陇拶降宋后的赐姓名）与瞎征一起回到湟州，意在牵制溪赊罗撒。溪赊罗撒乃欲谋杀怀德，怀德奔河南（青海境内黄河以南），被当地酋长拥立为主（大隆赞），形成了河南、河北诸部落分拥大小隆赞的局面。同时，瞎征受到溪赊罗撒的威胁，内不自安，请求宋朝许他返回内地，宋政府将他安置到邓州（治今四川南坪县东北）居住。由于宋朝政治形势的变化和军费开支的拮据，元符三年（1100）四月，宋朝弃青唐。宋徽宗建中靖国元年（1101）三月，宋军又撤出湟州。同年十一月，宋朝授溪赊罗撒（小隆赞）“西

---

① 《长编》卷404，元祐二年八月戊戌。

② 《长编》卷404，元祐二年八月戊戌。

平军节度使，邈川首领”，[①]正式让他管理河湟地区。

宋朝西北的边防政策和举动，是随最高统治集团的民族思想而不断变动的。宋徽宗任用蔡京为相，再次提出了“开边”、经略河湟的问题。宋徽宗崇宁二年（1103）六月，宋洮西安抚使王厚、监军童贯奉命率大军西进，发起新一轮“河湟之役”。崇宁三年（1104），王厚复湟、鄯，“开拓疆境幅员三千余里……计招降到首领二千七百余人，户口七十余万”。[②] 在湟州之战中，溪赊罗撒仅以一骑逃去。赵怀德被带到开封，授任感德军节度使，封安化郡王。唃厮啰政权至此灭亡。

四、南宋后期的凉州会晤与吐蕃归附蒙古政权

蒙古在灭夏攻金过程中，开始与吐蕃诸部发生接触。当时吐蕃地区仍处于分裂、不相统属的状态。金灭北宋后，占有宋泾原、熙河两路，继承了北宋对黄河以南吐蕃部落的统治；黄河以北吐蕃部落则为西夏所有；乌思藏（乌思指前藏，藏指后藏）、纳里速（今阿里）地区，则为吐蕃众多封建领主所割据。在佛教后弘期兴起的藏传佛教各教派，分别与各地封建领主势力相结合，在形成西藏式政教合一模式的同时，也强化了吐蕃地区分裂割据的格局。

宋理宗宝庆三年（1227），成吉思汗在进攻西夏时，挥兵渡过黄河，破积石州，扫荡金临洮、河州、西宁等地，首次进入藏族地区。但蒙古确立对吐蕃地区的统治，则是在太宗窝阔台时期。蒙古灭金后，蒙古国太宗窝阔台七年（宋理宗端平二年，1235），命“皇子阔端征秦、巩”，招降金朝残余势力。十一月，阔端攻石门，亡金便宜都总帅汪世显率临洮赵阿哥潘等秦、巩24州军民降，阔端以赵阿哥潘为叠州安抚使，招抚附近吐蕃部落。太宗窝阔台八年（1236），阔端入蜀，分兵攻阶州、文州，又招降了当地藏族首领勘陀孟迦等10族。其后，朵思麻（今甘肃藏区）吐蕃各部相继降附蒙古。窝阔台将西夏故

---

① 《宋史》卷19《徽宗本纪一》。

② 《长编纪事本末》卷140。王厚这次攻占的河湟地区，其四至：正北及东南至夏国界，西过青海至龟兹国界，西至卢甘国界，东南至熙河兰岷州，接连阶、成州界。

地和河湟吐蕃地区划为阔端的份地。

太宗窝阔台十二年(1240年),阔端派大将道尔达率军征伐乌思藏。蒙古军进至拉萨北面的彭城,摧毁了热振寺和杰拉康寺,杀害了许多僧侣。在军事征服的同时,阔端也采用政治招降的办法,于蒙古太宗皇后称制三年(宋理宗淳祐四年,1244)派部将多达那波持信函去邀请后藏萨斯迦派教主萨班,希望他作为吐蕃各教派的代表,到凉州商谈吐蕃归顺事宜,以免操蕃语之族众生灵涂炭,同时答应萨班:"我将保你管领西方之僧众。"①而在此之前,蒙古军实际上已迫使"藏地木门人家(指藏族——引者注)多为霍尔(指蒙古人——引者注)输纳贡赋。东起工布以上,西至尼婆罗(尼泊尔)和南至门域以内,所有坚寨,皆被削平,定立森严法律,强制藏民皆遵王命,不得违反"。② 在这种形势下,萨班认为归顺蒙古统治者乃大势所趋,因而他"为利益佛法及众生,尤为利益所有操蕃语之众",③决定前来凉州,与阔端会谈。

蒙古定宗元年(宋淳祐六年,1246),萨班抵达凉州。次年,萨班与阔端在凉州举行了具有历史意义的会晤。会谈后,他写了一封著名的《萨迦班智达贡噶坚赞致乌思藏善知识大德及诸施主的信》,表达了他代表萨迦派归顺蒙古的决心,奉劝藏地僧俗各派放弃观望、侥幸及以欺骗办法对待(蒙古)等念头,准备上好礼品前来归顺,此乃大势所趋,符合蒙藏各方利益。萨班在信中还表示:"汗王对我关切逾于他人,故汉地、蕃、畏兀儿、西夏之善知识大德及官员百姓均视为奇事,前来听经,十分虔敬。不必顾虑蒙古对吾等来此之人如何对待,均甚为关切,待之甚厚。听从我之人均可放心安住。"④

萨班的呼吁得到西藏各地僧俗领主的响应。阔端于是承认萨迦派为西藏佛教各教派之首,委派萨斯迦人为金字使者、达鲁花赤,前往乌思藏调查

---

① 《西藏地方是中国不可分割的一部分》(史料选辑),西藏人民出版社,1986年版(下同),第40页。

② 五世达赖喇嘛著,刘立千译注:《西藏王臣记·萨迦政权时期》,民族出版社,2000年版,第62页。

③ 见《西藏地方是中国不可分割的一部分》(史料选辑),第41页,转见樊保良:《阔端与萨班凉州会谈》,甘肃人民出版社,1997年版(下同),第81页。

④ 《萨迦班智达贡噶坚赞致乌思藏善知识大德及诸施主的信》,转见樊保良:《阔端与萨班凉州会谈》,第83页。

该处官员姓名、百姓数目、贡品数量等，以此来巩固刚刚确立的蒙古对西藏的统治。

阔端与萨班的凉州会谈，确定了藏地与蒙古政权的关系。为西藏归属于中央政府的统一管辖奠定了坚实的基础，因而在藏族史，中国政治史、中国民族关系史上都具有重要的历史意义。

第四节　宋金夏角逐与金朝统治下的西北

一、宋金争夺西北和吴玠、吴璘的抗金斗争

由活动于中国东北的女真族建立的金朝，在其杰出首领完颜旻（mín，金太祖）、完颜晟（金太宗）等率领下，如狂飙闪电，迅速地占领了北方大地。辽天祚帝保大五年（1125），金太宗完颜晟率兵擒获辽天祚帝，灭辽朝。同年十月，金朝兵分两路，直入宋境，逼宋割地纳质。宋钦宗靖康元年（1126）八月，金朝再以宗翰为左副元帅，宗望为右副元帅，分东西两路攻宋。金兵攻下太原后，宗翰与宗望合兵东向，又取真定府（治今河北正定县），南渡黄河。宋朝在投降派把持下，不许各地起兵反抗。闰十一月初，宗望、宗翰两军顺利地进至开封，攻破京城，大肆掳掠后，于次年（1127）四月俘徽、钦两帝北返，北宋亡。

（一）金人南下和富平之战。金兵撤退后，康王赵构于这年五月在南京应天府（今河南商丘市）即位，改元建炎，史称南宋，他就是南宋高宗。

建炎元年（1127）十月，赵构将“行在”迁往扬州，中原只有知开封府宗泽留守东京。宗泽联络河东、河北和陕西的抗金义军，依险筑垒，积极设防，击退金军3路南侵大军。然而他收复失地的计划一直得不到宋高宗的回应，几次吁请赵构返还东京也未被采纳，他忧愤成疾，溘然长逝。北方抗金武装也先后被金军击垮。

建炎二年（1128）秋，金军再次南侵，娄室率军攻略陕西，宗翰（粘罕）与

宗辅一起穷追赵构。建炎三年(1129)五月,宗翰遣兵至扬州,宋高宗率官属渡江,南逃建康(今江苏南京市),并派使臣向金求和,遭到拒绝。十一月,宗弼率大军渡江,宋高宗先后逃往杭州、越州(今浙江绍兴市)、明州(今浙江宁波市)。金军尾随而至,高宗仓皇入海,逃往温州。建炎四年(1130)春,金军劫掠大批财物后北撤,宋高宗才以杭州为京城,安顿下他的朝廷。

金朝西略陕西的娄室(洛索)、撒离曷(萨里罕)一军,于建炎二年(1128)正月攻下长安。二月,又取陕(治今河南陕县)、华(治今陕西华县)、陇(治今陕西千阳县西北)、秦(治今甘肃天水市)诸州,陕右大震。宋朝西北军民的抗金斗争也如火如荼地展开了。

当时,在南宋军民抗金热潮的鼓舞下,知枢密院事张浚向宋高宗请求负责秦陇地区的抗金事务;并建议另派大臣,协助韩世忠防守淮东;调吕颐浩帮助张俊、刘光世"扈驾来武昌",使淮东、武昌、川陕连成一线,挡住金兵攻势。宋高宗答应了他的建议,任张浚为川陕宣抚处置使,以川陕、京西、湖南北为所部,"便宜黜陟","于兵民财无所不总"。①

张浚(1097—1164),字德远,绵竹(今四川绵竹市)人,登进士第,初为太常主簿。建炎初,因平苗傅、刘正彦叛乱有功,被擢为同知枢密院事,始参机务,迁知枢密院事宣抚处置使。他抗战心切,但缺乏战争历练和谋略。张浚初到陕西,金兵气焰方涨,宋西北诸路将帅也互不相能,内斗摩擦很激烈。在这种情况下,他未能协调诸将关系,就立即组织了富平之战,企图牵制淮东的金兵。张浚的进军计划,既违背宋高宗"三年而后用师进取"②的指令,又在客观上没有成功的希望,因而遭到许多将帅的反对。张浚听不进有益的意见,而轻信幕客中"兵马一集,可以扫金人尽"③的空话。故大举之议已定,虽三尺之童皆知其不可,幕客与兵将皆心知其非而口不敢言,唯诺相应和者十八九,间有反复论难者又持之不坚,只有一个名叫杨晟惇的将官极言其非,但张浚听不进去。

① 《建炎以来朝野杂记》甲集卷8。

② 《建炎以来系年要录》卷36,建炎四年八月癸未。

③ 《三朝北盟会编》卷142《炎兴下帙》。

建炎四年(1130)九月,张浚调集永兴路经略使吴玠,环庆路经略使赵哲,泾原路经略使刘锜,秦凤路经略使孙渥,熙河路经略使刘锡,“合诸路兵四十万人,马七万,以锡为统帅。浚又贷民赋五年,金钱粮帛之运不绝于道,所在山积。”①张浚亲往邠州(治今陕西彬县)督战,还天真地准备“直捣幽燕”。金左副元帅宗维(望)得知宋军来攻,急调完颜宗弼(兀术)自京西入关,与罗索(娄室)合力对敌。宋军时在耀州富平县,金军主力在下邽(治今陕西渭南市北下邽镇),罗索一军还在绥德军(治今陕西绥德县)。这时,张浚部将请乘金军未合之时发动袭击,张浚不可。他约金人会战,金人又不予回应。就在张浚下几次战书的时间,罗索已从绥德军赶来了。他率数十骑登山了望宋军后说:“人虽多,壁垒不同,千疮万孔,极易破耳!”这时候,张浚还在遣使约战。金人口头答应会战,到期又一再不出兵。张浚误以为罗索胆怯,虚骄地说:“吾破敌必矣。”有幕客为了附和张浚,甚至要求将妇人的衣服送给罗索,以表蔑视。针对当时的军事布置和形势,出身于西北,熟悉军情的吴玠发表不同意见说:“兵以利动,今地势不利,将何以战?宜徙据高阜,使敌马冲突,吾足以御之。”秦凤路提点刑狱公事郭浩也说:“敌未可争锋!当分地守之,以待其毙。”然反对者却说:“我师数倍于敌,又前阻苇泽,敌有骑不得施,何用他徙!”②

其时,宋方各路乡民运送军需的人络绎不绝,到达营地后,他们就围绕军营结成小寨,用车马作围墙,寨寨相连地驻下来。吴玠等认为这样会堵塞军士进退的道路,因此建议把军队移到高地上去,但张浚不予采纳。罗索看出宋军破绽,选3 000骑直冲乡民小寨,百姓受惊,奔入军营,宋营顿时大乱。金兵乘势杀来,泾原军统帅刘锜身先士卒抵挡,战了4个时辰,胜负未分。金军转攻环庆军,其他各路军不来救援。环庆经略使赵哲擅离所部,将士望见尘土飞扬,以为主帅败逃了,也纷纷逃遁,以致全军大溃。“金人得胜不追,所获军资不可计。”③

---

① 《建炎以来系年要录》卷37,建炎四年九月癸亥。

② 《宋史》卷366《吴玠传》。

③ 《建炎以来系年要录》卷37,建炎四年九月癸亥。

富平之战失败，酿成南宋西北六路的危机，而张浚在战后处置上的不讲策略，又直接导致了西北6路的沦陷。

赵哲作为一路统军将领，临战先逃，引起全军惊溃，对于他的处分是必要的，但应当讲究策略，注意稳定军心，然而张浚并没有这样做。他匆促召集诸将，斩赵哲于堠下。此举"不厌公议，众语喧哗"，张浚遣散诸路军队，"令方出口，诸路之兵已行，俄顷兵尽"，①可见军心之涣散。赵哲被杀后，在张浚幕客刘子羽的指使下，孙恂又杀死统领官张忠、乔泽。统制慕容洧等不服，孙恂威胁说："尔等头亦未牢！"②慕容洧怕被杀害，便发动兵变，反攻环州。张浚遣统制李彦琪前往环州救援，又命经略使刘锜追击慕容洧。刘锜临行，留部将张中彦、赵彬守渭州（治今甘肃平凉市），两人"乃相与谋，逐锜而据泾原"。③ 后李彦琪逃归原州（治今甘肃镇原县），张中彦、赵彬投降了金军。在军事形势越来越不利的情况下，张浚又在王庶等挑唆下，掺杂个人私愤，④将抗金屡立战功、在陕西军民中享有很高威望的曲端处死。"远近士民闻端之死，无不怏怏，有数日食不能下者"。于是，"军民益解体"。⑤

在金军的强大攻势下，张浚处置失当，节节败退。金人则横行无忌地由陕西打到陇东、陇西、陇南，占领了陕西五路，先后在德顺（治今宁夏隆德县）、熙（治今甘肃临洮县）、阶（治今甘肃陇南市）、岷（治今甘肃岷县）等州军大肆劫掠财货、粮食、马匹，而后回到关中，将西北诸路的统治大权移交给伪齐刘豫。刘豫派宋叛将张中孚守平凉，张中彦守秦州，赵彬守庆州，慕容洧守环州。

（二）吴玠、吴璘的抗金斗争。富平之战，南宋"一举而丧师三十万，失地

---

① 《三朝北盟会编》卷142。

② 《三朝北盟会编》卷142。

③ 《建炎以来系年要录》卷38，建炎四年十月庚寅。

④ 《三朝北盟会编》卷142云："浚见兵马俱集，大喜，谓当自此便可以径入幽燕。问曲端如何？端曰：'必败！'浚曰：'若不败如何？'端曰：'若宣抚之兵不败，端伏剑而死！'浚曰：'可责状否？'端即索纸笔责令状曰：'如不败，甘伏军法。'浚曰：'浚若不胜，复当以头与将军。'遂大不协。"

⑤ 《三朝北盟会编》卷147。

六十州”。[1] 整个秦陇地区几乎丢光了,西蜀也极危险。此时,力挽狂澜的西北将领以吴玠、吴璘兄弟俩为代表。

吴玠字晋卿,吴璘,字唐卿,他们祖籍德顺军陇干,后迁水洛城(今甘肃庄浪县)。吴玠、吴璘兄弟俩自幼生长在干戈扰攘的陕西边界,习知戎马战射,又有立功报国的雄心壮志。在南宋抗金斗争中,他们与韩世忠、岳飞等一样彪炳史册。富平败后,张浚置宣抚处置使司于阆州(治今四川阆中县),秦凤路统领关师古退保岷、巩;刘锡屯军阶、成;秦凤副总管兼知凤翔府的吴玠及其弟吴璘领数千名散卒驻扎在大散关东的和尚原(今陕西宝鸡市西南)。当时,“朝问隔绝,人无固志”。[2] 有人阴谋劫持吴氏兄弟降金。吴氏兄弟临危不惧,召集诸将,饮血盟誓,勉励大家忠义报国。将士们见其正义堂堂,感动得流下了眼泪,都愿在他们的带领下为国效劳。吴氏兄弟在安定军心的基础上,进一步联系民众,争取他们的支援。前此,吴玠任凤翔知府,曾以爱护百姓、安抚流亡而给群众留下了好感。现在吴氏兄弟积极抗金,卫国守土,直接关系到秦陇广大民众的生死安危,因此得到人民群众的拥护。吴玠军中缺乏食粮,百姓便自动约集,星夜向他们送粮。吴玠用钱帛厚酬百姓,援助者越来越多。金人发现后,在渭河沿岸伏兵截杀,又在村落中设立保伍连坐法,严行纠察,但百姓还是数年不断地冒险接济吴家军。吴氏兄弟为了减轻民众的负担,屡次裁减冗员,节省浮费;还调军整修褒城废堰,发展水利,帮助几万户农民恢复了生产;又组织军队屯田,绍兴五年(1135)前后在阶(治今甘肃陇南市)、成(治今甘肃成县)、西和(治今甘肃西和县)、天水(治今甘肃天水县西南天水镇)、沔(治今陕西略阳县)、凤(治今陕西凤县)、梁(即兴元府,治今陕西汉中市)、洋(治今陕西洋县)、利(治今四川广元县)9 州军设屯田、营田 60 余庄,耕地 850 多顷,岁收 25 万余石,[3]得到朝廷的表彰,并将其法推广到全国。

绍兴年间,吴氏兄弟在川陕军民的支持下,率领西北兵民,为保卫秦陇

① 《建炎以来系年要录》卷 119,绍兴八年五月丁酉。
② 《宋史》卷 366《吴玠传》。
③ 《建炎以来系年要录》卷 111,绍兴七年五月壬午。

西蜀进行了数十次艰苦的战斗，其中最著名的有：

——和尚原之战。宋高宗绍兴元年（1131）三月和五月，金兵两次进攻和尚原（今陕西宝鸡市南大散关东），都被吴玠兄弟俩的军队打败。十月，金陕西都统洛索死，完颜宗弼（兀术）会诸道兵10余万人，造浮桥跨渭水，垒石为城，结成"连珠营"，向和尚原发起第三次进攻。吴玠兄弟针对金兵顽强耐战的特点，选用"驻队矢"的战法，强弓劲弩分番迭射，矢如雨注。敌稍后退，则又以骑兵邀击，截断其粮道。金兵败逃，吴玠又在神坌（bèn）设下埋伏，纵兵夜击，最终打败了金兵。在这次战役中，宋军杀死和俘虏金兵数以万计，宗弼连中两箭，仅以身免，这是他入侵中原以来遭到的一次惨重失败。吴玠在这次战役后升任镇西军节度使，吴璘升任康州团练使、泾原路马步军副总管。

——饶风关之战。饶风关在今陕西石泉县西北饶风岭上。老于行阵的宗弼在和尚原败后，金左副元帅宗维又派萨里罕为陕西经略使，率兵驻于凤翔府，与宋军相持。绍兴二年（1132），吴玠屯兵于河池（今甘肃徽县）。金朝派宋降将李彦琪驻秦州，牵制宋军，窥取仙人关（在今甘肃徽县南）；又派游骑骚扰熙河，以拖住宋将关师古一军。萨里罕则从商洛直捣上津（今湖北郧西县西北），对宋军形成夹击之势。绍兴三年正月，金人攻取金州（治今陕西安康县）。二月，萨里罕长驱直入洋州（治今陕西洋县）、兴元府（治今陕西汉中市）等地界，驻守兴元的刘子羽闻讯，急命田晟防守饶风关，并发驿书召吴玠来援。

吴玠提兵一日夜赶300里路程，从河池来到饶风关。为了挫败敌兵的锐气，吴玠派人送一批黄柑到金营，说："大军远来，聊用止渴。"撒离喝大惊，以杖击地说："尔来何速耶！"①双方在饶风岭展开激战。金人被重铠，登山仰攻。一人先登，二人拥后，先者战死，后者顶替。吴玠军弓弩乱发，大石摧压，双方战斗了6昼夜，死者山积而敌不退。于是吴玠募敢死士，人千银，得士5 000，准备夹攻。"会玠小校有得罪奔金者，导以祖溪间路，出关背，乘高以阚饶风。诸军不支，遂溃。"②宋军虽败，然而当金军撤退时，吴玠在武休关

① 《宋史》卷366《吴玠传》。

② 《宋史》卷366《吴玠传》。

（在今陕西留坝县南）邀击，金军堕涧而死者以千计，器械辎重完全遗弃给宋军。这次金人深入洋州、兴元府，结果得不偿失。

——仙人关之战。饶风关战后，宋朝政府总结经验，重新布置了川陕防务。当时张浚的宣抚司驻潼州（治今四川绵阳市），宋高宗绍兴三年（1133），宣抚处置副使王似、卢法原同在阆中（今四川阆中县），乃分陕蜀之地责守于诸将：自秦凤至洋州，由利州路制置使兼本司都统制吴玠主持防务，屯仙人关（今甘肃徽县东南）；金（治今陕西安康县）、房（治今湖北房县）至巴（治今四川巴中县）、达（治今四川达县）诸州，由镇抚使兼本司参议同都统制王彦主持防务，屯通川（治今四川达县）；文（治今甘肃文县）、龙（治今四川平武县东）至威（治今四川汶川县西北）、茂（治今四川茂汶县）等州，由知绵州兼绵威茂州石泉军沿边安抚使刘锜主持防务，屯巴西（治今四川绵阳市）；洮（治今甘肃临潭县）、岷（治今甘肃岷县）至阶（治今甘肃陇南市）、成（治今甘肃成县）等州，由熙河路马步军总管统制熙秦军马关师古主持防务，屯武都。[①]诸将防地清楚，责任明确，避免了相互推诿和扯皮的现象。

绍兴四年（1134）二月，宗弼、萨里罕和伪齐刘夔率领10万骑兵，从铁山（今甘肃徽县南）凿山开道，循岭东侵。这时，吴氏兄弟俩已放弃了和尚原，吴玠移驻于仙人关西侧的杀金坪（在今甘肃礼县南），吴璘驻扎在阶、成之间的七方关。吴玠得知金兵来犯，率领1万人马迎敌。吴璘从七方关兼程而来，沿途与金人转战7昼夜，才得与吴玠的军队会合。

金兵进攻异常猛烈，但都被吴家军击退。宗弼盛怒之下，改用云梯攻关。吴玠遣部将杨政用撞竿击碎云梯，又拿长矛刺杀。吴璘见战斗紧张，以刀画地，令诸将曰："死则死此，敢退者斩！"[②]他身先士卒，奋不顾身地杀敌，大大激励了将士们的勇气。在宋军的英勇抗击下，金兵大败。同年四月，吴玠又接连几次破敌立功，收复了秦、凤、陇3州。仙人关战后，金军退到凤翔，分兵屯田，作长久计，数年不敢妄动。

——扶风、凤翔百通坊之战。绍兴九年（1139）六月，吴玠在仙人关病

---

① 《建炎以来系年要录》卷71，绍兴三年十二月。

② 《建炎以来系年要录》卷74，绍兴四年三月辛亥。

逝。领导川陕军民抗金的重任落到了吴璘身上。这时,金朝重臣粘罕已死,挞懒一派掌权,金国内斗十分激烈。挞懒想联络南宋以为己助,乃废去刘豫政权,以"赐还"河南、陕西为诱饵与宋约和。宋高宗赵构和权奸秦桧不顾岳飞、吴璘等将领反对,与金人签订了称臣纳贡的和议。

绍兴十年(1140),正当宋高宗、秦桧等庆贺"和议"成功的时候,金朝发生了政变,宗弼(兀术)代替挞懒掌权。紧接着,他点集军队,大阅于祁州(治今山西祁县)元帅府,然后分四路南下:聂黎孛堇出山东,萨里罕犯陕右,李成趋河南,宗弼自将精兵10万余人抵汴京,这是一次规模更大的入侵活动。宗弼还未进至开封府,宋朝的东京留守孟庚就已经远道迎降了,"河南诸郡望风纳款"。① 萨里罕一军则渡黄河,入长安,趋凤翔,所至款附,如入无人之境。当时南宋陕右诸军相互隔离较远,唯熙河经略使兼宣抚司参谋官孙渥与秦凤经略使吴璘两将,随四川宣抚使胡世将屯兵于河池县(今甘肃徽县)。胡世将猝临大敌,仓皇召集诸将商讨对策。孙渥建议放弃河池,移兵于仙人原,据险自保。吴璘抗声说:"出此懦语沮军,可斩也!"他"请以百口保破敌"。世将壮其言,感其心,指着坐帐说:"世将誓死于此矣!"②于是确定了抗敌的行动方案。六月,吴璘等向萨里罕约战,萨里罕遣古延以3 000骑直冲宋军,被宋军击败,退入扶风县城。另一支策应古延的金军,也被宋军打散逃走。接着,胡世将派李师颜攻克扶风,俘金兵117人,首领3人;又遣裨将击凤翔西城外敌寨。萨里罕亲临百通坊参战,列阵20余里,又被宋将姚仲等击破。这一胜利,有力地配合了宋朝中路、东路诸镇的军事行动,为岳飞部的北伐扳回了有利的形势。

——陇州刘家圈、剡湾、腊家城之战。绍兴十一年(1141)八月,金统军呼珊(《建炎以来系年要录》卷141作罕札)、迪布禄(一作希卜苏)合军5万余屯驻陇州(治今陕西陇县)的刘家圈,宋吴璘、杨政、郭浩3将也齐集于仙人关一带。宣抚副使胡世将给吴璘8万军队破敌,又命杨政出和尚原,郭浩出商州,以为声援。四月,吴璘在河池检阅了新训练的军队,然后取道秦州,

① 毕沅:《续资治通鉴》卷123。

② 《建炎以来系年要录》卷135,绍兴十年五月辛卯。

直趋吴山县(治今陕西宝鸡市西北)与金人对垒。

金将呼珊善战,迪布禄善谋,两人都是用兵老手。他们驻军的刘家圈前临峻岭,后控腊家城,形势险固,进退有据,加上前面打了胜仗,因而猜想宋军是不敢来攻的。吴璘揣知敌意,又亲自踏看了地形,遂采纳步将姚仲的建议,用奇兵突袭金军,金兵仓促应战,惊骇不已。呼珊勒兵鏖战,吴璘驻马阵前,军士都拼死搏斗。金人败逃,宋兵追击,杀敌数千,降者万余人。

当时,宋朝的西北战场,吴璘克复了秦州,又有剡湾之捷;杨政攻下陇州,破敌岐下诸屯;郭浩取华(治今陕西华县)、同(治今陕西大荔县)两州,三路并进,势如破竹。陕西、河东数十支忠义军也在胡世将的联络下"愿为内应",整个形势对宋非常有利。可是,就在吴璘攻腊家城垂破之际,朝廷下令班师,致使西北军民用鲜血换来的战果一时化为泡影。

绍兴三十一年(1161)九月,完颜亮背盟毁约,发军60万,自将南来,弥望数10里,不绝如银壁。他遣合喜为西北路军统帅,扼大散关,攻黄牛堡(在今陕西凤县东北黄牛铺)。重病在身的吴璘乘肩舆上杀金坪,调内地军队前来援助,又传檄契丹、西夏及山东、河北等地力争支援。经过与金军激战,先后收复了秦、陇、环、原、熙、河、兰、会、洮、积石(治今青海循化县)、镇戎(治今宁夏固原市)、德顺(治今宁夏隆德县)等12州军。他还遣将东取商(今陕西商县)、虢(今河南灵宝县)、陕(治今河南三门峡市)、华4州,北以重兵扼凤翔。① 准备扩大战果。当宋将姚仲攻德顺州时,40日不下。吴璘亲临城下,按行诸屯,预治夹河(葫芦河)战地,然后挥军大战,一举将城攻破。吴璘入城,"市不改肆,父老拥马迎拜不绝",②表达家乡民众对这位抗金英雄的崇敬和爱戴。同年,完颜悉烈等率10余万人再攻德顺州,万户豁豁也率兵从凤翔打来,吴璘筑堡以待,双方交战,死伤都很惨重,但金人始终无法取胜。这时宋朝继赵构、秦桧之后,史浩一时擅权,他力主向金屈辱求和。这年十二月,宋廷下令吴璘班师。吴璘闻令,不敢违抗,仓促退兵,金人乘其后,尾追而击,宋兵3万,得还者仅7 000人,将佐所存无几。于是秦凤、熙

---

① 《建炎以来系年要录》卷199,绍兴三十二年五月。

② 《宋史》卷366《吴璘传》。

河、永兴三路新收复的 13 州、3 军又被金人夺取。[①] 宋孝宗乾道三年(1167),吴璘病逝。此后,秦陇各地就一直由金朝所统治。

二、金朝西北的行政区划和管理机构

从建炎四年(1130)"富平之战"金人打败宋军,占领西北诸路为标志,到金哀宗天兴三年(1234)金亡,金朝统治西北东部地区长达 100 余年之久。这期间,今西北地区分别被金、南宋、西夏、吐蕃、西辽等民族政权所分占,社会政治状况十分复杂。金熙宗皇统二年(宋高宗绍兴十二年,1142),金朝将其占领的宋陕西 6 路合并为京兆府、凤翔、鄜延、庆原、临洮等 5 路,共辖 6 府(京兆府、延安府、凤翔府、庆阳府、平凉府、临洮府)、26 州(商州、虢州、乾州、同州、耀州、华州、德顺州、镇戎州、秦州、陇州、丹州、保州安、绥德州、鄜州、坊州、环州、宁州、邠州、原州、泾州、积石州、洮州、兰州、巩州、会州、河州)、119 县、12 城、74 寨、88 镇、24 堡和 4 关,总户数约 97 万余。[②]

今陕西的陕南地区和甘肃陇南地区,当时属于南宋利州东、西路。利州东路辖有兴元府和洋州、金州、大安军;利州西路辖有凤州、沔州、成州、西和州、阶州、文州等。

由上可知,金朝的地方行政建制与宋朝一样分路、府(州)、县三级。其职官制度也大致仿效了宋朝。金朝中央在今西北的派出或大区性机构有:

——陕西行尚书省。史载金宣宗贞祐三年(1215)十月,"诏尚书左丞相仆散端兼都元帅,行尚书省于陕西"。十二月,陕西行元帅府乞益兵,以田琢之众隶之,仍奖谕以诏。[③]

——陕西行元帅府。长官都元帅,掌征伐之事,兵罢则省。都元帅下设有左右副元帅、左右监军,左右都监、经历、都事、知事、检法等。

——陕西宣抚使司。金章宗泰和六年(1206)置,节制陕西。泰和八年

---

① 指秦、陇、环、原、熙、河、兰、会、洮、商、虢、陕、华州和积石、镇戎、德顺军(《续资治通鉴》卷138)。

② 《金史》卷26《地理志下》。

③ 《金史》卷14《宣宗纪上》。

(1208)改为安抚司。史载金宣宗元光二年(1223)四月,“设京兆南山安抚司”。①

——陕西统军司。金完颜亮天德二年(1150)置,金完颜亮正隆(1156—1161)末升为都统府,金世宗大定五年(1165)复罢府,降为统军司。长官统军使,其职责是“督领军马、镇摄封陲”。左官有副统军使,判官、知事、知法等。

——陕西按察司。本为提刑司,金章宗承安四年(1199)改为按察司。金宣宗贞祐三年(1215)撤销,只派监察采访使一员。左官有监察采访使副使、判官、知事等。

——陕西行司农司。金宣宗兴定六年(1222)置,设官五员。金哀宗正大元年(1224),陕西设大司农司,职官有卿、少卿、丞等。其职务不仅是负责农事或经济,卿以下官员还“迭出巡按,察官吏臧否”。

西北各路级管理机构,主要有转运司。长官转运使,“掌税赋钱谷、仓库出纳、权衡度量之制”。② 属官有同知、副使、都勾判官、户籍判官、支度判官、盐铁判官、都孔目官、知法等。陕西东路转运司在京兆府,金完颜亮天德二年(1150)置。陕西西路转运司设于平凉府。③

提刑司。陕西东西路提刑司,设于平凉府。④

诸路总管府。设在重要的府城,由府尹兼领,名都总管,正三品,“掌统诸城隍兵马甲仗,总判府事”。⑤ 属官有同知都总管、副都总管、总管判官、府判、推官、知法等。金朝西北的总管府共有5个,其中京兆府总管府、延安府总管府、庆阳府总管府、临洮府总管府设于金熙宗皇统二年(1142),凤翔府总管府设于金世宗大定二十七年(1187)。⑥

金朝西北除了总管府以外的府只有平凉一处,按照金朝政府的规定,这

① 《金史》卷16《宣宗纪下》。
② 《金史》卷57《百官志三》。
③ 《金史》卷26《地理志下》。
④ 《金史》卷26《地理志下》。
⑤ 《金史》卷57《百官志三》。
⑥ 《金史》卷26《地理志下》。

类府设尹一员，正三品。其职责是“掌宣风导俗，肃清所部，总判府事”。① 与总管府相比，这类府的长官不兼管军事。副职有同知、少尹、府判、推官、府教授、知法等。

金朝的州分节镇州、防御州和刺史州3类，长官均兼治兵民之事。节镇州设节度使一员，从三品，“掌镇抚诸军防刺，总判本镇兵马之事，兼本州管内观察使事”，②其总判州事的职责与府尹一样。左官有同知节度使、副使、节度判官、观察判官、知法、州教授、司狱等。金朝西北的节镇州共有5个：即京兆府路的同州，鄜延路的鄜州，庆原路的邠州、泾州和临洮府路的巩州。

防御州设防御使一员，从四品，“掌防捍不虞，御制盗贼，余同府尹”。③ 左官有同知防御使事、判官、知法、州教授、司狱等。金朝西北的防御州共有4个：即京兆府的华州，凤翔府的秦州、陇州和临洮府路的河州。

刺史州设刺史一员，正五品，“掌同府尹兼治州事”。④ 左官有同知、判官、司军、知法、军辖兼巡捕使等。金朝西北26州中，除上述节镇州和防御州以外的17州，均为刺史州。⑤

各类府州均有专管军事的机构和武官。主要是总管府节镇兵马司，设都指挥使一员，正五品，其职责是巡捕盗贼，提控禁夜，纠察诸博徒、屠宰牛马，总判司事，左官有副都指挥使、指挥使、军使、左右什将等。府镇都军司，设都指挥使一员，正七品，掌军率差役、巡捕盗贼，总判军事，与录事同管城隍。诸防刺州，军辖一员，掌同都军，兼巡捕，与司候同管城壁。诸府州，兵马钤辖一员，从六品，掌巡捕盗贼，若有盗，则总押随处巡尉并力巡捕。诸州都巡检使各一员，正七品。副都巡检使各一员，正八品。⑥ 此外，鄜延等路还设有边将，“提控部保，将轮番巡守边境”。⑦

---

① 《金史》卷57《百官志三》。

② 《金史》卷57《百官志三》。

③ 《金史》卷57《百官志三》。

④ 《金史》卷57《百官志三》。

⑤ 据《金史》卷26《地理志下》统计。

⑥ 《金史》卷57《百官志三》。

⑦ 雍正《陕西通志》卷22《职官志三》。

县设县令一员，从七品。左官有丞、主簿、尉等。

县以下尚有各知镇、知城、知堡和知寨，均为从七品，与县令相同，可见金朝政府对基层管理的重视。

三、金朝与西夏的关系及蒙古国统一西北

金朝是通过武力建国的，其文化远落后于宋，又与宋夏两大邻国战争不断，金朝中期以后，最高统治集团内部倾轧，吏治腐败。南宋宁宗开禧二年（金章宗泰和六年，1206），中国北方另一强大民族蒙古族杰出首领成吉思汗经过激烈的战争，兼并了北方各部落，建立起蒙古国，随即对夏金统治的西北地区发动了持续的大规模进攻，终使西北统一于蒙元政权之下。

（一）金夏两国的和战。金太祖天辅六年（1122），金破辽兵，夏将李良辅带兵3万救辽，被金兵打败，金朝的西北军统帅完颜宗望想将夏国对辽的忠诚转移到事金上来，因而在战胜的情况下与夏议和。金太宗天会二年（1124），他的这一政治设想实现了，夏国奉誓表，表示愿意“以事辽之礼称藩”。[①] 于是，在金灭北宋以后，金夏重新划定了其在秦陇一带的统治范围：自麟府路洛阳沟东距黄河西岸、西历暖泉堡（即暖泉寨，在今陕西米脂县东），鄜延路米脂谷至累胜寨，环庆路威边寨（在今陕西吴旗县西南）过九星原至委布谷口，泾原路威川寨（在今宁夏固原市境）、古萧关（在今宁夏同心县南）至北谷川，秦凤路通怀（会）堡（在今宁夏海原县西北）至古会州（治今甘肃靖远县），再由此往西沿黄河直到熙河路的西边，为金夏分界。以上地区大致包括今山西西北的河曲、保德县，陕西北部的神木、横山、志丹、吴旗、定边县一带，甘肃庆阳的环县，往西经宁夏海原县，沿黄河至甘肃靖远、兰州一带。金朝又将陕西北部边界地带划给夏国，换取了原被夏国占领的天德军（治今内蒙古乌拉特前旗东北）和云内州（治今内蒙古土默特左旗）两地，以使双方在这里仍以黄河为界。“天会和议”以后，金朝“八十余年与夏人未尝有兵革之事”。[②]

---

① 《金史》卷134《西夏传》。

② 《金史》卷134《西夏传》。

蒙古建国后,对金、夏都带来了直接、巨大的威胁。夏国势弱,不能独立地与辽、宋、金等邻国抗衡,必须依附于强国,才有生存和发展的余地。因此,它对辽、宋、金三国总是"偭(miǎn 违背)乡(向)无常,视三国之势强弱以为异同焉"。[①] 当辽和北宋灭亡,金朝衰弱,蒙古势大以后,西夏同样总体上采取了附蒙抗金的国策,因而从 13 世纪初开始,金夏关系就紧张起来了。

金完颜永济崇庆元年(1212)三月,夏国进攻金朝的葭州(治今陕西佳县)。次年六月,攻保安州(治今陕西志丹县)。金宣宗贞祐元年(1213)十一月,西夏攻金会州(指新会州,治今甘肃靖远县东南),十二月,夏军攻陷金朝的泾州(治今甘肃泾川县北)。贞祐二年(1214)八月,夏军又攻金庆原路、延安府、积石州等地。贞祐三年正月,夏兵攻金环州(治今甘肃环县)、积石州,入安乡关(在今甘肃临夏市西北),被金都统曹记僧、万户忽三十打退。九月,夏军攻破金西关堡(在今甘肃兰州市西)。十月,夏军又攻金保安州(治今陕西志丹县)及延安府。不久深入攻金临洮,金总管陀满胡土门不能御,陕西宣抚副使完颜胡失来救临洮,大败于渭源堡(今甘肃渭源县),胡失来被俘。贞祐四年(1216)十二月,金左监军陀满胡土门、延安总管古里甲石伦攻夏盐(治今陕西定边县)、宥(治今内蒙古鄂托克旗东南)、夏(治今陕西靖边县东北白城子)等州;金庆阳总管庆山奴、知平凉府移剌答不也攻夏威(治今宁夏同心县东北韦州)、灵(治今宁夏灵武县西南)、会(治今甘肃靖远县东南)等州。贞祐四年(1216)冬,西夏 4 万余骑围金定西州(治今甘肃定西市南),金元帅右都监完颜赛不以杨沃衍提控军事,率兵与夏人战,斩首近 2 000,生擒数 10 人,获马 800 余匹,器械称是,余悉遁去。[②]

金宣宗兴定三年(1219),夏兵 3 万由高峰岭入寇定西州,环城为栅,金将白撒遣刺史爱申阿失剌与行军提控乌古论长寿、温敦永昌出战,大败夏军,斩首千余,获马仗甚多。兴定四年(1220)八月,夏人陷会州,刺史乌古论世显降,又攻龛谷县(大定 22 年升县,治今甘肃榆中县南),夹谷瑞连战败

---

① 《金史》卷 134《西夏传》。

② 《金史》卷 123《杨沃衍传》。按:据《金史》卷 26《地理志下》,金宣宗贞祐四年六月升定西县为定西州,故此事当在贞祐四年冬。

之,夏人乃去。九月,夏人围绥平寨、安定堡,陷西宁州,遂攻定西,金乌古论长寿将其击退。夏兵乃袭巩州,金将石盏合喜一日10余战,才将其击退。兴定五年(1221)二月,宁远军节度使夹谷海寿破夏兵于搜嵬堡。三月,夏军复取来羌城。十月,攻龛谷,金将白撒多次将其击退。

金宣宗元光元年(1222),夏兵数十万分寇秦凤、鄜延等地,金主召白撒等授以方略,命发兵袭其浮桥,遂趋西凉。别遣将取大通城(在今青海循化县西黄河南岸),出溪哥路,略夏地。白撒徐出镇戎,合达出环州。白撒驰至临洮,遣总管女奚列古里间、积石州刺史徒单牙武各摄帅职,率兵西入。夏人据大通城,因围之,分兵夺其桥,与守兵7 000人战,几杀其半,入河死者不可计,余兵焚其桥西遁。乃还军攻破大通城,斩首3 000,以河梁既焚,塞外地寒少草,师遂还。

以上是金夏间较大的战争,至于小规模的冲突则更多。期间,金朝政府也曾移文议和,但终不成功。夏国围绕和战的问题内部斗争很激烈。西夏光定十三年(金宣宗元光二年,1223),夏主遵顼令其太子德任伐金,德任苦劝"与之约和",夏主执意不从。为此,德任甚至提出"避太子位,愿为僧",遵顼一怒之下,将其"幽之灵州,遣人代将",并真的废去德任的太子职位,"以德旺为太子"。① 正当夏国全力攻金的时候,蒙古军队已经打过来了。

金夏两方从贞祐(1213—1217)之初,"小有侵掠,以至构难十年不解,一胜一负精锐皆尽,而两国俱弊",为蒙古国的各个击破提供了有利的条件。金哀宗正大元年(1124),金夏两国开始醒悟,并达成和议,"自称兄弟之国",②但为时已经太晚了。

(二)蒙古国灭夏。早在宋宁宗开禧元年(1205),成吉思汗消灭乃蛮部后,随即率兵进入夏境,"大掠人民及其橐驼而还"。③ 这是蒙古军首次攻夏。1207年秋,成吉思汗以西夏不肯称臣为由,第二次出兵侵入西夏,攻破西夏北部重镇斡罗孩城(又作兀剌海、委剌哈、兀剌孩、兀良海牙城,在今内蒙古

---

① 《金史》卷134《西夏传》。

② 《金史》卷134《西夏传》。

③ 《元史》卷1《太祖本纪》。

乌拉特中后旗西南狼山隘口，一说在今甘肃山丹县东北龙首山，当以前说为是)，后以军粮尽而退。金完颜永济大安元年(1209)，成吉思汗第三次率军攻夏，夏襄宗李安全以其子承祯为统帅，组织抵御。蒙古军突破斡罗孩关口，夏军副帅高逸被俘，不屈而死。西夏太傅西壁讹答也在斡罗孩城下被蒙军俘虏。蒙军长驱直抵贺兰山北侧，进逼中兴府外围要隘克夷门(今银川西南三关口)，擒获西夏新任统帅嵬名令公，夏军溃散。蒙古军进围中兴府，引黄河水灌城，就在城垣将塌之时，黄河外堤忽崩，反淹蒙军，蒙军只好撤退。在蒙古军围困中兴府的危急时刻，西夏向金求援，金朝统治者没有看到凌然崛起的蒙古国对自己的潜在威胁，采取合弱攻强，以求生存的策略，反倒幸灾乐祸地认为"敌人相攻，吾国之福"，①从而袖手作壁上观。夏襄宗连败之余，乃向蒙古纳女称臣；夏金反目为仇。

夏国皇建二年(1211)七月，齐王李遵顼废李安全，自立为帝，他就是夏神宗。夏神宗也未从战略大局考虑，对待金蒙，而是追随蒙军，连年攻金，付出了惨重的代价。蒙古国对夏的繁重征发，使夏国不堪奔命。光定六年(1216)，蒙古西征花剌子模，夏国不愿承担征调。成吉思汗大怒之下，命令太师、国王木华黎攻夏。光定七年(1217)，木华黎乃再次包围了中兴府。夏主遵顼惊恐万状，逃到西凉，同时遣使请降。西夏经此教训，对蒙古再也不敢违抗了。

灭夏是蒙古的既定国策，宋宁宗嘉定十一年(1218)，成吉思汗西征前，再一次包围了西夏都城中兴府，不久撤军。嘉定十六年(1223)蒙古大将史天祥徇西夏，破贺兰山，②嘉定十七年(1224)二月，夏主德旺听到蒙古军征西域未还，乃遣使结漠北诸部为外援，以拒蒙古。五月，成吉思汗在西征返回时，攻击夏国的西部重镇沙州(治今甘肃敦煌市西)，逾月不下。他怕夏国的银、夏等州出兵赴援，乃遣大将军孛鲁、黑马等率兵攻克银州，"斩首数万级，获生口、马驼牛羊数十万，俘监府塔海"。③ 十一月，德旺见银州不守，与他联

① 《钦定重订大金国志》卷21，金章宗泰和八年五月。

② 《元史》卷147《史天倪传附史天祥传》。

③ 《元史》卷119《木华黎传附孛鲁传》。

盟的漠北诸部溃散，便遣使向蒙古请降，许以质子为信，但当蒙古撤军、沙州解围后，德旺又不按约遣送质子。

宋理宗宝庆元年(1225)九月，夏金议和，约为兄弟之国。夏主德旺又纳蒙古仇人、乃蛮部首领屈律罕之子赤腊喝翔昆，给以粮糗。宝庆二年(1226)正月，成吉思汗就以西夏纳蒙古仇人及不遣质子为由，亲自将兵来伐。二月，取黑水城(在今内蒙古额济纳旗达赖库布东南、纳林河东岸的河岸三角洲上)等城，甘、肃等州，西凉府搠罗(在今甘肃武威市东)等县，取应里(治今宁夏中卫县)等县。十一月，攻灵州，夏遣嵬名令公来援，被蒙军打败。宝庆三年(1227)，成吉思汗留兵攻夏王城，自率师渡河攻积石州(治今青海循化县)，破临洮府，洮、河、西宁等州，六月，夏主李晛降，夏国灭亡。

(三)蒙古国灭金。西夏灭亡后，蒙古乃重点攻金。蒙古建国前，曾是金朝的被统治民族，蒙古人对金朝统治者积怨甚深，①故成吉思汗建国后曾多次发动对金的战争。

宋宁宗嘉定十三年(1220)十月，蒙古军进攻绥德州(治今陕西绥德县)，围延安府，旬日不下，乃南徇洛川，克鄜州(治今陕西富县)，降坊州(治今陕西黄陵县)，②嘉定十四年(1221)，木华黎克葭、绥德、保安、鄜、坊、丹(治今陕西宜川县)等州；进攻延安，不下。嘉定十五年(1222)，木华黎军攻下乾、泾、邠、原(治今甘肃镇远县)等州，攻凤翔不下。③ 十月渡河拔同州，下华州蒲城县(治今陕西蒲城县)，径趋长安。当时金朝京兆行省完颜合达拥兵20万，坚守长安城，蒙军攻不下来，木华黎乃分麾下兀胡乃、太不花兵6 000屯守，遣按赤将兵3 000阻断潼关，然后西击凤翔，月余仍攻不下。④ 金宣宗元光元年(宋宁宗嘉定十五年，1222)正月，蒙古联合夏国对金再次发起强大的进攻，大将萌古不花攻凤翔，金朝以主将完颜仲元孤军不足守御，命悍将赤盏合喜将兵援助。元光二年(1223)二月，蒙古重臣“木华黎国王、斜里吉不

---

① 例如金朝对蒙古族采取残酷的“减丁”政策，每三年出兵到蒙古各部剿杀一次，又掳掠大量蒙古人做奴隶，使蒙古各部流离失所。成吉思汗的先祖俺巴孩就是被金朝非刑处死的。

② 《元史》卷119《木华黎传》。

③ 《元史》卷1《太祖本纪》。

④ 《元史》卷119《木华黎传》。

花等及夏人步骑数十万围凤翔，东自扶风、岐山，西连汧、陇，数百里间皆其营栅，攻城甚急”，①合喜竭力抵御，拦住了蒙夏联军的攻势。战事对蒙夏联军不利，于是，夏军不告木华黎而归。蒙军掉过矛头，转攻西夏，一时形势对金有利。然而蒙古灭夏以后，立即挥师继续攻金。金哀宗正大四年(1127)，蒙古将军牙吾塔进攻陕西德顺州(治今宁夏隆德县)、秦州、清水等城，“遂自凤翔入京兆，关中大震”。② 同年，成吉思汗临死前提出灭金策略云：

> 金精兵在潼关，南据连山，北限大河，难以遽破。若假道于宋，宋、金世仇，必能许我，则下兵唐、邓，直捣大梁。金急，必征兵潼关。然以数万之众，千里赴援，人马疲弊，虽至弗能战，破之必矣。③

窝阔台即位后奉行其策。金正大五年(1228)，蒙古兵进入大昌原(在今甘肃宁县西南)，金将完颜陈和尚带领一支由回纥、乃蛮、羌、浑及中原被俘、避罪来归者组成的军队打败了蒙古军，而且是“以四百骑破八千众”，“盖自军兴二十年始有此捷”，④说明金军还是有一定战斗力的。金哀宗手诏褒谕，授完颜陈和尚定远大将军、平凉府判官、世袭谋克。金正大六年(1229)十月，蒙古军围攻庆阳府，金哀宗为缓师计，命陕西行省以羊酒等赴庆阳犒劳蒙军。十二月，金将讹可率兵救庆阳，战于大昌原，庆阳围解。正大八年(1231)四月，成吉思汗幼子托雷率蒙古军破凤翔府，越过大散关，追击金败兵时大入宋境，攻破凤州、西和。同年夏，蒙古确定假道宋境灭金的计划，然后分兵3路以进。其中拖雷所领右军由宝鸡南下，沿汉水向东以达唐、邓等州，又攻入汉中，进袭四川，大掠而回。金哀宗天兴二年(1233)，蒙古军攻下开封。金哀宗先逃到归德，又奔蔡州(今河南汝南县)。天兴三年(1234)，蒙古与南宋联军攻下蔡州，金哀宗自缢死，金朝灭亡。次年，蒙古王子阔端到巩昌，劝降了豪霸一方的陇右大族、金将汪世显，秦巩各府州先后归属于蒙元统治。

---

① 《金史》卷113《赤盏合喜传》。
② 《金史》卷111《纥石烈牙吾塔传》。
③ 《元史》卷1《太祖本纪》。
④ 《金史》卷123《完颜陈和尚传》。

第五节　河西、西域的回鹘等政权

宋夏金时期，河西、西域还有许多少数民族政权或部落，如甘州回鹘、西州回鹘、喀喇汗朝、西辽政权等，它们在西北史、中国史和中西经济文化交流史上起过相当重要的作用。下面仅从政治史的角度作一简介。

一、河西回鹘和西州回鹘政权

（一）河西回鹘政权。河西回鹘是陇右河西地区回鹘的一个政治中心，因其政权建立于甘州（治今甘肃张掖市），因此又叫甘州回鹘。甘州回鹘政权早在唐末就建立了。北宋前期，随着吐蕃势力的衰落，河西回鹘发展成了河陇地区一支重要的政治力量。

北宋前期，河陇地区的回鹘除甘州外，还分布在东到秦州，北至贺兰山下的广大地区。宋真宗咸平四年（1001），甘州回鹘可汗王禄胜遣使曹万通到宋朝进贡。“万通自言任本国枢密使，本国东至黄河，西至雪山，有小郡数百，甲马甚精习。”①这里说的雪山，当指酒泉西南甘肃、青海交界处的祁连山。甘州回鹘的东边是凉州政权，其统治范围并未到达黄河，辖境也没有那么多“小郡”，其说话有吹嘘不实之词。事实上，甘州回鹘的统治范围应主要是甘州和肃州一带。② 又宋神宗熙宁元年（1068），甘州回鹘使臣入贡，“神宗问其国种落生齿几何，曰三十余万；壮可用者几何，曰二十万”。③ 他说的人口数不一定准确，但在没有其他统计资料的情况下，我们可以由此揣猜甘州回鹘的统治规模。

甘州回鹘政权西接沙州归义军政权，东临凉州蕃汉联合政权，南近吐蕃

① 《宋史》卷490《回鹘传》。

② 辽圣宗统和二十八年（1010）五月，辽西北路招讨使萧图玉奏伐甘州回鹘，破其属郡肃州，尽俘其生口（《辽史》卷70《属国表》，证明甘州回鹘领有肃州）。

③ 《宋史》卷490《回鹘传》。

各部势力,北阻辽国和党项势力,由于它所占据的地盘比较小,甘州以外的"族种散处",如"回鹘都督石仁政、么啰王子、邈拿王子、越黜黄水州巡检四族并居贺兰山下,无所统属",①难以形成集中的政治军事力量,加上外部政治环境复杂,对手强大,所以,甘州回鹘除一度征服了沙州归义军政权,迫使西汉金山国王"称子"外,其统治的范围没有显著的拓展。

甘州回鹘为了求得政治上的生存,它在对外关系上采取了联合辽宋,对抗党项的策略。② 宋辽两国鉴于甘州回鹘一时尚未对它们形成直接的威胁,其军事力量还可以用来对付近敌,因而对甘州回鹘都采取羁縻的政策。

辽朝把甘州和沙州回鹘都看作它的属国。史载"辽属国可纪者五十有九,朝贡无常。有事则遣使征兵,或下诏专征;不从者讨之。助军众寡,各从其便,无常额"。③ 辽天赞三年(924),契丹袭击甘州,回鹘战败。次年,甘州回鹘遣使贡辽,从此甘州回鹘对契丹辽国进贡不绝。辽国把甘州和沙州回鹘统治机构称作"甘州回鹘大王府"和"沙州回鹘敦煌郡王"。④ 甘、沙地区的回鹘则按例向辽国进贡和承担其他征调。

北宋政府与甘州回鹘的政治联系也主要反映在册封和进贡上。甘州回鹘想借宋朝的力量抵御党项;宋朝与夏周旋同样想借助于甘州回鹘,因而对回鹘非常重视。宋朝建立伊始,甘州回鹘即于宋太祖建隆二年(961)遣使到宋朝贡。宋太祖乾德、开宝中又累遣使贡方物。

宋太宗太平兴国二年(977),宋朝政府遣殿直张璨赍诏谕甘、沙州回鹘可汗,赐以器币,招致名马美玉,以备车骑琮璜之用。太平兴国五年(980),甘、沙州回鹘可汗夜落纥密礼遏遣使裴溢的等4人,以骆驼、名马、珊瑚、琥珀来献。

宋真宗咸平四年(1001),可汗王禄胜遣使曹万通以玉勒名马独峰无峰

---

① 《宋史》卷490《回鹘传》。

② 除辽宋外,甘州回鹘与周边其他各政权也有政治联系。如西凉六谷诸酋,自潘罗支死,折逋游龙钵等尽归德明部下,惟罗支弟西凉府六谷大首领厮铎督犹与德明抗。德明谋取六谷,"厮铎督援结回鹘为备,德明兵不出"(《西夏书事》卷9),就是一例。

③ 《辽史》卷36《兵卫志下》。

④ 《辽史》卷46《百官志二》。

骆驼、宾铁剑甲、琉璃器来贡。宋真宗景德元年(1004),四年(1007),又两次遣使来朝、献马。

由于甘州回鹘可汗夜落纥尝与沙州可汗禄胜多次出兵进攻赵保吉(即李继迁),保吉死后,其子赵德明思报其怨,乃于宋真宗大中祥符元年(1008)正月,"遣将张浦率骑数千,抄掠其境,夜落纥出兵拒之,浦不能胜"。[①] 这年三月,赵德明复遣万子等军主领族兵攻甘州回鹘,"回鹘设伏要路,示弱不与斗,俟其过,奋起击之,剿戮殆尽"。[②] 同年八月,赵德明自将侵甘州回鹘,"甘州兵乘胜追逐,德明不能拒,越黄沙走免"。[③] 大中祥符二年(1009)四月,德明愤其兵数败,遣张浦将精骑2万攻甘州。可汗夜落纥拒守经旬,伺间遣翟符守荣夜出袭之,浦大败而还。夜落纥令左温宰相、何居录越自秦州向宋献捷,表陈兵败德明,其立功首领请加恩赏。宋真宗诏给司戈、司阶、郎将告敕10道,使得承制补署。[④] 以上事实即表明了甘州回鹘对待宋夏两国的基本态度,又说明它的军事力量是不弱的。

宋仁宗天圣元年至六年(1023—1028)间,党项首领德明不断地向甘州回鹘发动进攻,甘州回鹘可汗想通过遣使贡方物,"结援中朝",抗衡党项,因而这段时间几乎连年向宋进贡。然而宋朝除了册封嘉奖外,对甘州回鹘并没有给予军事上的支援。天圣六年(1028)夏五月,德明使其子元昊攻回鹘,取甘州。元昊攻破其城,夜落隔归顺王仓促出奔,甘州回鹘政权灭亡了。

从甘州逃散到各地的回鹘人,此后仍然通过进贡与宋朝政府保持着联系。如宋神宗熙宁元年(1068),甘州回鹘人贡,求买金字《大般若经》,宋朝政府"以墨本赐之"。[⑤] 熙宁六年(1073)又来进贡,宋朝政府补其首领5人为军主,岁给彩20疋。熙宁七年(1074),宋朝政府想让这支回鹘人发兵深入夏境,配合宋朝的军事行动,但没有能够实现。直到宋徽宗宣和(1119—1125)中,甘州散落回鹘人还"间因入贡,散而之陕西诸州,公为贸易,至留久

① 吴广成撰:《西夏书事》卷9。
② 《宋史》卷490《回鹘传》。
③ 吴广成撰:《西夏书事》卷9。
④ 吴广成撰:《西夏书事》卷9。
⑤ 《宋史》卷490《回鹘传》。

不归”。[①] 他们日后都融入汉族和其他民族中了。

（二）西州回鹘政权。西州又称高昌、和州、火州、喀喇火州、喀喇和卓等，治今新疆吐鲁番市东南。西州回鹘政权，是由唐开成五年（840）漠北回鹘汗国被黠戛斯攻破后，远逃到西州的一支回鹘人建立的民族区域性政权。唐懿宗咸通七年（866），西迁回鹘中的这一支，在其首领仆固俊率领下，打败了当时占据西域广大地区的吐蕃大将尚恐热，夺取了西州、北庭（治今新疆吉木萨尔县北破城子）、轮台（今新疆轮台县东南）等地，并以高昌为都城建立了西州（高昌）回鹘政权。

西州回鹘的统治范围，东起伊州（今新疆哈密市），西至天山西段的冰达坂（今新疆阿克苏北），北达准噶尔盆地北缘的乌伦古河，东南到阿尔金山，西南和于阗（治今新疆和田县南）相接。境内除西州外，龟兹（治今新疆库车县）也是回鹘人聚居的地方。这里的回鹘人“或称西州回鹘，或称西州龟兹，又称龟兹回鹘”，[②]他们是西州回鹘政权下相对独立的一部分回鹘人。西州回鹘政权统治的主要城市有西州、北庭（为陪都或夏都）、龟兹、伊州、益都（治今新疆哈密市西北）、纳职（治今新疆哈密市西）、仰吉八里（治今新疆玛纳斯县西）、彰八里（治今新疆昌吉县）、交河州（治今新疆吐鲁番市西）、焉耆（治今新疆焉耆县）、末蛮（治今新疆阿克苏县）、倭赤（治今新疆乌什县）等。国王称“亦都护”（意为幸福之主），其下模仿中原王朝设有宰相、枢密使、金紫光禄大夫、检校太师、左神武军大将、御史大夫、上柱国封谯县开国子、监使、判官、都督等。此外，还有于越（相当于太守）、于尔奇（相当于大臣）、断事官（司法官）等，基层政权的首领为各级伯克。宋太宗太平兴国六年（981），其王始称西州外生师子王阿斯兰汉（即阿萨兰汗）。[③]

西州回鹘政权所统辖的民族除回鹘外，还有南突厥、北突厥、大众熨、小众熨、样磨、割禄、黠戛司、末蛮、格哆族、预龙族等，种类很多。[④] 其周边政治

---

① 《宋史》卷490《回鹘传》。

② 《宋史》卷490《龟兹传》。

③ 《宋史》卷490《高昌传》。

④ 《宋史》卷490《高昌传》。

环境,西州回鹘与辽、沙州归义军政权、于阗国、喀喇汗朝等为邻。其中辽国政治军事势力远大于西州回鹘政权,因此,早在辽太祖天赞三年(后唐庄宗同光二年,924)十月,辽太祖就“遣兵逾流沙,拔浮图城,尽取西鄙诸部”,①将这一带看作辽的政治领域了。浮图城又称可汗浮图城,即唐庭州,在今新疆吉木萨尔县北。“尽取西鄙诸部”是指征服了西州回鹘各部,使其附属于辽朝,而不是推翻了回鹘的政权机构。辽在高昌设立了“高昌国大王府”,在龟兹设立“阿萨兰回鹘大王,亦曰阿思懒王府”,②进行象征性的统治。

事实上,西州回鹘向辽朝的进贡并不多。见于《辽史》记载的“和州回鹘”向辽朝贡方物只有3次,其中两次在辽征服西州回鹘之前,即辽太祖耶律亿元年(907)十二月,③辽太祖七年(913)十月。④ 辽朝征服西州回鹘后的进贡,只有辽天祚帝天庆二年(1112)六月一次。⑤ 龟兹回鹘(《辽史》作阿萨兰回鹘)向辽朝的进贡是单独进行的,进贡次数比较多。依据《辽史》统计,从辽景宗保宁三年(971)至辽道宗咸雍四年(1068)共有12次。⑥

在与辽朝建立附属关系的同时,西州回鹘政权与北宋、金等也建立和长久地保持着朝贡关系。这一方面是出于对各大国的等距离交往,以平衡来自各国的政治压力;另一方面也是出于经济贸易,满足统治集团对远方物资需求的考虑。

北宋太祖建隆三年(962)至景德元年(1004)间,西州回鹘曾多次遣使向宋进贡方物。宋太宗太平兴国六年(981),西州政权遣都督麦索温来献方物。五月,宋朝遣供奉官王延德、殿前承旨白勋出使高昌。太平兴国八年(983)春,王延德等与其国谢恩使百余人循旧路而还。这次出使,还为我们留下了著名的了解新疆历史的《使高昌行程》。

辽朝灭亡后,其宗室耶律大石率领一部分军队西迁,借道于西州,西州

① 《辽史》卷2《太祖纪下》。
② 《辽史》卷46《百官志二》。
③ 《辽史》卷70《属国表》。
④ 《辽史》卷1《太祖纪上》。
⑤ 《辽史》卷27《天祚帝纪一》,卷70《属国表》同。
⑥ 分见于《辽史》卷3、卷8、卷9、卷12、卷13、卷14、卷19、卷20及卷22。

回鹘首领毕勒哥“即迎至邸，大宴三日。临行，献马六百，驼百，羊三千，愿质子孙为附庸，送至境外”。[①] 宋高宗绍兴二年（西辽延庆元年，1132），西辽将高昌回鹘纳入其统治下，派驻“镇守官”监国。

宋宁宗嘉定二年（1209），西州回鹘亦都护巴尔术阿而忒的斤下令处死西辽的“镇守官”，投附于成吉思汗建立的蒙古国。嘉定四年（1211），亦都护前往克鲁伦河畔觐见成吉思汗，成吉思汗认他为子，令与诸皇子约为兄弟。亦都护还率军参加了蒙古军队的西征及征服西夏的战争。成吉思汗分封诸子时，保留了西州回鹘的原有疆土和统治机构。后来，在蒙古西北宗王后裔海都、笃哇等发动叛乱时，西州回鹘政权始终与元朝政府保持同一政治立场。

元世祖至元十二年（1275），笃哇等军包围了高昌城，亦都护火赤哈儿的斤抵御达半年之久，受到元世祖忽必烈的嘉奖。火赤哈儿的斤朝见元世祖返回后，将统治中心移至哈密。不久，在海都的突袭下，火赤哈儿的斤战死，其幼子纽林的斤随残部退到甘肃永昌，西州回鹘政权灭亡。

二、于阗政权和喀喇汗朝

（一）于阗政权。于阗李氏政权是唐末由回鹘人建立的，都城即旧于阗城（在今新疆和田县南），在旧于阗城的西边可能还有一个陪都，就是新复（福）州。《宋史》卷490《回鹘传》云：“初，回鹘西奔，族种散处。故甘州有可汗王，西州有克韩王，新复州有黑韩王，皆其后焉。”又《宋会要辑稿·蕃夷》四之一九云：宋神宗元丰四年（1081），拂菻国（指东罗马帝国或西亚地中海沿岸某国）供方物大首领说，他一行到宋朝进贡，“东至西大石及于阗王所居新福州，次至旧于阗，次至约昌城，乃于阗界”。这里的新福州即上文提到的新复州。上引两段史料说明：（1）拂菻国使臣由西向东到宋朝来，先到新福（复）州，次至旧于阗城（在今新疆和田县南），可知新福（复）州在于阗王城之西；（2）拂菻国供方物大首领在提到他们经过的新复州时，说是“于阗王所居新福州”，可知这个于阗王就是《宋史·回鹘传》及《宋会要辑稿·蕃夷》四

---

① 《辽史》卷30《天祚帝纪四附西辽始末》。

之七提到的新复州黑韩王，他是西奔回鹘的后裔；(3)新复州在于阗建国几十年后还为其王所居，它很可能是于阗国的陪都。

于阗政权的统治范围，东起约昌城（在今新疆且末县南），东南隔昆仑山与吐蕃为邻，西括葱岭（今帕米尔高原），西南至喀喇昆仑山，北以塔里木盆地与西州回鹘相连接。于阗国的几世国王分别为李圣天，本名尉迟僧乌波或尉迟逊跋伐(912—966)、尉迟输罗(967—977)、尉迟达磨(978—982)和尉迟僧伽罗摩(983—1006)。①

李圣天自称是唐朝宗属，并随唐皇族姓李氏，就像喀喇汗朝的最高统治者自称"桃花石"一样，②反映了于阗统治者对中原内地的向往及借助唐朝政治文化资源，提升自己威信、慑服内外的政治心理。

于阗国的周边政治环境相当复杂，本身地盘和军事力量又很小，因而采取和平的外交政策。于阗与宋、辽等东方大国都有进贡关系。首先，于阗与宋的贡赐关系建立得既早又很频繁。宋太祖建隆三年(962)，于阗就开始向宋朝进贡。宋神宗"熙宁以来，远不逾一二岁，近则岁再至"。③ 由于进贡批次、人数和货物量过多、过大，宋朝政府一方面对其买茶给予"免税"的优待，另一方面又采取了一些限制性措施，如"乳香以无用不许进奉及挟带上京并诸处贸易"。④ 宋哲宗元祐二年(1087)八月十六日，"诏修立《回赐于阗国信分物法》。十月七日诏：'于阗国岁遣贡使虽多，止一加赐，别裁定'。十三日诏：'于阗国使以表章至则间岁一入贡，余令于熙秦州贸易'"。后定"岁一解发赴阙"。⑤ 这些引导性措施和法制化管理，有利于宋朝和于阗双方经济政治关系的正常发展，因而是进步的做法。

宋朝和于阗的贡赐关系，对于宋朝来说虽然也有经济因素，但主要是为了招徕远人，羁縻方国；而对于阗来说，除了政治联系外，很大程度上是把它当作一种经济贸易的途径。因而，于阗使臣有时公开地向宋朝政府讨价还

① 张广达、荣新江：《于阗史丛考》，上海书店，1993年版，第33、38—43页。

② 有一种看法认为"桃花石"是"唐家子"的译音，近实。

③ 《宋史》卷490《于阗传》。

④ 《宋会要辑稿·蕃夷》四之一六。

⑤ 《宋会要辑稿·蕃夷》四之一七。

价,之后又照常进贡不误。如宋仁宗嘉祐八年(1063)八月,于阗国遣使罗撒温献方物。“罗撒温等以献物赐直少,不受,及请所献独峰骆驼。诏以远人,特别赐钱五千贯,以骆驼还之,而与其已赐之直。其后数以方物来献。”①

辽圣宗统和七年(989),于阗对辽开始进贡。辽朝把于阗当作一个属国,在那里建立了“于阗国王府”,②进行象征性统治。此外,于阗国与甘州回鹘、西州回鹘、沙州归义军政权也都有密切的经济政治联系。例如,李圣天曾娶沙州归义军节度使曹义金女为后,曹义金之孙曹延禄也娶了一位于阗公主。于阗国王及其眷属,还多次到沙州莫高窟开窟造像,礼佛供养。归义军接受宋朝的正朔,因此,于阗与归义军的联系是其与宋朝关系的一部分。

于阗与其西邻喀喇汗朝的关系是其对外关系中最直接、最棘手的政治关系。早从10世纪六七十年代开始,于阗与喀喇汗朝的矛盾就激化为战争了。喀喇汗朝打着“圣战”的旗帜,不断地向东扩张。于阗国想借宋朝的国威壮大声势,因而与宋联系特勤。于阗国还多次表示愿意助宋攻夏,都带有这种意图。③ 然而由于路途遥远,交通困难,宋朝自身也是边患缠绕,因而它实际上帮不了于阗的忙。喀喇汗朝和于阗国经过20余年的战争,到宋真宗咸平四年(1001),于阗国终于被喀喇汗朝卡迪尔汗·玉素甫所攻破,从此,于阗国就成了喀喇汗朝的一部分,并改奉了伊斯兰教。

(二)喀喇汗朝。喀喇汗(又叫黑汗、黑韩)朝是9世纪末、10世纪初建立的一个多民族政权。11世纪初,喀喇汗朝国王哈桑之子卡迪尔汗·玉素甫征服了于阗国,将其领土并入喀喇汗朝的版图,这是喀喇汗朝最为强盛的时期。当时,喀喇汗朝的疆域包括巴尔喀什湖以南、以东,准噶尔盆地以西,塔里木盆地西部和南部,喀喇昆仑山以北,阿姆河中上游以东以及伊犁河、楚河流域和锡尔河中上游广大地区。其在中国部分,东南与西夏相邻,东以荒山戈壁与高昌回鹘接连,东北至阿尔泰山,比邻辽朝,南隔昆仑山与吐蕃

① 《宋史》卷490《于阗传》。

② 《辽史》卷46《百官志二》。

③ 如元祐八年(1093),于阗国向宋“请讨夏国,不许”。绍圣中,其王阿忽都董娥密竭笃又言,“缅药家作过,别无报效,已遣兵攻甘、沙、肃三州。诏厚答其意”(《宋史》卷490《于阗传》)。

相望。境内民族,主要有西迁回鹘的一支、割禄(即唐时的葛逻禄)、样磨、突骑施、黠戛司、处月、处密、九姓乌古斯等。各族大都从事游牧业,但喀喇汗朝属下的于阗、七河等地也有发达的农业经济,而且,随着民族融合的加强,不少游牧民族逐渐走向定居和农耕。

喀喇汗朝地域辽阔,民族成分复杂,经济形式不同。因而在国家管理体制上只能是松散的多民族酋邦联盟的形式。汗朝政治体制为"双王制",即由汗族的长幼两支分治。据记载,喀喇汗朝始祖毗伽阙·卡迪尔汗死后,长子巴兹尔继为大可汗,称阿尔斯兰(狮子)可汗,他在名义上是整个汗国的首领,以巴拉沙衮(又作八剌沙衮,在今吉尔吉斯斯坦共和国托克马克东南楚河南岸)为首都,后以喀什噶尔(治今新疆喀什市)为陪都。次子奥古尔恰克为副可汗,称博格拉(公驼)可汗,先后以怛逻斯(即今哈萨克斯坦共和国江布尔)和喀什噶尔为首都。双王以下,有阶位较低的伊利克(王)和特勤,还有宰相、将军、内侍、秘书、财务官等,分别管理国家各类政务。

由于相距遥远,喀喇汗朝与辽、宋等国的政治冲突比较少。倒是通过朝贡贸易等形式,喀喇汗朝尤其是其在中国境内的部分,与宋辽等政权之间的经济、政治、文化联系很频繁。于阗并入喀喇汗朝后,"自瓜、沙抵于阗,道路清谧,行旅如流",到宋朝进贡经商的团体,"远不逾一二岁,近则岁至"。① 有时甚至是几伙商人、使臣同时到达。从宋神宗熙宁、元丰(1068—1085)年间到宋徽宗宣和末年(1125),隶属于喀喇汗朝的于阗贡乳香杂物,动至数万斤,宋朝赐付钱币每次多达数万贯。双方贸易较多的货物,还有丝绸、茶叶、工艺品等。商队除到京师贸易,更多的则是在熙州(治今甘肃临洮县)、秦州(治今甘肃天水市)等地就近贸易。喀喇汗朝与契丹辽朝的贸易,很多是转输中原内地的商品。考古学家在中国新疆及中亚的许多国家地区,发现了宋朝和喀喇汗朝的钱币,充分证明喀喇汗朝与中原内地联系的密切。

由于受中原内地政治文化的影响,喀喇汗朝最高统治者往往喜欢在自己的头衔上加上"桃花石"这个名字。"桃花石"一词何意?有人将它释为

---

① 《宋史》卷490《于阗传》。

“中国”，有人释为“敦煌”、“唐家子”、“大汉”、“拓拔氏”等的译音，①实际上，“中国”作为“国家”含义的名词是近代才出现的，“敦煌”和“拓拔氏”的影响不会大到令建都于中亚地区的喀喇汗首领们那样神往，只有汉唐两代的统治才有可能在西域、中亚各族的历史记忆中留下如此深沉的刻印，因此，如果把“大汉”理解为汉朝，把“唐家子”的“唐”理解为唐朝，则从历史、情理上讲，都是比较接近于喀喇汗朝可汗初意的。称自己是大汉或唐家子，反映了喀喇汗最高统治者对中原内地的向往、认同和想借用这一名词的文化义涵来加强其统治的愿望。

喀喇汗朝的建立，为其境内大批游牧部族转入农业定居，以及为操突厥语、伊朗语等不同语言、不同生产生活习惯的各族相互接触、相互融合建立了平台，提供了有利的条件。然而复杂的民族关系和“双王制”使其国内争斗不断，汗族内讧日益激烈，并逐渐形成阿里和哈桑两大派系。宋庆历元年(1041)，河中地区的贝里特勒伊卜拉欣自称桃花石汗，独立于巴拉沙衮的大可汗，喀喇汗朝从此分裂为东、西两个汗国。东部哈桑系占有七河、费尔干纳东部、伊犁、喀什噶尔及和田等地区，仍以巴拉沙衮和喀什噶尔为首都。西部统治权先在阿里系手中，后转由哈桑系掌握，统治着河中、费尔干纳西部等地区，都城在萨末鞬(即撒马尔罕，今属乌兹别克斯坦共和国)。

内斗和分裂削弱了喀喇汗朝的国力和军力。宋哲宗元祐四年(1089)，喀喇汗西支被阿姆河南的塞尔柱帝国所征服。南宋高宗绍兴三年(1133)，东部喀喇汗也被西辽所征服。西辽保留了东喀喇汗朝对喀什噶尔、于阗一带的统治。直到东喀喇汗朝末代可汗穆罕默德·本·玉素甫被喀什噶尔贵族杀死，东喀喇汗朝才最后灭亡。绍兴十一年(1141)，西辽打败并将塞尔柱军事政治势力赶出河中地区，喀喇汗西支也变为西辽的附庸。宋宁宗嘉定三年(1210)，新兴起的花剌子模君主摩诃末率军闯入河中地区，逼降了喀喇汗西支的最后一位可汗奥斯曼，控制了喀喇汗西支。嘉定五年(1212)，摩诃末处死了奥斯曼，喀喇汗西支灭亡。

① 新疆社科院历史研究所编著：《新疆简史》第一册，第五章第二节，新疆人民出版社，1980年版，第156页。

三、西辽政权

西辽(又叫喀喇契丹、黑契丹,1124—1211)是西北西部一个重要的区域性民族政权。其创建者是耶律大石。

耶律大石(1087—1143),字重德,他是辽太祖耶律阿保机的八世孙。精通辽、汉文字,善骑射。辽天祚帝天庆五年(1115),耶律大石考中进士,曾做过翰林承旨等官,契丹语称翰林为“林牙”,故人们有时称他为大石林牙或林牙大石,有的史籍又将他的名字写作达锡、达实、大实等。

耶律大石时代,辽朝已经衰落,其属国金朝迅速崛起,辽天祚帝保大二年(1122),金兵大举南下,天祚帝逃到夹山(在今内蒙古土默特左旗东北),命令不通,耶律大石与宰相李处温等遂立泰晋国王耶律淳为帝,号“天福皇帝”,改元建福,降天祚帝为湘阴王,世号北辽。大石主军旅之事。数月后,天福皇帝死,金兵已至奉圣州(治今河北涿鹿县),进趋居庸关。保大三年(1123)四月,大石被金兵俘虏,九月逃归夹山。耶律大石见辽朝大势已去,乃于保大四年(1124)自立为王,率铁骑 200 宵遁,至可敦城(在今蒙古布尔根省哈达桑东,辽为镇州治所),大会“七州十八部”王众,[①]以青牛白马祭告天地祖宗,表示:“我今仗义而西,欲借力诸蕃,翦我仇敌,复我疆宇”,号召将士们“轸我国家,忧我社稷,思共救君父,济生民于难”。[②] 时当宋高宗建炎四年(1130)二月。会后,大石得精兵万余人,原辽朝的牧马数十万匹,乃借道西州回鹘,继续西行。

耶律大石率军至寻思干(一作挦思干、邪米思干、薛迷思干、薛米思坚、薛迷思加、换思干等,即今乌兹别克撒马尔罕),西域诸国聚集 10 万军队,号忽儿珊,前来拒战。两军相望 2 里许。耶律大石遣六院司大王萧斡里剌、招

---

① 七州:指威武州、崇德州、会蕃州、新州、大林州、紫河州及驼州。它是耶律大石所建的“宫卫骑军”或“头下军州”而非一般行政州。18 部:指大黄室韦部、敌拉部、王纪剌部、基赤剌部、也喜部、鼻古德部、尼剌部、达拉乖部、达密里部、密儿纪部、合主部、乌古里部、阻卜部、普速完部、唐古部、忽母思部、奚的部和糺而毕部。详见【俄】布莱资须纳德著、梁园东译注:《西辽史》第一章,商务印书馆,1934 年版(下同),第 9—10、25 页。

② 《辽史》卷 30《天祚帝纪四附西辽始末》。

讨副使耶律松山等将兵2 500攻其右；密副使萧刺阿不、招讨使耶律木薛等将兵2 500攻其左；自以众攻其中。3军俱进，忽儿珊大败，僵尸数10里。这一仗，以少胜多，为耶律大石在西域立国奠定了基础。

耶律大石继续西行，来到起儿漫（在今乌兹别克布哈拉东北）。宋高宗绍兴二年（1132）二月五日，耶律大石在起儿漫被百官拥戴为帝，号葛儿罕，百官又上汉尊号为天祐皇帝，改元延庆。

耶律大石延庆三年（1134），大石兵锋东指，喀喇汗朝的国王伊卜拉欣归降辽军，辽军进入喀喇汗朝都城巴拉沙衮，耶律大石封伊卜拉欣为“伊利克——伊·土库曼”（意为土库曼王）；改巴拉沙衮名为虎思斡尔朵（一作虎思窝鲁朵、骨思讹鲁朵、骨则斡耳朵，意为坚固的宫城，在今吉尔吉斯托克马克东南楚河南岸），定为首都；改年号，以延庆三年为康国元年。

康国元年（1134）三月，耶律大石以萧斡里剌为兵马都元帅，萧查剌阿不为兵马副元帅，率骑7万东征，试图灭金，恢复辽朝的版图。但大漠阻隔，水草缺乏，军行万余里无所得，牛马多死，东征兵乃返回。与此同时，大石分巡喀什噶尔（治今新疆喀什市）、忽炭（一作斡端，治今新疆和田县）的军队进展顺利，北击康里（在咸海北，锡尔河东）和攻略黠戛斯（在喀什噶尔东北）也获得成功，这一切，巩固了西辽在以虎思斡尔朵为核心的七河地区的统治。此后，西辽军队又征服了喀喇汗西支及花剌子模国，进入了它的极盛时期。

西辽盛时的疆域，东起天山东部的伊州（哈密力，治今新疆哈密市）和阿尔泰山；西至阿姆河、咸海（花剌子模海）；北靠巴尔喀什湖；南界喀喇昆仑山至昆仑山东头。它囊括了昔日喀喇汗朝、西州回鹘、于阗国和花剌子模国的全部以及一些游牧部族。

西辽的政治体制继承了辽朝。政权机构设南面官，管理农业居民；北面官，管理游牧民。与喀喇汗朝的分封制不同，西辽在直辖区内实行中央集权制，各级官吏由中央政府任命，王朝的军权掌握在皇帝手中。赋税制度有两种，一是什一税法，主要是针对农业民族、部落的，“以田为业，所获十分之一输官”。[1] 二是户调制，规定每户每年交1金地纳尔（当地货币单位）。对于统治区内流行的佛教、景教、伊斯兰教等宗教均采取兼容并存的政策。而对于各附属国，则派“镇守官”监督，政务由属国的王汗实行自治。各属国只要交纳一定量的年贡，且首领们佩带和使用西辽朝廷颁发的“牌印”，西辽中央政府就不再干预其内部统治。

西辽在对外政策上长期与金为敌；而与宋、夏等国实行友好交往的政策和措施。这在一定意义上有利于宋、夏与金的周旋。举一个例子。宋钦宗靖康二年（金太宗天会五年，1127）四月，金朝俘虏宋徽、钦两帝北去，北宋亡。宋康王赵构密以书召契丹、汉人抗金，金太宗下诏伐康王。这时候，金国河北诸将欲罢陕西兵，并力南伐，河东诸将认为不可。元帅宗翰（粘罕）说：“耶律大石在西北，交通西夏。吾舍陕西而会师河北，彼必谓我有急难。河北不足虞，宜先事陕西，略定五路，既弱西夏，然后取宋。”金太宗认为：“康王构当穷其所往而追之”，“陕右之地，亦未可置而不取”，于是只好决定：“娄室、蒲察帅师，绳果、婆卢火监战，平陕西。银术可守太原，耶律余睹留西京”。[2] 说明由于耶律大石与夏的“交通”，增加了金人对西北军事形势的担忧和提防，形势使金朝最高统治者既不能先事攻夏，又不能集中兵力穷追宋康王赵构，而只能是分散兵力作战。这对宋、夏而言都是有利的。

在金与耶律大石、西辽的对抗中，原辽统治区各族及党项夏国大都倾向于大石西辽。史书上有这样两段记载：金太宗天会三年（1125），都统完颜希尹向金朝政府报告说：探听到夏人与耶律大石相约，“合兵以取山西诸部”。[3] 他建议政府早作防备；这时，耶律大石已经称王。又天会八年（1130），金遣耶律余睹、石家奴、拔离速追讨耶律大石，向包括契丹人在内的北方诸部征兵，“诸部不从”。余睹向金元帅府报告说：“闻耶律大石在和州之域，恐与夏人合，当遣使索之。”金朝派人与夏交涉，夏国回答说：“小国与和州壤地不相

① 《金史》卷121《粘割韩奴传》。

② 《金史》卷74《宗翰传》。

③ 《金史》卷121《粘割韩奴传》。

接,且不知大石所往也。”①明明夏国与和州即西州回鹘相邻,而夏国统治者却偏说两国“壤地不相接”,也“不知大石所往”,这一回答不清楚地反映出夏国在辽金对抗中的态度吗?

前已述及,西辽康国元年(金太宗天会十二年,1134)三月,耶律大石派7万军队东征金国,虽然无功而返,却反映出金辽关系的对立。又如金熙宗皇统四年(1144),回纥遣使入贡,言大石已死。金加粘割韩奴为武义将军,派他随回纥使臣一道出使西辽,韩奴去后不见回音。后游牧于阿尔泰山北部的西辽属部粘拔恩(即乃蛮部)君长对金朝派到他那里的使者说:“大国尝遣粘割韩奴自和州往使大石,“大石怒乃杀之”。耶律大石此时已死,杀粘割韩奴的应是他的继承人,西方诸部对耶律大石后人仍呼为“大石”。② 这些事实同样说明金辽关系一直很紧张。

西辽的存在及其与金的对峙,影响到金国统治区内契丹人的政治态度和稳定。金完颜亮正隆五年(1160),海陵征诸道兵伐宋,契丹闻男丁当尽起,于是有个名叫撒八的契丹人与部众杀招讨使完颜沃侧等,“取招讨司贮甲三千,遂反”。③ 金将萧秃剌、斡卢补与撒八连战皆无功。完颜亮命仆散师恭与萧怀忠讨伐撒八叛军,“撒八闻师恭以大军且至,乃谋归大石,沿龙驹河西去”。④ 金朝境内的契丹人把西辽看作他们与金斗争的退路,这是金辽对立的间接反映,同样不利于金朝的国内稳定和统治。

与金辽关系相比较,西辽与南宋的政治亲和性就强多了。宋高宗建炎三年(1129),南宋川陕宣抚处置使张浚向朝廷报告说:“臣近据曲端申,契丹大石林牙自招州(治今蒙古北杭爱省乌格依湖北——引者注)遣人持国书赴朝廷,为夏人截留。有元(原)送文字汉儿走透过泾源(原),供析到上件事理。”⑤这是耶律大石想与刚刚建立的南宋联合抗金的一个证明。

---

① 《金史》卷121《粘割韩奴传》。
② 《金史》卷121《粘割韩奴传》。
③ 《金史》卷133《移剌窝斡传》。
④ 《金史》卷132《仆散师恭传》。
⑤ 见《永乐大典》第五册,卷10876引《张魏公奏议·奏虏中事宜状》,中华书局,1986年版,第4466页。

再看南宋的态度。宋高宗绍兴元年(1131),金攻南宋,大臣汪藻向宋高宗上《乞通好大石林牙札子》,建议朝廷与耶律大石相援接。其文云:

臣闻契丹自景德以来与本朝为兄弟之国,结之齐盟,申以祸福,岁讲邻好,休兵息民,天地鬼神实式临之,不可渝也。宣和中,奸臣自急谋身之计者,欲因事固宠,暴兴燕山之师,与金人灭其社稷,至今契丹之人怨我本朝深入骨髓,故数年国家遭腥膻之毒,有振古未闻者,岂区区金人能为此哉!皆契丹之人摅其忿心,相与戮力缔谋,使之逞憾于我也。某初伏思,自阿保机有国,唐末至今,虽天祚怠于政事,以至失邦,然本无大过,人心未离。以堂堂大国,受命二百余年,怀恩者众,安能遽亡,必有再兴之理。再兴而修怨本朝其首也。故尝为国家私忧过计,以谓金人暴虐,动违天地,决不久存,其势必灭。灭金人者契丹也,金人灭,而吾之中原受敌甫深。

今果闻大石林牙者,有复振之说。是安得不虑哉!臣愚以谓林牙虽振,势犹微也。于尚微未盛之时,以人情揆之,必易为游说。若募愿使之人,或令张浚就陕西募愿行者,取间道,赍重币,厚礼以聘之,明言两朝修好之久,本自无他,中闲止缘奸臣疑惑朝听,遂至败盟。今若悉弃前愆,偕之大道,复好如初,以安元元之心,庶几改听。若候其国势已成而求之,恐无及也。此说果行,中原有百世之安矣,孰与夫去一强敌,得一强敌,仇我益深者同日而语哉?①

这篇札子很有代表性,反映了南宋官僚队伍中对于耶律大石复国、宋与大石结盟抗金的普遍愿望和信心。

最能反映宋朝想与故辽“豪杰忠义之士”及西辽联络,使其与宋“协力乘势”,共同抗金的,是宋高宗绍兴三十一年(1161)九月南宋发布的一道《契丹通好榜》。榜文如下:

三省、枢密院同奉圣旨:“契丹与我为二百年兄弟之国,顷缘奸臣误

---

① 《三朝北盟会编》卷148《炎兴下帙》48。

国,招致女真,彼此皆被其毒。朕既移跸江南,而辽亦远居漠北,相去万里,音信不通。今天亡此虏,使自送死,朕提兵百万,收复中原,惟尔大辽豪杰忠义之士,亦协力乘势,宜歼厥渠魁,报耶律之深仇。将来事定,通好如初,各宜知悉!"①

从历史事实来看,不论金与西辽之间,还是西辽与宋、夏之间;也不论是在政治上对立,还是思念旧情,急欲联盟,由于山隔水远,交通不便,西辽与宋、夏、金等政权之间的政治恩怨都主要停留在各自的公文和言辞上,实际的政治军事互动并不多,而对各自真正有价值的行动则更少。西辽晚期,辽、金之间的对立情绪已逐渐淡化。金章宗明昌元年(1190),西辽部长有向金朝"乞修岁贡者,朝廷许其请,诏(完颜)安国往使之。至则率众远迓至帐,望阙罗拜,执礼无惰容"。② 这里说的"部长"殆是西辽的一位部族酋长或下层官员,尚不能代表西辽中央政府的态度,然而它却反映了各政权下基层社会和民间加强相互联系、疏通经济文化交流渠道的强烈愿望。

西辽康国十年(1143),耶律大石病死。此后,西辽政权继续保持了一段时间的强盛和相对安定。到西辽承天太后统治时期,西辽的属国花剌子模开始崛起,它极力向经济富庶的河中地区发展,结果被西辽政府军击退。西辽直鲁古天禧三十三年(1210),花剌子模国王摩诃末再次率军进入河中,控制了西喀喇汗朝。西州回鹘也在此前一年"杀契丹所置监国等官",归附于蒙古国。③ 西辽直鲁古天禧三十四年(1211)秋,直鲁古出猎,被前此来投,得到直鲁古优待,以女妻之的乃蛮王屈出律叛擒,篡夺了王位。帝系四传,④历时88年的西辽政权至此灭亡。

---

① 《三朝北盟会编》卷234《炎兴下帙》134。

② 《金史》卷94《完颜安国传》。

③ 《元史》卷122《巴而术阿而忒的斤传》。

④ 据【俄】布莱资须纳德著、梁园东译注的《西辽史》第一章,第45—46页《译注二十四》考证,西辽历世君主及在位之年代分别是:德宗(耶律大石,1124—1143)——感天皇后(1144—1150)——仁宗(1151—1163)——承天太后(1164—1177)——直鲁古(1178—1211)。

第六章　元明清时期西北的政治(上)

元明清时期,在统一强盛的国家政权下,西北地区迁入和形成了许多新的民族。然而由于国家在处理民族关系问题上存在政策偏颇、下情阻隔不通,尤其是一些地方官员面对纠纷颟顸粗暴、主观武断,激化了矛盾,致使这一时期官与民、政府与少数民族压制与反压制、镇压与反镇压的武装冲突接连不断。封建中央政府在压平西北人民和民族反抗后,采取了一系列善后政策和措施,其中最重要的是加强了对地方和边疆民族地区的军事防务。

第一节　元明清时期西北的主要少数民族

中国西北地区在元明清三朝仍属于少数民族聚居区,且在行政管理上有许多共同点。元明清时代,西北地区的少数民族主要有吐蕃(藏族)、蒙古、回、土、撒里畏兀儿(裕固)、东乡、保安、撒拉族、维吾尔、哈萨克、柯尔克孜、乌孜别克、塔塔尔、塔吉克等。下面,我们就这一时期西北少数民族的来源、分布、经济政治特点及主要社会问题作一介绍。

一、元明清时期西北的主要少数民族及来源

1. 吐蕃(藏)族。吐蕃藏族是西北少数民族中最为古老、人数最多、影响最大的一个民族。其来源是今天的西藏。7 世纪二三十年代,吐蕃王朝在雅

鲁藏布江流域兴起后，开始向东北方向拓展地盘，吞并了苏毗、党项、白兰诸羌，势力进入青海境内，当时青海一带的统治民族是吐谷浑，它自西晋太康(280—289)时期从塞北迁入青海后，就役属诸羌，雄长一方。吐蕃进入后，于663年灭吐谷浑，占有其地。吐谷浑除王室率千余帐东徙，有少量人保祁连山区外，大部分与被它同化的羌人、匈奴人一起融入了吐蕃，壮大了吐蕃的族群。唐玄宗天宝十四载(755)，"安史之乱"爆发，河陇一带的唐兵东调，吐蕃乘机北上，占据河西、陇右地区，在它统治河陇地区的近百年时间内，又有大量的唐人即汉族吐蕃化，再一次扩大了吐蕃的民族成分。11世纪初，河湟洮岷等地建立了延续百年以上的唃厮啰政权，常与宋朝联合防御西夏的进攻。南宋时，河湟、河西地区一度归西夏占有。南宋理宗宝庆三年(1227)，蒙古帝国灭西夏，占领了河湟、河西一带。从此以至明清时代，甘青吐蕃藏族地区就一直由中原王朝所统治。到清代，甘青藏族的分布大致如下：

狄道州三族，河州十八族，皆康熙时旧族，杂处二十四关内。

洮州厅八族，大小九十余处，亦曰南番。土司杨积庆属番民五百二十族。昝天锡属番民七十六族。杨永隆属番民七族。著洛寺僧纲杨溯洛旺秀辖番民二十三族。麻你寺僧纲马昂旺丹主辖番民二十一族。圆成寺僧正侯洛扎旦主辖番民四族。

岷州熟番四十三族，旧属土司，后为归安里，惟白水江以南、南山内外，皆历番所在，亦称若瓦。南山以东马土司辖，以西杨土司辖，凡番寺三十五所，辖番民古喇哈等二十四族。

文县番族五百族。

西宁县番民十三族，番寺(属民)三十八族。

贵德厅熟番旧五十四族，存五族；生番旧十九族，存五族；野番十九族。俱插帐河滨。

循化厅口内熟番十二族，口外西番四十九寨，口外南番二十一寨。

丹噶尔厅南乡熟番一族，河南西番八族。

武威县峡沟番民三族，沙沟一族，上下大水寺(属民)五族，南山八族。

镇蕃县八力曼插汉蕃民一族。

永昌县蕃民五族。

古浪县东山围场沟蕃民四族。黄羊川五族。圈林沟二族。

平番县熟蕃三十六族,旧十余万丁,同治间存千余人,蕃寺十四所。洛洛城十三堡蕃民八族,二千三百余丁。

张掖县唐乌忒历蕃三族,康熙间给首领札衔。抚彝通判辖西喇古儿黄蕃五族,唐乌忒历蕃三族。

高台县唐乌忒历蕃一族。西喇古儿黄蕃二族。①

以上共1 440族,又70寨。按史料提供的数据,平番县熟蕃36族,旧10余万丁,按清朝人口统计的习惯,"'丁''口'二字通用",②则知平番县的熟蕃在同治以前每族平均有2 778丁(口)。

上引史料中又云:洛洛城13堡蕃民8族,共有2 300余丁,每族平均有287.5丁(口),比平番县每族的平均丁数小得多。即以此推算,西北地区清末1 440族,当有414 000丁(口)。若将上引史料中的每寨丁口略当一族计算,70寨当有20 125丁(口)。加上族丁,共计应是434 125丁(口)。

青海玉树是西北藏族的一个核心区。清世宗雍正十年(1732)夏,清朝政府应西宁办事大臣达鼐的奏请,由川、陕、西藏共同派员勘定南称、巴彦等处藏族各部落地界。确定当地蕃民79族,唐古拉山以南接近西藏的纳书克

① 《清史稿》卷134《兵志五》。

② 梁方仲:《中国历代户口、田地、田赋统计》甲表81《清乾隆十八年各直省户、丁口数及每户平均丁口数》,上海人民出版社,1980年版(下同),第261页。何炳棣否定"丁"的人口含义,他认为"丁"是一个自明代后期开始形成的赋税单位,与人口毫无关系(转见葛剑雄主编,曹树基著:《中国人口史》第五卷上,第二章第四节,复旦大学出版社,2005年版,第53页)。我们认为清初"丁"有时、有些地方虽然作为计量赋役的单位,但编定丁赋的开头,赋役的确定是以丁为依据的,清代地方志中也确有以丁为人口计量单位的,上引平番人口即是一例。故此处从梁方仲说。

等39族暂隶驻藏大臣；唐古拉山以北接近西宁的阿哩克等40族①划归西宁办事大臣管辖。从此时到清末180余年间，玉树藏族的部族有分有合，而其户口似无大的变化。雍正时阿哩克40族，共8 443户，②据天水人周希武先生于民国三年(1914)实地调查，玉树共有25族、8 050户(其中有两族人户缺载)；③而据梁方仲先生的统计，清朝宣统年间(1909—1911)，玉树等土司40族的户口数是61 800户、293 550口(其中男147 650口，女145 900口)，每户平均4.75口。④ 显然比周希武的统计数大得多。加上刚咱七族947户、3 629口，青海寺庙僧人21户、4 390口，⑤合计宣统时期青海玉树、海南藏族可统计人口为301 569口。加上西宁、河西等地的丁口数，清末西北地区的藏族可统计人口为735 694口。

2. 蒙古族。早在南宋理宗宝庆二年(1226)，成吉思汗西征后，利用征服西域的有利形势，分兵两路，一路由西域发兵向东，连克沙、肃、甘、凉诸州城，经河西进攻西夏首都；另一路由成吉思汗亲率10万大军，由漠北南下，围中兴府城；渡河攻积石州，进入今青海循化、甘肃积石山保安三庄等地，接着又先后攻破临洮府及河州、洮州、西宁州等地。河州是蒙军屯驻的重镇。成

---

① 据《清史稿》卷134《兵志五》记载，西宁管辖40族是：阿哩克族、蒙古尔津族、雍希叶布族、玉树族、噶尔布族、苏鲁克族、尼雅木错族、固察族、称多族、洞巴族、多伦尼托克安图族、阿萨克族、克列玉族、克阿永族、克叶尔济族、克拉尔济族、克典巴族、隆布族、上隆布族、札武族、上札武族、下札武族、札武班右族、上阿拉克硕族、上隆坝族、下隆坝族、苏尔莽族、白利族、哈尔受族、登坡格尔吉族、下格尔吉族、格尔吉族、巴彦南称族、南称桑巴尔族、南称隆冬族、南称卓达尔族、吹冷多拉族、巴彦南称界住牧喇嘛、拉布库克住牧喇嘛。族数似有遗漏，待考。

② 《清史稿》卷134《兵志五》。

③ 周希武：《玉树调查记》，卷上《部落》，青海人民出版社，1986年版，第32—34页。该卷记载，当时玉树25族是：囊谦族、扎武族、拉达族、布庆族、拉休族、迭达族、固察族、称多族、安冲族、苏尔莽族、苏鲁克族、蒙古尔津族(附白力登马族)、永夏族、竹节族(另阿乜六瓦族受其百长节制)、格吉麦马族、格吉班马族、格吉得马族、中坝麦马族、中坝班马族、中坝得马族、玉树将赛族、玉树总举族、玉树戎摸族、玉树鸦拉族、娘磋族。另有觉拉寺和拉布寺两座寺院，也有100余和150余户属民。

④ 梁方仲：《中国历代户口、田地、田赋统计》甲表86《清宣统年间调查〈公元1912年汇造〉之户口数的修正》，第268页。

⑤ 梁方仲：《中国历代户口、田地、田赋统计》甲表86《清宣统年间调查〈公元1912年汇造〉之户口数的修正》，第268页。

吉思汗所率大军及从西域来的另一路军队中有大量的中亚回回人和其他民族成分，他们是河州、东乡及保安三庄等地中亚人和蒙古人的重要来源。窝阔台汗次子阔端驻守凉州，管辖原西夏属地及甘青一带后，曾于1239年派部将经青海进入藏北。1252年，蒙哥汗派忽必烈驻军于临洮一带，指挥南路大军，并在河州设置了"吐蕃宣慰使司"，后有一部分军队留下来，成为西北地区最早留居的蒙古族部落。元世祖忽必烈于至元九年(1272)封皇子忙哥剌为安西王，河州是其辖区，他所统10多万蒙古军遍驻陕、甘各地，甘青交界的藏地更是其屯驻的重点。元朝末年，元政府还派镇西武靖王卜纳喇率军驻河州。这一切，都是甘青蒙古族人的主要来源。

入明以后，甘青一带又有大量蒙古人迁入。15至16世纪之际，蒙古鞑靼部达延汗(小王子)统一了大漠南北，并进行分封。对此，右翼永谢布部领主亦卜剌和鄂尔多斯部领主满都赍阿固勒呼(即阿尔秃斯)不服，起兵反叛，战败后先后逃到青海境内，进入柴达木地区，经常攻掠明朝的西宁沿边地区，这是蒙古势力在明代进据青海之始；也是《明史》上所谓"海部"或"海寇"问题的由来。明武宗正德十年(1515)，小王子部长卜儿孩以内难，又奔据青海，寇掠明朝的西北边境。明世宗嘉靖三十八年(1559)，达延汗后人俺答汗携子宾兔、丙兔等数万众，由今天祝县进入青海，赶走卜儿孩等，完全占有了青海。到明神宗万历中期以后，青海蒙古与河套、松山(在今甘肃天祝县境)蒙古一起，再一次构成了明朝西北的"三大寇"。直到万历二十六年(1598)，明朝政府收复了被蒙古势力侵占了40多年的松山地区(在今甘肃永登县东北)，切断了漠南右翼蒙古与青海之间的大通道，使青海蒙古势力陷于孤立境地，逐渐衰微下去。明毅宗崇祯七年(1634)，漠北喀尔喀蒙古内部矛盾激化，朝克图台吉退出蒙古草原，率兵进入青海，打败数十年前俺答汗留在青海的火落赤部等势力，占据青海，并伸手干预西藏事务。朝克图台吉与当时西藏声势显赫的藏巴汗及噶玛噶举派藏传佛教势力相合作，以凶残的态度和手段对待由宗喀巴创建的佛教格鲁派(黄教)。格鲁派在生死存亡的关头，派人前往漠西额鲁特(卫拉特)蒙古和硕特部，请求以武勇著称、敬奉黄教的固始(顾实)汗出兵救援。① 固始汗决定移牧青海,进据卫藏,支持黄教,乃于崇祯九年(1636)秋率本部兵马前往;巴图尔珲台吉也带部分准噶尔军队与之配合,两部共约1万余人,经伊犁、塔里木盆地进入青海境,打败朝克图台吉。固始汗乃踞青海而有之。此后,固始汗又消灭了黄教的反对派藏巴汗等。于是,原留在新疆境内的和硕特部众陆续迁来青海游牧。②部分准噶尔人(绰罗斯)、土尔扈特人和辉特人也随之而来。

清朝建立后,清世祖顺治十年(1653),封固始汗为"遵行文义敏慧顾实汗",③固始汗乃成为清朝的外藩。固始汗死,其次子鄂木布驻青海,号车臣岱吉。鄂木布死后,青海八台吉分立。清圣祖康熙时(1662—1722),准噶尔噶尔丹反清败亡后,清封固始汗幼子达什巴图尔为和硕亲王,它就是清世宗雍正元年(1723)组织发动反清的罗卜藏丹津的父亲。清朝政府平定罗卜藏丹津反叛后,将青海蒙古编制为29个扎萨克旗,安置在青海黄河以北地区,与主要分布在青海黄河以南的藏族分而治之。据清宣统时期调查,青海蒙古29旗共有5 555户、26 553口(其中男13 129口,女13 424口),每户平均4.78口。④

甘肃的肃北地区,清代康熙时也有一部分土尔扈特人从俄罗斯伏尔加河流域赴西藏朝佛时,归途受阻,向清廷请求内附,被安置在这里游牧。清中期,又有一部分新疆的土尔扈特人,青海的蒙古人陆续迁入肃北,成了那里的主要居民。

新疆是西蒙古活动的地方。早从成吉思汗建国后,将大蒙古国的人口、牧地分给自己的兄弟子侄,今新疆地区是成吉思汗第二子察合台的分地。从那以后,就有大量蒙古人陆续进入新疆,或做官、或服役、或屯牧,与当地

① 也先死后,瓦剌势力衰落并逐步西迁。明朝末年,西迁瓦剌形成准噶尔、杜尔伯特、和硕特、土尔扈特4部,亦称额鲁特(卫剌特)四部。驻牧于伊犁河流域、额尔齐斯河两岸、乌鲁木齐、塔尔巴哈台及其以北地区。各部虽结成联盟,但自有首领,互不相属,不断地发生矛盾。

② 参见樊保良:《蒙藏关系史研究》第三章第4节,第四章第2节,青海人民出版社,1992年版。

③ 《清世祖实录》卷74。

④ 梁方仲:《中国历代户口、田地、田赋统计》甲表86《清宣统年间调查〈公元1912年汇造〉之户口数的修正》,第268页。

的畏兀儿等民族一起生活。明时在新疆设立的哈密卫，察合台后裔领有的吐鲁番等地，都是蒙古人比较集中聚居的地方。明末瓦剌势衰，退至阿尔泰山以西地区，形成了绰罗斯、和硕特、杜尔伯特、土尔扈特等四部，更以新疆为其游牧、政治活动的大本营。17世纪前期，游牧于伊犁河一带的准噶尔部在巴图尔珲台吉统治下强大起来，卫拉特四部中除了远徙俄罗斯伏尔加河流域的土尔扈特部、南下迁入青海的和硕特部以外，其他诸部均受巴图尔珲台吉的管领。

3. 回族。西北是中国回族形成和聚居的主要区域。早在唐宋时期，就有不少信仰伊斯兰教的中亚、阿拉伯、波斯等地的商人沿"丝绸之路"来到河陇、关中等地经商。蒙元时期，成吉思汗及其子孙西征，又将数以十万计的中亚、西亚等地的工匠、士兵带到西北和内地，组成亦兵亦民的"探马赤军"，参加由蒙古人组织的统一战争或屯聚。元世祖至元十年(1273)，忽必烈下令将大部分探马赤军解散，就地入社为农民，西北的宁夏、甘肃、陕西、新疆等地都是安置这些探马赤军进行农垦的地方。此后还有不少中亚、波斯、阿拉伯等地的商人、学者以及宗教职业者陆续来到西北或通过西北进入中原内地。

明朝时期，陕甘一带的回回人分布相当广泛。保留至今的西安化觉巷清真大寺(东大寺)和今西安学习巷的清真寺(西大寺)，均建于明代，这是明代西安有回族人生活的有力证据。在伊斯兰教育史上作出贡献的著名经学大师胡登洲(1522—1579)，即是陕西咸阳渭城人。又据明人瞿九思撰《万历武功录》卷1《回夷列传》云："回夷，西(安)、延(安)、庆(阳)、平(凉)、凤(翔)、汉(中)间夷也，郡县编入版籍，名曰回夷。"从这段记载看，明代回回在今陕西的分布，已经遍及于三陕各地了。明末农民大起义的首领马光玉(别号大老回回)、马守应(别号小老回回)，都是从陕北起事的。马守应，陕西绥德县人。他于明崇祯元年(1628)起事，转战于甘肃东部一带，部众发展到数万人。三年后成为起义军"三十六营"的主要领导之一。张献忠也曾是他的部下。崇祯八年(1635)，起义军13家72营在荥阳大会，马守应为13家首领之一。崇祯十一年(1638)，李自成兵败，前往河南淅川投奔马守应，在那里养伤半年多。之后，马守应分给李自成一部分人马，助他东山再起。在整个明末农民大起义中，陕甘回族发挥了非常重要的作用。

清代陕西回族的繁衍发展十分迅速。清穆宗同治(1862—1874)间，左宗棠上奏中说："通计陕回七八十万。"①又据民国初西安回族人马光启撰《陕西回教概况》所载，陕西回族"布满全省，号称百万"。② 此外，对于同治陕西回民起义前陕西回族人口数量的估计，还有"陕则民七回三"等说法。③学界一般认为对于陕西回民人数的估计，前两种说法较确，即清同治前陕西回族人口为70—100万口。大致分布在西安府的府城及临潼、蓝田、渭南、三原、高陵、泾阳、咸阳、兴平、礼泉、盩厔、鄠县，同州府的华阴、华县、大荔县，凤翔府的凤翔、岐山、宝鸡县，邠州的淳化县，延安府的延安等城区附近，陕南的汉中、石泉、西乡、安康等城镇，而以关中的西安、凤翔、同州三府所属诸县最为集中。④

甘青宁地区的回族主要居住在甘肃南部的临夏回族自治州，天水市的张家川回族自治县，青海的化隆回族自治县、门源回族自治县、民和回族土族自治县、大通回族土族自治县以及湟中、祁连、尖扎、共和、贵德、乌兰、都兰县和西宁市等地。今宁夏地区早在元明时期就是回回人聚居的地方，因此《元史》上有"签西夏回回军"的记载。⑤ 明初，又有大量回回人被安置到宁夏的灵州(今宁夏灵武县)和固原一带，繁衍生息，留下许多历史遗迹。《嘉靖宁夏新志》将银川城的礼拜寺作为标志性建筑绘于卷首，并注明它是"回纥礼拜寺"。当时回族正处于定型化的阶段，而人们习惯上将所有信仰伊斯兰教的人都叫"回回"，因此这里的"回纥礼拜寺"，也是回族先民礼拜的场所。明代宁夏回族的清真寺，见于记载的还有同心韦州大寺、同心县城清

---

① 民国《续修陕西通志稿》卷178。

② 见马长寿编：《同治年间陕西回民起义历史调查资料初稿》，打印本附录。

③ 余澍畴：《秦陇回务记略》，见中国史学会编：《中国近代史资料丛刊》第四种《回民起义》四集，第215页。

④ 参周伟洲著：《陕西通史》第13卷，第七章第二节，陕西师范大学出版社，1997年版，第273—277页。

⑤ 《元史》卷7《世祖纪四》。

真大寺等。然而我们知道，回族从来就是全民信教，明代伊斯兰教基层组织又实行政教合一的教坊制，有回民的地方就有清真寺，故明代宁夏的清真寺当遍布于所有回族居住区，而不限于上述几个。清朝，尤其是同治时期陕甘回民起义被镇压以后，又有一大批回族民众被安置到宁夏南部山区等地。这一切，都使今宁夏成为中国回族居住最集中的地方和唯一的省级回族自治区。

甘青宁其他各市、州、县也有为数不等的回族人居住，他们有波斯、阿拉伯、西域人的后裔，有从山西、陕西等地迁来的回民商人、工匠，有传教而来的"圣裔"、"大贤"和教徒，有明清时从江淮、内地移民而来的，有的因战乱灾荒逃难而来，还有部分回族成员是我国其他一些民族的人通过通婚、"随教"等渠道，转变成了回族成员，等等。《明史》卷332《西域传四》有这样一段话："元时回回遍天下，及是居甘肃者尚多，诏守臣悉遣之，于是归撒马儿罕者千二百余人。"这段话中的"及是"，是指洪武二十五年(1392)前后，文中的"甘肃"，是指以今张掖市为中心的河西地区，而"悉遣之"的"悉"规模有多大？后文回答说"千二百余人"而已。可知这段话说的仅是洪武晚期河西回回分布的情况和规模，而不是指包括甘青宁所有地区的整个甘肃。对于明代甘青宁地区的回族人口，不能据此作出总的估计。

清顺治五年(1648)，甘州米喇印、丁国栋领导的回民起义失败后，大量回民逃到青海门源、大通等地。清雍正三年(1725)青海修大通、白塔、永安三城堡，从山西、陕西、北京、甘肃各府州移来大批的回民。同治时期西北回民起义失败后，河州有500余回民迁入青海化隆。同治十二年(1873)，清政府从西宁各川向平凉、秦安等地迁出陕西逃来的回民20 000余人，留居其地者复不少，可见当时陕西回民流入甘青的规模之大。同治(1862—1874)时，青海西宁的马归源、马本源兄弟，一为署知府，一为代总兵，西宁的汉族民众为求得他们的庇护，都改信了伊斯兰教，这是其他民族的人转变为回族的一个例子。

新疆是中亚、西亚等地回回进入中国的第一站，又有许多商业繁荣的城市，因而元明以来就有不少东来的回回留居那里。清朝平定准噶尔叛乱，有不少回族军人参加。乾隆时期,清朝统一新疆后又有许多回民从甘肃、云南等地迁居乌鲁木齐、昌吉、喀喇沙尔、伊利等城市经商,或参加清朝政府组织的天山南北的屯垦活动。

4. 土族。土族之名是新中国建立以后确定的。其聚居区主要在青海的互助土族自治县、大通回族土族自治县、民和回族土族自治县、黄南的同仁县和甘肃的天祝县、永登县等地。关于土族的族源,学术界说法很多,有吐谷浑说,蒙古说,白鞑靼说,沙陀说等等①,其中占优势和证据较为充分的说法是以吐谷浑后裔为主,先后融合了一部分羌人、吐蕃(藏)人、蒙古人和汉人而成说。据《土族简史》云:吐谷浑亡国后,东迁的一部分除少数返回故地外,其余都逐渐融合于汉族,降附于吐蕃的那一部分吐谷浑人后来融合于藏族,而留居于凉州、祁连山一带、浩门河流域、河湟流域的吐谷浑人则成为土族的先民,土族就是以这一部分吐谷浑人为主体,在长期发展过程中吸收了藏、汉、蒙古等民族成分而形成的。② 此说综合了其他诸说的合理成分,因而是关于土族形成的比较可信的一种说法。又据藏文《佑宁寺创建记》记载:成吉思汗率军入青海后,曾留其部将格日利特及其部属于今青海互助县一带,"与霍尔人通婚后繁衍成土族"③。霍尔人是吐蕃人对北方游牧民族的通称,其中包括吐谷浑人和蒙古人。明万历三十二年(1604),佑宁寺的前身郭隆寺建成时,曾以格日利特为守护神,印证了《佑宁寺创建记》的说法。同时,从土族语言词汇约有一半以上与现代蒙古语相同,及文献记载中今土族活动地区,自元代以来就有不少蒙古人进入等情况分析,土族形成过程中吸收了大量蒙古人及蒙古文化是可以肯定的。从蒙古人及蒙古文化在土族中的重要地位来看,将土族形成的时代定在13世纪蒙古人进入河湟地区到元末明初比较妥当,然而就不同地区的文化习俗而言,则今"互助、大通的土族受蒙古族影响较大,民和的土族则小一些"。④ 总之土族和其他民族一样并

① 参见《土族简史》,青海人民出版社,1982年版。杨建新:《中国西北少数民族史》第二十章,宁夏人民出版社,1988年版。

② 《土族简史》,第24—25页。

③ 《青海历史纪要》,青海人民出版社,1987年版,第109页。

④ 芈一之编著:《青海民族史入门》,青海人民出版社,1987年版,第37页。

非是单一族源的。从元明之际土族形成到清代,土族主要分布在今青海的西宁、乐都、互助、大通、民和及甘肃的天祝、永登等地,在流官、土司和寺院三种形式的管辖下生产和生活。

5. 东乡族。东乡族是14世纪后半叶,即元明之际,在今甘肃东乡县一带形成的。它和保安族的形成道路有许多相似之处,即都与蒙古、回回军的进驻相联系。

早在蒙古国初期,成吉思汗于1226年第5次率兵进攻西夏,并"渡河攻积石州"。① 进入今青海循化、甘肃积石山保安三庄等地。接着,又先后攻破临洮府及河州、洮州和西宁等城,②开始派蒙古军(其中有不少回回人)驻守。蒙哥汗时,为防御金国和吐蕃势力的威胁,蒙古国继续派兵驻守河州、积石州一带。元世祖至元九年(1272),封皇子忙哥剌为安西王,其封地包括今陕西和甘肃、宁夏一部分地区,河州就在其管辖和驻军范围内。直到元末,元朝政府依然派镇西武靖王卜纳喇率军驻河州。持续于整个蒙元时期的河州、西宁一带的驻军,势必导致蒙古人及从中亚迁来的人员与当地汉、藏等土著接触、交流和融合。至元十七年(1280)安西王忙哥剌死,其子阿难答袭位,势力大增。大德十一年(1307),元成宗死后,阿难答与成宗的皇后伯要真氏、左丞相阿忽台等相勾结,阴谋篡权,失败后阿难答被赐死,安西王辖地改封给爱育黎拔力八达,即以后的元仁宗,这就使安西王属部与元朝政府处于对立的地位。泰定帝泰定元年(1324),元政府"命昌王八剌失里往镇阿难答昔所居地"③,泰定三年(1326)又"命湘宁王八剌失里出镇阿难答之地"。④直到元文宗时(1328—1331),阿难答的儿子月鲁帖木儿还与"畏兀僧玉你达八的刺板的等谋不轨",⑤但同样失败了。在这种形势下,阿难答部属,包括蒙古人、回回人等为逃避元朝政府的镇压,便大量退入山高沟深偏僻闭塞的东乡地方,与当地汉人、藏族人在长期的共同生活中,融合成为一个新的民

① 《元史》卷1《太祖本纪》。
② 《元史》卷1《太祖本纪》。
③ 《元史》卷29《泰定帝本纪》。
④ 《元史》卷30《泰定帝本纪》。
⑤ 《元史》卷36《文宗本纪》。

族——东乡族。

6. 保安族。保安族原住在青海同仁县的保安、下庄、尕撒尔，即保安三庄，清朝咸丰、同治时期（1851—1874），才被迫迁到河州大河家的大墩、甘河滩、梅坡等地，即今甘肃积石山保安族、东乡族、撒拉族自治县的保安三庄。“保安”为族名，是解放后确立的。它与东乡在元代都属于河州路，两地相距不过100公里左右。民间传说，保安族是东乡蒙古人去同仁经商，最后落户于保安而形成保安族①；也有说是四川保宁府（今阆中县）迁来的回民；或云是“临夏来经商或屯防的回回或从陕西、甘肃来的营伍人”等等②。事实上，青海同仁县原住民族是藏、土等族，元朝初才有蒙古军队和色目人来此地戍守屯田，后被编入民籍，与当地原住民族的民众一起生产和生活，成为保安族的主要来源。

保安族与东乡族住地接近，族源、语言、宗教信仰、风俗习惯一致或相差不多，都主要从事农业生产，形成的时间，都在元末明初。其差异点，在于东乡族住地更靠近回族，而保安族则更接近于从外地来守边的汉族、土族和藏族人，因而在其形成过程中两族融入其他民族的成分，接受其他民族的影响有所不同。此外，东乡族处在元朝河州路、吐蕃宣慰司统治的中心地区，而保安族则远离卫治，在偏僻和人烟稀少的地区，长期受土司头人势力的单独控制，以上这些因素，逐渐形成了两族各自的差异和特点。

保安人东迁的原因传说很多③，我们认为根本的有两条，一是保安族原住地区各少数民族宗教信仰不同引发的矛盾。据载明清时期，保安地区居民成分除保安族外，还有汉、回、土、撒喇、藏族等④，其中保安、回、撒喇等族主要信仰伊斯兰教；藏族和土族信仰喇嘛教，各民族风俗习惯和宗教信仰的差别，是造成民族矛盾和冲突的重要原因。据传清咸丰年间，保安族聚居区的隆务寺的宗教上层企图强迫保安族人改信喇嘛教，并经常利用农田灌溉

① 《保安族简史》，甘肃人民出版社，1984年版，第12页。
② 《保安族简史》，甘肃人民出版社，1984年版，第13页。
③ 请参《保安族简史》一书中有关记载，甘肃人民出版社，1984年版。
④ 请参《保安族简史》一书中有关记载，甘肃人民出版社，1984年版。

等机会，进行恫吓和挑拨民族关系，终于引起保安人东迁的念头，迁徙前就与当地藏民发生过流血冲突。二是清朝统治者的民族隔离政策。这一政策在保安族东迁问题上虽未表现为直接原因，但统治阶级为了对各民族分而治之，在全国范围内包括保安族居住区蓄意挑拨民族矛盾，以使各族之间相互猜疑甚至进行武装冲突，也是引起保安族背井离乡，流徙迁转的深层原因。

7. 撒拉族。撒拉族主要分布在青海的循化撒拉族自治县、化隆回族自治县，甘肃的积石山保安族东乡族撒拉族自治县等地。撒拉族自称“撒拉尔”，汉文文献又作“撒剌”、“沙剌”、“萨拉”等，撒拉族的族名也是新中国建立后定的。

据撒拉族民间传说，该族的祖先系中亚撒马尔罕地方人尕勒莽、阿哈莽兄弟两人。他们因遭到国王的忌恨和迫害，便率领族人，牵了一匹白骆驼，驮着故乡的水和土及一部《古兰经》，向东方来寻找乐园，经过长途跋涉，辗转周折，终于来到今青海循化县街子地方定居，①子孙繁衍，而成为今日的撒拉族。《撒拉族简史》②及其引用《伊斯兰大百科全书》英文版第四卷的说法与此基本一致。民族学家芈一之考察梳理了各种民间流传和文字记载的史料后，总结出这样一段话：“撒拉族远祖名撒鲁尔，是西突厥乌古斯汗第五子塔克汗的长子。撒鲁尔部以后分衍成六大支七十五小支，活动在伊犁以西及河中地区，在塞尔柱帝国中曾经占有重要地位。六大支中有太克一支分成十三小支，其中有阿干汗一支。阿干汗之子名尕勒莽。他率领本族170户集体东迁，被安置在积石州（治今青海循化县）。距今已有七百年了。”③这支撒拉族先民是形成撒拉族的基础和主体。在长期的发展过程中，他们与附近蒙、藏、回、汉等族人民通过通婚等渠道，不断吸收新的民族成分，壮大民族主体，逐渐形成了现在的撒拉族；撒拉族形成的最后时段，当在明朝前期。

---

① 芈一之：《青海民族史入门》，青海人民出版社，1987年版，第47页。

② 《撒拉族简史》，青海人民出版社，1981年版，第8—9页。

③ 芈一之：《青海民族史入门》，第48页。

8. 裕固族。裕固族是河西回鹘和一部分蒙古部落融合而成的，其族名的最后确定是新中国建立以后的事。河西回鹘是活动于我国河西地区的一个古老民族。唐文宗开成五年（840），漠北回鹘汗国被黠戛斯（柯尔克孜族先民）击破后，逃至秦州、陇西、河西一带的回鹘余部与原住在那里的回鹘人相汇合，建立了河西回鹘政权，治甘州（今甘肃张掖市），又称甘州回鹘政权。宋仁宗天圣六年（1028），党项首领李元昊攻下河西回鹘的统治中心甘州，回鹘人向西逃至瓜（今甘肃瓜州县）、沙（今甘肃敦煌市）一带。宋仁宗景祐三年（1036），李元昊又攻取瓜、沙，于是甘州回鹘夜落纥氏等部落与瓜、沙回鹘一起南越党金山口，退至祁连山南麓、柴达木盆地西缘，与西州回鹘相临接。由于此地靠近沙州西南，故史称"沙州回鹘"。又据《宋史》卷490《于阗传》、《宋会要·蕃夷四·拂菻》等书记载，宋人依据于阗、拂菻两地使者的口述，称这部分回鹘人为"黄头回纥"。13世纪初，蒙古西征，大将速不台从中亚班师东归途径"黄头回纥"之地，收服了"黄头回纥"。此后的史书中就将"黄头回鹘"改称为"撒里畏吾"或"撒里畏兀儿"。①

蒙古统一撒里畏吾地区后，即派宗王将军镇守，其中镇守时间较长，影响较大的是威武西宁王（后改封豳王）出伯及其子孙。出伯为拖雷五世孙。据屠寄《蒙兀儿史记》卷42《出伯传》记载，其镇守地："置本营于甘州。兼领瓜、沙以西，北至合剌火者（在今新疆吐鲁番境——引者注）畏兀儿地征戍事，陇右诸王驸马及兀丹（今新疆和田县——引者注）等处宣慰司都元帅、吐蕃乌思藏宣慰司、巩昌等处便宜总帅府并听节制。"出伯子孙统治撒里畏吾儿地区期间，其军队和部众逐渐与撒里畏吾儿相融合，从而壮大了撒里畏吾儿部族。

明太祖洪武七年（1374），元宗室威武西宁王卜烟帖木儿遣府尉麻答儿等向明朝进贡，明"太祖喜，宴赉其使者，遣官厚赉其王，而分其地为阿端、阿

---

① 据考证，"撒里"为地名，阿尔泰语系诸语族中，把沙漠戈壁中地形开阔，有小股流水灌溉的绿洲叫做"撒里"、"苏勒"、"疏勒"、"素口"等，这同崇山峻岭、森林茂密、水深流急的地区被称为"喀喇"是相互对应的。由于这个词与回鹘语常用词"黄"的读音十分接近，故《宋史》误将地名当作人种的"黄头"，遂出现了"黄头回纥"的称谓。（林幹、高自厚：《回纥史》，内蒙古人民出版社，1994年版，第238页）。"撒里"是对"黄头"错误的纠正。

真、苦先、帖里四部，各赐以印”①。明太祖洪武八年（1375），卜烟帖木儿又遣使来朝，并上交了元朝政府赐给的金银字牌（印符），表示与逃往漠北的残元势力断绝关系。明朝封他为安定王，统领那里的撒里畏兀儿人。并在“东抵罕东（今青海西部党河上游——引者注），西拒天可里（指天山——引者注），北迩瓜、沙州，南界吐蕃”②的撒里畏兀儿境内，设立了安定、阿端、曲先三卫，即撒里畏兀儿三卫或西部三卫，实行羁縻制管理。明成祖永乐间（1403—1424），又在撒里畏兀儿邻近地区设立了赤金、沙州、罕东卫。明宪宗成化时（1465—1487），再从罕东卫中分设了罕东左卫，以上即东部四卫，西部三卫与东部四卫加哈密卫合称关西七卫（罕东左卫由罕东卫分出，故未单列）。

关西七卫从建立时期起就受到当地自然条件的困扰和外部势力的威胁，因而从明太祖洪武至明世宗嘉靖时期，在将近200年间，七卫部众每遇困难，就向嘉峪关内撤退迁徙。如明太祖洪武初，曲先卫刚设立后不久，就受到残元势力朵儿只巴的侵扰，只好从罗布泊东迁到阿真川。安定卫也以同样的原因从若羌迁到昔儿丁。阿端卫不能独存，部民也随曲先卫一起东迁。明朝后期，由于关西各卫酋长之间互相残杀，边境不宁，加上东察合台汗国、叶尔羌汗国及蒙古瓦剌和亦不剌等部的威逼，撒里畏兀各部乃辗转流徙，居无定处。明武宗正德年间（1506—1521），诸卫相继大规模地内迁，明朝派遣兵部尚书王琼至甘肃，将内迁诸部分别安置在肃州、甘州以南的祁连山麓，分给草场，贷给牲畜，“令其自为耕牧”。③ 撒里畏兀儿东迁入关后，分属于明朝的甘、肃两州管辖，未再单独设卫。各卫官民居住、生活在河西同一个大的区域内，他们面临着共同的政治形势（新迁来蒙古部奴役的威胁），又有共同的经济、文化生活，都自称“尧熬尔”（“裕固”之异译），这意味着东迁各卫部众已经形成了共同的心理素质和共同的民族意识，因此，东迁入关是裕固

① 《明史》卷330《西域传》。

② 《明太祖洪武实录》卷90，洪武七年六月壬戌。

③ ［明］杨一清：《为处置属番事》，见《明经世文编》卷117。

族形成的标志。①

清朝以后，裕固族被称为西喇古尔黄蕃，并一度处于进入西北地区的西蒙古和硕特和准噶尔部的统治下。清圣祖康熙时（1662—1722），清朝打败准噶尔后，分西喇古尔黄蕃为7族，②建立了管理体制，7族大头目被封为西喇古儿"七族黄蕃总管"，各族设正、副头目，授给守备、千总、把总等官职。有了共同的活动地域和共同的经济生活，有了统一的管理体制和组织，我国甘肃独有的民族——裕固族，正是在清代这些较为有利的条件下得到了巩固。

9. 维吾尔族。维吾尔族的先民，南北朝时叫袁纥（韦纥），唐朝叫回纥（回鹘），元明时期称作畏兀儿，清代叫缠回（回部）。其族源，可上溯到秦汉时的丁零，南北朝的敕勒（铁勒）及唐朝的回纥（回鹘）。

唐文宗开成五年（840），回鹘将军句录莫贺引黠戛斯10万骑灭回鹘汗国，杀其可汗㕎（kè）飒后，回鹘诸部纷纷逃亡。其中由庞特勤率领的一支迁至今新疆东部金莎岭（今博格多山）一带，部众有20万人。唐宣宗大中二年（848），庞特勤在焉耆（今新疆焉耆县）自称可汗。唐懿宗咸通七年（866），回鹘大首领仆固俊击败吐蕃，进占西州（今新疆吐鲁番市高昌古城）、轮台（今新疆乌鲁木齐市附近）等城，即以高昌为都城。史书称西州回鹘（或高昌回鹘）。当漠北回鹘灭国时，另有一支西迁投奔葛逻禄，与葛逻禄、样磨等部一起建立了喀喇汗（黑汗）王朝。宋庆历元年（1041）喀喇汗朝分裂为东、西两个王朝。南宋高宗绍兴二年（1132），契丹宗室耶律大石西征获胜，建立了西辽政权，高昌回鹘归附于西辽。绍兴四年（1134），西辽灭西喀喇汗朝，而将东喀喇汗朝作为它的附庸。南宋宁宗嘉定四年（1211），东喀喇汗王朝灭亡。到蒙元时期，高昌回鹘被称作畏兀儿，直隶于蒙古大汗，东喀喇王朝的遗民包括回鹘人则归属于察合台汗国。维吾尔民族，就是西迁回鹘到今新

---

① 林幹、高自厚：《回纥史》第十一章，内蒙古人民出版社，1994年版，第264页。

② 七族，指东部甘州提督辖下梨园营所管的大头目家、杨哥家、五个家、八个家、罗儿家等所谓"西喇古尔黄蕃五族"和西部肃州总兵辖下红崖营所管的亚拉格家、贺朗格家等"西喇古尔黄蕃二族"。

疆以后，在这一漫长的历史过程中，回鹘人与当地操东伊朗语的土著各族、先期西迁的铁勒与突厥诸部、后来进入的蒙古人等逐渐融合而形成的。①

元英宗至治元年（1321）前后，察合台汗国分裂为东西两部，东察合台汗国大致领有今新疆一带，直到明朝，畏兀儿民族仍隶于东察合台汗国（蒙兀儿斯坦）②。其间，蒙元统治者、军队和平民进入畏兀儿各城，与畏兀儿人杂居共处，而东察合台汗秃黑鲁·帖木儿（约1346—1363在位）又信仰并推行伊斯兰教，以此为契机，进入新疆南部的大多蒙古人伊斯兰化和融入了畏兀儿民族。东察合台汗国在明代发生分裂，并从亦力把力时期转向叶尔羌汗国时代。清圣祖康熙十七年（1678），叶尔羌汗国被准噶尔浑台吉噶尔丹所灭亡，准噶尔统治了天山南北。清高宗乾隆二十年（1755），清军平定准噶尔达瓦齐叛乱。乾隆二十四年（1759），清军又平定南疆大、小和卓叛乱，统一了新疆。乾隆二十七年（1762）清朝政府设置伊犁将军，通管新疆军政事务。其间，除了清政府调动一部分维族人赴北疆垦田外，维吾尔族主要聚居在喀什噶尔、英吉沙尔、叶尔羌、和田、阿克苏、乌什、库车、喀喇沙尔等南路八城，这一布局没有大的变化。

10. 哈萨克族。哈萨克是15世纪中叶，在中亚楚河流域形成的一个民族。它的族源是十分复杂的。从公元前四五世纪起，哈萨克斯坦和伊犁河流域就先后有塞克、月氏、乌孙、匈奴、康居等民族活动。2世纪中叶，乌孙从河西走廊西端迁到伊犁河和伊塞克湖一带，建立了包括原住民塞种人和大月氏人在内的国家。6世纪，西突厥汗国在乌孙故地上兴起。当时，乌孙、康居、咄陆（杜拉特）、突骑施（撒里乌孙）、葛逻禄（卡尔鲁克）等都是西突厥汗国统治下的部落。西突厥汗国灭亡后，突骑施兴起，接替西突厥统治该地区。8世纪中叶，葛逻禄接替突骑施统治该地。13世纪初蒙古族兴起，这里被划为成吉思汗长子术赤的分地。金帐汗国建立不久，术赤的儿子拔都将

① 参看王钟翰主编：《中国民族史概要》第三编第五章第一节，第244页。

② 明朝又以东察合台汗国的首府别失八里（今新疆吉木萨尔北破城子）作为其国名。明成祖永乐十六年（1418），该国迁都亦力把里（今新疆伊宁市），明朝又称其国为亦力把力（王钟翰主编：《中国民族史概要》，第三编第五章第一节，第246页）。

咸海东北，今哈萨克斯坦东部地方分给其兄斡鲁尕，称白帐汗国；将咸海以北分给其弟昔班尼，称蓝帐汗国。14 世纪上半叶，白帐汗国势力强大，吞并了金帐汗国。15 世纪初，白帐汗国又发生分裂，今哈萨克斯坦西部建立了诺盖汗国，东部建立了乌兹别克（月即别）汗国。乌兹别克汗国的可汗阿布尔海里穷兵黩武，凶狠残暴，统治集团内部矛盾相当尖锐。15 世纪中叶，克烈苏丹和赞尼别克苏丹带领一部分部落，脱离乌兹别克汗国，迁居到楚河流域，建立了独立的政权，自称哈萨克①。此后，乌兹别克境内还有不少其他游牧部落也陆续迁来入伙，这样，自称"哈萨克"的部落越来越多，一个以蒙古黄金家族为核心，吸收了西域各族人成分的新的民族——哈萨克族便逐渐形成了。

哈萨克民族形成以后，在政治上自始就是一种松散的联合体。16 世纪后半叶，哈萨克东、西、中各部逐渐形成了乌卢玉兹即大玉兹，②我国史籍中又称右部或北哈萨克；奇齐克玉兹即小玉兹，汉文史籍中称为西部哈萨克；鄂尔图玉兹即中玉兹，汉文史籍称左部。3 个玉兹既有密切的联系，又有很大的区别，其历史发展也有很多不同之处。

17 世纪初准噶尔强大起来后，与哈萨克发生了激烈的斗争。为了共同对付准噶尔的入侵，3 个玉兹建立了比较密切的联盟，并先后以叶西及其子杨吉儿，杨吉儿之子头克汗为全哈萨克的汗王。从 17 世纪到 18 世纪前期，哈萨克不仅与准噶尔之间进行了长期、大规模的武装斗争，而且也抵御了沙皇俄国的入侵。雍正元年（1723），北哈萨克和东（左部）哈萨克大部分已被厄鲁特征服，它们一直作为厄鲁特蒙古的属部，向其领主"进贡"。乾隆二十年（1755），清政府平定准噶尔后，东哈萨克即左部于乾隆二十二年（1757）归顺了清朝政府。乾隆二十三年（1758）西哈萨克有部分部落归顺了清政府。同年 9 月，北哈萨克即右部亦全部归顺清政府。乾隆三十六年（1771），清廷

① 哈萨克，其意有几种解释，一说为突厥语，意为"不服从汗王"、"自由自在过生活"；一说为"白鹅"，白天鹅是哈萨克先民最崇尚的鸟；一说这个词由"哈斯"和"萨克"（意为塞种）两词合并而成，其意是"真正的塞种人"。几种解释都能讲通，目前尚无定论。

② 玉兹：为突厥语，意为"部分"、"方面"。

正式册封东哈萨克的阿布赉为哈萨克汗，为哈萨克三部之首。乾隆四十七年（1782），阿布赉死，清廷命其长子斡里承袭汗位。直到嘉庆年间（1796—1820），三部哈萨克首领都不断赴京入觐，接受清政府的封赏，并每年向清政府纳贡，各部牧民也要每年向清朝纳一定的马匹充当赋税。

哈萨克归附清朝后，清政府开头将其按“外藩”对待，即在政治上实行所谓“羁縻”的政策。乾隆三十二年（1767）后，乾隆帝才改变政策，准许哈萨克部落在冬季可以越过阿雅古斯河进入塔尔巴哈台境内，包括斋桑湖及其以西以南（后发展到整个伊犁地区，包括伊犁河流域及七河）地区游牧，按牲畜头数缴纳赋税。许多哈萨克部落进入清朝界内后要求“内属”，清政府答应并指定其游牧区，授给其首领以王、公、太吉等爵位，有的还给以不定期年俸，并承担管理马厂、巡边等差役，他们与作为“外藩”的那部分哈萨克逐渐有了区别。这部分迁入伊犁、塔城、阿勒泰等地的哈萨克人，形成了中国境内的哈萨克族。新疆其他地区和甘肃等地的哈萨克人，大都是从这里迁出的。哈萨克族有本民族的语言文字，信仰伊斯兰教。

11. 柯尔克孜族。柯尔克孜族是我国一个古老的民族。史称“鬲（坚）昆”、“契（纥）骨”、“辖（黠）戛斯”、“吉利（乞儿）吉思”、“布鲁特”、“吉尔吉斯”等。早在公元前3世纪，柯尔克孜族的先民就活动于匈奴以北，即今蒙古人民共和国西北叶尼塞河上流，受匈奴统治。唐贞观（627—649）时，唐朝政府于其地设坚昆都督府，封黠戛斯首领为都督，实行羁縻制统治。至迟在公元六七世纪，已有少量叶尼塞吉尔（利）吉斯人向西迁徙，留居今新疆天山等地。六世纪中叶突厥崛起，柯尔克孜族先民接受突厥统治。突厥衰落，回纥兴起后又接受回纥统治。其间，有两批叶尼塞吉尔吉斯人被突厥、回纥人裹胁，于6世纪80年代和8世纪中叶先后迁到西域地区。9世纪20年代，柯尔克孜族先民黠戛斯在其首领阿热统领下逐渐强盛起来。840年，阿热率10万大军击破回纥牙帐，杀其可汗诛掘罗刀，回纥部众溃散逃亡。阿热在原回纥领地上建立了强盛一时的黠戛斯汗国，并与唐朝联系很密切。10世纪时，契丹族强盛，黠戛斯被契丹降服为属国。12世纪末蒙古族兴起，吉利吉思族又受到蒙古的侵袭和役属。1220年，成吉思汗将所征服的地区分给诸子时，将吉利吉思分给小儿子拖雷。阿里不哥反对忽必烈失败后，吉利吉思诸地归元朝政府直接统治。

阿里不哥的领地原在叶尼塞—额尔齐斯河之间与杭爱高原，1262—1263年，阿里不哥转往伊犁河流域。反对忽必烈败降以后，他从额尔齐斯河—叶尼塞河带来的军队，包括吉尔吉斯部众，溃散在东天山一带。后来，与阿里不哥一起反对忽必烈的海都兼并了天山到河中的广大地区。作为直属的钦察—吉尔吉斯部众，在随从海都征战中，又不断有人定居于天山一带。元朝统治时期，曾在叶尼塞河上游建有万户府，通领吉利吉思族人。元灭以后，一部分叶尼塞河流域的吉利吉思人继续迁来天山地区，山居游牧。14世纪末到15世纪初，干塔儿米兰·帖木儿及其继承人不断向天山地区进攻，将当地大量蒙古—突厥部落消灭，或迁往锡尔河外、喀什噶尔等地，而吉尔吉斯人因多山居而损伤较少。他们逐渐同化了当地数量较他们为少的蒙古—突厥部落，形成了中亚天山一带的吉尔吉斯（柯尔克孜）民族。

清朝前期的柯尔克孜族，其属于清廷管辖的部落，主要有4部：一是萨尔巴噶什或布库部，北部原游牧于珠穆罕以西纳林一带，乾隆二十五年（1760），经参赞大臣阿桂奏准，移至阿特巴什河以西纳林河以南游牧，后又移至伊犁西南伊塞克湖周围游牧；二是希布察克部，游牧于英吉沙尔城铁列克卡伦至西北图木舒克卡伦外及喀什噶尔西南伊勤古楚卡伦内，通巴达克山、布哈尔等地方。[①] 此外，游牧于喀什噶尔城西北的图尔爱格部，游牧于喀什噶尔西南一带的萨尔特部，都属于希布察克部；三是冲巴噶什部，游牧于喀什噶尔西北，巴尔昌卡伦至西北喀浪圭卡伦以外，西通霍罕；四是额德格纳部、喀尔提锦部。喀德格纳部的基本游牧区在喀什噶尔西北喀浪圭卡伦外，从费尔干盆地东端鄂什一带，南到阿莱地区。东北与萨尔巴噶什、冲巴噶什等部交错游牧，南与希布察克部相交错，西与浩罕联界。喀尔提锦部与额德格纳部交错游牧于乌帕喇特卡伦外阿莱一带。还有许多较小的部落，与上述各部交错游牧，接受清朝政府管辖，交纳贡赋。并在喀什噶尔、伊犁

① 《新疆识略》卷12《布鲁特》。

等地进行贸易。

12. 乌孜别克族。乌孜别克这一名称源于蒙古金帐汗国的乌孜别克汗，又叫月即别、月祖别或月思别。14 世纪，金帐汗国在乌孜别克汗统治下，国力强盛，声名远扬，人们将金帐汗国称作乌孜别克汗国，将金帐汗国人称作乌孜别克人。15 世纪，金帐汗国衰落，源于金帐汗国统治者族系的白帐汗国崛起，占领了西西伯利亚和哈萨克斯坦等地，将这里原住的突厥人、蒙古人统称作乌孜别克人。16 世纪，白帐汗国昔班尼汗南下推翻了帖木儿汗国，在这里，南下的游牧民与当地的突厥、伊朗等从事农业的民族逐渐融合，形成了中亚地区的乌孜别克族。

中亚乌孜别克族是一个善于经商的民族，其与中国新疆以及内地的经济文化交流源远流长。到了清代，来华经商的中亚乌孜别克人与年俱增。乾隆时期清朝统一新疆后，中亚浩罕国、希瓦汗国、布哈拉汗国等都与清朝建立了友好关系，当地的商人也纷纷来到新疆的喀什噶尔、叶尔羌、阿克苏、伊犁等地经商谋生，有的长期留居下来，形成了中国境内的乌孜别克族。居住在新疆境内的乌孜别克人，除了经商，有的还适应当地自然环境和经济条件，从事农业、畜牧业和手工业生产，为新疆经济文化的发展作出了重大的贡献。乌孜别克人有自己的语言、文字，信仰伊斯兰教。长期与维吾尔族、哈萨克族交错而居，相互在经济、文化、宗教信仰、社会风俗等方面影响渗透，有彼此接近的特点。

13. 塔塔尔族。塔塔尔历史上又叫“鞑靼”、“达旦”、“达怛”等。早在唐代史籍上就有了“鞑靼”这一名字。两宋时期，除鞑靼本部外，又将漠北蒙古部称作黑鞑靼，将漠南汪古部称作白鞑靼，而将蒙古高原森林狩猎部落称之为生鞑靼，因此鞑靼一名实际成为蒙古高原诸部的通称。元代鞑靼人是蒙古族的一部分。明朝又相对于西蒙古，东部兀良哈蒙古，将蒙古大沙漠南北的蒙古人（喀尔喀蒙古和漠南蒙古）称作鞑靼。西方人则将蒙古诸部和中国北方各族泛称为鞑靼（塔塔尔）。现代塔塔尔民族沿用了鞑靼（塔塔尔）这一名称，它是 15 世纪蒙古金帐汗国衰亡后，在俄罗斯伏尔加河、卡马河一带出现的喀山汗国形成的，其族源有保加尔人、操突厥语诸部落和突厥化的蒙古人。近代中国的塔塔尔人是19世纪二三十年代以来,陆续从喀山等地迁入新疆伊宁、塔城、乌鲁木齐以及南疆一些城市的。塔塔尔人有自己的语言文字,信仰伊斯兰教,由于长期与维吾尔人、哈萨克人聚居,因而塔塔尔人十分熟悉、也经常使用维族和哈族的语言文字。①

14. 塔吉克族。塔吉克,意为"王冠",其远祖是秦汉以前游牧于帕米尔东部的一些部落。汉代的西域民族国家盘陀国(治今新疆塔什库尔干)就是由塔吉克族的先民建立的。塔吉克族先民就长期生活在那里。到了17世纪以后,散居于葱岭(今帕米尔高原)西部和南部的塔吉克人也迁来塔什库尔干及塔里木盆地西缘地区,从事畜牧业生产,兼营农业。塔吉克族有本民族的语言,曾长期使用波斯文,20世纪30年代后改用维吾尔文,信仰伊斯兰教。

二、元明清时期西北少数民族的基本特点

元明清时期,生活在西北地区的少数民族,有许多相同的经济、政治和民族特点,主要是:

(一)很多少数民族经济上处于中国自然条件最差地区的极端贫乏带。如甘青宁地区是中国地形从西往东3个台阶最高的青藏高原的主体部分,境内绝大部分是高原山地,海拔一般在2 500米—4 500米,气候干旱,降雨量少,植被差,除东部河湟地区有较多的农田外,80%以上的地方只适合于牧业经济。从古以来,这里就是经济地理条件最为严酷的地区。由于很多少数民族历史时期处于政治劣势地位,他们在自然条件较好的地区难于立足,或者进入后就被汉族同化了,而在战败、灾荒后,他们只能逃往人烟稀少的偏僻地区,开发那里贫乏的自然资源,为自己营造生存空间和条件。西北地区的少数民族大都是在不同的历史时期,以同一的社会原因来到边疆贫困地区的。然而就在这块经济自然条件极差的地方,各地段也还有相对的差别。在汉族封建官府统治下,地方官又将相对肥沃的农田据为己有,而将少数民

① 参见王钟翰主编:《中国民族史概要》第三编第五章第一节,第294—295页。

族人口安排到了极端贫困区。明朝从洪武时期(1368—1398)开始,先后在西宁府建立了16个土司,对各民族实行世袭制统治,就在这样的情况下,仍然将西宁“城池左近,水地给民树艺”,而将“边远旱地,赐各土司,各领所部耕牧”。[①] 需要说明,这里所说给于水地的“民”,当然是汉族地主阶级而不会是普通农民。其他给田人,连各族上层的土司也只给“边远旱地”,遑论一般民众。事实上,这些少数民族上层随着政治上的升迁和私人财富的增长,可以通过朝廷赏赐、购买、掠夺等多种途径,在水利条件好的河川地带占有更多更好的田地。明清以来,见于地方志的西宁府的水渠,有不少是土司的家渠,以土司的姓命名,如西宁县西北40里处的陈家渠、陈靳上堡渠、陈靳下堡渠,碾伯县东南135里处的祁家渠,碾伯县东南95里处的李土司家人庄渠,碾伯县东南18里处的李土司原坡庄渠,碾伯县东南290里处的赵防山渠,同县东南240里的赵木川渠等,都是土司们占有肥沃水田的明证。又如著名的西宁土司李英家族自元代以来世为土官。李英先是袭父职为西宁卫指挥佥事,后以功升任右军都督府左都督,为正一品武官。他家在西宁“招逋逃七百余户,置庄垦田,豪夺人产”。[②] 今青海民和县的大半土地都被他家占有了。可见,真正生活在极端贫瘠地区的人只是各族的普通民众。恶劣的自然条件极大地影响着人们的生产和生活,也锤炼了他们吃苦耐劳、坚韧不拔的奋斗精神。

(二)政治上深受历代封建政府、土司衙门和宗教势力的重重压迫,社会经济地位低下。西北地区的近代少数民族大都是元明以来形成的,这一历史时期专制主义中央集权高度强化,民族歧视、压迫日益严重,土司制度形成并逐步完善和发展。甘青数十家土司一方面在封建政府部门中任职,另一方面封建政府又允许他们建有各自的土衙、土兵、土法等,严格管制辖内少数民族,正如汉族民众除受到封建政权统治外,还要横受族权的束缚一样。此外,宗教势力的剥削压迫也是相当严重的。以河湟、大通河流域“西蕃”聚居区为例,据清人康敷镕《青海记·寺院》的记载,这一带除有数十处

① 杨应琚:《西宁府新志》卷24《官师志·土司》。

② 《明史》卷156《李英传》。

汉传佛教寺院、道观外，仅西宁府各县、卫、所还有清真寺360余所，①喇嘛寺227所，②每个寺观通过政府赏赐、私人捐献和自占无主荒地等途径，拥有数量不小的土地。如西宁瞿昙寺在明宣宗宣德二年(1427)所占土地，南北约35公里，东西约40公里，面积100多平方公里。西宁塔尔寺在清雍正、乾隆时有僧众3600余人，占地万余亩。许多寺院还拥有广袤的牧场。这些耕地牧场都要各族民众以蕃佃、寺奴等身份代为耕牧。一般农牧民，也要将自己一年辛勤所获，除留下最低限度的生活所需外，其余都无偿地捐献给寺院。正是在这样的重重压迫和剥削下，各族民众生活在政治上无权可言的社会最底层，故而具有顽强的反抗精神。

(三)由于经济、民族利益和宗教信仰等方面的矛盾纠纷，各民族与中央政府，各民族之间，各族内部的摩擦斗争极为复杂尖锐。西北地区严酷的经济自然地理条件经常造成少数民族民众的生活窘困，需要其他不同经济区来接济，但元朝实行的民族等级制，明清王朝强制推行的民族隔离政策，限制了各地区、各民族之间的物资调剂和人员流动，往往使遭受自然灾害、战争破坏的民众陷入生活的绝境，最后只好采取武装掠夺的形式，希望以此求得生存。这又使中原政府对其以造反视之，调动大军镇压，从而给各族民众雪上加霜，给予毁灭性的打击；也加剧了中原政府与各族的矛盾。甘青宁各民族之间，例如青海黄南藏族与河北蒙族之间为争夺河北的草场牧地，东乡、保安族与藏族之间为宗教信仰，伊斯兰民族内部为宗教派系、门宦差异，经常发生无休止的矛盾纠纷，既造成了民族之间、民族内部的不和，也影响到整个地区的社会稳定，这是封建社会后期造成我国东西部经济发展差距的最主要的社会原因。我们细检我国东西部经济发展差距形成的历史社会原因，不能归之于自然条件差，因为历史上如战国秦汉以来，自然条件与封建社会后期差不多，但那时就不存在东西部经济发展的差距，反倒是西优于东。只是到了唐中期“安史之乱”后，1 000多年来，东部发展经济的条件又好，社会又相对安定；而西北地区民族关系的弦一直绷得很紧，冲突加剧，战

---

① 康敷镕:《青海记·寺院》,(台湾)成文出版社,1968年版(下同),第105页。

② 据康敷镕:《青海记·寺院》,第108—147页。

乱不断，连一般的经济活动都难以照常进行，遑论发展的问题。这才是造成东西部经济发展差距的主要、深层次原因，也是西北地区一个突出的经济、政治和民族特点。

（四）在行政管理上，由于各民族的族源不同，政治文化和民族习俗差别很大，历代中央政府向以该地区的行政管理为难题。例如从11世纪初以后，河湟洮岷地区建立的唃厮啰政权，以佛法统众，逐渐演变成为政教合一的统治形式。蒙元以来，从蒙古大沙漠以南、以西进入西北地区的蒙古人，王公贵族世袭领主制统治形式。土族先民也实行部落酋长制和政教合一制统治形式。回族、撒拉、东乡、保安等族的先民有一部分来自中亚等伊斯兰民族地区，接受伊斯兰文化的影响较深，但其基层组织形式仍以部落血缘关系为基础。此外，西北地区还有大量的汉族民众。这一切，都使西北地区的民族结构，文化背景等呈现出相当复杂的特点，也为这一地区的行政管理提出了难题和考验。

（五）在社会习尚方面，形成了西北民族的特有风格。例如民风劲拔，尚武健猛，吃苦耐劳，勇于进取；不擅长文学、哲理的创获，而好功利实绩的追求等。政府方面若能因势利导，则这种刚性习尚极有利于中华民族精神的提升。西北各族尽管其文化渊源有别，但在共同的生产和生活中，人们面对的都是同样恶劣的自然环境和战乱不休的社会，加上西北地区自先秦以来就有淳朴简约，尚勇敢战的传统，熏陶之下，相沿成风，这一特点当然也是应当关注的。

三、元明清时期西北地区的主要社会问题

由于西北地区经济自然地理条件差，社会生产农牧业兼营，很多地区只适宜牧业经济，牧区对关中、陇右、河西等农业区有很强的经济互补需求。每当牧区遇到自然灾害、社会战乱或民族纠纷造成的饥荒，就需要政府调拨农业区域的物资来接济，才能渡过难关，这就是我们常说的牧区对农区的经济依赖性。然而封建时代的地方官甚至国家政权，往往对西北这样广袤、落后地区的牧民并不关心，遇到灾荒，即或有赈济的诏令，按下地方官贪污、克

扣等弊端不说，偌大面积，交通不便，区区救济人员，物资运送等工作难度极大，因而灾民大都得不到有效的救济。举例说，清朝平定罗卜藏丹津叛乱后，政府在青海实行蒙、藏民族隔离政策。后游牧于环青海湖的蒙古各旗势力衰弱，“而各扎萨克王公台吉等任性贪残，不恤其下”，蒙古下层乃导引河南“野蕃抢掠其主，又有内地奸民从而勾结教诱，以致蒙蕃伙结，扰及沿边一带”，于是普通蒙古牧民横遭灾祸，流离失所，相率避入内地或附近卡伦，“藉资倚庇”。乱象过去以后，这些蒙古流民即使政府愿意资助他们返回原地，由于他们“锅帐牲畜俱无，蒙赏行粮，不过糊口十余日，此后仍难度命”，①因而还是无法恢复正常的生活。在边疆民族地区，这类问题一桩接着一桩。成千上万的人衣食无着。为了活命，他们所能采取的行动，除了入掠、抢劫周边汉地外，还有什么呢？由此看来，对于大多数牧民来说，他们的入掠行为主要乃生活所迫，不得已而为之；与少数民族上层的反叛、掳掠甚至出卖祖国利益等活动有着本质的不同。但当时的地方官和地方政府，为了请功报赏、升官发财，将灾民的求活举动一概政治化为叛乱，乃不分青红皂白，对穷途末路、颠连无告的少数民族进行无情的军事镇压和剿杀，不仅让灾民遭受到灭门之灾，也使当地的民族关系更加紧张，社会秩序更加混乱。西北地区在祖国版图上处于极其重要的地位，它对西北乃至全国的政治局势都是休戚相关、举足轻重的。明朝都御史杨一清在论述明朝政府与西北蕃族茶马贸易的重要性时，将河、洮两州，看作“西蕃之襟”，而“西蕃为中国藩篱”。② 他极力强调通过茶马贸易稳定这一民族地区的重要性。清朝长期任职于西北的政治家杨应琚说：西北地区虽然很穷，军需兵饷的十之九皆取给于内郡，然而“国家不惜帑廪以任用者，盖宁郡（指西宁府，今青海东部地区——引者注）远通强虏，近逼羌戎，为河西之障，河西为河东之障，河东又为关中之障也。宁郡无重兵则河西孤，河西孤则河东虚，河东虚则关中势

① 以上引文均见宣统《甘肃新通志》卷42《兵防志·附那彦成奏各旗蒙古全数出口请赏口粮疏》。

② 乾隆《甘肃通志》卷4《疆域·河州》。

弱。所谓唇齿相依,何其要哉”。[①] 古代政治家、思想家的这类见解甚多,反映了他们对治理西北地区重要性的认识和强调。

从区域特点看,西北固然是农牧业经济的自然条件极差,经济基础和民众抗御自然灾害的能力都非常薄弱,但这还不是该地区社会经济发展的主要障碍。西北历史上经济社会发展的主要问题是民族关系长时期紧张,民族冲突、各种战争——中央政权与各族的、各族之间的、各族内部的,还有中外之间的——旷年累代,迄无宁息,斫丧了社会生产力,打乱了正常的社会进程和生产生活环境,在这种情况下,经济社会就无法正常地运行发展。民族问题是中国历史上贯古通今的一个政治问题,元明清国家大一统的历史条件下犹然如此。这并不是说这三个朝代在解决民族地区问题上未下工夫,应当说,元明清3朝在解决周边民族问题上是花了气力的,其治理思想、政策和实践措施有不少的亮点。从历史实际看,元明清时期西北地区存在的主要社会问题大致有以下几个方面:

——各族争夺生存空间的矛盾斗争。

——由于农牧业生产歉收或遇自然灾害,民众生活无着,政府不能妥善处理而引起骚乱或民众暴动。

——由于地方官对各族民间摩擦处置不当,导致矛盾转移,变为民众反抗官府的斗争以及由此发生的政府兴师动众、大规模镇压活动。

——宗教头人对有关教义、教法、宗教仪轨的不同理解或解释,引起教内派系之争,其间官府处置不当,又导致大规模的武装冲突和流血事件。

——由于民族意识、民族文化、民族风俗不同而引起的各种社会矛盾纠纷。

——各族上层之间、各族首领与封建朝廷间的权力之争。

——一些民族上层掀起的分离国家和政治叛乱活动。

——教育和生产落后的问题。

元明清时期西北地区的所有军事、社会、经济、政治、文化、教育、宗教等

---

① 杨应琚:《西宁府新志》卷16《田赋·岁榷》。

社会活动,几乎都是围绕以上几个问题展开和进行的。其中各族上层的权力之争和教育、生产落后,又是各类问题的核心、重点和难点。

元明清时代西北地区生活的少数民族与今天大致相同,3 个朝代 640 多年的政治思想、政策和措施,所积淀的文化内涵应是相当丰富和深刻的,因而值得我们研究、总结和借鉴。

第二节 元明清封建政府平息各族反叛势力的活动

西北地区自古就是多民族聚居区。元明清时期,这里的一些民族已经迁移出去,又徙入和形成了一些新民族,与原住的汉、藏等民族生活在一起,因此多民族杂居的局面并没有改变。由于各民族的来源、历史、生产生活方式和传统习惯各不相同,各族上层与封建政府的利益有矛盾,因此,西北各民族之间、各族上层与封建朝廷之间的摩擦冲突就是难免的,武装反叛活动也时有发生。元明清政府是怎样防范和处置各族反叛势力的?它们在军事治理方面为今人留下了哪些思想文化遗产?这是本节要重点讨论的。

一、元明两朝的武装平叛

任何国家政权对于危害其统治安全的反叛势力,都是果断平息、决不纵容的,元明两代也是如此。元朝前中期武力强盛,对西北地区的武装防范和监控尤其严密,因此,大规模的民族、民间反抗活动比较少。见于方志记载的,有至元十二年(1275)的吐蕃之乱。当时,元世祖立即敕安西王忙兀剌、诸王只世帖木儿、驸马章吉"分遣所部蒙古军,从西平王奥鲁赤征吐蕃",①平息了这一事件。元仁宗延祐五年(1318)六月,"西蕃土寇作乱,敕甘肃省调兵捕之"。② 类此区域民族间的反抗活动,只要出现,不论大小,元朝政府都会立即将其扑灭。

---

① 宣统《甘肃新通志》卷 31。

② 民国《甘肃通志稿》纪事四。

明朝整个北方的边患主要来自蒙古族上层的侵扰。西北地区又是东、西蒙古和喀尔喀蒙古各部出没汇聚、骚扰明朝边境的一个中心区，同时，包括明朝所建西宁、河州、洮州、岷州各卫在内的“西蕃诸卫”，吐蕃藏族上层也经常发动武装掠夺，对此，明朝政府采取了积极防御的思想策略和措施。关于明朝西北地区的防务设施和驻军我们将于下节明之，这里先介绍明政府平息反叛活动的情况。

1. 制止吐蕃首领反叛的策略和行动。明太祖洪武十二年（1379），洮州18族蕃酋三副使等发动武装起事，占据了由甘青通往西藏的纳麟7站之地。明朝政府命令征西将军沐英等将兵讨伐。沐英等到洮州旧城时，反军已经逃去，官军追剿，杀死数名魁首，俘获大量畜产。同年秋，又大破反军，“尽擒其魁，俘斩数万人，获马牛羊数十万”。① 明朝政府以这件事为契机，经过周密的部署，决定筑城置戍，建立了洮州卫，以指挥聂纬、陈晖等6人带兵驻守。从此，群蕃震慑，很长一段时间不敢再行寇掠。到明英宗正统五年（1440）前后，河州阿尔官等6族又来钞掠屯军，大肆焚戮。著亦匝族蕃人也屡于煖泉亭等处频繁地进行寇掠。这一时期，明朝的国力军力已经下降，无力组织大规模的军事出击活动，统治者乃本着“驭戎之道，抚绥为先，抚之不从，然后用兵”②的原则，通过说服劝导，晓以利害的方式，同样有效地制止了各部落的掠夺活动，避免了一场武力冲突和各族人员的大量伤亡。明世宗嘉靖八年（1529），洮、岷等地的蕃族在蒙古“海寇”的侵逼下，转向临洮、巩昌（治今甘肃陇西县）等地掳掠，一时关陕内地也为之骚动。明朝派武臣王琼前往处置此事。王琼乃集众议，采取“且剿且抚”的策略，一面派遣总兵官刘文、游击彭棫布置兵马，准备剿杀，并于次年二月从固原进至洮、岷；一面又遣人“开示祸福”，劝其敛兵。在明朝强大的政治军事压力下，洮州东路木舍等31族，西路答禄失等13族，岷州西宁沟等15族都听招抚，明军对其“给白旗犒赐遣归”，部分地和平解决了问题。只有岷州东路“若笼族”、西路“板尔”等15族及“剌即”等5族恃险不服，明军乃分兵攻灭若笼、板尔2族。这时候，

① 《明史》卷330《西域传》。

② 《明史》卷330《西域传》。

剌即等族才感到震慑,派人乞降,自动解除了武装。明朝以强大的政治攻势和压力,只用比较少的人员伤亡为代价,就抚定了70多族的掳掠,①是一次成功的安抚活动,这说明采取和平说服的方式解决民族问题,有时效果会比武装进击更好些。因此,对于西北地区频繁出现的各少数民族的入掠活动,明朝政府多使用劝导的方式来解决。

2. 制止西海蒙古军事势力入掠的策略和行动。《明史》把明武宗正德七年(1512)以后进入青海一带的蒙古各部统称为"海部"或"海寇"。早在明太祖洪武三年(1370),明军西进西北地区,元朝的镇西武靖王卜纳剌降明。西平王后裔豫王不降,被明将邓愈赶到黄河以西,转至通天河一带游牧,不为边患。湟水流域的蒙古贵族朵儿只班也于洪武四年退到居延海一带,不再来犯。明设罕东、安定、阿端、曲先等"西宁塞外四卫"来安置蒙古部众,各卫的指挥使、同知、佥事等均由蒙古贵族担任,所以,整个明朝前期,西北中部甘青一带蒙古族聚居区尚称安宁。

明武宗正德初,东蒙古永谢布(永邵卜)部的亦不剌和鄂尔多斯部的阿尔秃斯来到柴达木地区后,西宁沿边不断发生战事。直到明世宗嘉靖十二年(1533),土默特部首领吉囊率兵5万,大败亦不剌,收其部落大半而去,亦不剌一蹶不振,原附于亦不剌的"小王子部长"卜儿孩逐渐活跃起来。嘉靖三十八年(1559),蒙古俺答汗率众数万进入青海,赶走卜儿孩,留其子丙兔等7支部落于西海。明穆宗隆庆五年(1571),明朝政府封俺答汗为顺义王,各部台吉也给予一定封号,边塞保持了一段时间的安宁。明神宗万历八年(1580)后,留在青海的塞北蒙古部落增至29个。②

万历十年(1582)俺答汗死,西海各部各行其是,与明朝的冲突也日益增多。

万历十六年(1588)九月,永邵卜之婿瓦剌它卜囊率众攻西宁南川,杀副总兵李魁等官军100多人。丙兔死后,其子真相移驻莽剌川(今青海黄河南贵南县),火落赤移驻捏工川(今青海同仁县与甘肃夏河县交界的甘家滩),

---

① 《明史》卷330《西域传》。

② 《明神宗实录》卷82。

逼近西宁，掳掠蕃族，俺答孙扯力克也来协助他们，其势更加炽盛。万历十八年(1590)六月，攻旧临洮，明副总兵李联芳率3 000人抵抗，全军尽覆。七月，又深入，大掠河州、临洮、渭源，明总兵官刘承嗣与游击孟孝臣各将一军抵御，也都战败。游击李芳等战死，“西陲大震”。① 有鉴于此，明朝政府令兵部尚书郑洛经略青海。明军进入西宁，控扼青海，着力切断蒙古人对诸蕃(吐蕃)的控制：一是下令甘肃(今张掖)驻军，凡蒙古人从青海撤归塞北者放行，而从河套等地进入青海者“勒兵拒之”；二是招附受蒙古部欺压和利用的青海蕃族，以削弱蒙古火落赤等的势力。郑洛在给明神宗的上疏中说：“自顺义(指俺答汗——引者注)南牧，借途收蕃，子女牛羊皆有之，生死唯所制。洮河之役，遂为向导，蕃戎之势不分，则心腹之患无已。臣鼓舞劳来，招回诸蕃八万余人。”②郑洛提出和实践的并不是什么新策略，而是历代中原王朝对付蒙古高原和青藏高原两大游牧区域民族的一贯做法，也是明太祖仿效汉武帝隔绝羌胡之意，“建重镇于甘肃，以北拒蒙古，南捍诸蕃，使不得相合”③策略的实践。他在分割蒙蕃合势取得一定成功后，“乃进兵青海，走火落赤、真相，焚仰华，置戍西宁、归德而还”。④ 但明军撤离后，火落赤等又返回到西海地区。万历二十三年(1595)，明朝增设临洮总兵官，以刘铤任之。这年秋天，永邵卜部瓦剌它卜囊又领兵进攻西宁南川，被明参将达云击败。不久，永邵卜部又联合火落赤、真相两部进攻西宁西川，再次被达云击败。万历二十四年(1596)，蒙古各部又对蕃族发动掳掠，进而准备进攻明朝军队，被刘铤部将周国柱在莽剌川打败。万历二十七年(1599)西海蒙古部上层裹挟蕃众进犯洮、岷诸州，总兵官萧如薰等将其打败，斩蒙古人82级，蕃人250余级，招抚蕃众5 000余人。万历三十四年(1606)，蒙古军队复掠镇番(今甘肃民勤县)历古城，被总兵官柴国柱所败。从此以后，青海蒙古屡人钞掠，都不能大得其手。然而青海蒙古与河套、松山(在今甘肃天祝县境)蒙古一起，构

① 《明史》卷330《西域传》。
② 《明史》卷222《郑洛传》。
③ 《明史》卷330《西蕃诸卫》。
④ 《明史》卷222《郑洛传》。

成明朝陕西的“三大寇”，长期严重地威胁着明朝的西北边疆地区。

明清之际，西宁、大通河、日月山一带还有蒙古卜儿孩余部活动，其众不过一二万人。明毅宗崇祯九年(1636)秋，西蒙古固始汗率兵万余进入青海西部，从此以后，活动于青海一带的就主要是以和硕特为主的西蒙古各部了。

二、清政府平定准噶尔和大小和卓叛乱

清世祖顺治十年(1653)，统领厄鲁特蒙古诸部的准噶尔巴图尔珲台吉死，子僧格继立。不久，准噶尔因争汗位发生内讧。清圣祖康熙九年(1670)，僧格被其异母弟车臣、卓特巴巴图尔杀死。在西藏出家的僧格弟噶尔丹在五世达赖的支持下，还俗返回准噶尔，在僧格旧部的拥护下击败车臣等，夺取了汗位。接着，噶尔丹兼并了留在伊犁河、额尔齐斯河一带的杜尔伯特部、辉特部及和硕特等部。达赖喇嘛授予他“博硕克图汗”的称号。于是，噶尔丹又将扩张的矛头指向东方，开始了与清朝中央政府旷年累代的战争。

——清圣祖康熙十八年(1679)，噶尔丹征服了哈密、吐鲁番。

——康熙十九年(1680)，噶尔丹灭南疆的叶尔羌汗国。扶植伊斯兰教苏非派虎夫耶集团(白帽派)伊达耶图管理其地，称阿帕克和卓。

——康熙二十七年(1688)夏，噶尔丹向东击逐喀尔喀蒙古3部，3部逃奔漠南归清。

——康熙二十九年(1690)，噶尔丹侵入漠南乌珠穆沁旗境内，与清军在乌儿会河交战，对清朝京师构成直接的威胁。六月，康熙帝决定亲征。八月，清军在乌兰布通(在今克什克腾境内)大败噶尔丹军。噶尔丹西撤。

——康熙三十四年(1695)，噶尔丹再次东入漠北中心区，康熙帝率兵亲征，次年，在昭莫多(今蒙古国乌兰巴托东)大败噶尔丹军，噶尔丹率余部逃亡，不久病死。

早在噶尔丹第一次东侵时，就被其侄策妄阿喇布坦夺取了地盘并称汗。策妄阿喇布坦及其子噶尔丹策零在位期间继续反清，并在漠北喀尔喀蒙古

发动了几次对清战争。噶尔丹策零死后，准部上层为争夺汗位发生内讧，各部贵族纷纷率部降清。清乾隆十五年(1750)，准噶尔宰桑萨拉尔率30余户降清。乾隆十八年(1753)，杜尔伯特台吉车凌、车凌乌巴什和车凌蒙克(史称三车凌)率3 700余户共1万多人降清。乾隆十九年(1754)，辉特部首领阿睦尔撒纳率2万多人降清。在这一情势下，清政府于乾隆二十年(1755)出兵，一举打败了准噶尔部达瓦齐，达瓦齐逃往南疆，被乌什城的阿齐木伯克霍吉斯捉获，送交清营。北疆统一于清中央政府的管辖。清朝封卫拉特四部首领各自为汗，统领部众。这时候，阴谋继续分裂割据的阿睦尔撒拉在清军撤退后又发动叛乱，占据了准噶尔地区。乾隆二十二年(1757)，清军再次出征，将其压平，统一了准噶尔地区。

乾隆二十三年(1758)正月，曾被清政府从准噶尔部统治者扣押下解救出来的南疆维吾尔族宗教首领大、小和卓木，又企图发动叛乱，建立分裂割据性政权。清廷命将出师，立即讨伐，于乾隆二十四年(1759)将其镇压下去。至此，整个新疆统一于清朝的版图，清政府在新疆设置了以伊犁将军为首的军政管理系统，加强了对这一地区的统治。

三、清朝平定罗卜藏丹津叛乱

清朝在西北民族地区要强化其统治，首先遇到的阻力就是一些少数民族上层的造反活动。无论这些少数民族首领的政治目的是什么，也无论他们意识到了没有，他们的造反活动的确对西北的稳定和国家的统一造成了破坏。正像厄鲁特蒙古准噶尔部首领发动叛乱，与沙俄相勾结，危害祖国的安全和统一一样。对于罗卜藏丹津的叛乱，清朝政府试图以政治解决失败后，就果断地采取了武装平叛的策略和措施。清朝政府遏制、平息边疆各族的反叛势力，是关系其对西北地区的治理、巩固国家统一局面的正确选择和当务之急，因此从清圣祖康熙至清宣宗道光(1662—1850)时期，清朝政府在100多年的时间里，先后平定了天山北部的准噶尔部上层，天山南部的大、小和卓木反叛，又在青海击败了蒙古和硕特部首领罗卜藏丹津等发动的反叛活动，为西北地区的政治稳定奠定了基础。

罗卜藏丹津是蒙古和硕特部固始汗的孙子。他的父亲达什巴图尔于清圣祖康熙三十七年(1698)被清朝政府封为和硕亲王,又晋封为藏王,兼管西藏事务,在青海蒙古各部中地位最高。康熙五十三年(1714),达什巴图尔死,罗卜藏丹津袭其父位。不久,西藏的拉藏汗被准噶尔蒙古杀死,罗卜藏丹津乃"希冀藏王"之位,即由他接替其父的权力,继续统治西藏和全部藏区。清朝政府则为了避免蒙、藏上层在西藏地区互相争夺权力,造成区域社会的混乱,乃准备将西藏置于中央政府的直接统治下,没有满足罗卜藏丹津的政治欲望。就连青海蒙藏地区的统治权,清政府也是任命察罕丹津、达颜等人与罗卜藏丹津共领右翼,左翼另外选人,这就明显地降低了罗卜藏丹津的政治地位,因而引起他的极大不满。

清朝政府在讨平侵入西藏的西蒙古准噶尔部武装势力后,就决定停用此前晋封青海蒙古首领为藏王的政策,实行噶伦制度。同时,晋封察罕丹津为亲王,额尔德尼厄尔克托克托鼐为郡王,还将许多贝子晋封为贝勒。而对于罗卜藏丹津等人,只按其效力的"劳绩",赏赐了一些银缎而已,罗卜藏丹津对此极为不满。

罗卜藏丹津想按惯例沿袭藏王不成,在青海蒙古中的实际地位又被降低。于是,他与清廷、与青海蒙古其他各部的关系急剧恶化。罗卜藏丹津在西藏参加完七世达赖的坐床典礼后,就下决心发动叛乱。康熙帝死后,罗卜藏丹津乃乘机纠集各台吉,"兵马共计万余",①于雍正元年(1723)举行叛乱。其目标,就是要在恢复先人"霸业"的基础上,争当西藏汗王。当时,他胁迫青海蒙古各台吉在察罕托罗亥会盟,勒令众台吉称他为"达赖洪台吉",其余台吉也令呼旧日名号,而不许称王、贝勒、贝子公等清朝的封号。同时,他"阴约策妄阿喇布坦援己"。② 还煽动西宁附近黄教各寺院僧人及藏族头人,玉树、巴欠纳屑(今西藏历河地区纳舒克39族)等地藏族民众参加叛乱。著名的藏族大喇嘛察罕罗门,出自西藏,世居青海塔尔寺,为青海黄教之宗,

① 中国第一历史档案馆译编:《雍正朝满文朱批奏折全译》上册,黄山书社,1998年版,第186页。

② 《清史稿》卷522《青海额鲁特》。

在蕃族民众中影响极大。由于受罗卜藏丹津的诱导，察罕罗门也随从造反，一时“远近游牧蕃众，及喇嘛二十余万，亦同时骚动”。① 这就将反叛的声势搞得很大，然而也有一部分藏族头人不附和罗卜藏丹津造反，他们坚定地站在清朝政府一边。

罗卜藏丹津发动叛乱后，清朝政府采取“剿抚兼施”的策略，一面派川陕总督年羹尧积极应变，准备武装镇压；一面又派驻西宁办理青海事务的侍郎常寿前往罗卜藏丹津处调解，令其“讲和修睦，式好无尤”，安守本分，维护甘青蒙藏地区的稳定局面。罗卜藏丹津不听清朝政府的劝告，肆意倡乱。他诡称罢兵，诱常寿至察罕托罗亥，将其拘禁，并遣叛党，分掠西宁诸路，煽动蕃人为应。在这种情况下，清政府乃命川陕总督年羹尧部署兵力，准备武装剿扑。年羹尧分兵3路布置：“北扼布隆吉河，防其内犯。南守巴塘、里塘各地，断其入藏之路。又请勒富宁安等屯军吐鲁番，绝其与准部之交通。”②与此同时，令常寿统西宁军，四川提督岳钟琪率川军及松潘土司兵接应。当年十月，清政府以年羹尧为抚远大将军，进驻西宁，指挥平叛大军；以岳钟琪为奋威将军，参赞军务。分兵从布隆吉尔（今甘肃安西县境）、西宁、松潘、甘州四路进击罗卜藏丹津。

罗卜藏丹津分军进攻西宁周围的南川申中堡、西川镇海堡和北川新城。叛军所到之处，驱赶民众，杀人放火，烧毁民间积聚的草谷，抢掠财物。西宁附近各寺院的一些僧人及寺院佃户也被裹挟进去，披甲执械，攻城抢掠，无所不至。然而叛军的战斗力极差。清军只用两个月左右的时间就先后肃清了西宁周围和贵德、郭密等地的叛乱势力。并进驻塔尔寺，惩办了唆使罗卜藏丹津叛乱的该寺住持诺们汗。北路布隆吉尔、庄浪的清军也分别击溃了罗卜藏丹津的党羽。一些被胁从的叛军，则反手倒戈，纷纷杀贼，前来清营归降，罗卜藏丹津被逼到了青海湖北及柴达木一角。

雍正二年（1724）二月，清军分三路向柴达木进剿。先后擒叛党头目阿尔喇布坦温布、巴尔珠阿喇布坦、伊克喇布坦等。岳钟琪的军队直抵罗卜藏

① 萧一山：《清代通史》，中华书局，1986年版，第853页。

② 徐珂编：《清稗类钞》，中华书局，1984年版，第784页。

丹津帐前，罗卜藏丹津从睡梦中惊醒，部众崩溃，他仓皇乘驼逃走，清军继续分兵穷追，从布尔哈屯追至其老巢额穆拉布隆吉，又追至乌兰穆和尔、柴达木等地，获其母亲、妹夫等，“俘户畜无算”。① 罗卜藏丹津率200余人，化装为妇人，携其妻妾，从噶尔逊河逃到准噶尔。30余年后，清军于乾隆二十年(1755)征讨准噶尔叛乱首领达瓦齐时，军抵伊犁，擒获了罗卜藏丹津。

罗卜藏丹津逃跑以后，清军继续追剿其党羽。曾经响应罗卜藏丹津叛乱的庄浪(今甘肃永登县)边外谢尔苏等6族及从西宁逃出的僧人等，或向清军投降，或被清军镇压。从雍正元年(1724)到二年(1723)六月，清朝平叛的军事活动只用一年余时间就胜利结束了。

四、“青海善后十三条”和“禁约青海十二事”

清世宗雍正二年(1724)五月，在平定罗卜藏丹津叛乱即将结束的时候，抚远大将军年羹尧条奏“青海善后事宜十三条”与“禁约青海十二事”，经总理事务王、大臣等遵旨商议，赐覆年羹尧等，按所请实行。“青海善后事宜十三条”主要包括以下几方面的善后措施及思想内容：

1. 赏罚分明。按照年羹尧的奏请，清政府将平叛有功的色卜腾扎尔晋封为郡王，噶尔丹戴青封为固山贝子，阿喇布坦封为辅国公。对于“从前虽助逆贼，后知悔过投诚，擒贼赎罪”的喇嘛诺颜格隆，即图尔古特台吉，贝勒盆苏克汪扎尔，与投诚之公策凌诺尔布，留其原封之爵，以示宽大。辅国公罗卜臧察罕、台吉济济克扎布，虽然投顺，但鉴于他曾与贝子阿喇布坦、巴尔朱尔阿喇布坦等一起扰乱内地，因而革爵为民。贝勒策凌敦多卜、贝子拉查卜，虽经投诚，但他们久助逆贼，乃降其封爵，以示惩戒。策凌敦多卜降为固山贝子，拉查卜降为镇国公。对于其他投诚人员也作了适当安置。

2. 编管蒙人和分而治之。按照年羹尧的奏请，清朝青海蒙古部落实行分别游牧居住的管理办法，即按照扎萨克的组织原则，将蒙古各部落编为佐领。每百户编一佐领，其不满百户者，为半佐领，将该管台吉俱授为扎萨克。

---

① 《清史稿》卷522《青海额鲁特》。

再从其弟兄内选授一名协理台吉。每个扎萨克都设协领、副协领、参领各一员。每个佐领设佐领、骁骑校各一员，领催4名。一旗有10佐领以上者，添设副协领一员，佐领两员，酌添参领一员。各旗每年会盟，奏选老成恭顺之人委充盟长。不准妄行私推，以致生事滋扰。对于原不属于和硕特部的喀尔喀蒙古人，也按和硕特蒙古的编管原则，分为佐领，添设扎萨克等，分驻于"剿灭逆贼之旧地"。其情愿归本处者听其自便。

3. 控制朝贡和物资交易。清朝政府规定，蒙古各部落朝贡及与内地交易，须按次序、路线、定期、定地进行。即自雍正三年（1725）起，于诸王台吉内派定人数，令其自备马驼，由边外赴京朝贡。青海诸王贝勒进贡应分作3班，3年一次，9年一周。其与内地的交易，考虑到蒙古所需茶叶、布面等物，交易之期间隔太远，多有不便，乃令四季交易，即每年交易4次。交易地点都设在西宁西川边外地方。指定为集，不准擅移。届时令总兵官饬委营弁领兵督守，"如有擅进边墙者，即行惩治"。朝贡和物资交易的控制是中央政府控制少数民族的一种得力手段。

4. 抚绥藏民，剥藏离蒙。即将"西蕃人等"从蒙古贵族的役属下剥离出来，直属于"内地"管辖。甘州、凉州、庄浪、西宁、河州以及四川之松潘、打箭炉、里塘、巴塘，云南之中甸等处，都是"西蕃人等"居住牧养的地方。按照年羹尧的说法，自明朝以来，这部分蕃族失其抚治之道，或为喇嘛耕地，或为青海（蒙古）属人，交纳租税，唯知有蒙古，而不知有厅、卫、营伍官员。现在这部分蕃民既归清朝政府统一管辖，就应安置地方，添设卫所，以便于抚治。同时，将归顺蕃人头目，给与土司千百户、土司巡检等职衔分管各族。流官方面，则令附近道厅及添设卫所官员管辖。西蕃人应纳粮草，比以前略为减少，以示宽大。至于近边居住，逐水草游牧的西蕃人，仍准他们照旧游牧。

5. 整顿寺院，强化监督。包括对于达赖和班禅喇嘛实行优待政策和对一般寺院严格监控两个方面。青海、巴尔、喀木、藏危是吐蕃的4大组成部分。前此，青海、喀木被固始汗及其子孙分居。藏危等两处则施舍为达赖喇嘛、班禅喇嘛的香火地，平定罗卜藏丹津叛乱后，清军收复了这一带地方，交给四川、云南地方政府管辖。达赖喇嘛过去派人到打箭炉经营商业，在他的香火地界，每驮向乂木多乍了、巴塘、里塘居住的喇嘛收取数量不等的银两，名为“鞍租”。达赖的商队到达打箭炉后，又向当地的税收部门纳税。在年羹尧请求下，清政府取消了达赖喇嘛收受鞍租的特权，也令打箭炉税收官员不用再向达赖喇嘛的商队征税。同时，每年赏给达赖喇嘛茶叶 5 000 斤，班禅喇嘛减半赏给。

对于青海的喇嘛教寺院，按规定进行严格的整顿和稽察。平叛以前，西宁各庙喇嘛多者二三千，少者五六百，僧人良莠不齐，难免有“藏污纳垢”之嫌。在这里，蕃民纳喇嘛租税，与纳贡无异，而喇嘛复私藏盔甲、器械。罗卜藏丹津叛乱时，就有大量喇嘛等带领蕃民，与清兵抗衡。平叛以后，年羹尧令塔尔寺拣选老成喇嘛 300 名，给与大将军印信执照，谕令学习清规。并奏请嗣后定例，寺庙之房，不得过 200 间，喇嘛多者 300 人，少者 10 数人，仍每年稽察二次，令为首喇嘛出具甘结存档。至于蕃民向寺庙缴纳的租粮，应全部移交地方官管理。每年量各庙用度发给，再加给喇嘛衣服银两，这样就加强了政府对寺院僧众的监控稽察。

6. 调整驻军，加强防务。从青海边外黄河入汉地处，到河州（今甘肃临夏市）、西宁、兰州、中卫、宁夏（今宁夏银川市）、榆林、庄浪（今甘肃永登县）、甘州（今甘肃张掖市）等地，水草甚佳，林麓茂密，而清朝政府长期弃置不守，以致蒙古等占据大草滩（在甘肃民乐县东南）之地，将昌宁湖一带作为牧场，是以各处相通，竟无阻碍，形成民族之间及各族对内地的骚扰和掠夺。年羹尧奏请于西宁北川边外，从巴尔托海（在青海湖东）至祁连山扁都口（在甘肃民乐县境）创修“边墙”（即长城），筑建城堡，从而将西蕃人等频繁活动的地方变成中央政府的有效控制区。此外，肃州之西桃赉（讨赖）河、常马尔鄂敦他拉等处的膏壤也组织民人耕种。布隆吉尔（今甘肃瓜州县东）地方修城驻兵后，也可渐至富饶。宁夏险要的地方，无过于贺兰山。根据年羹尧的奏请，将自动移至山前居住的蒙古固始汗后人，照前移至贺兰山后居住游牧。

军政机构方面，在甘州、西宁二处设立营汛，并于新设边内大通河设立总兵一员，兵 3 000 名，管辖中左右三营。于大通南边，设立参将一员，兵 800 名。大通北边设立游击一员，兵 800 名。盐池地方设立副将一员，及左右都司二营，兵1 600名。

河州保安堡设游击一员，千把总各一员，兵400名。归德堡添设把总一员，兵200名，俱隶西宁总兵、道员管辖。这样，一则震慑蒙古各部，二则保护蕃族民众。

清政府还决定在西宁设立总兵，留兵4 000，调出原有500名分给大通镇所属甘、凉、庄浪等处。其余营汛兵丁也减裁1 000名。

宁夏既添驻满兵，其绿旗兵丁亦可裁汰1 000名，所留兵员改为四营。将后营游击、守备、千总、把总等员补入大通镇标。

7. 发展军民屯田。西宁边墙内都是可耕之田。按照年羹尧的奏请，将直隶、山西、河南、山东、陕西5省军罪人犯，尽行发往布隆吉尔等处屯田。大通地方则签派西宁本地人及驻大通3 000兵丁的子弟亲戚前往开垦。同时，令地方官动支正项钱粮，买给牛具籽种，3年后照例起科。①

年羹尧在条奏"青海善后事宜十三条"的同时，又提出"禁约青海（蒙古）十二事"，奏请朝廷议行。这12事是：1. 朝见进贡，定有限期。2. 不准自称盟长。3. 蕃子唐古特人等，不许扰累。4. 喀尔喀、辉特、图尔古特（土尔扈特）部落，不许青海（蒙古）占为属下。5. 编设佐领，不可抗违。6. 内外贸易，定地限时。7. 背负恩泽，必行剿灭。8. 内地差遣官员，不论品级大小，若捧谕旨，王公等俱行跪接。其余相见，俱行宾主礼。9. 恪守分地，不许强占。10. 差员商贾往过，不许抢掠。11. 父没不许娶继母，及强娶兄弟之妇。12. 察罕诺门汗喇嘛庙内，不可妄聚议事。其中前6条已于"善后事宜"中提出。

"青海善后事宜十三条"和"禁约青海（蒙古）十二事"都是针对蒙古各部提出的。它奠定了清朝政府治理甘青蒙藏民族地区的基本思想和政策框架，得到清朝最高统治者的高度重视和评价。这两个文件上奏以后，经过王大臣们讨论，略作修改即被付诸实行，是清朝尔后治理西北地区的纲领性文件。雍正十一年（1733），清政府对"青海善后事宜十三条"和"禁约青海十二事"又进行了一次深入的修改，定名为《西宁青海蕃夷成例》（又叫《西宁蕃子

① 《清世宗宪皇帝实录》卷20，雍正二年五月戊辰。

治罪条例》),颁布施行。与此同时,清朝政府还在重要关口“设汛屯兵”,建立“卡伦”,严防准噶尔及其他各族对甘青一带的掠夺骚扰,确保西北地区的社会稳定。

总之,“青海善后事宜十三条”和“禁约青海(蒙古)十二事”等反映的政治思想和策略是积极的,有效的,它的实行,大大强化了清朝政府对西北地区的管理。

五、镇压陕甘回民起事

清穆宗同治元年(1862)四月,四川和云南的农民起义军蓝大顺部进入陕西汉中,太平天国扶王陈得才部联合“捻军”由武关向西安挺进,陕西华州的回民乘此机会发动了武装暴动,引发了延续十数年之久的陕甘回民大暴动。

给回族在陕西的生存造成毁灭性打击的陕西回民暴动,其直接起因竟是民间的一些小纠纷,地方官或者不予调节,或是处置不当引起的。据载同治元年(1862),太平军进逼武关(在今陕西商南县西北),清朝的陕西巡抚瑛棨(qǐ)与督办团练大臣张芾(fú)等,调令赵权中率大荔县沙苑团勇,与回绅马世贤、马四元为首的回民团勇500余人,前往蓝田县东南之玉山和渭南县刘峪口一带防堵。太平军攻势强猛,团勇连吃败仗。赵权中知事不济,乃令马世贤等退守渭水渡口。回族团勇听说太平军打过来了,遂各散归,行至华州圣山村时,有“数十人强斫民竹为军械,村民哄逐之,毙其二人,其余逋逸秦家村”。[①] 这就是圣山村事件。

当与事回勇向华州知州控诉此事时,知州濮垚不作细致推究,竟蛮横粗暴地当堂直斥回勇“理曲”,还说“向后回伤汉民一以十抵,汉伤回民十以一抵”。[②] 回民有冤难伸,愤怒无比,只好奔赴华州城北20余里的回民村秦家村,准备武力反抗。不久,二华(华州、华阴)团练放火,将秦家村、乜家滩等回庄烧毁,并肆意地抢劫。无家可归、愤怒至极的当地回民只好北渡渭河,

① 杨毓秀:《平回志》卷1,载《回民起义》资料(三),第59—60页。

② 《壬戌华州回变记》,载《近代史研究》,1959年第2期。

前往大荔等地，联络同族反抗。华州、华阴、渭南等地的团练头目，则唯恐天下不乱，极其嚣张地散布“洗回”、“灭回”、“陕西不留回”等流言蜚语，恐怖气氛弥漫于回民社会。于是，大荔县沙苑地区八女井的回民于同治元年(1862)四月二十五日围攻并火烧八女井，两天后，将欲行“排解”的渭南县孝义镇练首赵权中“用刀寸磔”。五月十一日，回民起事首领任五等又将陕西巡抚瑛棨委派前来和解的清朝的督办团练大臣张芾、临潼知县缪树本、山西候补知县蒋若讷3人一并处死，宣告了回民起事的正式爆发。

当此之时，太平天国和捻军起义如火如荼，影响遍及南北，西北的陕甘一带也有“刀客”、“扇子会”、“哥老会”等民间秘密组织活动，渭南等地小股的回汉民众反捐税斗争更是接连不断。渭南、大荔等地回民在这一背景下掀起的反抗斗争，一呼百应，到六月中旬，渭河南北同州府的朝邑，西安府的临潼、渭南、咸宁、长安、三原、咸阳、泾阳等处回民一时俱起，同治元年(1862)七月初，进逼省城西关，“其势汹汹”。① 地方官无力对付，只好飞报朝廷。

清政府先是“议抚”，至此才开始“痛加剿除”。② 于是先遣署直隶提督成明率军前往应援，继派兵部左侍郎胜保、荆州将军多隆阿为“钦差大臣”，督办陕西军务，节制陕西各军。成明一到陕西，他所领京兵和当地官兵就在同州朝邑县被回民军打得大败。胜保从皖、豫等省调来的1万余名官兵也无济于事，彻底覆灭。同治元年(1862)十一月，胜保以剿办不力，被清廷“锁拿进京”，革职问罪，责令自杀。

同治二年(1863)，钦差大臣多隆阿率清兵万余名进驻同州。他接受胜保的教训，决计“专办(陕西)东路悍贼”，“东路得手，则西路贼势必衰；西路得手，则省城之急自可少纾”。③ 于是他集中兵力，步步为营，节节进逼，在同州羌白镇、王阁村，西安府渭南县的孝义镇、仓头镇，临潼县的零口镇、交口镇、三府里、沙河以及泾阳县、三原县、高陵县一带与回军反复鏖战，一路采

---

① 见严树森奏文，载《钦定平定方略》卷17。
② 民国《续修陕西通志稿》卷173。
③ 民国《续修陕西通志稿》卷173《纪事七》。

取攻势，终将回军从陕西东部逼到西部的醴泉（治今陕西礼泉县）、邠州（治今陕西彬县）、凤翔（治今陕西凤翔县）一带。

同治三年（1864）四月，四川农民军蓝二顺部从陕南进入周至，多隆阿亲往堵截，攻城之际，“头眼俱中枪子，血流被面”，①死于营次。清廷随即又令西安副都统穆图善署理钦差大臣，督办陕西军务，继续攻剿回军。回军经过殊死奋战后，分别聚于乾州（治今陕西乾县）、邠州和凤翔西北一带，清军兵分三路穷追猛打，回军伤败之余，于同治二三年（1863—1864）之交相继进入甘肃省境，集结于庆阳、宁夏、固原、平凉之间，有的还深入到灵州、河州等地区。

由于甘肃地瘠民贫，连年灾荒，粮食奇缺，因而从同治五年（1866）四五月开始，回军又纷纷返回陕西。进入陇州（今陕西陇县）、汧阳（今陕西千阳县）、岐山、凤翔一带。又从三水进入陕北的宜君、白水等地。同年十月，西捻军6万人入陕。回军活动的范围逐渐扩大到整个陕甘地区。

同治六年（1867），清朝政府任命左宗棠为陕甘总督，率湘军进入陕西。这年正月，庆阳、固原的回军也进入陕西长武、三水（今陕西旬邑县）、宜昌、耀州（今陕西耀县）、富平、蒲城、渭南、临潼等州县。入陕的回军、饥民、溃兵总数不下数十万人。同时，西宁回民首领马文义密约陕回七八千人，一举攻占贵德厅城，击杀同知承顺及全署员丁。又联络撒拉族4 000多人，击溃西宁训导杨永平前来镇压的军队，并将杨永平杀死。西宁城郊、北川威远堡及平番（今甘肃永登县）一带的回民也一同起事。这年九月，甘肃河州东乡回民数万人，分路进击皋兰县的阿干镇、焦家湾、东岗镇等兰州城郊的重要关隘，又联络董志塬陕回，攻取巩昌粮台，援助狄道等地的回军。

同治七年（1868）六月，左宗棠攻灭陕西境内的捻军。八月，数以千计的陕回再从凤翔、宝鸡一带进入陇南的徽县、成县以及清水二十里铺各庄，并与河州回军相联络。十一月，陕回步骑数万人从三岔厅（秦州下属）渡过渭河，进入秦州（今天水市秦城区）、清水、秦安，围攻秦安县城，分兵深入静宁、

① 雷正绾等：《多忠勇公勤劳录》卷4，见《回民起义》资料（四）。

通渭等县，且与河州回军相联系。同年十二月，数万回军从陕西陇州入甘，围攻秦安、清水县城，分路前往秦州北郊的三阳川、石佛镇、泰山庙一带，与当地驻防清军交火。

就在同治七年（1868）冬，左宗棠从北京返回西安，决计兵分3路，围攻陕西回军及溃勇和饥民暴动团伙。他令提督雷正绾等清军主力军将陕北回军逼进董志塬一带，是为中路；令湘军提督刘松山等从山西经绥德抵靖边，直逼甘肃灵州的花马池，为北路；令傅先宗部屯驻徽县，以保清军运道，是南路。左宗棠也于次年五月奉诏，由陕西长武入甘，进驻泾州。

同治八年（1869）一二月，南路陕回军又分股进入清水、秦安、秦州及徽县、成县、礼县，西至伏羌（今甘肃甘谷县）、宁远（今甘肃武山县）、通渭等县。继续活动于董志塬的陕西回军在左宗棠的进逼下"北徙"，一由驿马关以趋环县；一从蒲河、三岔河西北到金积堡一带。

陕甘反清回民在甘宁青地区先后形成了4个基地和军事中心：一在灵州金积堡（今宁夏吴忠市西南），一在河州（今甘肃临夏市），另外两个在西宁和肃州（今甘肃酒泉市）。同治八年（1869）五月，左宗棠根据形势调整了兵力。同时，董志塬的陕回被逼到金积堡附近后，左宗棠于这年九月派提督刘松山从花马池直趋灵州，进攻那里的回军基地。

同治九年（1870）二月，刘松山在金积堡附近马五寨之战中受伤死去，其侄刘锦棠接任湘军统帅。经过殊死的搏战，这年十二月，降清复叛的回军首领马化龙等力不能支，前往刘锦棠帐下，再次投降。同治十年（1871）正月，马化龙被"凌迟处死"，灵州、宁夏府城、平罗及平凉、庆阳、泾州一带的回军先后被镇压下去了。

接着，左宗棠督军南下进攻河州回军。当时河州回军借"黑头勇"、"绺匪"①与清军对抗之机，积极向今定西、天水、陇南各州县挺进，且与金积堡逃来的陕回联成一气，声势大于左宗棠入甘以前。河西肃州的造反回民也准

① "黑头勇"原是河、岷、洮、狄道等州地方官集结流民散兵组织的地方团勇，同治十年（1871）二三月后，黑头勇占据岷州城，驱逐驻防清军范铭等，成为反政府武装。"绺匪"是由散落白莲教成员结成的会党反政府武装组织。

备东向进攻甘州、凉州。新疆地区,沙俄进占了伊犁;回族、维吾尔族的反清力量则被当地伯克、和卓等政治、宗教势力所控制,为阿古柏侵略政权所利用,形势非常复杂、紧迫。清廷令左宗棠统筹西北全局,不仅要镇压河州回军,还要遣军剿办肃州反回,准备出关西征新疆。

左宗棠把新疆问题看作肢体之疾,而把陕甘宁青的回民造反看作心腹之患。主张必须先攻灭河州、西宁一带的反回,"然后一意西指",①方为稳妥。为此,他于同治十年(1871)秋,从平凉先后移帐静宁、安定(今甘肃定西市),准备进攻河州。

左宗棠将官兵40余营分作3路:中路由提督傅先宗率领,从狄道进攻洮河东西两岸;左路由杨世俊率领,从狄道南坪关攻取峡城;右路由刘名灯率领,从马盘监经红土窑袭取三甲集对面的康家崖,并命徐文秀等从静宁进驻会宁,以为接应。

官军与回军双方的战斗非常激烈。同治十一年(1872)二月,在太子寺(今甘肃广河县)战役中,清军提督傅先宗战死,徐文秀接着也被回军击毙。其他总兵、副将、参将、游击、都司死者10余名。就是在回军战胜的情况下,反军首领马占鳌、马尕大等派人到三甲集向清军统领陈湜(shí)求抚,又各遣其子弟随同回民首领马永瑞等到安定左宗棠军营献马乞抚。河州平。

马占鳌认识到"河州弹丸,何能与天下抗","长此以往,不惟汉族仇怒日深,回族亦无立锥之地"。② 他借战胜官军的有利时机,提出和解,不仅减轻了回汉各族民众的战争创伤,而且对于实现地方稳定、民族团结、维护国家统一局面都有积极的意义。过去学界对马占鳌等求抚行为的评价是可以重新检讨的。

同治十一年(1872)七月,左宗棠从安定移驻兰州。他一面派军增援围攻肃州的提督徐占彪,一面又派刘锦棠率兵20营直取西宁。

当时西宁造反回军有本地人,也有从金积堡、河州转道而来的陕西"客

① 民国《甘肃通志稿》纪事七。

② 民族问题研究会编:《回回民族问题》第二章,民族出版社,1980年版,第31页。

回”。反军首领马桂源是西宁回民“总约”，他“雄于货资，曾捐候选同知”。[①]前此，他和他的兄长马本源已经就抚，且被清政府任为西宁知府。当清军进攻西宁，左宗棠要求他内应刘锦棠军事活动的时候，马桂源等依违两可，最后还是选择了重起抵拒的道路。

同治十一年(1872)八月以来，西宁回军与刘锦棠率领的官军交战50多次，难分胜负。左宗棠将河州降将马占鳌、西宁降将马永福、固原降将董福祥等部回军按官军体制改编，然后派往西宁攻战。在不断增强的清军攻势下，陕回白彦虎等不支，退守大通县(今青海大通县西北)，马桂源、马本源也四面受敌，只好从西宁向东南撤到巴燕戎格(今青海化隆回族自治县)、循化(今青海循化撒拉族自治县)等地。

同治十二年(1873)初，刘锦棠攻占西宁，又派主力强攻大通，回军战败，白彦虎等率残部2 000余人出扁都口，转赴肃州。后经新疆流落到了域外。二月，清军陈湜攻循化，马永福缚马桂源、马本源、马桢源三兄弟送陈湜军营，被处死，西宁平。至此，陕甘回民反清的基地只有肃州一处了。

肃州回民猎户的造反活动早在同治二年(1863)就爆发了，其首领马文禄东联陕回，西结新疆缠回等反清力量，势力相当强盛。同治十年(1871)六月，左宗棠就派提督徐占彪率兵12营前往肃州镇压。此时，不断有西宁的陕回取道凉、甘，前来支援肃州回军，同治十一年(1872)五月，还有3 000余新疆缠回进驻肃州，应援马文禄部。回军战力更盛，清军久攻不下。八月，左宗棠又奏调金顺率军21营，陶生林率军5营往援徐占彪。

同治十二年(1873)初，金、陶所部先后到达肃州。六月，湖南提督宋庆也奉命率军11营前来，与徐占彪等联合攻城。清军前后用了将近两年的时间攻城不下，这年十月，左宗棠亲到肃州，驻营城南，约集各军会攻。令副将赖长率炮队轰击城垣，令金顺开挖地道，令徐占彪、杨世俊两军填壕登城。5次仰攻，仍是不下。左宗棠情急之下，一面派“抚回”诱使马文禄投降，一面又调刘锦棠率湘军及河湟地区的藏、回兵勇从西宁来援。最后，肃州城内粮

---

① 《甘宁青史略正编》卷20，天津古籍出版社，2005年版，第37页。

草尽绝，十一月，马文禄开城投降，他与马金龙、马照、马良臣等回军头目被奏准腰斩，其余降军，不论土回、客回，均被点名列队枪杀，城内还有900余名回民老幼也被递解兰州，异地安置。

陕甘回民的反清活动，延时十数年，波及数省区。清政府调动陕、甘、川、鲁、豫、湘、鄂及东北各省10余万军队和无数军饷、财力，才将其镇压下去。百万口上下的陕西回民零落殆尽，向有“回七汉三”估计的甘宁青地区的回族以及西北各省区的汉族和其他各族民众，也都遭到灭顶之灾。战争对陕甘等西北地区经济社会造成的破坏，更是大得难以估量。

六、平息其他反叛集团

元明清时期，西北地区除上述较大规模的军事反叛外，还有许多较小规模的少数民族民众起事，有的起因于宗教、民间纠纷，有的由于地方官员的办事不公所激发，其中有些还造成轩然大波，严重地影响了西北地区和整个国家的安定，因此，中央政府大都采取武装镇压的方式来解决。今天看来，这一解决民族问题的方式，不论从民族地区的治理方针、民族团结、民族地区的稳定还是国家利益来看，都不是最好的选择，下面仅以清朝为例予以分析和说明。

清代与甘青有关的反抗活动主要有顺治四年(1647)九月甘州米喇印、丁国栋领导的武装活动；同治年间青海西宁、循化的“教争”，狄道、河州的“争渡”；以及光绪时发生的河湟兵变等。

1. 平息米喇印、丁国栋领导的武装暴动。米喇印、丁国栋都是降服于清朝的原明朝将领或武职人员。降清以后也都被任命为地方军官，米喇印为甘州副总兵，这在当时至少要算作中级官员。他们对满洲贵族入关后的一系列暴行及“薙发令”心怀不满，“以时方草创，阴蓄异志”，“乘闯贼余党不自安，遂纠众谋叛”。[①] 就在米喇印想乘明末农民大起义被镇压，余部未安的时机发动暴动的时候，清世祖顺治四年(1647)秋，东南各省的抗清运动进入高

① 宣统《甘肃新通志》卷47。

潮，清廷抽调陕、甘等省官兵前往镇压。米喇印等乘清政府调兵之际，乃在甘州城楼上置酒设伏，邀杀了巡抚都御史张文衡、西宁分巡道副使林维造、参议张鹏翼、总兵刘良臣、凉州副将毛镔、肃州副将潘云腾等阖城高官，公开打出“反清复明”的旗帜，拥立故明延长王朱识锛（chuān 音川）为首领，同时，分封官职，用明年号，以相号召。反清军官决定由丁国栋驻守州城，米喇印率众东征，经山丹、永昌、凉州（今甘肃武威市）、古浪、庄浪（今甘肃永登县），直抵兰州，转攻金县（今甘肃榆中县）、狄道（今甘肃临洮县）、河州（今甘肃临夏市）、洮州（今甘肃临潭县）、岷县诸城，各地回民纷纷响应，所到之处，杀死许多清朝地方官员，如临洮知府徐养奇，河州守备刘继祖，游击高照、马正、王运熙，岷州知州杜懋哲等。捣毁了清朝在当地的统治机构。兵锋直到渭源，巩昌（今甘肃陇西县）、宁远（今甘肃武山县）、伏羌（今甘肃甘谷县）、秦州（今甘肃天水市）等地。不数月间，“东据临、巩，关陇大震”。[①] 清朝政府调动陕甘两省军力，又令户部侍郎额色、固山额真库录客等统满、汉大兵，飞驰上道，昼夜兼行，以期大张打伐，立即将其荡平。当清朝军队集中强势来击的时候，米喇印的反清军队则散处于陇中各府县，没有形成军事拳头，因而难以应对这突如其来的猛攻以及清朝后续部队在兰州的“会师合剿”。清军强攻，米喇印领导的反清军队屡战不利，节节败退，最后只好渡过黄河，辗转向凉、甘一带撤退。他们所立的延长王朱识锛也在平番（今永登县）被清军俘杀。顺治五年（1648）八月，反清军队退到甘州。顺治六年（1649）正月，清军攻破甘州城，反清军士大部分遇难。不久，米喇印也被杀死。余部在丁国栋、历成印等率领下西进，攻占了肃州城，控制嘉峪关，联络哈密、吐鲁番等地的回、维等族，继续在河西活动，直到顺治六年（1649）十二月，才被全部肃清。最迟到顺治十年（1653），包括临洮、西宁一带受米喇印影响而起事的少数民族武装就都被镇压下去了。

2. 镇压苏四十三领导的循化事变。循化事变发生在乾隆四十六年（1781），起源于当地伊斯兰教信众中“新教”和“老教”领袖人物的矛盾斗

---

① 乾隆《甘州府志》卷3。

争。而参与反清暴动的只是“新教”信徒，其他教派的人均未参加，甚至是站在其对立面的。循化、河州一带的“新教”和“老教”之分由来已久。伊斯兰教穆斯林在回历的九月斋戒期满后，举行开斋会礼，按原先的格的木教派的教法，须在昏礼（即沙木）之后开斋，但苏非派的虎夫耶派花寺门宦创立后，主张先开斋而后举行昏礼，这一争论的结果，就是在乾隆初形成了“前开”与“后开”的教派区分。另外，按回民习俗，凡遇吉凶之事都要请阿訇诵经，并有银钱布施。前开教的创始人马来迟编了一部《冥沙经》，诵经仪式简便易行，节省费用，受到群众欢迎，所得布施和从教人数也越来越多。老教大阿訇马应焕以“邪教惑众”的罪名将其控告于官，反以诬告被充军云南。经过摩擦争斗，后开教显然失势，循化厅撒拉十二工的格的木老教世传总掌教韩哈济也改从了前开教派，“于是十二工尽前开之教矣”。[①] 新老教斗争中的老教，就是由格的木和虎夫耶派花寺门宦两部分组成的。新教则是指由安定（今甘肃定西市）人马明心创立的哲赫忍耶门宦。它和虎夫耶门宦都属于苏非派，只是在礼拜念经时，虎夫耶派主张默念，哲赫忍耶派主张高声朗诵。故前者被称作“低念派”，后者被称作“高念派”。乾隆二十六年（1761），循化地区的贺麻路乎、苏四十三、韩二个等比较富裕的阿訇、满拉及一些老教教民都拜马明心为师。马明心还编纂了一部《路径》，积极宣扬其教理。在对信众家庭念经的时候更加节省费用，所以其信众、收入的布施都远远超过了花寺门宦。于是皈依了花寺门宦的原老教总掌教韩哈济及花寺门宦的第二辈教主马国宝先后以“邪说”、“邪教”告官。新教遭到地方官的禁约，两派关系相当紧张。乾隆三十四年（1769），韩哈济与循化地区的土司、官员相沟通，再次以“不遵教规”等罪名向厅署控告贺麻路乎、苏四十三等阿訇，厅官公开袒护老教，新教不服，即以“邪教”、“敛钱惑众”向甘肃按察使反控韩哈济。两派互告不停。经兰州府同河州、循化厅3署会审，上报总督、清廷，两方都以诬告反坐问罪。但实际处罚则新教重于老教。贺麻路乎“以首事从重”发配到乌鲁木齐充军为奴，苏四十三遂为新教首领。此后，两派斗争继

① 道光《循化志》卷8。

续不断。到乾隆四十五年(1780),遂发展为一连串的械斗和杀人命案,而当地的土司、厅官们又总是倾向于老教。

乾隆四十六年(1781)三月,同知洪彬带文武官员前往循化查家沟等庄弹压,新教民众以武力相向,施放枪箭,杀二人。接着,陕甘总督勒尔谨派遣兰州知府杨士玑和河州协副将新柱率军200名,会同循化官署查办,苏四十三等闻讯,暗带枪械,伪称旧教回民,跪迎道左,以查官方举措。新柱不查,大言说:"新教若不遵法,我当为汝老教作主,尽洗之。"①苏四十三于当夜率千余人,包围了新柱所驻的白庄,涌入副将公馆,杀死新柱、循化外委刘某及数十名兵丁。次日黎明,又涌至起台堡,与官兵激战,破堡而入,杀死知府杨士玑等10余名官员,缴获了官军的数十匹骡马和大量的军械、帐房等。

循化暴动后,苏四十三等便向老教教民道歉议和,共抗官军。参加造反的人数增至2 000余人。苏四十三、韩二个及色力买(马明心干女)带领这支队伍直趋河州,以迎其师马明心。三月二十日,攻下河州城,知州周植自杀,其他官员兵丁有的被杀,有的逃跑。反方中的领袖人物韩二个也在此战中身亡。

这时,清朝的陕甘总督勒尔谨等不仅没有采取有力的平息事态的措施,反而将与民变没有牵连的新教教主马明心视为祸首,逮至省城监禁。同时,飞调固原、凉州、西宁、肃州等提镇兵2 000余名,前往循化会剿。勒尔谨也亲率按察使福崧和督署标兵500名连夜前往剿捕。三月二十三日,苏四十三等获悉马明心被解往省城拘押,而省城兰州防备空虚,便立即决定全军前往,营救其师。当时兰州守城清军只有督标300余名,连同庄浪、靖远调来的援兵,共计不过800余名。在反方苏四十三等率军猛烈攻击下,不到两天就伤折过半。布政使王廷赞调动全城官民奋力抵御,双方坚持数日,城未攻下。清政府获悉兰州被围,立即从陕西、山西、河南、四川等省及宁夏、西宁、乌鲁木齐等地调动大批兵力增援,又令乾隆帝宠臣和珅等统京兵健锐、火器两营劲旅2 000名开往甘肃会剿,又遣钦差大学士阿桂到兰州指挥各路官

① 道光《循化志》卷8。

军。反方军队在各路清军相继汇集兰州的军事压力下，放弃攻城，进行阵地战。最后退守华林山，3个多月内，击退清军10数次攻剿，直到七月六日，反军只剩下100多人，在清军上万军力的强势攻剿下，才"或俘或馘，无一人幸漏网焉"。①

3. 同治时期西北地区的"教争"和"争渡"事件。前面我们在陕甘回民反清斗争的大背景下，叙述了清朝政府镇压西宁造反回民的情况。从事件的历史原由上看，同治年间西宁、循化地区的回民暴动也是由教派斗争和民间摩擦引起的。经过乾隆时期对新教的大清洗之后，西北地区的哲赫忍耶派新教几乎绝迹，但伊斯兰教的另一对教派——白山派（新教）和黑山派（旧教）的矛盾斗争，仍然存在于陕甘一带。西北地区还有花寺与临洮两教的区别。所谓花寺教即河州地区流传的花寺门宦，也叫新教；临洮教即狄道地区传播的穆夫提门宦，本称旧教或老教。新、老教之间同样不免有教义和利益之争。清文宗咸丰十一年（1861），循化、西宁地区的新、老教民之间又起争端，昏庸的陕甘总督乐斌不思劝解和疏导，却以"不法"的罪名，调令甘肃提督成瑞带兵前去弹压。西宁小南川的"民团"也乘机袭击回民，这就立即引起了回民群众的反抗，一时战火遍及西宁、碾伯、循化、河州等地。很明显，这是由地方官员处理教争不当而引起的回族民众的反抗活动。

狄道、河州的"争渡"事件，起因于汉族绅士、"团练"和部分汉民对东乡回民的刁难勒索。本来，河州东乡人外出和返乡，都从狄道（今甘肃临洮县）的崔家庄、甘家庄渡水过（洮）河。同治元年（1862），正值官军在西宁一带"剿办"撒拉族人的反抗活动，于是在东乡人返家渡河时，受到沿河"团练"及汉族土豪士绅的盘诘，他们的无理刁难和勒索，引起"东乡回民"的反抗。消息传到省城，护理陕甘总督恩麟将此看作是"叛逆"、"罪大恶极"，而立即调兵前来弹压、剿扑，一件民间小事，在特殊的时空环境下，竟引起大规模的民族地区的骚乱。同年底，狄道新田堡士绅潘麻五等又纠集团民，烧杀回庄，煽起回民与团民间的相互焚掠与厮杀。同时，河州（今甘肃临夏市）北塬民

① 永瑢等撰：《四库全书总目》卷49《钦定兰州纪略》，中华书局，1965年版，第442页。

团也与回民发生争斗和杀伤，知州崔国锦会同游击马世勋派兵围扑，击杀78人，激起回民义愤和大规模的反抗活动。同治二年（1863）六月，狄道州士绅及“汉团”借口城内回民“谋变”，掩杀回民，焚烧回族民众的房屋、礼拜寺，于是，狄道州（治今甘肃临洮县）各乡回民也被迫拿起了武器。同年底，河州回民从四乡赶来，围攻城垣。到同治三年（1864）底，经过一年多长时间的对垒，狄道、河州两座城就都被参加反抗的回民占领了。这时候，西宁西川16庄的回民也拿起了武器，并于次年初，攻入大通县城，释囚犯，抢仓库，杀官军，其势汹涌，锐不可当。河州、狄道、循化一带的反抗回民，则“盘踞三城，绵亘数百余里，依山阻塞，兼据洮河之险”，“不特为兰州之患，并为全省之忧”。①

同治六年（1867）八月，东乡族造反民众集众数万人，前往皋兰阿干镇、焦家湾、东岗山等地，进攻兰州城郊关隘，杀死前来堵剿的提督周保和、总兵彭文林、参将常泰等多名清军将领，杀死政府兵甚众。陕甘总督穆图善将河、狄造反少数民族民众视作全甘的心腹之患，说：“河狄回匪一日不清，省城心腹之患一日不除。”②他调遣各路官军全力剿扑河、狄一带的反民，然而，前来剿扑的官军都被反民击败或杀死了。同时，西宁反民首领马文义密约陕西回民七八千人，攻下贵德厅（治今青海贵德县）城，击杀同知承顺及全署员丁。西宁城则长期处于反民的包围之中。清朝的西宁办事大臣玉通剿抚皆不得利，只好请求朝廷派兵“痛剿”。这时候，甘肃陇南、陇东、河西、宁夏和陕西的回民反清活动正如火如荼地展开。然而各地反抗回民的目标始终仅限于“戕官踞城”或“戕官劫仓”，并没有提出推翻清朝统治的口号。在清朝政府“剿抚兼施”的思想方略和宁夏反抗首领马化龙等“投诚”、就抚风潮的影响下，这年八月，河、狄城乡及西宁所属苏家堡、米拉沟等地的回、撒各族反民，也先后派人去省城“尊恳投诚”，③反映出造反民众并无远大政治目标的斗争实质和倾向。河州反民在大败清军的形势下，其首领马占鳌、马尕

① 《钦定平定陕甘新疆回匪方略》卷105。
② 《钦定平定陕甘新疆回匪方略》卷173。
③ 《钦定平定陕甘新疆回匪方略》卷160。

大等反而向清军乞降，并帮助清军瓦解西宁反民斗志，招抚反民归降，甚至将反军首领缚送于清军，也说明了这一点。

4. 光绪时期的“河湟之变”。学界所称光绪年间（1875—1908）的“河湟之变”，起因与乾隆四十六年（1781）的循化教争、同治（1862—1874）时期的西宁教争如出一辙，都是由于清朝地方官员审断当地伊斯兰教派系之争不公，粗暴弹压，激起穆斯林群众义愤而爆发的。100 多年间，这里的少数民族民众反复起事，清朝地方官员和清政府处治同类问题的思想模式则了无些许变化！

“河湟之变”的直接起因仍然是当地伊斯兰教的内部斗争。乾隆、同治以后，河州、循化一带的哲派新教衰落，花寺老教势盛。但自光绪初年以来，花寺门宦内部又出现了新、老教派之别。原来，花寺教主马来迟后裔中的“三房头”（排行第三）后代马永瑞之子马如彪赴麦加朝觐归来后，力主教门改革，其叔“四房头”后代、阿訇马永琳指他违背教理教门。于是，马如彪一派被指为新教，马永琳一派是为老教。两派斗争不已，逐渐从河州扩展到了循化、化隆一带。

光绪二十一年（1895）初，新老两派又在查家工等庄冲突，新教烧毁老教一处庄院，老教首领韩努力等则集众 2 000 多人进行报复。河州总兵汤彦和派老教头人马永琳、新教头人马永瑞兄弟前往调解不成。新教穆民遂向循化、西宁、兰州等厅、府、督署申诉。总督杨昌濬特派西宁道陈嘉绩和道员徐锡祺等进驻循化厅，八工撒拉人“咸焚香跪迎”，渴求平息事端，恢复安定生活。陈嘉绩则见新教民房被毁严重，一进循化城，就将城门关闭，收捕老教首领 11 人，“枭首示众”。群众不服，要求陈出面论理，城上反而鸣枪示警，于是教民一哄而起，教派之争立即转化成了反对昏官的武装暴动。当时，河湟旧教韩努力联络马古篆棒等老教首领及 1500 余众，围攻循化厅城，并号召四方。三月，反兵在甘都塘堡大败清西宁镇标绿营游击王振德部军队。陕甘总督杨昌濬派固原提督雷正绾率兵直趋河州弹压，又命甘州提督张永清率部前往西宁。五月初，凉州镇练军游击王正坤奉命进驻河、循要隘积石关，大败于反军。河州总兵汤彦和闯入循化各工堡寨，不分新教、老教，一律

“剿办”，迫使新、老教两派联合起来共同对敌；也为马永琳、马永瑞的反抗提供了借口。一月之内，巴燕戎格厅(今青海化隆县)、碾伯(今青海乐都县)、西宁、大通、狄道和河州东西乡，乃至宁夏海原、固原等穆斯林比较集中的地区相继而起，响应循化暴动，史称“河湟之变”，当年是夏历乙未年，故又称“乙未事变”。

循化暴动后，河州花寺老教首领马永琳立即响应。并于五月聚众数千包围了河州城，各乡应者数万。他们还往返于渭源、狄道、金县(今甘肃榆中县)等地，流动作战，还扬言要进攻兰州城。这年闰五月，狄道州穆夫提门宦教主马维翰与马维屏等人共同策划突击攻城。同月，西宁一带回族上层也组织了反抗活动。到这年六月，已是“全湟骚动”，各川堡寨都有数以万计的民众参加到造反队伍里来，全部造反人数共计有数十万人。当时正值中日甲午战争，各地驻防营兵被大量地抽调到抗日前方，陕甘总督杨昌濬缺兵短饷，无力组织武装镇压，只好实行“招抚”的政策，军事上所能做者唯有防堵而已。

清朝政府对于西北地区的事变仍然坚持武装解决。它嫌地方官“庸愦无智”、“措置乖谬”、“剿办不力”，拟将雷正绾、汤彦和等革职，或交部议处，将陕甘总督杨昌濬革职留用。另用调驻北京的新疆喀什提督董福祥统领马步30营，督办甘肃军务。还调遣当时在直隶驻防的豫凯军统领牛师韩率军7营，开往甘肃协剿。令湖北、安徽、陕西等省抽派官兵往援，并任新疆巡抚陶模署理陕甘总督，命其即速就职，指挥剿办事宜。光绪二十一年(1895)十月，河州反军被董福祥镇压下去了。光绪二十二年(1896)五月，西宁反军全被平息。从西宁辗转逃往河西肃州、安西州、敦煌及新疆罗布淖尔的刘四伏等反军，也于是年七月被清军俘虏。刘四伏等7人被押送省城审讯后处死。事变至此全部平息。

除了上述几次大的处乱军事行动外，清朝平息的较小武装反抗活动还有多起。如顺治六年(1649)，游牧于宁夏河套的蒙古鄂尔多斯台吉扎布索和多尔济发动蒙古民众反清，到顺治九年(1652)才被镇压。康熙年间(1662—1822)，清朝政府平息了驻宁夏提督王辅臣发动的叛乱。乾隆四十九年(1784)四月,又镇压了田五领导的石峰堡(在甘肃通渭县)回民暴动等。

第三节 元明清西北的兵防

中国西北地区是古代"丝绸之路"的必经地。这里地理位置重要,民族关系复杂,行政管理难度很大,因而历代中央政府都要屯驻大量军队,来确保地方和国家的安全。元明清时代,各中央朝廷在西北地区及其周边设置了一系列防务设施和驻军。正如《甘肃通志》的作者所说,"甘肃跨连边塞……劲旅雄师,云屯棋布,控扼险要,巩固岩疆。直省重兵,莫多于此"。[①] 但是从国家区域治理的角度看,元明清三朝在西北地区不论设防多严,驻兵多少,其指导思想都是防御性的。

一、元明两朝西北的兵防思想及设置

(一)兵防思想和军事设施。元朝在打下西北地区以前的军事思想是进攻性的,而在灭亡夏、金、宋,建立起统一政权后,就在西北地区逐渐实行四处屯兵,布控设防。元时西北地区的主要少数民族蒙古、党项、回回等族的政治地位比较高,而吐蕃藏族的人口数量则占有明显的优势。来自草原游牧区的统治民族蒙古族向来风俗淳朴,政治设施单纯,进入中原和西北地区后,统治阶级除了创造性地建立了一系列行政管理机构外,还发挥其武装优势,在西北地区设置了一系列军政合一的统治机构,如宣慰使司都元帅府、宣抚司、安抚司、招讨司、万户府、千户所等等,任命土官,配合行省制、宗王镇守制、僧官制等政治设施,加强了对西北地区的武力震慑和统治。

早在元世祖至元时期,元政府就从南北各地将大批的蒙古军、汉军、新附军等军事人员调到西北地区,镇守各处的关津要塞,维护地方秩序。如元世祖中统元年(1260)五月,诏于京兆等路宣抚司"签兵七千人,于延安等处

① 乾隆《甘肃通志》卷14《兵防·序》。

守隘”，[①]就是见于记载的一例。

与此同时，元朝统治者还采取了两项措施：一是安顿军士及其家属参加当地的屯田和农牧业开发，就地解决庞大的军需供应问题；二是和在全国其他地方一样，在西北地区建立比较完备的驿传制度，提高信息交流的水平。元朝仅在朵甘思（今西藏昌都东部，四川甘孜与青海西南部一带）、朵思麻（辖地相当于今青海、甘肃及四川西北部藏族地区）到乌思藏（今西藏）地区，就设有大站28处，小站7处。由于地广人稀，这里的驿站间距比较长，“近者不下三五百里”，[②]故驿站数量不如内地稠密，但覆盖面积却是相当的大。元朝的甘肃行中书省建立于元世祖至元二十三年（1286），治甘州路（今甘肃张掖市），下辖甘州（治今甘肃张掖市）、肃州（治今甘肃酒泉市）、沙洲（治今甘肃敦煌市）、亦集乃（治今内蒙古额济纳旗东南）、兀剌海（治今内蒙古阿拉善右旗）、宁夏府（治今宁夏银川市）、永昌（治今甘肃永昌县）7路，山丹（治今甘肃山丹县）、西宁（治今青海西宁市）2州及哈密力（治今新疆哈密市）地区。据《元史·兵志》记载，甘肃行中书省所辖3路有“脱脱禾孙马站六处，马四百九十一匹，牛一百四十九头，驴一百七十一头，羊六百五十口”。[③]其他路州的驿站数未被记载下来，其数量估计也不少。星罗棋布的驿传，使元朝中央与地方之间“脉络相通，朝令夕至，声闻毕达”，[④]这就从信息传递上确保了朝廷对西北地区的有效监控和统治。

明朝的兵防主导思想是明太祖朱元璋和明成祖朱棣父子两人奠定的。其基本格调也是以“守备为本”。明太祖朱元璋深以为民族之间“非我族类，其心必异”，[⑤]因此强调边防的战略重要性，对于边疆少数民族武装势力的防范措施也很严。在策略思想上则持“守以待重”的态度。洪武六年（1373）正月，明太祖命魏国公徐达、曹国公李文忠等往山西、北平练兵防边，临行前他交代说：

---

① 雍正《陕西通志》卷35《兵防二》引《元史·世祖本纪》。

② 《永乐大典》卷19421《站赤》。

③ 《元史》卷101《兵志四》。

④ 《永乐大典》卷19416《站赤》。

⑤ 《明太祖洪武实录》卷41，洪武二年四月丁丑。

处太平之世,不可忘战;略荒裔之地,不如守边。朕同卿等起布衣,削群雄,定祸乱,统一中夏,勤劳累岁,至此无事,可以少休,然念向者创业之难,及思古人居安虑危之戒,终不敢自宁……今无事之时,正宜往彼练习军士,修葺城池,严为备守,使边境永安,百姓乐业,朝廷无西北之忧,卿等亦可忘怀高枕矣。又告诫说:"御边之道,固当示以威武,尤必守以待重。来则御之,去则勿追,斯为上策。若专务穷兵,朕所不取,卿等慎之。"①

加强防卫,又不务穷兵,这就是朱元璋的边境防卫思想。他还主张对待边疆少数民族应当"威德兼施"。他说:"治蛮夷之道,必威德兼施,使其畏感,不如此不可也。"②

明成祖朱棣继承了其父缜密稳当的边防思想。有这样一件事足以说明:永乐元年(1403)十月,明成祖嘉奖老成持重的边将顾成,并对侍臣说:

汉武帝穷兵黩武以事夷狄,汉家全盛之力遂至凋耗。当时虽得善马,岂足偿中国万一之费!朕今休息天下,惟望时和岁丰,百姓安宁。至于外夷,但思有以备之,必不肯自我扰之,以罢弊生民。近(顾)成言"今日惟当安养中国,慎固边防",此言甚合朕意。盖斯人老成,非喜功好胜之流,以是时嘉奖之。③

明朝官僚队伍中,也多主张边防"以守备为本"。如明宪宗成化七年(1471)四月,巡抚陕西左副都御史马文升就向朝廷提出:"御戎之道,以守备为本。"④明宪宗成化八年(1472)三月,吏部右侍郎叶盛结合甘陕一带防务,上奏说:"臣与镇守陕西署都督白玉,巡抚都御史马文升等官会议,御寇以守备为本,攻战次之",⑤并提出了加强陇东、榆林一带兵防的具体措施。明宪宗成化十五年(1479)十月,在讨论边防事宜时,兵部尚书余子俊等以为"驭夷

① 《明太祖洪武实录》卷78,洪武六年正月壬子。
② 《明太祖洪武实录》卷149,洪武十五年十月丙申。
③ 《明太宗永乐实录》卷24,永乐元年十月戊辰。
④ 《明宪宗成化实录》卷90,成化七年四月癸亥。
⑤ 《明宪宗成化实录》卷102,成化八年三月乙卯。

之道，守备为本，我太祖载诸祖训，永以为法”。① 在边防策略上抬出明太祖朱元璋制定的“祖训”来，那是够权威的了。又明孝宗弘治十五年（1502）五月，总陕西军务尚书秦紘上边备事宜，也建议“御戎之道，当以守备为本”。②类此建言还有很多，说明从帝王到大臣，明朝边防思想的主流是防御性的。

在“守备为本”的边防思想指导下，明朝在西北地区修建了大量的边墙（长城）、堡寨等防御工事。明初以来，明朝政府就自镇番（今甘肃民勤县）到宁夏中卫“通树长边”，即筑起一道长城。又在沿线修建了许多城堡。永乐二年（1404）八月，明成祖敕宁夏总兵官左都督何福说：“宁夏多屯所，虏卒至，恐各屯先受掠，可于四五屯内择一屯有水草者，四围浚濠，广丈五尺，深如广之半，筑土城约高二丈，开八门以便出入，旁近四五屯辎重粮草皆集于此。无警则各居本屯耕牧，有警则驱牛羊从八门入土城，固守以待援兵，则寇无所掠。”③这是典型的防御性兵防思想。永乐十二年（1414）九月，由于地方大吏对修堡情况“久未有报”，明成祖怕执行不力，乃命兵部、都察院遣官到宁夏、甘肃等处实地检查和督促。④

明宪宗成化九年（1473），右都御史余子俊在陕北、宁夏一带“依山形，随地势，或铲削，或垒筑，或挑堑，绵引相接，以成边墙”，“东起清水营，西抵花马池，延袤千七百七十里，凿崖筑墙，掘堑其下，连比不绝。每二三里置敌台崖寨备巡警。又于崖寨空处筑短墙，横一斜二如箕状，以瞭敌避射。凡筑城堡十一，边墩十五，小墩七十八，崖寨八百十九，役军四万人，不三月而成。墙内之地悉分屯垦，岁得粮六万石有奇”。⑤ 这是明中期一项规模巨大的综合性边境防御工程。成化十一年（1475）五月，巡抚甘肃都御史朱英等上奏《区处边夷七事》，从转移甘州等处归附夷人，安置流亡边夷人口，精简贡使以省费用，选补军官加强操练，补充战马以备征操，隔离使臣预防泄密，慎重烽堠以传消息等方面，表达了他们对于处理边疆民族关系，加强防务的思

① 《明宪宗成化实录》卷195，成化十五年十月丁亥。

② 《明孝宗弘治实录》卷187，弘治十五年五月庚子。

③ 《明太宗永乐实录》卷33，永乐二年八月丙申。

④ 《明太宗永乐实录》卷155，永乐十二年九月丁酉。

⑤ 《明史》卷178《余子俊传》。

想。具体是说:1. 移土著以除祸根。就是将甘州等处的常住夷人迁往河南、陕西地方,以防其与边外夷人互相交接,透露军情。然而戎夷易叛难服,人情安土重迁,一旦无故迁移,只怕引起狐疑,导致他变。可令守臣暂加抚谕,等边方宁静后考虑疏散的事。2. 安流离以消后患。就是将先年哈密遭到战乱创伤,随吐鲁番使臣迁入嘉峪关内,分寄甘肃一带的夷人,暂时送往陕西、河南地方,拨地给粮,以待局势平定后遣还。其余撒马儿罕等远方的夷人,则应派军队护送出境。3. 简贡使以省边储。即要禁约吐鲁番等地方政权,在它们遣使入贡时,不许夹带别部夷人混入边境,消耗边储,传递机密消息。如蒙允奏,请令守臣译告各部,今后不许继续挟带他部人员入关;也不可因此阻挠远夷向慕的诚心。4. 补官长以统操练。即从在京各营或各都司带俸都指挥中拣选六七员军官,分到各把总负责操练军队,这样做的困难在于,一方面京营并各处都指挥都有具体任务;另一方面他们不熟悉边事,又与边方将臣不相统属,办事难免互相抵牾。这部分军官最好是从边将中选择,奏报审批。5. 补官马以备征操。是说甘、凉、肃州地方系产马处所,遇有战马倒死,买补不难;但价无从出。应于在京太仆寺见收江南马价内支银 8 000 两,遣官送至彼处收买。为了救急,可先将西宁、洮、岷等处茶马遣送各州,不足,再想其他办法。6. 分内外以防奸细。即建议令行都司在甘州城东关墙之内,将已经报废的夷馆重新维修,遣官设译,接待进贡远夷,并禁止军民私下与夷人联系,走漏军情。7. 谨烽堠以传声息。就是要在贼人出没的险要地方,选择居高有水之处,增筑墩台,拨军哨守,使烽燧相连,仓促有备。此奏经过兵部覆议,认为都可照办。皇帝也予批准。① 所有这些,反映了当时朝廷上下安定边疆少数民族的共同思想倾向。

明武宗正德十年(1515)闰四月,总督甘肃等处军务左都御史彭泽陈言《边务十二事》,其指导思想仍以安辑边境民族为主。十二事是:1. 甘肃(指甘肃镇,治今甘肃张掖市——引者注)各卫所军缺,宜将冬操抽丁,招募马步户土汉舍余,选补原额。2. 山丹永昌守备官宜属协守副总兵,镇番守备宜属

① 《明宪宗成化实录》卷 141,成化十一年五月壬子。

分守凉州副总兵，西宁红城子守备宜属分守庄浪左参将提调。3. 旧例，罕东、赤金等卫“和市”，镇守官要带兵防护，然后才能交易。并要戒谕酋长，治犯禁者罪。哈密等卫进贡，遣人伴送至京。归则有通事、序班，管送出境，故无他患。现在都不实行了，应当恢复旧制，每年招致罕东、赤金等卫夷酋到甘州镇城，申明戒肴，治其争讼。4. 扒里扒沙、暖泉等堡，乃虏入甘肃必经之路，请如旧拨军防御。5. 自庄浪之红城子接甘肃，垣堑倾坏，故虏得肆抢掠，边人愈困。请及时修之，近边可耕牧者募民，并力修筑，仍拨军防守。6. 甘肃军伍既缺，而逃徙者日益众，无讥察故也。宜于古浪、西宁、河州，概甘肃经行之处，各添设巡检司。7. 甘肃马缺，宜开纳马例，多方筹措增加马匹。8. 总旗幼官免赴京试验，行都司所属吏典，考者免送考，听缺。9. 户部近议行承差、吏农、义官、阴阳等项纳银例，及本边一应赎罪者，俱许改纳马。10. 甘凉庄永等卫，备御官军，赴班者百无一二，宜申严脱班之法，千总等官有诈病买闲者，照近例发广西差操，子孙袭替亦如之。11. 甘州等卫官，缘事者 200 余人，待报逾时，缺人任事，宜即发遣。且甘肃极边，自今武职有犯，宜照云贵武职土官例，笞杖者径自逮问，罪至徒者亦听巡抚便宜惩治。12. 甘肃一路驿递废堕，诸夷进贡及传报军情，往往迟阻。乞将附近卫所正军，补驿递逃亡站军之数，凡口粮地土，应得者察给，其潜住及投充别役者，俱究问发回补役。附近军余并远年客户，愿投当者听。以上从军士数额、军官辖属、“和市”、边境防务、垣堑维修、军马补充、违法军官的处理、驿递设施维护人员抽补等方面，全面揭示了甘青一带边境防务的问题及改进的建议。彭泽出生于甘肃兰州，自幼习知边事，他的建言切合实际，有益边防，经兵部覆议，提出具体实行意见后，上奏皇帝，明武宗“诏可”。[①] 正德十三年（1518）十一月，巡按陕西监察御史懋继祖上奏，陈述当年入秋以来，北部蒙古武装势力入犯兰州、渭源、狄道等处，大肆杀掠，造成“骸骨被野”的惨象。指出“今自榆林、宁夏两界，固原中路，以至临、巩，虏所屯聚，不下二千余里”，陕西当榆林、宁夏、甘肃 3 边，青海一带又有亦卜剌部活动。这样，陕西就不光是面对

① 《明武宗正德实录》卷 124，正德十年闰四月辛酉。

3边,而是抵挡"四边"了。东西河朔,相距辽阔,不时有警。凡遇调度应援,都要等待奏请,虏人出没迅速,势若风雨,而我方文传缓慢,及至援军调来,往往已过战机。现在北方虏人深入,又听说青海的亦卜剌部也在向东移动,恐两地敌军联合攻扰,可不深虑!他建议:"暂命大臣一员,授以节钺,驻于固原,提督三边,控制诸路,处置钱粮,分布军马,以安人心。"①这是要明朝政府派遣大臣,提督三边,统一调动各路军马,集中优势兵力对付蒙古军事势力。也是积极地以防为主的御敌思想策略,可惜明武宗怠于政事,已经听不进正确意见了。

明世宗嘉靖二十五年(1546)十二月,总督陕西三边曾铣、巡抚谢兰、张问行等奏请修复成化时余子俊在延绥一带修筑的边墙,该墙东自黄甫川起,西至定边营止,延袤1 500余里,"岁久倾颓,余址间存,不异平地。嘉靖九年,总督、尚书王琼修花马池边墙一道,自宁夏横城接筑至定边营,约三百余里。而自定边营至黄甫川一带依旧无墙,连年虏入,率由是道,所当亟为修缮",宜分为西、东、中三段,"岁修一段,期以三年竣事,庶几保障功完,全陕攸赖"。疏下部议间,曾铣再次上言,主旨仍是"并河为塞,修筑墩隍,建置卫所,处分戍卒,讲求屯政"等。在复议中,兵部认为"筑边、复套两俱不易",以1 500余里之地而责成于3年之工,恐未易筑,纵使能成,亦难为守,故宜"从长会计"。明世宗一边令曾铣更与诸边臣悉心图议,务求长算;一边令兵部"发银二十万两予铣,听其修边、饷兵、造器,便宜调度支用,备明年防御计"。② 此议最后仍以一个"防"字结局。明神宗万历二十七年(1599),明朝政府又有一项大的军事举动,就是从靖虏卫(今甘肃靖远县)黄河索桥起,至庄浪(今甘肃永登县)土门,筑边墙400里,那同样不是为了进攻,而是为了防御蒙古骑兵的南下。

尤须一提的是,明朝中央政府和最高统治者中,对于边疆少数民族的宽容态度。西宁边外曲先卫指挥散即思等,曾经劫夺过明朝派往乌思藏的使臣,"既而惧罪,皆逃徙逐遣",明宣宗宣德二年(1427)十月,西宁卫都指挥同

① 《明武宗正德实录》卷168,正德十三年十一月丁未。

② 《明世宗嘉靖实录》卷318,嘉靖二十五年十二月庚子。

知陈通等招抚了“散即思等四万二千余帐，皆复业，以其指挥佥事失剌罕等入朝贡驼马谢恩”，明宣宗对兵部尚书张本等说：“人谁无过，过而能改则复于无过，何况远夷，宜待之如初。”①这种宽容的胸怀，既是明朝防御性边疆民族思想的有益配合和延伸，又是其治理西北地区政治思想中难得的闪光点。

（二）驻军分布和管理。西北地区跨连边塞，控扼险要，历来军人云屯棋布，是全国驻军设防最多的地区之一。早在元朝统治全国以前，蒙古统治者就多次在陕西五路包括西北地区征集兵员。元世祖至元初，巩昌有军队3 000人，其他各路军2 000人，蒙古统治者要求诸路继续佥军。当时，封建朝廷对甘青藏区实行“僧俗并用，而军民通摄”，②并派宗王镇守的统治方略。被封到西北地区的宗王有元世祖忽必烈的第七子奥鲁赤，他及他的子孙们在西北地区一直负有很大的军政职责和权力。宣政院管辖下的吐蕃等处宣慰使司都元帅府、吐蕃等路宣慰使司都元帅府及其下属的宣抚司、安抚司、招讨司、万户府、千户所等机构则具体负责各地的防务。

明朝在地方设都指挥使司（简称都司）以领卫所，置总兵、参将、游击、守备等官职承担防务事宜。今陕、甘、宁、青等地，明时属于陕西都司及陕西行都司所管辖。各郡县之险要处皆设军队防守，有事征伐，则诏总兵官佩将印领之。既旋，则上所佩印于朝，官军各回本卫。明太祖洪武时，陕西都司所属“凡三十四卫，训练马、步官军十六万七千有奇”。③ 明成祖以后，卫所设置有因、有革、有填设、有改名，处于不断的变化中，但总体上卫所趋于增加，兵员日益减少。

明中期以后，陕西都指挥使司见于记载的卫所如下：

> 西安右护卫、西安左卫、西安前卫、西安后卫、延安卫、汉中卫、平凉卫、绥德卫、宁夏卫、庆阳卫、巩昌卫、临洮卫、兰州卫、秦州卫、岷州卫、河州卫、洮州卫、宁夏中护卫、甘州中护卫、安东中护卫、宁夏前卫、宁夏中卫、宁夏中屯卫、宁夏左屯卫、宁夏右屯卫、宁羌卫、靖虏卫、固原卫、

① 《明宣宗宣德实录》卷33，宣德二年十月辛丑。

② 《元史》卷202《释老传》。

③ 雍正《陕西通志》卷35《兵防二》。

榆林卫、宁夏后卫、兴安千户所、凤翔千户所、礼店前千户所、沔县千户所环县千户所文县千户所阶州千户、灵州千户所、西安千户所、西固城千户所、归德千户所、镇羌千户所、安边千户所、平虏千户所、兴武营千户所、镇戎千户所、宁夏平虏千户所、秦府仪卫司、庆府仪卫司、肃府仪卫、韩府仪卫司、宁夏群牧所、安东群牧所、甘州群牧所。①

陕西行都司下属的卫所有：

甘州左卫、甘州右卫、甘州中卫、甘州前卫、甘州后卫、永昌卫、凉州卫、庄浪卫、西宁卫、山丹卫、肃州卫、镇番卫、镇夷千户所、古浪千户所、高台千户所。②

陕西行都司的甘州五卫是由原甘肃卫分设的，永昌、凉州、庄浪、西宁、山丹诸卫是从原陕西都司改属的，肃州、镇番两卫，镇夷、古浪、高台3个千户所是新添设的。此外，明朝政府还在嘉峪关以西、西宁边外设置了哈密卫、阿端卫、曲先卫、安定卫、赤斤蒙古卫、沙洲（罕东左）卫、罕东卫等7个羁縻卫。在陕北、宁夏到河西一线建立了延绥、固原、宁夏、甘肃（甘州）4个边镇，为明朝九边镇的重要组成部分。又从嘉峪关向东经甘州、凉州、兰州、宁夏到陕北榆林卫，接通了直达鸭绿江、全长1.27万余里的边墙（长城），沿边墙关、塞、隘、口，墩、堡林立，形成强大的军事防御系统。各边镇的内部兵员组织情况，仅以固原镇、甘肃镇为例介绍。

固原镇（陕西镇）。固原原为内地，及蒙古火筛入据河套，遂为敌冲，乃改平凉之开成县为固原州，设总制府，为陕西三边（或四边）总督驻所，统管陕西三边（或四边）军务。

甘肃镇。置甘州等五卫于张掖、肃州卫于酒泉、兰州卫于金城，皆屯兵拒守，全镇之地近2 000里，惟一线信道，西遮、南蔽、北扞，素称孤悬重镇。武官有：

巡抚甘肃等处赞理军务，下属甘肃兵备、西宁兵备、庄浪兵备等。

---

① 《明史》卷90《兵志二》。

② 《明史》卷90《兵志二》。

镇守平羌将军总兵官,下属协守甘州左副总兵、分守凉州右副总兵、庄浪左参将、肃州右参将。西宁参将,镇番参将,芦塘参将,游击庄浪、碾伯、松山,巡抚标下。坐营中军官,守备红水堡、山丹卫、红城子堡、镇羌堡、宁远堡、平川堡、嘉峪关、古浪、巴暖三川、北川、镇夷、阿坝堡,领班都司甘州头班、次班,凉州头班、次班等。

甘肃镇管辖城堡、城垣、堡塞495座。关隘104处,兵马原额官军91 571名。饷粮料603 188石,屯草549 703束。①

其余各镇兵防布置情况大致与此相同。

二、清朝西北的兵防设置

(一)陕西。按雍正《陕西通志》记载,清朝前期,陕西各营有军官582员,马步战、守兵39 090名。其中省城、潼关满洲、蒙古、汉军八旗官306员,步骑等兵并余丁10 030名。督、抚两标八营,有官66员,披甲亲丁马步战、守兵7 901名。固原提督分驻陕省各协营官60员,马步战、守兵共4 667名。延绥镇属各协营官83员,马步战、守兵9 249名。兴汉镇属各协营官67员,马步战、守兵7 243名。军队驻防情况:

省城满兵营(驻西安)。有将军以下官289员。八旗满洲、蒙古及汉军马战兵共7 000名。满洲、蒙古步战兵700名,满蒙汉军炮手等330名。雍正九年(1731)添设额外养育兵1 000名。

潼关满兵营。有城守尉等官17员,满洲拨什库32名。马步战兵968名。② 清朝后期,陕西驻防旗营见于记载的八旗军官有120员,各种兵丁6 355名。③

总督部院标(驻西安)。有总督,统辖本标中左右前后5营。有副将以下官49员,兵丁8094名。乾隆中年移驻兰州。节制二巡抚(陕西、甘肃)、三提督(固原、甘肃)、十一总兵(延绥、陕安、汉中)。

---

① 乾隆《甘肃通志》卷14《兵防》。

② 雍正《陕西通志》卷34《兵防一》。

③ 民国《续修陕西省通志稿》卷44《兵防志一·旗营兵制》。

巡抚部院标(驻西安)。有巡抚,统辖本标中左右3营。有参将以下官17员。兵丁1807名,具驻省城,无分防塘讯。

固原提督所辖:分驻陕省各协营官60员,马步战、守兵共4667名。

西凤协营。有副将以下官11员,马战兵、守兵共929名。

潼关协营。有副将以下官11员,马步战兵、守兵共760名。

西安城守营。有参将以下官4员,马步战兵、守兵共489名。

盩厔营(属西凤协)。官3员,马战兵、守兵共342名。

富平营(属西凤协)。官7员,马战兵、守兵共332名。

商州城守营(属潼关协)。官4员,马战兵、守兵共423名。

神道岭营(属潼关协)。官5员,马步战兵、守兵共270名。

金锁关营(属潼关协)。官4员,马战兵、守兵共252名。

长武营(属庆阳协)。官2员,马步战兵、守兵共204名。

邠州营(属庆阳协)。官3员,马步战兵、守兵共201名。

凤翔城守营(属提镇)。官2员,马步战兵、守兵共201名。

关山营(属靖远协)。官4员,马步战兵、守兵共265名。

延绥镇(驻榆林府)。管辖城守营,中、东、西三协各营堡。总兵以下官83员,马步战兵5413名,守兵3836名。

榆林城守营(属延绥镇)。官3员,守兵400名。

中协波罗营(属延绥镇)。官5员,马步战兵552名,守兵100名。保宁堡官1员,马战兵10名,守兵50名。常乐堡官1员,马战兵10名,守兵80名。双山堡官1员,马战兵10名,守兵70名。归德堡官1员,守兵50名。鱼河堡官1员,守兵100名。响水堡官1员,马战兵十名,守兵70名。怀远堡官1员,马战兵10名,守兵80。威武堡官1员,马战兵5名,守兵35名。清平堡官1员,马战兵10名,守兵70名。

东协神木营(属延绥镇)。副将以下官4员,马步战兵307名,守兵200名。建安堡官1员,马战兵10名,守兵90名。高家堡官1员,马战兵15名,守兵130名。柏林堡官1员,马战兵10名,守兵80名。大栢油堡官1员,马战兵10名,守兵70名。永兴堡官1员,马战兵10名,守兵80名。镇羌堡官

1员，马战兵10名，守兵80名。孤山堡官1员，马战兵10名，守兵90名。黄甫营官2员，马步战兵131名，守兵66名。木瓜园堡官1员，马战兵10名，守兵90名。清水堡官1员，马战兵10名，守兵70名。

西协定边营（属延绥镇）。副将以下官4员，马步战兵331名，守兵200名。靖边营官2员，马步战兵136名，守兵65名。龙州堡官1员，马战兵5名，守兵35名。镇靖堡官1员，马战兵9名，守兵100名。镇罗堡官1员，马战兵5名，守兵35名。宁塞堡官1员，马战兵9名，守兵100名。柳树涧堡官1员，马战兵9名，守兵100名。安边堡官1员，马战兵25名，守兵100名。砖井堡官1员，马战兵9名，守兵100名。盐场堡官1员，守兵50名。

绥德城守营（属延绥镇）。官1员，马步战兵30名，守兵150名。

延安营（属延绥镇）。官5员，马步战兵300名，守兵200名。

宜君营（属延绥镇）。官5员，马步战兵380名，守兵250名。

鄜州城守营（属延绥镇）。官1员，马战兵15名，守兵200名。

兴汉镇（后改陕安，驻兴安州），管辖城守营，东西两协各营，总兵以下官67员。马步战兵4 003名，守兵3 240名。

东协兴安城守营（属兴汉镇）。官3员，马步战兵65名，守兵230名。

白土路营（属兴汉镇）。官4员，马步战兵170名，守兵370名。

渔渡路营（属兴汉镇）。官4员，马步战兵100名，守兵430名。

紫阳营（属兴汉镇）。官3员，马步战兵135名，守兵300名。

七里关营（属兴汉镇）。官3员，马步战兵75名，守兵140名。

旧县关营（属兴汉镇）。官4员，马步战兵90名，守兵250名。

西协汉中城守营（属兴汉镇）。官5员，马步战兵320名，守兵400名。

汉凤营（属兴汉镇）。官4员，马步战兵218名，守兵360名。

阳平关营（属兴汉镇）。官4员，马步战兵130名，守兵240名。

宁羌营（属兴汉镇）。官4员，马步战兵150名，守兵250名。

略阳营（属兴汉镇）。官4员，马步战兵150名，守兵270名。①

---

① 雍正《陕西通志》卷34《兵防一》。

固原提督所辖后调整为延绥、陕安、河州、汉中等4镇，统辖本标中左右前后五营，兼辖西安城守、潼关、商州、靖远等4协，西凤、静宁、庆阳、固原城守、平凉城守、秦州、宜君、化平等8营，其在陕西境内的分防专讯就有72处。详细分防情况见民国《续修陕西省通志稿》卷52《兵防志九》，此不再赘。又光绪二十四五年（1898—1899）间，陕西主兵将领奏准，从驻防兵内挑选年力精壮者编为两营，用新式方法，"操防巡缉"，叫练兵、防军，又改称巡警军。光绪三十一二年（1905—1906），陕西按照清政府组建"陆军"（新军）的统一部署，招募土著和从旧有常备部队中挑选组成新军2标6营，共有员弁勇夫3948名；从练军中改编成新军马队1营4旗，共有官弁勇夫847名；将旧有炮队两哨改编为新军炮队一营（队），共有官兵185名。改编新军的职责，仍以"分扎各路，操防巡缉为主"。①

陕西军队总数之见于记载者，道光二十九年（1849），陕西驻绿营兵总数有24 720名。同治、光绪间，陕西有绿营兵18 687名，②光绪二十四年（1898），陕西防、练军14 450名。③

（二）甘肃（包括今青海、宁夏）。清代甘肃的兵防体制，经过了多次调整和改变。早在清世祖顺治二年（1645），清朝就设立了甘肃巡抚、宁夏巡抚，各巡标有左右两营，营设游击以下等官。又设固原镇、临巩镇、甘肃镇等处总兵官，各分中左右前后5营，营设游击以下等官。设庆阳协、靖远协、洮岷协、凉州协、永昌协、西宁协、花马池协、平罗协等处副将及其所属协标官。设阶州营、大靖营、镇番营、庄浪营、中卫营、灵州营、肃州营等处参将；设红德城营、西安州营、芦塘营、兰州营、阿坝营、永泰营、镇羌营、洪广营、玉泉营、广武营、兴武营、镇夷营、高台营、山丹营等处游击；设凉州城守营、宁夏城守营、西宁城守营、归德堡、清水堡等处都司；设芦沟营、永安营、岷州营、旧洮营、文县营、西固营、镇羌营、泾州营、高沟营、土门营、水泉营、新城营、安远营、宁远营、松山营、岔口营、三眼井营、红水营、石空寺营、古水井营、安

---

① 民国《续修陕西省通志稿》卷45《兵防志二·新建陆军营制》。

② 《清史稿》卷131《兵志二·绿营》。

③ 《清史稿》卷132《兵志三·防军、陆军》。

定营、同心城营、横城营、大坝营、北川营、南川营、归德营、威远营、碾伯营、起台营、保安营、金塔寺营、平川营、红崖营、清水营、威虏营、南古城营、黑城营、峡口营、嘉峪关营等处守备,加强了对甘肃各属的兵防。

清世祖顺治元年(1644),清政府就设置陕西总督,驻固原(兼辖四川,故又叫川陕总督)。督标兵分五营。别设西安、延绥、甘肃、宁夏四巡抚,延绥、固原、临巩、凤翔、汉羌、甘肃6镇总兵官,每个镇标兵亦分5营。顺治十四年改川陕总督为陕甘总督,徙汉中。清圣祖康熙四年(1665),改陕甘总督为山陕甘总督。康熙六年(1667),又改山陕甘总督为陕甘总督。康熙十九年,改陕甘总督为川陕甘总督。清世宗雍正九年(1731),改川陕甘总督为陕甘总督。雍正十三年又改陕甘总督为川陕甘总督。清高宗乾隆十三年(1748),复改川陕甘总督为陕甘总督。乾隆二十四年(1759),设甘肃总督,兼辖陕西。乾隆二十五年(1760),以甘肃总督仍为陕甘总督。乾隆二十九年(1764),陕甘总督移驻兰州府(治今甘肃兰州市),兼甘肃巡抚。①

清代甘肃的驻防兵主要是八旗和绿营兵。雍正十三年(1735),“设甘肃凉州八旗满、蒙、汉兵凡二千人。设驻防庄浪八旗满、蒙、汉兵凡千人”。② 乾隆二年(1737),设凉州将军、副都统各一人,满、蒙、汉佐领、防御、骁骑校、步军尉及八旗骁骑2 000人,步军600人,步骑兵共2 600人。又设庄浪驻防副都统一人,满、蒙、汉协领、佐领、防御、步军尉及八旗骁骑1 000人,步军400人,步骑兵共1 400人。③ 宁夏驻防满洲兵3 688名。④

绿营驻防清朝前后期变化较大。雍正(1723—1735)时,甘肃有步、骑、守兵82 886名,官马2 060匹,兵马4 0368匹。包括两提(固原、甘肃)、六镇(凉州、宁夏、西宁、肃州、安西、大通)。雍正十三年(1735),裁减大通总兵官。乾隆(1736—1795)间,改安西总兵为提督,旋移驻巴里坤。在平定准噶尔、大小和卓木叛乱中,甘肃绿营移防及国家为了存储军需钱粮,压缩向甘

---

① 宣统《甘肃新通志》卷41《兵防志》。

② 《清史稿》卷130《兵志一·八旗》。

③ 《清史稿》卷130《兵志一·八旗》。

④ 宣统《甘肃新通志》卷41《兵防志》。

肃的军费开支，致使这里的兵员比原额减少了3万余名。乾隆四十六年(1781)发生苏四十三之变，清政府又在甘肃增兵12900余名，同时移固原总兵驻河州。从此，甘肃驻兵增减、移驻不定，而总的趋势是不断地减少。同治回变后，陕甘总督左宗棠痛感制兵腐败，力主"减兵增饷"，提高军队战力，在此一倡导下，清政府一举减裁甘肃冗兵近4万人。光绪(1875—1908)间，甘肃再次汰兵，以致所存只有12 500余名。另有官马1 976匹，兵马1 764匹。① 与陕西、新疆减兵的趋势一样，这是清代甘肃兵员最少的一个时期。

乾隆以后，甘肃兵防在陕甘总督的统一节制下，布局大致如下：

甘肃提督。统辖提标中左右前后5营，兼辖永固城守协，节制西宁等4镇，永固城守协，甘州城守营，梨园营，洪水营，南古城营，山丹营，硖口营，大马营，察汉俄博营。

河州镇。设总兵，辖镇标左右两营，兼辖洮岷协、循化营，阶州营，文县营，西固营，岷州营，旧洮营，保安营，起台营，兰州城守营，巩昌营，临洮营，河州城守营。

西宁镇。设总兵，统辖镇标中左右前后5营，兼辖镇海协，哈拉库图尔营，西宁城守营，巴燕戎格营，巴暖三川营，贵德营，南川营，大通营，永安营，白塔营，碾伯营，威远营。

凉州镇。设总兵，统辖镇标中左右前后5营，兼辖永昌协、庄浪协，西把截堡，宁远营，水泉营，新城营，张义营，镇番营，安城营，大靖营，土门营，俄博岭营，松山营，镇羌营，岔口营，红城堡，红水营，三眼井营。

肃州镇。设总兵，统辖镇标中左右3营，兼辖金塔协、安西协，肃州城守营，镇彝营，清水营，高台营，抚彝营，红崖堡，布隆吉尔营。

清朝后期，甘肃驻防兵人数减少，布局与前期大致相同。② 除八旗、绿营外，还出现了防军(民壮、团练)、土兵(蕃兵)等。③ 防军是根据战事的需要，临时招募的军队。它"别自成营，兵数多寡不定，分布郡县，遇寇警则隶于专

---

① 宣统《甘肃新通志》卷41《兵防志》。

② 详可参宣统《甘肃新通志》卷41《兵防志》。

③ 《清史稿》卷132《兵志三·防军、陆军》，卷133《兵志四·乡兵》，卷134《兵志五·土兵》。

征将帅”，清朝政府镇压了太平天国、捻军之后，根据左宗棠等的建议，“各省险要，悉以勇营留防”，“遂有防军之称”。① 光绪二十四年(1898)，甘肃有防军12 500人。② 后防军、练军改为巡防队，又改为陆军。1900年以后，各省起练新军，或就防军改编，或用新式招练。光绪三十三年(1907)，甘肃有陆军步队两标、炮队一营，共有官221员，兵4 128名，③驻守于省城及河州、固原、西宁等地。是当时甘肃编制、装备最先进的一支部队。

(三)新疆。清朝平定准噶尔和南疆大小和卓木叛乱后，于乾隆二十五年(1760)开始在新疆设兵驻守，筑城屯垦。乾隆二十七年(1762)，将凉州、庄浪驻防兵5 000人，与其家属一起移驻伊犁。不久又定驻防兵制，设总统伊犁等处将军一职，掌管天山南北之军政，为新疆最高驻防长官。乾隆三十一年(1766)，清朝政府又确定在乌鲁木齐驻办事大臣及协办大臣，后改为乌鲁木齐都统，掌管乌鲁木齐军政。新疆驻防军主要有八旗兵和绿营兵。

伊犁将军所在地伊犁驻防的八旗兵有：

惠远城满营。有协领以下官170人，各种兵士4 600人。

惠宁城满营。有领队大臣以下官59人，各种兵士2 128人。

锡伯营。有领队大臣以下官27人，兵士130人。

索伦营。有领队大臣以下官35人，1 236人。

察哈尔营。有领队大臣以下官48人，兵士1 800人。

厄鲁特营。有领队大臣以下官52人，各种兵士2 781人。

察毕纳尔营。④ 有副总管职衔佐领以下官7人，603人。

乌鲁木齐驻防的八旗兵有：

该城满营。有领队大臣以下官员103人，各种兵士3 352人。

古城满营。有领队大臣以下官员35人，各种兵士1 076人。

巴里坤满营。有领队大臣以下官员35人，各种兵士1 076人。

① 《清史稿》卷132《兵志三·防军》。
② 《清史稿》卷132《兵志三·防军、陆军》。
③ 《清史稿》卷132《兵志三·防军、陆军》。
④ 又作沙毕纳尔，是随土尔扈特投清的厄鲁特蒙古之附庸小部族。

库尔喀喇乌苏。有领队大臣等官。

哈密有办事大臣等官。

乌鲁木齐驻防绿营兵有:

乌鲁木齐提督。辖本标官兵及分防各营,兼节制2镇标。

提标中营,有中军参将等官21人,骑兵474人,步兵475人,屯兵500人。

右营有部司等官21人,骑兵474人,步兵475人,屯兵500人。

迪化城守营有都司等官22人,骑兵500人,屯兵500人。

巩宁城守营。有都司等官9人,步、骑兵各150人,

济木萨营。有参将等官24人,骑兵454人,步兵455人。

玛纳斯协营。有副将等官38人,骑兵794人,步兵793人。

喀喇巴尔噶逊营。有守备等官7人,步、骑兵各150人。

库尔喀喇乌苏营。有游击等官15人,步、骑兵各300人。

精河营。有都司等官10人,步、骑兵各200人。

巴里坤镇总兵官。统辖本标官兵及分防各营。

镇标中营。有游击等官19人,骑兵412人,步兵238人。

右营有游击等官20人,骑兵413人,步兵239人,屯兵500人。

巴里坤城守营。有都司等官8人,骑兵112人,步兵72人。

哈密协营。有副将等官23人,骑兵425人,步兵405人。

塔勒纳沁。有屯田都司等官2人,兵200人。

蔡把什湖。有屯田把总1人,兵200人。

木垒营。有守备等官7人,骑兵144人,步兵160人,屯兵150人。

伊犁镇总兵官。统辖本标官兵及分防各营。

镇标中营驻绥定城。有游击等官20人,步、骑兵各300人。

左营驻广仁城。有游击等官20人,步、骑兵各300人。

右营驻瞻德城。有都司等官20人,步、骑兵各300人。

霍尔果斯营驻拱宸城。有参将等官20人,步、骑兵各350人。

巴彦岱营驻熙春城。有都司等官10人,步、骑兵各150人。

塔勒奇营驻塔勒奇城。有守备等官7人,步、骑兵各100人。

北关汛。有守备等官7人,兵200人,书识14人。

塔尔巴哈台参赞大臣。有协办领队大臣、专理游牧领队大臣各1人。

满营有领协等官15人,兵720人。

锡伯营。有佐领、骁骑校各1人,兵130人。

索伦营。有骁骑校1人,兵130人。

察哈尔营。有佐领、骁骑校各1人,兵160人。

厄鲁特营。有佐领、骁骑校各1人,兵160人。

绿营有总理屯务等官21人,书识3人,骑兵166人,步兵634人。

吐鲁番领队大臣。满营有协领等官18人,骑兵400人,其余兵160人。绿营有都司等官18人,兵330人;屯官17人,屯兵700人。

喀什噶尔参赞大臣。总办南疆8城事务。有协办大臣等属官。

满营有协领等官19人,兵522人。绿营有副将等官16人,兵625人。

英吉沙尔领队大臣。满营有防御1人,兵10人。绿营有游击等官5人,兵200人。

阿克苏办事大臣。满营有佐领等官3人,贴写5人,兵60人。绿营有游击等官10人,兵698人。

乌什办事大臣。满营有佐领等官3人,贴写8人,兵144人。绿营有参将等官21人,步骑兵525人,屯田兵250人。

叶尔羌办事大臣。有协办大臣1人。满营有佐领等官4人,兵206人。绿营有副将等官22人,兵680人。

和阗办事大臣。有协办大臣1人。驻兵全是绿营,有都司等官5人,步骑兵223人。

库车办事大臣兼辖沙雅尔。驻兵全是绿营,有都司等官8人,书识10人,兵302人。

喀喇沙尔办事大臣。驻兵全是绿营,有游击等官10人,书识8人,各种兵士共596人。

以上天山北路除塔尔巴哈台、吐鲁番满、绿营换防外,其余都是常住兵,南路则全部实行换防制。

嘉庆至咸丰后，新疆按编制确定的八旗和绿营兵员减少，久不足额。加上战乱，人民丧亡，旧的驻防制度荡然无存。同治、光绪之际，左宗棠督办新疆军务期间，上疏朝廷，建议改变土著及各处就食兵民“授地耕垦”的做法，将兵与农分开，“责兵以战，课农以耕”。① 收购民间生产的粮食，供应军需。又建议在伊犁、乌鲁木齐等地恢复建立将军、参赞大臣等驻防制度。光绪六年（1880），刘锦棠署理钦差大臣后，建议设甘肃巡抚驻乌鲁木齐，统辖全疆官兵，督办防务。光绪十年（1884）新疆建省以后，刘锦棠等经过长期筹划，于光绪十二年（1886）奏准新疆防务布局如下：

巡抚。驻乌鲁木齐，有各级军官 131 人，正兵 6 404 人，又添设炮队 1 哨。

喀什噶尔提标。有各级军官 137 人，正兵 6 397 人。

阿克苏镇标。有各级军官 95 人，正兵 4 533 人。

巴里坤镇标。有各级军官 73 人，正兵 3 517 人。

伊犁镇标。有各级军官 49 人，正兵 3 106 人。

塔城协标。有各级军官 30 人，正兵 998 人。

总计南北两路共有官兵 31 000 人，统由巡抚节制。大乱之后，清政府统一新疆，建立行省，设官布防，将此前的“驻防制”改为“边地腹地皆一律视之，无甚区别”②的巡抚统管制，这是清代乾隆以后新疆兵制的一大变化，也是清朝政府管理新疆的一大进步。

光绪三十三年（1907）五月，清政府改革军队建制，新疆巡抚联魁等遵照指示筹划并报部批准，将新疆原有军队改变为巡防队，分中、前、左、右、后 5 路，设步骑 53 营。其中中路抚标设步队 7 营，马队 6 营；前路喀什噶尔提标设步队 6 营，马队 7 营；左路阿克苏镇标设步队 5 营马队 6 营；右路伊犁镇标设步队 4 营，马队 5 营；后路巴里坤镇标设步队 3 营，马队 4 营。各路仍以旧有之大小武职分任统带。除中路只设统领官、帮办官各 1 人，分由新疆巡抚、

---

① 宣统《新疆图志》卷 50《军制二》。

② 宣统《新疆图志》卷 50《军制二》。

迪化城守协兼任，余官缓设外，其他4路每路设统领官、书记官、会计官、执事官各1人，司书生、马弁、伙夫各2人，护兵14人。步、骑兵每营设管带官1人，哨官3人，哨长3人，什长24人（骑兵营12人），正兵216人（骑兵营108人），书记长1人，司书生5人，鼓号目1人，鼓号兵6人，护目1人，护兵16人，伙夫24人（骑兵营12人），骑兵每营有马夫12人。在实际设置中各营往往不足额，有“悬缺待补”的情况。①

光绪三十四年（1908），新疆又与内地各省一样设过新式陆军（新军）步队、马队、炮队各1标，标各3营，又有工程队1队。还奏请“仿照省城”，将省城以外39个府厅州县按最要、次要、中要3等，设立巡弁兵夫共1530人，②以资防御。

三、清代西北兵防的特点和历史作用

清朝西北的兵防有几个明显的趋向性特点：1. 由于整体局势的稳定，西北的兵员不断地减少。陕西绿营兵额自乾隆后合固原提标驻陕各营及延榆绥、陕安、汉中3镇，共有马步守兵24 895名，甘肃兵额57 400余名，合计82 300余名，这个总数中包括陕甘向新疆换防兵19 000余名。就是说，西北当时的绿营兵总数是82 000余名。③ 嘉庆至同治之间，由于绿营涣散，缺乏战斗力，加之军饷十分困难，清政府在全国实行减兵政策，西北的驻军也不断地有所裁减。甲午中日战争后，清朝国力进一步衰弱，清德宗光绪二十一年（1895）后，清朝政府又限期各省裁汰制兵，光绪二十三年（1897），陕西兵额只剩8 220名，不及乾隆时的1/3。光绪二十七年（1901），清政府裁改“制兵防勇”为常备巡警等军，到光绪三十二年（1906），陕西绿营兵“经历年裁汰”，只剩6 821名。④

新疆绿营经过“汰弱留强”后，包括乌鲁木齐抚标，喀什提标，阿克苏、巴

① 宣统《新疆图志》卷51《军制三》。

② 宣统《新疆图志》卷51《军制三》。

③ 民国《续修陕西省通志稿》卷44《兵防志一》注引陕甘总督陶模奏稿中数字。

④ 民国《续修陕西省通志稿》卷44《兵防志一》。

里坤、伊犁3镇标以及塔城协标,共有营、旗、哨、巡查兵员554人,营书、亲护、正勇共13 944人。① 光绪三十三年(1907),新疆军队改制以后,已设官弁兵夫8 780人,悬缺待补兵夫3 911人。步骑兵实际人数不到光绪三十年(1904)前后的2/3,这是清代新疆正规军人数最少的记录。

2. 随着社会的进步和中外军事文化的频繁交流,清代中后期西北的军事组织形式快速地更新改进。如在兵种建设上,老式的八旗、绿营兵一变而为巡防队,再变而为新式陆军。清朝前中期,西北的防务兵种基本是八旗和绿营。光绪中期以后,清朝政府汲取抵御外来侵略战争中的经验教训,重视向西方国家学习。西北各省在清政府的统一部署下,开始从原先的"制兵"中精选出一批人,按新式方法编制操练,称作"新军",又叫"练兵"、"防军"或"巡警军"。到光绪晚年,清朝政府下令各省区进一步编练"新军",于是,西北的陕西、甘肃、新疆在原巡防军的基础上,扩招改造,组建了新式陆军,人们习惯上将其也称作"新军",由于国家和地方的财力拮据,每次改编新建的军队,其人数及近代化装备都十分有限,但就是这支为数不多、威力不是太强的军队,其一新再新的改革方向,从历史的高度看,是直接指向了中国西北军事防务近代化的目标。

3. 在全国性军事科技水平提高的基础上,西北的军队装备、训练等也明显地由传统而走向近代化。光绪二十四五年(1898—1899)间,经西安将军奏准,陕西驻防旗营添练新军两营,由驻防兵内挑选年富力壮者组成。每营有管带以下官24员,各种兵丁479名,两营合计共有官48员,兵958名。另有旗营添练新军炮队一队,有管带以下官11员,兵126名。光绪三十一二年(1905—1906),陕西按照清政府的统一部署,组建"陆军"(新军)步、骑、炮兵共4 980名,其中包括"洋枪队"、"洋炮队",虽然数量不大,然使用新法编制、操练,配备新式枪炮。还在西安、兰州等地成立制造军装火药的机器制造局,是西北最早的近代军事工业。甘肃、新疆的防练军、陆军编练、装备等基本与陕西同步。这一切,都是清代西北防务近代化的重要内容和环节。

---

① 宣统《新疆图志》卷51《军制三》。

如上所述，清代西北的兵防人数是较少的，这与汉唐宋明各代动辄在西北驻兵十数万、数十万大不相同。然而就是这为数不多的军队，却能保障西北广大地区的边防和地方安全，使"疆圉鲜震撼之虞，商农得康乐之利"，①确保一方安宁，也为国家的整体安全作出了巨大贡献。这除了西北本来就是"材武著名之邦，其风气刚劲，习苦耐劳，并非他省制兵可比"②外，还有一个重要原因，就是军队在组编、装备、训练等方面与时俱进，不断革新，从而提高了防御能力。清朝历史上的制改防、防改陆军等，虽然都是在传统军制基础上进行的，却都收到了提高军队战力的效果，就是一个很好的例证。此外，左宗棠等提出和力行的"减兵加饷"策略，符合"贵精不贵多"的治军原则，加上布置得宜，屯防出力，就能在国家政治较为清明，边疆和地方较为稳定的前提下，以较少的军队维护西北的地方安宁。

此外，清代西北的边防兵在地方经济开发中也起了一定的积极作用。例如，清德宗光绪三十年（1904），前陕西巡抚升允奏请在陕西驻防八旗各营之外增设新军屯田兵一旗，有官29员，兵264名。同时陕西还创设了水利军4旗。又有续备屯军中、前、左、右、后、副中、副右、副后8旗，每旗弁员305名，8旗共2 440名。中旗驻扎渭河北，前旗驻扎草滩，左旗驻扎北教场及草滩，右旗驻扎延安、鄜州、同官、洛川，后期驻扎邠州、长武、永寿，副中旗驻扎安边、靖边、宁条梁，副右旗驻扎草滩，副后旗驻扎渭河等处，分别屯垦并负责当地的巡防，③他们为陕西的农业开发作出了一定贡献。

又如乾隆时期，甘肃临洮、巩昌、平凉、庆阳、甘州、凉州、宁夏、西宁8府，秦州、階州、肃州3直隶州以及安西、靖逆两厅，共接收各卫所并沙井、保安两堡原额屯地，加新垦地共有117 946顷83亩，内除荒地33 081.93顷，实熟屯地有84 864.90顷，在册屯丁61 114丁，④这部分屯丁应算"民"而不是正规的兵，但他们耕垦的屯田和所缴的税物都与军事有着瓜蔓交结的关联，因而

---

① 民国《续修陕西省通志稿》卷45《兵防志二》。

② 左宗棠语，见《会筹甘肃变通兵制疏》（宣统《甘肃新通志》卷41《兵防志》附录）。

③ 民国《续修陕西省通志稿》卷45《兵防志二》。

④ 据乾隆《甘肃通志》卷13《贡赋志》统计。

也可以看作是清代甘肃兵防促进农业开发的事例。

新疆自乾隆二十四年(1759)平定天山南北的叛乱后,清政府即调陕甘两省绿营兵分番屯戍,先后在天山北部的玛纳斯、济木萨、库尔喀喇乌苏、晶(精)河、塔尔巴哈台、伊犁,天山南路的闢展、哈喇和卓、托克三、哈喇沙尔、乌什等处开垦屯田,其屯兵总数为8 679名,屯田总数为167 210亩。① 很明显,以上绿营、八旗及维吾尔等防兵的屯田,也对于当地的经济开发起了巨大的推动作用。

---

① 据民国《续修陕西省通志稿》卷45《兵防志二》统计。

第七章　元明清时期西北的政治(下)

元明清时期,西北仍然是一个多民族聚居区,既有广大汉族居民,又有诸多少数民族。元明清 3 朝中央政府对这一地区的行政管理,既有与内地相同的府州县制,又有针对少数民族的特殊管理和教育措施。下面分行政管理和教育两方面介绍。

第一节　元明清在西北的行政管理

行政管理是社会治理的基础和重要方面,管理效果的好坏很大程度上取决于统治者的指导思想和政策。我国历史上的中央王朝,最迟在西周时期就已经形成了按各地方和边疆少数民族传统习惯施治的思想理念,即“因俗而治”。由于这一思想在历代中央朝廷治理地方以及周边民族地区的实践中行之有效,因而直到元明清 3 朝,还相沿不替地将它运用到对西北地区的治理中。

一、元朝在西北的行政管理

(一)行政建制。元朝在地方设置行中书省(简称行省),又有行枢密院和行御史台,作为中央的派出机构。行省下置路、府、州、县。路设总管府。各地方机构均设“达鲁花赤”,由蒙古人担任(有极少数是色目人)。在一些民族地区,行省下又置宣慰使司或宣慰使司都元帅府,分统若干路府州县,是行中书省的派出机构。

西北地区有陕西和甘肃两个行中书省。陕西行中书省包括今陕西全部及甘肃、宁夏、内蒙古的部分地区。下辖奉元、延安、兴元3路,巩昌都总帅府及凤翔、巩昌、平凉、庆阳、临洮5府。

奉元路治今西安市,有录事司。① 领县11、州5。11县为:咸宁(今属西安市)、长安、咸阳、兴平、临潼、蓝田、泾阳、高陵、鄠县(今陕西户县)、盩厔(今陕西周至县)、郿县(今眉县)。

5州又领县15。分别是:同州(治今大荔)。领5县:朝邑(今大荔东朝邑镇)、白水、郃阳(合阳)、澄城、韩城。华州(州治华县)。领3县:华阴、蒲城、渭南。耀州(治今耀县)。领3县:三原、富平、同官(今属铜川市)。乾州(治今乾县)。领3县:醴泉(今礼泉东)、武功(今县西北)、永寿。商州(治今商县)。领1县:洛南。

延安路(治今延安市),领县8、州3。8县为:肤施(今属延安市)、甘泉、宜川、延长、延川、安定(今子长县西北)、安塞、保安(今志丹县)。3州及其属县为:鄜州(治今富县)。领3县:洛川(今县东北)、中部(今黄陵)、宜君。绥德州(州治今绥德)。领2县:青涧、米脂。葭州(州治今佳县)。领3县:神木、吴堡、府谷。

兴元路(治今汉中市),领4县、3州。4县为:南郑、城固、褒城(今汉中市西北)、西乡。3州为:凤州(今凤县北)、洋州(今洋县)、金州(今安康)。

凤翔府(治今陕西凤翔县),为散府。领5县:凤翔、扶风、岐山、宝鸡、麟游。

邠州、泾州、开成州、庄浪州为陕西行省直隶州。邠州(治今陕西彬县)领2县:新平(今今陕西彬县)、淳化;泾州(治今甘肃泾川县)领2县:泾川、灵台;开成州(治今宁夏固原县南)领1县1州:开成县,广安州(在今宁夏固原市东);庄浪州(治今甘肃庄浪县北),无属县。

---

① 元朝路府所在地置录事司,掌城中户民之事。

巩昌等处总帅府，辖巩昌等4府及秦、陇等14州。

巩昌府（治今甘肃陇西县）领录事司1。县5：陇西、宁远（今武山）、伏羌（今甘谷）、通渭、鄣县（今漳县）。

平凉府（治今甘肃平凉）领3县：平凉、崇信、华亭。

临洮府（治今临洮）领2县：狄道（今临洮）、渭源。

庆阳府（治今庆阳）领1县：合水（今合水县北）。

秦州（治今天水市）领3县：成纪（今秦城区）、清水、秦安。陇州（治今陕西陇县）领2县：汧源（后并入陇州，治今陕西陇县）、汧阳（今陕西千阳县）。宁州（治今甘肃宁县）领真宁（治今甘肃正宁县西南）1县。静宁州（治今静宁）领隆德1县。徽州（治今甘肃徽县）领两当1县。另外，定西州（治今甘肃定西市）、镇原州（治今甘肃镇原县）、西和州（治今甘肃西和县）、环州（治今甘肃环县）、金州（治今甘肃榆中县）、兰州（治今甘肃兰州市城关区）、会州（治今甘肃会宁县）、阶州（治今甘肃武都县）、成州（治今甘肃成县）等9州均无属县。

今陕西的略阳、勉县、宁强等县，当时属于四川行省广元路。

甘肃行省（包括今甘肃河西和宁夏、内蒙古、新疆、青海等省、区的部分地区）辖7路2州。

甘州路（治今甘肃张掖市）辖境包括今高台、临泽、肃南、民乐以及青海的祁连县，为甘肃行省治地。

永昌路（治今甘肃永昌市）领西凉州（今甘肃武威市）和庄浪县（今甘肃永登县）。其辖境包括今武威市、金昌市、民勤、古浪、天祝、永登、皋兰、景泰等县。

肃州路（治今甘肃酒泉市）辖境包括现在的嘉峪关市及酒泉、玉门市、金塔县。

沙州路（治今甘肃敦煌市）领瓜州县（今甘肃瓜州县西南）。其辖境包括今肃北、阿克塞和哈萨克两个自治县及当金山口以南、阿尔金山和昆仑山以西、达尔逊湖以北的柴达木盆地西北区。

亦集乃路（治今内蒙古额济纳旗南）辖境包括现在内蒙古的额济纳旗以

及蒙古人民共和国的部分土地。

宁夏府路(治今宁夏银川市)下辖灵州(今宁夏灵武县)、鸣沙州(今宁夏中宁县东)、应理州(今宁夏中卫县)。

兀剌海路(治今内蒙古阿拉善右旗)辖境包括今贺兰山以西阿拉善左旗、阿拉善右旗。

山丹州(治今甘肃山丹县),直隶甘肃行省。

西宁州(治今青海西宁市),直隶甘肃行省。

今青海省大部、甘肃省部分地区属于略低于省的吐蕃等处宣慰司、吐蕃等路宣慰司管辖(另有朵甘思都元帅府,辖地与吐蕃等路宣慰司相当)。

吐蕃等处宣慰司都元帅府所属有二:脱思麻路军民万户府,河州等处军民总管府。辖地包括现在甘肃的临夏州、甘南州、武都地区西部和青海西宁以西、扎陵湖以东、青海湖以南、巴颜喀拉山以北之地,大约即今之海北、黄南、海南、果洛等藏族自治州。

吐蕃等路宣慰司都元帅府辖地,大约为黄河源头及柴达木河以西,阿尔金山、党河南山以南,唐古拉山以北地区,即今青海的玉树藏族自治州和海西蒙古族藏族自治州。①

今新疆青河、富蕴、福海、吉木乃以南等地属于察合台后王封地。蒙古军在征服了畏兀儿及其以西之地以后,一方面保留了当地首领的统治权力,另一方面从成吉思汗到蒙哥都在这一地区的若干重要城镇如可失哈耳(今喀什)、忽炭(今和田)、鸭儿看(今莎车)、苦叉(今库车)、坤闾(今库尔勒)、亦剌八里(今伊宁)、普剌(今博乐)、别失八里(今奇台北)、独山(今奇台)、阿力麻里(今霍城)、哈剌火州(今吐鲁番)等,派遣达鲁花赤进行直接统治,还派遣官员征收赋税。忽必烈建立元朝前后,蒙古4大汗国中的窝阔台汗国已分裂为几个独立的领地;而钦察、察合台、伊利3个汗国,则实际上已经分立。忽必烈在镇压了窝阔台系的海都和察合台系的笃哇等宗王的联合反抗之后,又在这里设置了一些军事行政机构。如斡端(今和田)宣慰使司都元

① 参郭厚安、李清凌主编:《西北通史》第三卷第五章第一节,兰州大学出版社,2005年版,第242—245页。

帅府，别失八里、喀剌火州等处宣慰使司都元帅府，阿里麻里行中书省等。畏兀儿以西地区由忽必烈任命察合台后王率兵镇守。元世祖忽必烈死后，今新疆阿尔泰山以西、准噶尔盆地以北之地，仍由元朝直接管辖，其他地方则归察合台后王管理。

（二）管理措施。元朝对汉族居住区的治理与内地其他省没有什么不同，其最能体现“因俗而治”特色的治理思想和措施是在中央政权机构中设置了宣政院，来管理藏区行政和全国佛教事务。《元史·释老传》说：“世祖以其地广而险远，民犷而好斗，思有以因其俗而柔其人，乃郡县土蕃之地，设官分职，而领之于帝师。乃立宣政院，其为使位居第二者，必以僧为之，出帝师所辟举，而总其政于内外者，帅臣以下，亦必僧俗并用，而军民通摄。于是帝师之命，与诏敕并行于西土。”①这段话说的“郡县土蕃之地”，是指将吐蕃地区纳入了元朝统治，而不是像内地一样设置地方行政机构。

在利用佛教治理藏区的政治大思路下，元朝政府对西北地区的治理，还采取了三项措施：一是建立土官制，配合与内地相同的州县制度实现对当地少数民族的管理。蒙古国蒙哥汗三年（南宋理宗宝祐元年，1253），蒙哥派其弟忽必烈征大理，经过西北地区时，在河州设立了“吐蕃宣慰使司”，管辖安多藏族地区。元朝建立后，在西北地区行政区划上采取了许多有利于对当地各族管理的措施。如在湟水流域设置西宁州，归属于甘肃行中书省；大柴旦和茫崖地区由甘肃行省的沙州路统属；今甘肃的临夏州、甘南州等地和青海西宁以西、扎陵湖以东、青海湖以南、巴颜喀拉山以北之地，大致即今海北、黄南、海南、果洛等藏族自治州，属于吐蕃等处宣慰使司都元帅府管辖，下设脱思麻路军民万户府和河州等处军民总管府。黄河源头及柴达木河以西，阿尔金山、党河南山以南，唐古拉山以北地区，即今青海的玉树藏族自治州和海西蒙古族藏族自治州，属于吐蕃等路宣慰使司都元帅府管辖。宣慰使司上隶宣政院，下设元帅府、宣抚司、安抚司、招讨司、万户府、千户所等，是元朝创立的特殊管理形式。这一行省制与宣慰使司并置的管理形式，体

① 《元史》卷202《释老传》。

现了“因俗而治”的传统政治思想。从宣抚司、安抚司、招讨司、万户府、千户所到基层土百户等机构中，都主要安置少数民族头人任职，通过以夷治夷，加强对民族地区的管理。关于土官和土司制度的具体情况，我们将在下一节专门讨论，这里不再重复。

二是在地方行政机构中沿用政教合一制。早在元朝建立以前，以西藏为中心的吐蕃藏族社会上层就于1224年归顺了蒙古帝国，吐蕃四大族姓之一的冬氏西纳家族，①有人在蒙古国担任重要官职。西纳贝本还被封为宗喀万户，统治西宁一带。与萨迦家族一样，西纳家族也是每代人都有出家为僧的，并在西纳川建立了西纳寺。这个政治上是万户，宗教上是喇嘛的家族，就是一个声势显赫的政教合一的地方性统治集团。直到元初，湟水流域还由西纳寺为中心的政教合一组织所统治。萨迦派宗教领袖八思巴作帝师后，帝师在吐蕃藏族社会中就有了特殊的统治地位，其法旨“与诏敕并行于西土”。② 藏区从宣慰使到万户的高级官员都由帝师或宣政院推荐、皇帝正式任命。所任官员有的从京官中选派，有的从藏区僧俗上层中提拔。至于万户以下的官员，则按当地原有习惯，由地方僧俗首领自行任命。地方政教合一的管理制度从元朝形成以后，政治特色明显，影响相当久远，明清时代相沿不改，一直流传到近代晚期。

三是分封和派遣蒙古宗王镇守西北地区。据《元史》卷108《诸王表》记载，元代在西北地区所封诸王有：

西平王：至元六年(1269)，忽必烈封第七子奥鲁赤为西平王，镇守吐蕃等地。其后裔分为西平王和镇西武靖王两个支系。

镇西武靖王：大德元年(1297)，铁木儿不花封为镇西武靖王。搠思班亦封镇西武靖王。

宁濮郡王：至元二十四年(1287)，封驸马章吉(昌吉)为宁濮郡王，镇守西宁。

---

① 吐蕃四大族姓之一的冬氏，其下又分为白色的南木冬即萨迦氏，黄色的尼冬即西纳氏，杂色的萨冬即灉郎氏(芈一之:《青海民族史入门》，青海人民出版社，1987年版，第154页)。

② 《元史》卷202《释老传》。

威武西宁王：元成宗大德八年(1304)，封忽必烈六弟旭烈兀之后出伯为威武西宁王。大德十一年(1307)进封豳王。延祐七年(1320)喃忽里袭封豳王。

濮阳王：元成宗大德十年(1306)，封驸马、章吉弟脱脱木儿为濮阳王。元仁宗延祐四年(1317)进封为岐王。镇守湟水下游和庄浪河一带。泰定四年(1327)琐南管卜封岐王。后袭岐王者还有阿剌乞巴，朵儿只班。

西宁王：元文宗天历二年(1329)，封成吉思汗第三弟的后裔忽答里迷失为西宁王。次年又封成吉思汗第四弟的后裔速来蛮也为西宁王。

宁王：元成宗大德十一年(1307)，阔阔出由宁远王进封为宁王。元仁宗皇庆二年(1313)，薛彻秃由宁远王进封为宁王。封宁王者还有阿都赤(时间不详)。元顺帝时(1333—1368)，卜烟帖木儿受封为宁王，镇守柴达木地方。①

这些王的始封地或封后的驻地或有变动，但他们都置有部属，代表元朝最高统治者加强对该地区的统治则是一致的。

二、明朝在西北的行政管理

明王朝根据西北的民族政治状况，对不同民族地区采取了不同的管理形式。如在河湟以藏族为主的地区实行土司制，在嘉峪关外、青海北部、新疆东部一些地区建立羁縻卫，对今新疆的东察合台汗国等地方民族政权则实行朝贡制等。有些我们将专节叙述。这里首先介绍明朝对陕甘汉族地区的管理形式。

明朝在今陕西、甘肃、宁夏、青海东部建立了一个管理范围辽阔的行政管理系统。包括3个并列的机构：承宣布政使司，主要管理民政；提刑按察使司，主要管理监察；都指挥使司，主要管理军政。下面重点介绍管理民政的承宣布政使司(简称布政司)。

明太祖洪武二年(1389)四月，明朝继承元制，设置陕西等处行中书省

① 参见芈一之：《青海民族史入门》第一编，青海人民出版社，1987年版，第21—22页。

(治所在西安)。洪武九年(1396)六月,改行中书省为承宣布政使司。陕西承宣布政使下辖8府21州96县。它们是:

西安府。辖6州:华州(今陕西华县)、商州(今陕西商县)、同州(今陕西大荔县)、耀州(今陕西耀县)、乾州(今陕西乾县)、邠州(今陕西彬县)。31县:长安(今属陕西西安市)、咸宁(今属陕西西安市)、咸阳、泾阳、兴平、临潼、渭南、蓝田、鄠县(今陕西户县)、盩厔(今陕西周至)、高陵、富平、三原、醴泉(今陕西礼泉)、华阴、蒲城、商南、洛南、山阳、镇安、朝邑、郃阳、韩城、澄城、白水、同官、武功、永寿、淳化、三水(今陕西旬邑县)、长武。

凤翔府。辖1州:陇州。7县:凤翔、岐山、宝鸡、扶风、郿县(今陕西眉县)、麟游、汧阳(今陕西千阳县)。

汉中府。辖2州:宁羌(今陕西宁强县)、兴安(今陕西安康县)。14县:南郑、褒城(今陕西汉中市西)、城固、洋县、西乡、凤县、沔县(今陕西勉县)、略阳、平利、石泉、洵阳(今陕西旬阳)、汉阴、白河、紫阳。

延安府。辖3州:鄜州(今陕西富县)、绥德州、葭州(今陕西佳县)。16县:肤施(今属陕西延安市)、安塞、甘泉、安定(今属陕西子长县)、保安(今陕西志丹县)、宜川、延川、青涧、洛川、中部(今陕西黄陵县)、宜君、米脂、吴堡、神木、府谷。

庆阳府。辖1州:宁州(今甘肃宁县)。4县:安化(今甘肃庆阳县)、合水(今甘肃合水县北)、环县、真宁(今甘肃正宁县南)。

平凉府。辖3州:泾州(今甘肃泾川县)、静宁、固原(今宁夏固原市)。7县:平凉、崇信、华亭、镇原、隆德(今宁夏隆德县)、灵台、庄浪。

巩昌府。辖3州:秦州(今甘肃天水市)、阶州(今甘肃武都县)、徽州(今甘肃徽县)。14县:陇西、安定(今甘肃定西市)、会宁、通渭、漳县、宁远(今甘肃武山县)、伏羌(今甘肃甘谷县)、西和、成县、秦安、清水、礼县、文县、两当。

临洮府。辖2州:兰州、河州(今甘肃临夏市)。3县:狄道(今甘肃临洮县)、金县(今甘肃榆中县)、渭源。

灵州(治今宁夏灵武县)。直隶陕西布政司。

明朝对西北各民族杂居区的管理是很有特色的。在“华夷无间”,“用人唯贤”,“恩威兼济”,“以夷治夷”的思想指导下,明朝在西北各民族地区主要采取了以下治理措施:

1. 调整地方行政管理机构。明朝基本沿袭了元朝的管理模式,而对原有和新设的一些行政建制做了必要的调整和灵活延伸。例如,明朝在全国范围内将元朝地方一级政区行中书省改为布政司,并设按察司、都指挥使司以分其权。又在继承和实行元朝“土流参治”的民族地区管理制度时,多数情况下只允许少数民族头人承担地方行政机构的副职,而不许像元朝那样担任正职。明太祖洪武三年(1370),明军攻克河州,元朝的吐蕃等处宣慰使何锁南普、镇西武靖王卜纳剌等来降。次年明朝设立河州卫,任命何锁南普为河州卫世袭指挥同知,知院朵儿只、汪家奴并为指挥佥事,卜纳剌则被调任为靖南卫指挥同知,就是将宣慰使、藩王降格录用的例子。

机构职能的延伸以卫所等最为明显。明朝的卫所是参照唐朝的府兵制,宋朝的禁兵制和元朝的禁卫军卫所制建立起来的。在内地,其职责只是管理军队和屯田。明朝“自京师达于郡县,皆立卫所。外统之都司,内统于五军都督府,而上12卫为天子亲军者不与焉。征伐则命将充总兵官,调卫所军领之;既旋则将上所佩印,官军各回卫所。盖得唐府兵遗意”。① 但在西北民族地区,明朝又建立了与内地不完全相同的两类卫所,一类是军事、民政、屯田兼管的卫所,如河州卫、西宁卫、洮州卫、岷州卫等,实际是地方军政合一的管理机构。另一类是羁縻卫所,如哈密卫、阿端卫、曲先卫、安定卫、赤斤蒙古卫、沙洲(罕东左)卫、罕东卫等关西7卫,其各级官职全由当地少数民族头人世袭充任,与明朝政府只保持统领和归属的关系。

对于汉族和少数民族杂居的河西等地区,明朝不设布政司,不设府、州、县,而采取了由都指挥使司兼管军民事务的措施。还有一些地区,是一地实行两种管理制度。如西宁卫是一个蕃汉杂居区,在这里,既有“里”这一内地通行的基层组织形式和单位,②又在“西宁十三族”中设有指挥,千、百户等土

① 《明史》卷89《兵志一》。

② 西宁卫下设有4里:即巴州里、红崖里、老雅里和三川里。

官组织。洪武六年(1373),明朝改西宁州为西宁卫,统管汉蕃各族军民事务。宣德五年(1430),升西宁卫为西宁军民指挥使司,仍为军政合一的机构。在这些机构中,明政府既设流官,又设土官,土流参治,各展其长,是明朝承继和改进了元朝旧制的结果。

与“土流参治”不同的是,明朝政府在西宁以西撒里畏兀儿地区实行的“以土治蕃”制度。元朝镇守那里的宁王卜烟帖木儿于洪武七年(1374)投降后,明朝政府于其地设立了安定卫、阿端卫、罕东卫、曲先卫等“塞外四卫”,任命了一批指挥,千、百户等土官。此外,洪武四年(1371)(1371)元必里万户府(治今青海贵德县)万户朵儿只星吉归降后,明朝政府于其地置千户所,隶河州卫,授朵儿只星吉为世袭千户。永乐元年(1403),必里千户所升为卫。明政府还于永乐十一年(1413)在玉树设立了陇卜卫。宣德九年(1434)在长江上游的通天河一带设立了毕力术江卫,任命蕃族头目管着儿监藏、阿历巴为指挥佥事,另有20余人任千、百户,且允许他们世袭其职,世守其地。这些都是符合当地民族、社会和政治实际,灵活地调整民族地区的管理机构,在卫、所组织形式下“以土官治土民”的成功事例。

2.吸引蕃族酋长朝贡。明王朝北方和西北的主要军事威胁是蒙古族各部。为了集中兵力应付来自“北虏”的外患,明政府对西北等地的蕃族就采取了以安抚为主的策略,它多次遣使招谕吐蕃各部族酋长。洪武三年(1370)四月,明军击败元朝残余势力扩廓帖木儿的反扑后,乘势占领了元吐蕃等处宣慰使司驻地河州,招谕吐蕃各部,各部首领乃多听命归降。次年正月,明朝建河州卫,任命元故官何锁南普为河州卫世袭指挥同知,朵儿只、汪家奴为指挥佥事。河州卫控扼包括今甘、青、川、西藏等地的蕃民,职责重大,管辖地盘辽阔:

> 所属千户所八:曰铁城,曰岷州,曰十八族,曰常阳,曰积石州,曰蒙古军,曰灭乞军,曰招藏军;军民千户所一:曰洮州;百户所七:曰上寨,曰李家五族,曰七族,曰蕃客,曰化州等处,曰常家族,曰爪黎族;汉蕃军

民百户所二：曰阶文扶州，曰阳呃等处。①

洪武四年十一月，又置必里千户所（后升为卫）。洪武八年（1375）正月，增置喃加巴千户所、失保赤千户所、归德千户所。永乐元年（1403），又设川卜簇千户所。明朝在西北地区还设有西宁、碾伯、岷州、洮州、庄浪等卫，管理这一包括藏、汉、蒙、土等族的少数民族地区。

这里信仰藏传佛教的蕃族人，如河州18族、西宁13族、岷州18族、洮州18族等，每族大者数千人，少者数百人，其头人每年都可以朝贡一次。到京师后，明政府"优以宴赉"，对其贡品赏以厚利。用这样政治上优待，经济上互通有无，解决蕃族困难的特殊民族政策，将甘青等地的大量蕃族吸引到明朝统一政权下，增加了他们对中央政权的向心力，减少了摩擦力；也有效地防止了藏族与蒙古等族上层结为同盟反明，于是"西陲之患亦益寡"。②

3. 充分利用藏传佛教僧侣的作用。元代信仰藏传佛教的只限于蒙古皇室和上层社会，所联系的僧人也只是萨迦派大师。明朝统治者将元朝的独重藏传佛教萨迦派一派调整为"多封众建"的政策，广泛招徕和联系藏传佛教各宗派领袖人物，除了给乌斯藏（今西藏）僧人授予大宝法王、大乘法王、大慈法王、阐化王、赞善王、阐教王、护教王、辅教王、喇嘛、禅师、灌顶国师、大国师、西天佛子等崇高的称号和官职，让他们帮助明朝政府统治包括西北地区的藏民外，还给西北地区的喇嘛也封给僧号、僧官，使其与西藏地区的僧官一样有领地，有印敕，在当地实行政教合一的统治。他们世袭其职，世领其地，还常被请到京师说法、做佛事，进行朝贡活动，只是互不统属，各自听命于朝廷。僧官们"转相化导，以共尊中国"，③管理信众如同土司管辖蕃民一样，在地区政治生活、经济生活和文化生活中具有特殊的地位，能发挥世俗人士起不到的作用。他们也往往因此为国立功，得到更高的宗教称号和地位。如洪武时期，西宁蕃僧三剌曾经写信招降了罕东诸部，又建佛寺于碾伯南川，他在民族关系上帮了明朝很大忙，在宗教事业上也很虔诚、卖力。

---

① 《明太祖洪武实录》卷60，洪武四年正月辛卯。

② 《明史》卷330《西域传》。

③ 《明史》卷331《西域传》。

洪武二十六年(1393),他入朝贡马,并请敕护持及赐寺额,明太祖从其所请,赐寺额曰瞿昙寺,又建立西宁僧纲司,以三剌为都纲司;立河州蕃汉二僧纲司,并以蕃僧为主,给以符契。从此,"其徒争建寺,帝辄赐以嘉名,且赐敕护持。蕃僧来者日众。"①他们在明朝政府和蕃族之间所起的作用也越来越明显,越来越大,明宣宗宣德元年(1426)二月,明朝政府论征曲先、安定功,许多甘青僧人立功,得奖者甚众:

> 加国师宛卜格剌思巴监藏号为净慈普应大国师,仑奔宛卜查失儿监藏为弘慈广智大国师,吒思巴领占为普觉静修大国师,失迦思端宛卜为慧善真修大国师,达巴儿监参为妙慈通慧大国师。皆秩四品,给诰命、银印。剌麻着星为普善禅师,雁儿吉为普济禅师,江东巴为善悟禅师,楚儿加为玄悟禅师,锁南札为善智禅师,朵只里监藏为清净禅师。皆秩六品,给敕命、银印。②

4. 开通互市渠道,"固蕃人心"。明代西北各少数民族仍以牧业为主,它与中原及陕甘农业区有着天然的相须相补的经济关系。疏通中原与西北之间的商业流通渠道,是历代中原王朝处理好其与西北少数民族关系的成功经验。明朝政府对此承继和应用得也很好。我们知道,中央政权防边需要大量的战马,西北少数民族则喜欢饮茶,这就为中央政府与西北地区少数民族的经贸交流提供了商机。洪武八年(1375),明廷在洮州、秦州、河州置茶马司(洪武三十年,秦州茶马司迁到西宁,称西宁茶马司),用中原内地所产的茶叶换取西蕃的马匹,同时还用粮食、布帛、铁锅等生活必需品与西蕃其他的畜牧产品相贸易。在交换贸易中,明朝以优厚的马价吸引西蕃诸部。如积石山后的必里(今青海贵德县)诸族就是通过纳马河州,而与河州卫建立隶属关系的。安定、曲先、阿端、罕东等"塞外四卫",也是通过当地民族通过到西宁纳马互市等途径,与明朝有了相互了解而建立起来的,后来,"塞外四卫"在行政关系上就隶属于西宁卫。茶马互市在建立和巩固西蕃诸卫的

① 《明史》卷330《西域传》。
② 《明宣宗宣德实录》卷14,宣德元年二月戊寅。

过程中起到了“固蕃人心，且以强中国”的积极作用。

《明史》卷331《西域传》云：

> 太祖以西蕃地广，人犷悍，欲分其势而杀其力，使不为边患，故来者辄授官。又以其地皆食肉，倚中国茶为命，故设茶课司于天全六番，令以马市，而入贡者又优以茶布。诸蕃恋贡市之利，且欲保世官，不敢为变。迨成祖，益封法王及大国师、西天佛子等，俾转相化导，以共尊中国，以故西陲宴然，终明世无蕃寇之患。

看来，明朝政府封授土官、僧官，招徕蕃族酋长、疏通经贸渠道等策略措施确实收到了团结蕃族、稳定边疆民族地区的社会效果。

5.选派专职武官镇守。对于甘青蕃族地区，明朝政府除采取以上政策措施外，还特别重视选派得力武官，不论他是京官或是外任官，也不论是汉官还是少数民族官员，只要有才能，能维护当地社会的稳定，就委以武职，专门应付突发的军事事变。明朝初期的陕西行都指挥使以及后来的西宁总兵官等，都是在这一思想指导下选任的。事实证明，这是十分切实有效的管理思想和措施，因此，直到明宪宗成化二年（1466）四月，巡抚甘肃右佥都御史徐廷章《奏边方事宜》中，还有一条是专门论列“选才能以抚蕃夷”的重要性的。① 对于地方治理来说，有专职“镇守之官”和没有大不一样，难怪徐廷章要坚持请求设立这一职位了。

三、清朝在西北的行政管理

满洲贵族征服中原内地及西北地区后，受制于落后民族征服先进民族后必将被先进民族的文化所征服的历史规律，在管理思想和制度上不得不来一个大的调整。清朝政府在确定地方管理形式的时候，既推广了满族传统的一套，又吸收了汉地和其他少数民族的经验，对不同区域和民族，采取了不同的管理制度。就西北而言，它在陕甘等汉族居住区实行省府州县制；而在维吾尔、蒙古族地区则实行伯克制、扎萨克制；在甘青以藏族为主的民

① 《明宪宗成化实录》卷29，成化二年四月戊辰。

族地区又实行了土司制,充分体现出"因俗而治"的理念。清朝在青海等地实行的扎萨克制前面已经谈过,土官、土司制将于下节专述,这里主要介绍清朝在陕、甘、新疆等地实行的省府州县制度。

清初沿袭明制,置陕西等处左、右承宣布政使司,治西安。康熙二年(1663),析临洮、巩昌、平凉、庆阳四府置甘肃省,移右布政使治之。此后,陕、甘、新疆等西北地区的行政机构分合、升降,时有变动。职官设置则凡设府州县的,大致是省有总督(管一省或二三省)、巡抚、布政使、按察使、提学使等;府有知府、同知、通判等;州有知州、州同、州判等;县有知县、县丞、主簿、典史等。各省相同,不再分述。现据《清史稿》的记载,首先列出清代陕、甘、新疆的行政区划,再将新疆特殊的职官设置作一补充介绍:

(一)陕西省

明置陕西等处左、右承宣布政使司,治西安。清初沿袭这一设置。省下共领7府、5直隶州、85县州厅。

西安府。为巡抚、布政使、提学使、提法使3司,监法、巡警、劝业三道,提督、将军、副都统驻地。领2厅:孝义厅(西安府东南240里)、宁陕厅(西安府南520里)。1州:耀州。15县:长安、咸宁、咸阳、兴平、临潼、高陵、鄠、蓝田、泾阳、三原、盩厔、渭南、富平、醴泉、同官。

同州府。领1厅:潼关厅。1州:华州。8县:大荔、朝邑、郃阳、澄城、韩城、华阴、蒲城、白水。

凤翔府。领1州:陇州。7县:凤翔、岐山、宝鸡、扶风、郿、麟游、汧阳。

汉中府。领3厅:佛坪厅(府东北400里)、定远厅(府东南400里)、留坝厅(府西北140里)。1州:宁羌州。8县:南郑、褒城、城固、洋、西乡、凤、沔、略阳。

兴安府。领1厅:汉阴厅(府西北180里)。6县:安康、平利、洵阳、白河、紫阳、石泉。

延安府。领10县:肤施、安塞、甘泉、安定、保安、宜川、延川、延长、定边、靖边。

榆林府。领1州:葭州。4县:榆林、怀远、神木、府谷。

乾州直隶州。领2县:武功、永寿。

商州直隶州。领4县:镇安、雒南、山阳、商南。

邠州直隶州。领3县:三水、淳化、长武。

鄜州直隶州。领3县:洛川、中部、宜君。

绥德州直隶州。领3县:米脂、清涧、吴堡。①

(二)甘肃省

治兰州。省下共领8府、6直隶州、1直隶厅、61县州厅。

兰州府:为陕甘总督,布政、提学、提法3使,巡警、劝业道驻地。领2州:狄道州、河州。4县:皋兰、金、渭源、靖远。

平凉府。领1州:静宁州。3县:平凉、华亭、隆德。

巩昌府。领1厅:洮州厅。1州:岷州。7县:陇西、安定、会宁、通渭、宁远、伏羌、西和。

庆阳府。领1州:宁州。4县:安化、合水、环、正宁。

宁夏府。领1厅:宁灵厅(府南200里)。1州:灵州。4县:宁夏、宁朔、平罗、中卫。

西宁府。领4厅:贵德厅、循化厅、丹噶尔厅、巴燕戎格厅。3县:西宁、碾伯、大通。

凉州府。领1厅:庄浪厅。5县:武威、镇番、永昌、古浪、平番。

甘州府。领1厅:抚彝厅。2县:张掖、山丹。

泾州直隶州。领3县:崇信、镇原、灵台。

固原直隶州。领2县:平远(治今宁夏同心县东北下马关)、海城。

阶州直隶州。领2县:文、成。

秦州直隶州。领5县:秦安、清水、礼、徽、两当。

肃州直隶州。领1县:高台。

安西直隶州。领2县:敦煌、玉门。

化平川直隶厅。清穆宗同治十一年(1872)割平凉、华亭、固原、隆德四

① 《清史稿》卷63《地理志十·陕西》。

州县地置,无属县。①

此外,从清高宗乾隆三十八年(1773)迪化升为直隶州、镇西建府,至清德宗光绪十二年(1886)以前,迪化直隶州(治今新疆乌鲁木齐市)、镇西府(治今新疆巴里坤县)一直隶属于甘肃省。

(三)新疆省

1. 新疆的行政建制。清德宗光绪九年(1883)新疆建行省,置巡抚及布政使司。领6府,8直隶厅,2直隶州,23县厅州。

迪化府。领县6:迪化、阜康、孚远、奇台、昌吉、绥来。

伊犁府。乾隆时,准部平,改乌哈尔里克为伊犁。乾隆二十五(1760)年设办事大臣。乾隆二十七年(1762)设将军,节制南北两路。领县2:绥定、宁远。

温宿府。旧阿克苏回城。领县2:温宿、拜城。

焉耆府。旧喀喇沙尔回城。领县3:新平、轮台、婼羌。

疏勒府。喀什噶尔道治所。乌鲁木齐提督同驻。旧喀什噶尔道徕宁城。领县2:疏附、伽师。

莎车府。旧叶尔羌回城。领厅1:蒲犁厅;州1:巴楚州;县2:叶城、皮山。

镇西直隶厅,无属县。

吐鲁番直隶厅。光绪十二年(1886)置直隶厅,改属新疆省。领县1:鄯善。

哈密直隶厅。光绪十年(1884)升直隶厅,光绪十二年(1886)改属新疆,无属县。

库尔喀喇乌苏直隶厅。光绪十二年(1886)置直隶厅,无属县。

塔尔巴哈台直隶厅,无属县。

精河直隶厅,无属县。

乌什直隶厅,无属县。

---

① 《清史稿》卷64《地理志十一·甘肃》。

英吉沙尔直隶厅。故回庄，无属县。

和阗直隶州。旧额里齐回城。领县2：于阗、洛浦。

库车直隶州。旧回城。领县1：沙雅。①

2. 新疆的职官设置。清朝新疆的职官设置不与内地完全相同，这里需要补充介绍一下。清代天山北部是以卫拉特蒙古为主，包括维吾尔、哈萨克、索伦、锡伯、达呼（斡）尔、柯尔克孜等民族的少数民族聚居区。在这里，清政府采取了综合满、汉、维各族旧制，创设新制的办法，建立起以伊犁将军为首的新官制。在这一新官僚机构中，有汉制的将军，有满制的章京、笔帖式等，有蒙古官制的扎萨克，也有维吾尔族伯克制的改造形态。在吸收维吾尔族伯克制时，废除了旧伯克制的世袭制、土官制和自署制，将各类伯克"釐以中朝之品级，而授职如故"。② 就是将原来的伯克制从土官改为流官，划分不同的品级，在任命、任期、任免权限、俸禄、朝觐制度等方面都作了重大的变革。这样，许多官职看起来名称未变，但具体内涵却与以前有了很大的区别。同时，任何一个品级的伯克，都不再是当地最高的军政长官，而成了朝廷"重臣"统一管辖下，只负责一部分民政事务的属官。整个地区的军政大权集中于中央委派的重臣手中，按朝廷旨意对该地实行有效的管理，它与前代"请封置吏"，"仅存虚号"，而朝官不能实际统治该地区的羁縻制相比较，已有了本质的区别。据《西域图志》卷29记载，清朝在该区设置的主要职官有：

总统伊犁等处将军1员（统辖伊犁、乌鲁木齐、塔尔巴哈台、喀什噶尔等天山南北各地事务）；

参赞大臣1员，其下属有印房司官2员，印房笔帖式2员，粮饷处司官2员，粮饷处笔帖式1员，驼马处司官1员，驼马处笔帖式1员，卡伦侍卫12员；

抚民理事同知1员；

管仓同知1员，下属厅官1员；

---

① 《清史稿》卷76《地理志二十三·新疆》。

② 乾隆《西域图志》卷29《序》。

惠远城巡检1员;

惠宁城巡检1员;

领队大臣6员,其下属有署理营务笔帖式10员;

分领惠远城满洲、蒙古兵协领8员、佐领40员、防御40员、骁骑校40员;

分理惠宁城满洲、蒙古兵协领4员、佐领16员、防御16员、骁骑校16员;

分理锡伯兵总管1员,副总管1员,佐领8员,骁骑校8员;

分理索伦、达呼尔兵总管1员,副总管1员,佐领8员,骁骑校8员;

分理察哈尔兵总管2员,副总管2员,佐领16员,骁骑校16员;

分理额鲁特兵总管2员,副总管3员,佐领20员,骁骑校20员;

总理回务一等台吉三品阿奇木伯克1员;四品伊沙噶伯克1员;五品噶匝纳齐伯克2员;五品商伯克2员;六品哈子伯克1员;六品都官伯克1员;七品密喇布伯克6员;七品明伯克6员;七品什和勒伯克1员;七品帕察沙布伯克1员;七品玉资伯克1员。

在清朝创设的这套新官制下,实际在伊犁任职的官员以满族大员伊犁将军为首,下面包括了满、汉、蒙等各民族出身的人员,因革损益,得其所宜,具有广泛的民族代表性,因而能够被各族官民所接受,在民族地区的行政管理中起到了很好的作用。

天山南部主要是维吾尔族活动区。清朝山南在伊犁将军统管下,由喀什噶尔参赞大臣分管南路8城。每城有办事大臣1员(有的城还有协办大臣、领队大臣),有印房章京、笔帖式、同知、巡检,管理驻防满营佐领、绿营副将、游击、都司、守备、千总、把总、经制外委等官职。清朝在南疆实行严格的回、汉民族隔离和政教分管政策。清朝政府鼓励内地人到天山南北经商、垦殖,然对汉民到回疆的活动监督很严,不准外地汉民移住南疆。同时,在南疆分设回城和汉城,实行回、汉分居制,禁止汉、回互相通婚。伊斯兰教的宗教首领也只能管理宗教内部的事务,不许参管民事。一般民政事务交由伯克专门办理,宗教领袖不得干预。这与藏族地区政教合一的制度完全不同。

天山东部乌鲁木齐的军政也归伊犁将军统管。民政则与巴里坤、哈密等地一样划归甘肃省管理，清朝又在哈密和吐鲁番设有总理回务扎萨克郡王1员，佐之以图撒拉克齐2员，专门管理当地的维族事务。

以上办事大臣、协办大臣、领队大臣、印房章京、笔帖式等都是满制官职，将军、副将、守备、同知等是汉制官职，扎萨克是盛行于蒙古地区盟旗制度下旗的长官名称，而各类各级伯克又是改造了的维吾尔族旧官名，这与天山北部一样是将数种不同民族的旧官制重组、整合成一套新官制，以适应新形势下民族地区行政管理的需要。

清朝在西北的行政管理有以下几个特点：

一是排除"夷夏之分"，强调"中外一家"的观念。在中国传统政治观念中，统治阶级向来主张"溥天之下，莫非王土。率土之滨，莫非王臣"。[①] 但在具体治理的时候，历代王朝又将其统治区分作中原（又叫"中国"）和四夷两大块，而采取不同的治理方针。清朝统治者以四夷而统治中原，它从本民族、本阶级的根本利益出发，不得不极力排除汉族政治观念中的"夷夏之分"或"夷夏之防"，强调周边民族与中原内地从古以来就是一家的思想。由此，"中外一家"的宣教在清朝最高统治者的言论中屡屡出现，几近于口头禅。这里引雍正帝的话为例。

清世宗雍正十一年（1733）四月，雍正帝谕内阁曰：

> 朕览本朝人刊写书籍，凡遇"胡"、"虏"、"夷"、"狄"等字，每作空白，又或改易形声。如以"夷"为"彝"，以"虏"为"卤"之类，殊不可解。揣其意，盖为本朝忌讳，避之以明其敬慎，不知此固背理犯义，不敬之甚者也。夫中外者，地所画之境也。上下者，天所定之分也。我朝肇基东海之滨，统一诸国，君临天下，所承之统，尧舜以来中外一家之统也。所用之人，大小文武，中外一家之人也。所行之政，礼乐征伐，中外一家之政也。内而直隶、各省臣民，外而蒙古极边诸部落，以及海澨山陬，梯航纳贡，异域遐方，莫不尊亲，奉以为主。乃复追溯开创帝业之地，目为外

① 阮元校刻：《十三经注疏·毛诗正义·小雅·北山》，中华书局，1980年版，第463页。

> 夷，以为宜讳于文字之间，是徒辨地境之中外，而竟忘天分之上下，不且背谬已极哉？孟子曰："舜、东夷之人也，文王，西夷之人也。"舜，古之圣帝，而孟子以为夷。文王，周室受命之祖，孟子为周之臣子，亦以文王为"夷"。然则"夷"之字样，不过方域之名，自古圣贤，不以为讳也。至以"虏"之一字，加之本朝，尤为错谬。汉书注曰："生得曰虏。"谓生得其人，以索贯而拘之也。敌国分隔，互相詆诋，北人以南为"岛夷"。南人以北为"索虏"。汉、唐、宋、元、明，边烽不息，每于不能臣服之国，指之为虏。我满洲居东海之滨，若言东夷之人则可。今普天之下，率土皆臣，虽穷边远徼，我朝犹不忍以虏视之。惟准噶尔背天逆命，自弃于王化之外，或可呼之为'胡虏'耳。总之，帝王之承天御宇，中外一家，上下一体。君父臣子之分定于天，尊亲忠孝之情根于性。未闻臣子之于君父，合体同心，犹可以丝毫形迹相岐视者也……朕以凉德、缵承统绪……满汉蒙古，并无岐视，此心久为臣民所共晓。夫满汉名色，犹直省之各有籍贯，并非中外之分别也。若昧于君臣之义，不体列圣抚育中外，廓然大公之盛心，犹泥满汉之形迹，于文艺纪载间，删改"夷、虏"诸字，以避忌讳，将以此为臣子之尊敬君父乎？不知即此一念，已犯大不敬之罪矣。嗣后临文作字及刊刻书籍，如仍蹈前辙，将此等字样空白及更换者，照大不敬律治罪。①

雍正帝认为"汉、唐、宋全盛之时，北狄、西戎世为边患，从未能臣服而有其地，是以有此疆彼界之分。自我朝入主中土，君临天下，并蒙古极边诸部落，俱归版图，是中国之疆土开拓广远，乃中国臣民之大幸，何得尚有华夷中外之分论哉"。② 站在历史的高度，应该说雍正帝的"中外一家"观是有进步意义的。

在清朝统治者的独特解释和政治压力下，华夷概念的传统观念逐渐泯灭了。然而到清后期，随着帝国主义国家对中国边疆地区的侵略，人们又给

① 《清世宗实录》卷130，雍正十一年四月己卯。

② 雍正帝编纂：《大义觉迷录·雍正上谕二份》。

“夷”赋予了新的政治涵义。正如学者们指出的，清朝前期以来，“‘夷’已经由专指边疆各民族和周边藩部转变为‘外夷’、‘洋夷’、‘海外诸夷’等西方列强诸国”。①传统的“夷夏之防”也就变成了“中外之防”。而传统的“中外一家”也就成了中华各民族大家庭的同义语。

二是分而治之。这是清朝政府对边疆各民族从地域上切割隔离，分别施治的思想和政策，它实行于全国各少数民族地区，而在西北贯彻得尤为普遍深入。清朝统治者为了提高行政管理的效能，对沿边少数民族的首领，尽量采取“少其地而众建之，既以彰赏罚之典，又使力少不能为乱”的政策，②借以宁辑边陲。在西北地区，清朝政府对于靠近内地的蕃族，包括兰州府河州西境的土蕃、老鸦、端言、红岩、牙党、川撒等族，巩昌府岷州的沙庄族，西宁府西宁县的上郭密族、松巴族、巴哇族，碾伯县“分居显境”的10余种蕃族，大通县的诸蕃族，贵德厅的熟蕃54族，循化厅的上隆布西蕃16寨、南蕃21寨、阿巴那西蕃8寨、多奈错勿日蕃族2寨、素呼思记蕃族2寨，边都沟西蕃10寨、东乡西蕃5寨、撒拉族上八工、下八工，丹噶尔厅的沙喇库图尔蕃族等，都与汉地一样实行府厅州县管理，使其对国家承担纳粮贡马的义务，即所谓“耕赋视齐民”。③在这些府州县内安置了一些土司，他们对清政府也要承担随征和卫疆守土的义务。把熟蕃和生蕃、野蕃分开来进行管理，这是分而治之的一种形式。

与此同时，清朝政府对于蒙古族各旗和靠“畜牧滋生”的生蕃及野蕃等族，则采取了特殊的管理措施。如在青海地区，清朝政府对蒙、藏等民族实行隔离政策，划分各自的住牧空间，树立标记，不准超越。这与它在新疆山南对汉回、内蒙阿那善及河套等地区对汉蒙诸族的隔离政策如出一辙。在这一政策下，并不改变各民族、各部落生产生活方式和风俗习惯，其意是要各族、各部落生活在相对孤立，不与他族联系，因而很难形成政治联合势力的环境下。这是分而治之的又一主要形式。

---

① 马大正主编:《中国边疆经略史》，中州古籍出版社，2 000年版，第256页。

② 《清高宗实录》卷295，乾隆十二年七月甲寅。

③ 《清史稿》卷64《地理志》。

清朝在平定罗卜藏丹津叛乱后，就对青海蒙、藏民族实行了分而治之的政策。它仿效在内外蒙古地区实行的盟旗制度，将管内蒙古各部编为29个扎萨克旗①，另有一个喇嘛旗（察汗诺门汉特别旗），每旗设一旗长，称扎萨克。下属有正副协领，参领各1员，实行军政合一的世袭制统治。旗以下分佐领（领100户），设正副佐领官、骁骑校各1员，催领（小博硕库）4员。一旗有10佐领以上者，添设副协领1员、佐领2员，酌添参领1员。各旗总合成盟，平时不设盟长，按规定，各旗每年（乾隆十六年后改为每两年）农历七月十五日在察罕托洛亥（在今青海共和县境内）会盟一次，到时选一"老成恭顺"者为盟长，在西宁办事大臣监督主持下会盟，会盟内容包括举行祭祀青海湖神的仪式，处理一年来旗内的重大事务等。

29个盟旗大多数被划定在环青海湖地区驻牧。如海南有和硕特4旗，土尔扈特3旗，绰罗斯（土尔伯特）、辉特、喀尔喀各1旗；海西有和硕特8旗；海北有和硕特6旗，绰罗斯1旗；黄河以南有和硕特2旗，土尔扈特1旗（察汗诺门汗特别旗也被划在海南驻牧）；果洛有和硕特1旗。其中除黄南、果洛的4旗外，其余都在环海地区。

青海湖周围的藏族各部，自明正德（1506—1521）间东蒙古占据该地区以来，有的离此而去，有的被蒙古贵族所役属，为其缴纳租税。清朝平定罗卜藏丹津以后，解除了蒙古贵族对蕃人的控制，将其直接置于清朝政府的管辖下。雍正三年（1725），清政府设立"钦差办理青海蒙古蕃子事务大臣"（又叫青海办事大臣或西宁办事大臣），经管青海蒙、藏各族政教事务，包括蒙古王公、扎萨克爵位的封授、传袭及藏族土官任命、寺院活佛转世、检查旗务、主持会盟、农牧商贸事务等。清朝按千户、百户的组织形式，将青海蕃族编制起来，其中与内地交往较多，主要从事农业生产的叫"熟蕃"，与内地联系较少，主要从事游牧业的叫"生蕃"，游牧无定地，行政管理相对疏松的叫"野蕃"。从地域看，青海的贵德厅有熟蕃54族，生蕃19族，野蕃8族。循化厅有熟蕃18族，生蕃52族。果洛藏族3族归四川松潘镇管辖；玉树藏族79

① 其中和硕特部21旗，杜尔伯特部2旗，土尔扈特部4旗，辉特部1旗，喀尔喀部1旗。

族,雍正十年(1732)确定,其中靠近西藏的39族归西藏办事大臣管辖,其余40族归青海办事大臣管辖。这部分藏民由于迁徙较多,后合并为25族。青海各地蕃族,统由青海办事大臣衙门委派千户、百户等官员进行管理,并给政府输粮贡马。对于各寺院役属的蕃民,清朝政府曾于雍正五年(1727)试图将其从寺院管制下剥离出来,"归州县管理",①但由于寺院势力的顽固抵制,此议未行得通。寺院占有大量土地佃民的情况一直严重地存在,有些僧官还被政府任命为土司。如乾隆元年(1736),清政府任命广惠寺大僧官曹通温布为西宁北川土千户,就是一个例子。雍正以后推行蒙、藏隔离,划地为牧,蒙族主要在环湖地区,藏族和一小部分蒙族被严定在黄南地区,各部插旗为界,不许相互侵越。由于环海地区蒙古族人口流动减少,因而常有黄河以南的藏族部落渡河来牧。清朝地方官害怕蒙蕃杂处,易生事端,乃至多次派兵武装"剿办"。可见清政府实行民族隔离统治的政策一直是很严厉的。关于清朝在甘青藏、回等民族中实行土司制分隔管理的情况,我们将在下一节介绍,此不再赘。

三是整顿和借助于喇嘛教。关于清朝政府协调政教关系和强化对喇嘛教管理的思想政策,我们将有专节论列。这里只强调,藏传佛教是西北藏、蒙、土、裕固等民族全民信仰的宗教,元明以来,藏区就有许多地方实行政教合一的管理形式,寺院与僧人数量不断增加。在清雍正初罗卜藏丹津叛乱中,许多寺院僧人都参加了。因此平叛以后,清朝政府按照年羹尧《青海善后十三条》中的建议,对青海藏传佛教寺院进行了较大力度的整顿,并在整顿后借助于其社会影响,加强对藏蒙民族的行政管理。年羹尧上奏中认为青海喇嘛庙宇,应当整顿和"定例稽察"。他说:

> 查西宁各庙喇嘛,多者二三千,少者五六百,遂成藏污纳垢之地。蕃民纳喇嘛租税,与纳贡无异,而喇嘛复私藏盔甲器械。前罗卜藏丹津侵犯时,喇嘛等带领蕃民与大兵抗衡。今臣于塔儿寺喇嘛内之老成者,拣选三百名,给与大将军印信执照,谕令学习清规。请嗣后定例,寺庙

---

① 乾隆《西宁府新志》卷20《武备》。

> 之房不得过二百间,喇嘛多者三百人,少者十数人。仍每年稽察二次,令首领喇嘛,出具甘结存档。至蕃民之粮,应俱交地方官管理,每年量各庙用度给发,再加给喇嘛衣服银两,庶可分别其贤否,地方官得以稽察。①

据此,清政府作了3项规定:1. 限制寺院规模和僧人数。2. 加强"稽查"。3. 将佃蕃从寺院中分离出来,改向地方官缴纳租赋,僧人所需衣粮等由政府按年发给。据乾隆时人杨应琚所编《西宁府新志》卷15《祠祀志·蕃寺》记载,当时还取消了明朝及清初所封的"国师"、"禅师"等名号。各寺喇嘛也不准再世袭。尽管这些规定实行并不彻底,寺院占有佃民、政教合一的统治形式此后继续存在,但那只是局部、少数情况;由中央政府直接任命蕃地官员,由朝廷任命的官员管理蕃地民政的政治改革方向毕竟是不可逆转的。清朝政府不是一味顺从、崇奉,而是根据当时的政治形势和治理的需要,在大刀阔斧地对喇嘛教进行了整改以后,让它在政高于教,教附于政的政教关系下发挥积极的政治作用,这是它沿自前代又不同于前代的"因俗而治"思想和实践的一个侧面。

四是在职官制度上采取调合制,已如前述。

值得注意的是在上述几个特点中,表面看最有时代和民族特色的是"分而治之"。然而从整体、实质上看,我们就会发现清朝治理西北地区并不是一味地分,而是分中有统,隔而不离,内容层次相当丰富。若用"统一事权,分区域治理"来概括,会更恰当地反映其民族区域治理的创新性特点。

总起来看,清朝政府按照"因俗而治"的原则提出和实行的各项治理西北地区的策略思想,有因地、因民族制宜,相当灵活机动的特点。清朝政府在"因俗而治"的思想指导下取各族原有制度之所长,合璧而组成的治理西北地区的各项制度,既不照搬旧制,又不另起炉灶,而是按照各民族地区的社会实际和特点,有因有革,注重创新,重点是要加强中央政权对西北地区的统治,稳定地方社会秩序。它是我国封建时代末期民族地区行政管理体

① 《清世宗实录》卷20 雍正二年五月戊辰。

制的创新性尝试，值得深入总结和借鉴。

第二节　元明清西北的土官、土司制度

元明清3朝对西北地区的治理是有活力的，这种政治活力来源于它们不仅继承了传统“因俗而治”的思想和方略，而且又在操作层面上多有创新。将中原王朝行之已久的羁縻制发展为土官、土司制度，既是元、明、清3朝国力强盛的反映，也是其制度创新的典型表现。

一、从羁縻制到土官制的历史演变

古代政治家将“因俗而治”的思想应用到对少数民族地区的治理上，最早应用的是“羁縻”思想和制度。

羁縻，意为牵制笼络。在社会政治生活中，它的应用比较广泛，举凡处理君臣之间、政权之间、政治集团之间的关系，都可以用羁縻来概括。如汉武帝时，“方士之候伺神人，入海求蓬莱，终无有验。而公孙卿之候神者，犹以大人之迹为解，无有效。天子益怠厌方士之怪迂语矣，然羁縻不绝，冀遇其真”，①是讲汉武帝尽管已经对方士怪诞迂阔的话大失所望，但仍对其采取宽容笼络的态度，以期他们能真的获致神人仙药。

三国时期，孙权忿公孙渊之巧诈反复，欲亲征之。陆瑁上疏谏曰：“臣闻圣主之御远夷，羁縻而已，不常保有。故古者制地，谓之荒服，言恍惚无常，不可保也。”②这是用羁縻来讲处理不同民族、政治势力之间关系的态度和做法。

东晋时，桓温与皇帝“虽有君臣之迹，亦相羁縻而已。”③是说桓温君臣之间互相牵制的关系。

---

① 《史记》卷28《封禅书》。

② 《三国志》卷57《陆瑁传》。

③ 《晋书》卷98《桓温传》。

唐初，李世民讨王世充，唐高祖李渊派封伦前去参谋军事。后高祖以兵久在外，意欲撤回，李世民遣伦入朝亲论事势。伦言于高祖曰："世充得地虽多，而羁縻相属，其所用命者，唯洛阳一城而已。"①如此等等，不一一列举。

羁縻作为中原王朝处理其与周边民族关系的一种思想理念，最早见于西汉时期。《史记》卷117《司马相如列传》云：司马相如对汉武帝进言："盖闻天子之于夷狄也，其义羁縻勿绝而已。"《索隐》云："羁，马络头也。縻，牛纼也。"引《汉官仪》云："马云羁，牛云縻"，是说"制四夷如牛马之受羁縻也"。②《汉书》中有关汉朝政府对周边少数民族采取羁縻政策的记载很多，如对于匈奴，"汉亦羁縻之"。③ 在讨论皇帝接见匈奴使者的礼仪时，有官员提出"外夷稽首称藩，中国让而不臣，此则羁縻之谊"，④对于康居等中亚小国，汉朝也是"羁縻而未绝"。⑤ 汉以后，羁縻的思想和做法就一直作为汉族政权处理其与周边民族关系的一项原则延续下来。如《晋书·四夷传》云：

> 九夷八狄，被青野而亘玄方；七戎六蛮，绵西宇而横南极。繁种落，异君长，遇有道则时遵声教，钟无妄则争肆虔刘，趋扇风尘，盖其常性也。详求遐议，历选深谟，莫不待以羁縻，防其猾夏。⑥

这是《晋书》作者对中原政府处理与四夷关系历史经验的总结。北魏文成帝时(452—465)，有人建议北魏政府进攻吐谷浑拾寅，反对者提出"王者之于四荒，羁縻而已，何必屠其国，有其地"⑦，表示了不同的意见和主张。唐人张俭在朔州，"属李靖平突厥之后，有思结部落，贫穷离散，俭招慰安集之。其不来者，或居碛北，既亲属分住，私相往还，俭并不拘责，但存纲纪，羁縻而已……蕃人喜悦"。⑧

---

① 《旧唐书》卷63《封伦传》。
② 《史记》卷117《司马相如列传》。
③ 《汉书》卷94上《匈奴传上》。
④ 《汉书》卷78《萧望之传》。
⑤ 《汉书》卷96上《西域传上》。
⑥ 《晋书》卷97《四夷传》。
⑦ 《北史》卷96《吐谷浑传》。
⑧ 《旧唐书》卷83《张俭传》。

事实上，唐朝政府不仅继承了前代处理中央政府与周边民族关系的羁縻思想和做法，还将其确定为一项政治制度，在少数民族聚居区建立了与“正州”相对应，可以互相转化，甚至数量比正州还要多的羁縻府州县。史载唐时“凡天下之州府，三百一十有五，而羁縻之州，追八百焉”。① 这一现象出现于唐太宗执政以后。毫无疑问，比正州还多一倍以上的羁縻府州的建立，是中国历史上羁縻制形成和发展到高峰的显著标志。

说到底，羁縻制在民族地区的运用，是当时的中央政权既与各民族聚居区建立了从属性联系，又无法对其进行直接有效统治而采取的一种政治形式或联系方式，随着中央政权经济、政治和军事实力的增强，由各族首领统治该地的羁縻制，必将被新的由中央政权直接统治的形式所替代。宋元时期，羁縻制经土官制正在向明清土司制演变，就是这一历史发展趋势的反映。

为什么唐朝的羁縻州比正州还多，而宋朝却除了西南的夔州路和广南西路等少数地区外，昔日的羁縻州大都消失了？这一方面有部分民族地区摆脱中央政权的羁绊，各自为政的因素；另一方面与中央对民族地区控制力量的增强密切相关。宋朝政府在它力所能及的地方，更多的不是采取羁縻制，而是将其与内地州县并列，置于中央政府的统一区划下，同时又任命各族土豪、首领去直接管理，即实行土官制。这是一种新的中央政府管理民族地区的模式。土官制和羁縻制虽然都是任命当地少数民族“首领”、“酋长”、“土豪”为官，且“皆得世袭”、“著于令式”，已经形成了制度化的民族地区管理体制，但二者之间又有明显的区别。主要是：1. 羁縻府州是“贡赋版籍，多不上户部”，即它们虽在名义上接受中央政府的统属，中央政府对它们也采取一些保护性管理措施，如帮助击退进攻者等，但这种统辖和被统辖关系是相当松散的。具有羁縻关系的边疆民族有时还对中原王朝的边界地区发动掠夺性进攻。对此，中原王朝的态度往往是“来则捍御，去则不追”，保持声教所暨而已。土官制不同于此。在土官制度下，土官所领的府州是中央政

① 《旧唐书》卷43《职官志二》。

府有效管辖的地盘，其与中央的关系要紧密得多，如宋朝的府州折氏、丰州王氏、麟州杨氏等都是这样。2. 羁縻府州“皆边州都督、都护所领”，就是说，它们是间接受统于中央；而土官则由中央政府直接任命和进行统辖，其在政治上也直接为朝廷、皇帝负责。3. 唐朝的羁縻府州制实行于唐朝版图的四面八方，数量相当庞大，而宋元的土官制则只在其版图的北部、西北和西南部分地区实行，数量并不多。4. 羁縻府州的酋长、首领都是少数民族，而土官则有一些是汉族“土豪”，这种情况与明清时期的土司制差不多。

作为一项边远民族地区的管理制度，宋元时期中央政府在西北地区任命的土官，见于记载的虽不如西南地区那样多，但也不是个别现象。如宋朝的府州折氏，丰州王氏，麟州杨氏，都是宋朝政府任命的土官。元朝泰定帝泰定二年(1325)八月，“西蕃土官撒加布来献方物”。① 元朝临洮的乌古论长寿也是一个典型的土官。史载：

> 乌古论长寿，临洮府第五将突门族人也。本姓包氏，袭父永本族都管。泰和伐宋，充绯翮翅军千户，取床川寨及佑州、宕昌、辛城子，以功进官二阶。贞祐初，夏人攻会州，统军使署征行万户，升副统，与夏人战于窄土峡，先登陷阵，赏银五十两。战东关堡，以功署都统。兼充安定、定西、保川、西宁军马都弹压。诏录前后功，遥授同知陇州防御事，世袭本族都巡检。三年，赐今姓。②

乌古论长寿的官职中，既有金朝的流官职衔，也有土官系列的职务，其中的“世袭本族都巡检”一职，是一个典型的土官名。直到明清土司制中这一职官名还保留了下来。而且，一个少数民族军官既有流官系列的职务，又担任一个土官职务，这也下开了明清土司制度的先河。类此记载史书尚多，不再列举。

需要指出的是，虽然土官制源于前代的羁縻制，然而继宋之后，元代实行的土官制与此前的羁縻制相比较，两者最大的不同在于羁縻制对边疆民

① 《元史》卷30《泰定帝纪二》。
② 《金史》卷103《乌古论长寿传》。

族的控制还是松散的，只要边疆民族的上层出面，在名义上承认中原王朝的统治地位，愿意属附，不再骚扰中原王朝的边境及按时朝贡就可以了，被羁縻的边疆民族对中原王朝并不承担更多的赋税或徭役。在土官制下，封建中央政府对土官以及通过土官对少数民族地区的控制就严密多了。元朝中央政府在西北地区设置的统治机构中，任命少数民族头人为土官，世袭其职，世有其地，世领其民，同时要为中央政府承担维持民族地区安定，奉调出征，战马赋徭等义务。就是说，其领地是元朝政府统一管辖下的行政区，其属民是元朝政府直辖的赋役百姓，其佐官还是元朝基层统治机构的成员。这一管理模式和行政设置，不仅加强了元朝政府对少数民族地区的管理，而且下开了明、清西北地区土司制度的先河，在西北民族史、社会政治史上承前启后，作用明显，历史意义重大。

二、元明清时期西北地区的土司制度

土司，学界有人认为它与土官是一回事，也有人认为是两个概念。我们认为，土司制是中国历史上中原王朝处理其与少数民族关系的羁縻制、土官制的延伸形式。土司制与土官制二者既有相同的一面，又有不同的方面。从其相同点看，它们都是指中央王朝任命少数民族上层为它的地方官。而从其不同点来看，则土官的概念早在宋金时代就普遍应用了，元朝仍之，土司一词直到明朝才出现；元朝的土官可以任正职，明清的土司则在国家地方机构中只能任副职；元朝土官未见有公权以外的私家衙门、官属、军队等，明清的土司却在政府任命时对于上述各项就有明确的规定。可以认为土官制是土司制的前身，土司制是土官制的顺理发展形态。不能说元朝就有土司制度，但到了明清时期，土官和土司这两个概念都在应用，且二者差别不大，甚至可以互称。土官制和土司制，都是元、明、清中央政权借鉴前代做法，在少数民族地区任用各族上层“因俗而治”的形式。

西北地区的土司制形成于什么时代？对此学术界尚有不同的看法。有学者认为明王朝在西北地区没有正式推行过土司制度，这种观点不符合历史实际。如前所述，宋元时代就已经在西北地区任命了许多土豪和少数民

族首领为官。入明后，这些土官大都被明朝政府授以原职。还有一些少数民族强豪人物，只要愿意归附明朝政府，也都给以官做。如元甘肃行省理问所官祁贡哥星吉，洪武元年（1368）归附后，授副千户世袭。元甘肃行省右丞，蒙古人朵尔只失结于洪武四年（1371）归附后，授指挥佥事世袭。元西宁州同知李南哥，洪武四年（1371）归附后授都指挥世袭。另一个叫南木哥的人于洪武四年（1371）领壮丁归附明朝，以功授指挥佥事。① 类此由元到明传承下来的土官不少，《明实录》、《明经世文编》及地方志多有记载。元代土官都有朝廷赐予的诰敕、印章、虎符、玺书、金银符等，他们“以王官旌节，统摄其部落”。② 明朝继承了这一做法。此制实行于西南和中南等地区，同样实行于甘青一带。怎能说明王朝没有在西北地区推行过土司制度呢？

在少数民族地区，任命各族酋长以世袭官职的政治管理形式，是“因俗而治”的必然选择。《明史》等书不将西北的土司列入专传记述，并非是它在这里不存在，而是其与华南、华中、西南等地的土司相比较有明显的差异或地方性特点。湖广土司授职不久，旋即“梗化”。③ 四川土司虽受天朝爵号，实则自王其地，以故终明之世，常烦挞伐。④ 广西土司“叛服不常，沿革殊致”。⑤ 云南、贵州等地的土司也都很难“统摄”，其与西北的土司都不相同。又《明史·土司传》的立传原则是“据其事迹尤著者”，“摭其大纲有关乎治乱兴亡者载之，俾控驭者识所鉴焉”。⑥ 甘青土司听从皇命，谨守疆土，修职贡，供征调，无相携贰。他们自元明至清末，数百年来“输粮供役，与民无异，俊秀读书，亦应文武试”，乃至“与民厝杂而居，联婚结社……故土官易制，绝不类蜀、黔诸土司，桀骜难驯也”。⑦ 根据上述立传原则，西北土司不被列入《土司传》是可以理解的；何况《明史》卷330《西域传》对元明时期西北一带的土

① 乾隆《西宁府新志》卷24《官师·土司附》。
② 《元史类编》卷42。
③ 《明史》卷310《湖广土司》。
④ 《明史》卷311《四川土司》。
⑤ 《明史》卷317《广西土司》。
⑥ 《明史》卷313《云南土司》。
⑦ 乾隆《西宁府新志》卷24《官师·土司附》。

司有不少记述，如“元封驸马章吉为宁濮郡王，镇西宁，于河州设吐蕃宣慰司，以洮、岷、黎、雅诸州隶之，统治蕃众”。明洪武四年（1371）正月设河州卫，命元降官何锁南普“为指挥同知，予世袭，知院朵儿只、汪家奴并为指挥佥事。设千户所八，百户所七，皆命其酋长为之”。封元镇西武靖王卜纳剌“为靖南卫指挥同知”。“寻以降人马梅、汪瓦儿并为河州卫指挥佥事。又遣西宁州同知李喃哥等招抚其酋长，至者亦悉授官。”这一切，都明确地反映了当时西北土司的存在。

元、明、清3代西北地区土官、土司的分布范围主要在兰州、巩昌、凉州、西宁、青海湖周围以及果洛、玉树等地区。从元、明传至清代而见于记载的土官、土司共有330多家，其中土指挥使6，土指挥同知10，土指挥佥事12，土千户28，土副千户2，土百户128，土百长131，土官人5，土总头人1，土头人10①。

元明清时期西北地区实行的土官、土司制度，有以下明显的区域性特点：

一是多数土司的官职较小，任职地区相对集中。据龚荫《中国土司制度》附表所列《全国土司总表》，元、明、清3代在四川、云南、贵州、广西、广东、海南、湖南、湖北、甘肃、青海、西藏等11个省区共设100多个土司职名，而甘、青地区所见的只有土指挥使、土指挥同知、土指挥佥事、土千户、土副千户、土百户、土百长、土官人、土总头人及土头人等10种，且都是武职或文职而未入流者。任职地区集中在清代的兰州（治今兰州市）、巩昌（治今陇西县）、凉州（治今武威市）、西宁府（治今西宁市）和环青海湖、玉树、果洛等蒙、回（维吾尔）、土、撒拉等民族聚居区，有利于各代中央政府的集中管理。

二是外来人员多，社会根基浅。甘、青土司大都是元、明以后迁来的外地人，缺乏深厚的社会基础，即便是土生土长的西蕃（包括藏、土等族），也自宋、元以来衰微流落，没有形成强大的政治军事势力。因此，他们要在各民族聚居的甘、青地区占有一席之地，享受政治、经济和宗教特权，就必须得到中央政府的信任和支持。而中央政府只要“抚绥得人，恩威兼济”，就能对土

① 参龚荫：《中国土司制度》第八、第九部分，云南民族出版社，1992年版。

司“得其死力而不足为患”。[①] 大概正是由于元、明、清3代中央政府在处理甘青土司问题上颇得其法，故数百年来，甘青土司一直“有捍卫之劳，无悖叛之事”，统治者普遍认为这里的“土官易制”，“绝不类蜀、黔诸土司桀骜难驯也”。[②]

三是世系延绵，流传长久。从元朝至清末（实际上存在到民国或更晚），700多年来，甘青土司大都世系分明，传承不绝。即使在清雍正以后大规模“改土归流”中，甘、青土司也未被触动，甚至还有新的增设和提拔。如陕甘总督岳钟琪在“改土归流”的大潮中奏请给甘肃土目韩炳、韩大用两人“各给土千户号纸，令分辖回族”，[③]就是一个典型的例子。

三、元明清时期西北地区的土官、土司与流官的关系

如前所述，元、明、清时期西北地区的土官、土司不同于华中、华南、西南等地区。那里的土司“大姓相擅，世积威约”，[④]“虽受天朝爵号，实自王其地”。[⑤] 就是说，他们大都有自己独立的管理地盘和机构，对辖区居民实行完全的统治权；西北土司则都被安置在中央设置的地方军政机构中，既是国家官员，又领有一部分国家赐给的土地、民户等，国家允许他们建立一定规模的土司衙门和吏目，在辖区和部落内部享有一定特权。

元朝在今西北地区的行政建置，有陕西和甘肃两个行中书省（下设路、府、州、县及宣慰使司或宣慰使司都元帅府），又在宣政院下设吐蕃等处宣慰司（下领脱思麻路军民万户府和河州等处军民总管府，辖今甘肃临夏、甘南，武都部分地区及青海的海北、黄南、海南、果洛等地）、吐蕃等路宣慰司（辖今青海玉树、海西等地），掌管吐蕃地区的政教事务。

明朝政府在西北除设陕西布政使司（下领府、州、县）、都指挥使司（下设卫所）、提刑按察使司辖区外，还于洪武三年（1370）在河州设置了西安行都

① 《明史》卷310《土司传》。
② 《清史稿》卷517《土司传六》。
③ 《循化志》卷1。
④ 《明史》卷310《土司传》。
⑤ 《明史》卷311《四川土司》。

指挥使司（统辖西宁、河州、洮州、岷州及朵甘、乌斯藏地区，后又在朵甘和乌斯藏分别设立了行都指挥使司），直属中央，下辖指挥使司1，宣慰使司3，招讨使司6，万户府4，千户所17。[①] 洪武十二年（1379），设陕西行都指挥使司，初治庄浪（今永登县），洪武二十六年（1393）徙治甘州（今张掖市）。下领12卫，4千户所，统管军民事务。此外，在嘉峪关以西还设置了哈密、赤金蒙古、罕东、罕东左、安定、曲先、阿端等7卫，属羁縻性建置。

明代土官、土司最早均无俸禄。史载从洪武间土官归附以来，明朝政府一直对其"不支粮，自买马骑操，但人给田百亩，免纳税，岁给冬衣布三疋，棉花斤半。后渐有功，历升千、百户。布、花停赏，俸粮仍不支"。土官"累诉贫困，愿纳田税，官给马骑操，各支俸粮。镇守太监、总兵等官言此皆骁勇堪用之人，乞赐矜恤"，明英宗天顺四年（1460）二月，从其所请，"给灵州千户所土官俸粮"。明英宗说："远人当优待，彼为军时尚给赐布花，今有功升官，反不支俸，岂理乎？其如例给之，纳粮给马，勿听可也。"[②]这对政府发给土官以俸粮开了个头。

清康熙三年（1664），陕西布政司分设为左、右两个布政司，其中右布政使驻巩昌（治今甘肃陇西县）。康熙六年（1667），改陕西右布政司为巩昌布政司。七年（1668），又改为甘肃布政使司，移治兰州。雍正三年（1722），清政府撤销了陕西行都指挥使司，将其所属的卫所改为府、州、县，实现了行政建制统一化。甘肃布政使司（即甘肃省）下辖庆阳、平凉、巩昌、兰州、宁夏、西宁、凉州、甘州、镇西等9府，泾、阶、秦、肃、安西、迪化等6直隶州。辖区包括今甘肃、宁夏、青海和新疆东部的广大地区。

上述行政建置在3朝数百年统治期间多有变动，但土官、土司在这个蛛网般统治机构中的地位从未变。就是说，土司从高级的武职土指挥使到未入流的文职土头人，始终是在流官的监视、牵制和管领下，按朝廷的旨意办事。稍有疏忽，就会被弹劾、举报和处罚。土司相对单薄的经济、政治和武装力量，迫使他们只有出力报效，借助于中央政权的威力，才能保持在地方

① 王圻：《续文献通考》卷237。
② 《明英宗天顺实录》卷312，天顺四年二月乙丑。

各级军政机构和本部族中的特权。由此，元、明、清3代西北地区的土官大都能够配合汉官、流官，在出征、平叛、维持地方秩序等方面发挥重要作用。地方史及土司族谱、家传中反映这类史实极多，下面举几个典型例子。

何锁南（又作何锁南普），河州右丞里西蕃（今藏族）人。元陕西平章宣慰使都元帅。明初卫国公邓愈招抚归诚，赐姓何，授河州卫土指挥。卒，授其子何铭镇国将军，本卫指挥同知，因功升都指挥同知。永乐间（1403—1424）卒于军，子何忠袭职。忠卒，子何英袭，调遣防守，时有军功。正统间（1436—1449），授指挥佥事。英卒，子何端继续守备甘、凉一带。卒，子何勋承袭，嘉靖间（1522—1566），征洮州（今甘肃临潭县），守碾伯（治今青海乐都县），进军甘州（治今甘肃张掖市），卒于军，子袭职。卒，无嗣，其弟何珽继之。珽卒，子何橦袭，防御甘、凉，屡有战功。天启四年（1964）卒，子何永吉承袭。清初，永吉率众归诚，随河州副将出力征贼。顺治五年（1648）回变，其子何扬威率部落征战有功，请给号纸，世袭原职。康熙四十一年（1702）子承龙袭。承龙卒，子福慧年幼，基妻祁氏管理土务。康熙五十九年（1720）卒，福慧接理土务。雍正间（1723—1735），防御蕃夷有功。至乾隆四年（1739）仍授世职。卒，子何武袭。何武与其子何大臣在老鸦南岔等关隘守御49年，在撒拉族反清的石峰堡之变中，父子尽职防御。嘉庆四年（1799），白莲教起义军由川入甘，何武患病，令子何大臣在景古城防堵。次年何武卒，大臣袭职。大臣卒，子何华袭。咸丰二年（1852），何华卒，子何其清袭。同治二年（1863），其清卒，子何柄以在城防及收抚洮州等战役中立功，于光绪四年（1878）承袭祖职。① 从何锁南到何柄，何氏一门数百年间始终忠于职守，劳绩卓著。从中央政府因俗治边，管理少数民族地区的角度看，这是一个成功的例子。

李南哥，西蕃人，②元西宁府同知。洪武初归附，授指挥佥事世袭。曾在招抚流散、收捕叛蕃等方面立有战功。永乐五年（1407）卒，子李英袭职。李

---

① 宣统《甘肃新通志》卷42《兵防志·土族》。

② 《明史》卷330《西蕃诸卫》云："西蕃，即西羌，族种最多，自陕西历四川、云南西徼外皆是。"可知西蕃是明清时人对我国西部陕甘川云南等地少数民族的通称。

英讨击蕃人老的罕叛军,俘斩360人,又雪夜穷追,尽获叛党,进都指挥佥事。永乐二十二年(1424),中官邓成等出使西域,在安定、曲先一带被贼阻杀,夺走所带金币。刚刚即位的明仁宗降谕赤金、罕东及安定、曲先诸卫,要求搜报贼主姓名,同时令李英与指挥康寿等进讨。李英得知朝廷使臣是被安定指挥哈三之孙散哥、曲先指挥散即思所杀,遂率兵西讨,进击逾昆仑山(酒泉南祁连山),深入数百里,在雅令阔地方与安定贼遇,大败之,俘斩1 100余人,获马牛杂畜14万。敌闻风远遁,安定王桑尔加失夹等诣阙谢罪。宣宗嘉奖李英的战功,遣使褒谕宴劳。驰驿入朝,擢右府左都督。宣德二年(1427),封会宁伯,禄1 100石;并赠南哥如子爵。天顺元年(1457),英宗重即位,封李英子李昶为锦衣卫指挥同知,进都指挥使,擢左军都督佥事,屡分典营务,带兵以严慎著称。李昶子李磻,成化十七年(1481)进士,官至尚宝寺卿,磻子李宁,宁从子李崇文,崇文子李光先相继袭职,光先又中万历十一年(1583)武进士,迁锦衣卫指挥使,子李化龙袭。化龙卒,无嗣,从子李天俞袭职。李自成起义中,天俞被俘至西安,其家死难者300余人。清顺治二年(1645),英亲王阿济格到关中,农民军溃散,天俞谒英亲王,王赐衣冠鞍马、银两、彩缎,令回西宁招抚蕃族。顺治五年(1648),随总督孟乔芳讨甘州米喇印起义军,生擒其都司马胡牙等18人,斩获80余级,又率兵500余骑,从克甘、肃诸城。十年(1653),授西宁卫指挥同知世袭。子李澍袭职。吴三桂叛党陷兰州,总兵王进宝檄李澍从征,李澍与弟李洽预调水夫500余名,各造木筏50余只,协助官军渡河。又率兵千余骑继进,克复兰州、临洮、巩昌等城,以功擢游击。卒,无嗣,弟李洽袭职。洽卒,子李师臣袭职。雍正元年(1723),罗卜藏丹津叛乱,年羹尧檄李师臣率马、步兵300名守撕挞山隘(在青海境内),捍御摆羊戎一带。次年随岳钟琪讨卓子山、棋子山蕃贼,屡战有功,子李大兴袭,缘事革职,无嗣,从子李国栋护理印务。乾隆二年(1737)袭职。卒,子李世泰袭职。撒拉族起义中,世泰奉檄率马步兵200人守狄道城。盐茶厅回变中,又率骑兵300人分守兰州金城关、庙滩子诸隘。嘉庆十八年(1813)病休,子李绳武,绳武子李政,政子李长年,长年子李承襄相继袭职。这是甘、青土司忠于王室的又一典型家族。

庄浪卫(治今甘肃永登县)土司巩卜失加,元宗室后裔。父脱欢,元封武定王兼平章政事。明洪武四年(1371)归诚,授百夫长,以功升百户。永乐八年(1410)从征元残余势力阿鲁台阵亡,子失加袭职,升副千户,赐姓鲁,名贤。永乐十二年(1414)升指挥佥事。宣德九年(1434),升指挥同知。正统二年(1437)升指挥使。十二年(1447)卒,子鲁鉴袭职,历任指挥佥事、都督同知,庄浪左参将、甘肃副总兵、靖虏将军、延绥总兵官等。子鲁麟,历授百户、指挥佥事、指挥同知、甘肃游击将军、庄浪右参将、左副总兵等。传子鲁经,鲁经历任百户、副千户、指挥佥事、指挥同知、庄浪左参将、副总兵,延绥、陕西总兵等官。子鲁赡,袭指挥佥事,任山丹守备。赡子鲁振武,振武子鲁东,东子鲁光先,光先弟鲁光祖,光祖子鲁允昌,允昌子鲁宏相继承袭。鲁宏于崇祯十七年(1644)被李自成起义军俘至武昌,清顺治时始回,授指挥使,赐敕印。卒,子年幼,由族人鲁大诰代理土务,吴三桂叛乱中,宏妻捐粮400石助军,加秩二级。康熙二十五年(1686),宏子帝臣袭职。帝臣卒,无子,传兄鲁帝心。康熙五十七年(1718),帝心病休,子鲁华龄袭职,从征西藏、西安,官至凉州镇总兵。乾隆七年(1742)乞休,子鲁凤翥、孙鲁璠相继袭职。鲁璠在平撒拉族之变中有战功,加一等职衔,赏戴花翎。卒,子鲁纪勋袭职。道光六年(1826),纪勋征张格尔。九年(1829),征安集延,以功加二品顶戴。卒,孙鲁如皋袭职,如皋于咸丰间(1851—1861)出资助军,又在修兰州钱局时捐木料数万株,加二品衔,赏戴花翎。卒,子鲁涛年幼,由如皋妻和硕特氏护理土务。光绪二十一年(1895)鲁涛始袭职,传子鲁承基。到民国初,土司制度被废除。①

以上3家土司的经历在西北土司中具有一定的代表性。可见元、明、清以来,西北土司虽然历世有长短,任职有大小,属地有广狭,但他们之忠于朝廷,克尽职守则有一致性和一贯性。西北地区的土司和流官一样,也有因罪夺爵,违法受罚的,如李英曾以招逋逃人700余户,置庄垦田,豪夺人产,又助甥袭职,"至杖人死",②被兵部及言官所劾,不过这类事件的发生与土司制度

① 宣统《甘肃新通志》卷42《兵防志·土族》。

② 宣统《甘肃新通志》卷42《兵防志·土族》。

本身无关，也无损于元、明、清3代西北土司“有捍卫之劳，无悖叛之事”的整体形象。乾隆《西宁府新志》卷24《官师志·土司附》云：

（西宁）土司计十六家，皆自前明洪武时授以世职，安置于西（宁县）、碾（伯县）二属，是时地广人稀，城池左近水地给民（指汉民——引者注）树艺，边远旱地赐各土司，各领所部耕牧，内惟土司陈子明系南人，元淮南右丞归附，余具系蒙古及西域缠头，或以元时旧职投诚，或率领所部归命。嗣后李氏、祁氏、冶氏，皆膺显爵，而建忠勋矣。迨至圣朝（指清朝——引者注），俱就招抚，孟总督乔芳，奏请仍赐以原职世袭。今已百年，输粮供役，与民无异。俊秀读书，亦应文武试，如祁伯豸兄弟，已登科目，立功名，为国家大臣。惟是生息蕃庶，所分田土多鬻民间，与民厝杂而居，联姻结社，并有不习土语者。故土官易制，绝不类蜀、黔诸土司桀骜难驯也。

这段话把地方长吏对土司的压制，土司在艰难的政治境遇与恶劣自然条件下艰苦创业，建忠勋、立功名的奋斗精神，他们对甘青社会稳定、经济开发所作的贡献及其容易被朝廷控制的原因等基本反映出来了。的确，甘青土司在充实元、明、清时期西北地区地方管理机构，增强中央政权在西北地区的统治力量，安辑蕃族，谨守塞疆，修职贡，供征调，稳定社会秩序，促进西北地区民族融合、区域经济开发和文化发展等方面都作出了历史性贡献，他们的这一历史作用是应当肯定的。

四、元明清时期西北土官、土司制在政治文化上的创新

元、明、清华中、华南和西南地区的土官、土司制，是汉、唐以来中央政府在边疆和少数民族地区羁縻制度的继承和发展，而西北地区的土司制则是在传统羁縻制基础上加入许多创造性政治思维的结果。正是由于西北土司制与华中、华南和西南土司制的形成及特点不同，因而《明史》在为土司立传的时候将其排除在外，列入《西域传》补叙，这可以看作是一种区别对待。元、明、清中央政府在西北地区的土司建置上的创意思维，主要有以下几点：

1. 土流参治，土控于流。元明清华中、华南、西南地区的土司大都是独

立治理一方或一族；而西北地区的土司却都有双重身份，如明朝在西北少数民族区建立了许多卫所，兼治军民事务，同时将各族归附首领安置在卫所中，任以副职（个别并列正职）。而在职数的设置上又是土官少于流官。这样，既充分发挥了土官熟悉本地民族、语言、宗教、风俗的特长，强化了对民族地区的统治，又有效地防止了土官专权和生变。同时，对于迅速贯彻朝廷和各级官府的政令提供了很大的方便。正由于此，元、明、清政府在西北地区的行政管理机构中，相当重视对土官的安置。临洮的赵琦，西宁的东、西两李氏，河州的何锁南普，积石山后的劳氏，积石州的阿氏，七站地区的失氏等，都是元朝政府安置的。元朝任命土官，照例要赐予诰敕、印章、虎符、驿传玺书和金（银）字圆符等信物，以表示朝廷的重视。明、清两朝在西北地区设置卫所时，也预留一些职位，专门安置各族归附的头人，如明代临洮卫有土指挥同知 1 员；河州卫有土指挥使 1 员，土指挥同知 1 员，土指挥佥事 1 员，土千户 2 员；岷州卫有土指挥使 2 员，土指挥同知 2 员，土副千户 1 员，土百户 3 员；洮州卫有土指挥佥事 2 员，土百户 1 员，等等。各卫所汉、土官职的比例，以庄浪卫为例，该卫指挥使汉官 4 员，土官 2 员。招讨同知汉官 5 员，土官 2 员。指挥佥事汉官 10 员，土官 3 员。千户汉官 5 员，土官 1 员。副千户汉官 7 员，土官 4 员。实授百户汉官 10 员，土官 7 员。试百户汉官 12 员，土官 6 员。① 其他卫所汉、土官员的比例也都是汉多于土。

2. 多封众建，各族头人机会均等。元、明、清 3 代西北地区的少数民族，有的是土著，但处于衰落状态，如西蕃（藏族）自宋元以来一直分裂衰微，各部落头人纷纷割据称雄。回鹘遗属也是游走迁徙，没有固定的生活地盘。有些民族正处于形成中，如土族、撒拉族等。进入青海的一些汉族强户，则刚刚立身安家，如陈子明本是江南山阳人，元时为淮安右丞。吴元年（1363）归附朱元璋，授指挥。子陈义，洪武十七年（1384）袭职，以功升西宁卫指挥使，从而成为西宁土司。明、清时期西宁卫（府）土司较大的有 16 家，其中西蕃 6 家，土族 5 家，蒙古、回鹘各 2 家，汉族一家。就单个土司来说，他们势力

① 曾钧：《五凉考治六德全志》第五册《平番县志三》。

单薄，谁也不能占山为王，号令整个河湟洮岷地区，而只有借助于中央政权的威力，才能在当地站住脚。由于这一原因，元、明、清政府没有也不可能在西北地区设置一个土司总头目，使其统领各部族，而是采取“多封众建”的策略，建立了数以百计的土司，使其各据山隘，守土一方，在流官的监控下治生业、纳贡赋、听调遣，完成中央政府交给的各项任务，这一管理少数民族的模式在前代是没有的。

3. 守土与护家休戚相关。元、明、清政府把土官、土司头人安插到地方管理机构中任职。土官是封建政府的官员，同时政府又分给他们一定的人口和地盘，允许建立土司衙门及属官。土司平时守护的疆土就是他们的家园，在这里，家、国利益紧密地联系在一起。例如，河州撒拉族土千户韩氏驻崖曼（今临夏城东），管崖曼、张朵、孟达、夕厂、打速古五工和查汗大寺工（工为行政单位）。洮州卫藏族土指挥佥事杨氏住卓尼县城，管地东至岷州（今甘肃岷县）归安里，南至武都文县和四川松潘县龙安一带，西至临潭户口六哨界，北至临潭作盖界。下辖 48 旗，520 族，11 569 户，55 838 口，每年向政府纳粮青稞 10 石，有土兵 2 000 名，把守闇门 5 处，隘口 25 处。① 庄浪卫蒙古族土指挥使鲁镛家族，世居庄浪（治今甘肃天祝县）古城，岁领俸银 73 两余，纳仓斗粮 5 石余，草 58 束，银 2.5 分；管辖黄羊川等 7 处地方，不辖土民，率舍余亲丁效力。② 西宁李土司有土民 400 余户，散处上川口，杏儿沟，李二堡，西宁祁塔儿原坡、双金堡、羊圈莫尔多沟、三川等地，岁纳秋粮 1300 余石，辖土千户 1 员，土百户 2 员，额设土千总 4 员，把总 6 员，马步兵 300 名，驻守老鸦峡，积石头关，撒挞山峡诸隘，岁支俸银 50 余两。③ 甘青其他土司大都是这样，有俸银、领地、领户、税粮及把守的山隘等，他们对国家承担的义务与土司的私家利益密切关联在一起，因而有利于调动土司的守土积极性，是封建中央政府管理民族地区的创新模式。

① 《甘肃通志稿》、《洮州厅志》，参考龚荫：《中国土司制度》八《甘肃土司》，第 1301 页。
② 宣统《甘肃新通志》卷 42，参考龚荫：《中国土司制度》八《甘肃土司》，第 1309 页。
③ 宣统《甘肃新通志》卷 42《兵防 · 土族》。

第三节 元明清对西北民族宗教的管理

了解历史上历代中央政府怎样处理与西北各民族宗教的关系，是西北政治史研究的又一重要课题。元明清时期西北少数民族中流行的主要是藏传佛教和伊斯兰教，当地汉族中流传的宗教则更多，有汉传佛教、道教、其他民间宗教等。本章以藏传佛教为中心，介绍元明清3朝协调政治与宗教关系的思想与实践。

一、优礼宗教上层以协调政教关系

宗教与政治的思想宗旨不同，很难达成完全的一致。然而在社会实践中，任何宗教，只有当它与现实社会政治相互默契的时候，才有公开存在和发展的空间。事实上，宗教需要适合其存在和发展的社会政治环境，历代王朝施政也离不开宗教，这就为宗教提供了存在和发展的可能。藏传佛教是元明清藏蒙地区最流行的一种宗教，这与当时统治集团的政治思路及扶植政策是分不开的。

蒙元统治者从蒙古国时代的西凉王阔端到元世祖忽必烈，要将西部藏传佛教区域纳入其统治下，其高招就是利用藏传佛教，并直接找藏区最有影响的宗教上层来谈判。在藏区归入中央版图以后，元政府有鉴于西部藏传佛教区地域广袤，土风悍劲，民俗尚武，法制难禁，“惟事佛为谨”的社会实际，乃将当时最具影响力的藏传佛教萨迦派高僧八思巴先后任命为国师、帝师、法王，①兼领总制院（后改为宣政院）事，掌管全国佛教和藏区行政事务，使其合政教管理权力于一身，并将这一模式推行到藏区的地方管理，延用于

① 中统元年（1260），元世祖即位，尊八思巴为国师，授以玉印。至元六年（1269），以制蒙古新字颁行天下，升八思巴号为大宝法王，更赐玉印。至元十六年（1279）八思巴卒，赐号皇天之下一人之上开教宣文辅治大圣至德普觉真智佑国如意大宝法王、西天佛子、大元帝师。确定了帝师这一称号。

元朝始终。元朝自忽必烈之后的各代皇帝，都请有一位帝师。① 从政治上说，元朝政府控制了藏传佛教领袖人物，就等于从思想、宗教上控制了藏传佛教区的政治主动权。这是“因俗而治”的创意思维，是元朝最高统治者政治智慧的表现。从社会政治实际看，元朝开始形成的帝师制度，极大地提高了藏传佛教领袖人物的政治地位。帝师的命令与皇帝的诏敕并行于藏族区，朝廷对他的尊崇无所不用其极。就连帝后妃主，也因受戒而要向帝师顶礼膜拜。正衙朝会，百官班列，帝师专席于坐隅。元朝每个皇帝即位之初，都要特地降诏褒护帝师。每任帝师到京以前，朝廷要派中书大臣，驰驿累百骑前往迎接，所过供亿送迎。到京以后，则敕太府用法驾半仗，以为前导，还要诏令省、台、院官以及百司庶府，统统着名为“银鼠质孙”的礼服。每年二月八日迎佛，朝廷都要配备威仪往迎，并命礼部尚书、郎中专督迎接。及至帝师卒而归葬舍利，又命百官出郭祭饯。元成宗大德九年（1305），元朝政府专遣平章政事铁木儿乘传护送，赙金 500 两、银 1 000 两、币帛 1 万匹、钞 3 000锭。元仁宗皇庆二年（1313），加至赙金 5 000 两、银 15 000 两、锦绮杂彩共 17 000 匹。虽是帝师兄弟子姓的往来，主管部门也均供亿无乏。元泰定帝泰定（1324—1328）间，以帝师弟公哥亦思监将至，诏中书持羊酒郊劳；而其兄琐南藏卜遂尚公主，封白兰王，赐金印，给圆符。“其弟子之号司空、司徒、国公，佩金玉印章者，前后相望。”②帝师每次往来京师都要经过西北地区，其对西北藏传佛教区的影响作用是不言而喻的。

帝师无与伦比的宠遇，使他的许多徒众怙势恣睢，气焰熏灼，对社会和百姓造成的祸害不可胜言。这里仅举两个例子：一是河西唐兀（西夏）僧人杨琏真加曾被忽必烈任命为“江南释教总统”的恶迹。他在任期间欺压汉僧，掠夺民间财物，“发掘故宋赵氏诸陵之在钱塘、绍兴者及其大臣冢墓凡一百一所；戕杀平民四人；受人献美女宝物无算；且攘夺盗取财物，计金一千七

① 继八思巴之后，元代嗣为帝师者有亦怜真、答儿麻八剌剌吉塔、亦摄思莲真、乞剌斯八斡节儿、辇真监藏、相儿加思巴、公哥罗古罗思监藏班藏卜、旺出儿监藏、公哥列思八冲纳思监藏班藏卜、辇真吃剌失思、公哥儿监藏班藏卜、喇钦·索南罗追、喃加巴藏卜，加上《元史·释老传》中提到的胆巴帝师，从元世祖到元顺帝时，有名可考者共 15 位。

② 《元史》卷 202《释老传》。

百两、银六千八百两、玉带九、玉器大小百一十有一、杂宝贝百五十有二、大珠五十两、钞一十一万六千二百锭、田二万三千亩;私庇贫民不输公赋者二万三千户。他所藏匿未露者不论也”。① 二是西台御史李昌揭露的西蕃僧往来于京师和藏地沿途的劣行。元泰定帝泰定二年(1325),李昌奏言:“尝经平凉府,静、会、定西等州,见西蕃僧佩金字圆符(引者注按:边防警报时方用的政府信符),络绎道途,驰骑累百,传舍至不能容,则假馆民舍,因迫逐男子,奸污女妇。奉元一路,自正月至七月,往返者百八十五次,用马至八百四十余匹,较之诸王、行省之使,十多六七。驿户无所控诉,台察莫得谁何。”② 又前述畏兀儿出身的藏传佛教著名人物必兰纳识里被诛后,“有司籍之,得其人畜土田、金银货贝钱币、邸舍、书画器玩,以及妇人七宝装具,价钜万万云”。③ 类似记载很多,都反映了帝师制度的负面影响。

元朝政府除在政治上对藏传佛教及其信徒百般优礼外,又从经济上沿用了前代的贡赐贸易,民族、民间贸易以及西北地区与中亚、西亚等民族地区经济联系的传统经济形式,以满足藏传佛教区社会各阶层的物质生活需要。在思想和社会生活上,则实行“教诸色人户各依本俗行事”④的宽大政策。对包括汉族和回鹘的其他各族僧人也都给予优待。元朝政府通过上述措施,建立了与藏传佛教及其信仰者和谐的政教关系,创建了一个更大的管理藏传佛教区的政治宗教平台。

明代是藏传佛教发展史上的又一重要阶段。当时西北藏传佛教的发展主要表现在格鲁派(黄教)的兴起;宗喀巴⑤改革的成功;活佛转世制度开始形成;名僧辈出等方面。从政教关系看,明自太祖以来,“招徕蕃僧,本藉以化愚俗,弭边患”,“思制御之,惟因其俗尚,用僧徒化导为善”,⑥这一点,与

① 《元史》卷202《释老传》。

② 《元史》卷202《释老传》。

③ 《元史》卷202《释老传》。

④ 《元典章新集·刑部》。

⑤ 宗喀巴(1357—1419),原名罗桑扎巴,青海湟中县人。藏语将湟水流域称作“宗喀”,宗喀巴的名字即以地名人,反映了藏族人民对他的尊崇。

⑥ 《明史》卷331《西域传》。

元朝基本一致。所不同的，是元朝只崇奉萨迦派，而明朝政府乃采取“多封众建”的方针，对实力大、有影响的各教派首领，均赐以封号。据统计，明代封授藏传佛教代表人物为法王者2人，为王者5人，为西天佛子者2人，为灌顶大国师者9人，为灌顶国师者18人，“其他禅师、僧官不可悉数”。① 西部藏传佛教各主要教派的首领，几乎都得到相当的荣封。经过封赐的僧俗上层人物，都与明朝有确定的朝贡关系。多封众建一方面给各教派以宽松的政治气氛，保持了政教关系的和谐；另一方面又使各宗派势力齐头并进，互相牵制，防止某一教派与世俗势力勾结，对中央政府形成尾大不掉之势。

清朝继元明之后，继续优礼藏传佛教。如青海的大喇嘛阿噶旺罗布桑却拉丹，清初入藏受戒，就学于第五世拉萨大喇嘛等，被认作第14世章嘉呼图克图。清圣祖康熙二十六年（1687），他到北京谒见康熙帝。康熙帝为其建汇宗寺（东庙黄寺）于多伦诺尔，鼓励他在内蒙地区传教。康熙四十五年（1706），赐之以“灌顶普觉广慈大国师金印”。清世宗雍正十二年（1734），又加授“灌顶普善广慈大国师”称号，令住持嵩祝寺。② 在皇室贵族的扶植下，藏传佛教在西北地区寺院林立，刻经繁富，信众范围扩大而人数飙升，活佛转世形成定制，经济来源相当稳定，出现了前所未有的繁荣局面。其与统治阶级的和谐关系也发展到一个新的水平。

二、约束宗教使与国家法制一致

元明清统治者的宗教开明政策和对藏传佛教的格外礼遇，为当时政治与宗教的和谐打下了丰厚的思想基础。但如前所述，政治与宗教毕竟是不同领域的事情，不可能时时处处自然地相契合。这就一方面需要统治阶层的宣传引导，另一方面更需要从国家制度上制定一些宗教政治法规，约束包括藏传佛教的宗教行为。在这方面，元明清统治者一代比一代更关切，一代比一代做得更加严格和有效。元朝最高统治集团由于崇信藏传佛教，它对藏传佛教僧侣只有优待，缺乏约束机制，带来了许多负面影响。如对帝师的

---

① 《明史》卷331《西域传》。

② 《中国佛教》第2册，知识出版社，1982年版，第365—366页。

无比宠遇，使其一些徒众怙势恣睢，为非作歹，对社会和百姓造成极大的祸害，已如上述。对于无行僧徒给社会造成的危害，元朝政府并没有采取特殊的治理措施，以至整个元代的藏传佛教，除在西部藏区归属于中央政府管辖上起了桥梁纽带作用，作出了巨大的贡献外，在地方社会管理上并没有多少积极的建树；甚至出现了许多违背国家基本法制的事。

明朝虽然继承了元朝利用蕃僧、“诸豪”管理西部藏区的政策，但自朱元璋起，明朝的最高统治者并不像元朝皇帝那样真的信仰藏传佛教，其对藏传佛教的一切政策都是从地方区域治理出发的，因而更具有政治理性。正如明将郑洛所说：“祖宗略地西陲，缘俗立教，加意诸羌，故大建梵宇，特赐专敕。蕃僧为众推服者，大者国师，小者禅师。其诸豪有力者，或指挥、千户、百户，各授有差……二百年来，分方住牧，内外相安，若有跳梁，或抚或剿，旋即安定。”①在管理制度上，明朝把甘青藏族等少数民族看作内蕃，与对蒙古等外蕃的态度有质的区别。郑洛上疏中有这样的话：西宁“附近境内而岁纳茶马者谓之曰属蕃，其散出山外而易茶属蕃者谓之生蕃。种类不一，远近攸分，要之，皆为中国之藩篱”。② 就是说甘青蕃族，无论熟蕃还是生蕃，都被当作明朝的边防藩篱。然而从宗教行政管理上看，明朝对西北少数民族除征收麦豆青稞、褐匹毛布和代替赋役的马以外，其他的制度性规定并不多。

清朝以平定罗卜藏丹津叛乱为契机，对藏传佛教制定了多方面严格的制度：

——限制寺院、僧人数量。从寺院说，据《甘肃省通志》卷 30 统计，仅甘肃洮州厅（今甘肃临潭县）、庄浪厅、平番县连城，西宁府的碾伯、大通县及贵德、丹噶尔、巴燕戎格厅等地，就有较大的蕃寺（即藏传佛教寺院）210 所；甘州府有 15 所。甘、新其他地区的藏传佛教寺院还不在这个数字内。我国著名的黄教 6 大寺院中的两所，即青海塔尔寺和甘肃拉卜楞寺，都是在清代创修或扩建的。每个较大的寺院，都有经堂、佛殿、囊欠（活佛府邸）、僧舍、牌坊、塔座等建筑。每一部分又都是一个建筑群。清顺治以来，“蕃下愚民，无

① 乾隆《甘肃通志》卷 45《艺文 · 收复蕃族疏》。
② 乾隆《甘肃通志》卷 45《艺文 · 收复蕃族疏》。

日不修庙寺，渐增至数千余所。西海境诸民，衣尽赭衣，鲜事生产者几万户”。① 康熙时令“以民田展修庙宇，有关民生，嗣后凡修庙有碍民地者，著永行禁止”。② 这是限制新建寺院。就僧人数量说，清初，“西宁各庙喇嘛，多者二三千，少者五六百”。③ 其他寺院僧人数量大抵与此相仿。顺治十五年(1658)题准：“喇嘛徒众，除院册有名外不得增设。”④康熙十年(1671)题准：“凡喇嘛将自己家奴及受他姓送到之人作为班第(小徒弟——引者注)，并容留无籍之格隆(徒弟——引者注)、班第者，将该管之达喇嘛革退，罚牲畜三九；格隆、班第等各罚三九。如内地家人作为班第，送至喇嘛处，或隐匿在家及容留无籍游行之格隆、班第者，将都统以下，领催以上，同本人一并交部分别议处治罪。”⑤罗卜藏丹津叛乱时，有的喇嘛带领蕃民与清军相对抗。平定罗卜藏丹津叛乱后，年羹尧奏请“于塔儿寺喇嘛内之老成者拣选三百名，给与大将军印信执照，谕令学习清规。请嗣后定例，寺庙之房，不得过二百间。喇嘛多者三百人，少者十数人。仍每年稽察二次，令首领喇嘛出具甘结存档”。⑥ 类此禁令很多，它与明朝以来政府严格控制各教出家人数的传统政策是一致的。

——取消喇嘛管辖蕃民和向蕃民收税的特权。元朝在藏区实行政教合一制。明朝沿袭而不改。故从明朝到清初，西宁、河州等甘青藏区许多寺院拥有整族的蕃民，以“族佃”者的身份，接受寺院管辖，向喇嘛缴纳租税，与纳贡无异。平定罗卜藏丹津叛乱后，清朝于雍正四年(1726)议准：“嗣后令各寺族佃，归并内地为民，所给(喇嘛)敕印尽行收取，不令管辖蕃众。”⑦合法喇嘛的衣粮改由国家供应。即年羹尧在《青海善后十三条》中提出的：“至蕃民之粮，应俱交地方官管理。每年量各庙用度给发，再加给喇嘛衣服银两，

---

① 杨应琚：《西宁府新志》卷34《艺文志·郎谈请禁约喇嘛等不得任意出边并除异端疏》。
② 《大清会典事例》卷993《理藩院·喇嘛禁令》。
③ 《清世宗实录》卷20，雍正二年五月戊辰。
④ 《大清会典事例》卷993《理藩院·喇嘛禁令》。
⑤ 《大清会典事例》卷993《理藩院·喇嘛禁令》。
⑥ 《清世宗实录》卷20，雍正二年五月戊辰。
⑦ 《大清会典事例》卷975《理藩院·喇嘛封号》。

庶可分别其贤否，地方官得以稽察。”①这就向藏区的政教分离制迈出了实质的一步。

——不许僧人随便游方、出边和入藏。清世祖顺治四年(1647)，谕令“喇嘛不许私自游方，有游方者，著发回原籍”。② “游方之徒，不得擅留，违者治罪”。③ 顺治十四年(1657)题准:“格隆、班第等，如为人治病，必告知大喇嘛，限定日期，方许前往。若有私往违限，并擅宿人家，或藉端留妇女于寺庙者，皆依律治罪。再，游方之徒，不得擅留，违者亦治罪。”④清朝驻西宁的一位将军郎谈上疏中也要求禁约喇嘛任意出边，他说:“窃查边内非蒙古所居之处，塞口非喇嘛任意来往之所……臣意欲严令诸隘口官吏，不得令喇嘛任意出入，俾内地消息泄于边外蒙古……再边内庄浪诸蒙古……凡自古所有寺庙，应存留者令焚修者居之，其余喇嘛、愚民任意盖造者，宜悉毁之，驱游惰之徒，归于田亩，国赋充而游民少。”⑤对于内外蒙古延请西藏僧人的事，因要通过西北地区，因此清高宗乾隆五十八年(1793)也做出了具体而严格的规定:“嗣后凡遇蒙古王公等延请喇嘛者，令西宁办事大臣行文赴藏，再由驻藏大臣给予执照，并咨明西宁办事大臣，庶彼此各有关会，来往时日皆可按照而稽，永杜私相往来之弊。”⑥清宣宗道光四年(1824)奏定:“青海地方，凡有北口各部落蒙古喇嘛，赴藏熬茶，十人以上，仍留原处请票。十人以下，无票出口者，由西宁何处营卡行走，即责令该营卡官弁查验人畜包物数目，报明青海衙门，核给执照。一面移咨驻藏大臣查照，将票缴销。回时由驻藏大臣发给路票，在青海衙门查销。”⑦这类记载还有很多。此外，清朝政府在甘青藏区仿照内地模式建立的佛教管理机构，也在强化僧人、寺院管理上发挥了一定作用。清政府制定禁令和加强佛教管理的措施与其整体的民族隔

① 《清世宗实录》卷20，雍正二年五月戊辰。

② 《大清会典事例》卷501《礼部·方伎·喇嘛禁例》。

③ 《大清会典事例》卷992《理藩院·喇嘛禁令》。

④ 《大清会典事例》卷993《理藩院·喇嘛禁令》。

⑤ 乾隆《西宁府新志》卷34《艺文志·郎谈请禁约喇嘛等不得任意出边并除异端疏》。

⑥ 《大清会典事例》卷993《理藩院·西藏禁令》。

⑦ 《大清会典事例》卷993《理藩院·西藏禁令》。

离政策相一致。其出发点，一是怕泄漏内地机密，二是防止反清势力串联，三是保护国家的赋役来源。

元、明、清3朝从对藏传佛教的单纯信仰优待和实际上的无序管理，到从藏传佛教徒众违法行事、对社会造成危害、甚至发动武装叛乱活动的政治实践中汲取经验教训，从而制定必要的政策法规，将藏传佛教的活动严格地限制在国家法制管辖下，为宗教活动划定了一定的空间，这是国家法制和社会管理进步的反映。它不仅理顺了正常的政教关系、教民关系和相关的经济关系，而且为藏传佛教喇嘛、信众合法的宗教活动指明了方向，有利于在藏传佛教区建立和谐的政教和社会关系，这一可贵的历史经验直到今天仍能给人以启迪。

三、谋求和谐政教关系的宗教行政制度

宗教的社会作用是两方面的。作为国家政权，如何防备和控制宗教的消极面，引导其发挥积极的社会作用，是历代政治家不能回避的一个课题，是宗教实际社会作用的分水岭，也是对政治家们政治思想和管理水平的考验。元、明、清3朝在这方面的一些做法是值得肯定的，且一代比一代做得更细致，社会作用也更好。

1. 进贡制度。进贡不同于完纳赋税，它是边疆少数民族和宗教上层归顺中央政府的一种表现，从物质利益上说，进贡者所得的赏赐往往比贡品的价值更高，因此边疆各族头人、高僧们经常趋之若鹜。元朝包括西北地区的喇嘛进贡史不绝书，但制度性规定尚不多。明朝在优待朝贡蕃僧的同时，从永乐时在朝贡频次上就规定给予封号印诰者“令岁一朝贡，由是诸僧及诸卫土官辐辏京师”。① 然而从整体上说当时的进贡多是招徕性的，制度本身并不健全和严格。清朝政府对甘青藏传佛教高僧的进贡有严格的规定。据《大清会典事例》记载：清世祖顺治八年（1651），河州宏化、显庆寺各遣喇嘛进贡“舍利、铜塔、佛像、蕃犬及马、驼、氆氇、豹皮、酥油等物”。顺治十年（1653），

---

① 《明史》卷330《西域传二》。

西宁瞿昙寺国师“贡舍利、藏菩提数珠、琥珀、氆氇、猞猁猻皮、狼皮、狐皮、酥油、马”。净宁菩提寺国师、净觉寺国师、慈利寺国师禅师、延寿寺国师、普法寺国师、吉祥寺禅师、伊尔吉寺喇嘛“各进贡方物”，其进贡物品和数量与宏化、显庆寺相同。同年(1653)，西宁西纳演教寺国师“贡舍利、琥珀数珠、珊瑚数珠、青金石数珠、菩提数珠、花毯、西绒毯、氆氇、腰刀、猞猁猻皮、艾叶豹皮、金钱豹皮、狼皮、狐皮、马、驼、牛、酥油等物。河州端严、宏化等寺喇嘛皆入贡。庄浪红山堡报恩寺都纲进贡，与河州诸寺同”。顺治十七年(1660)，岷州圆觉寺等26寺“贡马、青木香等物。旧有画佛、舍利、珊瑚、枣、酥油、杵力麻、延寿果、雕翎诸物。后皆免进”。

清圣祖康熙二年(1663)，清朝中央政府对岷州等寺院进贡的年次、编组、贡品内容、盘费等都作了详细规定。题准：“圆觉寺等二十六寺喇嘛定期三年一贡。分四班：圆觉、大崇教讲堂(剎、藏)、宏教、洪福等寺为一班；法藏、朝定、藏经、裕竜、三竹、石崖等寺为一班；鲁班、羊圈、永安、广善、昭慈、洪济、广德等寺为一班；崇隆、宝净、写儿朵、赞林、永宁等寺为一班。越三年以一班入贡。每寺贡马一，青木香二筒。”康熙四年(1665)题准：“金川寺僧三年一次进贡。每贡不得过百人。止令八人赴京。余皆留边。”康熙三十九年(1700)议准：“庄浪红山堡报恩寺都纲等进贡，除贡物察收照例给赏外。嗣后照岷州卫二十六寺喇嘛例、三年一贡，并令照扎萨克喇嘛等例自备盘费，不给勘合粮单。”康熙四十二年(1703)覆准：“喇嘛等事非紧急，不便给予驿递。报恩寺进贡之期，改为五年一次，贡物随其所办。或力不能来，即交地方官转进，赏赐视岷州诸寺。”①雍正以后各帝在位时，基本遵照了这一进贡模式。

喇嘛进贡是一次大规模的宗教和政治宣传活动，它不仅向民族地区进行了宗教传播，而且向所经大半个中国的各族、各类人宣示了甘青藏传佛教界服从和服务于中央政府的政治倾向。这一活动对于维护国家统一、社会稳定与和谐所起的政治作用远大于贡品的经济价值，难怪元、明、清各朝统

---

① 以上均见《大清会典事例》卷986《理藩院·甘肃河州等处喇嘛贡物》。

治者对它极为重视了。

2. 封授法号和僧官制度。如前所述，元明时代都封授了许多的帝师、法王、国师、禅师等僧号僧官，并给予敕印札付。清朝对于明朝已经给予诰勅、印信、札付的大国师、国师、禅师和各级僧官，只要将其交到有关部门，就会换给他们以新的敕印札付，只是在承袭、权限范围等方面又有新的规定。

下面根据《钦定大清会典事例》一书的记载，将顺治以降几位皇帝所给的喇嘛封号以时间为序，列成一表，以便查看：

时间	地名	寺名	僧名	明朝封号	清朝封号
顺治七年	河州	宏化寺	韩禅巴	国师	国师
顺治八年		显庆寺	丹巴坚错	灌顶大国师	灌顶大国师
顺治八年		宏化寺	诺尔布坚错	禅师	普应禅师
顺治十年		宏化寺	阎老藏灵珍	明授都纲敕印	都纲
顺治十年	西宁	瞿昙寺	公葛丹净	大国师	灌顶净觉宏济大国师
顺治十年		瞿昙寺	渣思欢卓尔	国师	灌顶广济宏禅国师
顺治十年		瞿昙寺	拉思俄卓尔	明给诰敕印札	都纲
顺治十年		净宁菩提寺	沙拉索南	大国师	妙胜惠济灌顶大国师
顺治十年		净觉寺	班珠儿坚错	国师	净慈优善国师
顺治十年		慈利寺	札思巴统诸	国师	宏善演教国师
顺治十年		慈利寺	毛错南宫哈	禅师	妙胜禅师
顺治十年		延寿寺	张舍拉朋错	广济宏修国师	广济宏修国师
顺治十年		普法寺	丹进坚错	国师	妙善通惠国师
顺治十年		吉祥寺	洛藏拉旦	禅师	福教禅师
顺治十年		西纳演教寺	班珠儿盆错	国师	国师
顺治十七年	岷州卫	圆觉寺、大崇教寺	后只即丹子	宏济光教大国师	国师、护印僧纲司
康熙四年	青海	东科寺	东科尔呼图克图		蛮朱什哩禅师
康熙十一年	岷州卫	延寿寺	张哈完卜		承袭明封广济宏修国师
康熙十五年		法藏寺	丁桑节落旦		法藏寺僧纲司
康熙三十年		圆觉寺	后丹子达节		袭明封封宏济光教大国师

续表

时间	地名	寺名	僧名	明朝封号	清朝封号
康熙三十六年	西宁	瞿昙寺	观著圆思多荣进		袭封灌顶净觉宏济大国师
康熙三十六年		西纳演教寺	达尔吉		袭封通慧净觉国师
康熙三十八年	岷州卫	法藏寺	丁桑节落旦		僧纲司
康熙四十四年	青海	佑宁寺	章嘉呼图克图		灌顶普善广慈大国师
康熙五十二年	洮州	阐定寺	杨昂望	国师	崇梵净觉国师
康熙五十七年	西宁	衮布庙	阿旺		锡勒图达赖诺们汗
雍正十二年	青海	佑宁寺	土观呼图克图		静修禅师
雍正十二年	青海	塔尔寺	噶勒丹锡呼呼图克图		慧悟禅师
乾隆四十六年	青海	广惠寺	敏珠尔呼图克图		净照大禅师
嘉庆三年			阿嘉呼图克图		显能禅师
不详	甘肃	拉卜楞寺	贡唐呼图克图		禅师

注:此表据《钦定大清会典事例》卷975《理藩院》制定,并参考了白文固:《清代对藏传佛教的禁约和整饬》,载《中国藏学》,2005年3期。

3. 僧人管理制度。元明时期对汉地佛教有比较严整的地方管理机构,而对藏传佛教的管理并不严格,而且主要是通过授权给藏传佛教高僧管理的。清朝则不同,它在西北地区象西藏一样建立了各级藏传佛教僧人管理系统。如清高宗乾隆十二年(1747),总结清初收缴明朝敕印、取消喇嘛管理权限后出现的问题,认为"甘肃省所属各寺庙喇嘛,自收国师、禅师印信以来。各自梵守静修。其属下众僧,虽各设有法台,但约束不无涣散,自应照依地方之大小,喇嘛之多寡,定为职衔,以备稽察"。为此议准:

河州普纲寺、灵庆寺、宏化寺各设都纲一人。西宁县之西那寺、塔尔寺、札藏寺、元觉寺、沙冲寺、仙密寺、佑宁寺,碾伯县之瞿昙寺、宏通寺、羊尔贯寺、普化寺,大同卫之广化寺,归德所之二叠阐寺,垂巴寺、马(玛)尼寺各设僧纲一人。洮州卫之阎家寺、龙元寺、圆成寺各设僧正一人,均由院给予札付。其松山报恩寺喇嘛达克隆呼图克图呼毕勒罕,红山堡报恩寺都纲阎南木加,岷州圆觉寺僧纲侯章杨恩柱,河州宏化寺都纲章敦柱坚错，皆有都纲僧纲印信，毋庸再给。[1]

据记载，清代仅庄浪、河州、循化、西宁、岷州、洮州各蕃寺喇嘛，就共“设僧纲十九人，僧正三人。其出呼毕勒罕入院册者，庄浪二人，西宁三十三人”。[2]这只是一个粗略的概数，实际上，该地区僧人管理系统是不断变化的，僧职、僧官也经常调整，然而清朝总结元明时代的经验，强化管理，引导藏传佛教界不断以国家法制约束自己和相互约束，在建立和谐社会中发挥积极作用则是成功的和值得肯定的。

4. 喇嘛转世制度。来源于藏传佛教噶玛噶举派的活佛转世系统，元明时期尚是个别教派的宗教仪轨，对地方政治及社会稳定影响不大。清朝以来，黄教（格鲁派）崛起，我国西部藏区大多数寺院都改尊格鲁派，建立了活佛转世系统。青海东科寺的东科尔呼图克图，佑宁寺的章嘉呼图克图、土观呼图克图，塔尔寺的噶勒丹锡呼呼图克图、阿嘉呼图克图，广惠寺的敏珠尔呼图克图，甘肃拉卜楞寺的贡唐呼图克图等，在清代甘青藏区的宗教、政治生活和社会稳定中起着举足轻重的作用。然而就在活佛转世问题上，当时存在着普遍而严重的“受人属求，任意妄指”活佛转世灵童的现象。西藏的达赖喇嘛、班禅喇嘛，蒙古的哲布尊丹巴等喇嘛转世是这样，西北地区的喇嘛转世也是这样。正如乾隆帝所说：“达赖喇嘛、班禅额尔德尼、哲布尊丹巴呼图克图等，以亲族姻娅递相传袭，近数十年来总出一家，竟与蒙古之世职无异，以致蒙古、蕃众物议沸腾。”为此，清高宗乾隆五十七年（1792）谕令：“嗣后应令拉穆吹忠认真作法，降神指出，务寻实在根基呼毕勒罕名姓若干，将其生年月日各写一签，贮于由京发去奔巴金瓶内，令达赖喇嘛等会同驻藏大臣公同念经，对众拈定具奏，作为呼毕勒罕。不得听其仍前任意妄指，私相传袭，以除积弊而服人心。”乾隆帝多次指出达赖、班禅等活佛转世中存在的弊端，指令通过金瓶奔巴诵经掣签的方式选定活佛转世灵童，认为这也是出于“保卫黄教之意”。藏内既已如此，“凡蒙古、蕃子部落呈报呼图克图大

---

① 《钦定大清会典事例》卷975《理藩院·喇嘛封号》。
② 《钦定大清会典事例》卷975《理藩院·喇嘛封号》。

喇嘛之呼毕勒罕出世，准于闲散台吉或属下人等及唐古特（指青藏地区及当地藏人——引者注）平人之子嗣内指认，其达赖喇嘛、班禅额尔德尼之亲族及各蒙古汗、王、贝勒、贝子、公、扎萨克、台吉之子孙，均禁止指认呼毕勒罕。凡各处之呼图克图及旧有之大喇嘛等圆寂后，均准寻认呼毕勒罕。其无名小庙坐床，从前并未出有呼毕勒罕之寻常喇嘛已故后，均不准寻认呼毕勒罕”。① 这条谕令不光是针对西藏和内外蒙古的，它也适用于西北地区的藏传佛教活佛转世系统。清高宗乾隆五十九年（1794），乾隆帝对青海之察汉诺们汗的转世灵童又作了特殊的规定：认为他“系一扎萨克，有管理游牧之责。伊之呼毕勒罕，必须伊属下心服，方于事有益。嗣后察汉诺们汗圆寂后，拟呼毕勒罕时，无论伊族人亲戚，按伊属下人等众情帖服者，入于奔巴金瓶掣定，毋庸固执新例”。② 实行活佛转世制度，避免了因宗教领袖去世而引起的思想混乱和人事纠纷，有利于寺院经济、权力和宗教秩序的稳定，有利于消除活佛转世中的弊端，确保在活佛转世问题上宗教内部、藏区宗教界与中央政府的一致性，是政府管理宗教的一大发明，因此被其后各个皇帝所遵行，并一直延续至今。

5. 喇嘛的衣食制度。明初只对汉僧的衣饰颜色，按禅、讲、教 3 类作出具体规定。到清世祖顺治十二年（1655），题准：对喇嘛的常服、坐褥、车饰、帷幔等都订出了许多制度。如喇嘛、格隆服黄红色常服，非奉御赐不得用“五爪团龙袈裟”；班第用黄帽黄衣。清圣祖康熙六年（1667）题准：喇嘛人等许服金黄、明黄、大红等色。班第可服大红色；不得服用金黄和黄色。乌巴什（僧人）、齐巴罕察（尼僧）不许服用金黄色、黄红色。其余色服亦不得擅自使用。违者，喇嘛罚牲畜“一九”（9 匹），班第以下鞭“一百”（100 下）。又定国师可用金顶绿轿或金顶黄轿，9 龙黄坐褥，国师以下者不能用。达赖、班禅、哲布尊丹巴、章嘉等 4 大活佛出行途中才可搭用黄布帷幔墙，其余活佛均不可僭用，等等。③

① 《钦定大清会典事例》卷 975《理藩院 · 喇嘛封号》。

② 《钦定大清会典事例》卷 975《理藩院 · 喇嘛封号》。

③ 《钦定大清会典事例》卷 992《理藩院 · 喇嘛服色》。

第四节 元明清西北地区的教育

元明清时期,国家统一,社会相对安定,商品经济发达,农家、商人都以“耕读”、“儒商”为志趣。这一时期,由于传统文化与政治的进一步密切结合,使学校教育不仅更加明确地承担着为统治阶级培养人才的任务,还兼有社会教化、移风易俗、赡养贫士等广泛的社会职责,在政治生活中发挥着非常重要的作用,从而备受统治阶级的重视,是政治史包括区域政治史研究的一个重要领域。下面我们分朝代予以介绍。

一、元朝西北的教育

元朝是我国封建社会继宋以后,进一步将儒学普及到地方府州县的重要历史时期。元朝的官学教育不仅承担着为统治阶级培养人才的任务,还兼有现任官佐吏员补习、社会教化、移风易俗、赡养贫士等广泛的社会职责,在当时社会治理中发挥着重要而独特的作用。元代西北地区的教育除与中原内地的共性外,还有许多区域性特点和宣扬教化、维护地方安定、促进民族团结融合的作用。

(一)从文献记载看元代西北教育的发展。元朝与前代相比较,地方官学教育有了很大的发展,这主要表现在府州县学的普遍建立。在孔子庙宇里建学或在地方儒学中立孔庙是唐宋以来的通例,元朝继承了这一做法,把办学和祀孔紧密地结合在一起,看作是一项重大而神圣的事业。因此,凡有孔庙的地方大都有学校,凡办学校都要立孔庙,人们将其通称为庙学。由于时代久远,土木建筑不易长久地保存,加上文献记载缺失,我们对元朝西北办学的整体规模已难确切地考知,但据现有资料,仍能比较合理地推测和恢复其大致轮廓。

西北的新疆元时大部分属于察合台后裔的属地,其学校教育情况这里存缺。陕、甘、宁、青地区当时分设陕西行中书省(包括今陕西全部、甘肃中东部和宁夏一小部分地区）和甘肃行中书省（包括今甘肃河西、宁夏大部和青海河湟地区、内蒙古额济纳旗等地区）。两行省见于记载的府州县学和书院如下：

1. 府州县学

西安府学。在府治东南，宋金学校旧址。元惠宗至正（1341—1368）间行省平章廉希宪重修，学士虞集有碑记。

临潼县学。旧在县城北，宋真宗咸平（998—1003）中知县赵恪改建。元世祖至元二十九年（1292），知县马忙修，韩择有碑记。元惠宗至正十五年（1355）尚书赵公谅重修。

高陵县学。在县治北，宋哲宗绍圣元年（1094）知县朱革创建。元中统二年（宋理宗景定二年，1261）县丞张鼎重修。

泾阳县学。在县治西南，宋哲宗元祐五年（1090）建。明太祖洪武二年（1369）知县张师孟重建，元时当存。

三原县学。在县治西北，元成宗大德十年（1306），镇人张德明创建。元惠宗至正十年（1350）、至正二十八年（1368）重修。

盩厔县学。在县治东南，元成宗大德十一年（1307）建。元惠宗至正（1341—1368）间，知县王渊重修。

醴泉县学。宋仁宗皇祐（1049—1054）间殿中丞薛周创建。明洪武四年（1371）移县治东，元时存。

鄠县学。旧在县城外，明太祖洪武七年（1374），教谕张绅移建县西。此学是明朝洪武初才从“县城外”“移建县西”的，可知移建前的旧学是元时的鄠县学。

延安府安塞县学。在县治南，元成宗大德三年（1299），知县刘秉实、教谕萧允中修建。

安定县学。在县治东，元世祖至元四年（1267），知县段允恭建。

保安县学。在县南一里，元仁宗延祐三年（1316）县尉冯显建。

宜川县学。旧在县治西，元世祖至元二年（1265），知县李宥建。元惠宗至正十二年（1352），知县刘士泾修。

延川县学。在县治西，元英宗至治元年（1321），知县王恪建。

凤翔府学。旧在府治东一里许，宋仁宗庆历（1041—1048）中建，金世宗大定（1161—1163）初兵毁。金章宗明昌元年（1190）重建。元末徙于府治东南。

岐山县学。在县治东。唐高祖武德四年（621）建，宋太宗雍熙（984—987）中重修。金末兵燹，元世祖至元二十八年（1291），知县张荡古重建。

扶风县学。在县治东。唐代宗大历二年（767），县尉袁弁建。宋仁宗皇祐元年（1049），知县王宗元修，京兆姚嗣宗有记。元仁宗延祐五年（1318），知县张佑重修。

郿县学。旧在县治西。元惠宗至正九年（1349），县令赵名时建。

宝鸡县学。在县治西。元泰定帝泰定四年（1327），教谕陈履谦建。

汉中府学。在府治西南。宋仁宗庆历（1041—1048）中建学于城外东南里许。元世祖至元六年（1269），提举王德舆移置城中。元末兵燹。

褒城县学。宋仁宗庆历（1041—1048）间倚于江岸，知县事窦充建，宋宁宗庆元（1195—1200）中陈彪重葺，明太祖洪武（1368—1398）间知县段勉移建至县治西南，元时当存。

城固县学。在县治东南。宋徽宗崇宁二年（1103）建，元成宗大德八年（1304）重修，翰林学士王和周有碑记。

洋县学。唐玄宗天宝（742—756）时建于城东，宋英宗治平（1064—1067）中，知州蔡交迁建于县治西南。元末兵毁。

西乡县学。旧在县治东关，元仁宗延祐二年（1315），知县宋彦中建，宋贞撰碑记。元末兵燹。

宁羌州学。宋仁宗庆历（1041—1048）中建，明英宗正统四年（1436—1449）指挥胡贵、杨悰奏设卫学，移置州治西北，元时存。

略阳县学。旧在县治西北隅，宋仁宗庆历（1041—1048）中建，元世祖至元十年（1273），县令李舜臣重建。

兴安州学。在州治南，元世祖至元（1264—1294）中，知州唐天骥建，元惠宗至正十年（1350），达鲁花赤玛鲁重修。

商州学。在州治西，金章宗承安三年（1198），军判许安世修。元世祖至元二十二年（1285），知州王珪重修。元成宗大德二年（1298），知州张铨又修。

同州学。在州治西南，宋庆历（1041—1048）中建，元季兵燹。

郃阳县学。在县治南，宋哲宗元祐六年（1091），知县李百禄建，武阳张价有碑记。元末兵燹。

澄城县学。在县治西郭，宋徽宗大观元年（1107）建。元世祖至元二十七年（1290），知县薛文曜，元仁宗皇庆二年（1313）知县张洵重修，元末兵燹。

韩城县学。在县治东，明太祖洪武四年（1371）知县周吉诚重建，既为"重建"，距离元时又近，最迟当创建于元代。

华州学。在州治东，元仁宗皇庆（1312—1313）中建。

蒲城县学。在县治东，后周太祖广顺三年（953）建，宋哲宗元祐六年（1091）知县陈羔修，明太祖洪武二年（1369）主簿曹秉彝重建，元时当存。

永寿县学。旧在县治西北，元仁宗延祐七年（1320）建，元泰定帝致和元年（1328），县尉宋思义重修，治中单鹄有记。

鄜州学。在州治西南，元惠宗至正（1341—1368）间，知州宋居正建。

洛川县学。在县治西南，地方志记载该学是在宋元遗址上建的，可知元时这里建有儒学。

绥德州学。旧在州城西北，金章宗承安四年（1199）刺史秦守正移至州治东嵯峨山南一百步，明太祖洪武（1368—1398）间重建，元时当存。

米脂县学。旧在县治上城，元世祖至元（1264—1294）间，主簿冯安国建。

吴堡县学。在县治西南，元惠宗至正（1341—1368）间建。①

耀州学。在州治北，宋仁宗嘉祐（1056—1063）中建，明太祖洪武三年（1370）知州魏必兴重建，元时当存。

同官县学。在县治东，明太祖洪武八年（1375）知县鲁俊因宋旧址建，元

① 以上均见四库本雍正《陕西通志》卷27《学校》。

时当存。

武功县学。在县治东，宋徽宗崇宁二年（1103）知县赵茂曾建，明太祖洪武二年（1369）知县严祀重建，元时当存。

邠州学。旧在州治东南隅，宋庆历（1041—1048）中建，明太祖洪武六年（1373）判官莫彦荣"徙"州治西，元时当存。

河州儒学。元仁宗延祐二年（1315），平章宣慰使钦察台在河州儒户张德载家塾孔子庙基础上，"重修殿阁廊庑，绘塑贤哲。继而宣慰使着思吉巴拨田赡学，育养人才"，①将一所私塾变成了官学。

临洮府学。"元时建，明因之。"②乾隆《狄道州志》卷2《职官》记载，元临洮府有教授一职。曾任此职者有王纲、颜天佑、甘泽等。同书卷5《祠祀》云："文庙，在州治东，即旧府学也。本元司徒祁安所建。"同卷所收元失名人所撰《大成至圣文宣王庙碑》云：临洮府人、中大夫同知巩昌等处都总帅府事祁公（安），"临洮大家也，自祖及父，皆以征蜀之功，世守此邑，文治寖兴，而府学不修，是用欿（kǎn，忧愁貌）然，乃以家赀，作新祠宇……又给田庐，以赡其学……因拔其俊良，教而育之"。这些史料都证明元时临洮儒学的存在。

巩昌府学。据地方志记载："府儒学负艮面坤，元中统初都总帅汪世显建也。世显孙有成增修。明仍元旧。洪武五年，通判刘得成重建。"③

伏羌（今甘肃甘谷县）县学。"文庙……创始于元，县令鲁克得礼教授，文季之记可考也。"文季也是元伏羌县学的教授，至元二十七年（1290）任。他所撰的《创修文庙记》云："至元丁亥，进义尉鲁克得礼以西域人，奉天子命来监是邑，慨然以县学为己任，于是偕僚属卜地于邑城之南隅，以身倡率之，穷日监督，不废寒暑，踰岁而就。"④

渭源县学。康熙《渭源县志》收邑人张懋相《重建文庙碑记》云："渭邑文庙创自金辽，历元至明，三百余年。"可证元代该县学的存在。

① 吴祯编：《河州志》卷4《文籍志下·儒学文庙碑记》。

② 乾隆《狄道州志》卷4《学校》。

③ 雍正《陇西通志》卷3《建置·学校》。

④ 乾隆《伏羌县志》卷3《建置志》。

阶州学。光绪《阶州直隶州续志》卷7《学校》引《明一统志》云："阶州学,州治西,元建。正统间重修。"

兰州学。元顺帝至元(1335—1340)初,姚谅为兰州知州,创建学校。①又据光绪《重修皋兰县志》卷15《学校》云："府儒学,在县治东南,元顺帝至正五年,知州姚谅建为州学。"两种方志记载创办学校的时间不同,但元末兰州建立了儒学则两书的记载是一致的。

金州(治今甘肃榆中县)学,据地方志记载,元英宗至治二年(1322),傅梦臣由陕西行省宣慰使降职为金州判官,下车首兴学校,有治绩,贤声著于时。② 由此可知金州有儒学。

秦安县学。明人胡赞宗纂《秦安志》卷6《学校志》云："学建于元大德元年,建者知县宗也。"该志卷9收有元进士何鹗撰《重修文庙碑》一通,可惜只有碑名,原文未录,但我们据此也可以肯定元代秦安县学的存在。

甘州府学。乾隆《甘州府志》卷7《学校》记载:至元二十四年(1287),"立尚书行省学庙,在城东北隅"。至正二十八年(1368)"燹于火"。洪武二十八年(1395),"改建城东南隅","曰行都司学"。此记源于明佚名人撰《甘镇志》卷2《建置·学校》。由此可知元朝甘州府学的存在。

崇信县学。元惠宗至正(1341—1368)间,刘炳知崇信县,"与民同休戚。修廛立市,葺理学校、祠廨,躬导稼穑,不避寒暑,民爱如父母"。③ 这是元代崇信县有儒学的一个证明。

2. 书院

西安府正学书院。在府治西南,原为宋代理学创始人之一张载讲学的地方,元代大理学家许衡也曾在这里进行教学活动,后在省臣建议下改为书院,合祀横渠(张载)、鲁斋(许衡)及其乡贤杨元甫等。学者聚徒讲学其间。

咸宁县鲁斋书院。在县治东北,《元史》卷25《仁宗本纪二》延祐元年(1314)五月戊寅记载:"京兆为故儒臣许衡立鲁齐书院,降玺书旌之。"可知

① 乾隆《甘肃通志》卷31《名宦》。
② 乾隆《甘肃通志》卷31《名宦》。
③ 乾隆《甘肃通志》卷31《名宦》。

这座书院是为纪念元代大政治家、理学家许衡而建立的，还曾得到元仁宗(1312—1320)的嘉奖。

临潼县居善书院。在县学西，取《周易·渐卦·象词》"君子以居贤德善俗"之义。元工部尚书赵公谅建，欧阳元有碑记。

蓝田瀛州书院。在县治南，唐学士李元通建，明孝宗弘治(1488—1505)时知县任文献重修，元时当存。

芸阁书院。在县治北五里，宋吕大临建，明知县任文献重修，元时当存。

高陵县渭上书院。在县南渭北，元延祐(1314—1320)初建。

三原县学古书院。在县治西北，元延祐七年(1320)，邑人李子敬携其弟子一起创建。

凤翔府岐阳书院。在府治东，《元史》卷33《文宗本纪二》记载，元文宗天历二年(1329)六月，"赐凤翔府岐阳书院额。书院祀周文宪王，仍命设学官，春秋释奠，如孔子庙仪"。

郿县横渠书院。在郿县东50里，宋儒张载故居，中有祠堂，元泰定帝泰定四年(1327)建为书院，文礼恺撰有碑记。

乾州紫阳书院。元杨奂建，杨奂少时曾作梦游朱熹紫阳阁，后建书院，乃以紫阳为书院名。①

以上府州县学55所，书院10所，其中儒学以关中地区最为集中，书院则全在关中。虽然见于记载的办学数量不多，但已经能够反映当时西北各地区学校和书院教育的分布概况，那就是关中地区办学最多，其次是陕北和陕南，再次是陇右地区，而宁夏、青海和河西地区的教育设施最少。这与当时这些地区的社会不稳定、经济受损、民生不安是紧密相关的。

(二)对元代西北官学教育规模的估计。我们能否依据上面可以找到的统计数字来判断元朝西北学校教育的规模和情况呢？不能。因为这些数字不足以反映元朝陕甘两行省教育的全貌。

元朝政府把在各级行政区内设立儒学看作是地方治理的大事，正如元

① 雍正《陕西通志》卷27《学校》。

世祖至元六年(1269)四月中书省御史台呈文中所说:"学校者,风化之本,出治之源也。"①陕甘地区是元朝有效管辖的两个行中书省,其令行禁止的程度当与中原内地相一致,元朝中央政府近百年一贯的办学政策、法令和制度,不容任何地方行政单位置之不理,试想陕甘何能例外?据记载,早在元世祖中统二年(1261),忽必烈就下令"置诸路学校官",开始抓学校教育了,后于各行省所在地置儒学提举司,统管各路、府、州、县的学政。雍正《陕西通志》卷22《职官三》记载,姚燧于元世祖至元七年(1270)任陕西儒学提举司提举,而在他之前任此职的还有许衡,可见,陕西儒学提举司早在元朝灭宋、统一南方宋统区以前就已经设立了。甘肃的儒学提举司则设立于元仁宗延祐三年(1316),②比陕西迟半个世纪左右。

元世祖至元六年(1269)七月,始置诸路蒙古字学。同年十二月,中书省定学制,颁行各地,命诸路府官员子弟入学,上路两人,府1人,州1人;其余民间子弟,上路30人,下路25人。"愿充生徒者,与免一身杂役。"③这是元朝统治者最早确定的地方生员额数及其优待条件。至元十九年(1282),确定全国各路、府、州设置学官"教授",府、州教授初任相当于从八品,任满升至路级教授,准正八品。再任满可以继续迁升和转到其他行业、部门为官。至元二十八年(1291),规定地方路设教授、学正、学录各一员,府、上中州设教授一员,下州设学正一员,县设教谕一员,书院设山长一员。各省府州县学正、山长、学录、教谕等具由行省及宣慰司书面任命。这些教育政令在陕甘两行省贯彻执行的情况,大都可以从地方志中得到印证。元成宗元贞元年(1295),元朝政府命有关部门划出田地,以其租入供给生员的伙食费用。元成宗大德四年(1300),元政府规定,从国学到州县学,推荐成绩优异的生员,经过考试,充任学官译史一类的职务。大德五年(1301)十月,元朝政府规定地方府学生员设额20人,上、中州15人,下州10人。④ 元成宗以后诸

① 《大元通制条格》卷5《学令·庙学》,法律出版社,2000年(下同),第69页。

② 《元史》卷25《仁宗纪二》。

③ 《元史》卷81《选举志》。

④ 《元史》卷81《选举志》。

帝，对地方教育也都比较重视。如元仁宗在即位诏中严令监察御史和肃政廉访司敦劝各地教官办学。延祐（1314—1320）间，元朝政府规定对于捐资建学者加以表彰。直到元末帝惠宗时期，还在考核地方官员的6条标准中，将办学成绩列在最前面。①

据地方志记载，元朝西北的奉元路总管府（按元初为京兆，至元十六年改为安西路，皇庆元年改置奉元路），下设儒学教授、学正、学录、蒙古教授、医学教授。延安路总管府、兴元路总管府所设学官与之相同。② 甘肃行省下各府州县的学官设置当大致与此相同。如果只是因为不见于记载，就否认陕甘各府州县曾经普遍地设置了官学，那上述学官们难道是尸位素餐之辈？或元朝的学政管理系统是空转的？事实上，如此严密和严格的国家办学政策、制度具体设施，作为统一国家的任何一个行省，包括陕甘两省，在地方社会秩序安定的情况下，都要一体照办，否则是不能设想的。

那么，元朝西北办学的规模到底有多大，或者说元代西北究竟建立了多少官学？按照元代的政治格局和地方行政建制，除今新疆外，陕西和甘肃两行省的行政机构，按《元史》记载，陕西等处行中书省分4路、5府、27州，12属州、88属县。甘肃等处行中书省分7路、2州，5属州。③ 合计共有11路、5府、29州、17属州、88县。史志中未见西北路级办学的记载。甘肃行省及其路级教育行政职位的设置也无明确的记载，其学政可能是由其他官员兼任。按照元朝政府的办学政策来估计，陕甘两行省所设路、府、州、县级各类学校，不应少于各级行政单位的总数。然而，为什么我们今天能够检索到的元代陕甘两行省所办各类学校的总数只有50余所，不到应办学数的一半呢？这里有几个原因：

一是社会环境的影响。五代、宋、元以来，国家经济政治中心远离西北，西北与中原内地经济社会发展的差距已经形成，加上民族矛盾冲突加剧、战乱、灾荒、政治腐败等因素的影响，西北整体上属于边远落后地区；区域内各

① 《两浙金石记》卷6《杭州路重建庙学记》。

② 雍正《陕西通志》卷22《职官三》。

③ 《元史》卷60《地理志三》。

地方之间的稳定、发展状况也差别很大。当着国家整体比较安定、地方官比较清廉勤政、经济社会状况较好的时期，国家倡导办学的政令就能够得到较好的贯彻实行，反之，别说新设学校，就是已经建立起来的官学也会因为上述原因而废置。史载陕西有许多唐宋时期建立的学校，到元时都湮没无闻了，例如陕南褒城县学，本是宋庆历（1041—1048）间建立起来的一所老学校，直到南宋后期宁宗庆元（1195—1200）时还经修缮而存在。此后见于记载的迁建年代就到明朝洪武（1368—1398）时期了。醴泉县学也存在类似的情况。蓝田县的瀛州书院，本由唐朝学士李元通创建，地方志记载直到明孝宗弘治（1488—1505）时，才由知县任文献重修，此前元朝的情况怎样，史志中未讲，这说明官学教育当时中断。像陕西行省这样办学环境较好的地区尚且如此，难怪更加边远的甘肃行省的官学史志不载，碑铭不传了。

二是教育传统不同。西北范围很大，各地方的文风和办教育的传统很不一致。总的来看，陕西比甘肃强得多；关中又比陕北、陕南条件优越。例如，早在南宋理宗宝祐二年（1254）忽必烈为秦王时，就以理学家许衡为京兆（今陕西西安市）提学。当时，“秦人新脱于兵，欲学无师，闻衡来，人人莫不喜幸来学。郡县皆建学校，民大化之”。① 此外，出身于关中地区乾州的杨奂，高陵县的杨天德、杨恭懿、杨寅祖父孙一门3人，富平县的第五昌言，郃阳县的岳崧、泾阳县的程瑂（chāng），奉元（今西安市）的萧𣂏（jū）、韩择、侯均、同恕、第五居仁等，他们虽不像许衡那样驰名遐迩，但也可以算得上知名的学者。类此特殊条件及其所造成的历史性影响，是西北其他地区所没有的。在关中，我们能够看到许多唐宋以来的儒学，元时仍然兴盛不衰，而在甘肃等地就很少有这样历史悠久的学校。甘肃行省驻地甘州府，元初所建的府学，到元末至正二十八年（1368）就“燹于火”了。② 省会城市尚且如此，其他民族聚居、经济落后、社会矛盾更加复杂地区的教育生态环境和办学情况就可想而知了。至于官府筹措办学资金的难易，私人捐献的多少，后续经费的有无，以及学校的物质设施、师资、生源等等，甘肃行省都不能与陕西相比

① 《元史》卷158《许衡传》。

② 乾隆《甘州府志》卷7《学校》。

较；同样，陕南、陕北地区也比不上关中。很清楚，文风昌盛，学校延绵长久，就容易在历史上留下更多的痕迹，这是陕西关中所保留元代官学、书院资料远多于其他地区的一个重要原因。

三是没有严格的统计制度。元朝政府有许多设置学校的诏令、政策和措施，却缺乏定期严格的统计制度，国家偶或统计，也是只按地区要一个总数字，而不要求报告各府州县学校的详情。府州县学校在地方志中一般都要列专题介绍，可一则元朝编写地方志尚未形成定制，偶发性很强，一些旋生旋灭的学校，大都得不到及时的统计和记载；二则西北地区遗留到今天的元代方志又极少，今见方志中的元代资料大都是明清人追记的，难免疏漏，而不能全面完整地反映区域办学的实际。明清地方志追记有关学校的历史，往往是从现办学校出发，追溯其历史渊源的。至于历史上曾有而眼下已经不存或与其时所办学校没有直接联系的旧学，则往往不予关注，致使历史上曾经短期存在过的一些州县学校，在史志上没有留下它们的影子。

综上，我们认为元朝西北陕甘两行省都曾经普遍地建立了府、州、县及官学；关中地区还设立了不少受政府资助和统一管理的书院。尽管由于社会环境条件的限制，很多官学，尤其是边远、民族地区的学校设施简陋，办学质量不高，且未能长久地坚持办下来，但仅就目前见于记载的官学和书院数量，加上合理的推测，我们已经能够粗略地估计元朝西北陕甘两省官学教育的规模、分布格局、延续情况和达到的水平了，并至少可据以断定元朝是西北继宋以后，将官学教育普及到地方府、州、县的重要历史阶段。

（四）元代西北教育的特点和作用。元朝西北的教育是与内地各行省在统一政策指导下举办的，因而既有许多与内地一致而不同于前代的地方，又有一些西北独具的特点。

就其与内地相同的一面而言，元代西北的官学也是既负责人才的培养，又有地方官吏补习、成人教育、社会宣传、赡养寒士等多方面功能。元朝政府鉴于府、州、司、县人吏“幼年废学，辄就吏门，礼仪之教，懵然未知”①的实

① 郭成伟点校：《大元通制条格》卷5《学令·科举》，第80页。

际情况，为防止他们沾染官僚队伍中的贪赃腐败习气，早在元世祖至元六年(1270)四月，中书省御史台呈文中就建议：

如遇朔望，自长次以下正官、首领官，率领僚属吏员，俱诣文庙烧香。礼毕，从学官、主善诣讲堂，同诸生并民家子弟愿从学者，讲议经史，更相授受，日就月将，教化可明，人才可冀。①

类似建议的实质是元朝政府部门想通过儒化各级官佐吏员的德行操守，来防止出现官员们徇情舞弊、政治腐败的现象。这是元朝政府普行于地方官学的一项政策措施，其在西北官学的落实情况，屡见于地方史志的记载。

元朝地方儒学教育的又一任务是"肃清风俗，宣明教化"，②就是进行社会宣传教育，使所在地区的百姓循习礼法，不犯宪章，以达到地方治理和社会安定的政治目标。为此，统治者对学校教育寄予了很大的希望："夫风化者国家之元气，王政之大纲，故庙学之所在，风化之所行也。"③真是殷殷之情，溢于言表。

赡养寒士也是官学的一项责任。元成宗大德十年(1306)五月，中书省御史台呈文中说社会上的贫寒老病之士，为众所尊敬者，当地儒学应月支口粮养赡，这件事明有"圣旨"，然而所在学官多不奉行。呈文要求今后应养之士，从学官列名保举，府、州、司、县、路，逐级申报，核实名单，"发下本学，令教官支付钱粮养赡，仍牒廉访司体察"。④ 就是强调儒学养赡学外寒士的社会职责。

元代西北官学及书院教育与全国相仿的又一方面，是生员的就业出路、各级学校教官的仕途升迁都比较宽泛。《元史》卷81《选举志》云：

自京学及州县学以及书院，凡生徒之肄业于是者，守令举荐之，台宪考核之，或用为教官，或取为吏属。

① 郭成伟点校：《大元通制条格》卷5《学令·庙学》，第69页。
② 郭成伟点校：《大元通制条格》卷5《学令·庙学》，第69页。
③ 【清】《伏羌县志》卷13《艺文志》载元教授文季《创修文庙记》。
④ 郭成伟点校：《大元通制条格》卷5《学令·庙学》，第71页。

这即是说，参加科举考试不是生员唯一的出路。做教官、吏员才是他们比较现实的去处。这一教育思想和措施将生员入仕的门径定在基层教官和社会管理实践上，让读书人积累一定基层实践经验后，再逐渐提拔到比较高级的职位上去。比如，地位较低的学录、学正等可以逐级升迁到教授；教官可以提升或换位为一般官员。《元典章》卷9《诸教官迁转例》记载，儒学教授"府、州一任准正九，再历路教授一任准从八"。任满后可以转作他官，并按迁转后的政绩继续提升。各路府州的蒙古字学、医学、阴阳学教授都被列入国家职官系统，有升迁转官的希望和前途，这些有利于调动教官积极性的政策是前代所没有的。

书院本是唐宋以来私人讲学、研究的地方，与官方教育无涉。可元代以后政府通过设立书院负责人"山长"、提供一部分经费等方式，将各地书院纳入了官方教育系统，从而开启了明清书院教育官办化的先河，这一点西北关陕一带与其他行省也是毫无二致。

元朝西北的教育还有一些地方性特点。

——区域差异大。西北地区以关中为核心，向北、南、西3面延伸，愈是偏远，其学校、书院等教育设施就愈少，教育水平也愈低。这从上述三陕（关中、陕北、陕南）、陇右、河西乃至西域官学设置的有无、多少情况，已经看得很清楚。再从学政官职的设置看，元朝陕西行中书省的奉元路（治今陕西西安市）总管府设有儒学教授、学正、学录、蒙古教授、医学教授等学官，延安路（治今陕西延安市）、兴元路（治今陕西汉中市）为下路，其总管府下亦设有学正、学录等官，府州均设有教授或学正。巩昌路当时辖属于陕西行省，其学官设置当与陕西其他各路相同。然而，元朝甘肃行中书省下各路，均未见有设置学官的记载，只于府州县下记有教授、学正等教官，路级以上教育管理或由其他官员兼任，这与陕西行省形成鲜明的对比。

——出现进士的时间密度高于唐、五代及宋朝。唐宋以后，科举考试的上榜率是衡量一个地区教育水平的重要指标；而进士在当时任何一个地方都可以看作是高级人才。所以，唐宋至元科举考试其他科目的入选情况，地方史志都没有完整的记载，惟独进士的记载非常具体详细，现将陕甘两省各代进士的人数列为下表。

唐至元陕甘两省进士分布表

朝代	陕西	每出现一名进士的约略时间(年)	甘肃	每出现一名进士的约略时间(年)
唐	161	1.8	16	16
五代	15	3.5	2	27
宋	171	1.8	7	44
金	86	1.4	5	24
元	60	1.6	10	10

注:本表据四库本雍正《陕西通志》卷30《选举志》和乾隆《甘肃通志》卷33《选举志》统计。

上表从一个新的侧面反映出唐至元代,陕西教育水平远高于甘肃。此外,元朝平均每出现一名进士的年限,陕、甘两行省都比唐宋两代短,反言之,元代陕甘进士分布的时间密度,一般比唐五代宋朝都更高一些。这一方面是由于元代陕西的教育水平除唐朝外,与五代宋金时期相比较并没有衰落,许多方面还有新的起色,另一方面是元朝统治者在教育、科举考试上对蒙古、色目人政策倾斜的结果。

——少数民族人才辈出。由于经济、文化条件的限制,也由于社会地位的低下,元朝以前西北少数民族接受教育的机会相当少。南宋后期,蒙古军西征,大量西域人涌入西北和内地。元朝建立后,国内社会环境相对稳定,蒙古、色目人的社会政治地位又高于汉人。他们中不少人在元朝政府中做官,有条件延请名师,教授子弟,学习汉语、儒学和诗文艺术,天资不异于汉人的西北少数民族青年,在优裕的物质条件和良好的教育小环境下,经一两代人就改变了门庭,成为书香人家。其中还涌现出了一批优秀的政治家、文艺家、史学家、科技人才和理学家。如绰库鲁克布哈、余阙、伯颜、马祖常、赵汝楫等,都是见于史志记载的出类拔萃的人物。

绰库鲁克布哈,京兆(今陕西西安市)人。至元六年(1269),监元氏(今河北元氏县),他勤于公务,晨夕无倦,民有争讼立剖决之。他按元朝政府的规定,每月朔望都到文庙去行礼,然后请耆儒升讲堂,让参加者按尊卑次序列坐，“吏曹各专一经”，相互讲议各经典的内涵义理，使官民提高儒学水平。① 这实际上是当时各府县普遍实行的官吏教育、社会教化的一个组成部分，只是他做得更好一些。

余阙，字廷心，一字天心，唐兀氏（即西夏）人，世居河西武威。后迁庐州（治今安徽合肥市）。余阙“留意经术，《五经》皆有传注。为文有气魄，能达其所欲言，诗体尚江左，高视鲍谢，徐庾以下不论也，篆隶亦古雅可传”。②

伯颜（1292—1358），字宗道，北地（今甘肃宁县）人。③ 哈剌鲁氏。父早丧，他苦读儒经，尤好《四书》，又遍读诸子百家之言。性聪明，有很强的记忆力。别人向他提问，应答如响。他向学生剖析问题，能引子、史与其注文，均熟记无遗。因此，他所居住的小斋馆下学生云集，村落寄寓皆满，于是学生们又在他的居处旁环盖小屋，“百有余间，檐角相触，骈集如市”。④ 可见他是一个影响很大的少数民族学者。

马祖常，狄道（今甘肃临洮县）人，⑤其曾祖父马正卿，名乌尔古纳，在蒙古国政权中任职。元仁宗延祐（1314—1320）初，祖常廷试第二，授翰林，拜御史，以直言忤上官意去。起为翰林侍讲官，御史中丞。立朝多所建明，为文自成一家言。元文宗曾赞誉他说：“中原硕儒，惟祖常云。”⑥

赵汝楫，一名重喜潘子，临洮府达鲁花赤，在郡劝农兴学，省刑敦教，以善治闻。⑦ 类似著名人物还有一些，不再赘述。

元朝西北教育事业的发展，首先是为统治阶级培养了一大批人才。尤其是少数民族出色人物的涌现，扩大了元朝的人才队伍，也为中国整体文化的传承和发展作出了巨大的贡献，同时他们也是元朝西北政治稳定、文化发展、民族团结融合及社会进步的重要推动力。其次，由于统治阶级赋予学校

---

① 雍正《陕西通志》卷56《人物志二》。

② 《元史》卷143《余阙传》。

③ 《元史》卷190《伯颜传》谓世居开州濮阳县。

④ 正德《大名府志》卷10《文类·伯颜宗道传》。

⑤ 《元史》卷143《马祖常传》云：马祖常，字伯庸，世为永古特部，居靖州天山……父润同，知漳州路总管府事，家于光州。与此记载不同。

⑥ 乾隆《甘肃通志》卷34《人物》。

⑦ 乾隆《甘肃通志》卷34《人物》。

以民众教化的功能,西北地区数以百计的官学实行开门讲学,在广大生员、普通百姓、官府吏员中比较深入地普及了儒家伦理道德思想。加上为数更多的社学、私塾等教育形式和渠道,使封建统治者提倡的三纲五常,孝悌忠信,礼义廉耻,修齐治平,男尊女卑等观念进一步深入人心,成了人们普遍的行为教条和准则,有益于政府的行政管理。这一时期,西北地区发生了好多起少数民族上层的叛乱和民族反抗斗争,很快就被镇压下去了。又尽管民众的赋役负担很重,生活很艰难,但社会秩序却比较稳定,元朝前中期西北大规模的民间武装反抗比较少,这些都与当时的教育、社会教化分不开。当然,在深入持久的社会教化中,一些良好的风俗习惯也随之形成,如养老抚幼,勤俭持家,重视家教,忠诚老实,讲究礼貌,和睦邻里,庆吊互助,见义勇为等等,也都深入人心,形成了地方风尚。再次,元朝的官学教育重视和照顾少数民族生员,拓展了传统官学教育的领域,有益于民族地区的社会稳定和发展。在元代社会教化渠道和场所比较少的条件下,充分利用各级学校进行社会宣传教化的做法,也不失为一种聪明的选择。

二、明朝西北的教育

(一)明朝对元尊孔重学思想政策的继承和发展。明朝建立后,朱元璋一方面批评元末的学校弊端太多,上下之间,波颓风靡,学校虽设,名存实亡。另一方面又继承了元朝政府尊孔重学的思想和政策。明太祖洪武二年(1369),朱元璋下诏云:"治国以教化为先,教化以学校为本。京师虽有太学,而天下学校未兴。宜令郡县皆立学校,延师儒,授生徒,讲论圣道,使人日渐月化,以复先王之旧。"①于是通令大建地方学校,府设教授,州设学正,县设教谕,各1名。设训导,府4名,州3名,县2名。各都司卫所亦设学,以礼、乐、射、御、书、数设科分教。学生人数,地方府学40人,州学30人,县学20人。"师生月廪食米,人六斗,有司给以鱼肉。学官月俸有差。"②贫寒学生除供应伙食外,还可以再免其家差役2丁。洪武二十年(1387),令增广生

① 《明史》卷69《选举志一》。

② 《明史》卷69《选举志一》。

员入学不必受名额限制。明宣宗宣德三年(1428)定增广生员,地方府学40人,州学30人,县学20人。照例优免差徭。这是对前代教育思想政策的直接继承。

元朝重视西北少数民族尤其是蒙古子弟的教育问题。相比之下,明朝虽然也注意到民族教育的问题,规定"土官子孙照旧例送学,食廪读书",①但其政策措施不如元朝有力。对于军人子弟接受教育的关注,明朝政府又远远超过了元朝。洪武二十七年(1394)规定,武官子弟"年十五以下许入府州县学读书"。宣德七年(1432),令卫所军人子弟学习优秀者,可以参加"本处乡试"。宣德十年(1435)十月,"诏天下卫所皆立学"。② 明宪宗成化三年(1467)对各地卫所学校的生员名额作出规定:"四卫以上军生八十人,三卫以上军生六十人,二卫一卫军生四十人,不及者不拘。有司儒学军生二十人。"③这是说,军人子弟(实际是军官子弟)除有专门的卫所学校外,军人还可以按规定送子弟到驻地地方学校去读书,"考补廪膳,照例科贡"。

明朝政府对各级、各类学校的教育管理十分具体、到位。洪武十五年(1382),明廷在向国子监颁布学规的同时,又颁《禁例十二条》于天下,镌立卧碑,置于各校明伦堂左边。选拔生员,开始时由巡按御史、布政司、提刑按察司及府州县官负责。从明英宗正统元年(1436)以后,又置各省提学官,专管学政。提学官所辖地区太广和太僻远而每年巡察不到的地方,包括各都司、卫所、土官所在地的学校,由分巡道员去督察。西北地区,明世宗嘉靖二十六年(1547),议准甘肃各卫所儒学生员,由"行甘肃巡按御史带管提调。遇科举之年,听考送陕西布政司应试"。④

明朝县以下的教育同样继承和发展了元朝重视地方教化的传统。明太祖洪武八年(1375),"诏有司立社学,延师儒以教民间子弟"。洪武十六年(1383),"诏民间立社学,有司不得干预。其经断有过之人不许为师"。洪武

---

① 王圻:《续文献通考》卷60《学校考》。
② 《明史》卷10《本纪第十》。
③ 王圻:《续文献通考》卷60《学校考》。
④ 王圻:《续文献通考》卷60《学校考》。

二十年(1387),"令民间子弟读《御制大诰》,又令为师者,率其徒能诵《大诰》者,京礼部校其所诵多寡,次第给赏,又令兼读'律令'"。明英宗正统元年(1436),"令各处提学官及司府州县官,严督社学,不许废弛,其有俊秀向学者,许补儒学生员"。明孝宗弘治十七年(1504),"令各府州县建立社学,访保明师,民间幼童年十五以下者送入读书,讲习冠婚丧祭之礼"。① 看来明朝政府把在基层办学,组织民众习礼习法,当作推动社会教化的政治措施,因而包括西北的全国各地区必须照办。明代西北县以下办学的资料史书和方志都记载很少,然而实际上就连戎马边关的宁夏卫,明中期孝宗弘治(1488—1505)前后尚有社学5处。② 庆阳府各县、卫都有社学,平凉府等也有社学存在。换言之,只要是有府州县志保留下来的地方,多会看到有社学的记载,因此这里的统计是不完全的。保守地估计,明代陕甘等地县以下的社学、义学,绝对不会少于本地府州县卫所的总数。

统治者对学校在民众教化和地方治理中作用的重视,还可以举一个例子。明宪宗成化二年(1466)四月,巡抚甘肃右佥都御史徐廷章在"奏边方事宜"六条中,有两条是专讲西北地区"设学校以训边氓"的,其中前一条说:

> 肃州卫所,俗杂羌夷,人性悍梗,往往动触宪纲,盖由未设学校以教之故也。请如山丹等卫例,开设儒学,除授教官,就于军中选其俊秀余丁以充生员,及各官弟男子侄俱令送学读书。果有成效,许令科贡出身。其余纵不能一一成材,然亦足以变其性习,不数年间,礼让兴行,风俗淳美矣。

后一条是建议朝廷在今西北地区"广贤路以资任使",即要求像内地一样给边远地区的学生提供"廪膳"和"岁贡出身"的机会。他说:

> 陕西行都司及山丹、凉州、庄浪、西宁各卫俱有儒学,选官军俊秀子弟以充生员;而卫学之设,止许科举,不得食廪充贡。乞如府、州、县学

① 俞汝楫编:《礼部志稿》卷24《社学》。

② 胡汝砺撰:《宁夏新志》卷4《学校》云:"社学五,中卫一,广武营一,平虏城一,灵州一,兴武营一。"

例，定拟廪膳生员，月给廪米五斗，科举外挨次岁贡出身，则人才不遗于边方矣。①

朝廷将此奏转到有关部门集议，经部院大臣讨论，采纳了他的意见。类此奏疏很多，所提教育目标都是从强化西北地区的治理出发的。

（二）明代西北的儒学和书院。明朝政府在西北的有效统治范围主要是陕西和甘肃（包括宁夏、青海东部），今新疆和青海西部、南部是少数民族游牧区，当时那里尚没有办学条件。因此，明代西北地区的官学和书院就主要分布在陕西布政使司统辖区。此外，在陕西行都指挥使司管辖的河西等地区也设有卫所军人子弟学校。除儒学外，西北各地还设有医学、阴阳学和藩王的宗学；但影响最大的还是儒学和书院。

据我们考证，在今陕西省，明朝有府州县卫学、武学、社学等学校共 89 所，书院 30 所。今甘肃、宁夏、青海，明朝见于记载的府州县等学校共 66 所，书院 18 所。陕甘合计，各类学校共有 155 所，书院 48 所。其名称、所属府州县、始创朝代如下表：

明代西北的学校和书院

始创朝代	学校名称	小计	书院名称	小计
唐	岐山县学、扶风县学、洋县学	3	蓝田县瀛州书院	1
五代	蒲城县学	1		
宋金	西安府学、凤翔府学、汉中府学、邠州学、宁羌州学、耀州学、同州学、商州学、绥德州学、临潼县学、高陵县学、泾阳县学、醴泉县学、延长县学、褒城县学、城固县学、略阳县学、郃阳县学、澄城县学、同官县学、武功县学、洛川县学、阶州学②、灵台县学、成县学③。	25	延安府嘉岭书院、蓝田县芸阁书院、清水县曲江书院。④	3

① 《明宪宗成化实录》卷 29，成化二年四月戊辰。

② 【清】《阶州直隶州续志》卷 7《学校》。

③ 【清】《成县新志》卷 1《学校》。

④ 见乾隆《清水县志》卷 2，光绪《秦州直隶州新志》卷 4，明更名西江书院。

续表

始创朝代	学校名称	小计	书院名称	小计
元	华州学、鄜州学、兴安州学、三原县学、盩厔县学、安塞县学、安定县学、保安县学、宜川县学、延川县学、郿县学、宝鸡县学、西乡县学、韩城县学、永寿县学、米脂县学、吴堡县学、临洮府学、巩昌府学、兰州学、河州学、秦州学、甘州卫学、金县学、华亭县学、真宁县学、秦安县学。	27	西安正学书院、咸宁县鲁斋书院、临潼县居善书院、高陵县渭上书院、三原县学古书院、凤翔府岐阳书院、郿县横渠书院、乾州紫阳书院。	8
明	延安府学、乾州学、陇州学、葭州学、长安县学、咸宁县学、兴平县学、鄠县学、蓝田县学、渭南县学、富平县学、延安府城社学、肤施县学、甘泉县学、凤翔县学、汧阳县学、麟游县学、南郑县学、凤县学、沔县学、榆林卫学、榆林武学、靖边所学、平利县学、洵阳县学、白河县学、紫阳县学、石泉县学、汉阴县学、镇安县学、雒南县学、山阳县学、商南县学、朝邑县学、华阴县学、潼关卫学、白水县学、三水县学、淳化县学、长武县学、中部县学、宜君县学、绥德州城社学、清涧县学、神木县学、府谷县学、平凉府学、庆阳府学、灵州学、宁州学、固原州学、泾州学、静宁州学、徽州学、狄道县学、渭源县学、通渭县学、会宁县学、伏羌县伏羌县学、宁远县学、靖远县学、岷州卫学、平凉县学、崇信县学、镇原县学、庄浪县学、隆德县学、安化县学、合水县学、环县学、山丹卫学、凉州卫学、永昌卫学、镇番卫社学、古浪所学、平番县学、宁夏卫学、宁夏卫城商学、宁夏中卫学、宁夏武学及宁夏5处社学①、西宁卫学、西宁县城社学、清水县学、礼县学、两当县学、文县学、肃州卫学、高台所学。	99	西安府关中书院、高陵县泾野书院、三原县宏道书院、盩厔县集贤书院、富平县新城书院、延安府云岩书院、宜川县瑞泉书院、扶风县多贤书院、陇州岍山书院、沔县龙冈书院、商州商山书院、华州华山书院、华阴县太华书院并四知书院、蒲城县正学书院、耀州文正书院、同官县崇正书院、白水县明德书院、洛川县泰征书院、临洮府超然书院、兰州容思书院②、金县增秀书院③、金县增秀书院、巩昌府崇羲书院、洮州卫凤山书院④、渭源县渭川书院⑤、徽州徽山书院⑥、平凉府崇文书院、静宁县陇干书院⑦、镇原正学书院、泾州麓城(仰止)书院、甘州甘泉书院⑧、凉州卫凉州书院、宁夏卫养正(揆文)书院、灵州朔方书院、固原州固原书院⑨、肃州酒泉书院。	36
总计		155		48

注:资料未加注者,均据雍正《陕西通志》卷27《学校》,乾隆《甘肃通志》卷9《学校》考证确定。

---

① 宁夏武学及5处社学,见【明】胡汝砺撰:《宁夏新志》卷4《学校》。

② 【明】彭泽:《段容思先生年谱记略》。

③ 道光《金县志》卷4《学校》。

④ 赵时春:《赵浚谷文集》卷3《洮州凤山书院记》。

⑤ 民国《渭源县志》卷5《学校》。

⑥ 嘉靖《徽郡志》卷2《学校》。

⑦ 乾隆《静宁州志》卷2《学校》。

⑧ 乾隆《甘州府志》卷7《学校》。

⑨ 【明】赵时春:《固原书院置祠堂记》,见宣统《固原州志》卷9《艺文志三》。

上表说明,明代西北的学校和学生总数都比元代有了明显的增加。如前所列,元代西北的儒学,前代和当代创建的加在一起,可以考知的只有56所,书院包括创建于前代的共12所,而明代见于记载的学校共有155所,书院48所。陕西布政使司下属8府、21州、96县,陕西行都指挥使司下属15个卫所,合计140个府州县卫所。由此看来,说明代西北绝大多数府州县卫所都办起了学校当是符合实际情形的。其学校总数,平均每个大小行政单位有1所稍多;书院差不多每3个府州县卫所就有1所。这些都是前所未有的现象。

再以学生人数看,尽管没有具体数字可供我们比较,但细研政府的有关敕令,元朝只规定了路、府、州三级学校的生员数,从上路40人到下州10人的序列看,数额都比较少,县级学校无生员限额。说明此类学校发育还普遍很不成熟。明代不仅府、州、县、卫、所学校生员名额都有定额,并多于元朝,而且在廪膳生员以外还招收了增广生及附学生,这两类学生总数远超过了廪膳生。透过这些制度性规定及上表统计的学校数,我们的确可以看到明代西北地区与全国一样,其学校教育的总水平远高于元朝。这是明代教育的一个特点。

其次,明代教育与科举的结合度也比元朝更加紧密。前已指出,元朝各级学校生员的出路,多是为吏或为师。明朝政府把学校当作培养忠君勤政人才的主要场所,鼓励生员参加科举考试;科举考试也成了生员们最辉煌、最理想的政治出路和人生理想。前代只有经过师儒和地方官保举才能任职的吏员,明朝反倒成了对违纪、懒惰学生的一种处罚方式。明太祖洪武二十七年(1394),“令生员入学十年之上,学无成效,送部充吏”。又令廪膳十年之上学无成效,增广年二十之上不通义理者皆充吏”。① 明成祖、明宣宗、明英宗等都有类似的诏令。明朝官府和生员本身都把学校看作“储才以应科目者也”,这一政治导向和期望值,增强了科举对学校的依赖,形成了“科举必由学校,而学校起家可不由科举”②这一有利于学校发展的政治氛围,也大

① 王圻:《续文献通考》卷60《学校考·郡国乡党学》。

② 《明史》卷69《选举志》。

大调高了生员的政治胃口。所以一度成为学校发展的动力，出现了“无地而不设之学，无人而不纳之教。庠声序音，重规叠矩，无间于下邑荒郊，山陬海涯”①的空前景象。然而明朝的官缺毕竟是有限的，随着学校的发展、科举考试的不间断进行，学校和进士出身的官员后备大军越来越庞大，他们得官的机会也越来越少，这又成了明朝学校发展的最大制约因素。

还有，明代西北教育的社会教化色彩也比元朝更明显。明依元法，倡言“治国以教化为先，教化以学校为本”，②从而把社会教化当作学校教育最重要、最基本的任务之一。统治阶级从上到下，无不念兹在兹，且实际上比元朝抓得更紧、更有效。洪武二十三年(1390)五月，明太祖敕国子监官说：“移风善俗，礼为之本。敷训导民，教为之先。故礼教明于朝廷，而后风化达于四海。”③明初学士曹鼎在陕西行都司《建学记》中说：“圣祖设教，武卫尤廑边陲，列圣相承，咸加崇重。其为经世远虑，非但欲将士之子弟，习闻诗书礼乐之教，将俾远夷逖听，亦皆知所向慕，相率而归于文明之化。”④明世宗嘉靖二十六年(1547)，甘肃等处巡抚都御史杨博在请求令巡按御史兼理学政的奏疏中说：“臣惟自昔圣王之政，莫不先于建学立师，非徒为一时观美之具也，大要以明伦为上，故学校荒秽，则教化陵夷；教化陵夷，则风俗颓败，士纲人纪因之弗振，其所关涉者岂细故哉！我国家自混一以来，绝徼穷荒，莫不有学，其在陕西，如延绥，如宁夏，则文雅蔚然，科第相望。”他认为，学政既举，则“浇漓之俗居然可变”、“武弁子弟寄学作养，忠义敌忾之气因之发作”、“环住诸夷，习闻弦诵之声，疏野之性，可以潜消默化”。⑤ 完全是从社会教化的角度强调建学立师，加强学校教育的重要性。类似的说法很多，反映出明朝统治者育人才、厚风俗的建学目标与元朝一脉相承，而强调社会教化的一面则又有甚焉。

（三）明代西北教育的社会治理效应。西北地区无论少数民族还是汉族

---

① 《明史》卷69《选举志》。
② 《明史》卷69《选举志》。
③ 《明太祖洪武实录》卷202，洪武二十三年五月己酉。
④ 顺治《重刊甘镇志·建置志·学校》。
⑤ 顺治《重刊甘镇志·建置志·学校》。

百姓，历来都以尚武勇健而著称。这有积极的一面，但在社会实践中，若缺乏教育引导，则往往表现为争强斗狠、铤而走险，对社会稳定、民族团结和经济开发带来负面的影响。明朝继元之后，数百年一以贯之地坚持以理学为主要内容的学校和社会教育，积累了丰富的历史经验。这种教育与当时的经济、社会和政治状况是相适应的。它至少在以下 3 个方面收到了明显的社会治理效果：

1. 建立了统一的舆论导向。多民族、多宗教信仰的西北地区，社会舆论历来就呈现着多元的状态。明承元制，大力发展社会教育，建立府、州、县、卫、所及农村义学、社学，在重视培养、选拔统治人才，用科举成名诱导士人的同时，又十分重视学校教育的社会教化作用，形成了以治理谋略为动力，以儒学、生员及其出类拔萃者进士、举人为载体，以理学为核心的社会舆论导向系统。不能否认，这一舆论导向系统在西北多民族地区崇儒尚礼、贵和乐善、诚信爱国等风尚的培育教育上起了极大的作用，对于周围尚未建学的纯牧区各族民众，也有很大的影响力，是这一时期封建政府治理西北地区成功的经验之一。

2. 培养了源源不断的封建管理人才。明朝学校教育的主要目标之一是培养忠君廉政的封建官吏。事实上，官僚队伍的容纳量是有限的，同时随着明朝政治的腐败，学校、科举出身的官员难免也会走上贪污腐化的道路。然而与元朝的主要任命“怯薛”为官相比较，学校、科举出身的官员毕竟是文化水平高得多，办事更加有理性，因此整体上要比未经严格教育培养的贵族官僚子弟“怯薛”更优秀。明朝的进士、举人，按惯例都要到籍贯以外的州县去任职，这又使西北地区的教育一定程度上为封建国家区域性乃至全国性的人才交流和社会治理作出了贡献。

3. 促进了社会和民族关系的和谐稳定。朗朗书声是社会祥和的反映，同时儒学固有的“和为贵”的思想在各族士人思想深处扎根，见诸行为，传播影响，又能带动整个地区社会和民族关系的和谐稳定，使明朝政府集中精力和兵力，对付北部蒙古和东南沿海倭寇这两支强大的威胁势力，因而意义非常重大。从本地区来说，化民成俗，确保民族地区社会及民族关系的和谐稳定，又是当地经济开发，社会进步的基本保障。儒学思想在西北各民族中的广泛传播，对于培育和加强各少数民族对中华传统文化的认同，对于在各少数民族中育成民族共同心理素质，从而自觉地维护民族团结和国家统一的局面，都有十分重要的作用。看到这些，我们就不会因为当时西北地区学校教育时有跌宕而给与完全消极的评价了。

三、清朝西北的教育

（一）清朝的教育政策和官学。清朝是我国封建社会后期地方教育最为兴盛的时期。清朝的地方办学形式虽然沿袭了前代的制度，但其办学的数量、规模和普及程度又远远超过了元明两朝。如清前期，"陕西西安布政使司所属五府、十二州、七十三县，共设儒学九十所"，[①]就是说，当时陕西每个府州县都已经平均有 1 所学校。甘肃（包括青海、宁夏）清中期以前有府州县学 76 所。[②]

清世祖顺治元年（1644），清廷下诏"各省、府、州、县儒学，食廪生员仍准廪给，增、附生员，仍准在学肄业，俱照例优免"。[③] 甘肃等设立卫所的地方还有卫儒学。顺治十六年（1659），将卫学并入府、州学，确定府设教授、州设学正、县设教谕各一人。各学设训导协助教授。此外各省设督学道，由各部郎中进士出身者担任，雍正时统一改称"学院"。清朝统治者重视教育在社会治理中的巨大作用一如元明，这里只举一个例子。乾隆时期西宁府佥事、后为陕甘总督的杨应琚说："《记》云，'建国君民，教学为先'。盖自虞、夏、商、周四代以来，所以成人才，厚风俗，皆本于此，固未有舍是而能治国者，抑岂有舍是而能治郡邑者哉？"[④]"学校之设，宾兴之典，非为汝科名利达计也，使为子者孝，为臣者忠，为师者严，为弟子者勤学，荷戈矛者有勇知方，寄干城者爱恤士卒，为农工商贾者各执业守法。归告而长而父而兄，谨身明理，永

---

① 雍正《陕西通志》卷 27《学校》。

② 据宣统《甘肃新通志》卷 31《学校志》统计。又据左宗棠报告，"查甘肃旧有七十七学"（左宗棠：《奏请分闱增额疏》，见宣统《甘肃新通志》卷 33）。

③ 《清朝文献通考·学校考七》。

④ 乾隆《西宁府新志》卷 11《建置·学校》。

享清平，是惟重建学宫之意。”①这就是说，封建统治者自始就把学校教育看作社会治理的头等大事，而“非为汝科名利达计也”。由此就不难理解他们何以对教育那样重视了。

清代政策规定的府州县学生员数与明朝差不多。见于记载西北地区的具体数额一般是府学廪、增生各40名以下；直隶州学廪、增生各30名以下；县（州、厅）学廪、增生各20名以下。也有少量学校高于或低于此数，如规定巩昌府的岷州厅学、洮州厅学廪、增生各40名以下，宁夏府的灵州州学，平凉府的宁州州学廪、增生各30名以下，而大通县学、贵德厅学的廪、增生，规定只有各2名以下。循化厅学廪、增生各4名以下。敦煌县学、玉门县学廪、增生各3名以下等。② 这些都是根据办学水平和生源情况灵活增减的。各学学额的多少是根据当地文教发展程度确定的，直隶州、散州和县学的生员是从民间考取的，府学生则从州县学拨来，满额而止。各学都有数额不等的学田，以其租入作为学官“清俸”外的补充报酬及廪生膏火。

府学“一年一贡，岁考取文武生各二十名，科考取文生二十名。唯西宁府岁考取文生十三名，科考取文生十三名。甘州府岁考取文武生各十六名，科考取文生十六名”。府属各县，有的两年一贡，如兰州府的皋兰县、金县、渭源县、靖远县。有的三年两贡，如兰州府的狄道州。岁科考名额也有差别，如皋兰、河州岁考取文武生各20名，金县、渭源各8名，狄道州文武生各15名，靖远文生9名，武生15名。科考，皋兰文生20名，金县、渭源各8名，狄道州15名，靖远9名，河州12名。③ 巩昌、西宁、凉州、甘州、秦州、肃州等府、直隶州及其所属州县的岁贡、岁科考生员数都相互有差别。清朝的各类生员住校读书时间有具体规定，一般是至少住读一年，其余时间可以不常到校。在学校食宿条件有限，生员出路又窄的情况下，这种轮流住校的制度可使学校在同一时间内容纳更多的生员数额，实际是扩大了岁考、科考的选拔面。办学条件有限，而能做到学额严整，选拔有序，举子来源充沛，是这一历

---

① 乾隆《西宁府新志》卷35《艺文·记·重建西宁府文庙碑记》。

② 宣统《甘肃新通志》卷31《学校志·学额》。

③ 宣统《甘肃新通志》卷31《学校》。

史阶段儒学教育的特点和优点，它适应了当时社会发展的需要和水平。

学生管理上实行“六等黜陟法”。[①] 学业优秀者社学生可升入县、州、府学为生员，附生、增生可以升转为廪生；府、州、县学生员学业优异或具备其他相关条件，可以被选拔到国子监，为太学生。反之，则依次降黜，直到勒令退学。这一有升有降的管理措施，为所有生员提供了深造进取的可能空间，极有利于刺激和调动学生的学习积极性，有益于人才培养和社会风气的良性转变。以“四书”、“五经”、《性理大全》、《通鉴纲目》、《大学衍义》、《历代名臣奏议》、《文章正宗》及《卧碑文》、《圣谕十六条》、《御制训饬士子文》、《大清律》等作为教材，更是从封建社会的治理出发确定的。

（二）清朝西北地区的书院。书院最早是私人读书讲学的场所，早在唐代就出现了。元明清政府一方面想利用书院这一办学形式为自己培养更多的统治人才，另一方面又对书院倡导的自由讲会精神十分反感，所以屡禁屡放，后通过派山长、供经费、定学规、给出路等整治措施和手段，逐渐将书院改造成半官方式的教育场所，使其服务于封建政府的国家治理。这一改造过程起始于元代，完成于清朝。

清初为了防范士人的反清活动，顺治帝（1644—1661）一度“不许别创书院，群聚徒党，及号召地方游食无行之徒，空谈非业”。[②] 清圣祖康熙帝（1662—1722）即位后倡导“崇儒重道”的政治思想。他通过赐匾、赐书等形式，着意肯定和引导书院办学。到清世宗雍正十一年（1733），清政府完全肯定书院办学“亦兴贤育才之一道也”，下令各督抚驻扎的省会之地，“各赐帑金一千两。将来士子群聚读书，须预为筹划，资其膏火，以垂永久。其不足者，在于存公银内支用”。[③] “府州县书院，或绅士出资创办，或地方官拨公经理，俱申报该管官查核。”[④]清朝的书院以此为契机迅速地发展起来了。就西北地区而言，虽然书院和儒学一样起步较晚，但却是办得轰轰烈烈，盛况空

① 按学业成绩升降廪、增、附、社生员的规定，具体内容见《清史稿·选举志一》。

② 《古今图书集成·选举典·学校部》。

③ 《清朝文献通考》卷70《学校考八》。

④ 《清会典事例》卷395《礼部·学校·各省书院》。

前。连一些从未办过学的偏远地区，如甘肃的大通卫（今青海大通县）也在清高宗乾隆元年（1736）创办了三川书院，它是今青海境内设置最早的一所书院。当时西北书院的配置比较完备，如甘肃的书院是："掌教有修金，监院有薪水，诸生有膏奖，其费皆由地方筹措，发行生息，为经久计。"[①]陕西、新疆的情况与此差不多。从全国看，元明清时代的书院仍然分为科举应试型的和经史考证型的两大类，而西北地区的书院，地方政府控制得更严格，且都是科举考试型的。

（三）清朝西北地区的义学、社学和私学。乡社和家族教育是社会教育的基础。清朝政府继元明统治者之后，大力倡导乡村基础教育，通过建立义学、社学，支持私人办学等形式，最大范围和限度地向民众灌输儒家伦理思想，维护稳定的社会秩序。清朝的乡村教育大致也分为学校教育和对民众的一般宣教两种形式。基层学校主要是义学、社学和私学。义学是从专门教授旗人子弟和边省少数民族子弟发轫的，乾隆以后才在内地广泛设置，逐渐成了蒙学的重要组成部分。初期义学不同于社学、私塾之处，在于它以教育"孤寒子弟"为主，一般不收"束修"，有的还发给学生用品，义学、社学都有官办的和私办的两类，前者教师俸银由国家开支，后者以捐田、捐银、捐房的租入填充。清中期以后，西北各地区普遍建立了义学、社学和其他私学。

元明清县以下地方教育是有连贯性的。元朝政府规定，居民每 50 家立为一社，令社众推年高晓农事、有兼丁者立为社长，"专一教劝本社之人务勤农业，不致惰废"。"若有不务本业，游手好闲，不遵父母兄长教令、凶徒恶党之人，先从社长叮咛教训，如是不改，籍记姓名，候提点官到日，对社众审问是实，于门首大字粉壁书写不务本业、游惰凶恶等名称。如本人知耻改过，从社长保明申官，毁去粉壁。如终是不改，但遇本社合着夫役，替民应当，候悔过自新，方许除籍。"[②]在这里，社长配合族长或家长，加强了对民众的管束和教导。明朝的乡社和家族教育比元朝更加完备、严整。很多宗谱、家谱，都将朱元璋制定的《圣谕六言》，即"孝顺父母，尊敬长上，和睦乡里，教训子

① 宣统《甘肃新通志》卷 35《书院》。
② 《大元通制条格》卷 16《田令·理民》。

孙,各全生理,毋作非为",[①]载入宗规、家训之首,利用祭祀、读谱等机会,反复宣讲,用以约束族人。族规的基本内容不过是遵圣谕,孝父母,敬长上,睦乡里,谨婚姻,务本业,正名分,戒奢侈,不赌博等内容。从教育思想的角度看,包括了成才教育,顺民教育,生业教育,伦理道德教育等方面。在少数民族地区,还包括了宗教教育的成分。

清朝早在顺治时(1644—1661)就颁布了与明太祖朱元璋《圣谕六言》基本相同的《钦定六谕卧碑文》。康熙帝又作了《上谕十六条》。雍正帝在此基础上演绎成《圣谕广训》,作为社会规范准则,于雍正二年(1724)颁发各地,要求"凡直省州县乡村巨堡及蕃寨土司地方,设立讲约处所,拣选老成者一人,以为约正;再择朴实谨守者三四人,以为直月。每月朔望,齐集耆老人等,宣读《圣谕广训》,钦定律条,务令明白讲解,家喻户晓"。[②] 乾隆九年(1744),令各地整修了宣讲教化、张贴敕谕条约的"申明亭"。乾隆十一年(1746),命各省督抚将忠性孝悌、礼义廉耻、扶尊抑卑、正名定分等事"择其明白浅近之词,刊刻告示,每年分发所属府州县卫,于大小乡村遍行布贴,并转饬各乡约正、直月,朔望宣讲圣谕之后,即以方言谚语,为愚民讲说"。[③] 清朝此后各代皇帝也都很重视乡村教化的事。

宗族教育主要通过立族规(族范、家法),建族学、义学、家塾等形式来实现。与全国各地一样,清代西北地区家族制度盛行,几乎每个较大的家族都建有宗谱(族谱,家谱)、族规、祠堂、族长、族田等。族谱是家族教育的教材,族规是家族教育的准则,祠堂是家族教育的重要场所,族长是家族教育的主持者,族田是家族教育的物质保证。宗法家族的族长等就是通过这些设施,教育家族成员,使他们成为知书达理,遵纪守法,恪守儒家纲常名教的孝子顺民。尤其是对于儿童和年轻人,宗族所办的义塾等学极力鼓励他们勤学上进,考取功名,并在上学期间,免除学费,供给膏火、书籍、笔砚等,前往考试和考中的,还资助盘费、给予奖励。这些思路和做法,对于封建统治人才

① 见《明太祖实录》卷255,洪武三十年九月辛亥。

② 嘉庆《大清会典事例》卷397《礼部·风教一》。

③ 嘉庆《大清会典事例》卷398《礼部·风教二》。

的培养和输送，对于社会统治思想基础的构建、社会秩序的稳定和封建家族利益的维护都起了积极重大的作用。

综上所述，元明清时期西北地区的社会教育有许多共同的特点。

1. 目标明确。元明清以前的社会教育主要是为了培养统治人才，因此重点在学校教育。元明清时期的教育除鼓励士子考取功名外，还把它当作引导社会舆论的战略思想和措施。因此各朝统治者和地方官都对社会教育抓得很紧。不仅有专职的官员和管理系统，而且在经费、教育场所等方面都能够落实，而且办学数量及教育普及程度也不断提升。这种既重视行政管理，又强调对民众思想教化的社会管理措施，将法制化的管理与深入、细致、持久的思想教育结合起来，力图将遵纪守法变成民间的自觉行为，其社会效果当然比单纯强制性的管理更奏效。这一做法是前代所少见的，是元明清统治者强化地方封建统治的需要和创造性措施。

2. 教育内容集中，针对性强。细检元明清三朝社会教育的内容，主要集中在理学思想、帝王诰敕和宗教劝善文等方面。“四书”、“五经”、《大诰三编》、《圣谕广训》、《阴骘文》、《太上感应篇》等书籍作为社会教育的主要教材，充斥于各类、各级教育机构和“书香家庭”，统治阶级的目的，就是要通过这些材料，从儿童、民众思想上培育坚持儒家纲常名教，承化守法，安于本分的社会风气。

3. 教育层次多，渠道多，形式多。层次多，是说从高级士人到普通百姓、宗教人士乃至村间蒙童都有施行教化的规划和措施。多渠道，是指官、私学校，社区，“申明亭”，祠堂，家塾，寺观等，都被用于向民众进行教育。形式多，指通过读书、讲学，宣读圣谕、家谱，张贴告示，记录功过，政治处罚，散发劝善书，举办大型祭典等一切可以利用的形式向民众灌输纲常名教和向善的思想。

元明清西北地区社会教育的国家治理作用是明显的。首先它比较深入地普及了儒家的伦理道德思想。三纲五常，孝悌忠信，礼义廉耻，修齐治平，男尊女卑等观念进一步深入人心，成了人们普遍的行为教条和准则。这一时期，西北地区发生了好多起少数民族上层的叛乱和民族反抗斗争，可这些反叛活动很快就被镇压下去了。又尽管民众的赋役负担很重,生活很艰难,但社会秩序却比较稳定,大规模的民间武装反抗比较少。与此同时,在各次大的民族矛盾斗争,如清朝同治回变中,西北各州县死难的“顺民”、“烈女”数以千计,其名充斥于省、府、州、县志。可见,这一时期的社会教育和教化,对于维护社会稳定,巩固封建统治无疑起到了积极的作用。其次,在深入持久的社会教化中,一些良好的风俗习惯也随之形成,如养老抚幼,勤俭持家,重视家教,忠诚老实,讲究礼貌,和睦邻里,庆吊互助,见义勇为,“黎明即起,洒扫庭除,要内外整洁”等等,直到今天,其影响仍然存在。再次,从社会教育的现实借鉴意义看,元明清政府在西北地区办教育,不光是为了培养封建国家的管理人才,还将重点放在社会教化,移风易俗,改变当地不良社会风气上;学校开讲欢迎官民旁听,让有限的师资发挥更大的社会教化作用;照顾少数民族学生,使其可与汉地正式学生一样得到“月廪食米”,“许令科贡出身”。这一切都拓展了教育的领域和前景,也有利于少数民族地区的社会稳定和发展。试想任何时代国家管理部门的职位都是有限的,若是只有科举考试——实际是引导人们读书做官这一条出路,那不论怎样扩大办学,学生的出路仍然是极其有限的,因而最终还是难以有效地扩大办学规模。元明清三朝的教育也存在培养封建统治人才的主旨;但它的将教育与社会教化相联系的取向,既秉承了前代社会教育的传统,又培育了国家办学的无限生机,尽管由于其他条件的限制,3 朝在这方面取得的社会效果很有限,但它通过儒化教育维护民族地区的稳定,开拓教育新境界的思路却是可贵和值得借鉴的。

主要参考文献

一、古籍文献

【战国】商鞅撰:《商君书》,见《诸子集成》第八册,河北人民出版社,1986 年版。

【汉】司马迁撰:《史记》,中华书局,1982 年版。

【汉】班固撰:《汉书》,中华书局,1962 年版。

【宋】范晔撰:《后汉书》,中华书局,1965 年版。

【晋】陈寿撰:《三国志》,中华书局,1959 年版。

【东晋】崔鸿著:《十六国春秋》,见岳麓书社,1996 年《野史精品》(第一辑)。

【北齐】魏收撰:《魏书》,中华书局,1974 年版。

【梁】沈约撰:《宋书》,中华书局,1974 年版。

【梁】慧皎撰,汤用彤校注:《高僧传》,中华书局,1992 年版。

【唐】房玄龄等撰:《晋书》,中华书局,1974 年版。

【唐】令狐德棻等撰:《周书》,中华书局,1971 年版。

【唐】魏征等撰:《隋书》,中华书局,1973 年版。

【唐】杜佑撰:《通典》,中华书局,1984 年版。

【唐】李林甫:《唐六典》,【清】永瑢、纪昀等纂修:《四库全书》,影印文渊阁本,台湾商务印书馆,1986 年版(下同)。

【唐】李吉甫:《元和郡县志》(四库本)。

【后晋】刘昫等撰:《旧唐书》,中华书局,1975 年版。

【宋】欧阳修、宋祁撰:《新唐书》,中华书局,1975 年版。

【宋】薛居正等撰:《旧五代史》,中华书局,1976 年版。

【宋】欧阳修撰:《新五代史》,中华书局,1974 年版。

【宋】司马光编著:《资治通鉴》,古籍出版社,1956 年版。

【宋】李焘撰:《续资治通鉴长编》,中华书局,1995 年版。

【宋】熊克:《中兴小纪》,文渊阁《四库全书》本。

【宋】张舜民:《画墁集》,文渊阁《四库全书》本。

【宋】周去非:《岭外代答》,文渊阁《四库全书》本。

【宋】徐兢:《宣和奉使高丽图经》,文渊阁《四库全书》本。

【宋】曾公亮:《武经总要·前集》,文渊阁《四库全书》本。

《宋大诏令集》,中华书局,1962 年版。

【宋】张方平:《乐全集》,文渊阁《四库全书》本。

【宋】赵汝愚:《诸臣奏议》,文渊阁《四库全书》本。

【宋】赞宁撰,范祥雍点校:《宋高僧传》,中华书局,1987 年版。

【元】苏天爵:《元朝名臣事略》,文渊阁《四库全书》本。

【元】脱脱等撰:《元史》,中华书局,1977 年版。

【元】脱脱等撰:《辽史》,中华书局,1974 年版。

【元】脱脱等撰:《金史》,中华书局,1975 年版。

【明】宋濂等撰:《元史》中华书局,1976 年版。

【明】王圻:《续文献通考》,现代出版社,1986 年版。

【明】宋濂等:《元史》,中华书局,1976 年版。

《高僧传合集》,上海古籍出版社,1991 年版。

郭成伟点校:《大元通制条格》,法律出版社,2000 年版。

《明太祖洪武实录》,台湾中央研究院历史语言研究所校印本。

《明成祖永乐实录》,台湾中央研究院历史语言研究所校印本。

《明宣宗宣德实录》,台湾中央研究院历史语言研究所校印本。

《明英宗正统实录》,台湾中央研究院历史语言研究所校印本。
《明宪宗成化实录》,台湾中央研究院历史语言研究所校印本。
《明孝宗弘治实录》,台湾中央研究院历史语言研究所校印本。
《明武宗正德实录》,台湾中央研究院历史语言研究所校印本。
《明世宗嘉靖实录》,台湾中央研究院历史语言研究所校印本。
《明穆宗隆庆实录》,台湾中央研究院历史语言研究所校印本。
《明神宗万历实录》,台湾中央研究院历史语言研究所校印本。
《永乐大典》,中华书局,1986 年版。
【明】俞汝楫编:《礼部志稿》,文渊阁《四库全书》本。
【明】《河州志》,载《西北稀见方志》,总第 49 册。
【明】《秦安志》,载《西北稀见方志》,总第 38 册。
【明】王圻:《续文献通考》,现代出版社,1986 年版。
【明】《安定县新志》,载《西北稀见方志》,总第 39 册。
【清】张廷玉等撰:《明史》,中华书局,1974 年版。
《清世祖实录》,中华书局,1985 年版。
《清圣祖实录》,中华书局,1985 年版。
《清世宗实录》,中华书局,1985 年版。
《清高宗实录》,中华书局,1985 年版。
《清仁宗实录》,中华书局,1985 年版。
《清宣宗实录》,中华书局,1985 年版。
《清文宗实录》,中华书局,1985 年版。
《清穆宗实录》,中华书局,1985 年版。
《清德宗实录》,中华书局,1985 年版。
【清】永瑢等撰:《四库全书总目》,中华书局,1965 年版。
【清】阮元校刻:《十三经注疏》,中华书局,1980 年版。
【清】徐松辑:《宋会要辑稿》,中华书局,1957 年版。
《清朝文献通考》,文渊阁《四库全书》本。
【清】毕沅编著:《续资治通鉴》,中华书局,1957 年版。

【清】徐珂编:《清稗类钞》,中华书局,1984 年版。

【清】吴广成撰,龚世俊等校证:《西夏书事》,甘肃文化出版社,1995 年版。

韩荫晟编:《党项与西夏资料汇编》(上、中、下卷,补遗),宁夏人民出版社,2000 年版。

雍正《陕西通志》,文渊阁《四库全书》本。

乾隆《甘肃通志》,文渊阁《四库全书》本。

乾隆《西域图志》,文渊阁《四库全书》本。

宣统《甘肃新通志》,载中国西北文献丛书编辑委员会编:《中国西北文献丛书》第一辑《西北稀见方志文献》(以下简称《西北稀见方志》),兰州古籍书店影印出版,1990 年版(下同),总第 23—26 册。

民国《续修陕西通志稿》,载《西北稀见方志》,总第 6—9 册。

民国《甘肃通志稿》,载《西北稀见方志》,总第 27—29 册。

宣统《新疆图志》,民族文化宫图书馆据志局本复印,1983 年版。

《平定准噶尔方略》正编,载中国西北文献丛书编辑委员会编:《中国西北文献丛书》第三辑《西北史地文献》,兰州古籍书店影印出版,1990 年版(下同),总第 82 册。

【清】《钦定兰州纪略》,载《西北史地文献》,总第 92 册。

道光《兰州府志》,成文出版社,1976 年版。

乾隆《狄道州志》,成文出版社,1970 年版。

乾隆《直隶秦州新志》,成文出版社,1976 年版。

道光《会宁县志》,成文出版社,1970 年版。

乾隆《庄浪县志》,成文出版社,1970 年版。

嘉靖《徽郡志》,成文出版社,1970 年版。

乾隆《西宁府新志》,载《西北稀见方志》,总第 55 册。

【清】康敷镕:《青海记》,成文出版社,1968 年版。

【清】文孚著、魏明章标注:《青海事宜节略》,青海人民出版社,1993 年版。

道光《循化厅志》,成文出版社,1968 年版。

中国第一历史档案馆译编:《雍正朝满文朱批奏折全译》,黄山书社,1998 年版。

【清】文孚著、魏明章标注:《青海事宜节略》,青海人民出版社,1993 年版。

民国《重修漳县志》,载《西北稀见方志》,总第 40 册。

乾隆《重修肃州新志》,载《西北稀见方志》,总第 49 册。

光绪《阶州直隶州续志》,载《西北稀见方志》,总第 46 册。

乾隆《西和县志》,载《西北稀见方志》,总第 47 册。

康熙《渭源县志》,载《西北稀见方志》,总第 39 册。

光绪《丹噶尔厅志》,载《西北稀见方志》,总第 55 册。

杨春茂著、张志纯等校点:《重刊甘镇志》,甘肃文化出版社,1996 年版。

嘉靖《庆阳府志》,甘肃人民出版社,2001 年版。

顺治《庆阳府志》,甘肃人民出版社,2001 年版。

乾隆《泾州志》,成文出版社,1970 年版。

乾隆《甘州府志》,成文出版社,1976 年版。

《钦定平定陕甘新疆回匪方略》,《西北史地文献》,总 86—91 册。

乾隆《五凉全志》,成文出版社,1976 年版。

道光《敦煌县志》,成文出版社,1970 年版。

康熙《宁远县志》,载《西北稀见方志》,总第 37 册。

乾隆《伏羌县志》,成文出版社,1976 年版。

乾隆《清水县志》,成文出版社,1970 年版。

道光《两当县志》,成文出版社,1970 年版。

【明】胡汝砺撰:《宁夏新志》,成文出版社,1968 年版。

嘉庆《宁夏府志》,成文出版社,1968 年版。

嘉庆《灵州志》,成文出版社,1968 年版。

宣统《固原州志》,成文出版社,1970 年版。

【民国】赵尔巽等:《清史稿》,中华书局,1977 年版。

二、今人著述

甘肃省文物考古研究所编著:《秦安大地湾》,文物出版社,2006 年版。

张亚初等:《西周金文官制研究》,中华书局,1986 年版。

萧一山:《清代通史》,中华书局,1986 年版。

陈寅恪著:《唐代政治史述论稿》,三联书店,1956 年版。

梁方仲:《中国历代户口、田地、田赋统计》,上海人民出版社,1980 年版。

袁林《西北灾荒史》,甘肃人民出版社,1994 年版。

李向军:《清代荒政研究》,中国农业出版社,1995 年版。

樊保良:《蒙藏关系史研究》,青海人民出版社,1992 年版。

慕寿祺:《甘宁青史略正编》,天津古籍出版社,2005 年版。

周希武:《玉树调查记》,青海人民出版社,1986 年版。

王宗维著:《汉代丝绸之路的咽喉——河西路》,昆仑出版社,2001 年版。

土族简史编辑组编:《土族简史》,青海人民出版社,1982 年版。

王钟翰主编:《中国民族史概要》,山西教育出版社,2004 年版。

林幹:《突厥史》,内蒙古人民出版社,1988 年版。

杨建新:《中国西北少数民族史》,宁夏人民出版社,1988 年版。

青海省志编委会编:《青海历史纪要》,青海人民出版社,1987 年版。

芈一之编著:《青海民族史入门》,青海人民出版社,1987 年版。

马长寿著:《氐与羌》,上海人民出版社,1984 年版。

《保安族简史》,甘肃人民出版社,1984 年版。

《土族简史》,青海人民出版社,1982 年版。

《撒拉族简史》,青海人民出版社,1981 年版。

高自厚、贺红梅:《裕固族通史》,甘肃人民出版社,2003 年版。

林幹、高自厚:《回纥史》,内蒙古人民出版社,1994 年版。

丁焕章等:《中国西北回民起义斗争史》,中国科学文化出版社,2003 年版。

龚荫:《中国土司制度》,云南民族出版社,1992 年版。

童书业:《中国古代地理考证论文集》,中华书局,1962 年版。

马大正主编:《中国边疆经略史》,中州古籍出版社,2000 年版。

赵珍著:《清代西北生态变迁研究》,人民出版社,2005 年版。

成崇德主编:《清代西部开发》,山西古籍出版社,2002 年版。

郭琦、史念海、张岂之主编:《陕西通史》,陕西师范大学出版社,1997 年版。

中国佛教协会编:《中国佛教》,东方出版中心,1980 年版。

卿希泰主编:《中国道教》,东方出版中心,1994 年版。

卿希泰、唐大潮著:《道教史》,中国社会科学出版社,1994 年版。

李兴华、秦惠彬、冯今源、沙秋真合著:《中国伊斯兰教史》,中国社会科学出版社,1998 年版。

陈慧生主编:《中国新疆地区伊斯兰教史》,新疆人民出版社,2000 年版。

李华瑞:《宋夏关系史》,河北人民出版社,1998 年版。

谷苞主编:《西北通史》,兰州大学出版社,2005 年版。

陈育宁主编:《宁夏通史》,宁夏人民出版社,1993 年版。

崔永红、张得祖、杜常顺主编:《青海通史》,青海人民出版社,1999 年版。

新疆社科院历史研究所编著:《新疆简史》,新疆人民出版社,1980 年版。

李清凌著:《西北经济史》,人民出版社,1997 年版。

三、学术论文

顾颉刚:《从古籍中探索我国的西部民族——羌族》,载《社会科学战线》,1980 年第 1 期。

《河州事变歌》,载《西北通讯》卷 3,第 2 期。

芈一之:《论中国历史上对西北地区的特殊政治制度》,载《青海民族学院学报》,1984 年第 4 期。

朱士光:《西北地区历史时期生态环境变迁及其基本特征》,载《中国历史地理论丛》,2002 年第 3 辑。

吴承义:《历代王朝经略青海各民族政策史要》,载《西北史地》,1991 年第3期。

张维遗稿、张令瑄整理:《甘肃青海土司志》,载《西北民族研究》,1997年第6期。

杨凌霄:《乙未循回纪略》,载《近代史资料》,1958年第3期。

彭建英:《元代民族政策的类型、特点及其主要指导思想》,载《西北史地》,1996年第2期。

秦永章:《元明清时期西北地区多民族格局的形成及其演变》,中国社科院研究生院2003年博士论文。

王玉祥:《论朱元璋经略洮州》,载《甘肃社会科学》,2003年第6期。

骆桂花、高永久:《明朝西宁卫的军事戍防与政治管控》,载《中国边疆史地研究》,2006年第1期。

桑杰:《简述明朝对岷州藏区的治理》,载《甘肃民族研究》,1992年第3期。

王继光:《明代的河州卫》,载《西北民族研究》,1986年第1期。

王继光:《试论甘青土司的形成及其历史背景》,载《甘肃社会科学》,1985年第4期。

骆桂花:《明代对西宁卫地区施政方略初探》,载《青海民族研究》,1995年第3期。

彭建英:《明代羁縻卫所制述论》,载《中国边疆史地》,2004年第3期。

吕卓民:《明代河西河湟屯垦区的水利建设》,载《中国历史地理论丛》,1999年第3期。

陈庆英:《明代甘青川藏族地区的政治述略》,载《西藏研究》,1999年第2期。

海洪涛:《明王朝前期统治洮州各民族措施概述》,载《甘肃民族研究》,1998年第4期。

秦川:《明朝对甘青藏族地区的政策》,载《甘肃社会科学》,1991年第6期。

邓前程:《"用夏变夷":明朝对边缘藏区的儒学化趋向》,载《西南民族大学学报》,2004 年第 12 期。

尹伟先:《试论明朝对甘青藏族地区的管理政策》,载《西北史地》,1992 年第 4 期。

王钟翰:《年羹尧西征问题——兼论雍正西北民族政策》,载《青海社会科学》,1990 年第 4 期。

冯智:《清代前期推行藏传佛教与对蒙藏的治策》,载《西藏大学学报》,2006 年第 3 期。

赵云田、成崇德:《略论清代前期的"因俗而治"》,载《青海民族学院学报》,1983 年第 2 期。

赵云田:《清代前期利用喇嘛教政策的形成和演变》,载《西藏民族学院学报》,1984 年第 1 期。

赵云田:《清朝治理蒙藏地区的几个问题》,载《中国社会科学》,1994 年第 3 期。

成凯文:《清初治藏政策及其特点》,载《西北民族研究》,1997 年第 1 期。

戴燕:《清朝统治青海蒙藏民族的政策及其演变》,载《青海师范大学学报》,1992 年第 3 期。

马汝珩马大正:《论罗卜藏丹津的叛乱与清政府的善后措施》,载《新疆大学学报》,1980 年第 3 期。

【日】佐藤长:《关于罗卜藏丹津的叛乱》,载《社会科学参考》,1984 年第 7 期。

【日】加藤直人著、马连龙译:《罗卜藏丹津叛乱与清朝》,载《青海民族学院学报》,1993 年第 2、3 期。

汤代佳:《试析罗卜藏丹津"叛乱"之原因》,载《青海民族研究》,1998 年第 4 期。

陈圈萍:《简论陕甘总督那彦成治理青海》,载《青海民族学院学报》,1998 年第 3 期。

李建宁:《清代管理青海河湟地区方略简述》,载《青海民族学院学报》,

1997 年第 3 期。

李建宁:《清代管理青海牧区的方略》,载《青海民族研究》,1996 年第 3 期。

杜常顺:《清代青海的盟旗制度与蒙古社会的衰败》,载《青海社会科学》,2003 年第 3 期。

杜常顺:《从"西蕃诸卫"看明朝对甘青藏区的统治措施》,载《青海师范大学学报》,1988 年第 4 期。

何峰:《〈蕃例〉探析》,载《中国藏学》,1998 年第 2 期。

李建宁:《清代管理青海河湟地方方略简述》,载《青海民族学院学报》,1997 年第 3 期。

李建宁:《清代管理青海牧区的方略》,载《青海民族研究》,1996 年第 3 期。

赵珍:《那彦成整饬青海述略》,载《清史研究》,1997 年第 3 期。

刘大有:《清代甘肃大赈案》,载《社会科学》,(兰州)1983 年第 1 期。

李世愉:《清前期治边思想的新变化》,载《中国边疆史地研究》,2002 年第 1 期。

元森坡:《清朝治理蒙藏方略》,载《中国边疆史地研究》,1996 年第 4 期。

后　记

本书是在人民出版社张秀平编审的提议下研究写作的。1996年,我在人民出版社出版《西北经济史》一书时,张编审提出:“还可以继续研究中国西北的政治史、文化史、军事史等系列”。在她的启发下,十多年来,我一直从事于西北区域史的研究工作,并逐渐草成了系列丛书。《中国西北政治史》的出版,就是在张编审的关心和帮助下完成的。

本书在研究与写作过程中,还得到西北师范大学文史学院领导的鼓励和支持。钱国权博士参加了资料收集和部分文稿的撰写。人民出版社胡喜云编辑认真校对了文稿,纠正了不少的错误。西北师大文史学院副教授何玉红博士也通读和指出了文稿中的许多问题。对于以上诸位的热心帮助,我谨表示由衷的感谢!

李清凌

2009年11月

图书在版编目（CIP）数据

中国西北政治史 / 李清凌，钱国权著.
-北京:人民出版社，2009
ISBN 978-7-01-008442-8
Ⅰ.中… Ⅱ.①李…②钱… Ⅲ.①政治制度—历史—西北地区
Ⅳ.D69

中国版本图书馆 CIP 数据核字（2009）第 202643 号

中国西北政治史
ZHONGGUO XIBEI ZHENGZHISHI

作　　者：李清凌　钱国权
责任编辑：张秀平
装帧设计：徐　晖

人民出版社 出版发行
地　　址：北京朝阳门内大街 166 号
邮政编码：100706　www.peoplepress.net
经　　销：新华书店总店北京发行所经销
印刷装订：北京昌平百善印刷厂
出版日期：2009 年 12 月第 1 版　2009 年 12 月第 1 次印刷
开　　本：787 毫米×1092 毫米　1/16
印　　张：31.5
字　　数：500 千字
书　　号：ISBN 978-7-01-008442-8
定　　价：70.00元

人民东方图书销售中心电话：(010) 65250042　65289539